金融と法

企業ファイナンス入門

大垣尚司

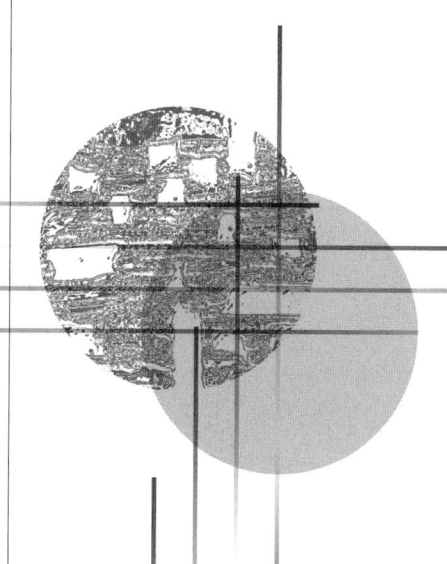

有斐閣

目　次

はじめに ———————————————————————— xiii
1　本書の位置付け ———————————————————— xiii
2　本書の狙い —————————————————————— xiii
3　本書の読み方 ————————————————————— xv
　(1)金融の教科書として　xv　(2)法学部や法科大学院における副読本として　xvi
4　参照基本書 —————————————————————— xvii
　(1)法律の基本書　xviii　(2)金融関連の参考書　xix

第1章　金融の基本概念①　金融―現在価値―リスク ———— 1

1　金融とは何か ————————————————————— 1
　(1)ファイナンスの定義　1　(2)広義のファイナンス　2　(3)金融技術　2　(4)調達から投資へ　4　(5)金融商品　10　(6)ファイナンスは誰のためにあるのか　10

2　現在価値という概念 —————————————————— 12
　(1)何でもキャッシュフローの額で評価するということ　13　(2)人間の値段①　14　(3)中間利息と現在価値　14　(4)ファイナンスの定義再論　17　(5)割引率の力　18　(6)人間の値段②　生命保険　20　(7)生命保険料の計算　22　(8)判例再考　25

3　リスクという概念 ——————————————————— 26
　(1)リスクと不確実性の違い　26　(2)純粋リスクと投機的リスク　27　(3)リスクの定量化　28

第2章　金融の基本概念②
　　　　　企業―バランスシート―金融仲介 ———————— 33

1 事業と企業 33
　(1)資本主義ともうけ　33　(2)事業・営業（business）　34　(3)企業（enterprise）　35　(4)プロジェクトとゴーイングコンサーン　36　(5)会社　37
2 企業と経営者 38
　(1)資本家と労働者　38　(2)経営者と投資家　38　(3)理念型としての株式会社　41
3 情報の非対称性とエージェンシーコスト 45
　(1)情報の非対称性　45　(2)不確実性とエージェンシーコスト　46
4 バランスシートと企業ファイナンス 49
　(1)企業ファイナンス　49　(2)計算書類と財務諸表　49　(3)複式簿記　51
　(4)貸借対照表（バランスシート）と損益計算書　55　(5)バランスシートとファイナンス活動　58
5 金融仲介と金融機関 61
　(1)金融仲介　61　(2)講学上の投資銀行と商業銀行　62

第3章　金融の基本概念③
　　　　デット―エクイティー―資本市場 ─────────── 65

1 資金調達の種類 65
　(1)デットとエクイティー　65　(2)その他の資金調達形態　66　(3)日本企業の資金調達状況　66
2 財務レバレッジ 68
3 デット vs. エクイティー 71
　(1)デットのエクイティーに対する優先性　71　(2)デットとエクイティーの商品性の違い　72
4 最適資本構成 73
5 投資ファイナンスと資本市場 77
　(1)資本市場　77　(2)資本市場の機能　80　(3)プライマリー市場（発行市場）とセカンダリー市場（流通市場）　82　(4)金融商品取引法と市場規制　83
　(5)有価証券とデリバティブ　87

6　さまざまな金融商品市場 ……………………………………… 93

　　(1)取引所市場と相対（あいたい）市場　93　(2)金融商品取引所　94　(3)金融商品取引所でない取引所　95

第4章　株式会社におけるエクイティー型投資ファイナンス①　起業と株式の設計 ——————— 99

　1　株式会社による起業のメリット ……………………………… 99

　　(1)資金提供者からみた有限責任の原則　100　(2)権利関係の明確化と有価証券化　101　(3)財務の透明性―不確実性の低減　101

　2　起業―株式会社の設立 ……………………………………… 102

　　(1)起業とビジネスモデル　102　(2)事業計画の策定と事業資金の確保　103　(3)創業時のファイナンスとエクイティー調達の必要性　104　(4)会社（事業主体）の設立　106　(5)会社組織の設計――定款の作成　107

　3　金融商品としての株式の設計(1)
　　――出資と利益分配のデザイニング ………………………… 111

　　(1)金融商品としての株式　111　(2)出資の設計　112　(3)配当等の設計　112

　4　金融商品としての株式の設計(2)
　　――支配権のデザイニング …………………………………… 123

　　(1)支配権の意義　123　(2)支配権の制限　127　(3)属人的種類株式　130

第5章　株式会社におけるエクイティー型投資ファイナンス②　株式の流通と出口戦略 ——————— 131

　1　起業後の会社と出口戦略 …………………………………… 131

　2　株式の償還 …………………………………………………… 132

　　(1)株式償還の意味　132　(2)存続中の会社による出資の払戻しの法律構成　133

　3　金融商品としての株式の設計(3)――特殊な償還条件 …… 138

　4　金融商品としての株式の設計(4)――譲渡制限と出口保障　140

(1)譲渡制限株式　141　(2)譲渡制限株式の出口保障　141
5　上場（listing），IPO（initial public offering）——————— 143
　　(1)上場とIPOの定義　143　(2)取引所と市場　144　(3)上場の手続　145
6　市場を通じた投資回収 ————————————————————— 147
　　(1)有価証券としての株式　147　(2)株式売却の方法　150　(3)証券取引所での取引　151　(4)株式投資とキャピタルゲイン　151
7　証券流通とその担い手 ————————————————————— 154
　　(1)証券会社　154　(2)金融商品仲介業者　157　(3)私設取引システム（PTS）　157

第6章　株式会社におけるエクイティー型投資ファイナンス②　自己金融と増資による資金調達 ——— 159

1　エクイティーファイナンスとしての自己金融 ——————— 159
2　キャッシュフロー ——————————————————————— 160
　　(1)キャッシュフローとは何か　160　(2)フリーキャッシュフロー　160　(3)営業活動によるキャッシュフロー　162　(4)利益とキャッシュフローの相違　166　(5)現金保有の是非　167
3　増資：資金調達手段としての株式 ————————————— 168
　　(1)新株発行　168　(2)新株発行の形態　169　(3)株式ファイナンスの特殊性　171
4　増資(1)——株主割当増資 ————————————————— 175
5　増資(2)——公募増資 ——————————————————— 177
　　(1)公募増資　177　(2)公募増資と証券会社　177　(3)公募・売出しにおける情報開示　181　(4)新株予約権の意義と段階的公募増資スキーム　181
6　増資(3)——第三者割当増資 ——————————————— 186
　　(1)通常の文脈　186　(2)M&Aの文脈　186　(3)事業再生の文脈　187
7　株式分割・株式無償割当・株式併合 ——————————— 191
　　(1)株式分割　191　(2)株式無償割当て　193　(3)株式併合　194

第7章　デットファイナンスの基礎 — 197

1　デットファイナンスとは何か — 197
(1)定義　197　(2)種類　197　(3)金利　198　(4)デットファイナンスの法的形態　198　(5)債権と責任財産　199

2　信用リスクと投資採算 — 202
(1)信用リスク　202　(2)投資採算分析　203　(3)デット提供者からみた投資採算分析の方法　204

3　証書貸付 — 208
(1)前文（preamble）　208　(2)定義規定（definition）　209　(3)貸付人の貸出義務（commitment）　210　(4)資金使途（use of proceeds）　211　(5)借入申込手続と貸出前提条件（conditions precedent）　211　(6)元本返済（repayment, amortization）　212　(7)期限前弁済（prepayment）　212　(8)金利，利払い方法（interest rate, interest payment）　213　(9)費用負担・租税公課の負担（expense, tax indemnification）　213　(10)債権保全関連の規定　213　(11)相殺予約（set-off clause）　213　(12)弁済充当の指定　214　(13)債権譲渡（assignment clause）　214

4　債権保全関連の規定とコヴナンツ（covenants） — 214
(1)表明・保証と貸出しの前提条件　214　(2)期限の利益喪失事由　215　(3)コヴナンツ（責任財産の維持と監視）　216

5　手形貸付と銀行取引約定書 — 218
(1)短期融資の手段としての手形貸付　218　(2)投資ファイナンスへの転用　220

6　当座貸越 — 221
(1)本来の当座貸越　221　(2)融資型当座貸越　222

7　融資枠契約（コミットメントライン） — 222
(1)融資枠契約の意義　222　(2)貸出義務と約定料　224　(3)極度枠と限度枠　226　(4)融資枠の信用リスク　227　(5)約定料の理論値　228

第8章　金利の基礎知識 — 231

1. 金利とは何か — 231
   (1)さまざまな金利　231　(2)法的にみた金利：利息債権　233
2. 金利と期間 — 235
   (1)金利の期間構造　235　(2)短期金融市場と債券市場　237　(3)固定金利と変動金利　241
3. 金利決定のメカニズム — 241
   (1)資金調達コスト　242　(2)その他の調達原価　243　(3)信用リスクプレミアム　244　(4)その他のプレミアム　248
4. 金利提示の方法と基準金利の種類 — 249
   (1)内部コスト型　250　(2)市場金利連動型　251
5. 銀行と金利リスク — 254
   (1)金利リスク　254　(2)金利スワップ　255　(3)コア預金とBISの金利リスク規制　259　(4)金融機関債　264
6. 金利の規制 — 264
   (1)臨時金利調整法　264　(2)利息制限法　265　(3)出資法と貸金業法　265　(4)遅延損害金の規制　266

第9章　間接金融機関 — 267

1. 金融と業者規制 — 267
2. 間接金融機関 — 269
   (1)間接金融と間接金融機関　269　(2)わが国における業態区分の特徴　271
3. 銀　行 — 273
   (1)法的位置付け　273　(2)銀行と決済　275　(3)銀行の信用創造機能と預金保険　278　(4)銀行の種類　280
4. 協同組織金融機関 — 288
   (1)法的位置付け　288　(2)協同組織金融機関の種類　289　(3)これからの協同組織金融機関　291

5 　信託銀行と信託会社 ──────────────────────── *294*
　　(1)信託の基礎　*294*　(2)信託銀行（trust bank）　*301*　(3)信託会社（trust company）　*306*
 6 　保険会社 ──────────────────────────────── *309*
　　(1)保険とは何か　*309*　(2)保険業の規制　*312*　(3)間接金融機関としての保険会社　*312*

第10章　市場型デットファイナンス ──────────────── *317*

 1 　債券とは何か ─────────────────────────── *317*
　　(1)意義　*317*　(2)直接金融としての債券調達　*319*　(3)流通市場とデット調達　*322*
 2 　債券の種類 ──────────────────────────── *324*
　　(1)公共債　*324*　(2)社債　*331*　(3)証券化商品　*338*
 3 　債券の条件 ──────────────────────────── *339*
　　(1)償還条件　*339*　(2)金利条件　*340*　(3)社債の信用補完　*341*
 4 　格　付 ────────────────────────────── *342*
 5 　会社法による社債の法規整 ───────────────────── *345*
　　(1)発行に係る決議要件　*345*　(2)社債管理の法技術　*346*　(3)社債管理者設置強制の例外　*351*
 6 　債券募集の仕組み ───────────────────────── *352*
　　(1)主幹事・社債管理者・財務代理人の選定　*353*　(2)格付の取得　*353*　(3)社内手続と弁護士の選定　*353*　(4)法定開示の実施、目論見書等の作成　*355*　(5)需要予測に基づく条件決定　*355*　(6)債券の募集、引受け　*356*　(7)社債原簿の調製、社債振替のための手続、券面の調製　*358*
 7 　債券ファイナンスと市場規制 ───────────────────── *358*
　　(1)行為規制と不公正取引の規制　*358*　(2)開示規制と内部者取引の規制　*362*　(3)開示規制の例外　*366*

第11章　市場型間接金融①　シンジケートローン ── 371

1. 市場型間接金融とは何か ── 371
   (1)市場型間接金融の定義　371　(2)伝統的金融仲介との対比　371
2. 市場型間接金融の2つの文脈 ── 372
   (1)第1の文脈（市場型与信）　372　(2)第2の文脈（間接型証券投資）　373
3. シンジケートローンとは何か ── 376
4. シ・ローン普及の背景 ── 379
   (1)情報生産のあり方　379　(2)投融資からの収益性の悪化　380　(3)金商法の規制の回避　381　(4)私募債との商品性の相違　382
5. シ・ローン契約を読む ── 383
   (1)契約全体の構成　384　(2)貸出義務とその履行　384　(3)利息等の按分計算　385　(4)回収における貸付人間の公平の確保　385　(5)エージェントと利益相反　389

第12章　市場型間接金融②　ローンセール市場 ── 393

1. ローンセールとは何か ── 393
   (1)ローンセールの定義　393　(2)ローンセールの合理性　394
2. 古典的ローンセール：担保的利用 ── 396
   (1)手形市場　397　(2)抵当証券　398　(3)住宅ローン流動化　402
3. BIS対策とオフバランス化のためのローンセール
   ──売切型の登場 ── 405
   (1)BIS規制　405　(2)BIS対策　406　(3)貸付債権流動化　407　(4)ローン・パーティシペーション　415　(5)信用リスク削減手法と証券化　416
4. 不良債権の処理とローンセール ── 417
   (1)不良債権処理の開始　419　(2)税務上の配慮と損失の確定　422　(3)不良債権回収業務の分離　425
5. 正常債権の売買 ── 429
   (1)正常債権売買の目的　429　(2)ローンのプライシング　435

6 クレジットトレーディング ……………………………… *437*

第13章 市場型間接金融③ 投資ファンドと投資理論のつかみ ……………………… *439*

1 投資ファンドとは何か ………………………………… *439*
(1)間接型証券投資 *439* (2)投資ファンドの定義 *439* (3)投資ファンドの種類 *440* (4)投資ファンドの合理性 *441*

2 投資理論のつかみ ……………………………………… *442*
(1)価格理論 (pricing theory) *443* (2)ポートフォリオ理論 (portfolio theory) *452*

3 さまざまな投資ファンド ……………………………… *457*
(1)アクティブ運用 vs. パッシブ運用 *457* (2)ヘッジファンド *458* (3)ベンチャーキャピタル, プライベートエクイティーファンド, 企業再生ファンド *459* (4)ファンド・オブ・ファンズ *460*

第14章 市場型間接金融④ 投資ファンドとCIV ……………… *461*

1 投資ファンドの関与者 ………………………………… *461*
(1)集団投資のための主体（CIV） *461* (2)運用者 *462*

2 ファンド型商事信託 …………………………………… *463*
(1)ファンド型商事信託に関する法規整 *463* (2)ファンド型商事信託の種類 *465* (3)信託の課税 *467*

3 投資信託法に基づく投資ファンド …………………… *468*
(1)投信法のCIV *468* (2)証券投資信託と委託者指図型投資信託 *469* (3)クローズド投信と会社型投信 *471* (4)不動産投資ファンドの導入 *476* (5)不動産事業者と上場REIT *480* (6)信託会社と委託者指図型投資信託 *483* (7)運用業者, 行為規制の金商法への統合 *485* (8)私募投信 *485*

4 組合型投資ファンド …………………………………… *486*
(1)組合とは何か *486* (2)CIVとしての組合契約 *486* (3)投資事業組合

　　　　(任意組合型)　487　(4)投資事業有限責任組合　490　(5)匿名組合型投資
　　　　ファンド　491
　5　変額保険・変額年金 ──────────────────────── 493
　　　　(1)運用商品としての生命保険と利差配当　493　(2)変額生命保険・変額年金
　　　　保険　494　(3) CIV としての保険契約　497

第 15 章　信用補完①
　　　　　　破綻前信用補完と責任財産の保全措置 ──────── 499

　1　信用補完総論 ───────────────────────── 499
　　　　(1)信用補完とは何か　499　(2)信用補完の諸相　501
　2　破綻前における信用補完 ─────────────────── 502
　　　　(1)返済確保のための措置　502　(2)非金銭的信用補完　516
　3　責任財産の保全 ──────────────────────── 518
　　　　(1)コヴァンツ等の利用　518　(2)責任財産保全のための措置　519

第 16 章　信用補完②　人的信用補完 ─────────────── 527

　1　実損填補型人的信用補完 ─────────────────── 528
　　　　(1)保証　528　(2)有価証券保証の法技術　533　(3)連帯債務の利用　537
　　　　(4)債務引受によるもの　538　(5)損害担保契約　543　(6)念書　544　(7)保険
　　　　契約による信用補完　545
　2　インデックス型人的信用補完 ──────────────── 548
　　　　(1)クレジットデリバティブ　548　(2)クレジットデフォルトスワップ
　　　　(CDS)　549　(3) CDS 取引による信用補完の流動化　553

第 17 章　信用補完③　物的信用補完 ─────────────── 557

　1　総　　論 ───────────────────────────── 557
　　　　(1)物的信用補完の定義　557　(2)物的信用補完の種類　557　(3)人的信用補

完 vs. 物的信用補完　557
2　責任財産操作型物的信用補完 559
　　(1)責任財産型担保権　559　(2)優先劣後構造（破綻後）　563　(3)ノンリコース特約　566
3　特定財産分離型物的信用補完 568
　　(1)土地に対する担保設定　568　(2)事業資産への担保設定　573　(3)非事業資産・遊休資産への担保設定　577　(4)不動産プロジェクトと収益執行　578　(5)動産固定資産を用いた物的信用補完　581
4　多数債権者のための物的信用補完 582
　　(1)セキュリティートラスト　582　(2)担保付社債信託　584

　　参照文献等 587
　　事項索引 601
　　判例索引 622

本書のコピー，スキャン，デジタル化等の無断複製は著作権法上での例外を除き禁じられています。本書を代行業者等の第三者に依頼してスキャンやデジタル化することは，たとえ個人や家庭内での利用でも著作権法違反です。

はじめに

1　本書の位置付け

　本書は，現代ファイナンスのほぼ全領域を基礎的なものから専門性の高いものへと体系化し，高度化の一途をたどる金融技術を理解するための基礎的な考え方や知識を解説すると同時に，そうした先端分野で，法律がどのような役割を果たしているのかを主として法技術の視点から明らかにすることを目的とした「金融と法」の第1部にあたる。内容としては，金融の基本概念，企業ファイナンスの基礎，投資ファイナンスの基本的な手法（エクイティー，デット），市場型間接金融，信用補完を含み，ストラクチャードファイナンスやデリバティブといった先端分野を除く企業ファイナンスの基礎的分野をほぼ網羅している。また，これらの担い手となる金融機関についてもそれぞれの場所で説明を加えた。本書の副題を「企業ファイナンス入門」としたのはこのためである。第2部では，商業ファイナンス，ストラクチャードファイナンス，デリバティブ，ストラクチャードプロダクト（デリバティブの証券化），ハイブリッドファイナンス，M&Aと事業の証券化，タックスファイナンスとリスクファイナンス，家計ファイナンスと先端金融技術といった分野を扱う予定である。第1部と第2部を分けたのは単に分量的な理由による。両者は体系上密接に連関しており，第1部の説明は第2部を理解するための前提となっている。

2　本書の狙い

　金融という言葉を聞くと，経済や数理を想像する人が多いかもしれない。しかし，お金を貸して万が一に備えて担保を取るということひとつをとって

も分かるように，金融ビジネスに携わると法律知識が役に立つ局面が多い。また，規制業種である金融業を営むにはそれぞれの業法を深く理解して法令遵守（compliance）を確保することが必須である。ここに，従来から多くの法学部生が金融機関に就職してきたひとつの理由がある。

しかし，最近はそれだけではない。金融のように常に新しい**仕組み**（financial structure）が登場する分野においては，これから行う取引において，実現したい経済的効果を得るために，最適の法的枠組みを工夫することが重要である。時には，規制や税務も含めた広い意味での法的な工夫そのものが金融技術の一部を構成するといってよいことすらある。そして，こうしたproactiveな局面で法を扱う場合，伝統的な法解釈学とはかなり異質な思考が必要となる。私はこうした法の働きを**法技術**（legal engineering）と呼んでいる。

ところで，金融に関する書物をみると，金融に関連する法律をオムニバス的に論ずる「金融法」や数理が中心のファイナンス理論を論ずる「金融工学」の教科書はあるが，金融を実務に即して論じながら，そこで必要になる**金融技術**（financial technology）を法技術的な側面も含めて整理したものは筆者の知る限り存在しない。このため実務に携わる者は広範な領域の文献をつぎはぎにして自分なりの体系を作る必要があった。私自身も長年金融と関わる中でそうした努力を余儀なくされ，20年余りを経てようやく自分なりの体系と呼べるものができてきた。2003年から立命館大学東京キャンパスで本書と同名の講義（全12単位。2単位＝90分授業×15回）を社会人向けに提供してきている。6年目にあたる2008年からは，その講義ノートをもとに有斐閣月刊法学教室に同名の連載を24回行ったところである。

本書はこの法学教室の連載原稿を土台に加筆修正を行い，金融に携わる上で身につけておいて欲しい知識と考え方をできる限り広範にまとめたものである。「金融論」でも「金融法」でも「金融工学」でもなく，「金融」を「金融」として正面から記述したら私の場合はこうなったということであろうか。

本書の構成 本文ではできるだけ設問を掲げて問題意識を持ちながら読めるように配慮した。また，本文で述べたことに対するより詳しい説明や専門的な内容だがぜひ理解しておいてほしい点についてはトピックとして小活字

で説明した。さらに読者の興味を引くのではないかと思われる参考事例や判例等を点線囲みで紹介している。一方，脚注では本文・網掛けトピックの補足的説明に加えて，本文の流れからははずれるが重要と思われる金融法上の論点について検討を加えている。また，本文の設問に加えて，理解を深めるための練習問題を掲げておいたので活用されたい。

数理に関する説明　本書はいわゆる文科系の読者を想定して数式の展開による説明は避け，数式の背後にある金融の本質を説明するとともに，可能な限り直感的に数式の構造を理解できるような解説を試みる。

　一方で金融実務では，たとえ文科系であってもパソコンを活用して実際の事例についてキャッシュフローのモデルを作成して数値計算を行う機会が非常に多い。金融工学が金融の数理なら，金融の算術とでもいうべきであろうか。この場合，ほとんどのビジネス用途パソコンにインストールされているマイクロソフト社のEXCEL（以下，断りない限り本書で"EXCEL"とは当該ソフトウェアを意味する）を利用してスプレッドシートを作成する能力が非常に重要である。また，EXCELの組み込み関数を使えば，NPVやIRR等を簡単に求めることができる。そこで，本書でもできる限りEXCELの機能に言及して，読者が自分で具体的な計算を行うことによって数理を「皮膚感覚」として身につけられるよう配慮した。

3　本書の読み方

(1) 金融の教科書として

　本書を通読すれば，ファイナンスのほぼ全領域について，実務に携わる前提となる基礎的な知識や考え方を無理なく身につけることができるはずである。

　サブプライム問題直前までは金融工学万能のような雰囲気があり，ファイナンスといえば数式が登場するものといったイメージがあった。それからすれば数式があまり出てこない本書は「ありがたみ」に欠けるかもしれないが，金融技術が高度かつ専門化した今こそ，金融の本質を十分に理解して道具を適切に使いこなすことが求められている。もちろん，今日の高度な金融技術

には必ず数理が用いられているという意味で数理は十分条件ではあるのだが，それを仕組む上で数理が必要条件（それがあるが故に仕組みが成り立つ根本的な要素）であることは稀である。否，数理を必要条件とした仕組みはその前提となる条件が崩れると，はかなくもろい。このことはLTCMの破綻や**サブプライム問題**で十分に立証されたところである。むしろ，高度な金融を仕組んでいくためには，企業や家計のファイナンス活動がどのように行われるのかという原理を十分に理解した上で，法律・規制・会計・税務・数理・IT（information technology，情報技術）といった金融技術の諸要素を最も効率的に組み合わせる総合力が必要となる。本書はこうした視点から数理以外の諸要素に軸足を置きつつ，それぞれの金融技術において何が「必要条件」かが明らかなるよう解説しているので，数理ファイナンスを修めた者にとっても新たな発見があるのではないかと思う。

(2) 法学部や法科大学院における副読本として

そうはいっても本書の記述は法律が中心となっている。ただし，前述のように法技術という視点を軸足にしている上に，金融の体系の中で関連する法律を論じているため，法律学としての体系は無視され，登場する法律もきわめて多岐に及ぶ。このため，大学における伝統的な講義課目の教科書には使えないが，民商法や税法の知識を金融の領域で深めるための副読本として利用する価値はあるのではないかと思う。たとえば，神田秀樹教授の『会社法』（弘文堂）は簡素ながら高度な実務的論点にも言及した金融パーソン必携の素晴らしい教科書なのだが，会社法の章立てに従って金融関連のトピックがバラバラに登場するために初学者にとってはかなり難解である。また，金融に民法や税法の知識は欠かせないが金融と無関係な内容も多いから，金融のためだけに分厚い教科書を通読するのは苦痛である。一方，信託法や電子記録債権法のように金融では重要だが大学に講義がないことが多い分野や税法のように選択者が限られている分野もある。そこでこうした分野はある程度丁寧に説明すると同時に，伝統的な分野については補足的な説明にとどめて代表的な教科書の該当箇所を参照することにした。悪く言えば「ちゃんぽん」「つまみ食い」だが，実務では目の前の事案に関連するすべての法律が「ちゃんぽん」「つまみ食い」的に問題となる。その意味では金融という実務

に即して法律を勉強するためのガイダンス的教科書と位置付けることも可能かもしれない。

　上述のように，筆者は本書を基本テキストにして実務家教員も招いて金融について1年間幅広く学ぶ本書の同名の講座を，立命館大学東京キャンパスで社会人向けに夜間・週末に開講している。この本の内容に興味が湧いた者が受講すれば理解を深めることができるだろう。

> **法律の条文**　　金融関連の法律は，小型六法には掲載されていないことも多いので，インターネットの法務省の法令データ提供システム（http://law.e-gov.go.jp/cgi-bin/idxsearch.cgi）を活用するとよい。
> 　なお，大学で取り扱う基礎的な法律は条文だけでなくそれにまつわる判例や学説の蓄積を身につけないと理解できないことが多いので，法律そのものより教科書や実務書の解説を先に読もうとする者が多い。しかし，金融の実務で登場する技術的な法律は，頻繁に改正されるため解説書の内容が正確とは限らない。一方，条文そのものは基礎法と違って解釈の余地がないように，かなり詳しく書かれている（読みにくくはあるが……）。常に条文から始める癖を身につけてほしい。
>
> **法令名称の略語**　　条文を引用する場合の法令名称略語は有斐閣六法全書に使用されているものに拠った。同書に掲載のないものについては原則正式名で引用するが，長いものについては上記法令データ提供システムに登録されている略称法令名を使用した。
>
> **用語の英語訳について**　　金融の標準語は英語なので重要な用語にはできるだけ英訳を付すことにした。法律用語はドイツ語等を母国とするものが多いので，学術的には英訳を付すことが適切でない場合もあるが，それゆえに適切な英訳が難しく実務上悩むことが少なくないからである。

4　参照基本書

　法律分野の知識を復習したり関連領域の理解を深められるよう，以下の基本書の関連頁を適宜参照した。なお，参照箇所に付した【復習】は，本文に関連する基礎的な法律知識を整理するため，【発展】はより深く法律事項を

学習するため，【関連】は法律以外の事項をより深く理解するための文献であることを意味する。

(1) 法律の基本書

我妻ほか1	我妻榮＝有泉亨＝川井健『民法1　総則・物権法［第3版］』（勁草書房，2008）
我妻ほか2	同上『民法2　債権法［第3版］』（勁草書房，2009）
我妻ほか3	我妻榮・有泉亨・遠藤浩『民法3　親族法・相続法［第2版］』（勁草書房，2005）
内田1	内田貴『民法Ⅰ　総則・物権総論［第4版］』（東京大学出版会，2008）
内田2	内田貴『民法Ⅱ　債権各論［第2版］』（東京大学出版会，2007）
内田3	内田貴『民法Ⅲ　債権総論・担保物権［第3版］』（東京大学出版会，2005）
奥田	奥田昌道『債権総論［増補版］』（悠々社，1992）
加藤1	加藤雅信『新民法体系Ⅰ　民法総則［第2版］』（有斐閣，2005）
加藤3	加藤雅信『新民法体系Ⅲ　債権総論』（有斐閣，2005）
加藤4	加藤雅信『新民法体系Ⅳ　契約法』（有斐閣，2007）
道垣内・担保	道垣内弘人『担保物権法［第3版］』（有斐閣，2008）
民判	遠藤浩＝川井健編『民法基本判例集［第2版］』（勁草書房，2007）
民法百選Ⅰ	中田裕康＝潮見佳男＝道垣内弘人『民法判例百選Ⅰ総則・物権［第6版］』（有斐閣，2009）
民法百選Ⅱ	中田裕康＝潮見佳男＝道垣内弘人『民法判例百選Ⅱ債権［第6版］』（有斐閣，2009）
落合ほか	落合誠一＝大塚龍児＝山下友信『商法総則・商行為［第4版］』（有斐閣，2009）
森本・総則	森本滋編『商法総則講義［第3版］』（成文堂，2007）
森本・商行為	森本滋編『商行為法講義［第3版］』（成文堂，2009）
森本・手形	森本滋編『手形小切手法講義』（成文堂，2008）
近藤	近藤光男『商法総則・商行為法［第5版補訂版］』（有斐閣，2008）
神田・会社	神田秀樹『会社法［第12版］』（弘文堂，2010）
龍田	龍田節『会社法大要』（有斐閣，2007）
江頭・会社	江頭憲治郎『株式会社法［第3版］』（有斐閣，2009）
江頭・商取引	江頭憲治郎『商取引法［第6版］』（弘文堂，2010）
鈴木・前田	鈴木竹雄＝前田庸補訂『手形法・小切手法［新版］』（有斐閣，

	1992)
田邊	田邊光政『最新手形小切手法 [5 訂版]』(中央経済社, 2007)
竹濱	竹濱修『保険法入門』(日本経済新聞社, 2009)
山下ほか	山下友信＝竹濱修＝洲崎博史＝山本哲生『保険法 [第 3 版]』(有斐閣, 2010)
商判	山下友信＝神田秀樹編『商法判例集 [第 3 版]』(有斐閣, 2008)
商法百選	江頭憲治郎＝山下友信編『商法（総則・商行為）判例百選 [第 5 版]』(有斐閣, 2008)
会社百選	江頭憲治郎＝岩原紳作＝神作裕之＝藤田友敬『会社法判例百選』(有斐閣, 2006)
手形百選	落合誠一＝神田秀樹『手形小切手判例百選 [第 6 版]』(有斐閣, 2004)
川口	川口恭弘『現代の金融機関と法 [第 3 版]』(中央経済社, 2010)
黒沼	黒沼悦郎『金融商品取引法入門 [第 3 版]』(日本経済新聞, 2009)
近藤ほか	近藤光男＝吉原和志＝黒沼悦郎『金融商品取引法入門』(商事法務, 2009)
川村 TB	川村正幸編『テキストブック金融商品取引法』(中央経済社, 2009)
福井	福井修『金融取引法入門』(金融財政事情研究会, 2009)
西尾	西尾信一『金融取引法 [第 2 版]』(法律文化社, 2004)
新井	新井誠『信託法 [第 3 版]』(有斐閣, 2008)
道垣内・信託	道垣内弘人『信託法入門』(日経文庫, 2007)
井上	井上聡『信託の仕組み』(日経文庫, 2007)
伊藤	伊藤眞『破産法・民事再生法 [第 2 版]』(有斐閣, 2009)
山本	山本和彦『倒産処理法入門 [第 3 版]』(有斐閣, 2008)
倒産百選	青山善充＝伊藤真＝松下淳一『倒産判例百選 [第 4 版]』(有斐閣, 2006)
金子	金子宏『租税法 [第 15 版]』(弘文堂, 2010)
三木	三木義一『よくわかる税法入門 [第 5 版]』(有斐閣, 2010)
三木＝前田	三木義一＝前田謙二『よくわかる国際税務入門 [第 2 版]』(有斐閣, 2010)

(2) 金融関連の参考書

大村ほか	大村敬一＝浅子和美＝池尾和人＝須田美矢子『経済学とファイナンス [第 2 版]』(東洋経済新報社, 2007)
SAAJ	日本証券アナリスト協会編『証券投資論 [第 3 版]』(日本経済新聞

	社，1998)
SAAJ 1	日本証券アナリスト協会編『新・証券投資論 I』(日本経済新聞社，2009)
SAAJ 2	日本証券アナリスト協会編『新・証券投資論 II』(日本経済新聞社，2009)
斎藤	斎藤静樹編著『財務会計［第6版］』(有斐閣，2009)
森田・久次	森田優三＝久次智雄『新統計概論［改訂版］』(日本評論社，1993)
田中	田中勝人『経済統計［第3版］』(岩波書店，2009)
アクゼルほか	アクゼル＝ソウンデルパンディアン著（鈴木一功監訳）『ビジネス統計学［上］』(ダイヤモンド社，2007)
大垣 1	大垣尚司『ストラクチャード・ファイナンス入門』(日本経済新聞社，1997)
大垣 2	大垣尚司『金融アンバンドリング戦略』(日本経済新聞社，2004)
大垣 3	大垣尚司『電子債権』(日本経済新聞社，2005)

　なお，このほかの参照・引用文献については巻末に略称の 50 音別にまとめて掲載した。

＊　　　　　＊

　本書はちょうど 8 年前に，第 2 部にあたる先端金融技術論の序章として準備を始めたものである。ところが，いざ書き出してみると，簡単なはずのオーソドックスなファイナンスを体系的に整理するほうが，先端分野の解説よりはよほど難しく，また，自分自身の理解が不十分な点が多いことにも気がついた。そこで，一から出直すつもりで勉強をしながら書き進むうちにとても序章とはいえない量になってしまった。さらに，一応の骨格ができてからも，サブプライム問題など金融を取り巻く状況が激変したために，大幅な書き直しを余儀なくされた。ただ，熟成の時間を置いた分，時代の勢いに流されない客観的な記述ができた部分もあるのではないかと思う。なお，金融の世界はきわめて動きが激しく，法律も頻繁に改正されるため，本書の内容も出版したその日からどんどん古くなってしまう。本書を実務で利用される方も少なくないと思うので，次に改訂する機会が得られるまでのあいだは，インターネット上のホームページ（2010 年 6 月現在，http://sfi.air-nifty.com/)において新たな動きをフォローし，本書が常にアップトゥーデートなものと

なるようにしたいと考えている。

　本書の執筆にあたっては，武蔵大学水島治教授から全体にわたり詳細かつ有益なご指摘を頂戴した。また，有斐閣雑誌編集部の渡辺真紀編集長には法学教室の連載中から大変お世話になっただけでなく，類書のない試みである本書の刊行を強く推進いただいた。ここに深く感謝申しあげる。

　最後に，立命館大学東京講座での講義なくして本書は存在しえなかった。8 年間ご一緒に講座を支えてくださった講師の先生方，そして，受講生のみなさんに心から感謝申しあげ，本書を捧げることとしたい。

2010 年 4 月
大垣尚司

第 1 章

金融の基本概念 ①
金融―現在価値―リスク

第1章から第3章では，金融を理解するために必要な基礎的な概念を整理する。いずれも常識的なものばかりだが，第4章以降の議論を念頭において必要な点に絞って説明しているので復習のつもりで読んでみてほしい。第4章から読み始めて適宜参照された部分に戻って確認をしてもよいであろう。

1 金融とは何か

問1) 金融（ファイナンス）とは何か。
問2) 金融技術という言葉があるが，金融における「技術」とはどういうことか？　銀行をだまして安く金を借りる技術ということ？
問3) これまで金融といえばお金を貸したり，市場での資金調達を仲介する仕事のことだった。しかし，経済が成熟するにつれて投資すべきお金は増えたが，企業の投資需要は減る一方である。これからの金融の役割は何かを考えてください。
問4) そもそも，金融は誰のためにあるのかを考えてください。

(1) ファイナンスの定義

1-1　ファイナンス－金融（finance）を定義することは決して簡単ではない[1]。

---

1) 「金融」vs.「ファイナンス」　日本語で「ファイナンス」というと本文で定義したように，企業や家計の行う財務活動というニュアンスが強まる。「金融」をこの意味で使うことも多い。これに対し，「金融政策（monetary policy）」や「金融論」という言葉に含まれる「金融」は，政府や中央銀行による信用システムの安定維持，あるいは一国の金利・通貨量の調整や為

とりあえず，<u>企業や家計が事業や生活を営む上で生じる資金の過不足を第三者との間でやりくりすること</u>」と定義しておこう（¶1-21）。「やりくり」とは，あとで返すことを約束して今借金をしたり，あとで使うために今運用に回したりというように，時間軸上で資金をやりとりすることを意味する。「融通」という言葉を使うこともある。

(2) 広義のファイナンス

1-2　ファイナンスは，資金を得る側からみると，**資金調達（狭義の finance）**，供与する側から見ると**投資（investment）**と呼ばれる。また，調達者の信用力を資産の価値や第三者の信用力で補完することにより有利な条件を得られるようにする信用補完は，資金調達と表裏一体をなす。代金の支払を掛け払いにする取引信用や貿易信用，手形や銀行の各種サービスを用いた資金決済はそれ自体がファイナンスとして機能する。一方，自然災害や突発的な事故，予期せぬ事態の発生によって生じた損害や収支・資金繰りの悪化を補填するための資金のやりくりもファイナンスである（これをリスクファイナンスという）。資金調達・投資のために資産や事業を売買することもファイナンスの定義にあてはまる。

これらに加え，資金調達や投資に伴うさまざまなリスクをヘッジ・管理することや，高度な金融的手法を用いて単純な資金のやりくりでは実現できない付帯的効果を狙うことも広義のファイナンスに含まれる。

(3) 金融技術

1-3　従前は，ファイナンスといっても銀行等から融資を受けるか，出資者や投資家に株式や社債を引き受けてもらうか程度の選択肢しかなく，これを取り扱う金融機関はビジネスの主体というよりは経済インフラの一部のように思われてきた。しかし，1980年代中頃からデリバティブやストラクチャードファイナンスと呼ばれる新しい金融手法が登場し，理論的にも金融工学（financial engineering），投資理論（investment theory）と呼ばれる学問分野が

替相場の安定確保といったマクロ的な意味で用いられている。本書でもこうした一般的用法に従って両方の言葉を用いる。

IT技術の発展と相まって急発展し実務の高度化を支えている。こうして，今日産業技術と同様，**金融技術**（financial technologies）が存在するということを誰も疑問に思わなくなった。

ただし，金融技術の意味するところは論者によってかなり異なる。金融工学と同義に使うことも多いようだが，本書ではより広く<u>ファイナンスを実現するために用いられる技術</u>を広く指す言葉として用いる。この結果，高度な数理・工学的技術はもちろんだが，第2部で扱う高度なキャッシュマネジメントシステムや電子手形のように金融の仕組みそのものは単純だが情報技術を駆使することによりこれまでにない金融サービスが可能になるという金融情報技術（大垣2・283頁以下），あるいは，法・税・会計・規制の枠組みを工夫することによりさまざまな効果を狙う法技術といったものも金融技術の一部を構成する。

さらに，技術はあくまでそれが用いられる商品（product）や仕組み（structure, scheme）に奉仕すべきものなので，技術を学んでも金融自体の理解が欠けると適切に活用することができない。「はじめに」でも述べたように，本書では上に述べた広義のファイナンスを，第1部，第2部を通じて基礎的なものから専門性の高いものへと体系化し，高度化の一途をたどる金融技術を理解するための基礎的な考え方や知識を解説した上で，特に金融の法技術について詳しく論じていく。

> **1-4　産業革命・情報革命・金融革命**　資本主義は15世紀末の地理上の発見を契機にまず財を安く仕入れて高く得るという**商業**（commerce）を中心に発展した。これを**商業革命**（commercial revolution）と呼んでいる。これに対し，19世紀には**産業革命**（industrial revolution）が起こり，原材料を加工して付加価値を高め，これを販売することによりもうけを得る**工業・産業**（industry）の時代が到来する。20世紀後半には**情報革命**（information revolution）が起こり，情報処理の高速・高度・低価格化と共にインターネットの普及によるネットワークの高速・高度・低価格化が急進した。この結果，財・サービスの付加価値のあり方が劇的に変化し，新たなもうけの構造が生まれた。そして，20世紀第4四半期には**金融革命**（financial revolution）が起こる。

1-5　**金融立国**　金融革命の申し子として金融工学やストラクチャードファイナンスといった新たな金融技術が登場し，米国を中心に市場のグローバル化が急進する中で，産業に対して資本を供給する立場にしかすぎなかった金融が独立したビジネスとして国富の形成に重要な役割を果たす**金融立国**の時代が到来した。日本でも一時期この方向性が真剣に議論された。しかし，あまりにも複雑化した金融技術への依存はいわゆるサブプライム問題を引き起こし，2007年には世界経済全体が大恐慌以来の打撃を被った。このため，現在は金融技術偏重の弊害を主張する向きが多い。しかし，それは産業化と公害の関係のように次の更なる展開に向けた足踏みとでもいうべきものである。金融立国を，国内に自由かつ秩序の維持された資本市場を形成することを通じて海外の金融活動を自国に呼び込み，国内投資家が世界の投資機会を確実に把握できるようにすることに加え，関連の金融サービス業を通じて雇用創出を行うことだと定義するなら，その意義は今後ますます高まるものと考えられる。

(4) 調達から投資へ

1-6　経済が高度成長を遂げている時代には，資金調達ニーズが供給を上回る資金ひっ迫状態にあるため，ファイナンスは資金調達のニーズを出発点とし，これに対してどのように資金を供給するかという点をめぐる議論が中心となる。しかし，経済が成熟してくると，企業や家計の資金ニーズは勢いを失う一方，巨額の余剰資金が形成されるために，投資ニーズが資金調達ニーズを上回るようになる。ここでは，旺盛な投資ニーズを出発点とし，これに対してどのように投資対象を供給するかに議論の焦点が移る。

　ただし本来なら，資金調達と融資を含む広義の投資とは表裏の関係にあるから，資金調達ニーズを超えて投資機会は生まれないはずである。しかし，資金調達を融資ではなく債券で行えば，少なくとも市場を通じてより多くの投資家に投資機会が開放されることになる。また，後述するように発達した金融技術を用いれば，資金調達ニーズの絶対額を超えた投資機会の創出も可能である。このように，投資ニーズが資金調達ニーズを上回る成熟した経済においては，単に資金需要者のニーズを満たすのではなく，投資機会を拡大するための市場の整備や金融技術の開発が重要であり，その努力がまた資金

調達の効率性を向上させることになる。言い換えれば，今日における金融の役割は，さまざまな金融技術を活用して資金調達者に高度な金融手法を提供する「調達」面から，投資家に対して幅広い種類の金融商品を開発して投資機会を供給するという「投資」面に比重が移っているのである。巷間「貯蓄から投資へ」というスローガンが掲げられることがあるが，むしろ**「調達から投資へ」**という視点が今日の金融を理解する上ではより重要である。この点は金融の法技術にも少なからざる影響を与えている。

では，資金需要を上回る投資需要に応えるにはどのようなやり方があるだろう。実はそれ自身が本書のテーマなのだが，ここでおおざっぱにまとめておけば，投資機会を外部に求める地理的拡大の文脈と，新たな金融技術を駆使して投資機会を増大させる技術革新の文脈に大別され，さらに後者には3つの段階がある。金融技術の歴史をみるとほぼこの順番で発展を遂げてきている。

(a) **地理的拡大**

地理的拡大によって投資機会を増やすには，わが国以外の市場に拡大するクロスボーダーファイナンスの文脈と，国内において，都市部を中心とした活動を地域に展開する地域ファイナンスの文脈が考えられる。

① 海外への展開－クロスボーダーファイナンス

1-7　海外展開による新たな投資機会の創出にはいくつかの文脈が考えられる。まず最も単純なものは，外部の市場にある投資機会をわが国の投資家に提供することである。今後の金融ビジネスに求められる重要な役割である。一方，海外の企業等が資金調達を行う場合に，わが国の資本市場を活用してくれれば，わが国の投資家に貴重な投資機会が提供される。近時わが国の金融市場のグローバル化が主張されるのはこの理由からである。反対に，国内にある特殊な資金調達需要に対して国内の金融機関や投資家が対応できない場合には，海外の投資家を呼び込まざるを得ないこともある。

今日の資本市場はグローバル化が著しく進展しているため，海外進出は以前に比べると大変容易になった。しかし，日本も含めてすべての国が完全に自由な資本の移動を認めているわけではない。また，国によって金融市場や金融業に対する規制の内容や手法が異なるし，税制や会計基準，法制度（倒産法，金銭債権の譲渡や相殺等に関する民事法，会社法等の組織法，国際私法等々）

の差が事実上の障壁となることも多い。こうした制度差による障壁を取り除くため、金融関連の税制・会計基準・法制度が共通化する**融合現象**（convergence）が加速化している（¶2-31）。一方、こうした制度差を逆手にとって一種の**裁定取引**（arbitrage transaction）が仕組まれることもある。反対に国内の規制や制度が厳格な場合、あえて海外市場で取引を仕組むことも少なくない。なお、これまでは日本の規制を嫌って海外に出るという文脈ばかりだったが、日本が市場改革に成功すれば逆の動きを呼び込むことも夢ではない。

一方、米国サブプライム問題に端を発した世界的な金融不安にも見られるように、グローバル化した市場でひとたび問題が起こると、瞬く間に世界全体に波及してしまう。このため何らかのかたちでグローバル化した資本市場の秩序を維持する国際的な枠組みを強化することが欠かせない。

② 地域への展開

> 【参考】 日本経済新聞が「日本人とお金」という特集で、香川県小豆島において「グロソブ」（正式名はグローバル・ソブリン・オープン）とよばれる、世界の債券に投資する投資信託（¶3-20）が爆発的に売れていると紹介している（2007年12月8日付け朝刊）。同島住民の投資残高は100億円を突破し、人口対比で日本全体の3倍の「濃度」で保有している計算になるという。
> 　この投信の特徴は毎月一定額の配当金が支払われることにある。同島の人口はかつて6万人あったが、いまや3万2千人余りとなり65歳以上の高齢者の割合が約3割を占める。彼らにとっては毎月の配当金が年金生活の足しになるというわけである。
> 　しかし、同紙は毎月の配当金にあてられる資金は運用に回らないので、投資成績はその分下がることを知らない人が多いと指摘する。外債投資なので急激な円高になれば損が出る恐れもある。長期の運用成果が投資の尺度となる欧米には毎月配当する商品はほとんど見当たらず、世界に類をみない異形の投信だという。

> 問）上記参考記事を読んで、日本において金融が地域展開をすることに関する可能性と注意点を考えよ。

1-8　海外展開と並ぶもうひとつの地理的拡大の文脈は、国内における地域展開である。これまでは金融活動は都市に集中する傾向があった。これは資金需

要を有する企業や家計が都市部に集中していたからであり，貸出需要は旺盛だがそれに見合う預金調達が難しい都市銀行や系統中央金融機関等が，預金は集まるが貸出先がない地域金融機関からコール市場等を通じて資金を調達して貸し付けるという構図が長らく続いてきた。

　しかし，調達から投資への動きが強まると状況が変わってくる。投資活動は市場や市場に関するリアルタイムの情報にアクセスすることさえできれば場所を問わない。さらに，巨大な資金余剰を有する家計の投資ニーズは首都圏にしかないわけではない。極端なことを言えば，高齢化した過疎村にも投資ニーズはあるはずである。こうしてみると，金融サービスを都市部に集中させるべき必然性は以前よりは希薄になっている。投資関連の金融ビジネスは比較的小規模な情報投資と人材さえあれば事業を立ち上げることができるので，地域での起業に適した産業だともいえる。米国を代表するファンドマネジャーのウォーレン・バフェット氏は最初から金融とは縁の薄いオマハ市を拠点としており，今も大物経営者が「オマハ詣で」をすることで有名である。

　日本では今後2025年頃まで高齢化が急速に進み，定年後に20年以上あるシニア期を積極的に生きる方法を見いだすことが国民全体の大きな課題となっている。都市部で経験を積んだ金融パーソンが退職あるいは退職期に向かう過程で積極的に地域に移住・住みかえを行いさまざまな投資関連サービスを展開することになれば，新たなビジネス機会が生まれ，それがまた新たな投資ニーズを生むことも考えられる（QOL [quality of life] 向上のための「まちづくり」の文脈）。

　これまでの金融の地域展開は資金調達ニーズを中心に考えられてきたために，「東京への一極集中が進む中で地域の資金ニーズは限定的だ」といった議論に陥りやすく，地域における金融ビジネスが今後拡張するという主張はあまりみられない。しかし，調達から投資へという文脈の下では，むしろ金融ビジネス自体が地域における起業活動を支える可能性がある。

(b) 金融技術の革新

次に金融技術の革新による投資機会の増大には以下の3つの段階がある（図1）。

図1　投資超過の構造

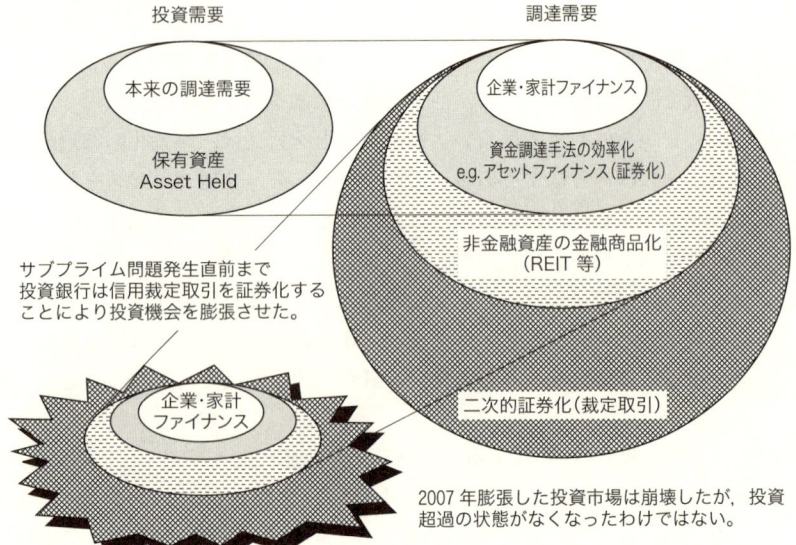

① 資金調達手法の効率化

1-9　まず，資金調達手法が原始的あるいは非効率なことからニーズにあった資金調達ができないと，それに見合う投資機会も失われてしまう。こうした場合には，新しい，あるいは，より効率的な資金調達手法を開発することによって，結果として投資機会を拡大することができる。

たとえば，調達者は長期固定金利の資金調達を望んでいるが，投資家は変動金利建ての運用を求めている場合，そのままでは資金調達が成立せず，したがって投資機会も生まれない。これに対し，金利スワップ（¶8-51）という金融技術を用いれば，長期固定金利を変動金利に変換することが可能になる。一方，固定金利建てのままでも，借入れではなく社債発行によれば，短期資金しか持たない投資家も流通市場を通じて売却することができるから長期債への投資が可能になる（¶3-17）。

また，担保物件の価値がどれだけあっても，担保という法技術を利用している限り，資金調達者の信用力が一義的に問題となる。これに対して，第2部で学ぶ資産証券化という手法を用いて担保の対象となっている資産を資金調達者から切り離し，資産自身の信用力で資金調達を行えるようにすれば，より効率的に資金調達が可能となり，結果的に投資機会も増大する（第1部で取り扱うものとしてはディフィーザンス［¶16-29］がこの例にあたる）。

②　非金融商品の金融商品化

1-10　しかし，企業や家計の調達ニーズだけでは旺盛な投資需要を満たすことは出来ない。そこで，不動産や商品といった，従来は資本市場で取引されていなかった財を資本市場で取引できるようにする工夫が行われるようになる。これを**非金融資産の金融商品化**（financialization of non financial assets）という。金融商品化の文脈でもデリバティブや証券化の技術が重要な役割を果たす。商品先物（¶3-45）や不動産投資ファンド（¶14-33以下）はその典型である。

③　二次的金融商品の開発

1-11　1990年代に入ると，金融技術が一段と進化して資金需要とは独立して投資需要を満たすための金融商品開発が行われるようになった。金融ビジネスの顧客がファイナンスを必要とする企業から投資を必要とする投資家に転換したといってもよいであろう。

　たとえば，投資信託のように，運用という付加価値をつけることにより，株式・社債といった一次的な金融商品から新たな金融商品を生み出すファンド型の商品が幅広く開発され，単に庶民だけでなく，プロの投資家もこうしたものを積極的に活用するようになっている（¶13-1以下）。ファンドは単に運用業務のアウトソース化ではなく，運用方針そのものを金融商品化したものということができる。

　また，資金需要のない企業であってもその信用力にリターンが連動する合成社債を作り出すことにより，人工的に投資機会を創出することもある。さらに，市場の非効率性や価格決定・値付けの歪みに着目して，そこから生ずるさまざまな**裁定機会**（arbitrage opportunities）を捕捉して収益を実現する二次的金融商品の多様化が急速に進んでいる（いわゆる structured products）。

(5) 金融商品

1-12　このように調達から投資へという流れが強まると，これまで企業のための資金調達手段であったものが，投資家のための「**金融商品（financial products）**」と捉えられるようになる。そして金融技術も資金調達をうまく行うための技術ではなく，金融商品を「開発・製造」するための技術として位置付けられるようになる（¶3-34）。

1-13　**金融商品マーケティング（financial products marketing）**　金融商品を開発するためには，一般投資家をあたかも消費者に見立て，ニーズ仮説を市場調査等を繰り返して商品性を絞り込み，価格戦略を策定する**金融商品マーケティング**という作業が必要になる（¶3-20）。この結果，金融技術という概念も，デリバティブやストラクチャードファイナンスといった**要素技術**だけでなく，これらを最終的な金融商品にまとめあげるための**生産技術**，そしてさらには，こうしてできあがった金融商品をどのように企画・開発・販売するかという**商品化技術**までを含んだ非常に幅広い概念になってきている。そして，法的インフラについても，自由市場の規律と投資家保護を実現するための規整という視点に加え，バラエティーに富んだ魅力的な金融商品を生み出すための枠組みという視点が重要になっている。

(6) ファイナンスは誰のためにあるのか

1-14　これまでのファイナンスは主として資金を調達する企業のために存在していた。今でも大学の授業で「ファイナンス」といえば，原則としてコーポレートファイナンスのことを意味している。本書を読み出された方もそういう理解で勉強を始められたのではないだろうか。しかし今日，ファイナンスが誰のためにあるのかという問いに答えることは容易ではない。前述のようにわが国では調達から投資へという動きの中で，企業にせよ家計にせよ，調達者ではなく投資家としての位置付けが非常に重要になっている。また最近は，企業から家計に視点が移ってきている。調達部門では企業投資が伸び悩むなかで家計の住宅投資の重要性が増しているし，1500兆円あるといわれる個人貯蓄に対して有効な投資先を供給することは今日の日本において金融に課せられた最大の課題といってもよいだろう。ただ，こうした議論の根底

に往々にして見え隠れするのは，個人の資金を投資市場等に呼び込んで景気回復を図りたいという政府や企業経営者からの視点である。

　従来，金融機関には，どちらかというと経済インフラを担う半公的存在というイメージがあった。しかし現実には，企業金融の収益性が低下する中で，多くの銀行が，消費者ローンや住宅ローン，投信・変額年金の窓口販売といったリテールビジネスの強化を謳って熾烈な競争を繰り広げている。これらの業務を通じて，金融機関がもうかることがどのように国民の福祉につながるのか。鉄・自動車・情報産業等の場合に比べると明確とは言い難い。

　思うに，いかなる経済活動も最終的にはその構成員である「生活者としての個人」の幸福達成が目標である。金融も最終的には，わが国あるいは世界に住むひとりひとりの「生活者としての個人」のために存在している。いかなる高度な金融技術もこの目標を離れたところでは意味を持たない。

　ところが今日のわが国では，公的年金という巨大金融商品の設計と運用に問題が生じたために国民は将来不安を余儀なくされている。高齢化の問題に対して退職金運用の収奪競争と医療保険や変額年金，毎月分配型投信の販売競争に明け暮れるというビジネス展開しか思いつかないのでは寂しい限りである。

　たとえば，国民が安心した住生活を送るためにはこれまでにない新しい住宅金融の技術が必要とされている。視点を世界にむければ，各地にはまだまだ資金調達の文脈で金融が果たさねばならない役割が大きい地域がたくさん存在している。電力プラントやダム建設といった開発プロジェクトへの金融はもちろんだが，マイクロファイナンス（¶9-51）にも高度な金融技術を用いる可能性がある。ある程度国民所得が向上した社会では日本と同様，白物家電・自動車・マイホームといった大型消費財への需要が強まるが，購入を可能にするための販売金融や住宅ローン市場の成熟には時間がかかる。わが国で高度化した販売金融や証券化技術を持ち込めば，市場の拡大を早めて成長を助けることもできる。

　一方，金融は，お金という抽象的な財を市場という変動のきわめて激しい場所で取引するものであり，扱いをひとたび間違えると一国あるいは世界の経済に大きな悪影響が及ぶ。このことは，1990年代に10年以上の長きにわたって日本経済が不況に苦しむきっかけとなったバブルの崩壊，そして，

2007年に勃発して世界的な問題になったサブプライムローン問題をみても明らかである。

　金融に携わる者は，常に，ファイナンスの最終目的が生活者としての個人の幸福にあり，自由かつグローバルな市場をめぐって必ず生活者としての個人に影響を及ぼすのだということを肝に銘じて，常に常識と良識を働かせながら，複雑化の一途をたどる金融技術を自家薬籠中のものとして使いこなせるようにならなければならないのである。

> 1-15　**リーガルマインドとバンカーズマインド**　法律を習われた方は，法律家には**リーガルマインド**（legal mind）が必要だと教えられたと思う。リーガルマインドは英米の概念であり，「解釈法学は『大人の学問』であり，あるひとつの解釈をとることが四方八方に響くことを見抜いた上でイギリス人のいわゆる『よくバランスのとれた』考え方をしなければならない」（団藤344頁）ということを意味する。同じ英米で発展した金融になぞらえれば，金融パーソンには**バンカーズマインド**（banker's mind）が必要ということになる[2]。金融機関に就職すると上司から「バランス感覚を磨け」と指導されることが多いと思うが，ここでいうバランス感覚も同じ意味と考えて良い。その意味するところは，本文で述べたとおりだと私は考えている（¶10-101）。

2　現在価値という概念

　次に，現代の金融において欠かすことのできない基本概念である，現在価値とリスクの概念について確認しておくことにしよう。

> 問）　以下は法律家と金融屋の会話である。各下線部分が何のことを言っているか考えよ。
> 【法律家】「先日企業買収の仕事に関わって思ったのだが，最近の金融は金融商品や不動産ばかりでなく企業や事業までもお金で価値評価（valuation）して売買の対象にしてしまう。あなた方のおかげで世も末だ。」
> 【金融屋】「何言ってるんですか。あなた方なんか昔からわれわれと同じ方法を使って人間にまで値段をつけている。さらに将来のある子供のほ

---

2) バンカー（banker）という言葉は，狭義の銀行員だけでなく，投資銀行家やファンドマネジャー等を含めた広義の金融パーソンの意味でも使う。ここではその意味である。

> うが大人より安くしか評価されないことも多いと聞く。少なくともわれわれは命の価値だけは自分で決めていただくことにしている。」

(1) 何でもキャッシュフローの額で評価するということ

1-16　現代ファイナンスにおいては，金融資産はもちろん，いかなる財産もその法的性格や経済的意義は無視して，将来発生する一連のキャッシュフローとして表現する。

　たとえば，金利5％・期間1年の定期預金と，これと同一条件の融資は，法的にみればそれぞれ消費寄託契約，消費貸借契約という違いがあるが，金融の視点からは，今日における100万円の支払（受取り）と1年後の105万円の受取り（支払）というキャッシュフローを有する同一の取引になる。同様に，企業や事業も，それを組織としてみるのではなく，今日における100億円の投資と将来における配当の集合と考える[3]。企業や事業については，預金や融資のように将来の収支が確定していないが，全く予想不可能ということはないから，一番ありそうな金額を中心に目的に応じて複数の予想額を想定する。投資採算（¶7-16）を考える場合は標準・楽観・悲観といった3シナリオを考えることが多いし，株式の理論価値を出すために，あらゆる可能性を確率分布として想定し期待値の総和をとることもある。

　最近は二酸化炭素ですら（酸素ではない！）「吐き出す権利（排出権）」として売買がなされる時代であり（¶3-40），森羅万象お金で表現できないものはないといってよいだろう。金融はあらゆるものを，現在から将来におけるキャッシュフローとして抽象化することにより，お互いを同じ土俵で評価し，また，さまざまな金融手法・技術を用いて取引の対象にする。ただ，実体が分かっているものほどこうした「割り切り」をすることに抵抗が伴う。これをあえて推し進めることにより，金融工学が金融共通のフレームワークとして発展，成長したのである。

---

[3] 価値評価（valuation）が問題となっている場合は，常に現金収支を考えそれが会計上の収益・費用かどうかは考えない。逆に会計上は収益・費用だとしても現金を伴わないものは無視する。

(2) 人間の値段①

1-17　前節の考え方を推し進めると人間にも値段があることになる。とんでもないと思うかもしれないが，これが算出できないと事故や犯罪で死んだ人について損害賠償の金額が計算できない。実は現代ファイナンスが確立するよりはよほど以前から法律家はこの作業を続けてきている。

　民法の不法行為論で習ったように[4]，判例は生命侵害の損害について，被害者が想定余命において獲得したであろう所得から生活費を差し引いたものを被害者の逸失利益とし（最判昭和39・6・24民集18巻5号874頁，民判303事件），この金額に見合う損害賠償請求権を遺族が相続するという立場をとっている（大判大正15・2・16民集5輯150頁，民判296事件）[5]。この金額はいわば死者の値段そのものであり，遺族はこれと固有の損害である慰謝料とを併せて請求できる（民709-711条）。人間の値段は本来決めがたいものだし，この方法だと，高齢の総理大臣や大企業の社長より子供の余命のほうが長いから「高価格」となる可能性がある。しかし，そういうことを悩み出すとキリがないから，現金収支のみで考える。その意味で法律学も損害賠償という「金でケリをつける」段階に至ると金融と接近する。

(3) 中間利息と現在価値

1-18　ところで，逸失利益の計算をする場合，「**中間利息を控除する**」と習ったであろう。これは法律独特の表現であり，金融では「将来の収支の現在価値を求める」と表現する。

> 問）　10億円の設備投資をすれば，将来10年間にわたって，毎年1億円の収入があげられる投資は魅力的か。理由と共に述べよ。

---

4)【復習】我妻ほか2・債167(2)(イ)(a)，内田2・430頁以下。
5)　なお，学説は判例に反対し，相続を否定する立場が主流になっている。専門外なので深入りは避けるが，もともと人間の値段という算定不可能なものを算定せざるを得ないところに無理があるのだから，どういう理論的説明をするにせよ，裁判という個別具体事案における正義追求の場において，被害者の死亡で不利益を被った者の救済が十分に図られ，しかし，裁判制度全体を通じた客観性が維持されるような，損害算定に係る枠組みを構築することが重要だろう。この点，金融的な視点からは，裁判所は後者に傾きすぎているように思える。

この投資は直感的にあまり魅力的でないなと感じる。10億円を単に普通預金に預けておいても多少の利子は付くから，10年たてば10億円より増えるのに，この投資はちょうど元本が返ってくるに過ぎないからである。

<u>金融の世界では，いかなる者もお金をタンスに死蔵させることはせず，必ず何かに運用していくばくかの金利を稼ぐものだと想定する</u>[6]。つまり，現在の10億円と10年後の10億円とは，10年分の金利に見合う額だけ価値が異なることになる。

仮にその金利を年率5%とすれば，今の10億円は10年後には，単利計算（金利の金利は考えない）なら

$$10億円 \times (1+0.05 \times 10) = 15億円$$

1年ごとの複利計算（金利も金利を生むと想定する）なら

$$10億円 \times (1+0.05)^{10} = 16.3億円$$

になる。これを逆から見ると，10年後の10億円の現在における価値は，単利計算なら

$$10億円 \times \frac{10億円}{15億円} = 6.7億円$$

複利計算なら

$$10億円 \times \frac{10億円}{16.3億円} = 6.1億円$$

だということになる。

1-19 このように，ファイナンスにおいてはお金を常に**時間価値（time value）**で考える。10年後の10億円は複利計算だと6億円程度の価値しかないのである。不法行為で習った中間利息の控除とは，この時間価値の調整部分4億円のことを意味している。つまり，金融においては，死亡事故の被害者の逸失利益は「将来の想定所得から生活費を控除したものの現在価値だ」と表現することになる[7]。

---

[6] ちなみに，民法は当事者間に特約があるか損害賠償の場合を除いてお金は当然に利息を生まないという立場をとる（民404条・419条1項）。これに対し商人どうしで金銭の融通を行った場合には当然に法定利息が発生する（商513条）。

[7] ただ，これでは素人の被害者には何のことだか分からないから，損害額は額面だとした上で，今全部もらうのだから本来得られたであろう時期までの利息分（中間利息）を控除しますよと

これを，一般化すると，t 年後におけるお金 C の価値 PV は，t 年間の運用利回りを d とすると，以下のように式で表すことができる。

式 1　単利計算によるもの

$$PV = \frac{C}{(1+td)}$$

式 2　複利計算によるもの

$$PV = \frac{C}{(1+d)^t}$$

この PV を C の**現在価値（present value）**と言い，d のことを**割引率（discount rate）**と言う。つまり，お金には時間価値があり，それは将来の金額を一定の割引率で割り引いた現在価値で表現される。このことは，ユークリッド幾何学において平行線が交わらないという前提を置くのと同様，金融においてすべての議論の前提となる公理（axiom）と言ってよい。難しく見える金融工学も結局ここに帰着する[8]。

> **1-20　単利か複利か**　不法行為で中間利息の控除方法にはホフマン法とライプ

説明するわけである。

8）**現在価値概念の公理性**　実際には，最近のように預金金利がゼロに近いにもかかわらず，引き出そうとすると金額制限があったり，めんどうな本人確認まで要求されたりするので，現金をタンスに入れて持っていたほうがよほどマシと思う人がいても不思議ではない。また，もらったお金は必ず浪費してしまうダラシのない人が来年社会人大学院の入学が決まっていてお金が必要という場合，今のお金の価値より 1 年後のお金の価値のほうが高いともいえる。ファイナンス理論においても，行動ファイナンスと呼ばれる領域の論者は，たとえば，人の心理に基づけば割引率は遠い将来に向かうほど小さくすべきだと主張する（友野 218 頁以下参照）。しかし，本書では，そうした現実は考慮せず，お金の価値を時間と運用利回りだけの関数として考える。ここに現在価値概念の公理性がある。とりあえずの出発点として非常に有用だからである。
　法律学で通説と呼ばれるものは往々にして紋切り型で具体的妥当性を欠くことも多いが，結論が明快なので行動指針としては分かりやすい。具体的妥当性を理論に取り込むことに拘泥しすぎると，場合分けが無用に増えたり，ケースバイケースで利益衡量するしかないというような議論になったりして，実務家からみるとかえって使いづらくなる。現実世界を対象とするファイナンスにも同じことが言える。お金の時間価値が本当に現在価値で計れるのかとつきつめれば誰もそうだとは言えない。しかし，そういう「具体的妥当性は欠くが単純でとりあえず何にでも適用できる枠組み」にまずは依拠した上で「現実との差分」を考えていくほうが，「すべてに対処できるが使いこなすのが大変な枠組み」よりも往々にして有用なのである。

ニッツ法があると習った。実は前者が単利，後者が複利の考え方である。日本では80年代までは金融の世界でも単利が主流だったが，最近は複利計算が原則である。ただし，手形の割引計算のように，事実上複利運用が非現実的な1年以内の期間については単利が用いられることが多い。不法行為の世界に単利が残っているのは理論的な問題よりそのほうが損害額を大きく算定できるからだろう。しかし後述するように，そもそもの計算方法が金融的視点からは便法にすぎるように思われる。

練習問題 1-1

① 額面1億円で，満期10年，表面金利が5%（年1回後払）の国債を額面価格（1億円）で購入した。金利は1年後から年1回支払われ，元本は10年後に全額が一括して償還される。この国債から生まれるキャッシュフローの購入時における現在価値（複利計算による）を，利息と元本のそれぞれについて求め，その合計が，当初の額面である1億円に等しいことを確認せよ。

② ①の結果によれば，額面1億円で満期10年の割引債（金利の支払がなく，満期に元本が額面で償還される債券）を発行する場合，発行価額は額面100円に対し何円とすればよいか。

練習問題 1-2

投資家から10年間で年率5%以上となるように運用してほしいとして知人から預かった資金1億円で東京新宿の賃貸マンションを購入しようと考えている。固定資産税や諸費を控除した正味家賃は年間で300万円程度見込めるという。仮にこの想定が正しいとして，知人の要求利回りを実現するには10年後にはマンションがいくら以上で売れる必要があるか。

(4) ファイナンスの定義再論

1-21 以上の議論を踏まえれば，前節冒頭のファイナンスの定義（¶1-1）は，<u>時間軸上においてどの時点でいくらが支払われるかは異なるが，現在価値が同じになるキャッシュフローを，2人もしくはそれ以上の当事者がやりとり（交換）することだ</u>と言い換えることができる。

たとえば，5%の固定金利と6か月毎に見直す変動金利を交換する金利スワップは，それぞれの支払（受取）を一定の割引率で割り引いた現在価値の合計を等価だと考えて交換する取引である（¶8-51）。もっと古典的なファイナンス手段である融資も，貸し手が期首において貸し付ける元本（現在価

値は額面に等しい）と借り手がその後期限までに支払うそれぞれの元利金の現在価値の合計を等価だとして交換する取引とみることができる。このように考えていけば，あらゆる金融取引は現在価値が等価なキャッシュフローの交換であると整理することができるのである。

(5) 割引率の力

1-22 　ところで，損害賠償の議論では往々にして損害額の算定に目が行きがちである。しかし，金融屋の目からすると割引率をいくらにするかのほうがよほど大きな問題であることが多い。

　図2は，割引率1－5％についてx年後の100は現在価値でいくらになるかをグラフで示したものである。民法の法定利率である5％を前提にすると35年後の100の現在価値はわずか18になる。最近，最高裁でこの点がまさに争われた。

図2　割引率と現在価値の関係

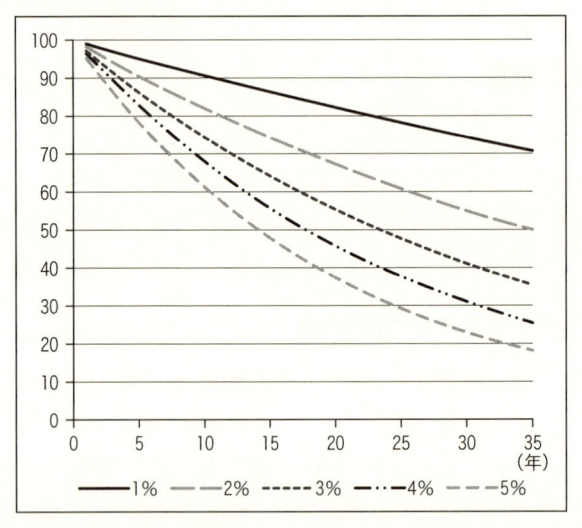

1-23 　【判例】最判平成17・6・14民集59巻5号983頁（民判306の2事件）

　9歳で交通事故死した子どもの逸失利益を計算するにあたり，計算の基礎とすべき収入は566万円，稼働可能年数は18歳から67歳までの49年間，生活

費控除については50%が相当であるとされた事案について，逸失利益から控除すべき中間利息に関し最高裁は次のように判示した（下線筆者）。

「わが国では実際の金利が近時低い状況にあることや……実質金利の動向からすれば，……中間利息の割合は民事法定利率である年5%より引き下げるべきであるとの主張も理解できないではない。

しかし，民法404条において民事法定利率が年5%と定められたのは，民法の制定に当たって参考とされたヨーロッパ諸国の一般的な貸付金利や法定利率，わが国の一般的な貸付金利を踏まえ，<u>金銭は，通常の利用方法によれば年5%の利息を生ずべきものと考えられた</u>からである。そして，現行法は，将来の請求権を現在価額に換算するに際し，法的安定及び統一的処理が必要とされる場合には，法定利率により中間利息を控除する考え方を採用している。……損害賠償額の算定に当たり被害者の将来の逸失利益を現在価額に換算するについても，法的安定及び統一的処理が必要とされるのであるから，民法は，民事法定利率により中間利息を控除することを予定しているものと考えられる。このように考えることによって，事案ごとに，また，<u>裁判官ごとに中間利息の控除割合についての判断が区々に分かれることを防ぎ，被害者相互間の公平の確保，損害額の予測可能性による紛争の予防も図ることができる</u>。上記の諸点に照らすと，……中間利息の割合は，民事法定利率によらなければならないというべきである。（後略）」

裁判所の計算とは厳密に一致しないが，この事例で毎年283万円（566万円の50%）というキャッシュフローを（期末にもらうと想定し）それぞれ9－58年という期間について（18歳の収入は死亡後9年目から発生），割引率5%（民事法定利率）で割り引いた現在価値（複利計算）の総和は3300万円である。これを式で表すと，

$$\sum_{i=9}^{58} \frac{2,830,000}{(1+0.05)^i} \fallingdotseq 3300万円$$

となる[9]。

---

[9] 高校の数学でも習ったように，総和を求める式を簡略化して表すために，Σ（シグマ）という記号を用いる。すなわち，

$$\sum_{iの初期値}^{iの最終値} (iを含む算式)$$

とは，括弧内の算式を，iを初期値から最終値まで1ずつ増やして全部を合計しなさいという意味である。本書でも今後この記号を用いる。単に表記の問題なので慣れて欲しい。なお，Σ

この式において，基礎年収を566万円から1000万円に増額（つまり283万円を500万円に増額）しても賠償額は5860万円に増えるだけだが，割引率を判決が出た平成17年6月における10年物の国債利回りである1.165%に変更するとなんと9480万円にもなる。本件の控訴審で「控えめ」と認定された3%で計算しても5500万円である。また，被害者が事故で死んだのが9歳ではなく18歳だとすると，割引期間が1−49年に短縮するから，それだけで賠償額が約5000万円に増える。どうせ死ぬなら稼ぎが生まれる18歳まで待った方がよい（？）ということである。金利の力はかくも強大なのである。

1-24　専門外の私は最高裁判事が展開する法律論にはとても反論できない。しかし少なくとも，現代のファイナンス理論からする限り，判例の結論にはかなり疑問がある。そもそも「金銭は，通常の利用方法によれば年5%の利息を生ずべきもの」と言われても戸惑うばかりだが，それをさておくとしても，法定利率しか客観的な割引率の指標がないと決めつけられると金融屋としては情けない限りである。市場利率を客観的に反映した指標などいくらでも存在する。それに後の章で説明する金利の期間構造というものを全く無視している（¶8-10）。また，人間の稼働可能年数も現在の生命表からかなり乖離した想定のように思われる。少なくとも金融パーソンを目指す方々は最高裁の考え方に素直に納得してはいけないのである（注220参照）[10]。

> **練習問題 1-3**
> 練習問題1-1①の利息の現在価値を求める計算式を，Σ記号を用いて表しなさい（注9）。

(6)　人間の値段②　生命保険

1-25　ところで，金融商品にも人間の値段を取り扱うものがある。生命保険である。

商法で保険には損害保険と生命保険があると習ったであろう。**保険契約**

　はギリシャ文字シグマの大文字だが，この小文字であるσは標準偏差を表すことが多い。σもファイナンスでは非常に重要な役割を担う（¶1-39）。
10)　逸失利益算定に関するさまざまな問題を総合的に論じた文献として加賀山＝竹内［1990］。民法改正との関連については内田［2009］77-78頁参照。

(insurance contract) とは，保険契約，共済契約その他いかなる名称であるかを問わず，当事者の一方（保険者，insurer）が一定の事由が生じたことを条件として財産上の給付（保険給付）を行うことを約し，相手方（保険契約者）がこれに対して当該一定の事由の発生の可能性に応じたものとして保険料（共済掛金を含む）を支払うことを約する契約のことをいう（保険2条1・2・5号）。そして，保険契約のうち，保険者が，一定の偶然の事故によって生ずることのある損害を填補する（具体的には保険金を支払う）ことを約束するものが損害保険契約（casualty insurance）である（同6号）。たとえば，自動車保険は誤って他人を事故死させてしまう場合に支払わねばならない賠償金を損害とみたててこれに備える損害保険である（¶9-92，¶9-94，¶16-38参照）。

1-26　ただ，人は事故だけで死ぬのではない。丈夫なつもりでも短命な者はいる。残された家族のために自分が死んだときに家族が被る損失を補塡する保険があってもよいだろう。逆に働けなくなってからいたずらに長生きすると周りに迷惑がかかる。想定外に長生きしたために余計にかかる生活費を塡補してもらう保険も必要である。このように人の生死を扱う保険が生命保険 (life insurance) である。

　ここで問題となるのが，生命保険の価額を決めるにあたり，人の命をいくらと考えればよいかということである。人によっては「私なんぞに何の価値もありません」と謙遜するだろうし，強気な人は国家予算規模のことを言うかもしれない。裁判所でも悩むのだから，これを保険会社に査定せよと言われても困る。そこで，「自分で決めてください」ということになっている。すなわち，保険法によれば，生命保険契約とは，保険契約のうち，保険者が，ある人（被保険者，beneficiary）の生存もしくは死亡に関して一定の金銭を支払うことを約束するものをいう（同8号，4号ロ，1号括弧書）。

　人の命は価値評価ができないので損害保険のように損害を塡補するという考え方が成り立たない。そこで，契約者が自分で保険金の価額を決め，これに見合った保険料を支払う仕組みにするのである[11]。損害保険には「いつ

---

11) このように，損害額にかかわらず事故が発生すれば一定の金額が支払われる保険を定額保険という。損害保険は定義上定額保険が認められない。これはそうした契約を自由に認めると，

起こるか（起きないか）」（事故発生の蓋然性）と，「どれだけの損害になるか」（損害額の多寡）という2つの不確定要因が伴うが，生命保険の場合は，前者しかないことが，両者を分かつ最大の相違点である（生命保険の種類については，¶9-93，¶9-94，¶14-76以下，¶16-42以下参照）。

(7) 生命保険料の計算

1-27　では，生命保険の**保険料（premium）**はどうやって決めるのか。保険数理という非常に高度な数学を使う領域の話になるが，後に説明する予定のオプション理論にも通ずるので，基本的な考え方だけを単純化して解説してみよう（興味のある者は山内を一読されたい）。

(a) 生命表

図3　生命表（第20回完全生命表より）

男性				年齢	女性			
生存数	死亡数	死亡率	平均余命		生存数	死亡数	死亡率	平均余命
100 000	298	0.00298	78.56	0	100 000	252	0.00252	85.52
99 702	45	0.00045	77.79	1	99 748	34	0.00034	84.73
99 657	32	0.00032	76.83	2	99 714	25	0.00025	83.76
99 625	22	0.00022	75.85	3	99 689	18	0.00018	82.78
99 604	16	0.00016	74.87	4	99 671	13	0.00013	81.80
99 588	14	0.00014	73.88	5	99 658	11	0.00011	80.81
98 636	73	0.00074	49.43	30	99 178	37	0.00037	56.12
98 562	75	0.00076	48.47	31	99 141	39	0.00040	55.14
98 487	78	0.00079	47.50	32	99 102	42	0.00042	54.16
98 409	84	0.00085	46.54	33	99 060	45	0.00046	53.18
98 325	90	0.00092	45.58	34	99 015	49	0.00049	52.21
98 235	97	0.00098	44.62	35	98 966	52	0.00053	51.23

ものによっては賭博行為となってしまうからである。逆に言えばそういう心配のない内容なら原則として保険業法の適用を受けずに行うことができる。たとえば，一定の対価の見返りに，一定規模以上の地震が発生すれば損害額にかかわらず100億円を支払うという契約は，その金額が合理的な範囲内であれば，デリバティブの一種として認められる（第2部で取り扱う）。クレジットデリバティブも同じである（¶16-46）。

1-28　生命保険や年金生命保険の保険料は生命表に基づいて決定される。生命表はある期間における死亡状況（年齢別死亡率）が今後変化しないと仮定したときに，各年齢の者が1年以内に死亡する確率や平均してあと何年生きられるかという期待値などを死亡率や平均余命などの指標（生命関数）によって表したものである（図3）。

> **生命表**（life table, mortality table）　生命表には国民全体に関する国民表と，生命保険事業者の経験値に基づく経験表がある（生命表に関する研究書として山口ほか参照）。前者はさらに毎年作成される簡易生命表と国勢調査の確定人口および人口動態統計の確定データをもとに，より精密な方法で5年に1度作成される完全生命表がある。第20回（平成17年）の完全生命表が執筆時点で公表されている最新のものである。経験表は，保険業法に基づいて指定された保険数理に関する公益法人（保業122条の2第1項）である社団法人日本アクチュアリー会が，責任準備金の計算の基礎となる係数（保業116条2項）の水準を定めるために作成されるもので（保業122条の2・2項3号），**標準生命表**と呼ばれる。標準生命表には死亡保険用と年金開始後用，第三分野用の3種類がある。同じ母集団から3種類の生命表が作成される理由は，それぞれに異なる安全率が組み込まれているからである。一般に，死亡用の場合，より高い死亡率，年金と医療保険用にはより高い生存率を見込む必要がある。また，医療保険はそれが用いられると積極的に余命が伸びることが期待されるので，年金のそれとは微妙に異なる配慮が必要となる。標準生命表は死亡率の改善等を背景に2007年に改訂が行われたが，第三分野用が作成されるようになったのはこの改訂からである。なお，生命保険契約やリバースモーゲージの証券化のように，死亡率や生存率が商品の格付けに影響を与える場合，格付機関は独自に要求される格付の水準毎に安全率を調整した独自の生命表を作成している。

(b)　自然保険料の考え方

1-29　たとえば，図3によると，30歳の男の死亡率は0.00074である。これは，1月1日に10万人の男性が保険に加入していたとすると年末には74人死んで9万9926人になるということを意味する。仮に死亡時に支払う保険金が100万円だとすれば，その年の支払は7400万円になる。話を単純化するために保険金の支払は年末に行われるとすれば，その年始における現在価値は割引率を5%とすると，

$$74{,}000{,}000 \times \frac{1}{(1+0.05)} = 70{,}476{,}190$$

である。そうすると10万人の契約者から一人あたり,約705円の保険料を1月1日にもらっておけば収入保険料を5％で運用できる限り収支相等(¶9-90)となる。こうやって求めた保険料を**自然保険料**(natural premium)という。

(c) 平準保険料の考え方

1-30　しかし,死亡率は歳を追う毎に高まるので自然保険料は加入年齢によって増加していく。そこで,次に30歳から2年間同じ保険料にするにはどうしたらよいか考えてみよう。このように保険期間中同一額としたものを**平準保険料**(level premium)という。

31歳の男の死亡率を見ると0.00076である。31歳まで生き延びるのは9万9926人だから,次の年には約76人(99,926×0.00076)が死んで7600万円の保険金の支払が必要になる。この現在価値を計算すると,

$$76{,}000{,}000 \times \frac{1}{(1+0.05)^2} = 68{,}934{,}240$$

となる。次に平準保険料をLとすると2年分のLに関する現在価値の合計が支払の現在価値の合計に等しくなければならないから,

$$100{,}000 \times L + 99{,}926 \times L \times \frac{1}{(1+0.05)} = 70{,}476{,}190 + 68{,}934{,}240$$

これをLについて解くと,約714円になる。

つまり,初年度は一人あたり714円集めて自然保険料705円との差額である9円を2年目の支払のために5％で複利運用しておき,その金額と2年目に集める714円とを併せて年末の支払までやはり5％で運用すればちょうど7600万円になるということである。

(d) 責任準備金

1-31　ここで初年度に集めた超過分9円は将来の保険金支払のための積立金なので**責任準備金**(policy reserve)と呼ばれる。運用利回りとして想定した5％は予定利率と呼ばれる。多くの生命保険会社は10年とか終身といった非常に長期の生命保険を平準保険料で契約しているため巨額の責任準備金を長期間で運用せねばならない。生命保険会社が長期運用を主体にした機関投資家

として機能するのはこのためである（¶9-98）。

1-32 **三利源**　生命保険の保険料は共通の生命表に基づく死亡率（年金の場合は生存率）と責任準備金の想定運用利回りである予定利率，事業費率の3つの要素から算定される。この結果，①生命表で想定された死亡率を実際の顧客の死亡率が下回る，②予定利率より高利回りで運用ができる，③想定を下回る事業費率が達成できるという3つの事情から保険会社に超過収益が生ずる。相互会社形態の場合にはこれを契約者配当として契約者に還元する。また，株式会社形態の場合はあえて有配当型の契約を締結していない限り，会社の純益として最終的には株主に帰属することになる。①－③はそれぞれ，**死差** (mortality savings)，**利差** (excess interest)，**費差** (loading savings) と呼ばれ，総称して**三利源**と呼ばれる。

(8) 判例再考

図4　第20回生命表に基づく生存確率

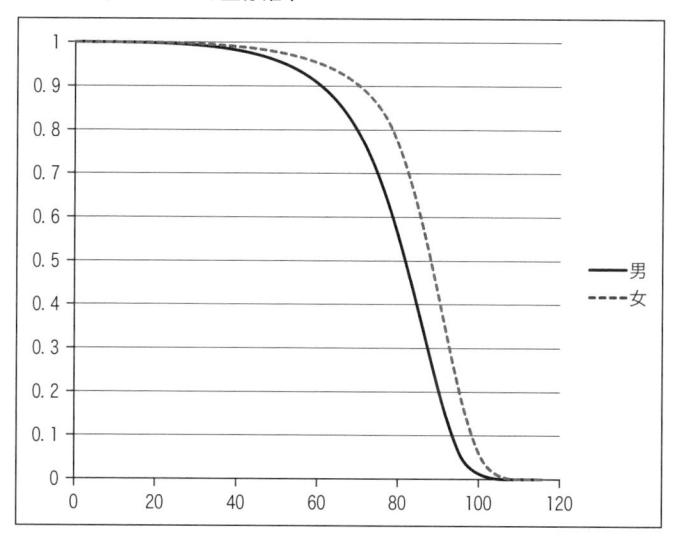

1-33 このように人の生死については生命表という精緻な統計が存在するので，たとえば，9歳の子供が50歳時点で生存している生存確率は，50歳時点の生存数を9歳時点の生存数で割れば求めることができる。**図4**は0歳児が各

年齢で生存している確率をグラフで示したものである。仮に18歳から67歳まで正味収入が283万円期待できるとしても（その仮定自体ももう少し精緻化する余地は大きいが……），厳密に言えば各年齢における生存確率を乗じなければ正確とはいえない。さらに，67歳以降も生存する可能性は十分あるから，たとえば公的年金程度の収入は想定して68歳以降の正味収入の現在価値を加えるべきである。

一方，割引率については，たとえば責任準備金の予定利率は金融庁の告示で期間10年の国債の応募者利回りの平均値を用いることと定められている（平成8・2・29大蔵省告示48号4）。事故当時の予定利率は3％以下，判決当時は1.5％以下である。運用のプロである生命保険会社ですら国債の利回り以上で運用することを要求されないのに，賠償金をもらった被害者やその遺族がこれをはるかに上回る運用ができるはずと想定する最高裁の判例は，金利の持つ影響の大きさを考えると紋切り型に過ぎる感がある。

3　リスクという概念

保険の話になったので，次にリスクの概念について簡単に説明しておこう。

(1) リスクと不確実性の違い

> 問）　以下はA社とB社の財務部長の説明である。A社かB社かのどちらかに融資するとしたら，どちらを選ぶか。
> 　A社「世の中にはうちは今回のサブプライム問題でかなりの投資損を出したといううわさもあるが，誹謗中傷にすぎない。もちろんこのままの経済環境が続くとさすがのわが社も厳しいが，わが社の廉価商品は不況になるほど強いので，仕上がりとしては黒字になるはずである。」
> 　B社「わが社はサブプライム関連投資の損失を処理したため当期は50億円の赤字となる。来期以降も現在の経済環境が続くようだと，最悪の場合，営業赤字が年間10億円程度の規模になる可能性がある。このため，今年から販売を開始した低コスト商品の売れ行きが想定通り伸びてもせいぜい数千万円程度の黒字となる程度である。」

1-34　リスクは，お金の時間価値と並んでファイナンスにおいて非常に重要な基

本概念である。

　すでに見てきたように，金融には時間軸がかかわるために（¶1-1），かならず将来との関係で**不確実性**（uncertainty）が存する。たとえば，あとで返すと約束したが倒産して返せなくなるかも知れないし，10％ で運用できるつもりでいたら金利が下がって 5％ の利回りしか得られないこともあるだろう。このように，ファイナンスにからむ不確実性は常に一定の経済的な損益と結びついている。ただ，不確実といっても，中には起こるかどうかさえよく分からないものもあれば，起こるかどうかや起こった場合の損害の程度を過去の経験や似たような事例からある程度把握できるものもある。後者であれば不確実性から生ずる経済的な損益を何らかの方法で具体的な金額として表すことができる。このようによく分からないことを数字で表すことを**定量化**（quantification）という。

　全く不確実なことに対応することは容易でないし，時には無駄ですらある。これに対し，不確実といっても定量化が可能ならそれなりに対応できる。このように，<u>定量化できる不確実性のことを**リスク**（risk）</u>という。たとえば，「気が向いたら返しくれ」といって貸したお金が戻ってくるかは「不確実性」の段階に留まっているが，銀行が多くの企業に融資をしている場合に，一定期間中に何社程度が貸し倒れるかは，過去の経験値等から定量化が可能なので「リスク」といってよい（¶8-31）。リスクは数字で表されているので，これに見合う金利を上乗せしたり，引当金を積んだりして対処することができる。ファイナンスにはこの他さまざまなリスクがつきまとう。ファイナンスではリスクをどのように評価し，また，どのような仕組みでリスクの発生に備えるかが問題となる。

(2)　純粋リスクと投機的リスク

1-35　信用リスクや火災・天災に遇うリスクは，起これば損失を被るが，起こらないからといって得をするわけではない。リスクの多くはこうした性質をもつ。これを**純粋リスク**（pure risk）という。これに対し，株価や金利・為替，地価といった市場における価格変動のリスクについては，下手をすれば損失を被るがうまくいけばむしろもうかることもある。このように，利得にもなれば損失にもなるというリスクを**投機的リスク**（speculative risk）という。

1-36　**ヘッジとカバー**　投機的リスクは将来の利得を放棄すれば損失をあらかじめ回避することができる。これを**ヘッジ（hedging）**という。デリバティブは投機的リスクである市場リスクをヘッジするための典型的な金融商品である。これに対し，純粋リスクは，将来リスクが発生した場合に備えて一定の資産を積み立てておくか，誰かにリスクを引き受けてもらうしかない。これを**カバー（cover）**という。保険はカバーのための典型的な金融商品である。

1-37　**リスク保有とリスク移転**　準備金を積み立てる等により自分自身でリスクをカバーすることを**リスク保有（risk retention）**，第三者にリスクを引き受けてもらうことを**リスク移転（risk transfer）**という。リスク移転のための典型的な金融商品が保険であるが，そのほかにもさまざまな代替的仕組み（alternative risk transfer, ART）が開発されている。準備金（reserve）や引当金（provision）はリスク保有のための古典的な制度である。最近はキャプティブ保険会社を使ったリスク移転やリスク保有の仕組みも活用する企業も増えている。こうした新しい仕組みについては第2部でリスクファイナンスとしてまとめて説明する。

(3) リスクの定量化

前節で，リスクとは経済的に定量化できる不確実性のことだと説明した。これをもう少し突っ込んで考えてみよう。

(a) 投機的リスクの定量化

1-38　まず，投機的リスクの場合は，**価格の変動率（volatility）**をリスクと考える（図5）。たとえば，A社とB社の株価を過去3か月間の平均株価を調べてみると，どちらも2000円程度で，現在の価格も同水準だとする。これだけでは，どちらのリスクが高いかは分からないが，A社の株価はこの間1000－3000円の間で値動きし，B社の株価は同じ期間に1900－2100円の間で値動きしていたとすれば，A社のリスクのほうが高いと考える。これを定量化するには，過去の値動きを統計的に処理して，将来の値下がりリスクの平均的なバラツキを分析する。そして，それぞれの場合における値下がりの期待値の現在価値を求め，その合計をリスクと考える。投資理論や金融工学では，こうした手法が多用される（¶13-26）。

図5　投機的リスクの定量化

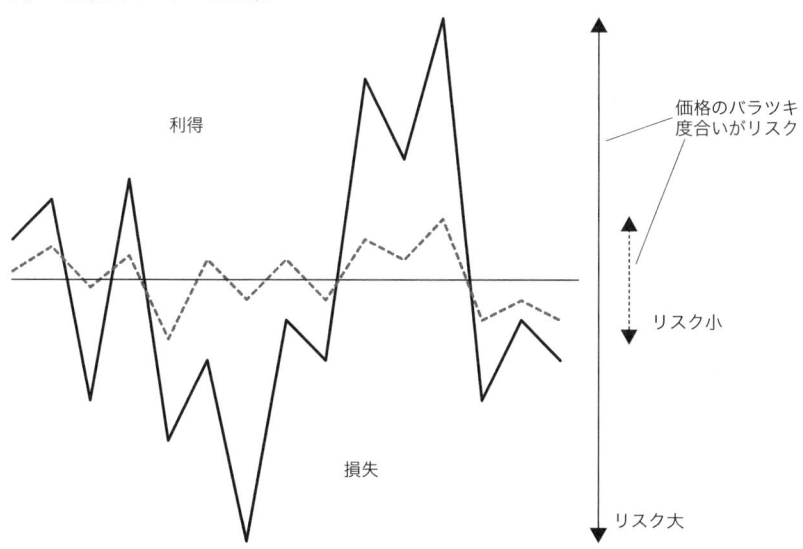

1-39　**平均・分散・標準偏差**　このように投機的リスクを持つ金融商品についてリスクを定量化するには、過去の価格の平均（算術平均）を求め、それぞれの値の平均値からのバラツキ度合いの平均を求めればよい。ところが、過去の価格と平均との差（これを**偏差**という）の平均値を求めようとすると、偏差の合計が必ずゼロになってしまうためうまくいかない。そこで統計学では、偏差の2乗の平均を求めてその平方根をバラツキの平均と考える。これを**標準偏差**（standard deviation）といい、平方根をとる前の偏差の二乗の平均を**分散**（variance）という。ファイナンスでは平均を μ（ミュー）、標準偏差を σ（シグマ）というギリシア文字で表すことが多い[12]。分散は σ^2 である[13]。

1-40　**チェビシフの不等式と3σ（シグマ）の定理**　平均が同じでも標準偏差が小さければそれだけ価格変動は少ないということになる。株価はテストの点

---

12) 厳密には母集団の平均を μ、要素数をNで、また標本平均は $\bar{x}$、要素数はnで表す。
13) 【関連】平均（森田＝久次36頁以下、田中12頁以下、アクゼルほか33頁以下）、偏差・分散・標準偏差（森田＝久次46頁以下、田中24頁以下、アクゼルほか38頁以下）。

数のように正規分布しているとは限らないが，一般にデータの総数を n，平均値を μ，標準偏差を σ，1 より大きな任意の定数を k とすると，

$$\text{値が}\mu-k\sigma\text{と}\mu+k\sigma\text{との間に入るデータの個数} \geq n\left(1-\frac{1}{K^2}\right)$$

という関係がある。これを**チェビシフの不等式**（Chebyshev's inequality）という[14]。

たとえば，k=3 なら，不等式の右辺は，$\frac{8}{9}n \fallingdotseq 0.9n$ になる。つまり，データがどのような分布をしていても，その 9 割は平均±3σ の範囲に収まるというわけである。これを **3σの定理**ということがある。

練習問題 1-4

A 社と B 社の株価の過去 15 期分の推移は下表の通りである。

期		1	2	3	4	5	6	7	8	9	10	11	12	13	14	15
株価	A 社	100	54	98	142	149	126	54	112	128	77	60	100	74	95	97
	B 社	100	83	88	86	100	124	104	104	82	98	124	85	92	109	108

それぞれの会社の株価の平均と標準偏差を求めよ。EXCEL が使えるパソコンがあれば，まず表の値を最初の行に入力した上で，合計を件数で割って平均を求め，下の行にそれぞれの値から平均値を引いた偏差を計算させ，その下には偏差の 2 乗を計算させ，この合計を件数で割って分散を求め[15]，最後にこの平方根をとって標準偏差を求めよ。次に AVERAGE 関数と STDEVP 関数を使って平均と標準偏差を直接求めて結果を検証せよ。A 社と B 社の株式はどちらのリスクが高いというべきか。

仮に，両社の当面の株価は過去数年間の値動きと大きく異ならない可能性が非常に高いとする。3σの定理によれば，当面の両社の株価が 90% に収まる範囲はそれぞれどのようになるか。

---

14) 【関連】田中 25 頁，アクゼルほか 52 頁。
15) **標本分散の求め方**　なお，統計学では母集団（population）そのものではなく標本（sample）の分散を求めるときは偏差の二乗の合計をデータ数ではなく（データ数−1）で除して求める。これは母集団の平均を標本の平均から推定しようという場合，両者の間にそもそもズレがあるので，標本データと母集団の平均との偏差（本来の偏差）と標本平均との偏差とを比べると，後者のほうがズレ分だけ大きくなることを調整するためである。多くの統計学の教科書はこの説明を自由度という概念を用いて説明するが直感的に分かりにくいので，初学者はざっくり上述のように理解しておけばよい。EXCEL で標準偏差を求める場合，n−1 で割るなら STDEV 関数，n で割るなら STDEVP 関数を用いる。

(b) 純粋リスクの定量化

1-41　次に，純粋リスクを定量化するには，2つの要素を考える必要がある。まず，リスク発生の**頻度**（frequency）が問題になる。これは，貸倒率や事故率のように一定期間において総量中何％程度リスクが発生するかという確率で表されることが多い[16]。次に，リスクが発生した場合に，どの程度の損害が発生するかという**損害度**（severity）が問題になる。これは金額であらわされることもあるし，一定の元本に対する比率（**毀損率**，severity ratio）で表されることもある。貸倒れとの関係では，毀損率の補数である**回収率**（recovery ratio）を用いる。

以上から，あるリスクが発生した場合に被る損害の投資元本に対する割合（**損害率**，loss ratio）は以下の算式で表される（図6）。

式3

$$損害率＝リスク発生の頻度×毀損率$$
$$または，$$
$$損害率＝リスク発生の頻度×（1－回収率）$$

リスク管理や証券化における格付審査のための信用リスクの定量化や保険等の分野ではこうした考え方をとることが多い。

図6　純粋リスクの定量化

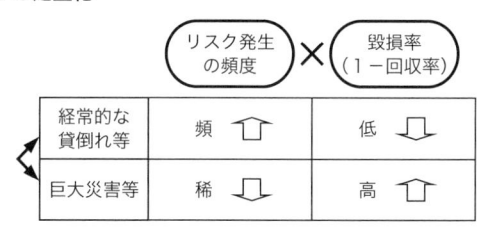

	リスク発生の頻度	×	毀損率（1－回収率）
経常的な貸倒れ等	頻　⇧		低　⇩
巨大災害等	稀　⇩		高　⇧

---

16)　なお，こうしたリスクの発生率自体が変動する場合は，投機的リスクの場合と同様，その変動率（volatility）を考える必要がある（練習問題1-5参照）。

練習問題 1-5

A銀行が過去10年について融資先の貸倒発生率を調べたところ、平均で年率3%、標準偏差は1.5%であった。貸倒先からは通常40%程度の回収が見込めるとする。3σの定理によれば、1年間についてどの程度の損害率を見込んで貸倒引当金を積んでおけば90%大丈夫といえるか。

第 2 章

金融の基本概念 ②
企業－バランスシート－金融仲介

1　事業と企業

> 問）　次のことばの意味を確認してください。
> 「資本主義」「事業・営業」「企業」「家計」「プロジェクト」「継続企業」

(1)　資本主義ともうけ

2-1　わが国の経済体制は「**資本主義（capitalism）**」といわれる。しかし，この言葉は時代や論者により意味するところが異なるため，的確に定義することは難しい。ここでは一般的に，もうけ（利潤，profit）の獲得を第一の目的とした経済活動が経済の全体において支配的になった経済および社会体制のことと定義しておこう。

2-2　**サステイナビリティー（sustainability）**　　短期的なもうけを追求することが長期的な収益基盤を害することがある。古くは公害問題がそれである。最近では地球環境問題が企業活動にさまざまな制約を及ぼしている。この結果，長期的に営利を追求するには，一見営利事業とは無関係な公益的活動や事業に積極的に取り組まざるをえない場合が増えている。このことをあらわすために**サステイナビリティー（sustainability，持続可能性）**とか，**企業の社会的責任（corporate social responsibility，CSR）**という言葉が用いられる。サステイナビリティーのための投資は，それ自身には高い収益性が見込めない。このため，投資資金調達について，これまでの事業ファイナンスとは異なる配慮や工夫が必要になる。一方，長期的な成果を重視する場合，サステ

イナビリティーを重視する企業に投資することには合理性がある。また，そうした投資は社会的に評価されるため，これを専門に行うファンドも数多く生まれている。このように，CSR を十分に果たしている企業は長期的視点に立てば業績もよくなるはずだという視点から CSR への取り組みに焦点を当てて行う投資を**社会的責任投資**（socially responsible investment, SRI）という（社会的責任を果たすことを目的としたファンドではないことに注意すること）。

(2) 事業・営業 (business)

2-3　資本主義社会の軸となる「もうけの獲得を第一の目的とした経済活動」のことを**「事業」**あるいは**「営業」**(business) という。より具体的に言えば，事業とは，元手となる資本を一定の事業計画（business plan）に基づいて投資し，財・サービスの生産（商業の場合は仕入れ）を行い，これを販売して収益を獲得して，資本を提供した者に返還するという一連の過程である。

　商法・会社法では，こうした経済的意味における営業・事業を特定の商人や会社と結びつけて，それ自身が有機的一体性をもった財産権と位置付けている（客観的意義の営業，商 16 条以下，会社 21 条以下。【復習】森本・総則 76 頁以下）。これを売買するのがいわゆる事業譲渡である。

2-4　**営利性**　事業を本文のようにとらえると，企業の目的はもうけを投資家に分配するか，内部に留保し再運用することにより将来における投資家への分配を増大することだということになる。組織法では，このように，得られた収益の投資家への分配を目的としていることを「営利性」があるという[17]。この観点からすると営利の反対は「公益」ではなく「非営利」，すなわち，もうけの分配を目的としないことになる。このように組織法における営利・非営利の別は，事業の内容に関する公益・私益の別とは次元の異なる概念であることに注意する必要がある[18]。

---

17)　**事業・営業概念の多義性**　これとは別に，「事業」は非営利や公益目的のものを含めた広義の概念とし，「営業」はその中で私益目的のものとする用い方もある。一方，多くの業法で「営業」という場合，反復継続して一定の事業を営むことを意味し，営利目的の有無は問わないことが多い。

18)　**特殊会社と民営化**　この結果，典型的な営利法人である株式会社が特別法に基づいて政

(3) 企業（enterprise）

2-5　事業・営業を行う主体を**企業**（enterprise）という[19]。企業は多くの場合，複数の事業・営業を営んでいる（図7）。

図7　企業と事業

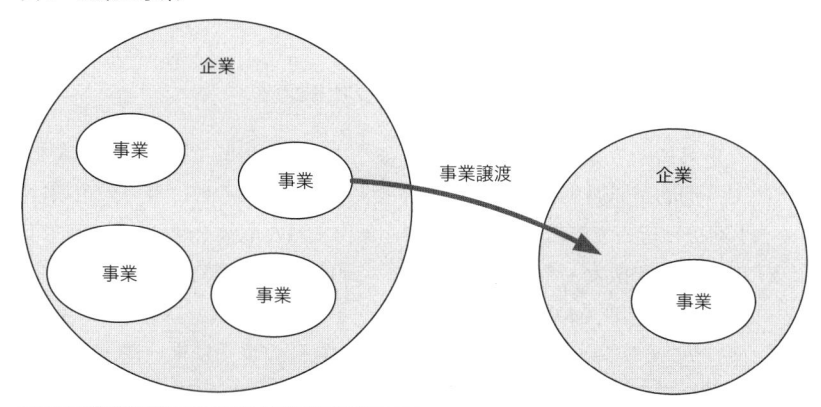

2-6　**個人事業と家計の違い**　企業の多くは会社のような法人か，組合や信託のような契約に基づく組織の形態を有する[20]。しかし，個人（自然人）も事業

府の出資を受けて公益事業を行うことがある。これを特殊会社という。特殊法人改革で政府系金融機関を統合して設立された，株式会社日本政策金融公庫が一例である。一般に非営利組織で営まれている公益事業を営利法人に営ませることを「民営化」と呼んでいる。このため，民営化されても事業内容を見直さない限り当然に私益企業になるわけではないのだが，政治的には「ミソギ」を受けたことになるらしく，公益性を維持しつつ，その特権を活用して私益事業を展開する事例も見受けられる。確かに営利法人のほうが事業の透明性は高まるし，単年度会計の制約を受けずゴーイングコンサーンとして運営できるので公益企業体を特殊法人化する意義は十分あるが，少なくとも法律家の目から見ると営利法人化したことをもって，「民営化」すなわち「民間」が「運営」することになるわけではないし，当然に効率的事業運営がなされるわけでもない（それは組織形態の選択よりは経営者の資質によるところが大きい）。

19)　企業概念は実質的意義の商法を定義するための概念として商法において重要な意義を果たすが，本書ではそうした議論とは一線を画して単に事業を行う主体として位置付ける。この意味の企業は商法の対象となることもあるし，そうでないこともある。

20)　法人（legal entity）とは法律上，人（自然人）と同様に権利義務の主体となることの認められた組織のことをいう。事業を行うための組織にはさまざまなものが存在するが，法人として認められるためには法律によらねばならない（民33条1項）。会社は会社法という法律に基づいて設立・運営される。【復習】我妻1・総42。

を営む限りで企業として機能する。これを**個人事業主**（self-employed business entity）という[21]。これに対し，生活単位としての個人を**家計**（household）という。家計に対してもファイナンスが必要だが，そのあり方は企業ファイナンスとは大きく異なる。家計ファイナンスの金融技術は企業ファイナンスに比べると未開拓な領域が大きい（本書では当面企業ファイナンスを中心に論じ，第2部の後半で家計ファイナンスを取り扱う予定である）。

(4) プロジェクトとゴーイングコンサーン

2-7　事業には，万国博覧会の開催のように特定の目的で特定の期間実施した上で，期間が経過すれば終了して解散するものもあるが，多くの企業は事業を1回だけ行って解散するのではなく，得られた収益を新たな投資に用いて事業を成長・拡大・多角化していく。このように継続的に事業を営む主体のことを**継続企業**（going concern）という（カタカナで「ゴーイングコンサーン」ということが多い）。これに対し，万国博覧会のように単一性・一回性の強い事業を**プロジェクト**（project）という。大型オフィスビルの建築も最近は1件ごとにプロジェクト型で運営されることが多い（¶14-74）。プロジェクトに対するファイナンス（**プロジェクトファイナンス**）はゴーイングコンサーンを対象とする通常の企業ファイナンスとかなり異なる性質を有する（第2部で論ずる）。

---

[21] **法律上の個人事業主の定義**　消費者契約法は「事業としてまたは事業のために契約の当事者となる場合における個人」は「消費者」の定義から除かれ，法人と同様事業者とみなされる（消費契約2条2項）。これが法律上の個人事業主の定義であり，他の法律でもこの規定が準用されることが多い。債権法改正方針は同様の規定を民法に置くことを提案している（1.5.07）。

(5) 会社

図8　会社概念図

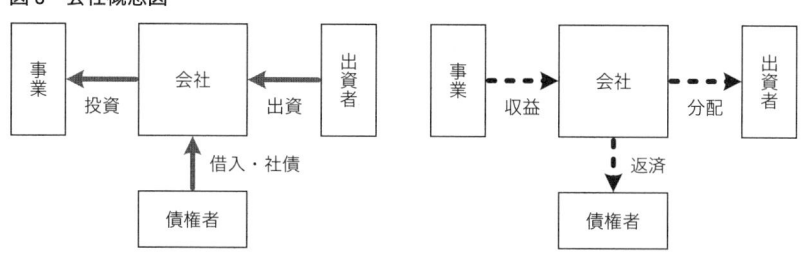

```
事業 ←投資― 会社 ←出資― 出資者        事業 --収益--> 会社 --分配--> 出資者
            ↑                                        ↓
         借入・社債                                   返済
            │                                        ↓
          債権者                                    債権者
```

2-8　営利を目的とする企業の中で法人形態をとるものを**会社**（corporation）という。会社は，出資者が自分とは独立した法人に事業のために必要な資金を出資し，自分自身や外部から招いた経営者（取締役・執行役）がこの資金（資本）や外部から借り入れた資金（負債）を使って事業を行い，得られた収益を出資者に分配するという法技術である。分配を受ける出資者の権利は株式や社員権と呼ばれ，特に株式は事業への投資を表章する金融商品として資本市場で取引される（¶2-14）。また負債についても銀行等からの借入のほかに，社債という金融商品を発行して資本市場から資金調達することができる（¶10-35）。会社の設立・運営・組織等を定める会社法の中には株式や社債といった資金調達手法に関する規定も用意されている。

　会社は出資者とは独立した法人格を獲得し，人間のように老いて死ぬということがない。少なくとも理論的には，あえて解散しない限り永続性を有する。このため，会社はゴーイングコンサーン型の企業に適した組織形態である。ただし，オリンピックや万国博の運営会社，大型ビルの建築を行う特別目的会社（¶14-73）のように，今日では，さまざまな要因から有期限のプロジェクト型の事業を行う会社が増えている。さらに，組合のような会社以外の企業形態も積極的に活用されるようになってきているし，会社にも，さまざまな種類が認められ，事業の態様に応じて使い分けられるようになってきている。

2　企業と経営者

> 問）　次のことばの意味を確認してください。
> 「資本家」「労働者」「経営者」「投資家」「情報の非対称性」「エージェンシーコスト」

(1)　資本家と労働者

2-9　古典的な資本主義では，資本の所有者である**資本家**（capitalist）が，資本を投下して生産に必要な原料・機械そのほかの諸手段を購入するとともに，賃金を払って労働者（今日では，**従業員**（employee）ということばを用いることが多い）を雇用し，工場・職場で財・サービスを生産させ，それらを商品として販売することによって利潤を獲得すると説明される。

2-10　**商法の使用人規定**　商法の商業使用人に関する規定はこうした古典的な労使関係を念頭においている。商法の商業使用人は，資本家に代わって営業に関する一切の裁判上または裁判外の行為をする権限を有する**支配人**（商20-24条），ある種類または特定の事項の委任を受けた使用人（同25条）[22]，物品の販売，賃貸等をする店舗の使用人（同26条）からなる（【復習】森本・総則92頁以下，落合ほか90頁以下）。会社法も商法とほぼ同じ規定を設けている（会社10-15条，【復習】神田・会社15-19頁）[23]。

(2)　経営者と投資家

2-11　現在でも，多くの企業は才覚のある個人が自ら出資して起業し，経営者と

---

[22]　この種類に属する使用人は当該業務に関して一切の裁判外の行為をする権限を有する（商25条，会社14条）。金融機関の部長や支店長は通常これに該当する。

[23]　**支配人**　支配人は広範な権限を持つので，その選任は株式会社の場合取締役会（不設置の場合は過半数）決議事項となる（会社348条2項・3項，362条4項3号，持分会社につき591条2項）。支配人は取締役のように会社の意思決定に関わる機関ではないが，対外的な関係についていえば，印鑑証明書を取得して支配人印で会社の代理人として契約行為が行えるほか，他の使用人の選任・解任権も有するので，代表権のない取締役より大きな権限があるともいえる。役員待遇の従業員である執行役員が支配人登記を行うこともある。

して従業員を雇って事業を行っている。しかし，ある程度の事業規模になると，資本家から資金を提供されて経営の委託を受けた**経営者（manager）**が従業員を雇用して事業を行い，収益を資本家に配分するという形態が一般的になる[24]。こうした文脈では，資本家は**投資家（investor）**と呼ばれる。このように，経営者が投資家の受任者（agent）あるいは受託者（fiduciary）として投資家の資本の増殖に責任を負うことを**「所有と経営の分離」**という[25]。

2-12 **所有と経営の分離の動機**　お金が十分にある限り，事業は自分で出資して自分で経営したほうがよい[26]。現実にもそうした企業の数は大変多い。し

---

[24] シュンペーター　こうした視点を最初に唱えたのがドイツの経済学者シュンペーターである。代表作である『経済発展の理論―企業者利潤・資本・信用・利子および景気の回転に関する一研究〈上〉〈下〉』(1912) では，経済発展を経済の中から自発的に生まれた非連続的な変化（革新，innovation）の所産と定義し，革新は，新しい欲望がまず消費者の間に自発的に現れて起こるのではなく，むしろ新しい欲望が生産の側から消費者に教え込まれ，生産の側のイニシアチブの下に変化がもたらされるのだとする。革新を起こす手法としては，①消費者の間でまだ知られていない新しい財貨の生産，②新しい生産方法や商品の商業的取り扱い方法の導入，③新しい販路の開拓，④原料あるいは半製品の新しい供給源の確保，⑤新しい組織の実現という，5つの新結合（new combinations）が指摘される（無からの創造ではなくあえて結合と言うところが興味深い）。そしてこうした不連続的変化を引き起こす役割を果たす者が企業家あるいは経営者であるとして，これを旧来的な資本家と区別する。さらに，こうした変化を支える資本は消費者の消費余剰を貯蓄した資金からもたらされるのではなく，銀行家（今日の文脈では資本市場における金融仲介業者も含めた広義のバンカーということになろう）が新たに信用を供与することでもたらされるとして，革新を支えるバンカーの重要性を指摘する（以上，主として第2章）。

　これだけをみても，本書が100年近く前の書物とは思えない新鮮な内容を持つことが分かるであろう。大著だが岩波文庫所収（塩野谷祐一，東畑精一，中山伊知郎訳）で入手しやすいこと，社会人になってからのほうが頷ける点が多くなって読みやすいことから，是非一読をお勧めする。

[25] バーリー・ミーンズ　この点に関する古典的業績がBerle＝Meansである。近時「法と経済学」という学問領域が形成されて法律制度を経済学的に理論づける試みがなされるようになっている。手法は異なるが，経済学と法律学の融合という点だけを見れば，本書はその古典的な業績といってよいのではないかと思われる。

[26] 理論的にそうだという訳ではないが，他人から資金を預かって事業を行う限り，程度の差こそあれ，その者には頭があがらなくなる。しかしながら，経営者に才覚があればあるほど，単に資金を出したに過ぎない者に利益を吸い上げられることを「搾取」と感じ，あるいは，「素人」が経営に干渉することを嫌う。組織的には「上司」がいないはずの社長になってなお，株主・投資家を自分の「上司」と割り切れるかどうかは，現代企業の経営者となるための大変

かし，往々にして，才覚ある者には金がなく，金がある者は経営能力や起業家精神を欠く。ここに，経営と資金拠出とを分業する合理性が生ずる（**資金的動機**）。さらに，資本家がどんなに経営の才覚を有していても，投資可能な資金が一定金額を超えると投資先のすべてに積極的に関与することは難しくなる（**多角化動機**）。また，個人の能力が発揮される期間は長くて数10年であり，事故や病気等で仕事ができなくなることもある（**継続性動機**）。さらに，投資の証券化により投資単位の小口化が一定以上に進むと投資家全員による共同投資は困難になるし，最初から経営への参画を期待しない者も増える（**小口化動機**）。こうして「金と口」は出すが「能力」や「暇」のない投資家と「金」はないが「能力」はある経営者とがそれぞれ資金拠出と経営を分業する仕組みに合理性が生ずる。

2-13　**マネジメントバイアウト**　　所有と経営の分離が進むと両者の間で，①短期的リターンを求める投資家の意向と長期的成長を企図する経営者の方針が食い違う，②親会社からみると重要性が低いが子会社の経営陣は自社事業に高い将来性を見いだしている，③オーナー社長が亡くなって事業に興味のない創業家の存在が経営の足かせになっている，といったさまざまな軋轢が生じうる。こうした場合に，経営者側がイニチアチブをとって，自ら，あるいは別の投資家の援助を得て既存の投資家から事業を買収することによって所有と経営を一体化もしくは事実上一体化させることを**マネジメントバイアウト**（**management buy-out, MBO**）という（MBOの実例については，河本＝大武161頁以下）[27]。ただ，経営者個人は十分な買収資金を持たないことが多い。そこで，経営者と協調して買収を行い，MBOによる企業価値の向上を通じた利益の獲得を狙うのが**MBOファンド**である。また，買収資金を借入れに依存することも多く，この場合は**LBO**（**leveraged buy-out**）の要素が加味さ

重要な資質である。

27）**MBOと利益相反**　　MBO（経営陣による株式買取り・親会社による子会社株式の公開買付け）を行う経営者と既存株式とは利益相反の関係にある（経営陣からすると安く会社を評価したほうが有利）。このためMBOは会社法上，取締役の善管注意義務や忠実義務違反（会社330条・355条）の問題を生ぜしめる。金商法は，経営者側が株式の買付価格について第三者の算定評価を得ている場合にはこれを開示させる等，一定の配慮を行っている（法27条の3第2項3号，発行者以外の者による株券等の公開買付けの開示に関する内閣府令13条1項8号）。また，経済産業省が利益相反を回避・軽減する措置について指針を発表している（MBO指針）。【発展】奈良ほか第11章，中野ほかSection 5。

れる（LBOについては第2部で説明する）。

(3) 理念型としての株式会社

(a) 物的会社としての株式会社

2-14　営利を目的とする企業組織である会社の中で、所有と経営の分離を最も徹底したものが**株式会社**である。会社法で認められる株式会社の実体は千差万別であるが、理念的な株式会社においては、経営にあたる取締役や執行役（注29）は株主である必要はなく、株主は純粋な投資家としてお金を出資するのみで経営には関与しない。そして会社を所有する株主は、株式を売却することで、あたかも物を売るのと同じように会社に対する所有権を売買することができる。このように株式会社は「物」と同じように売り買いできるという意味で**物的会社**ということがある。これに対し同じ会社でも、**持分会社**（合名・合資・合同会社）は所有と経営があえて未分化にとどめられており、経営者と会社とが一体なので**人的会社**という（【復習】龍田6頁以下、神田・会社7頁以下）。

　見方を変えれば、株式会社という法技術は会社を株式という金融商品に転換する仕組みだといってもよいだろう。

　なお、現実には株式会社といっても個人会社やオーナー会社のように人的要素の強いものが多い。また、最近はファイナンスも含めた事業目的にあわせてさまざまな事業組織のメニューの中から最適なものを選択することが一般化してきており、株式会社をもって企業組織の最終進化形のように考えることは適切でない。しかし、企業ファイナンスの理論はこうした理念的な株式会社を想定して構築されており、本書でもまずはこれを出発点とする。

(b) 理念的株式会社の組織

2-15　理念型としての株式会社の組織は以下のような仕組みからできあがっている（**図9**）。最近、会社法が整備されてガバナンス構築の選択肢がきわめて豊富になった反面、初学者にとっては随分わかりにくくなったので、まずは理念的な形態を頭に入れ、そこから事案にあわせて合目的に具体的な機関設計を考えていくとよいであろう[28]。

図9　理念的株式会社の機関構造

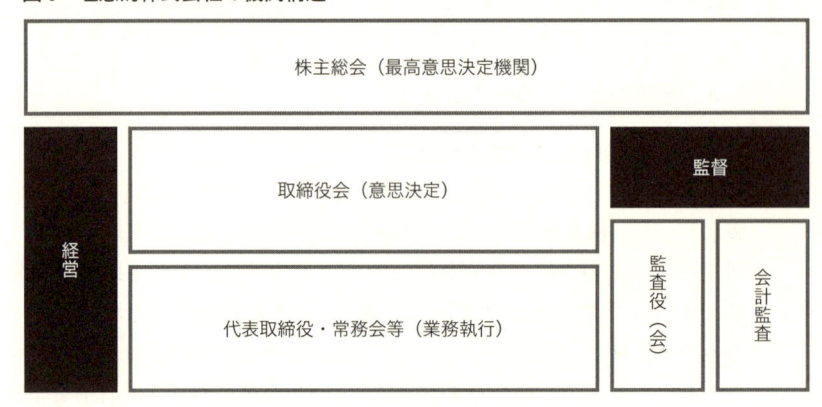

```
┌─────────────────────────────────────────────────────┐
│              株主総会（最高意思決定機関）              │
└─────────────────────────────────────────────────────┘
┌───┬─────────────────────────────┬───┬───┬───┐
│   │       取締役会（意思決定）       │監 │監 │会 │
│経 │                                 │督 │査 │計 │
│   ├─────────────────────────────┤   │役 │監 │
│営 │ 代表取締役・常務会等（業務執行）│   │（会）│査│
└───┴─────────────────────────────┴───┴───┴───┘
```

① 最高意思決定機関としての株主総会

2-16　まず，会社の所有者である株主がその支配権を行使する最高意思決定機関が**株主総会（shareholders meeting）**である。株主総会は通常は年1回開催され（定時総会），決算報告，事業報告を受け，役員を選任・改選し，その報酬等，会社の基本的な事項について意思決定する。そのほかに株主の権利に直接かかわるような重要事項がある場合は定時総会の際や臨時総会を開催して議決する。大規模な会社になると株主全員が集まることは事実上不可能なので，事前に**委任状（proxy）**をとりつけるか書面（具体的には開催通知に同封されたハガキ等）であらかじめ議案に対する賛否を得ておく（¶4-52）。最近はインターネットを利用して議決権を行使することもできる。

株主は1株につき原則として1議決権を有する（例外的な株式のデザイニングについては¶4-45以下で解説）。そして，議決権の多寡は株式を何株持っているかだけで決まり会社への貢献度や経験といったことは一切考慮されない。物的会社である所以である。これを**株主平等の原則**という。（会社109条）

株主総会の権限は強大だが本当に重要なもの以外は定款で取締役会等に委任することができる。この結果，株主が経常的に有する権限は役員の選任，報酬条件の決定と決算の承認程度に限られているし，持株比率が少なければそれさえもあまり意味のあるものには感じられない（¶4-47）。

---

28)【復習】機関設計の選択肢については神田・会社165頁の図表11・12を参照のこと。

② 経営に関する意思決定機関としての取締役会と会長

2-17　株主総会の委任を受けて実際に会社の経営にあたるのが**取締役**（director）である。経営は意思決定と執行の2段階に分けられる（¶2-18）。普通の会社は軍隊型の組織になっているので，取締役のトップに君臨する社長（代表取締役）の力は絶大である。しかし，重要な意思決定は取締役全員による会議で決めた方がよい。このために経営に関する重要な意思決定を行うための**取締役会**（board of directors）が設けられる。取締役会の議長のことを多くの会社は**会長**（chairman）と呼ぶ（法律上の呼称ではない）。日本では引退した社長がなることが多い。

　いずれにせよ，内部役員は社長の部下だからなかなか社長に逆らってまで意見することは難しいし，そうでなくても同じ会社の者ばかりでは視野狭窄に陥りがちである。そこで，取締役会には**社外取締役**を入れて外部の目から意見を述べてもらう例も増えている（会社2条15号）。社外取締役は会社や株主のために業務執行役員を監視する準監査役的な役割も担う。一方，意思決定に参加するだけで自ら業務執行に携わるわけではないので，他の役員と同じ責任を負担せねばならないのでは敬遠される。このため会社法上責任を軽減する制度も用意されている（会社424-427条）。

2-18　**経営と執行の分離**　業務内容が高度化，専門化するに従い，業務執行はその道のプロにしかできないことが多くなっている。これに対し，経営の根幹にかかわる重要な意思決定には，技術的な知識経験よりは，長い業務経験や他の分野における知見，公的な視点といった要素も重要になる。有り体に言えば，老人や部外者をご意見番とすることも必要だということである。そこで，最近は，経営に関する意思決定機能と業務執行機能を分離し，異なる役員や機関にあたらせる企業が増えている。会社法はこうした流れに沿って機関設計の自由を大幅に認めている。なお，経営と執行を分離する場合，前者の機能を担うトップを **CEO**（Chief Executive Officer，最高経営責任者），後者のそれを **COO**（Chief Operating Officer，最高執行責任者）と名付けることがあるが，どちらも会社法上の呼称ではない。

③ 執行機関としての代表取締役と常務会

2-19　一方，取締役会で議論するほどではないが，会社経営上重要な事項については会社法の組織にとらわれずに社長と関連役員でどんどん意思決定し，部

課長に指示して実際の業務を遂行させる必要がある。このため，専務とか常務と呼ばれる**役付取締役**（management directors, executive directors）に社長の権限を委譲（delegation）して日常的な意思決定にあたらせ，常務会と呼ばれるような事実上の会議を開催して重要事項を決定する。米国ではこのような業務執行にあたる役員を**オフィサー**（officer）とよんでディレクターとは区別することが多く，日本でも両者を使い分ける会社が増えてきた。これを正面から制度化したのが**委員会設置会社**である[29]。

2-20 **常務・専務と執行役員**　もともと日本の会社は終身雇用制の下，取締役を従業員スゴロクの「アガリ」とみなして，従業員兼務役員を量産する傾向があり，取締役が数10人いる会社も珍しくなかった。取締役の中に「専務取締役」や「常務取締役」と「平（ひら）」取締役の区別があるのはそのなごりである。専務や常務ということばには，こうした地位になってはじめて本来の取締役の仕事を「専ら」あるいは「常に」することになるという含みがある（ちなみに専務と常務では専務のほうが偉い）。取締役の人数が多いと定足数を満たすことすら大変だしそもそも会議の体をなさないので，「常務会」といった名称の事実上の組織を設置して社長・副社長と専務（このあたりまでを会社法上の代表取締役とすることが多い）や常務を交えて，重要事項の意思決定を行い，たまに開かれる取締役会はこの決定を追認するだけという会社が多かった。しかし，こうした取締役会の形骸化が社会的に批判されたことに加え，会社法の機関設計が弾力化されたことから，現在では取締役を減らして本来の姿に戻すところが増えている。この際，昔の「平」取締役の受け皿となったのが「役員待遇」の従業員である「執行役員」（会社によっては「業務役員」という呼称を使う）である[30]。委員会設置会社の執行役と紛らわしい

---

[29] **委員会設置会社**　株主が非常に多い上場会社を念頭において，取締役会は基本事項の決定と株主のための経営監視機能に特化し，その下で執行役（officer）が業務執行にあたるアメリカ型の仕組みである（会社2条12号・400条以下）。委員会設置会社は，取締役会の下に，役員を決定する指名委員会，報酬を決定する報酬委員会，監査を行う監査委員会という3委員会を設置し，それぞれのメンバーの内過半数は執行役や会社の従業員を兼務しない社外取締役でなければならない。【復習】龍田120頁以下。

[30] 執行役員は多くの場合，通常の従業員だが，就任にあたり一旦退職させ，新たに有期雇用契約や委任契約を締結する会社もある。いずれにしても会社法上の役員ではないが，その選任は支配人（注23）と同様重要な使用人として取締役会で決議すべき重要事項となる（会社362条4項3号）。

が会社法の機関ではない。

④　監督機関としての監査役

2-21　取締役会には意思決定機能に加えて執行機関の監督機能があると述べたが社外取締役がいないと監督機能は働きにくい。そこで別途株主のために監督機能を果たす機関として**監査役（auditor）**が設けられている。大規模な会社では常勤の監査役が業務監査を行う。また，外部監査の前に内部的な会計監査を行うのも監査役の仕事である。監査役には財務の知識が必要なので退職した銀行員が就任することも多い。

⑤　財務報告の適正性を図る会計監査

2-22　所有と経営が分離された理念的な株式会社においては，株主は会社に対する投資家と位置付けることができる（¶2-11）。株主の投資は，会社から剰余金配当を得，あるいは株式を市場で売却して投下資本を回収してキャピタルゲイン（¶5-42）を得ることを目的としている。このため，会社の財務状況が偽って報告されるとこうした投資活動を適切に行うことができなくなる。しかし，高度に複雑化した現代会計制度の下で常に完璧な財務会計を行うことは容易ではないし，意図的な粉飾を発見するのは至難の業である。そこで，**財務担当役員（CFO, Chief Finance Officer）**や監査役とは別に，会計のプロである**会計監査人**（具体的には**公認会計士（Certified Financial Accountant）**または**監査法人**，会社337条1項）が第三者の立場で計算書類（¶2-30）を監査してその適正さを証明する。また，資本市場で資金調達を行う会社は金融商品取引法に基づき財務諸表（¶2-30）を作成せねばならないが，これに対しても公認会計士または監査法人の**監査証明**が必要とされている（金商193条・193条の2。斎藤32頁以下）。

3　情報の非対称性とエージェンシーコスト

(1)　情報の非対称性

2-23　本来，投資家と経営者は一蓮托生のはずだが，実際には事業を支配する経営者はなるべく投資家から干渉されず思うままにやりたいと考えるから，投

資家には必要最小限のことだけ報告しておこうということになりがちである。ましていわんや債権者である銀行に経営者が財務上の問題を率先して報告することは期待できない。この結果，経営者と投資家・債権者との間の経営に関する情報に格差が生まれる。このことを，両者の間に**情報の非対称性**(asymmetry of information) があると表現する[31]。

2-24　**中小企業会計指針と会計参与**　もともと資本市場で資金調達する大企業を想定した企業会計原則は中小企業にとって複雑にすぎることに加え，経理担当者の能力不足の問題もあり，ほとんどの中小企業は計算書類を適切に作成できておらず，このことが，中小企業に対する情報の非対称性を高め，銀行等から与信を受ける上での障害になってきた。そこで，2005年より日本公認会計士協会，日本税理士会連合会，日本商工会議所，企業会計基準委員会が共同で「**中小企業の会計に関する指針**」を定めて中小企業の実情に即した企業会計基準の普及に努めている（中小会計指針）。また，取締役と共同して計算書類等を作成する**会計参与**という制度が設けられている（会社333条・334条・374条以下）[32]。日本では従来から税理士が中小企業の会計業務を受託してきており，会計参与制度への積極的な関わりが期待されている（同333条1項）[33]。一方，銀行の中にも，日本税理士会連合会が作成した中小会計指針チェックリストを用いて自己診断書を提出した企業に対して融資条件を優遇するところが増えている（各金融機関の対応は日税連HPに整理されている）。

(2) 不確実性とエージェンシーコスト

2-25　経営者と投資家が対称な情報を共有しているなら，投資家は自分に見えている事業のリスクに見合ったリターンが得られれば満足するはずである。しかし，情報の非対称性が存在すると，投資家は自分に見えていないリスクが存するのではないかと考えるようになる。ただし，これは定量化可能な不確実性と定義される本来のリスク（risk，¶1-34）ではなく，リスクがあるかどうかがそもそも分からない状態（不確実性の段階に留まった状態）である。企

---

31) 【発展】情報の非対称性一般に関する詳しい解説として八田319頁以下。
32) 【復習】龍田129頁以下，神田・会社212頁以下，江頭・会社498頁以下・545頁以下。
33) 導入の経緯については江頭・会社499頁注(1)参照。

業に関する不確実性は経営者に対する投資家の信頼により吸収するしかない。しかし，どんな経営者も完全ではないから，投資家からすると，一定の不確実性が残る。経営者がそもそも信頼出来ない場合はなおさらである。投資家からすれば，不確実性はリスクだと考えておかないと思わぬ損失を被ることになる。このため，情報の非対称性が存在すると，投資家は本来のリスクに見合った水準よりも高い利回りを求めることになる。こうして生ずる追加的な資金コストのことを**エージェンシーコスト**（agency cost）という。

2-26 **コーポレートガバナンス**　エージェンシーコストを極小化して，効率的なファイナンスを得るには，投資家や債権者が経営者の活動を監視できるように，経営者自らの努力により情報の透明性を確保すると共に，法的にも一定の場合には投資家は「金」だけでなく「口」も出せるような手段を確保しておく必要がある。このようにエージェンシーコストを引き下げるために，いかに適切な経営の枠組みを構築するかが，資金調達者からみた**コーポレートガバナンス**（corporate governance）の問題である（¶4-15）。適切なガバナンスの構築に失敗するとエージェンシーコストが急増して円滑な資金調達に支障をきたす。

　会社のガバナンスの枠組みについては，会社法に基本的な規定が設けられている。しかし，事業の性格や規模等により必要なガバナンスの構造は異なるので，幅広く定款自治が認められている[34]。さらに，事業のための組織そのものが多様化しており，どれを選択するかでもガバナンスの内容が異

---

[34]　**任意的機関**　ガバナンスの構築は会社法上の機関設計だけで完結するわけではない。不祥事を起こした企業が経営改善を行うために，取締役会の決議により，経営改善委員会や経営監視委員会といった臨時組織を設け，外部の有識者を委員とし，監督官庁にもオブザーバーとして出席を求めて，取締役会は当該委員会の決定に基づいて経営改善を行うとすることがある。合弁事業の場合，株主間の利益調整がきわめて重要なので，会社の機関とは別に株主間契約（江頭・会社 60 頁）に基づく株主協議会を設置し，事実上の重要意思決定を協議会で行うこともよくある。100％子会社の場合，親会社の関連会社管理部門を通じて管理され，事実上は親会社の一部門にしかすぎない場合も多い。企業の社会的責任が問われる中，日常的な経営に係る意思決定機関としての取締役会とは別に，○○諮問委員会（supervisory committee）といった任意組織を常置して，特定分野に関して意見を求めるといったことも行われ出している。こうした任意的組織は企業活動の透明性を高めてエージェンシーコストを引き下げ，時にはブランド価値を高め，あるいは，その毀損を防止する効果がある。こうした機関はいずれも経営者の自由を制約するものにはなるが，そうした機関設計をあえて主体的に行うことによりステークホルダーの信認を得ることが，経営やファイナンスの安定につながるのである。

なってくる。このように企業における「ガバナンスの設計・構築」はファイナンスの視点からも重要な法技術ということができる。

2-27 **ステークホルダー**　コーポレートガバナンスの構築にあたっては，単に投資家や債権者だけでなく，従業員，一般消費者，CSR（¶2-2）の名宛て人としての社会といった企業に利害関係を有する者全体を意識する必要があると考えられている。このような利害関係者を企業の**ステークホルダー（stakeholder）**という。もっとも日本の会社は，もともと従業員や債権者（銀行）の利益を株主の利益に優先する傾向がある。会社法学説も古くから企業の社会的責任を強調してきた。これに対し，資本市場の成熟化と共に投資家＝株主主権が強調されるようになり，新会社法では「株主利益の最大化」が会社を取り巻く関係者の利害調整の原則になるとする立場が有力である（江頭・会社19頁）。ところが，こうした考えが健全に定着するまでに，米国流の比較的短期間のもうけを狙った裁定取引的企業買収等が行われるようになり，株主主権論的考え方の弊害が強調されて揺り戻しが起こっている。日本におけるステークホルダー論はこうした短期的な揺れの中で情緒的に主張されることも多い。

大規模な会社の経営に携わってみると分かるが，社内権力秩序の頂点にある経営者にとっては株主こそが上司である。この歯止めを失った会社に適正なコーポレートガバナンスを期待することは難しい。中長期的には健全な株主主権を確立した上で，そこから生ずる弊害を他のステークホルダーとの関係で修正するという行き方が適切ではないかと考える。

2-28 **2種類のリスクプレミアム**　一般に投資家は高リスクの事業には高リターン（投資利回り）を要求する。一方，情報の非対称性が高い場合も不確実性に見合った安全率だけは高リターンを要求する。このようにファイナンス・コストを押し上げる要因（**リスクプレミアム**, risk premium）には事業リスクと不確実性の2つがある。事業リスクそのものを引き下げることは経営環境が変わらないと難しいが，不確実性は経営者の工夫や努力で解消することができる。本文で述べるガバナンスの枠組みを工夫することもそのひとつだが，ファイナンスの仕組みや投資家との間で締結する契約の条項を工夫することでも不確実性を引き下げて，有利なコストを実現することができる。たとえば，財務制限条項の多くはこうした役割を果たしている（¶15-52）。

練習問題 2-1

コーポレートガバナンスと企業ファイナンスにはどのような関係があるか。ガバナンスに関する会社法の規定をいくつかとりあげて説明せよ。

4　バランスシートと企業ファイナンス

(1) 企業ファイナンス

図10　事業における財・サービスの資本の回転

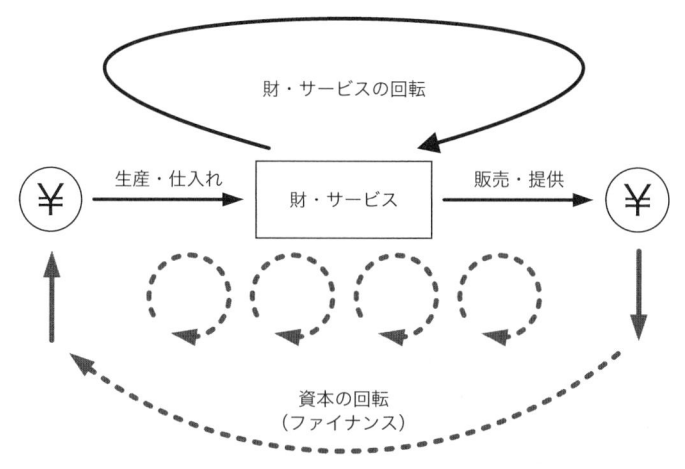

2-29　事業を行うと，資本というお金が財・サービスに転換され，そして，これらが販売・提供されて，再度お金となり，分配・再投資に回される。つまり，事業においては，財・サービスの回転と資本というお金の回転が並行的に起こっている（図10）。そして，このうち，お金の回転に関する部分を**企業ファイナンス**（corporate finance）という。

(2) 計算書類と財務諸表

2-30　上述した企業活動にともなうお金や財貨の回転は，「企業会計」という手法により記述されて日々の経営情報として活用され，また，一定期間毎にとりまとめられて投資家に対する報告のために活用される。特にゴーイングコ

ンサーン型（¶2-7）の企業の場合，人為的に活動期間を区切らないと何をもって企業の収益とすればよいかが決まらない。ほとんどの企業はこの期間を1年とし（これを**会計年度**という），これをさらに半期や四半期に分ける。こうした企業会計に用いる帳簿のことを会社法では**会計帳簿**といい（会社432条），この中で投資家や債権者のために会社法の定める様式にしたがってとりまとめたものを**計算書類**（financial reports under the corporate law）という（同435条）35)。また，資本市場を通じて資金調達を行う会社が投資家向けにとりまとめるものについては，計算書類より詳細かつ客観的な情報を伝える必要があるので，別途金融商品取引法が規制している（¶10-94）。これを**財務諸表**（financial statement）という（金商193条）36)。財務諸表をとりまとめるための共通ルールが**企業会計原則**（FAS, Financial Accounting Standard）である。資本市場はグローバル化が進んでいるため，企業会計原則についても国際標準化が急速に進んでいる。

　計算書類や財務諸表のように外部向け報告のための会計を**財務会計**（financial accounting）という。詳細かつ標準化が進んだ企業会計原則は財務会計における憲法のような存在としてファイナンスのあり方にも大きな影響を及ぼす37)。

2-31　**会計原則のコンバージェンス**　　企業会計原則はもともと各国でバラバラに定められていたが，資本市場のグローバル化が進んだことから，世界各国の会計基準の融合現象（convergence, ¶1-7）が加速化している。カタカナ英語で**コンバージェンス**といえば，金融では会計基準のそれを指すことが多い。コンバージェンスにあたっては，国境を越えた資金調達の場であるユーロ市場（注384）を擁する英国や欧州各国を中心にとりまとめられた**国際会計基準**（International Financial Reporting Standards-IFRS）38)と，基軸通貨ドル

---

35)　計算書類　　計算書類とは，貸借対照表，損益計算書その他株式会社の財産及び損益の状況を示すために必要かつ適当なものとして法務省令で定めるもの（株主資本等変動計算書と個別注記法の2つ）をいう（会社435条2項，会社計算91条1項）。従来はこのほかに営業報告書（現在は会計事項を除いて事業報告書という）と利益処分案（損失処理案）が含まれていた。

36)　財務諸表　　財務諸表とは，貸借対照表，損益計算書，株主資本等変動計算書及びキャッシュ・フロー計算書および附属明細書をいう（財務規1条1項）。

37)　計算書類のとりまとめは会社法の施行規則である計算書類規則に基づいて行うが，ここでも企業会計原則を基本とすることになっている（会社431条）。

を軸に巨大かつ自由化された国内金融市場を有する金融先進国米国の国内基準（US Generally Accepted Accounting Principle-USGAAP）とが拮抗してきた。しかし，後者は米国固有の事情に基づく例外が多いため，最終的に理論的純粋性の高い IFRS へのコンバージェンスが進んでいる。日本の会計基準はどちらの基準からも乖離した取り扱いを多く含んでいたが，コンバージェンスを進めた結果，2008 年 12 月には欧州委員会（EC）がわが国の会計基準を IFRS と同等だと最終決定するに至っているが，実際には細かな相違点がかなりある。しかし，米国を始め EU 以外の諸国においても IFRS の適用が広がっており，世界の金融資本市場において IFRS が標準となる可能性が高いことから，わが国でも IFRS を強制適用する方向で検討がなされている（会計審 [2009]，斎藤 30 頁以下）。

2-32 **会計原則の変更と対策ファイナンス**　本来会計原則が変わっても企業の実体に変化はないはずである。しかし，企業の財務状況を客観的に見るための唯一といってよい情報が財務諸表（¶2-30）であるために，基準の変更の結果財務的な数字や比率が変化すると，投資家の企業に対する評価も影響を受けてしまう。そこで，基準変更に伴う財務諸表の悪化を回避する目的で，あえて追加的なコストを支払って特殊な仕組みのファイナンスが行われることがある。最近の例としては，期末に資産を時価評価して損益を認識する時価主義会計の導入に伴って，含み損失を抱えた不動産等を資産から分離するために不動産の証券化が進んだことや，設備をファイナンスリースを用いてオフバランス化していたものが，リース会計の変更により資産計上せねばならなくなったために，証券化型の仕組みを用いてあらためてオフバランスファイナンスに仕組み直す動きが起きたこと等がある。

(3) 複式簿記

2-33 計算書類や財務諸表は**複式簿記（double accounting）**の考え方に基づい

---

38) 国際会計基準は 2001 年 4 月までは国際会計基準委員会（International Accounting Standard Committee）で決定されていたが，同委員会が国際会計基準審議会（International Accounting Standard Board-IASB）に改組されてから発表された会計基準は国際財務報告基準（International Financial Reporting Standards-IFRS）と呼ばれることになった。このため，現在は 2001 年以前の IAS とその後の IFRS が共存している。

て作成される。複式簿記は金融パーソンにとっては言語といってよいものであり，金融を扱う法律家もこれに十分なじんでおく必要がある。この場合，難しい会計知識以前に，取引の流れを借方・貸方に整理して記述することが自然にできるようになることが大切である。簿記について語ることは本書の目的をはずれるので，とっかかりのヒントだけ上げておこう（【復習】斎藤第2章）。

2-34 **借方と貸方** 複式簿記においてはあらゆる取引を借方と貸方という対照された勘定の組み合わせで表現する。**勘定（account）**は，現金や財産，債務，出資金その他企業が事業を行う上で，お金に換算できるすべての項目や事象を分類したものである。個々の勘定に名前をつけたものが**勘定科目（account title）**である。大企業だと各部署で使う勘定科目は膨大な数になるので，これを似たもの同士まとめて，大科目，中科目，小科目と序列をつける。外部に開示する帳簿は大科目のみとすることが多い。これらをとりまとめたものを，**勘定組織**とか**勘定科目一覧表（account chart）**という。事業を起こしたら，まず，その事業に即した勘定組織を用意せねばならない。

複式簿記においては，勘定は左右に分かれており，<u>左側を借方，右側を貸方</u>という。取引を勘定に分けて記述していくことを**仕訳**（しわけ）という。

図11 借入の仕訳

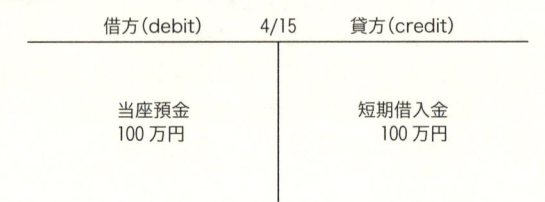

```
          借方(debit)     4/15     貸方(credit)


          当座預金                 短期借入金
          100万円                  100万円
```

たとえば，4月15日に銀行から3か月間100万円の借金をしたとする。そうすると実体面としては銀行から100万円という現金が当座預金に振り込まれるので，当座預金の勘定に100万円の入金を記帳する。普通ならこれで終わりであるが，これだけではなぜ当座預金に100万円入金されたのかが分からない。そこで，これと対照させて短期借入金という別の勘定を100万円増額させれば「銀行から借金して100万円当座預金の残高が増えたが同時に短期借入金の残高も100万円増えた」ということを一度に認識できる。具体的には，当座預金という資産が増えるときは借方，短期借入金という負債が

増えるときは貸方に記帳する（図11）。

　なお，日本ではこのように借方・貸方をT字型に分けて図示することが多い。これを俗に「Tバー」という。

　次に，3か月後の7月15日に，100万円に利息1万円を加えて銀行に返したとしよう。合計で101万円が当座預金から引き落とされる一方，借金は100万円減る。残りの1万円は利息という費用が増えたことになる。具体的には，当座預金という資産が減るので貸方に記帳し，短期借入金という負債が減るので借方に記帳する。差額の1万円に借方で見合うのが支払利息である（図12）。

図12　返済の仕訳

借方（debit）	7/15	貸方（credit）
短期借入金 100万円		当座預金 101万円
支払利息 1万円		

> 問1）　複式簿記において，なぜ「借方」に貸付金，「貸方」に借入金を記帳するのか。
> 問2）　複式簿記において，なぜ借入金と同じ右側に「収益勘定」を，また貸付金と同じ左側に「費用勘定」を記帳するのか。貸付利息と借入利息を例に考えてみよ。

2-35　**複式簿記のルール①**　　簿記が難しく感じられるのは，何を借方，何を貸方に書いたらよいかがよく分からないからである。このルールさえ分かれば取引を表すのにこれほど便利な道具はない。このルールを覚えるコツは，借方，貸方ということばに惑わされず，まず，① <u>お金や財産（物や債権）が自分の方に入ってくれば借方，出て行くときはその反対の貸方だと覚える</u>。次に，② <u>お金が増減する根拠，すなわち，事業を行う元手となる資本金や借入金のような債務が増えるときは貸方，減るときはその反対の借方と覚える</u>。その上でまず，③ <u>取引の目的となる動きが借方・貸方のどちらになるかを考える</u>。たとえば，物を買ったなら増えるのは財産（資産）なので借方で

ある。借金をしたなら増えるのは債務（負債）なので貸方である。次に，④その見合いで動くものを考える。右の例ではそれぞれ現金が減るか（貸方）増えるか（借方）である。

では，なぜ財産は借方，事業を行う元手は貸方に記帳するのだろうか。これは複式簿記を発明したとされる中世イタリアの銀行家が，相手方の人名を勘定科目として使用したことに由来するといわれている。つまり，資産である貸付金は借入人の名前で，負債や資本は貸し手や出資者の名前で記帳していたのである。このため，資産側は自分から借りている相手方，つまり借方（語源が負債と同じ debit），負債・資本側は自分に貸している相手方，つまり貸方（credit）というのである。

2-36 **複式簿記のルール②**　では，金利をもらったときはどうすればよいか。増えるものは現預金（資産）なので借方記帳することになるから，「受取利息」が貸方になることまでは分かる。「支払利息」なら逆である。

利息の受取り→現預金の増大→ 現預金勘定 の借方記帳→見合いの貸方記帳
→ 受取利息勘定

問題はなぜ収益が借金のような負債と同じ右側（貸方）になるのかである。収益なら資産側ではないのか？　費用は負債側ではないのか？　簿記を習って最初に混乱することのひとつだが，次のように理解しよう。

自分に収益が発生するということは，相手に何らかのサービスを提供しているはずである。上述の例では，相手にお金を貸すことによりその間自分で保有していれば稼げたであろう金利を諦めている。つまり，自分が享受できた財産的価値をギブアップしたからこそ，利息というかたちで現金（資産）が増えたのである。そこで，収益勘定は自分から相手へのサービスの提供という財産的価値（資産）の減少という意味で貸方記帳するのである。

借方）　利息の受取り→現預金の増大→ 現預金勘定 の借方記帳
貸方）　相手へのサービスの提供→財産的価値の減少
　　　　　→ 受取利息勘定 の貸方記帳

同様に，費用が発生するということは，相手側からサービスを得たことの対価として利息や給料を支払って現預金（資産）が減少する（借方）。このため，費用勘定は相手から自分へのサービスという財産的価値（資産）の増大

という意味で借方記帳するのである。

(4) 貸借対照表（バランスシート）と損益計算書

(a) 貸借対照表（バランスシート）

2-37　複式簿記で取引を積み上げていくと，財産や債権のような**資産**（asset）は借方，**負債**（liability, debt）と**資本**（capital, equity）は貸方に積み上がることになる。必ず借方・貸方を同額記帳するから，その結果の累積である資産＝負債＋資本になる。そこで，この三者を対照させて事業者のある時点における財産状態を把握できるようにした帳簿を**貸借対照表**（balance sheet）という。カタカナ英語でバランスシート，あるいはB/S（ビーエス）と略すことも多い（【復習】龍田374頁以下［計算書類］，斎藤11頁以下［財務諸表］）。

　バランスシートの借方には，企業の保有する資産が計上され，ファイナンスの引当てとなる財産の状況を知ることができる。一方，貸方は，負債と資本が計上され，企業の資金調達活動の状況を知ることができる。

図13　バランスシート概念図

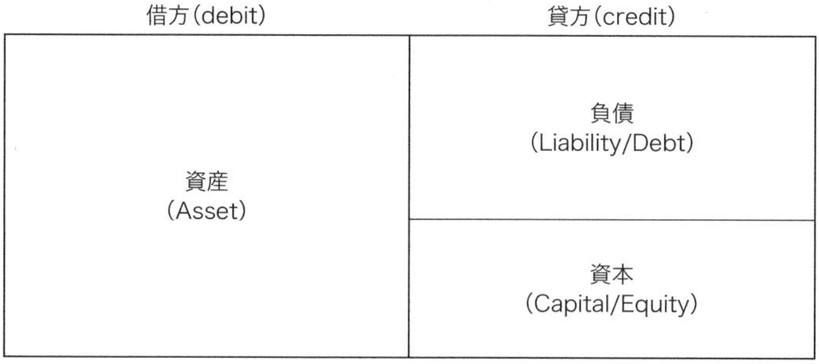

借方（debit）	貸方（credit）
資産 （Asset）	負債 （Liability/Debt）
	資本 （Capital/Equity）

(b) 損益計算書

2-38　事業者は負債と資本で調達した資金を元手にまず，事業を行うための工場設備や店舗等の固定資産を購入し，商品（流動資産）を仕入れて販売し，あるいは原材料を仕入れて製品に加工して販売する。仕入値や原価と販売代金の差額が**損益**（profit or loss）となる。この場合，最初から損益だけを記帳してもよいが，それでは企業活動の内容がよく分からないから，販売代金を**収益**（revenue），これに対応する仕入値や原価を**費用**（expense, cost）と

してそれぞれ貸方・借方に記帳する。こうしたフローの動きを会計年度（¶2-30）について積み上げた最終尻が当期損益となる。これを集成した帳簿が**損益計算書**（income statement, profit and loss statement）である。P/L（ピーエル）と略すことも多い（【復習】龍田 378 頁以下［計算書類］，斎藤 17 頁以下［財務諸表］）。

2-39 **貸借対照表と損益計算書の関係**　さて，収益は商品が売れたり手数料（現預金）を受け取った場合に認識する。一方，このための費用は原材料を購入したり，従業員の給与（現預金）を支払った場合に認識する。また，特殊な状況では借金を免除されて返済をしないのに負債だけが減少して収益が発生したり，訴訟で負けて損害賠償債務という負債だけが増加して費用が発生することもある。つまり，収益は資産勘定の増加・負債勘定の減少，費用は資産勘定の減少・負債勘定の増加を伴う。こうした営業活動を 1 年間続けると普通は収益が費用を上回るから損益計算書上利益が発生し，貸借対照表上は利益の分だけ資産が増えるか負債が減ることになる。逆に費用が収益を上回ると損益計算書上は損失が生じ，貸借対照表上は損失の分資産が減るか負債が増えることになる（図 14）。

図 14　貸借対照表と損益計算書の関係

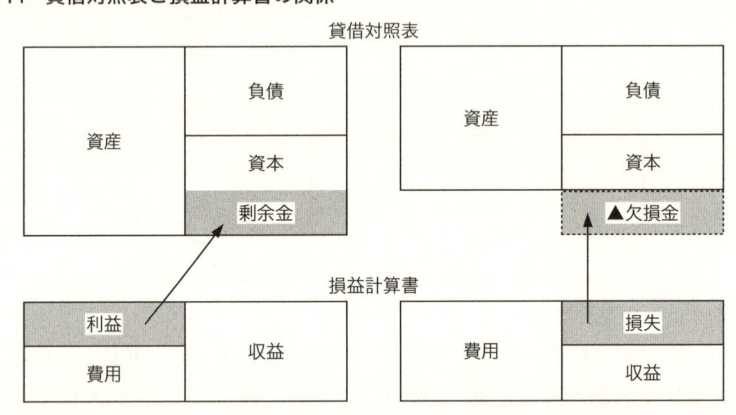

2-40　損益計算書は T バー形式ではなく，利益の種類を次の順番に上から下に加減していく形式をとることが多い。まず一番上は，事業そのものからの収支である**営業損益**，次に，主として財務関連収支からなる**営業外損益**を表記する。ここまでが経常的な事業活動による損益であり，両者を加減したもの

を**経常損益**という。これに事業とは無関係な保有資産の売却益や大口の貸倒れ，災害等による損失といった臨時損益や過年度に帰属すべき損益等からなる**特別損益**を加減して，**税金等調整前当期純利益**が求まる。これを基準に計算される法人税（もっとも，課税所得は会計上の損益を基礎とはするが税法固有の調整を行うため，税引前当期純利益と課税所得は通常は一致しない）を控除したものが，**当期純損益**である。純利益は会社法上一定部分を資本準備金に組み入れた後，配当原資となる剰余金に組み込む。純損失は剰余金の取崩しや減資を行って見合いで生ずる利益を相殺するか（会社448条・447条1項・309条2項9号），繰越損失として資本金のマイナス項目として表記した上翌期に繰り越す。なお，税務上も損失の繰越しが認められるが，繰り越せる期間は一定期間（現在は7年間）に制限されている（法税57-59条）。なお，税引後当期純損益に，経常的でない資産評価損益を加減したものを**包括利益**という（¶2-41）。IFRS（¶2-31）はこれを企業損益と考えているが，日本では依然として純利益を基本に考えることが多い。

2-41　**包括利益と時価主義会計**　貸借対照表と損益計算書の関係は包括利益概念の登場によって新たな局面を迎えた。

損益計算書による利益計算は物やサービスを作ったり仕入れたりして販売するということを軸に構築されてきた。ここでは利益の認識を企業活動の結果キャッシュが実際に獲得されたかどうかを利益実現の基準とするので，資産・負債の評価損益は例外的な状況を除いて利益計算に含めない。これに対したとえば，金融商品の多くは市場で売買したり，金利・為替といったリスクをヘッジするために保有されている。売買目的で短期保有するものは，売った結果としての実現損益もさることながら，売ればどうなるのかという時価情報を開示することが投資家や債権者からみて重要である。また，リスクヘッジのための商品はまさに時価変動によってヘッジ対象となるものの価値変動を打ち消すことが目的なので，適切にヘッジされているかを見るには双方を時価評価する必要がある。そこで最近は伝統的な損益に，こうした時価評価に伴う損益を加えたものを企業の損益とする考え方が一般的になっている。こうした利益概念を**包括利益**（comprehensive income）という（斎藤275頁以下参照）。包括利益概念を採用するIFRSへの移行が進むと資産負債の時価評価が損益に大きな影響を及ぼすことになる。ただし，上述のように時価評価すべき取引や資産について時価評価すべきは当然である。問題はそ

の範囲をどのように定めるかである（斎藤78頁以下）。なお，サブプライム問題以前は，金融商品については全面的に時価評価すべきとされていたが，同問題を経て，欧米でも時価評価すべき金融商品の範囲を制限する動きが生じている。

(5) バランスシートとファイナンス活動

2-42 　以下，企業の活動に伴って，資金がバランスシート上をどのように流れていくかを見てみよう（図15）。

図15　バランスシートと資金の循環

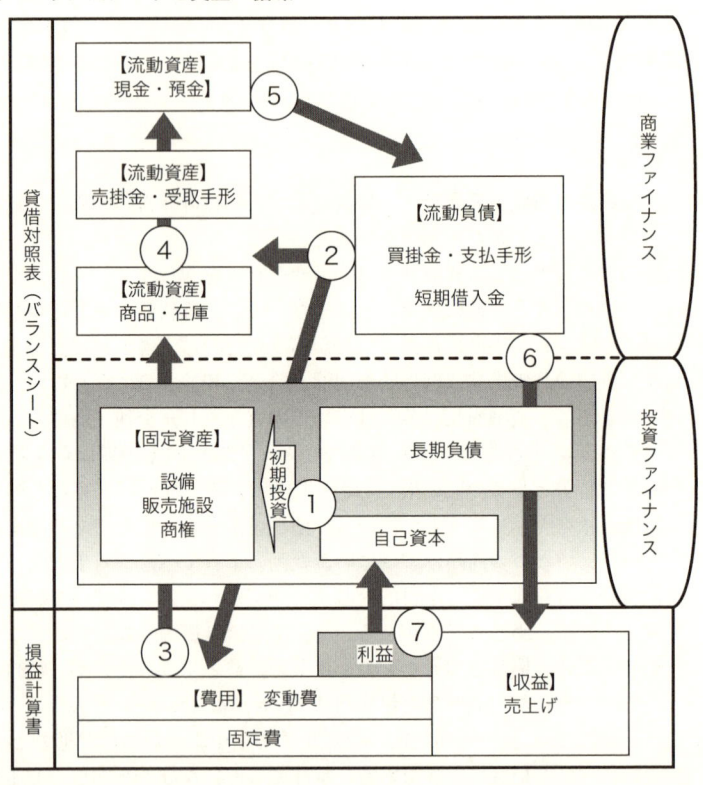

> 問）　貸借対照表は，流動資産と流動負債からなる上側の部分と，固定資産と長期負債・資本からなる下側の部分に大きく分かれている。この2つの部分は単に勘定の区分というだけでなく，全く異質な2種類の財務活動をあらわしている。どのように異なるかを考えてみよ。

(a)　**投資ファイナンス**

2-43　事業を行うにあたっては，工場や社屋の建築・機材等の購入といった設備投資資金，営業権や被買収企業の株式等の取得資金といった初期投資のための資金（広義の**設備資金**）が必要である。また，事業開始後数年間は投資負担が大きい上に，事業規模も小さいので給与その他の経費が売上げを上回って赤字が続く。これを**創業赤字**という。そして，通常は数年かけて売上げを伸ばして黒字に転換し，累積した赤字を解消していく（¶4-9・図26参照）。創業赤字が続く間は資金が目減りするのでこれを補う資金が必要になる（狭義の**長期運転資金**[39]）。こうした事業の元手となる資金を，株式や社員権，あるいは，社債や長期借入により調達することを**投資ファイナンス（investment finance）**という（調達手法の差異は次章以下で詳しく解説する）。バランスシートでは固定資産と長期負債・資本の部がこれに対応している（図15の①）。一般に「コーポレートファイナンス」と題する教科書で扱われている内容は投資ファイナンスが主体である。

(b)　**商業ファイナンス**

2-44　次に，こうして形成された事業基盤を活用して，実際に商品や原材料を仕入れ，生産・販売活動を行うという営業活動が行われる。

典型的には，商品の生産や仕入れを行い，商品を在庫として保有する（図15の③）。商品が売れないと最終的に仕入代金を払えないから売り主に支払を待ってもらうか（**取引信用**），不足資金を銀行等から調達する（図15の②）。商品が売れれば通常は買い主に対する売掛金となり（図15の④），これが回

---

[39]　銀行実務では一般に1年を超える運転資金はすべて長期運転資金という。しかし，理論的には長期の運転資金が必要になるのは赤字が続く場合に限られ，創業赤字以外でこうした状況が正当化されることは稀である。なお，短期の運転資金が経常的に発生する場合，事実上長期融資で対応することが多いが，これは本来なら融資枠契約で対応すべきものである（¶7-53，注215）。

収された時点で流動負債の返済にあてる（図15の⑤）[40]。このように，営業活動においては短期の資金が何度もバランスシートの上半分を回転して利益を生み出していく。このことを**営業循環過程**（business cycle）という。

　このように，通常の営業循環過程においては，1年以内の短期資金が時に不足し，時に過剰となるので，この過不足を銀行との間で手形割引や手形借入，当座預金等で調達・運用する必要が生じる。これを**商業ファイナンス**（commercial finance）とか，**運転資金ファイナンス**（working capital finance）という。バランスシートでは流動資産と流動負債の部がこれに対応している。

(c) 投資ファイナンスと商業ファイナンスの関係

2-45　営業循環過程が適正に回転すれば，そのもうけから投資ファイナンスを徐々に返済していくことができる。この場合，まず，外部負債に係る利払いと返済を行い，法人税を支払った上で，剰余金があれば，自己資本の出資者に配当として返戻するか，内部留保として積み立てて出資者の持分を増やす。

　この場合に，営業循環過程から生み出される1年分のもうけが最初から初期投資を上回るぐらいに大きければ苦労はない。しかし，実際には初期投資を回収するには少なくとも3-7年程度はかかることが多い。このため，投資ファイナンスは元本返済が不要か長期間猶予される自己資本や社債・長期借入れといった固定負債で調達せねばならない。これに対し，商業ファイナンスは短期だが資金決済と密接に結びついているので，預金業務を行う銀行からの借入れや手形割引等の形態で行うことが多い。

---

40)　さらに言えば，こうして最終的に残ったものが損益計算書における収益となり，ここから費用を控除すると当期利益となる（図15の⑥⑦）。

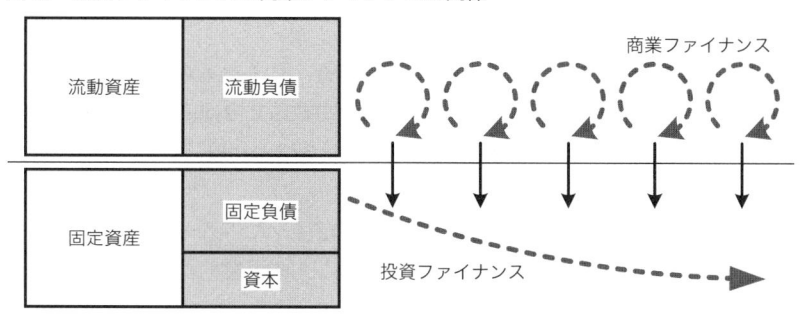

図16 投資ファイナンスと商業ファイナンスの関係

かくして，資本はバランスシートの中を時計回りに回転してもうけを生み出し，投資家に利益を還元していくのである（図16）。

5 金融仲介と金融機関

(1) 金融仲介

2-46　企業や家計のファイナンス活動には，必ず何らかのかたちで金融機関が関与している。金融機関の最も重要な役割は資金需要者と資金供給者との間に介在して資金が流れるようにすることである。こうした金融機関の役割を**金融仲介**（financial intermediation）という。先にファイナンスとは時間軸上において現在価値が異なるキャッシュフローを複数の当事者が交換することだと定義したが（¶1-21），この交換作業を仲介することといってもよいであろう。

金融仲介は，企業や家計と投資家を市場で直接結びつける**直接金融仲介**と，預金や保険契約等でいったん最終投資家（預金者や保険契約者等）の資金を預かり，主として融資によって資金需要者に対して資金供給を行う**間接金融仲介**に大別される。直接金融仲介を担う金融機関の代表がいわゆる証券会社である。これに対し，間接金融仲介を担う金融機関が銀行に代表される間接金融機関である。

(2) 講学上の投資銀行と商業銀行

2-47　日本が範とした英米においては，投資ファイナンスを仲介する金融機関と商業ファイナンスを仲介する金融機関が截然と分離されている。前者を講学上，**投資銀行**（merchant bank, investment bank），後者を**商業銀行**（commercial bank）という。

これを具体的な金融機関の種類に対応させてみると，商業ファイナンスは返済期限が1年以内の短期資金であることや本質的に決済代金の繰延べという性格を有することから，預金を受け入れて融資を行う銀行その他の預金金融機関が典型的な担い手となってきた。これに対し，投資ファイナンスには返済期限のない出資金や返済期限が1年を超える長期の資金が必要になるため，英米においては株式や社債のような有価証券を用いることが多い。このため，有価証券の募集を市場で引き受けたり，その後の売買を仲介する証券会社が金融仲介の典型的な担い手となってきた。今でも米国で大手証券会社を投資銀行というのはこうした理由による。

以上から**表1**のような理念的整理が可能である。

表1　ファイナンス（資金調達）の種類と担い手

	投資ファイナンス	商業ファイナンス
講学上の担い手	投資銀行	商業銀行
金融手段	市場＋有価証券	融資・手形割引等
市場	資本市場	短期金融市場・預金
資金の供給者	投資家	預金者
金融仲介のあり方	直接金融仲介	間接金融仲介
仲介を行う典型的な業態	証券会社	銀行（預金金融機関）
規制法	金融商品取引法	各仲介業者の規制法

ただし，実際の金融機関は商業銀行と投資銀行に截然と分かれるわけではない。たとえば，銀行は長期融資や債券の購入，株式の政策保有を通じて投資ファイナンスの担い手としても重要な役割を担っている。一方，証券会社が売掛債権の証券化等を通じて商業ファイナンスに深く関与することもある。さらに，世界的に1つの金融グループが本体もしくはグループ企業を通じて銀行・証券はもちろん保険その他の金融機能を幅広く提供するコングロマ

リット化が進んでいる。米国ではサブプライム問題によりすべての大手投資銀行が何らかのかたちで銀行免許を取得し，伝統的な投資銀行は2009年現在姿を消した。

図17　産業銀行

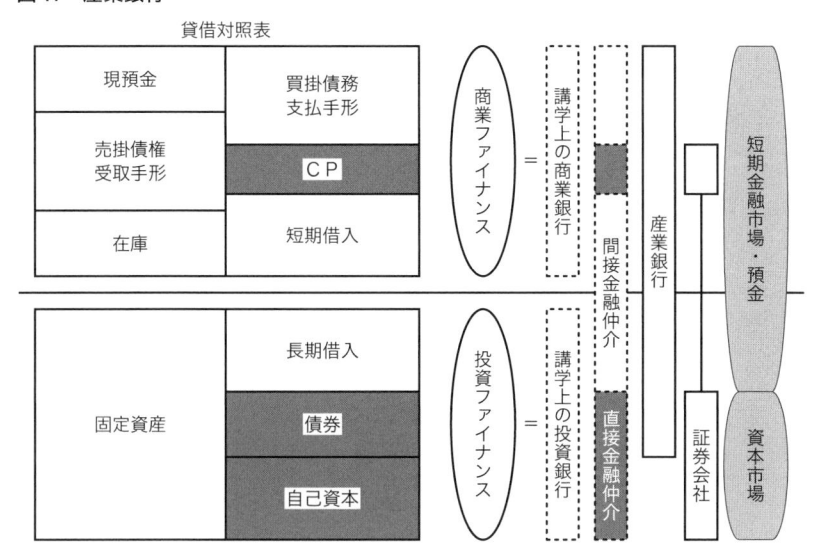

貸借対照表

現預金	買掛債務 支払手形
売掛債権 受取手形	CP
在庫	短期借入

商業ファイナンス ＝ 講学上の商業銀行

固定資産	長期借入
	債券
	自己資本

投資ファイナンス ＝ 講学上の投資銀行

間接金融仲介／直接金融仲介　産業銀行／証券会社　短期金融市場・預金／資本市場

2-48　**産業銀行**　このように理念的には商業ファイナンスには間接金融仲介，投資ファイナンスには直接金融仲介が対応している。しかし，金融市場の発展が英米に比べて後れた欧州では銀行が両方の仲介機能を受け持って産業の発展を支えた。日本でも戦前・戦後の高度成長期を通じて，投資銀行業務の重要な部分を長期貸付や社債の受託業務，さらには，社債の計画消化や株式の持合いを通じて，事実上銀行が担ってきたという歴史がある。こうした役割を果たす銀行を**産業銀行**（industrial bank）ということがある（図17）。

なお，日本の銀行は1980年代まで産業銀行としての役割を強く担ってきたが，資本市場の成熟と共にその役割を終えつつあり，英米的な投資銀行としての性格が強い証券会社や企業金融専門銀行が生まれてきている[41]。一

---

41)　2009年現在，みずほコーポレート銀行とその子会社のみずほ証券，大和証券キャピタル・マーケッツ等がこれにあたる。

> 方，大部分の銀行は投資銀行としての役割が希薄になってきているが，商業銀行業務のみでは十分な収益性を維持できないため，消費者金融，住宅ローンといった家計ファイナンスに業務の比重を移す傾向がある。

2-49 　このように，**表1**の整理はあくまで理念的なものにすぎず，実際の金融仲介業のあり方とは必ずしも一致しない。しかし，両者は本質的に異なる性格を持つので少なくとも機能的には区別して考えたほうがよい。
　　　　わが国の金融機関のあり方については，後段であらためて詳しく説明する（証券会社⇒¶5-49，間接金融機関⇒第8章）。

第 3 章

金融の基本概念 ③
デット－エクイティー－資本市場

1 資金調達の種類

図18 資金調達概念図

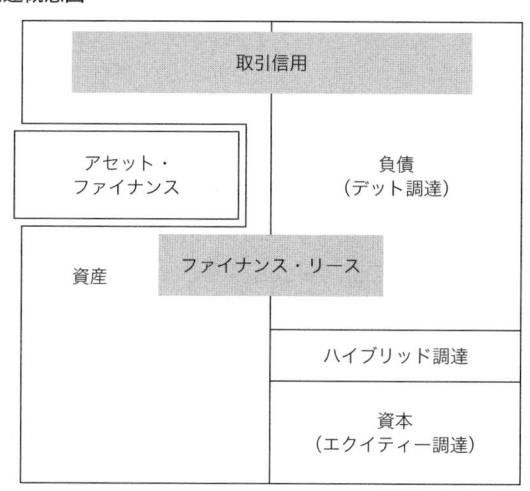

```
        ┌─────────────────────────────┐
        │         取引信用            │
┌───────┼──────────────┬──────────────┤
│アセット・              │    負債      │
│ファイナンス            │ (デット調達) │
├───────┤              ├──────────────┤
│       │ファイナンス・リース          │
│ 資産  ├──────────────┼──────────────┤
│       │              │ ハイブリッド調達│
│       │              ├──────────────┤
│       │              │    資本      │
│       │              │(エクイティー調達)│
└───────┴──────────────┴──────────────┘
```

(1) デットとエクイティー

3-1　バランスシートの右側（貸方）は企業の資金調達状況を表すと説明したが (¶2-37)，これはさらに，調達する資金の性格により資本と負債に分かれる。まず，**資本**とは，返済期限がないか不定期で，他の債権者に劣後する出資金の性格を有するものをいう。ファイナンスではカタカタ英語で**エクイティー (equity)** ということが多い。企業が株式や社員権を募集して投資家から資金調達したり，自分自身の利益を積み立てて新たな投資にあてたりすること

がこれにあたる。一方，負債は，一定の期限までに元本を返済せねばならない広義の借入金の性格を有するものである。ファイナンスではカタカナ英語で**デット（debt）**ということが多い。社債や融資（借入れ）がこれにあたる。

(2) その他の資金調達形態

3-2　しかし，資金調達の手法はデットとエクイティーに截然と分類できるわけではない。まず，いわゆる転換社債やワラント債，あるいは永久劣後債のように両者の性格を併せ持つ混合型（ハイブリッド，hybrid）が存する。**ファイナンス・リース（finance lease）**は，設備・動産の賃貸借という法形式をとるが実体は担保付借入れに近い。資産証券化のように保有資産の換価の形態で実質的に資金調達を行う**アセットファイナンス（asset finance）**や，事業を売買するいわゆる M&A もファイナンスとしての性格を有している。

商業ファイナンスにおいては物やサービスの対価の支払日を繰り延べたり（買掛債務），手形払いとすることにより，支払期限まで実質的に資金調達を行う。一方，その相手方は売掛債権や受取手形を銀行その他の金融機関に売却して資金調達を得る。これを**取引信用（transactional finance）**という（クロスボーダーでは**貿易信用［trade finance］**ともいう）。法的にみると，ファイナンスに係る債権債務関係と財産権や役務の提供に係る債権債務関係が牽連性を有する点に特徴がある。

こうした特殊な資金調達手法を理解するには，典型的なデット・エクイティーをよく理解しておく必要がある。また，最近は典型的なデット・エクイティーの中にもさまざまな新手法が登場している。本書では典型的なデット・エクイティーを説明し，その他の調達手法については第 2 部で説明する。

(3) 日本企業の資金調達状況

3-3　図 19 は日本の全法人のバランスシートを法人企業統計に基づいて合成してファイナンスの状況を概観できるようにしたものである。

これをみると，まず商業ファイナンス（流動負債の部分）について，支払手形・買掛金（取引信用）といった取引信用の果たす役割がかなり大きいことが分かる。投資ファイナンスについては，まず，デットファイナンスにあたる固定負債に占める長期借入金の比率が社債の 4 倍程度とかなり高く，間接

金融の役割が依然として大きいことが分かる。また，株主資本に占める利益剰余金の割合が過半を占めることは，外部資金に頼らず内部資金で新規投資を賄えるようになってきていることを窺わせる。

図 19　わが国における事業法人の合成 BS（2009 年第 1 四半期）

(単位：兆円)

流動資産		590	44%	負債	862	65%
	現金・預金	133		流動負債	459	34%
	受取手形・売掛金	193		支払手形・買掛金	147	11%
	有価証券	22		短期借入金	164	12%
	株式	5		金融機関借入金	120	9%
	公社債	5		その他の借入金	44	3%
	その他の有価証券	12		引当金	9	1%
	棚卸資産	112		その他	139	10%
	製品又は商品	60		固定負債	402	30%
	仕掛品	36		社債	53	4%
	原材料・貯蔵品	17		長期借入金	258	19%
	その他	131		金融機関借入金	211	16%
固定資産		741	56%	その他の借入金	47	4%
				引当金	34	3%
				その他	57	4%
				特別法上の準備金	0.2	0%
				純資産	471	35%
				株主資本	444	33%
				資本金	93	7%
				資本剰余金	110	8%
				利益剰余金	258	19%
				自己株式	−17	−1%
				その他	27	2%
				新株予約権	0.2	0.01%
繰延資産		2	0%			
資産合計		1,333	100	負債及び純資産合計	1,333	100%
				受取手形割引残高	4	0.3%

※　法人企業統計の母集団全体であるわが国における資本金 1000 万円以上の営利法人（金融・保険業を除く。計 1,145,975 社）の仮決算係数をとりまとめたもの。

2　財務レバレッジ

3-4　もし，会社が使用総資本（負債＋資本）の全額を株式で調達していれば，会社の純利益はそのまま株主に帰属することになる（厳密には税金や減価償却の影響を考える必要があるが，複雑になるのでとりあえず無視する）。たとえば，事業全体の利回りを表す，**総資産事業利益率（return on assets, RoA）**[42]が10% の会社であれば，**自己資本純利益率（return on equity, RoE）**[43]も 10% ということになる。

これに対し，デット調達があるとどうなるであろう。

> 問）　今 RoA が 10% の会社があり，使用総資本（総資産）は 100 億円，デット調達の金利は 5% だとする。
> ①　負債比率をゼロから 50% に引き上げると RoE はどのように変化するか。
> ②　RoA が 10% から 8% に悪化した場合，負債比率がゼロの場合と 50% の場合とでは RoE はどのように変化するか。

まず①については，100 億円×10%－50 億円×5%＝7.5 億円の純利益が資本 50 億円に対して得られるので，RoE＝7.5 億円÷50 億円＝15% になり，負債比率ゼロの場合と比べると RoE は 5% 改善する。次に②については，負債比率がゼロなら RoE は RoA と同じ 2% しか悪化しない。これに対し，負債比率が 50% の場合，RoE＝（8 億円－2.5 億円）÷50 億円＝11% と 4% 悪化してしまう。

3-5　このように，デットの増加が株主資本利回りの振幅を拡大させる効果のことを，財務上の梃子の効果（**財務レバレッジ，financial leverage**）という。レバレッジの度合いをみる指標としては，負債比率ではなく資本に対する総資

---

[42]　事業利益（営業利益に営業外収益を加えたもの）を総資産で割った比率。なお，asset（資産）ということばを用いるが，正確には利用している事業資金がどの程度の事業利益を生み出しているかという概念なので，財務分析では使用総資本事業利益率という言葉を用いることが多い（斎藤 238 頁以下）。

[43]　純利益を自己資本の額で割った比率（斎藤 240 頁以下）。自己資本調達の金融コストは RoE (return on equity) に一致する。

産の倍率を用いることが多い。これを，**レバレッジ比率**（leverage ratio）という。

図20 レバレッジ比率とRoE・RoAの関係（負債利子率＝5%）

レバレッジ比率とRoE・RoAの関係
（負債利子率＝5%）

レバレッジ比率
— 1.0
— 1.5
--- 2.0
⋯ 2.5
-・- 3.0

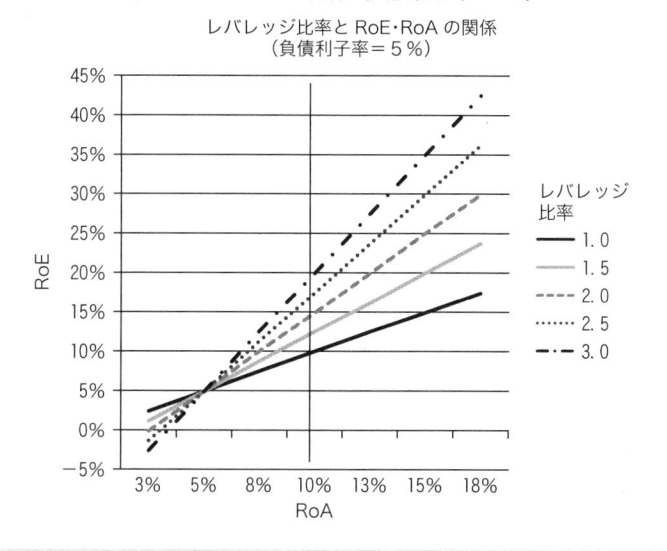

3-6 **RoA，RoE，レバレッジ比率，負債利子率の関係** 以上の議論を算式で表すと**式4**のように表現できる（このように，財務分析ではひとつの分数の分母分子に総資産や売上高といった別の数字を乗じて2つの分数の積に分解することを通じて分析を深めていくことが多い）。

式4

$$\text{RoE} = \frac{純利益}{資本} = \frac{事業利益 - 負債利子}{資本}$$

$$= \frac{総資産(使用総資本)}{資本} \times \frac{事業利益}{総資産(使用総資本)}$$

$$- \frac{総資産(使用総資本) - 資本}{資本} \times \frac{負債利子}{負債}$$

$$= \frac{総資産(使用総資本)}{資本} \times \left(\frac{事業利益}{総資産(使用総資本)} - \frac{負債利子}{負債} \right) + \frac{負債利子}{負債}$$

∴ RoE ＝ レバレッジ比率 × (RoA － 負債利子率) ＋ 負債利子率

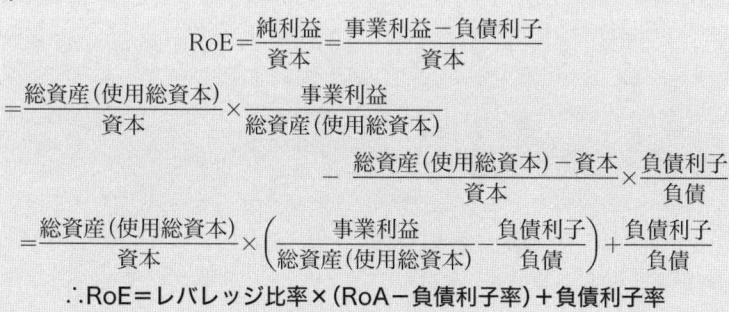

この式によれば，負債利子率とRoAが一定なら，レバレッジ比率を上げるほど（借金の比率を高めるほど）RoEが高まる。また，RoAが変化する場合，

レバレッジ比率が高いほど，RoE の変化は激しくなる（図 20，斎藤 241 頁）。

3-7 　一般に経営者は，事業がうまくいくと思うからこそ起業や新規投資を考えている。そういう者からすれば，出資は必要最小限に抑えて負債調達－デットファイナンスを増やし RoE を高めることには一定の合理性がある。しかし，エクイティー投資家からみると，レバレッジ比率が高いとリターンの振幅が拡大して投資リスクが増大する。また，デット投資家からみても自分に劣後するエクイティーの額が少なくなり貸倒れリスクが高まる。

3-8 　**オペレーティングレバレッジ**　　ファイナンスには財務レバレッジのほか，もうひとつレバレッジが登場する。
　売上高に占める変動費の比率は一定なので，思い切った設備投資等を行って変動費率を引き下げて固定費率を高めれば，売上高が少ないうちは大きな赤字が続くが，限界利益（売上高－変動費）が固定費に等しくなる**損益分岐点**（break-even point）をすぎると急速に営業利益が増加する（図 21）。このように，固定費率を高めて総費用中の変動費率を減らすことにより営業利益の増減に梃子の効果が働くことを**オペレーティングレバレッジ**（operating leverage）という[44]。オペレーティングレバレッジの比率が高いと売上高の増減に伴い損益が大きく振幅するため，好況には非常に強いが不況期には業績が急速に悪化する。重厚長大型企業の他，1 機あたりの旅客数にかかわらず一定の運行費用がかかる航空業等がこうした財務的特徴を有する。

---

[44] オペレーティングレバレッジ比率は，売上高から変動費を控除したもの（限界利益）が営業利益の何倍になっているかという比率（（売上高－変動費）÷営業利益）で表される。

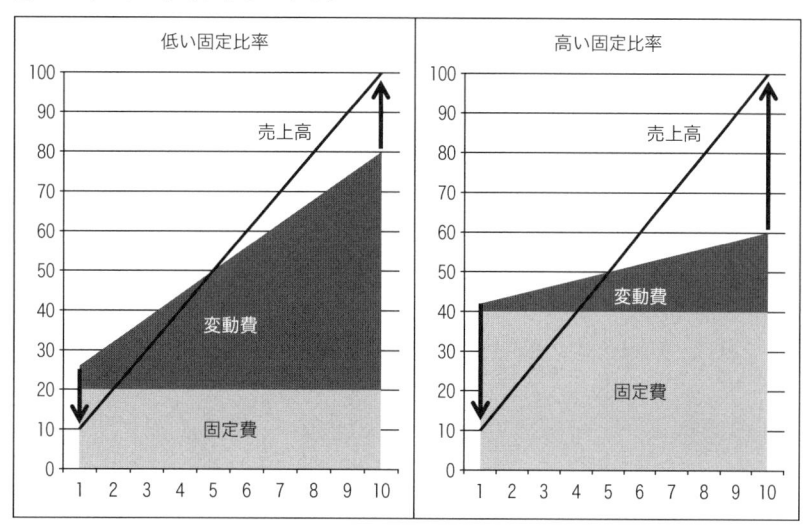

図 21　オペレーティングレバレッジ

（左：低い固定比率／右：高い固定比率）

3　デット vs. エクイティー

3-9　さて前節の設問において，もしデット調達に支払うべき金利が 10% 以上だとすると，借入れをすれば RoE は必ず負債比率ゼロの場合よりも悪化してしまう。このことは，財務レバレッジは負債調達をしたから成り立つのではなく，負債のコストが RoA よりも低いから成り立つのだということを意味する。つまり，財務レバレッジという一見難しく聞こえる言葉は，要するに 10% で回る事業を全額自分のお金（自己資本）でやればもうけは 10% だが，それより低い金利で貸してくれる人がいればその差額だけもうかるという，当たり前のことを言っているにすぎない。

> 問）では，デットがエクイティーよりも低コストで調達できるのはなぜか。

(1)　デットのエクイティーに対する優先性

3-10　一般に，投資家の要求利回りは，負担したリスクに対する報酬と考えられ

る。デットやエクイティーのような金融投資の場合、リスクとは投下した元本が戻ってこないことに他ならない。ところで、法的にみると万が一の場合、エクイティーはデットに対して返済順位が劣後しているから（会社446条・502条）、エクイティーのほうが元本毀損のリスクが高い。こうして、デットのコストはエクイティーの要求利回りより低くなるのである。

(2) デットとエクイティーの商品性の違い

3-11　ただ、もう少し深く考えると単純な比較は難しいことが分かる。両者は金融商品としての特徴がかなり異なっているからである。

図22　デットとエクイティーの期待収益の形状

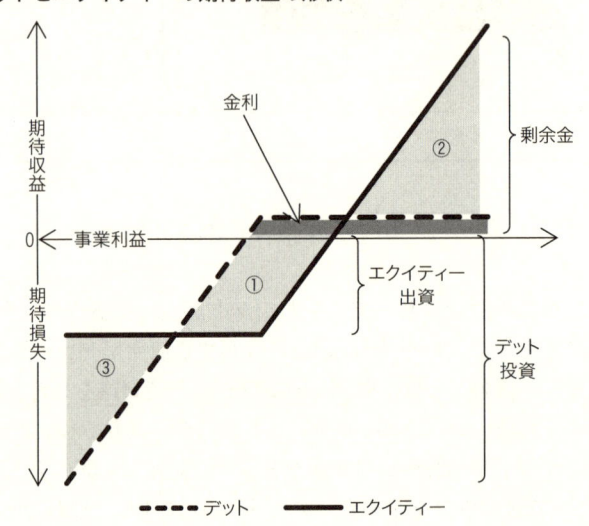

デットは一定以上の事業利益があれば常に一定の金利収益を得られるが、事業利益が一定以下になると元本が毀損する。これに対し、エクイティーはデットに対して支払が劣後しているので、事業利益の減少によりデットより先に損失を被るが、出資額が損失の上限になる。加えて、事業利益が拡大すればデット金利を支払ったあとの余剰利益がすべてエクイティー投資家に帰属するので、理論的には得られる収益に上限がない（図22）。

こうしてみると、デットがエクイティーより相対的に有利なのは図22の①の領域だけであり、②の領域ではエクイティー投資家の利益のほうが大き

いし、レバレッジ比率が50％以上の場合、③の領域ではデットの損失額のほうがエクイティーより大きくなる（図22）[45]。

しかし、どんな事業も最初は①の領域から始まり、②や③になる可能性は①にとどまる可能性より低い。つまり一番ありそうなシナリオにおいて手堅いのがデットなのである。

3-12 整理すれば、元本をリスクに晒す対価としてもうけに関係なく一定の金利を受け取るのがデット、自己の出資を他の債権者に劣後させる見返りに将来の剰余金に対する権利を受け取るのがエクイティーと位置付けることができる。デットとエクイティーは単に法的な位置付けが異なるだけでなく、期待収益の形状も異なるのである[46]。デットのリターンは事業の将来について保守的な投資家に、また、エクイティーは積極的な投資家に向いているといってもよいだろう。そして、デットの投資家がリスクを避ける代わりに低い金利で満足してくれることから、エクイティーのリターンにレバレッジをかけることが可能になるのである。

こうしてみると、デットとエクイティーは質的に異なる2つの金融商品を作り出すことによって、異なる選好を持つ投資家からそれぞれ有利な投資条件を引き出すための法的工夫（法技術）だとみることができる。では、デットとエクイティーの比率はどのように決めればよいであろうか。

4　最適資本構成

> 問）経営者は最適な負債比率（レバレッジ比率）を選択することを通じて企業価値を高めることができるか？　なお、企業の価値は将来の収益期待の現在価値とし、それは負債額＋株式時価総額（株価×発行株式総数）に等しいものとする（詳しくは¶13-12参照）。

3-13 仮にAとBという2つの会社が規模も収益率もうり二つの事業を行っているとしよう。ただし、Aは無借金、Bは負債調達（社債、借入れ）を行っ

---

45) 企業が倒産して本当に困るのは株主よりは債権者だというのはこの辺の事情による。
46) 投資家からみたデットの期待収益はプットの売り、エクイティーの期待収益はコールの買いポジションと同じである。

ているとする．この場合に，もしAの株式時価総額がBのそれに負債額を足した金額より大きいとすると，投資家としては，同じお金を投資するなら，割安なBの株式と負債を両方買ったほうが得である．このため，市場が完全ならAの株式を売ってBの株式と社債を買うという行動が起こり，最終的には両者の企業価値が同じになるまでAの株価が値下がりし，Bの株価が値上がりするはずである．逆に言えば，<u>効率的な資金調達が達成できている限り負債と資本をどのように組み合わせてもその結果として企業価値が向上することはない</u>．経営者は資金調達に失敗して企業価値を下げることこそあれ，市場が十分に効率的である限りその逆はないのである．

このように「企業の市場価値はその資本構成と無関係だ（つまり借金の巧拙ではなく事業そのものの善し悪しで決まる）」という理論を提唱者であるモジリアーニ（Modigliani）とミラー（Miller）の名前をとって**MM理論**という[47]．

3-14 **加重平均資本コスト（WACC）** デット調達に係る利子負担とエクイティー調達に係る株主の期待利回りをそれぞれが使用総資本に占める比率で加重平均した企業の平均資本コストのことを**WACC**（weighted average cost of capital）という（式5）．事業利益から負債利子を控除した純利益は株主に帰属するので，理論的にはWACCは総資産利回り（RoA）と一致するはずである．

式5　WACCの計算

$$\text{RoA} = \text{WACC} = \frac{\text{エクイティー調達}}{\text{使用総資本}} \times \text{株主の期待利回り} + \frac{\text{デット調達}}{\text{使用総資本}} \times \text{負債利子率}$$

3-15 **MM理論の直感的理解** 本文の説明を，WACC概念を使ってもう少し具体的に考えてみよう．

今，仮にある企業の総資産の利回り（RoA）が10％，負債比率が50％であるとし，負債（たとえば社債）の金利が5％だとする．税金を無視すれば，株主の利回り（RoE）は15％となる．つまり，この企業は事業資産全体で10％の利回りがあり，このもうけの25％（5％×50％/10％）を銀行や社債投

---

[47] 資本コストとMM理論についてSAAJ 2・122頁以下，岩村184頁以下参照．

資家に支払い，残りの75%を株主に配当するか内部留保しているということになる。今，株主がこのRoEで満足しているとしよう。この状態におけるWACCは，5%×50%+15%×50%=10%である。

　ここで会社の経営者がより高いレバレッジを狙って負債比率を高め，75%にしたとする。具体的には25%借入れを増やして市場から株式を買い入れればよい（これを自己株式取得という。¶5-10）。この場合に，すべての投資家がこれまで通りの収益率で満足してくれれば，WACCは5%×75%+15%×25%=7.5%に下がるので，2.5%分調達コストが削減できる。この結果，それだけ配当や内部留保に回せるお金が増えて企業価値が高まり，株主の利回りは（10%−5%×75%）/25%=25%に上昇するように思える。しかし，銀行や社債投資家からすると，社債に劣後する株式の比率が下がり，万が一の場合に不払になるリスクが増大する。5%では安すぎるので利回りアップを要求してくるだろう。仮に2%アップの7%要求されたとすると，株主利回りは（10%−7%×75%）/25%=19%になる。それでも15%よりは高くなっているではないかと思うかも知れない。しかしよく考えてみると，株主にとってはレバレッジ比率が高まって収益率の振幅が激しくなりリスクが高まっているのだから（¶1-38参照），15%より高い利回りになるのは当然なのである（このことをMM理論の第2命題ということがある）。こうして，市場が完全なら理論的なWACCはRoAと等しい10%に収斂していき，資本構成を変えたことによる余剰は生じない。

3-16　**MM理論とファイナンス**　　なお，「WACC=RoAとなるはず」とは，「現在そうでなくても最終的にそうなるように収斂していくはずだ」という意味であり，実際には株価等から推計される株主の期待利回りと社債市場や銀行との交渉から予想される負債利子率はむしろ所与といったほうがよく，これと事業計画等から導き出される想定RoAを前提とすれば適正な負債比率が決まる（¶7-18）。また，現実的な負債比率と上述の資本コストから想定WACCを求め，これを割引率に用いて事業計画等で示された将来キャッシュフローの現在価値合計を求めれば，適正な初期投資の上限金額を知ることができる（練習問題3-1）。

　このように仮にMM理論が正しいとしても，現実から理論値への収斂の過程で「本来のコスト」より安く調達できる機会が生まれる。さらに実際には，負債利子は法人税を支払う上で損金になるのに対し，配当は損金になら

ないので，負債を増やすと節税効果分だけはリターンが改善する[48]。一方，負債をあまり増やすと債権者からみた倒産リスクが高まるのでそもそも調達ができなくなるといった問題もある。また，上場企業の株価は理論的な企業価値とは無関係な市場の需給に左右されることも多いので，RoAから考えて市場の株価が不当に低いなら，内部留保や借入で調達した資金で自社株を購入すれば，その分だけはWACCを引き下げることができる。

このように，最適解がひとつかどうかは別にして，実務的に適正と考えられるレバレッジ比率の解がそれほどたくさんあるわけではないし，<u>本業をおろそかにしてはいけないが，ファイナンスの巧拙で企業価値が左右されることもまた事実である</u>。コーポレートファイナンス理論の目的がMM理論のような「本来の姿」を解き明かすことにあるのだとすれば，<u>金融技術の目的は，現実に存在する「歪み」をファイナンスコストの低減に活かすことにあるということができる</u>[49]。

練習問題 3-1

ある企業のエクイティー調達，デット調達のコストを証券会社に打診したところ，負債比率が75％以下なら，それぞれ10％，4.25％程度で当面は大きく変わらないとのことであった。この企業が実施を検討している10億円の投資について事業期間である7年間に期待できる正味収支は下表のとおりである。負債比率25％，50％，75％の3つの場合についてEXCELのNPV関数を用いて各年の正味収支をWACCで割り引いた現在価値の合計（正味現在価値，¶5-48）を求め，これと初期投資額（10億円）を比較し，それぞれの結果が意味するところを考えなさい（税金の影響は無視してよい）。

---

[48] 税を考慮したWACCの計算　　なお，負債は法人税の計算上損金計上できるのでその分税金を節約することができる。この結果通常は，デットのコストには負債利子を単純に用いるのではなくこれに（1－実効税率）を乗じて節税効果を織り込んだものを用いる。

$$WACC = \frac{エクイティー調達}{使用総資本} \times 株主の期待利回り$$
$$+ \frac{デット調達}{使用総資本} \times 負債利子率 \times (1-実効税率)$$

[49] ペッキングオーダー仮説（pecking order hypothesis）　　企業の財務担当者は自分から見て実施が容易な順番で資金調達を行うという仮説（pecking orderは強い鶏が弱い鶏をつつくという序列を表す言葉）。一般には内部資金，デット調達，エクイティー調達の順番になる傾向があるといわれる（岩村228頁）。株式バブルの時期に新興企業が引きも切らない証券会社の営業攻勢を受けてエクイティー調達に偏りがちとなるのはその反対の例といえる。

(単位百万円)

年	0	1	2	3	4	5	6	7
正味資金収支	−1,000	50	100	150	200	250	300	350

練習問題 3-2

前問において，もし MM 理論が正しいなら，負債比率 25% の場合と，75% の場合にこの会社の株価にはどのような変化が起こると考えられるか（株主の期待利回りが上昇すれば株価は下落し，逆なら上昇する）。

5　投資ファイナンスと資本市場

(1)　資本市場

> 問）今，貸付けや投資で資金供給を行う者はその資金を預金者や個人投資家から1年間程度の期間で受託しているとする。一方，有望な新規事業を考える企業は，出資か10年程度の負債で資金調達することを検討しており，短期調達の意思はないものとする。こうした状況で両者のニーズを合致させて投資ファイナンスを成立させるためにはどうすればよいか。

3-17　商業ファイナンスだけでなく投資ファイナンスまで銀行が融資の形態で担う産業銀行型の体制（¶2-48）は，長期の貸出金利が必ず短期の預金金利を下回るように操作が可能な規制金利下では大変効率的な制度であった。僅かな額面で引き受けた株式が経済成長に伴って大きな含み益を生んでいた時代は銀行が安定株主として事業会社と株式を持ち合うことも許された。しかし，市場の自由化・グローバル化が進んだ今日，預金を調達原資とする銀行が長期資産を保有し続けることには大きなリスクが伴う。一方，生命保険会社や年金勘定のようにもともと超長期資金を有する投資家や，長期投資が可能な個人投資家だけに依存するのでは市場に広がりが欠ける。さらに「調達から投資へ」（¶1-6）という流れの中では，幅広い投資家がさまざまな投資機会を得られる金融商品の市場が欠かせない。

図 23　資本市場

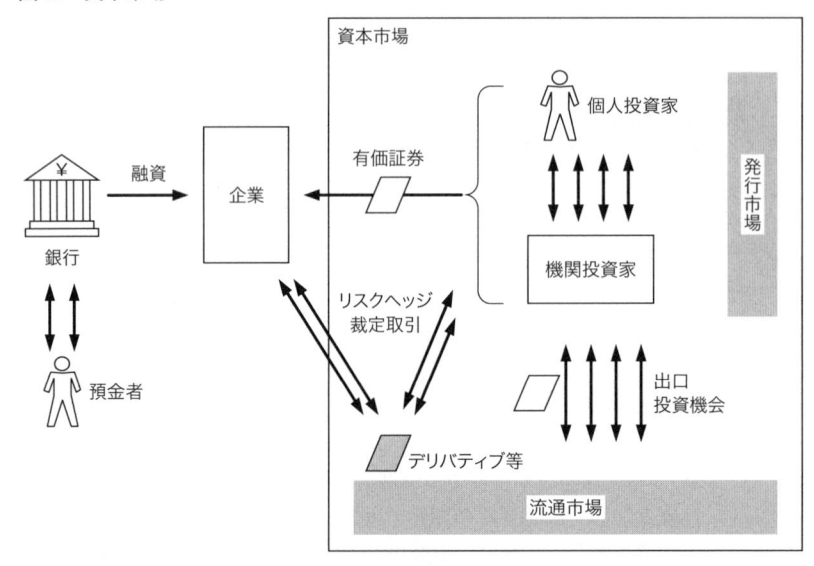

そこで，投資ファイナンスを社債や株式といった売買可能な有価証券に**表章（represent）**させて50)，市場で第三者に売却することができるようにすれば，投資家は保有資金の性格や投資方針に基づいて売却を前提に保有期間を決めて市場に参加することができるようになる。この場合，投資家は売却時の価格リスクを負担することになるが，流動性の高い市場ではデリバティブ等を使ってリスクを管理することもできる。このように，①有価証券を用いて長期資金が必要な投資ファイナンスを企業に円滑に提供し，②投資家が有価証券の売買を通じて効率的な投資の実行ならびに投資資金の回収を行えるようにし，さらに，③効率的な市場の存在を背景にさまざまな金融技術・投資商品の開発を促進してリスク管理手段や多様な投資機会を提供するための市場を**資本市場（capital market）**，あるいは，**証券市場（securities mar-**

---

50)　表章　目に見えない抽象財である権利を物理的あるいは電子的に取引が可能な紙片や電子媒体・ネットワーク上の電子情報といった具象財上に表記し，以後はその具象財を取引することにより権利そのものが取引されるようにすることを「表章する（represent）」と表現する。法律独特の用語だが必ずしも厳密に定義されずに用いられている。少なくとも本書ではこの意味で用いる。

ket) という（図23）[51]。

図24　バケツリレーのたとえ

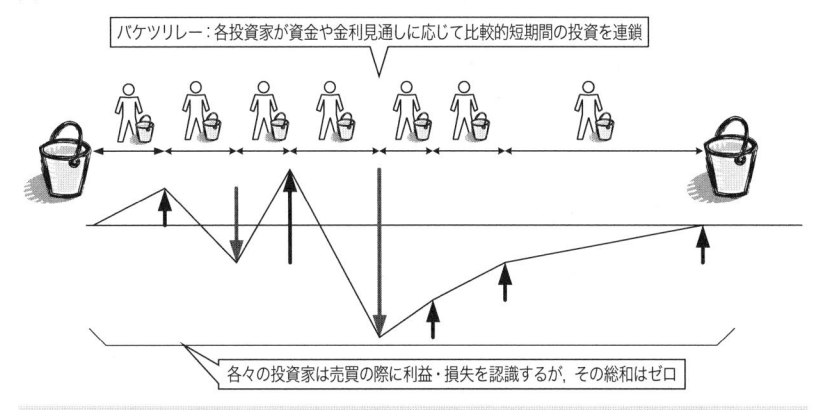

バケツリレー：各投資家が資金や金利見通しに応じて比較的短期間の投資を連鎖

各々の投資家は売買の際に利益・損失を認識するが，その総和はゼロ

3-18　**バケツリレーのたとえ**　　上述の資本市場の機能を融資と債券とを対比して具体的に考えてみよう。まず，銀行が10年間固定金利で融資をする場合，企業が10年間どうなるか（信用リスク）と，預金金利が10年の間に上昇して逆ざやにならないか（金利リスク）という2つのリスクを負担することになる。これに対し，資本市場において投資家が10年社債を購入して1年間保有した後に売却する場合，1年間の信用リスクと，10年物の金利が当面1年間どうなるか（その結果1年後に売却するときに価格がどうなるか）という金利リスクを負担することになる。そして，その投資家から社債を購入した次の投資家は自分なりの投資期間について同様のリスクをとる。こうして社債はバケツリレーのように何人もの投資家の手によって期限まで市場の中を運ばれていく。満期10年の社債について当面1年間何が起こるかを見通すことは，満期までの10年間に何が起こるかを見通すよりは，はるかに簡単である。期間をもっと短くすれば自己の見通しに確信を持つ者も現れるだろう。
　　ところで見通しを誤れば損をする。しかし，そのことは次の投資家がそれ

51）　金商法では冒頭の目的規定（「資本市場の機能の十全な発揮」）と，海外の規制当局からの調査協力との関係で「わが国資本市場に重大な悪影響及ぼす場合」に調査協力のための処分を拒んでよいと定める2か所においてのみ「資本市場」という言葉が用いられている（法1条・189条2項）。この意味するところの広狭を議論することにあまり実益があるとは思えないが，本文のように，金商法が具体的に規制対象としている市場よりは広い一般的な資本市場の意味でとらえておけばよい（黒沼41頁，近藤ほか7頁参照。なお「企業の資金調達の手段としての資本証券を取り扱う市場」に限定する有力な立場もある［川村26頁］）。

> だけ安い値段で購入することを意味する。社債の場合，最後には元本が額面で返済されるから，それまでの間に売買で各投資家が得る利益と損失の金額は必ず一致するはずである。つまり，それぞれの投資家にとっては投機的な結果になっていても，市場全体を神様が天から眺めている限り何も起こっていないわけである。こうして，資本市場は短期売買の連鎖を通じて市場全体として安定した長期の投資ファイナンスを実現する機能を果たす（図24）。

(2) 資本市場の機能

資本市場の機能をファイナンスの視点からより詳しくみてみよう。

① 出口機能

3-19　まず，市場における売買の可能性が保障されることにより，株式や長期債を，市場動向を睨みながら任意の期間だけ投資することが可能になる。このように投資家に出口を与える証券市場の働きを**出口機能（exit function）**という。市場の最も重要かつ本質的な機能である。

② 金融商品化機能

3-20　市場で投資家から資金調達をするには調達手段を有価証券という金融商品に表章させる必要がある。銀行からの調達の場合，当事者同士が調達条件を直接交渉して決定するが，市場調達の場合，不特定多数の投資家を相手に条件を決定する必要があるため，投資家の支持が得られる商品性や発行条件について，あらかじめマーケティング作業（¶1-13）が必要になる。これはちょうど，自動車メーカーが，まず消費者ニーズについて仮説を設け市場調査等を繰り返して商品性を絞り込み，価格戦略を策定する努力をするのと同じである。このようにマーケティング活動を通じて単なる「調達手段」を投資対象としての「金融商品」に転化することを**金融商品化（marketization of finance）**という（¶1-12）。金融商品化をアレンジする金融仲介業者には高い商品企画・開発能力が必要である。一方，バラエティーに富んだ商品を生み出すには，法的なインフラの自由度が高いことも非常に重要である（ここに金融と法の新しい接点が生まれる。本書が注目する視点である）。

③ 投資家拡大機能

3-21　流通性が付与されることにより，投資家層が拡大する。また，流通市場の形成が期待できない金融商品であっても，集団投資スキーム（¶11-8）を通じ

て有価証券化・投資単位の**小口化**（reduction in transaction unit）が図られれば多数の投資家に投資機会を付与することが可能になる。

 ④ 競争促進機能

3-22 証券市場では，厳格なルールに基づいた金融商品や発行体等に関する**情報開示**（disclosure）と参加者や仲介業者に対する行為規制が行われ，十分な情報を得た投資家同士の公正な自由競争を通じて全当事者にとって最も満足度の高い取引条件が実現される（この点で情報生産のあり方が間接金融のそれと大きく異なる。¶9-6参照）。

 ⑤ 価格形成機能

3-23 証券市場では，取引条件が参加者に共有されることによって客観的な価格の形成が促進される。一般に情報開示というと商品や発行体のそれを意味するが，**取引条件の開示**（transparency in pricing）を制度的に確保することも市場にとってはきわめて重要である。このためには単に開示だけでは足りず，取引条件の設定の仕方を**標準化**（standardization）する努力が欠かせない（日本では従来この点が軽視される傾向があった）。

 ⑥ 裁定機能

3-24 ③〜⑤にかかわらず，市場価格の形成が非効率な場合には，**裁定取引**（安すぎる物を買い，高すぎる物を売ることによって理論価格との差を無リスクで得ようとする行為，**アービトラージ**［arbitrage］）が行われ効率的な価格形成が促進・補完される。このために活用される典型的な商品が**デリバティブ**（derivatives，¶3-37参照）である。反対に，客観的かつ効率的な市場の存在がデリバティブの開発を容易にする側面もある。なお，裁定取引と投機取引の境界はあいまいなので，ともすれば行きすぎが起こることには注意せねばならない。また，裁定取引は理論価格と実勢価格の差に目を付けて行うものなので，瞬時にそうした判断が可能な**コンピューター取引**になじむ。この結果，今日の市場では日々膨大な規模の裁定取引が自動執行されて，市場に大きな影響を与えるようになっている。

 ⑦ リスクヘッジ機能

3-25 同様にデリバティブを用いれば，証券投資に伴うリスクをヘッジすることが可能になるから，元の証券への投資が容易になり，さらに流通性が高まる。ただし，リスクヘッジと裁定取引・投機取引の境界も截然たるものではない。

⑧　仲介サービス提供機能

3-26　証券業者が金融仲介業者として新規募集や売買の斡旋に努めるほか、投資家に対しても投資運用や助言を行う業者（¶14-4）が投資仲介サービスを提供する。こうした仲介サービスにより調達・投資双方の効率性が高まる。

⑨　ファイナンス機能

3-27　流通性が高い証券については、買戻条件付売買の形式で投資対象の債権を担保にして低利の資金調達を実現する**レポ**（repurchase agreement）が提供される。信用取引の決済に必要な資金や有価証券は**証券金融会社**が融通する（金商156条の24）。また、デリバティブを用いれば実物投資を行った場合と同様の投資ポジションを投資資金なしに実現することもできる。こうしたファイナンスの工夫により、投資家層が一層広がる。

(3) プライマリー市場（発行市場）とセカンダリー市場（流通市場）

3-28　資本市場はその機能から、調達者が投資家向けに債券や株式といった有価証券を発行して資金調達を行う**発行市場**（primary market, カタカナ英語で「**プライマリー市場**」ということも多い）と、発行後に投資家が有価証券を売買する**流通市場**（secondary market, カタカナ英語で「**セカンダリー市場**」ということも多い）に分かれる（あくまで機能的な分類で物理的に２つの市場に分かれているわけではない）。両者は相互補完関係にあるが、特に流通市場において高い流通性が確保されることによって、発行市場にさまざまな投資資金やリスク許容度を持った投資家を呼び込むことが可能となる（図23）。日本では従来発行市場に焦点があたることが多かったが、流通市場あっての発行市場であることを強調しておきたい。

3-29　**市場の本質と法規整の目的**　　市場を利用する目的は、投資に対して高い流通性を付与することにより、銀行融資のような相対（あいたい, bilateral）型資金調達では実現できない効果を期待することにある。このため市場規制を考える場合も、高い流通性の確保を軸に据える必要がある。たとえば、投資家保護が重要なことは言を俟たないが、それ自体が自己目的なのではなく、高い流通性を確保して市場に本来の機能を発揮させるためには市場に対する投資家の信頼を確立することが不可欠だからこそ、厳格な行為規制や開示規制を課すのである（なお¶10-88参照）。

(4) 金融商品取引法と市場規制

(a) 金融商品取引法の成立

3-30　このように資本市場が健全かつ効率的に機能することは，企業の円滑なファイナンスはもちろん，調達から投資へという潮流の中で優良な投資機会を提供するという観点からも，国民経済上大変重要なことである。

米国では大恐慌（1929年）の反省に基づいて，発行市場を規制する**証券法**（Securities Act of 1933）と流通市場を規制する**証券取引法**（Securities Exchange Act of 1934）が，また，社債投資家の権利を代表する社債受託者を規制する**社債信託法**（Trust Indenture Act of 1939，¶10-73），小口投資家の資金を集めて集合運用する投資ファンドを規制する**投資信託法**（Investment Company Act of 1940，¶14-22）が相次いで制定され，今日の証券規制（securities regulation）の基礎的な枠組みが作られた（¶10-37以下）。日本では戦後，前2法にならって**証券取引法**（Securities and Exchange Act）が，また，投資信託法にならって**証券投資信託法**が制定された。

旧証券取引法は規制の中核概念に限定列挙された「有価証券」を据え，この取扱いを発行・流通の両市場において規制すると共に，これを業として取り扱う業者を証券業者として規制するという**一体型の規制構造**を有していた。この構造は後に説明する銀証の分離政策（¶10-86）のもとで証券業務と銀行業務を明確に分離するために重要な機能を果たした（投信と業際問題の関係については¶14-24参照）。ただしその結果，投資家保護の観点から規制対象となる有価証券の範囲を広げようとすると必ず業際問題を引き起こしてしまい，市場で取引されるさまざまな金融商品を統一的に規制するための障害ともなっていた。

1990年代に入ると，銀証の垣根が漸次取り払われる一方，小口資金をプロの運用者がとりまとめて投資する集団投資スキーム（¶11-8）の重要性が増した。また，資本市場の成熟と共に典型的な有価証券にはあたらないが投資家保護の必要性のある金融商品の幅が急速に広がる一方，バブル崩壊を通り過ぎる中で統一的な市場規制の枠組みを構築するニーズが高まった。そこで1997年から幅広い金融商品の取引を横断的に規制する金融サービス法の制定に向けた動きが始まり，2000年には元本割れリスクのある金融商品全般

について私法上の説明義務を課す「金融商品の販売等に関する法律」（**金融商品販売法**）が制定された。さらに，2006年には投資ファンド関連の業者規制を含む幅広い関連法を取り込んで証券取引法を抜本改正し，新たに資本市場で取引される金融商品の取引全般を規制する**金融商品取引法**（Financial Instruments and Exchange Act）が制定された（以下，本書においては「金商法」と略する）[52]。

(b) 金融商品取引法の構造

3-31 　金商法は，冒頭の目的・定義規定（1条・2条）と後尾の課徴金や罰則等の規定（172条以下）を除くと，商品や発行体等に関する情報開示規制と市場参加者の行為規制からなる市場規制の部分と，市場そのものや市場参加者に対する開業規制・監督体制を定める部分に大きく分かれる。

　このうち開示規制は，発行市場における発行開示，流通市場における流通開示からなる（¶10-94）。また，行為規制は市場参加者全員を想定した不公正取引規制（¶10-92）と，業者に対する行為規制に分かれ，業者に対する行為規制については，金融商品取引業者については金商法で定めているが（¶10-90），その他の業者については実質的に同様の規制をそれぞれの業法に盛り込むかたちになっている（¶14-6，¶14-83）。さらに，M&A関連の規制として公開買付の規制と大量保有報告制度（いわゆる5％ルール）が定められている。

　次に開業規制・監督体制部分だが，まず市場については，主として金融商品取引所に関する定めをおき，市場参加者については各種の金融商品取引業者（¶5-49以下，¶14-4），その自主規制団体，清算機関（クリアリングハウス，¶5-34），証券金融といった主体について開業規制・監督体制の枠組みを定めると同時に，金融商品取引業者の破綻に備えた投資者保護基金について定めている。

> 　金商法は膨大かつ技術的で頻繁に改正がなされるため，細かなことを覚えるよりは，全体像と背後にある考え方を理解し，実際に関連の仕事をすることになった際に，何が問題となりうるかを的確に判断できるよう勘所を押さえてお

---

[52] 金商法に至る制定経緯について，近藤ほか9頁以下，河本・大武5頁以下。

くことが重要である53)。この機会に次頁表2で全体像を把握しておいて欲しい。

3-32 **デット・エクイティーと金商法**　なお，取引量でいえば国債を含む債券市場が圧倒的な大きさを有するが，債券自体が国債のようにもともと金商法の適用除外であるか，証券会社や金融機関，機関投資家同士の取引であるために，金商法の規制が緩和・免除されている場合が多い。このためデット取引について金商法の規制が問題となることは比較的少なく，規制そのものよりは，適用除外に焦点があたる（¶10-74, ¶10-100）。これに対し，株式等のエクイティー取引は取引所を通じて一般投資家が関与する機会が多いこと，元本保証がないこと，企業買収等複雑な考慮が必要になる問題が多いこと等から金商法の規制が典型的に問題となる。

---

53)【発展】こうした視点からは黒沼が良書である。また，中規模の解説書としては，多くの事例紹介を含む河本・大武が旧法時代からの名著である。近藤ほかも読みやすい。本格的な体系書としては，川村が読みやすい（さらに入門者用に川村TBまで用意されている）。日野・金商法は詳細かつ事例が豊富である。旧法下の標準的体系書であった神崎ほかの新法対応が待たれる。

表2 金商法の枠組み

目的・定義規定（1条・2条）					
市場規制	開示規制（2章）	発行開示（4条）		適格機関投資家（表24）	
		流通開示（24条）			
	M&A関連	公開買付け（2章の2）			
		大量保有報告（2章の3）			
	行為規制	不公正取引規制（6章，詳しくは表25参照）			
		業者行為規制（3章，詳しくは表23参照）		特定投資家（表24）	
		横断的規制：銀行13条の4，保険業300条の2，信託業24条の2，不動産共事21条の2，商取213条の2・214条・214条の2・220条の2			
開業規制・監督体制	金融仲介（詳しくは表8参照）	投資仲介	金融商品取引業者 (3章)	投資運用業者	
				投資助言業者	
		取引仲介		第1種金融商品取引業者	
				第2種金融商品取引業者	
		金融商品仲介業者（3章の2）			
	市場インフラ	自主規制団体（4章）	認可金融商品取引業協会	日本証券業協会	
			認定金融商品取引業協会	金融先物取引業協会・投資信託協会・日本証券投資顧問業協会	
		破綻対応	投資者保護基金（4章の2）		
		市場	金融商品市場（80条）	金融商品取引所（5章）	証券取引所
					金融先物取引所
				店頭売買有価証券市場（現存せず）	
			特定取引所金融商品市場	いわゆるプロ向け市場（取引所が開設，117条の2）	
			金融商品市場でない市場	グリーンシート市場（67条の18第4号）	
				PTS（私設取引市場，2条8項10号）	
		決済機関	金融商品取引清算機関（5章の3）	日本証券クリアリング機構（証券）東京金商品取引所（金先）	
		金融機能	証券金融会社（5章の4）		
		苦情処理	認定投資者保護団体（79条の7以下），＋認可・認定協会		
	監督機関	証券取引等監視委員会（¶9-2参照）			
サンクション	行政罰	処分	業務改善命令（51条等），認可取消・登録抹消等（52条・64条の5等）		
		課徴金	開示義務違反，大量保有・公開買付関連虚偽記載等，風説の流布・偽計取引，相場操縦，インサイダー取引（6章の2）		
	刑事罰（8章）		懲役10年以下・罰金1000万円以下（197条），懲役5年以下・罰金500万円以下（197条の2），懲役3年以下・罰金300万円以下（198条・198条の3），懲役1年以下・罰金100万円以下（200条）		
	私法的規整		無過失責任（18条・21条の2），損害の推定（19条・21条の2第2項），賠償責任者の拡大（21条），売買利益の提供（164条），相場操縦に係る損害賠償責任（160条）　※クラスアクションはわが国には導入されていない。		

(5) 有価証券とデリバティブ

3-33 このように多様な規制を盛り込んだ金商法を束ねる重要な概念が**有価証券**（securities）と**デリバティブ**（derivatives）である（後述図25参照）。

3-34 **金商法上の「金融商品」概念**　金商法はその名前にもかかわらず，「金融商品」ではなく，有価証券とデリバティブの取引を規制対象とする。法律の中に「金融商品」という概念が定義されてはいるが（2条24項）これはデリバティブの原資産を意味するにすぎない。一方，法律の名称はもちろん「金融商品取引業者」や「金融商品取引所」といった重要概念にも「金融商品」という語が含まれているが，その具体的内容は有価証券とデリバティブである。また，金商法に関わる者は「金融商品」を有価証券とデリバティブを総称する言葉として用いることが多い。これに対し，本書では金融商品を「調達から投資へ」という流れの中で非常に幅広い概念としてとらえているので注意して欲しい（¶1-12）。

(a) 有価証券

3-35 有価証券といえば社債券や株券のように，権利を表章した紙片のことを意味してきた。しかし，情報化の進展に伴い，権利と紙片が堅く結びついていることがかえって市場での権利取引の障害となってきている。このため，最近の有価証券は最初から紙片としての証券を伴わないものが増えている。新しい会社法では有価証券の代表格である株式について定款で定めないかぎり株券を発行しないことになった（¶5-33）。その一方で，社債，株式等の振替に関する法律でペーパーレス化によって高い流通性を実現するインフラの整備がなされている（¶5-36）。さらに，電子記録債権のように最初から電子的に流通させることを前提とした権利も登場している（第2部で説明する）。

3-36 **商法上の有価証券と金商法上の有価証券**　法律上「有価証券」というと，権利の発生・移転・行使の全部または一部（論者により異なる）に証券が必要とされるものと定義する商法上の概念と（【復習】森本・手形34頁），市場における投資家保護の必要な金融商品を幅広く有価証券と定義して開示・取引規制を課す金商法上の概念がある（同法2条）。ファイナンスとの関連では金商法上のそれが重要である。今後も特に「商法上の有価証券」と断らない限

り，その意味で用いる。

　なお，金商法上の有価証券は投資家保護，市場規整という観点から定義されているので，ペーパーレス化されたものはもとより，最初から証券（紙片）を伴わない権利も含まれている。また，国債と上場株式を除けば，有価証券とされるものが，市場において現実に高い流通性を有するとは限らない。法は高い流通の可能性を根拠に有価証券としての規制を及ぼし，ファイナンスは高い流通性の獲得を目的として有価証券を活用するといってもよいだろう。

　金商法上の「有価証券」の定義はかなり網羅的であり，市場で取引される金融商品を鳥瞰するのに適しているので表3に整理しておく。それぞれについては今後順番に詳しく説明していく予定である。なお，従来から証券（紙片）を伴うものを本来の有価証券として2条1項に規定し，その他を2項で定義してきており，現在もその枠組みが維持されているが，規制上は2項の柱書で定義される1項の有価証券とみなすべきもの（有価証券表示権利と特定電子記録債権）までを「第一項有価証券」，流動性が低い2項各号に定義されたものを「第二項有価証券」という（2条3項）ので混乱しないように注意されたい。

(b) **デリバティブ**

3-37 　元になる取引や指標を参照して当事者が取り決めた一定の金銭を授受する金融商品を総称して**デリバティブ**（derivatives もしくは derivative instruments，派生金融商品）という。通常は，想定された（notional）元本金額や株数といった数値に，金利・為替・株価といった市場指標や，それらから作成された**指数**（index，標準物），公表された信用格付等さまざまな指標に連動させて授受すべき金額を決定する。この過程が，あたかも実体取引から新たな金融商品を派生（derive）させているように見えるのでデリバティブという名がある[54]。銀証の分離（¶10-86）が厳格であった時代は有価証券を派生させたものだけを証券取引規制に取り込むという発想であったが，今日ではデリバティブそのものが金融商品として有価証券とは独立した固有の位置付けを与えられている。

5 投資ファイナンスと資本市場   89

表3 金融商品取引法上の有価証券の定義

	有価証券の種類		2条	商品の性質		
流動性高い（第一項有価証券）※二項柱書の権利も含むことに注意	国債，地方債証券，特殊債（財投機関債等）		Ⅰ①②③	デット		公共債
	社債券（一般債，短期社債，新株予約権付社債，エクイティーリンク債等）		Ⅰ⑤	デット・ハイブリッド		企業ファイナンス
	約束手形型CP（短期社債型はⅠ⑤）		Ⅰ⑮	デット		
	株券・株式 新株予約権（証券）		Ⅰ⑨	エクイティーデリバティブ		
	特殊法人に対する出資証券		Ⅰ⑥	エクイティー		
	協同組織金融機関の優先出資証券		Ⅰ⑦	エクイティー		
	資産流動化法	特定社債券証券	Ⅰ④	アセット	デット	SPV ¶10-49 第2部
		優先出資証券等	Ⅰ⑧		エクイティー	
		特定目的信託の受益証券	Ⅰ⑬			
	抵当証券		Ⅰ⑯		デット	
	投資信託受益証券		Ⅰ⑩	集団投資（EQ）		CIV ¶14-1
	投資証券 投資法人債券		Ⅰ⑪	集団投資（EQ）集団投資（デット）		
	貸付信託の受益証券		Ⅰ⑫	集団投資（デット）		
	信託法上の受益証券発行信託の受益証券		Ⅰ⑭	集団投資（CIV）アセット（SPV）		
	外国・外国の者が発行する証券または証書，外国貸付信託受益証券		Ⅰ⑰ Ⅰ⑱			
	カバードワラント		Ⅰ⑲	デリバティブ		
	預託証券		Ⅰ⑳	エクイティー		
	流通性その他の事情を勘案して公益または投資者の保護を確保することが必要と認められるものとして政令指定する証券・証書		Ⅰ㉑			
	有価証券に表示されるべき権利		Ⅱ柱書	ペーパーレス対応		
	電子記録債権のうち，流通性その他の事情を勘案し，社債券等の有価証券とみなすことが必要として政令指定されたもの		Ⅱ柱書	（特定電子記録債権）		
流動性低い（第二項有価証券）	信託の受益権		Ⅱ①②	集団投資（CIV）アセットF（SPV）		
	持分会社の社員権		Ⅱ③④	エクイティー		
	集団投資スキーム持分		Ⅱ⑤⑥	組合型集団投資（CIV）		
	経済的性質等から公益または投資者の保護を確保することが必要と認められるものとして政令指定する権利		Ⅱ⑦	具体例として学校債		

3-38　**金商法上のデリバティブの定義**　金商法はデリバティブをまず，取引所で取引される**市場デリバティブ**と金融機関同士や金融機関と企業等が相対（あいたい）で取引する**店頭デリバティブ**に大別し，それぞれを先物・オプション・スワップといった種別ごとに定義している。また，原資産となるものを金融商品（2条24項）・金融指標（同25項）という概念を用いて限定列挙しているため講学上のデリバティブが包括的に金商法で規制されるわけではない（とはいっても，異なる業法で規制される商品関連を除けば，ほとんどのものが取り込まれてはいる。ただし，たとえば後述する排出量取引や電力取引のデリバティブが登場すると個別に対応する必要がでてくる。原資産は何でもアリのデリバティブの規制としては少し窮屈である）。

　なお，デリバティブとひと言でいっても，先物，オプション，スワップといった取引の種類や原資産の性格によって商品性がまったく異なるため，それぞれを具体的に説明しないと理解が難しい。このため詳しくは，そのプライシングに係る金融工学の知識も含めて第2部で説明することとし，第1部では全体の流れにしたがって，商品先物（¶3-46），金利スワップ（¶8-50以下），クレジットデフォルトスワップ（¶16-46以下）について先取りして個別に紹介するにとどめる。

(c)　**広義の資本市場・金融商品と金商法のカバレッジ**

3-39　以上の議論からも分かるように広義の「金融商品」のすべてが金商法で規制対象となるわけではない。また，金融商品による調達や投資が行われる広義の資本市場もすべてが金商法の規制対象となるわけではなく，さらに「金融商品市場」（取引所市場）はそのなかの一部にしかすぎない。後に説明するように，株式を中心としたエクイティー型の金融商品については取引所が大

---

54)　「派生」の具体的意味　たとえば金利スワップは，1億円を想定元本とし，これにそのつど変化する短期金利を乗じて日割りをした金額と金利5％で計算した金額とを交換する取引だが，金利そのものを交換するわけではない。また，1000株を想定株数とし，3か月後の期日にA社の取引所における終値と開始日の株価との差額を乗じた金額を正値なら受け取り，負値なら支払うという取引（株価先物）は，A社株を開始日に買って期日に売る取引の収支と同じ結果が得られるが，株式の取引は生じない。さらに，この参照値をA社の株価ではなく日経平均株価というような指数にしても同様の取引が成り立つ（株価指数先物）。この場合，日経平均そのものは売り買いできないので実物取引が存在しないデリバティブになる。

変重要な役割を果たすが，社債券を中心としたデット型の金融商品やデリバティブは証券会社や金融機関同士の相対（あいたい）取引（店頭取引）が中心である。一方，排出量取引のように有価証券やデリバティブではないにもかかわらず，金融商品市場における取扱いが認められるものも登場している（¶3-40）。こうした関係を図示すると**図25**のようになる。

図25 市場，商品概念と金商法のカバレッジ

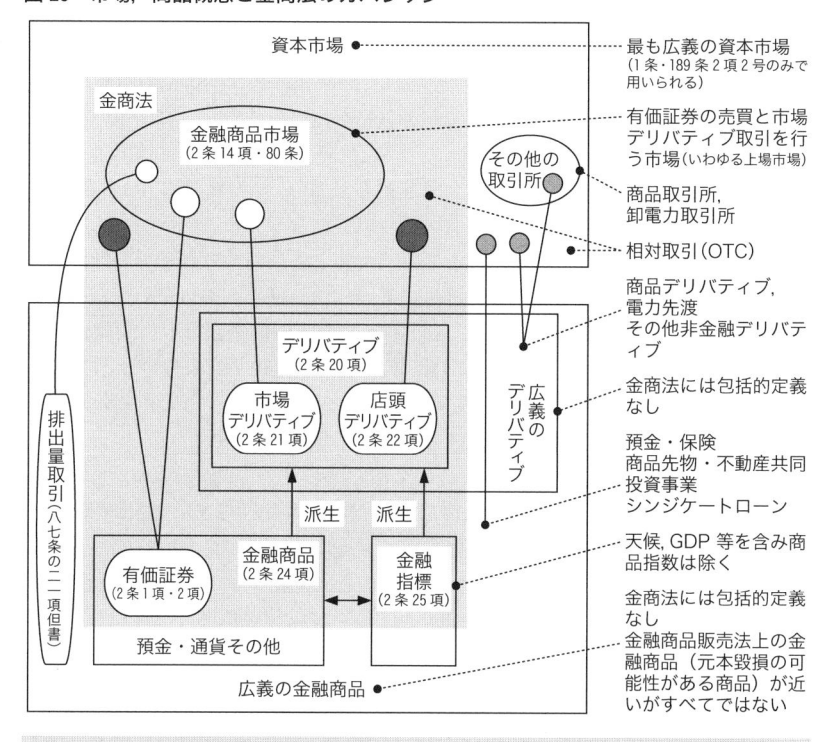

```
資本市場 ●……………………………… 最も広義の資本市場
                                    （1条・189条2項2号のみで
                                     用いられる）
  金商法
       金融商品市場 ……………………… 有価証券の売買と市場
       （2条14項・80条）                デリバティブ取引を行
                          その他の      う市場（いわゆる上場市場）
                          取引所
                                  ……… 商品取引所，
                                      卸電力取引所

                                  ……… 相対取引（OTC）

                                  ……… 商品デリバティブ，
       デリバティブ                     電力先渡
       （2条20項）                     その他非金融デリバティ
                                      ブ
       市場       店頭     広
       デリバティブ デリバティブ 義   ……… 金商法には包括的定義
       （2条21項） （2条22項） の          なし
                         デ
                         リ
  排                      バ      ……… 預金・保険
  出                      テ          商品先物・不動産共同
  量                      ィ          投資事業
  取         派生   派生   ブ          シンジケートローン
  引
  （
  八       有価証券  金融商品  金融     ……… 天候，GDP等を含み商
  七       （2条1項・ （2条24項） 指標        品指数は除く
  条       2項）           （2条25項）
  の                                ……… 金商法には包括的定義
  二                                    なし
  一         預金・通貨その他
  項                                ……… 金融商品販売法上の金
  但                                    融商品（元本毀損の可
  書                                    能性がある商品）が近
  ）                                    いがすべてではない
         広義の金融商品 ●………………
```

3-40 **排出量取引とその上場** 地球環境問題から温室効果ガス（CO_2）の削減が国家的義務となると，企業や家計が，自らに課せられた制限や目標値を超えてCO_2の排出につながる行為を行うことが一種の財産的権利となる。また，企業や家計が自主的にCO_2の削減につながる行為を行った場合に，その代償として国が何らかの財産的権利を付与することにすれば，そうした行為が促される。こうしたCO_2削減努力に関連して生みだされる財産的権利は排出枠，排出権，排出量などと呼ばれる（ここでは排出量と呼んでおく）。排出量

は，権利が幅広く制約されてマイナスの状態が常態となる場合には，「よりマイナスでない状態」に財産価値が生まれるという**規制緩和型財産権**とでもいうべきもののひとつである[55]。

有名な**京都議定書**（1998）では，参加先進国にCO$_2$削減目標（排出枠）が割り当てられると同時に，先進国同士が共同で環境事業を行った場合に相互に排出枠を調整する仕組み（**共同実施，JI [Joint Implementation]**）や，自国企業が途上国においてCO$_2$削減型の開発を行った成果を自国の排出枠に加算できる仕組み（**クリーン開発メカニズム，CDM [Clean Development Mechanism]**）が導入された。これを受けて，欧州各国は国単位の目標を削減が必要な施設単位に落とし込んで削減義務を定める一方で，排出量の私的取引を制度化して相互に融通し合ったり，CDMを通じて新たに排出量を取得することで目標実現が図られるよう支援しており（これを**C&T [cap & trade] 方式**という），活発に排出量取引が行われている。

日本では企業等に排出枠を割り当てることに対する経済界の抵抗が強いため，日本経団連が自主行動計画に基づいて業種ごとの目標値を定めるにとどまる。しかし，2005年からは自主参加型の国内排出量取引制度が環境省主導で実施されているほか，2009年に成立した民主党政権のマニフェストには，C&T方式の導入がうたわれている（同項目42）。このためわが国でも近い将来排出量取引が本格化することが予想される[56]。

排出量を取引するには，これを何らかのかたちで（広義の）金融商品化せねばならない。従来このためには信託が活用されてきた（**排出権信託**。中央三井TH参照）。しかし，排出量取引を促進するには，より直截的にこれを権利化する枠組みが必要である。そこで，地球温暖化対策の推進に関する法律（2006年改正）により，各企業が削減努力の結果獲得した排出量（**算定割当量**，法2条6項。俗に京都クレジットといわれる）の取得・保有および移転を記録するための**割当量口座簿**制度が整備され，2007年から運用が開始されている（詳細は，国別登録簿HP参照）。また，各金融機関の業法において排出量取引

---

55) 京都議定書法的論点報告［2006］は，流通性確保の観点から排出量の法的性質を動産類似のものと位置付けるべきとする。合目的的にはそれでよいが，本質論的には本文で述べたような規制緩和型という視点から整理したほうが今後登場しうる類似の財産権を統一的に把握できるのではないか。たとえば，私人間で一定地域内にある土地の容積率を売買することで有効活用を促進するといった取引が許されれば類似の性格を持つことになる。

56) 排出量取引に関する平易な解説書として三菱総研。地球環境問題に関する法的枠組みについては大塚第6章を参照のこと。

が取り扱えるよう手当てがなされている[57)]。

　欧州では排出量が取引所に上場され活発に取引されている。しかし，排出量は金商法上の有価証券やデリバティブではないため，わが国の金融商品取引所は取り扱うことができない。そこで，わが国金融商品取引所の競争力強化と，利用者の利便性向上の観点から，2008年の金商法改正で，上記算定割当量，ならびに，金融商品の取引に類似しているものとして内閣府令で定める取引を行う市場の開設が，金融商品取引所に認められた（金商87条の2ただし書。池田［2008］283頁）。これを受けて，東京証券取引所が東京工業品取引所と合弁で取引市場の設立にむけた準備会社を設立したと報道されている（2009年10月20日付け日本経済新聞朝刊）。

6　さまざまな金融商品市場

　最後に資本市場にはどんなものがあるかを簡単に鳥瞰しておこう。

(1) 取引所市場と相対（あいたい）市場

3-41　まず，広義の資本市場は限られた業者同士が特定の金融商品を取引しあう**取引所市場[exchange market]** と，証券会社・金融機関同士，もしくはこれらと投資家との間で直接取引が行われる**相対市場**（店頭市場[over-the-counter market]ということもある）とに大きく分かれる。

　取引所市場は，①電子化が進んでいるとはいえ物理的な「市場」が存在する，②市場参加者が加盟業者に限られ，加盟業者でない顧客は加盟業者を通じてしか取引が行えない，③取引できる商品が一定の審査基準を充たして取引所に「上場」された流通性の高いものに限定される，といった特徴がある。これに対し，相対市場は，①物理的な「市場」は存在せず，電話やネットワークを介して取引が行われる，②仲介業者を通じて顧客同士が直接取引を行う，③取引可能な商品に制約がないといった特徴がある。債券やデリバティブの多くは相対市場で取引される。

---

57)　金商業68条16号・17号，銀行10条2項14号・11条4号，保険業98条1項8号・99条1項4号等。

なお，電子化が進み取引所から物理的な「取引」がなくなる一方，インターネットを利用することにより相対取引であってもあたかも取引所と同様の機能を果たすことが可能になっている（PTS, ¶5-55）。また，相対取引はもちろん，取引所取引のかなりの部分が機関投資家対象となっており，プロ向け市場（¶10-108）の制度も創設された。このように，取引所取引と相対取引の差は従前ほど明確ではなくなってきている。

(2) 金融商品取引所

3-42　**金融商品取引所**とは，内閣総理大臣の免許を受けて（金商80条1項）金融商品市場（有価証券の売買，または市場デリバティブ取引を行う市場［同2条14項］）を開設する金融商品会員制法人または株式会社をいう（同2条16項）[58]。具体的には，証券取引所と金融先物取引所の2種類があるが，金商法上は「金融商品取引所」という概念しかないので，両方の機能を有する取引所も認められる（金融商品取引法は「取引所」ということばを名称に含めることを要求するのみ［同86条1項］）。また，統合や多角化，海外展開のために持株会社形態も認められている。さらに，2009年の金商法改正によって株式会社金融商品取引所が認可を受けて商品市場を開設したり，商品取引所をグループ化することができることになったので，市場基盤の相互乗り入れが一層進むことが予想される（改正後金商87条の2ただし書）。

(a) 証券取引所

3-43　**証券取引所**（securities exchange）は，高い流通市場を制度的に確保するための工夫として，会員業者同士が，厳格な審査を経て上場された有価証券を自己もしくは顧客のために常時取引する，高度に組織化された市場である。一般上場企業向けの東京証券取引所（一部，二部）やその他の地方証券取引所（以前は7あったが統合が進み，2009年現在大阪・名古屋・福岡・札幌の4取引所）の他，店頭市場が取引所に格上げとなった**ジャスダック市場**がある

---

[58]　有価証券の売買が行われる金融商品市場には，金融商品取引所（¶3-42）が開設する取引所金融商品市場（金商2条17項）のほかに，店頭取引銘柄（¶5-38）について認可協会（日本証券業協会）が開設する店頭売買有価証券市場（同67条2項）が制度上用意されているが現在後者は存在しない。

(¶5-26参照)。

　以前は上場銘柄を取引所以外で売買することを禁ずる**取引所集中主義**がとられていたが，インターネット取引の普及や取引のグローバル化を背景に1998年に取引所集中義務は撤廃された。この結果，**表2**にも整理したように，さまざまな市場が登場しているほか，市場外の相対取引も増えている。こうして，取引所は単に市場インフラとしてだけでなく，内外の市場との競争にさらされたひとつの企業体として経営の巧拙が問われるようになってきている。また，以前は物理的な「取引所」の中で人間が実際に取引を行っていたが，情報化が進んだ結果，現在の取引所の実体はむしろ巨大システムインフラといったほうがよい。この結果，商品や取引形態の多様化，グローバルな市場間競争に対応するために巨額のシステム投資が継続的に必要なため，会員業者以外からも機動的に資本調達を行う必要性が高まっている。

　このように，取引所そのものに経営戦略や大規模なファイナンスが必要となった結果，取引所の株式会社化が進んでいる（上記6取引所のうち，福岡と札幌以外は株式会社形態をとる）。

(b) 金融先物取引所

3-44 　金融先物とは通貨（外国為替レート）や金利に関する先物やオプション等のことである。代表的な金融先物取引所としては，東京金融先物取引所（TIFFE［タイフ］，Tokyo International Financial Futures Exchange Inc.の略）があり，ユーロ円3か月金利先物や米ドル／日本円通貨先物等が取引されている。金融先物は典型的なデリバティブのひとつであり，第2部で詳しく説明する。

(3) **金融商品取引所でない取引所**

3-45 　広い意味では金融商品を扱う取引所だが，金融商品取引法上の金融商品取引所ではないものも残されている。

(a) 商品取引所

> 問）シカゴやニューヨークの商品取引所では，穀物から石油，果ては

> FCOJ（frozen concentrated orange juice）に至るまであらゆる商品が取引の対象となっている。ところで，これと築地の魚市場や全国各地にある生花市場とは（規模以外の点で）何が本質的に違っているか。

① 先渡契約と先物契約

3-46 **商品先物取引**は典型的なデリバティブのひとつである。金融先物取引所で取引されている金利や為替の先物よりも手触り感があって理解しやすいのでここで簡単に紹介しておこう。

　米や麦，とうもろこしのように収穫期のある農産物や石油や稀少金属のように国際的な需給によって市場価格の騰落のある商品については，将来における売買の値段を今決めておきたいというニーズがある[59]。このために最も素直な取引は，将来において今日約定した価格で引き渡しを行う売買契約（**先渡売買契約，forward sales contract**）を結ぶことである。しかし，単に価格変動リスクをヘッジしたいだけなら，現時点で定めた一定の価格と将来における実際の市場価格の差額（**差金**[60]）だけを現金で決済する契約を結べばよい（商取2条8項2号参照）。また，契約自体は先渡売買契約とした上で，決済日に当日（直物(じきもの)）の価格で同じ量の反対売買をして代金差額のみを授受すれば差金で決済したのと同じになる（直先差額決済。同1号参照）。こうした価格ヘッジのみを目的に差金決済を行う取引（広義の先物取引）は古くから行われており，日本でも江戸時代に堂島の米市場（堂島米会所）で類似の取引が行われていたとされる。

　こうした取引は，形式的には「物」の取引だが，差金決済や直先差額決済を前提にすると，もはや物の授受は行われないから，価格変動を当事者で調整し合う一種の金融取引と位置付けたほうがよい。もう一歩進めて，市場全

---

[59] 商品取引所法はこれを「国民経済上重要な原料又は材料であって，その価格の変動が著しいために先物取引に類似する取引の対象とされる蓋然性が高いもの」と表現する（商取2条4項3号）。

[60] 日本では有価証券を定義するにあたり差金という概念が重要な役割を果たすが，米国ではそうした事情がないため差金ということばにぴったりあてはまる金融用語や法律用語がない（先物において差金で決済することは cash settlement という表現を用いる）。なお，売買契約における差金決済とは別に，特定の財貨や指数の現在と将来における価格差を当事者で決済することを直接の目的とした差金決済取引（cash for difference, CFD）と呼ばれるデリバティブ取引が普及してきている（Norman 参照）。

体で石油価格が1バレルあたり平均何ドルで取引されているかについて信頼のおける指標（商品指数）が公表されているなら，その指標について今日から決済日までに変化した金額を差金決済する取引もあってよい（商取2条8項3号参照）。こうなるともはや具体的な商品の裏付けは全くなくなってしまう。このように，将来の売買取引が金融取引化（¶1-10）したものを講学上**先物契約**（future contract,「フューチャー」ということも多い）という（なお，一般には先物と先渡をこのように厳密に区別せず，先物取引という言葉を，先渡取引を含む広義の意味に使うこともある）。

② 商品取引所

3-47　商品の先物取引や先渡取引を行う取引所を**商品取引所**（commodities exchange）という。築地の魚市場や大田の生花市場では実際に魚や生花が売り買いされるが，商品取引所で物自体の取引が行われることは非常に稀であり，どちらかといえば金融商品の取引所としての性格を色濃く持つ。このため，商品取引所法という法律により金融商品取引に準じた規制がなされている。これによれば，商品取引所とは商品または商品指数について先物取引をするために必要な市場を開設する法人で，同法に基づく社団か株式会社形態をとる（商取2条2項・3項）。なお，上述のように（¶3-42）市場基盤の相互乗り入れ推進の観点から2009年の法改正で株式会社商品取引所が認可を受けて金融商品市場を開設したり，金融商品取引所をグループ化することができるようになった（改正後商取3条1項ただし書）。

> **商品取引所**　日本国内には商品取引所法に基づいて，東京，横浜，名古屋，大阪，福岡の5都市に7つの商品取引所がある。たとえば，東京工業品取引所では，金，銀，白金，パラジウム，原油，ガソリン，灯油，アルミニウム，ゴムの先物等を取り扱っている。海外ではシカゴやニューヨークの商品先物取引所が有名である。原油価格の指標としてニュース等にもよく登場するWTIは（West Texas Intermediate）は，テキサス州で産出される硫黄分が少なくガソリンを多く取り出せる高品質な原油に関する先物のことで，ニューヨークの商品取引所（NYCE, New York Commodities Exchange）で取引されており，世界的な原油価格の指標になっている。

(b) 卸電力取引所

3-48　電力取引の自由化の中で，電力の供給者同士が相互に電力を取引する**卸電力取引所**が2005年に設立された（一般社団法人日本卸電力取引所）[61]。売買をした翌日に電気を受け渡す**スポット取引**では，1日を30分単位に区切った48商品が取引されている。また，**先渡定型取引**の場合，将来の特定期間を通じて受渡しする電気が取引されており，月間全時間帯を通じて受渡しを行う24時間型と，月間の特定の時間帯のみ受渡しを行う昼間型がある。2009年からは匿名で市場を通じて取引を行い，受渡しもスポット市場で行う**先渡市場取引**や，翌日計画策定後の不測の需給ミスマッチ（発電不調や需要急増）に対応するための**時間前取引**が行われている。いずれも実物取引のみで先物取引は禁止されている[62)63)]。

　なお，卸電力取引所の組織は**一般社団法人**という営利法人でも公益法人でもない非営利法人に属する（非営利の意味について¶2-4）。非営利法人制度が市場型資本主義の権化ともいうべきエネルギー取引を行う大規模組織に利用された事例として注目される。

---

61) 従来的な文脈における電力取引の自由化とは，電力の供給事業をいわゆる9電力（電気事業者）に地域独占させる体制から，自家発電能力のある事業会社が自由に電力を小売供給することや，反対に地域をまたがって好きな電力会社から電力を買えるようにすることを意味している。これに対し，地球環境問題を背景に個人に太陽光発電設備等が普及すれば，個人からの買電取引の重要性が増す。金融との関係でいえば，<u>将来の売電料を現在価値に相当する対価で一括購入する</u>とか，<u>売電料を担保に代替エネルギー設備を購入するローン</u>を提供するといった個人向け金融商品の開発が急がれる。

62) 先物巨大粉飾事件で世界的規模の会計事務所の解体にまでつながったエンロン事件（藤田，みずほ総研，奥村等参照）の主役であるエンロン社が電力先物に代表されるエネルギーデリバティブ取引で業績を急拡大させたことは記憶に新しい。エンロンの粉飾の手法はストラクチャードファイナンスでも活用されるSPV（特別目的主体）を粉飾に悪用したもので，金融技術の裏面を知る上で興味深い（具体的な手法はみずほ総研14頁以下に整理されている）。料理用包丁や自家用車で人を殺せるのと同様，金融技術も悪用するつもりの者にとっては犯罪や不正の手段となる。このことをもって金融技術がけしからんというのは行きすぎた議論だが，規制が厳しいと事業者が合法的に規制を回避する工夫をしようとすることは自然であり，これが時に行きすぎる場合があることもまた事実である。長期的には参加者のバンカーズマインド（¶1-15）を磨くしか解決策はない。少なくとも本書の読者は他人事のように規制の強化を主張する前に，自らを顧みてそのことを考えてほしい。

63) 電力取引に興味のある者は卸電力HPのほか，ウェングラー（鮫島訳），土方を参照。

第 4 章

株式会社における
エクイティー型投資ファイナンス ①
起業と株式の設計

第4章から第6章ではエクイティー型の投資ファイナンスの手法について，株式会社を前提に起業段階から順次説明する[64]。

1 株式会社による起業のメリット

4-1　問）以下の先生と学生の会話に基づいて問いに答えなさい。

学生　事業を興すにあたって自分でやらずに株式会社を設立するとどういうメリットがあるのですか。

先生　商法の時間に教わっただろう。まず，株式会社の株主は有限責任しか負担しない（会社104条）[65]。たとえば，君が会社を興して自ら社長として経営するとしよう。うまくいけばよいが，もくろみが外れて債務超過のまま倒産したとしても，君が出資した額以上に責任を負担する必要はないということだ。もちろん，社長は取締役として善管注意義務や忠実義務を負担する（会社330条・355条）。ただ，これにも経営判断原則[66]が適用されると習ったはずだ。つまり，仮に事業を行って失敗し

---

64)　【発展】会社法とファイナンスに関する高度な法律問題を扱った参考書として，神田・大崎，西村ときわ，また，会社法に関する経済学的分析に関する良書として，三輪ほかが挙げられる。

65)　【復習】神田・会社25頁・63頁。

66)　経営判断原則（business judgment rule）については，以下の判例が次のように説明している。

　「企業の経営に関する判断は不確実かつ流動的で複雑多様な諸要素を対象にした専門的，予

たとしても，違法・不正行為をしたりよほどバカなことをしたのでない限り賠償責任まで負わされることはない。
学生　でもそれじゃ話がうますぎませんか。個人だと金が借りられないが，会社だと信用がつくという話も聞きました。先生のお話だと会社にお金を貸すと危ない感じがしますが……。

◇　資金を提供する投資家および銀行の立場から，個人ではなく会社に投融資するメリットは何か。

(1) 資金提供者からみた有限責任の原則

4-2　まず，事業者以外の投資家や銀行からみた**有限責任**の意味を考えてみよう。
　事業者以外の投資家（株主）からみると，自ら出資して起業する事業者と同様，投資のリスクを出資額に限定できる。このことは，単に株主自身だけでなく，株主の債権者からしても好ましいことである。

測的，政策的な判断能力を必要とする総合的判断であり，また，企業活動は，利益獲得をその目標としているところから，一定のリスクが伴うものである。このような企業活動の中で取締役が萎縮することなく経営に専念するためには，その権限の範囲で裁量権が認められるべきである。したがって，取締役の業務についての善管注意義務違反または忠実義務違反の有無の判断に当たっては，取締役によって当該行為がなされた当時における会社の状況および会社を取り巻く社会，経済，文化等の情勢の下において，当該会社の属する業界における通常の経営者の有すべき知見および経験を基準として，前提としての事実の認識に不注意な誤りがなかったか否かおよびその事実に基づく行為の選択決定に不合理がなかったか否かという観点から，当該行為をすることが著しく不合理と評価されるか否かによるべきである。」（東京地判平成16・9・28判時1886号111頁，会社百選59事件）。【復習】神田・会社203頁，江頭・会社434頁以下。

　ただし，バブル期の融資等に関し，金融機関の役員に責任が認められた事例は少なくない（最判平成20・1・28判時1997号143頁，同148頁，商判Ⅰ-89事件）。その他経営判断原則の適用外とされた事案としては，事業会社の役員が事業と関係のない金融商品投資を行った場合（東京地判平成5・9・21判時1480号154頁－借入れとの抱き合わせで行った株式投資の事例），リスクヘッジの範囲を超えたデリバティブ商品等への投資を行った場合（東京高判平成20・5・21金判1293号12頁－バブル期の財テクの失敗を穴埋めするために行った株価指数オプションで損失を拡大させた事例），M&Aの文脈においてグリーンメーラー等に対して安易に利益提供した場合（最判平成18・4・10民集60巻4号1273頁，商判Ⅰ-92事件－仕手筋が株式を大量取得し暴力団の関与を示唆して恐喝したという事情だけでは上場会社の取締役は利益提供にかかる責任を免れないとされた事例），等がある。

銀行のような会社債権者からみたらどうか。確かに債権者は会社の財産からしか満足を受けられない。しかし，事業者個人が債務者の場合，もしその事業者がその事業とは別の事業や個人的な問題が原因で破産すると事業に影響が及んでしまう。これに対し，株式会社により事業を営む場合，事業者の債権者は事業者が保有する株式を差し押さえる以上のことはできない。このように有限責任には，事業者や投資家自身の破産リスクから事業財産を遮断する役割があることが分かる。

(2) 権利関係の明確化と有価証券化

4-3　会社法には，資金を「出資」や「社債」の形態で投下した投資家の会社に対する権利が明確に規定されている。特に株主権についてはその内容と株式数に応じてすべての株主が平等に取り扱われ（会社109条，¶2-16），例外的な取扱いをする場合には定款への規定が義務づけられる。このように投資者の権利が画一的かつ明確に定められることも資金提供者にとってメリットとなる。

　また，これらの権利は有価証券化されているので，証券市場を通じて投資収益を実現，あるいは，損失を確定させることができる（出口機能，¶3-19）。

(3) 財務の透明性——不確実性の低減

4-4　もともと個人の財産状態を正確に開示させることは容易ではない。どうやら金持ちらしいので個人に事業資金を貸したが，事業がうまくいっていないという場合，担保権を設定していない財産から回収を図れるかどうかは不確実性の範囲に留まるといったほうがよい。これに対し，会社には会計という共通言語を用いて財産状況を詳らかにする法令上の義務が課されている（会社423条・435条，¶2-30）。その正確性は，取締役の相互監視，会計参与（¶2-24），監査役・会計監査人による監査（¶2-21，¶2-22）といった機関により法的に担保され（同436条・439条），さらに，虚偽報告に対しては罰則が課される（同976条）。上場企業や資本市場でファイナンスを行う企業についてはさらに金商法による情報開示の規制が課せられる（¶10-94）。

4-5　**役員の個人保証**　ただ，そうはいっても自分の財産をリスクに曝さないで

すむ事業者がモラルハザードに陥る可能性はある。そこで、ベンチャー企業や中小企業に融資を行う場合、経営者が会社債務に関して包括的な根保証に応ずることを条件とする場合が多い（**貸金等根保証契約**，¶16-6参照）[67]。また、オーナー経営者は法的義務の有無にかかわらず会社の業況が悪化すれば個人資産をつぎ込む覚悟であることが多い。社会的にも経営者にはそうした道義的責任があるとの意識が強いのではないか。このため、金融機関が中小企業に対する融資判断を行うに際しては、企業と代表者等が実質的に一体なら、代表者等の資産を返済能力に加味する等の配慮が求められている（金融検査マニュアル［中小企業］）。

このように、役員の有限責任は一部の大企業を除き、必ずしも貫徹されているとは言い難い。設問の先生が起業したらそのことを思い知ることになろう。

2 起業——株式会社の設立

(1) 起業とビジネスモデル

4-6　事業を興すことを**起業**（starting-up the business）という。起業というと会社を設立することのように思うかもしれないが、実際にはその前に事業ニーズを見いだし、事業計画をたてる作業が必要である。

なかでも最も重要なのが事業計画に着手する以前の事業コンセプトの立案である。起業するからには「なぜこのやり方で事業をすればうまくいくのか」というポイントが存する。これを**ビジネスモデル**（business model）という。起業家に最も重要な資質はこのビジネスモデルを見いだす能力である。ビジネスモデルが明確でなかったり、独りよがりであったり、あとからとってつけたような内容であったりする場合、事業計画がどんなにもっともらしくても、最終的に失敗する可能性が高い[68]。

---

67)　会社が事業としておよび事業のためにする行為は当然に商行為なので（会社5条）、これを保証すると特約がなくても連帯保証となる（商511条2項）。

68)　ビジネスモデルの構成要素としては、環境の変化、顧客ニーズの存在・変化、自己の強み（技術・人的資本・資金・リレーション・利用可能な既存顧客［クライアンテール］等）、追加

ビジネスモデルを検討する段階でもう一つ欠かせないのが，業法や規制・取締り，税制等，広義の法的制約がないかをチェックすることである。このために起業の早い段階から弁護士や会計士・税理士といった専門家の関与が必要になる。

(2) 事業計画の策定と事業資金の確保

4-7　ビジネスモデルが決まったら，具体的な**事業計画**（business plan）を策定する。事業計画の根幹となるのは，①ビジネスモデルの具体的な記述，②これを実現するために必要な初期投資，③当初数年間の収益予想とこれにかかる変動費や給与・物件費のような固定費からなるコスト予想に基づく**資金計画**（詳しくは投資採算分析のところで説明する。¶7-12以下），④事業を担う役職員の確保に関する**人員計画**等である。第三者の出資を仰ぐ場合，何年間でどのようなかたちで投資回収してもらうかという**出口戦略**（¶5-3）を明確にすることが欠かせない。一方，障害となりうる事由をできる限り幅広く列挙し，それぞれへの対応を整理しておく**危機プラン**（contingency plan）も重要である。うまくいきそうなら，出資者や銀行等に事業計画を提示して元手となる資金（**シーズマネー**［seed money］）を確保すると同時に経営陣や核となる従業員を確保する。

このように，会社設立のために資金を募る行為はエクイティーファイナンスそのものということができる。

4-8　**起業資金の投資家**　シーズマネーは創業者が発起人として自ら拠出するほか（**一人発起**），知人や既に取引のある金融機関，あるいはベンチャーキャピタル等の第三者に引き受けてもらうこともある（**合資的発起**）。起業家に資金や経営ノウハウを提供して支援する個人を**エンジェル**（angel）という。これに対し，**ベンチャーキャピタル**（venture capital）は有望な事業について，起業資金を引き受けて，将来上場（いわゆるIPO）を狙わせることにより，キャピタルゲインを得ることを目的とした投資ファンドであり，その活動自体がひとつの金融ビジネスとなっている（¶13-39）。また，既存企業が新規事

的なサポート要因（優遇税制・補助金・裁定機会の存在等）等がある。これらの全部または一部について競合先や過去の状況と明確に差別化ができているかどうかがモデルの有効性を見る上でのポイントとなる。

業を立ち上げる場合，機動性を確保する一方，リスクを出資額に限定するために子会社を設立したり（**子会社型発起**），他社と合弁で共同企業として立ち上げることも多い（**合弁的発起**）。

(3) 創業時のファイナンスとエクイティー調達の必要性

4-9　すでに説明したように投資ファイナンスは，起業のための初期投資と，その後創業赤字が続くあいだの運転資金をあらかじめ確保しておくためのものである（¶2-43，図26）。

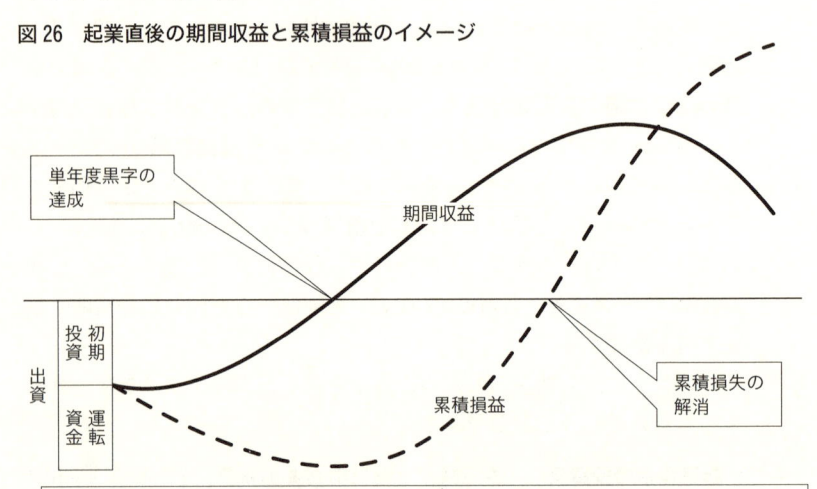

図26　起業直後の期間収益と累積損益のイメージ

> 問）　新しい会社法では1円の出資で簡単に会社を設立できることになった[69]。しかし，実際問題として1円の資本金で起業をすることができるか？　設立後，事務所を賃借して保証金と賃料を支払い，仕入れを行って販売をするといった単純なビジネスを例にどんな不都合が起こるかを考えてみよ。

4-10　設問のように1円の出資で事業を始めると初日から事業資金を借り入れる

---

[69]　設立時に払い込む出資金は1円以上でなければならないが，最低資本金の金額そのものに制限はないからゼロ円でも差し支えない。ただし，純資産額が300万円未満の会社は剰余金配当ができない（会社458条）。【復習】神田・会社40頁，龍田19-20頁。

か事業者自身が立て替えねばならなくなる[70]。また，事業開始当初は創業赤字（¶2-43）が続くので，資本金が少ないとすぐに債務超過となってしまい，少なくとも外部からの資金調達はかなり困難になる。立上げ期間中の資金流出を少しでも抑えて事業を早く軌道に乗せるには，元本返済がなく，赤字の間は配当をする必要もない株式によるエクイティーファイナンスが適している（なお，疑似資本的貸付について¶7-49参照）。

4-11 **1円起業の意義**　個人が法人成りしただけの個人企業で信用面の支障がないなら，出資は1円に止めて必要な資金をその都度立て替えておき後日資本金に振り替えることもあってよい。また，最近はストラクチャードファイナンスと呼ばれる金融の仕組みを構築するため会社を枠組み（conduit, SPVなどという）として活用することが多い（¶14-73）。この場合，会社の枠組みさえあればよいので1円の出資で設立できると便利である。

---

[70] **外資系法人に対する過少資本税制**　会社の資本金は1円にとどめて残りの事業資金は株主から借り入れて，損金算入できる金利のかたちで事業利益の分配をすれば，法人税負担を減少させることができる。出資者が国内であれば株主に課税できるので国全体の税収はそれほど変わらないが，海外の場合わが国の税金を取りはぐれることになる。そこで，過少資本状態の外資系法人の支払う借入金利子は一定の要件の下に損金算入が認められない。これを過少資本税制という（税特措66条の5。【発展】三木＝前田108頁以下）。米・独では内国法人にも同様の制度がある。この問題を回避するために保有資産を証券化して税務上オフバランス化し自己資本比率を向上させることがある。

(4) 会社（事業主体）の設立

図27　会社設立のプロセス（発起設立の場合。条文は会社法）

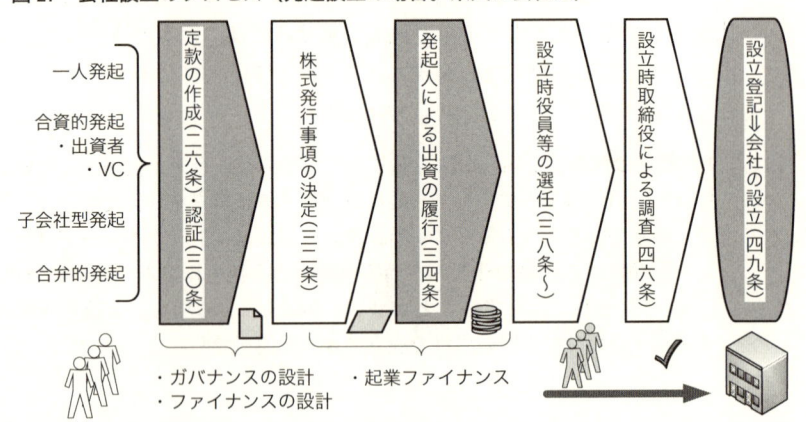

- 一人発起
- 合資的発起
  ・出資者
  ・VC
- 子会社型発起
- 合弁的発起

定款の作成（二六条）・認証（三〇条） → 株式発行事項の決定（三二条） → 発起人による出資の履行（三四条） → 設立時役員等の選任（三八条〜） → 設立時取締役による調査（四六条） → 設立登記⇒会社の設立（四九条）

・ガバナンスの設計
・ファイナンスの設計

・起業ファイナンス

4-12　事業計画が資金を出すスポンサーに承認されてファイナンスにめどが立てば，事業主体である会社を設立する。設立方法は発起設立と募集設立があるが，多くは発起設立による[71]。具体的には，発起人が定款を作成，出資を行い，役員を決めた上で，法務局で設立登記を完了することにより会社が成立し法人格が与えられる（図27）[72]。

4-13　**発起人組合**　会社法を習うと「発起人組合」なるものが登場するが，現実にそのような名前のものが組成されることは稀で，たとえば，「○○株式会社設立準備委員会」というような組織をスポンサーとなる会社等（発起人）が共同で設けて人員を派遣し，具体的な出資額の策定や各発起人が出資の意思決定を行うための詳細な事業計画の策定，会社設立に必要な定款等の作成といった，会社設立に必要なさまざまな準備を行う。オフィスはスポンサー

---

[71] 設立手続は，会社法25-103条【復習】神田・会社38頁以下，龍田413頁以下）。

[72] なお，実際には登記申請をしてから登記簿謄本をもらえるまでに時間がかかるのでその間の活動に制約が出ることがある。旧商法時代は，登記の際に出資金の払い込みについて払込取扱機関の保管証明が必要であったが，銀行の手数料がサービスに比べて法外であったことに加え，設立後も登記簿謄本がないと資金の引出しに銀行が応じないので事実上2週間程度資金が凍結されてしまうという問題があった。新会社法で発起設立の場合にこれがなくなったことは，実務上大きなメリットである。

> が会議室等を使用貸借（民593条）で一時的に提供することも多い。こうした作業を，委員会を通じて共同で行う発起人間の合意が発起人組合ということになるわけである。社長以下の役員選任が準備委員会に委ねられる場合もあるが，通常は委員長が「社長含み」であることが多い。なお，こうした「設立準備」の枠を超えて，開業後のオフィスや従業員を確保したりすることは「**開業準備行為**」といって，その効果は当然には設立後の会社には帰属せず，例外として会社成立前に，事業に必要な財産を会社が成立したら譲り受けることを第三者との間で約すること（**財産引受**，会社28条2号・33条・46条）がきわめて厳格な要件の下で認められているにすぎない[73]。会社の設立準備に役員含みで関与する場合，会社成立までは，はやる気持ちを抑えて設立前後できっちりとけじめをつける感覚が重要である。

(5) 会社組織の設計――定款の作成

4-14　定款（bylaws）は会社の設計図である。定款の記載事項は絶対的記載事項（記載がないと定款全体が無効となるもの。会社27条・37条），相対的記載事項（記載しないとその事項に効力が認められないもの）[74]，任意的記載事項（定款外で定めても有効だが明確性・変更困難性の確保のために定款に記載するもの）に分かれるが，その内容を実質的にみれば，会社の基本的事項（住所・目的・資本金・決算期等），機関設計（ガバナンス），株式のデザイニング（ファイナンス），その他（設立時関連，清算・組織変更関連等）に大別できる。ガバナンスとファイナンス関連の多くは相対的記載事項であり，この2つを決めることが起業段階における最重要事項となる。

(a) ガバナンスの設計（機関設計）

4-15　すでに理念的な株式会社の機関構造については概観した（¶2-15以下）。しかし，会社法上は事業の内容，規模，出資や資金調達の態様等に応じてさまざまな機関設計を認めているので，起業にあたっては，投資家からみた情報

---

[73] 【復習】開業準備行為の性質について，神田・会社55頁。
[74] 具体的な項目はきわめて多岐にわたる（江頭・会社69頁参照）。実務的には高野の添付資料1が便利である。

の非対称性（¶2-23）をできる限り解消し，調達に係るエージェンシーコスト（¶2-25）を引き下げる一方で，経営の柔軟性を確保するために，最適な**機関設計（organizational plan）**を行って定款に盛り込む。

(b) ファイナンス

4-16　起業段階では，資本額の確定と出資や利益分配，出口戦略等ファイナンス上の重要事項を決定し定款その他に盛り込んでいく。これらは結果的に投資家の投資対象となる金融商品としての株式の条件に織り込まれることになる。また，出資者と経営者が異なる場合には，利益分配の問題は，会社の利益からまず経営者がどの程度，どのように報酬を受けるのかという問題と密接にからんでくる。ただし，最近は役員報酬にも利益分配的要素を加味することが多いので，この点も株式のデザイニングに帰着していくことになる。

(c) 資本額の確定

4-17　資本の額は初期投資のうちデット調達によらない部分＋創業赤字を吸収できる金額にすることが望ましいが，経営者との一体性が強い小規模な会社や親企業からの支援が見込める子会社の場合には最低水準にとどめておいて，適宜増資したり役員借入・親会社借入で不足資金を補うことも多い。

4-18　**授権資本制度**　会社を設立してから新株を発行（増資）する場合，発行の是非，誰に引き受けてもらうか，発行条件をどうするかといったことは既存株主の利害に直接影響を与える重要事項となるので株主総会で議決せねばならない（会社238条2項）。しかし，経営者との一体性が強い会社や子会社の場合には特段利害調整は不要である。また，他方の極にある上場企業の場合，新たな投資ニーズや資本市場の動向に応じて市場で機動的に株式を発行する必要がある。こうした事情に配慮して，あらかじめ定款で定めた**発行可能株式総数**の枠内で取締役会決議等により適宜発行することが認められている（同240条）。これを**授権資本制度**という（同37条・113条・114条）[75]。発行可

---

[75]　非公開会社（すべての種類の株式に譲渡制限のある会社，¶5-22）を除いて，設立時発行株式総数は発行可能株式総数の4分の1以上でなければならない（会社37条3項）。また，その後に定款を変更して授権株式数を増やす場合も発行済株式総数の4倍を超えることができない（会社113条3項）。このため，成長に伴い頻繁な増資が予想されるベンチャー企業などは非公

能株式総数そのものを変更するには総会特別決議が必要である（同 309 条 2 項 11 号）。

> 問）　会社法 445 条に株主の払い込んだ資金は出資額の $\frac{1}{2}$ までを資本金ではなく資本準備金（capital surplus）にできるとあるが，なぜそうするのか。全額資本金ではいけないのか（【復習】神田・会社 61 頁，龍田 368 頁）。

4-19　**資本準備金のファイナンス的意味**　まず実務的にみると，創業赤字で累積欠損が積み上がることを前提に，貸借対照表の外観上，資本金の毀損（資産－負債＜資本金）を避けることが意識されている。資本金は株主にとって投資元本という意味があるので，経営者にとっては債務超過の前に守るべき最後の一線という感覚が強い。法的には，資本金は会社債権者が引当てにする劣後部分なのでこれを減少させるには厳格な手続きが要求される（会社 449 条）。これに対し，準備金も原則は同じだが例外が広く認められる（同条 1 項ただし書）。株主が払い込んだお金にあえて準備金という色をつけることで神聖なる資本金ではないということになるわけである。逆に言えば創業赤字の累積は当初出資の半分くらいまでは認めるが，あとは少しでも早く単年度黒字にして取り返しなさいというのが，世間相場だということである（図 26）[76]。同様の発想から，剰余金配当をする場合にも，資本準備金または利益準備金に配当の 1 割を積み立てねばならないことになっており，準備金が積み上がるよう配慮がなされている（同 445 条 4 項）。

4-20　設立に伴い払い込まれた出資金は資本金と資本準備金に組み込まれて会社の財政的基礎を形作る。会社はこれを元手に収益を得て広い意味の**自己資本**を増殖する。会社はこのうち元手を超えた「剰余金」を株主に配当して利益還元する。また，配当せずに留保した利益（**内部留保**）は将来の投資や不測

開会社としておく配慮が必要である。なお，株式分割（同 183 条）によって株式数が増えることは差し支えない（同 184 条 2 項）。

76）　そうはいっても，株主も待てる期間に限界がある。従来は 3 年以内に単年度黒字化し，5 年以内に累積損失を解消するといった暗黙の目安があった。累積損失の解消については，法人税法上損失の繰越しが認められる期間（以前は 5 年，現在 7 年）もひとつの目安になる。最近は，企業や事業を収益還元価値でみることが一般的になり，赤字でも上場できる取引所があることから，財務上の損益はともかく，3 年間程度で企業価値を十分に高め上場をめざすことを要求される場合も多い。

の事態が生じたときに利用できるから財務体力が強化される。なお，貸借対照表をみれば分かるように，資本は資産から負債を控除した金額になっている。このため自己資本のことを**純資産**（net asset）ともいう。純資産は最終的には，残余財産として株主に帰属することになる。

図28 資本金と準備金，その他剰余金の関係（数字は会社法の条項）[77]

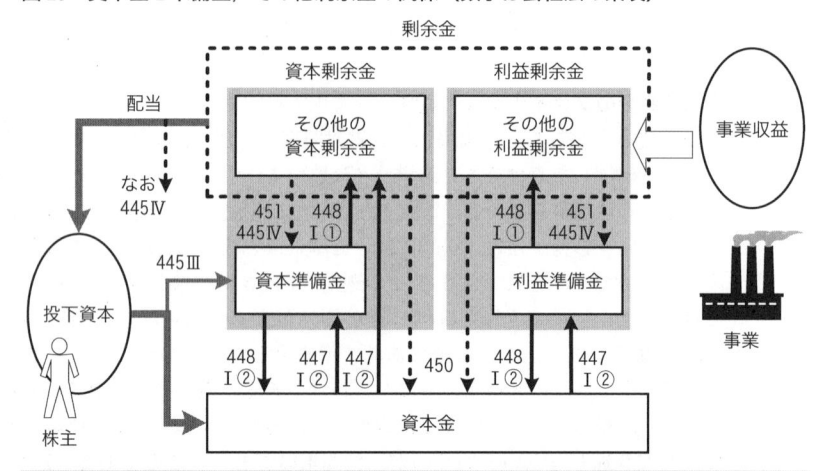

4-21 **資本金と準備金，その他剰余金の関係** このような会社の営みを反映し，広い意味の資本の部は核となる**資本金**と**剰余金**からなり，剰余金は法定準備金（資本準備金＋利益準備金）と**その他の剰余金**に分かれる。準備金はその名の通り将来万が一の場合に資本金のバッファーとして留保しておくものだから，剰余金配当の分配可能額は，広義の剰余金から法定準備金を除いた**その他の資本剰余金＋その他の利益剰余金**を出発点として細かな調整を行って計算する。以上を横の区分とすれば，剰余金は，株主からの投下資本としての性質をもつ**資本剰余金**と，事業収益による純資産の増加分としての性質をもつ**利益剰余金**とに，縦に大きく区分される（図28）。

---

77) 会社計算22-29条参照（2009年4月の改正により条文番号が以前と大きく変わっているので，それ以前の教科書や解説書を読むときは注意すること）。

3 金融商品としての株式の設計(1)
——出資と利益分配のデザイニング

(1) 金融商品としての株式

4-22　金融的視点からは，**株式**（stock）はエクイティー投資家から資金を調達するための金融商品と位置付けられる。金融商品としての株式には，会社と投資家のニーズを同時に満たす商品設計が可能なように，会社法上幅広いバリエーションが認められている。このうち，定款等で特に何も定めず会社法が定める基本的な内容の株式を**普通株式**（ordinary shares, common stock）といい，会社法が特に認めている普通株式と異なる種類の株式のことを**種類株式**（classified shares）という（会社108条1項，非公開会社について同109条2項）。

資金調達のための金融商品をデザイニングする場合，主として**表4**のような条件を決定せねばならない。以下，これらについて順次検討していく。

表4　金融商品としての株式の条件

条件		原則型（普通株式）	種類株式		その他
出資		金銭出資			現物出資 外貨建
配当等		剰余金配当 残余財産分配 （株主平等）	優先・劣後 トラッキングストック 外貨建	属人的種類株式	現物配当
支配権 権利保全		議決権 財務情報請求 各種監督是正権	無議決権 制限議決権 拒否権付 クラスボーティングストック		議決権信託
出口（次章で扱う）	償還	解散 配当（出資払戻） 自己株式取得	取得請求権付（転換株式等） 取得条項付（強制償還・強制転換条項付等） 全部取得条項付		他の種類・商品への転換権（合成的種類株式）
	流通性	譲渡制限なし 有価証券化	譲渡制限付		※評価の客観性 株券・振替株式 上場・非上場

(2) 出資の設計

4-23　出資は金銭によることが原則だが、それ以外の財産によることもできる（**現物出資**、会社28条1項）[78)79)]。具体的には、特許権のような知的財産権、事業用不動産、株式、金銭債権等が考えられる。会社にとって財産性があるものなら、知的所有権とまではいえない、のれん（たとえば一定の顧客網や仕入先関係）やノウハウでも差し支えない[80)]。

　現物出資は評価額がいい加減だと金銭出資者との間で不公平が生ずるので、一定の例外を除いて検査役の調査や専門家の評価を受けることが会社法上要求されている（会社33条1項・10項）。

(3) 配当等の設計

4-24　剰余金配当と残余財産分配を受ける権利（会社105条1項1・2号）は定款をもってしても奪うことはできない株主の本質的な権利である（同105条2項）[81)]。金融商品たる株式投資のリターンと言い換えても良いであろう。

(a) 剰余金配当

> 問）以下の考えの正しい点、正しくない点を指摘してください。
> 　配当とは、商法時代は「利益」を分配することだったが会社法になって「剰余金」の分配になった。つまり、「もうけを分配してくれ」から、「会

---

78) 役員による労務出資は認められないが、報酬を株式や新株予約権（ストックオプション）で支払えば実質的には同じことになる。ベンチャー企業等で利用される。

79) **外貨建ての出資**　外国通貨で払い込むことは金銭出資の一形態である（民402条・403条）。これに対し、外貨建の出資（定款上の資本金の全部または一部を外貨建とすること）そのものは想定されていないが、剰余金の配当と残余財産の分配について、普通株式と全く同様に円貨で計算した上で、支払額は払込当時の換算率に基づいて外貨で実施する種類株式（会社108条1・2号）と構成すれば実質的に同じになる。多国籍展開する企業が現地通貨建の出資に関する為替リスクをヘッジするのに便利だし、海外市場では現地通貨建で資本調達したほうがよいので、今後率直に定款上の資本金を外貨建とすることを認めてはどうかといった議論も出てくるのではないか。

80) 江頭・コンメ1・309頁。

81) ただし、会社法105条2項の文理から、配当受領権か残余財産分配権のどちらかが全くないものは認められる。

> 社に残しておいても有効活用できないお金は戻してくれ」という発想に変わったということだ。

4-25　株の配当といえば，一般には当期利益を株主に配当することだと考えている人が多い。実際には，旧商法時代でも配当可能利益の計算は累積損益を含む純資産額を基準にしていたし，本来は出資金の性格を有する資本剰余金も含んでいたので，赤字有配当ということがありえた。しかし，「利益配当」という言葉を用いていたこと，年1回の決算株主総会で利益処分を行って配当を決定していたこと等から，当期決算が赤字なのに配当するのは特殊なことだという意識が強かった。

4-26　これに対し新しい会社法は，**配当**（dividend）とは，剰余金（正確な定義は会社446条）を株主に**分配**（distribution）することだと正面から位置付け（同453条），**分配可能額**（461条2項）の範囲内で（¶4-21，図28参照）[82]，臨時株主総会も含めた株主総会の普通決議があればいつでも何回でも配当できることとした[83]。

　剰余金が生まれる主たる源泉は利益であるから，配当が基本的にもうけを分配することだという点は旧商法時代と大きく変わらない。しかし，会社法下では，期末の決算により確定した利益を剰余金に組み込むことと，剰余金を分配することとが観念的に分断されている。

　そもそも会社の成長率が高いうちは，利益が出ても配当せずに会社において再投資したほうが株主にとっても有利である。しかし，事業が成熟化し有望な新規事業もないことから，余剰資金が利回りの低い現金や遊休不動産のかたちで保有されている場合や，潤沢な資金があることを奇貨として経営者が無謀な投資をするおそれがあるような場合，株主としては剰余金を配当してもらって別の投資機会に振り向けたほうがよい。日本経済が成熟化する中で「利益配当」が「剰余金配当」となったことは時代の流れに沿ったものだと言ってよいだろう。

4-27　**配当に対する課税**　個人の受け取る配当は20％の源泉徴収の対象となり

---

[82]　【復習】神田・会社271頁以下，龍田400頁以下。
[83]　一定の会社については，取締役会決議で行うこともできる（会社459条）。

総合課税されることになっているが（所税181条・182条），歴史的にさまざまな租税特別措置が認められてきており実体はかなり複雑である[84]。ただし，現在金融所得（利子・配当・株式譲渡所得等）の一体課税[85]が進められており，将来的には金融所得を分離課税化した上でその内部で損益通算が認められるようになる可能性が高い（¶5-43参照）。

　一方，法人の受け取る配当については一定の制約の下で全部または一部を益金不算入とすることが認められている[86]。

(b) 配当する財産

4-28　剰余金配当は金銭で行うのが原則だが，それ以外の財産（自社株式は除く）で支払うこと（PIK, payment in kind）も認められる（**現物配当**。会社454条1項1号）。配当を外貨建てで行う株式は配当に関する種類株式と構成される（次節ならびに注79参照）。

4-29　**現物配当**　自社以外の株式（親会社，子会社等）やこれらに関するオプション（値上がりが見込める場合，金銭より魅力的），特定目的について金銭よりも利用価値の高いポイントや電子マネー，自社や関連会社で人気が高くて入手が難しい商品，サービス利用権，値上がりが期待できる土地といったものが考えられる。現金で購入することが難しいものや，近い将来に値上がりが期待できるので現物でもらったほうがよいものを用いると株主の満足が得られる[87]。

---

[84] 経緯と最新の税法改正の内容について，金子192-196頁。また，税制改正の沿革について「利子・配当・株式譲渡益課税の沿革」（財務省HPで閲覧可能）参照。

[85] 税制調査会金融小委員会「金融所得課税の一体化についての基本的考え方」（平成16年6月15日）：http://www.cao.go.jp/zeicho/tosin/16 top.html で入手可能。

[86] 法税23条。これは法人税を所得税の前どりとみる考え方に基づいて，法人の受取配当は支払法人の段階ですでに法人税が課されているから，法人所得に対し何回も重複して課税することを避けるためである（金子286頁）。

[87] 子会社株式の現物配当とスピンアウト・スピンオフ（spin-out, spin-off）　ある子会社や事業部の事業や人材を考えた場合に，親会社の管理下におくよりは分離して個性や独立性を発揮させたほうが企業価値が高まる場合等に，子会社（事業部の場合は会社分割したあとの新設会社等）の株式を親会社の株主に現物配当して，親子の関係から対等な関係に変更することをスピンオフとかスピンアウトという。現代版ののれん分けである。ニュアンスとしては，前者は分離後も親会社との関係が深い場合，後者は親会社との関係が薄い場合（飛び出し）を指す。

問) A氏は新興のネット企業N社の株を1株500円で購入したが，現在は3000円の水準である。同社のカリスマ社長Bはホームページで株主に対して「今年度も前年度を大きく上回る収益が確保できるので本来ならかなりの配当ができる。しかし，現在のネット市場で100円をわずか数年で5倍以上に増やす力をもった企業はわが社だけである。ついては株主の皆さんの権利を害することなく，この素晴らしい機会をより多くの投資家に経験してもらうため，配当すべき当期利益を見合いに全株主に1株当たり10株の当社株式を分配することにした」と告げた。A氏は「もらったN社株を売れば大もうけだ」と興奮している。本当か？　N社のやろうとしていることは会社法上どのようなものと位置付けられるか。

4-30　**自社株式による分配**　株主に自社株式を分配しても「剰余金配当」ではない（会社454条1項1号括弧書）。その経済実体をみれば，自己資本の額そのものは変えずに株数を増やしているだけだから，本来なら1株当たりの価値が下がるだけで，A氏は損も得もしないはずである。しかし，上場株式のように市場で流通する株式の場合，将来性等に対する投資家の信認が得られれば，株価がそれほど下がらないことが多い。この場合，A氏は分配された株式を売却すれば利益を得ることができるので，N社は社外流出を避けながら株主に利益分配ができたことになる。ただし，それだけ時価総額が膨らむことになるから，それに見合う企業価値が維持できなければ結局は実力相当まで株価が下落して株主を裏切ることになる。

会社法上，現金を社外流出させずに株主に株式交付するには，10株を12株にというように発行済株式を細分化する**株式分割**（会社183-184条）と，株主に株式を無償で割り当てる**株式無償割当て**（同185条）という2つの方法がある（¶6-62以下参照）[88]。いずれを行う場合も，剰余金を資本金に組み入れる必要はない。ただ，剰余金の資本金組入（同450条）と株式分割・株式無償割当を同時に行えば一見利益配当が行われているようにみえる。このため，以前はみなし配当として課税されていたが，現在は株主の持分関係に変動を与えない限りは課税関係は生じず，実際に剰余金配当を受けるか交付された株式を売却するまでは課税が繰り延べられる（金子189-190頁）[89]。

---

[88]【復習】神田・会社112-115頁，龍田213-215頁。
[89] 同様に，新株予約権や新株予約権付社債（いわゆる転換社債やワラント債）を配当するこ

(c) 優先・劣後株式

① 優先株式（preferred stock）

4-31 配当と残余財産分配に関して普通株式に優先する種類株式を**優先株式**（**preferred stock**）という（会社108条1項1号・2号）。優先株式は，無議決権株式（同108条1項3号，¶4-54）とすることが多い。

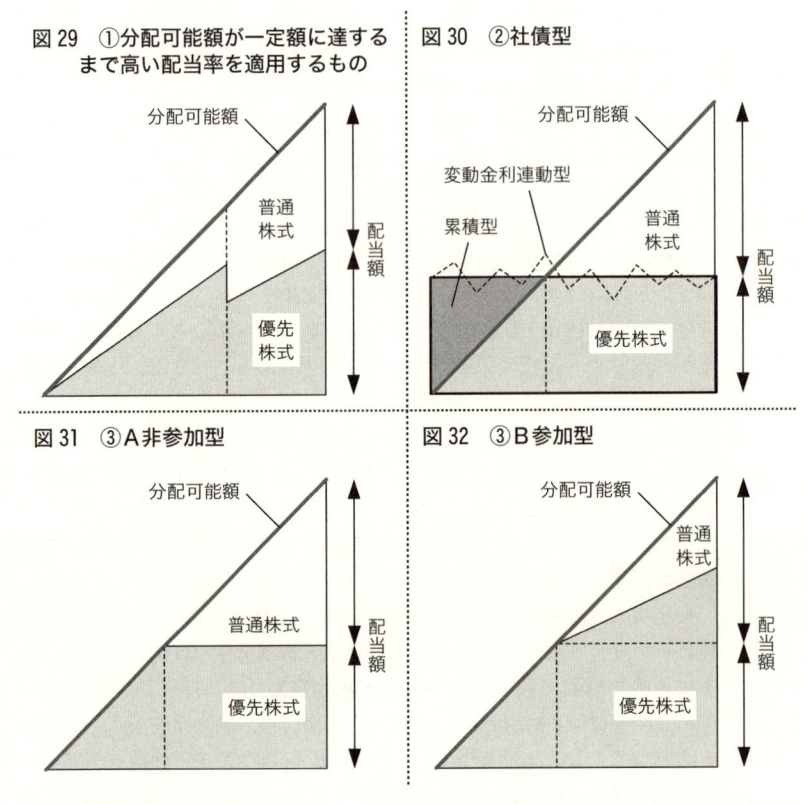

図29 ①分配可能額が一定額に達するまで高い配当率を適用するもの

図30 ②社債型

図31 ③A非参加型

図32 ③B参加型

4-32 配当優先株式についてみると，①普通株式の配当金に一定の比率を乗じた

とも剰余金配当ではなく（会社454条1項1号括弧書，107条2項2号ホ），それらの無償割当て（同277条・278条）である。

　剰余金を見合いに負債項目である自社の社債を直接分配することも同じ理由で現物配当ではない。会社法には新株予約権付社債の無償割当て以外に特段の規定はないから，現金配当，株主に対する社債の割当て，代り金の払込みの組合せと考えるべきであろう。

配当率とするものや（図29），②社債のように一定の想定額面に対する配当率（固定率のほか，変動金利に連動するものもある）を定めるもの（図30），③配当財源が一定金額に至るまで優先株主に株数に応じて配当するもの（図31，図32）といったさまざまな方式が考えられる。普通株式に支払順位で優先するわけではないが，配当金が普通株式の２倍といったものも許される。

4-33　②に属するもののうち，一定率に満たない場合には不足額が次期に繰り越されるものを**累積型**，その年限りのものを**非累積型**という。また③には，剰余金が一定率を超えたら残りは普通株式に配当する**非参加型**（図31）と，一定率を超えた部分については普通株式と同様（あるいは一定比率で）配当がなされる**参加型**（図32）がある。

【参考】変動配当率型優先株式の例

　本件種類株式１株当たりの優先配当金の額は，当該剰余金の配当の基準日の属する事業年度毎に，本件種類株式１株当たりの払込金額に対し，下記の年率（以下「優先配当年率」という。）を乗じて算出された金額（円単位未満小数第４位を四捨五入）とする。

　優先配当年率は，平成 N 年12月１日以降次回の年率修正日（下記に定義される。）の前日までの各事業年度について，下記算式により算出される年率とする。

　　優先配当年率＝日本円 TIBOR（６か月物）＋0.5％

　　＊　優先配当年率は，％未満小数第４位まで算出し，その小数第４位を四捨五入する。
　　＊　「年率修正日」は，平成 N+1 年９月１日以降の毎年９月１日とする。当日が銀行休業日の場合は，前営業日を年率修正日とする。

4-34　**優先株式の社債的利用**　　上の参考事例はある会社の優先株式の配当の計算に関する有価証券届出書の記載である。あたかも融資の変動金利計算と同じように配当率が決まっていることが分かる。このような社債的優先株式は，企業再建時や業況が悪化した銀行等の自己資本積み増しの場合のように，調達側はエクイティー調達を望むが，投資家は利益配当や株価の先行きに懐疑的なために，デットと同様確定利回り（fixed income）でないと調達が難しい事情がある場合によく用いられる。より具体的に以下の設問を考えてみよう。

問）起業したばかりで剰余金ゼロの会社が，1億円の資金調達を行い年5%の調達コストを負担してもよいと考えている。当初7年間の事業利益見通しが以下の通りである場合に，社債と優先株式（累積型）のどちらを採用したほうが，早く累積損失を解消できるか。

収益予想（百万円）

1	2	3	4	5	6	7
−10	−5	0	5	10	15	20

表5 社債 vs. 優先株式

		事業利益	金利費用	当期利益	法人税	剰余金	優先株式		普通株式配当
							累積額	配当額	
社債=100	1	−10	−5	−15	0	−15	0	0	0
	2	−5	−5	−10	0	−25	0	0	0
	3	0	−5	−5	0	−30	0	0	0
	4	5	−5	0	0	−30	0	0	0
	5	10	−5	5	0	−25	0	0	0
	6	15	−5	10	0	−15	0	0	0
	7	20	−5	15	0	0	0	0	0
優先株式=100	1	−10	0	−10	0	−10	5	0	0
	2	−5	0	−5	0	−15	10	0	0
	3	0	0	0	0	−15	15	0	0
	4	5	0	5	0	−10	20	0	0
	5	10	0	10	0	0	25	0	0
	6	15	0	15	6	9	30	9	0
	7	20	0	20	8	12	26	12	0

4-35 **社債 vs. 社債型優先株式**　表5は，設問の想定下で全額社債調達した場合と優先株式調達した場合の剰余金の推移を比較したものである[90]。

金利が費用となる社債調達の場合，単年度黒字化するのに5年，累積損失が解消して剰余金がゼロに戻るまでに7年かかる。これに対し，優先株式で

---

90) 営業外費用は金利費用のみ，剰余金＝分配可能額，法人税率40%と想定。

あれば4年目からは単年度黒字となり，6年目からは剰余金がプラスとなるから優先株式の配当を行うことができる。

新規投資が軌道に乗るまで当面赤字が続くが，過去に積み上げた剰余金があり分配可能額が正値という会社であれば，優先株式を疑似社債型商品として発行することが考えられる[91]。法人投資家は配当の一部を益金不算入にできるから（注86）その分の税効果を織り込んでもらえれば低めの調達コストが実現できる上，配当は会計上費用にならないので黒字化が進む。

なおいずれの場合も，参加型にするか，株主の請求によって普通株式に転換してもらえる転換権付にしておけば，投資家はアップサイドも狙えるから魅力が増す[92]。

4-36　このように優先株式は起業や企業再生の文脈でデットとエクイティーの中間に位置する**メザニンファイナンス**（mezzanine finance, mezzanineは中2階の意味）として用いられることが多い。しかし最近は，上場企業が優先株式を上場して資金調達のために活用する事例も登場している（¶6-32参照）。

② 劣後株式

> 問）第三者の出資も得て会社を始め，追加資金が必要になったが，これ以上他人からの出資は仰げないので経営者自ら追加出資をしたい。しかし，会社はまだ十分儲かっていないので，普通株にすると既存株主の配当が下がってしまう。どうすればよいか。

4-37　こうした場合，普通株式に配当が劣後する**劣後株式**（subordinate stock）[93]とすることが考えられる。このほか，劣後株式が上場基準である持株比率の算定対象とならないことを利用して，企業グループの親企業が上場子会社の増資を引き受ける際に**上場廃止**を回避するために用いることがある[94]。また，オーナー企業の社長が息子に社長職を譲り引退するに際し，

---

91) こうした観点から，1990年代末に不良債権問題で赤字に陥った金融機関は公的資金を受け入れるにあたり優先株式を活用した（¶5-19）。
92) 普通株式への転換権　会社法上の構成としては，配当や残余財産分配に関する種類株式であると同時に，取得請求権付種類株式（会社108条1項5号）とし，その対価を普通株式とする（神田・会社75-76頁）。
93) 後配株式（こうはいかぶしき）ともいう。
94) 上場廃止を避けるには一定比率以上の流通株式比率（流通株式数／上場株式数）を維持す

息子に劣後株式を譲渡して議決権を掌握させる一方，自身は優先無議決権株式を保有し続けて老後の生活資金を配当で受け取る[95]といった**事業承継策**（business succession planning）にも使われる[96]。

(d) 配当と事業の連動性

> 問）あらゆる業種にわたり幅広い事業子会社を有する巨大企業グループの持株会社 H 社の株価はリスク分散効果により非常に安定しているが，一部の事業子会社できわめて有望な新規事業に取り組んでいるにもかかわらず，その将来性が十分に株価に反映されないという問題（これをコングロマリット・ディスカウント[97]という）を抱えている。当該事業への投資家の期待を H 社の株価に活かす方法はないか。

4-38　配当は企業全体の剰余金から支払わねばならないが，その範囲内なら，ある特定の事業や子会社の業績に連動させることも許される。この場合，普通株式に優先することもあれば劣後することもあるが「剰余金の配当について異なる定めをした」種類株式（会社108条1項1号）には違いない（神田・会社78頁）。こうした種類株式を**トラッキングストック**（tracking stock，以下本節において TS）という。1984年に米ゼネラルモータース社が初めて導入し，日本では2001年にソニーが発行している。これにより特定事業を株主に対して（最近の流行語で言えば）「見える化」してコングロマリット・ディスカウントを改善するのである。

　　る必要があるが（たとえば，東証上場規定601条），この計算にあたり大株主（たとえば東証の場合10%以上所有株主）の所有株式が流通株式数から除かれるため，親企業の持分が増えると上場廃止のリスクが高まる。岸田125頁参照。
95）　こうしておけば父親の死後事業を承継しない兄弟は無議決権株式しか相続しないので支配関係の散逸が防げる。なお，息子が議決権付劣後株式を譲り受けた時点で贈与税がかかると事業承継が円滑に進まないので，2010年税制改正で課税を相続時まで繰り延べる対応がなされた（財務省HP3掲載の資料参照）。
96）　ファイナンスそのものではないが，中小企業の事業承継対策の相談に応ずることは金融機関や証券会社の重要な業務のひとつである。事業承継に関する法的問題を包括的に扱った文献としては今川が良書である。その他，中企庁HP掲載の諸資料参照。
97）　conglomerate discount　これも情報の非対称性（¶2-23）から生ずる問題の一つである。

4-39 **普通株式との利益相反**　TSに高い配当をすれば普通株式の配当が減るから両者には利益相反があるように思える。そこだけ見ればその通りだがもともとTSを時価発行する際に対象事業の将来性を投資家が十分に評価していれば同じ議決権数の普通株式による場合より多くの金額の調達が出来る。この資金は企業全体の新たな投資活動に利用できるので普通株主も利益を享受することになる（一般にTSは対象事業の新規調達のために発行されるとは限らない）。いわば家族全体の評判が今ひとつなので，出来のよい長男の稼ぎを引当てに資金調達して弟の教育費にあて，弟も稼げるようになれば家族全体の評価が高まるという発想だと考えればよい。逆にこうした効果が得られない上場会社がTSを発行すると普通株式の価格に悪影響を及ぼす可能性がある。

4-40 **トラッキングストックと事業信託**　TSを社内の特定の事業部門の業績に連動させる場合，これを外部からみて公正・客観的に他の部分と切り分ける必要がある。このための方法としては，事業全体について自己信託（信託3条3号，¶9-66）を設定し[98]，当該受益権を子会社株式と同様自己保有した上で信託勘定の業績に配当を連動させることが考えられる[99]。

4-41 **トラッキングストックの新たな利用可能性**　TSは一時期騒がれたほどには普及していない（どちらかというとあまりうまくいかなかった商品と認識されている）。しかし，次のような文脈では利用に合理性が見いだせる。①A　安定株主確保の観点から，フランチャイズチェーンや販売代理店網が重要な役割を果たす企業が，フランチャイジーや代理店に対して，関連事業の収益のみに連動した**株主関係事業TS**やその新株予約権を割り当てる，①B　役員のストックオプションの対象を担当事業TSとする，②　直接本業の収益に結びつかないが，サステナビリティーの観点から取り組まざるを得ず，他の全事業に影響を及ぼすことになる環境対応投資のための資金を，**環境事業連動TS**を既存株主等に割り当てることにより調達し，事業を通じて獲得した排出権の対価等を収益と考えて配当する。

---

98) 新信託法では財産を信託すると同時に債務を信託に引き受けさせて事業を一体として信託すること（事業信託）が可能になった（信託2条1項・9項，21条1項2号・3号）。
99) 自己信託による事業信託受益権を流通させることにより企業分割と同様の経済効果を得ることができるかについては慎重な議論もあるが（新井158-159頁），少なくとも事業を分別管理するためには最もしっかりとした法技術なので活用が期待される。

(e) 株主優待

4-42　上場会社の場合，配当とは別に個人向け株主を意識したさまざまな優待がなされることが多い。実務上は税法の規定が根拠となっている。会社法上は，現物配当の脱法とならない範囲で付与せねばならない[100]。

4-43　**株主優待**　所得税法上，法人が株主等に対してその株主等である地位に基づいて供与した経済的な利益のうち，たとえば次のようなもの（現物に代えて他の物品や金銭を受領できるようになっていてもよい）が，利益の有無にかかわらず供与されている場合は[101]，法人があえて剰余金または利益の処分として取り扱わない限り，配当等（所税24条1項）には含まれず，雑所得（所税35条1項）とされる（所得税基本通達24-2）。通常の給与所得者が給料以外に所得がない場合，20万円以内の雑所得は申告しなくてよいので，事実上課税されないというメリットがある[102]。これを俗に**株主優待**という。
1）旅客運送業を営む法人が自己の交通機関を利用させるために交付する株主優待乗車券等
2）映画，演劇等の興行業を営む法人が自己の興行場等において上映する映画の鑑賞等をさせるために交付する株主優待入場券等
3）ホテル，旅館業等を営む法人が自己の施設を利用させるために交付する株主優待施設利用券等
4）法人が自己の製品等の値引販売を行うことにより供与する利益
5）法人が創業記念，増資記念等に際して交付する記念品

100）株主優待は株主平等原則（会社109条1項）に反するか　保有株式数に応じて合理的な取り扱いがなされていれば問題ないとされる（相澤ほかQ 148）（違法とされた例：高知地判昭和62・9・30判時1236号43頁）。なお，総会の議案に反対する特定の株主対策として当該株主になした金員の贈与が株主平等原則に反し無効だとされた事案があり（最判昭和45・11・24民集24巻12号1963頁，会社百選12事件，商判Ⅰ-24事件），株主優待との関係が議論されている（同百選解説，同商判コメントと参考文献参照）。

101）最判昭和35・10・7民集14巻12号2420頁。一方，供与した利益は法人にとって損金とならないとする判例がある（最判昭和43・11・13民集22巻12号2449頁）。しかし，どちらの判例も株主相互金融会社というかなり特殊な事例に関するものである（具体的なビジネスの中身は後の判決文に要約されている）。株主優待が会社にとって法人税法上損金になるかどうかは（ならなければ結果的に全部または一部が交際費課税される），株主優待の種類や態様によって個別に検討する必要がある。

102）所得税の確定申告が不要な場合の詳細については，所法121条を参照。一般に「雑所得は20万円まで申告不要」と説明されることがあるが，不正確なので注意すること。

4-44 個人投資家の中には株主優待をねらって株式を購入する者もある。また，法人株主で大量に取得する優待乗車・搭乗券を経費節約のために役立てているところもある[103]。定量的な分析にはなじまないが，株式投資のリターンのひとつであることは間違いない[104]。

会社からみても，株主優待は金額の多寡のみが問題となる金銭配当とは異なる活用方法が可能である。多くの法人は株主優待を個人株主の長期保有政策として位置付けており，この観点から保有期間と優遇策を連動させるところもある。また最近，優待品の代わりに環境関連NPOなどに寄付をする**CSR型優待制度**を導入する企業も増えていると報道されている[105]。

> 【参考】 シェアホルダーズ・リレーションサービス社は，個人株主に，保有株式数や年数に応じてポイントを発行し，インターネットのHP経由でポイントを好きな商品と交換する株主優待サービスを企業向けに提供している[106]。ポイントに応じて得られる商品は従来の株主優待と異なり，株主企業の商品やサービスとは限らないことが大きな特徴である。

4　金融商品としての株式の設計(2)——支配権のデザイニング

(1) 支配権の意義

> 問） 株主は会社の所有者だというが，実際には株主が議決権を行使できる場合は限られている。株式を投資ファイナンスの手段と考えた場合に，株主の持つ共益権はどのような働きをしているか。

4-45 株主には財産的権利（**自益権**）のほか，株主総会における議決権（会社105条1項3号）や付随的な経営参加権といった会社に対する支配権（**共益権**）が

---

[103]　いわゆるチケット屋が販売する株主優待券の主たる入手先のひとつが大口の法人株主や投信だと言われている。
[104]　2008年3月現在，右のインターネットサイトで上場株式に関する優待利回りの銘柄別計算値とランキングが掲載されている（株主優待HP）。
[105]　2008年3月16日付け日本経済新聞朝刊（第15面）。
[106]　SR社HPによる。また，同社の親会社の株主向けサイト（NSD社HP）も参照のこと。

認められる。議決権は1株について1個付与される（同308条1項）。

4-46 **単元株制度**　株式は原則として1株単位で流通させる。しかし，2001年までは株式の出資単位が5万円と法定されていたので，上場会社の中には現在も株式の単位金額が小さいところが多い。このため，株式の一定数をまとめて1単元とし，議決権は1単元に1個とすることにより，会社の管理コスト削減を図る。これを単元株制度という（会社188条）。1単元に満たない数の株式は**単元未満株式**（odd lot share）というが，議決権を除き，基本的に1単元以上の株式と同様の権利が与えられる[107]。

(a) 権利保全的役割

4-47　株主総会は原則として会社の組織・運営・管理等一切の事項について決議することができる（会社295条1項）。しかしながら，取締役会を設置する会社では株主総会の議決事項は法律で定められた事項と定款で特に定めた事項に限定される（同295条2項）。

　典型的な組織構成をとる株式会社に関する主な法定決議事項を**表6**に整理しておく。

　このほか，株主は会社の運営や財務状況に関する情報を得る権利や，不当・違法な経営に対し，各種の監督是正権が認められている[108]。しかし，これらも支配権というよりは，権利保全的色彩が強い。

　このように，所有と経営が分離した典型的な株式会社にあっては，株主の権利は剰余金配当を中心とした投資リターンが軸となり，共益権は，そうした財産権的権利を保全するためのものとして整理したほうがよい。

4-48　デット調達の場合，債権者は元本返済を保全するため借入人の行動を財務制限条項等のコヴナンツ（covenants）で縛る（¶7-45, ¶15-51）。これに対し株式については，収益獲得を通じた投資回収が目的だから，議決権の行使を通じて投資リターンを保全するのだと言ってもよいだろう。ただし，株主は株主となるにあたり，債権者のように交渉によって権利の内容を個別に決める

---

107) 【復習】神田・会社115頁以下。龍田209頁以下は株式サイズの調整という視点から他の制度と横断的に整理している。

108) たとえば，神田・会社65頁の図表5に具体的な内容が整理されている。

ことができないから，法律や定款でその内容をあらかじめ定めておくのである。

表6　典型的な組織構成をとる株式会社に関する主な法定決議事項

	内容	会社法条文
普通決議	計算書類の承認・剰余金分配	438条2項，452条
	役員（取締役・会計参与・監査役）・会計監査人の選任	329条1項
	取締役・監査役の報酬の決定	361条1項，387条1項
	役員（監査役を除く）・会計監査人の解任	339条1項
	会計監査人の不再任	338条2項
	検査役の選任	306条・316条1項
	自己株式取得の承認	156条1項
	株主総会議長の選任	一般原則
特別決議	定款変更，事業譲渡・事後設立 会社の解散・継続	309条2項11号
	会社の合併・分割・株式交換・株式移転，組織変更	309条2項12号
	第三者に対する株式の有利発行	309条2項5号
	新株予約権・新株予約権付社債の有利発行	309条2項6号
	特定株主からの自己株式引受	309条2項2号
	株式の併合	309条2項4号
	監査役の解任	309条2項7号
	取締役・監査役の責任の軽減	309条2項8号
	資本金額の減少	309条2項9号
要件加重	株式全部の譲渡を制限する定款変更	309条3項1号
	譲渡制限のない株主に譲渡制限付株式を交付する企業再編	309条3項2号・3号
	株主平等原則を修正する定款変更	309条4項

4-49　**集団投資スキーム**（collective investment scheme）　能力の高い金融仲介業者が多数の投資家から資金を集めてまとめて運用する投資信託や年金のような仕組みを**集団投資スキーム**という（¶11-8，¶13-1）。上場大企業の株式に個人がなけなしの資金を投資しても株主としての発言力は無いに等しいが，こうした仕組みを通じれば，プロの運用受託者を通じて大口投資家として発言力を行使することができる。従来日本ではこうした運用受託者が議決権を積極的に行使することは稀であったが，最近は企業価値向上のために「**物言**

う株主（activist）」として積極的に発言する事例が増えている。さらにはこうした機関投資家に**委任状**（proxy）を通じた議決権行使の方法を助言する**プロクシーアドバイザー**（proxy advisor）という専門家も登場している。

(b) 支配権，会社売買のツール

4-50 このように，保有比率が低いうちは共益権の役割は限定的である。しかし，保有比率が高まると会社の支配権という位置付けがにわかに高まる。

> 問）A社は自社の販売ネットワークを最大限活用するために新たな商品を生産したいと考えているが，このためには100億円規模の初期投資が必要な上，人材も揃えねばならず時間もかかる。ところが，同じ商品をすでに生産している上場企業B社の時価総額が60億円程度であることが分かった。何とかならないか。

4-51 代々個人事業として営まれている老舗の経営権を無理矢理買うことは容易ではない。これに対し，株式会社なら一定比率以上の株式持分を取得すれば，会社を実際に支配することが可能になる[109]。上記設問の場合，A社は自ら事業を立ち上げる代わりにB社を買収すれば労せずして短期間に新規事業を手にすることができる。この他，対象となる事業について新規に免許を取得することが容易でない等の事情がある場合にも既存会社の株式を取得すれば「時間を買う」ことができる[110]。

4-52 **M&A**（Mergers & Acquisitions） ある企業が別の企業を支配下に置く方法には，広義の合併と買収の2つの方法がある。広義の**合併**（merger）は双方が合意の下に会社法で習った組織再編の制度（合併，株式交換・移転，会社分割等）を活用して行うものである。これに対し**買収**（acquisition）とは，会社の支配を目的として相手企業の株式を取得することをいう。両者を併せ

---

[109] まず33％超を取得することにより他の株主に特別決議をされなくなるため，重要事項に関する拒否権を確保できる。次に50％超を取得すれば単独で普通決議ができる。66％超になれば特別決議も単独でできるので，他の株主を排除することすら可能になる。
[110] 企業買収にはこうした事業目的以外に買収そのものを通じて利益を得る金融目的のものがある。最近は後者の重要性が増している。

て俗に M&A（エムアンドエー）という。伝統的会社法の授業では前者しか学ばないが，世の中ではむしろ後者が話題になることが多い。上場会社に対する買収は，相手方の意向にかかわらず行うことができるからである。これを**敵対的買収**（hostile acquisition）という。

買収をするために相手企業の株式を証券取引所で大量に買い付けると値段が高騰してコストがかかるので，市場外で時価よりも有利な価格を公告して売却する者を募る。これを**公開買付**（takeover bid，TOB と略することが多い）という（金商27条の2第6項）。市場外で5％超の買付を行う場合，原則として金融商品取引法の定める公開買付の方法によらねばならない（詳細は，金商27条の2以下，関連政令を参照のこと）。[111]

(2) 支配権の制限

4-53　支配権を制限，あるいはこれに特別の条件を付けたい場合，以下のような種類株式や仕組みが用いられる。

(a) 議決権制限株式

4-54　まず会社法上，全く議決権がないか，決議事項の一部について議決権がない種類株式が認められている。これを**議決権制限株式**（non voting stock, limited voting stock）という（会社108条1項3号）。これを配当優先株式等と組み合わせれば，既存株主の議決権を温存しながら，エクイティー調達を行うことができる。なお，公開会社（¶5-22）については，議決権制限株式の数が発行済株式総数の2分の1を超えることになった場合には，2分の1以下にするため必要な措置をとらなければならない（同115条）。

(b) 拒否権付株式

> 問）　前問でA社からの敵対的買収を察知したB社は，仮に大量の株式を取得されても創業者一族が役員の選任・解任について拒否権を発動できるようにしておきたいと考えている。どうすればよいか。

111）　M&A については第2部で詳しく論ずる。

4-55　設問については，拒否権付株式を発行して創業者一族宛に割り当てることが考えられる。**拒否権付株式**とは，特定の株主総会決議事項について，その株式を所有する株主からなる種類株主総会の決議が別途必要とすることにより，それらの株主に実質的に当該決議事項に関する拒否権を与えるものである（会社108条1項8号）。譲渡制限を付けることが多い（¶5-22参照）。合弁会社やベンチャー企業による利用の他，政府関連機関・公営企業等の民営化の過程で，保有株式を売却後も一定の場合には国が拒否権を発動できるようにするといった工夫にも利用できる。

4-56　**黄金株**　拒否権付株式の中で，取締役の過半数の選解任その他の重要な事項について種類株主総会の決議を要するとするものを**黄金株**という。黄金株を現在の経営陣にとって信頼できる株主に対して付与しておけば，敵対的買収に対する強力な防衛策となる。しかし，東京証券取引所は，これが取締役の選解任などの株主にとって重要な権利を不当に制限するものであることを問題視し，会社の事業目的，拒否権付種類株式の発行目的，割当対象者の属性および権利内容その他の条件に照らして，株主および投資者の利益を侵害するおそれが少ないと認められる場合を除いて，黄金株発行に係る決議や決定をすると上場廃止の対象となるとしている（東証上場規程601条17号，同施行規則601条12項1号）。

> **黄金株の例**　国際石油開発は海外における石油・天然ガス開発を行う事業会社である。同社を含め，資源開発を行う中核的な企業については，わが国のエネルギー安全保障を担うという業務の重要性から，石油公団を通じて出資・融資・債務保証といった形で公的なリスクマネーが供給されてきた。しかし，同公団の民営化に伴い，株式を上場して資金調達力を強化することになった。ただ，事業の性格から外資による経営支配等を排除する必要があるため，政府が必要最小限の拒否権を留保する必要がある。そこで，同社は，2004年の東証一部上場と同時に，石油公団に対し，拒否権付種類株式を発行した。同種類株式は，2005年に同公団が解散したことに伴い，経済産業大臣に継承されている。具体的には，取締役の選解任（非公的主体の持ち株比率が20％以上となった場合），重要な資産の処分，定款変更，M&A，有償減資，解散，といった場合に種類株主総会決議が要求されており，ここにおいて拒否権を発動することが可能になる（同社2006年有価証券報告書より）。

(c) 選解任種類株式（クラスボーティングストック）

> 問）　A・B・Cの3社と金融機関Dは合弁でV社を設立し共同事業を行うことにした。3社はそれぞれ1名ずつの取締役，Dは監査役をそれぞれ派遣するが，その人事についてはお互い口を挟まないことにしたい。どうすればよいか。

4-57　このような場合，株式を議決権によって種類分けし，各種類（クラス）ごとに選任できる取締役・監査役の員数を指定することができる（会社108条1項9号。【復習】神田・会社70頁，龍田288頁）。このような株式を**選解任種類株式**（class voting stock）という。ベンチャーキャピタルが，出資先の事業がうまくいって公募増資を行う結果議決権が**希釈化**（dilute，¶6-21以下）[112]した場合にも，過半数の取締役選任権は留保しておくといった場合にも利用できる。趣旨からして公開会社（¶5-22）と委員会設置会社には許されない。

(d) 信託による議決権の制限

> 問）　B銀行はA社から100％子会社を通じて新規事業を立ち上げるので当該子会社に巨額の融資を行ってほしいと依頼された。事業性は悪くないがA社のオーナー社長がワンマンで過去にも子会社に無謀な経営を強いてうまくいかなかったことがあるので，万が一の場合には債権者が株主権を行使して牽制できるようにしておきたい。どんな法的工夫が考えられるか。

4-58　設問のような事案に対応するには，信託を利用することが考えられる（¶9-63以下参照）。

4-59　**議決権信託**　A社に自己を委託者，B銀行を受益者とする信託契約を受託者となる信託業者との間で締結させ，A社の保有する子会社株式を信託譲渡

---

[112] 希釈化と希薄化　本書では，増資により既存株主の議決権割合が減少する場合のように，全体が増加したことにより相対的に薄まる場合には「希釈化」，証券化対象資産プールの価値が瑕疵によって減少する場合のように，欠陥・瑕疵により薄まる場合には「希薄化」という。英語ではいずれも dilution になる。

し，受託者に名義を書き換えた上で，配当受益権と議決権受益権の2つに分解し，前者はA社，後者はB社に保有させる。受託者は通常委託者の指示に従って議決権を行使するが，一定の事由が発生した場合には受託者自身が信託契約で授権された内容に従い議決権受益者のために議決権を行使する。こうした仕組みを**議決権信託**（voting trust）という[113]。

なお，受託者となる信託業者が信託銀行の場合，議決権の5％以上の保有が禁止されているので（銀行16条の3，独禁11条）受託者にはなれないという問題がある。そこで，債権者が株式に担保権を設定した上，別途債務者に議決権の数としては1個にすぎない拒否権付株式を発行させて信託するといった工夫をすることがある。また，特別目的の一般財団法人を設立して，株主との間で信託契約を締結する民事信託型の仕組みも考えられる。

(3) 属人的種類株式

4-60　会社法109条2項によれば，株式のすべてに譲渡制限を付している会社（非公開会社，¶5-22）は，定款で定めれば（会社309条4項の特殊決議が必要），剰余金配当権・残余財産分配権・議決権について，株主ごとに異なる取扱いができる。これを**属人的種類株式**という。属人的種類株式を用いれば，事業に直接かかわらない創業者一族については議決権を制約する一方，他の株主の3倍の配当を受け取ることにするとか，オーナー社長（株主でもある代表取締役）については1株5議決権とするといったことが可能になる。従前有限会社で可能であった仕組みを同制度の廃止に伴い非公開会社向けの制度としたものである。

---

[113] 議決権信託は，議決権の代理行使を総会ごとにせねばならないという原則（会社310条2項）の脱法とならないか。同原則は白紙委任を長期間取り付ける等により不当に会社支配を行う等の濫用的状況を念頭におくものなので，信託契約の内容が明確かつ本来の目的からして必要十分な内容・期間の範囲に留まるものである限り問題にはならない（江頭・会社316-317頁）。なお，従業員持株制度との関係で株式の信託が従業員株主の自由な共益権行使を阻止するものとして無効とされた事案がある（大阪高決昭和58・10・27高民集36巻3号250頁，会社百選42事件）。

第 5 章

株式会社における
エクイティー型投資ファイナンス②
株式の流通と出口戦略

1 起業後の会社と出口戦略

5-1　前章では，起業ファイナンスと出資・剰余金配当・支配権に関する株式の設計について説明した。ところで，投資家からすれば剰余金配当があっても，そもそも投資元本が回収できないのでは文字通り元も子もない。そこで本章では，事業が軌道に乗った後，投資家が投下資本の回収を図る方法——**出口の仕組み**（exit structure）について説明する。

5-2　**投資における Money-in／Money-out の原則**　　一般に投資（investment）とは，一定期間経過後に成果を金銭（もしくは預金債権や国債のような現金代替物）で享受することを目的として特定の事業や資産に対して金銭を投下することをいう。先代の興した会社の株式を「末代まで売ること能わず」との家訓の下にただただ保有する，あるいは，住むつもりで不動産を購入するといった行為は投資とはいわないのである。これを俗に投資における Money-in／Money-out の原則という。投資をめぐるトラブルは Money-out の段階で起こることが多い。このため，金融商品に投資したり，これを設計したりする場合，利益分配や保有中の権利・義務の内容はもちろんだが，終了時にいかにして金銭化するかについて明確な方針や仕組みを準備せねばならない。

5-3　**出口戦略**　　投資家が投資の回収をどうやって図るかということを，実務で

132　第5章　株式の流通と出口戦略

は「出口 (exit)」ということが多い。出口をどうやって確保するかを,「出口戦略 (exit strategy)」という。出口戦略は株式のような事業に対するエクイティー投資のほか, 不動産投資や不良債権投資等でも非常に重要である (注459, ¶14-36)。

5-4 **オープンエンドとクローズドエンド**　金融商品の出口戦略には, ①出資金を直接払い戻す方式と, ②株式会社のように, 出資金の払い戻しは行わず持分を市場で売却することにより投資元本の回収を図る方式の2つがある。前者を**オープンエンド (open end)** 型, 後者を**クローズドエンド (closed end)** 型という (なお, ¶14-25参照)。

5-5　もともと元本償還を約束している負債調達（デット）の場合,「償還」とは債務の履行そのものである。これに対し, 株式会社は理念型としてゴーイングコンサーン（継続企業, ¶2-7）を想定しているため, 債務と同じ意味で, 株式に一定期日に出資を払い戻す旨の条件を付すことはできない。このため, 株式に関する出口の仕組みは理念的にはクローズドエンド型（市場での売却）が基本だが, オープンエンド型（出資の払戻し）と同様の経済効果を持つ制度も用意されている。以下, ①出資を払い戻して株式を償還する方法, ②上場前における株式の譲渡制限や換価, ③株式の上場, ④市場における株式の流通, の順に解説する。

2　株式の償還

(1)　株式償還の意味

> 問)　会社が株式を「償還」する仕組みにはどのようなものがあるか。

(a)　解散による償還

5-6　事業そのものがプロジェクト型（¶2-7）の場合には, 当初から一定期日の到来や解散事由（事業目的の達成・不達成, 事業実施のために必要な許認可の失効等）の発生により解散する旨を定款上で定めておけば（会社471条1号・2号,

911条3項4号），清算手続において債務を弁済した後の**残余財産分配**（同481条3号）を通じて株式は実質的に償還されることになる。

> 5-7 **解散と清算** 会社の法人格が消滅する原因となる事実を**解散**，その後の法律関係や財産関係の後始末を清算人が行うことを**清算**という。なお，プロジェクト型でない通常の会社が解散する場合（会社471条3号・5号・6号参照），何らかのかたちで事業の継続が困難になっていることが多いため，その実体は出資の返還というよりは破綻処理に近づく。解散した時点で債務超過の疑いがある場合，清算人は株式会社に特に認められた倒産手続である**特別清算**を申し立てねばならない（同511条。債権者・監査役・株主も特別清算の申立てができる）。特別清算が不調の場合は破産手続に移行する。

(b) 会社存続中における出資の払戻し

5-8 　存続中の会社は資本金を直接株主に払い戻すことはできず，会社法上は出資の払戻しとなる配当を行うか，自己株式を買い入れて消却するかのどちらかの法律構成をとることになる（表7）。

表7　株式会社における出資の払戻しの法律構成

（数字は会社法の条項）

経済行為	原資	対株主	内部手続き	計算上の対応
出資の払戻しとなる配当	分配可能剰余金	剰余金配当	[剰余金の増額]（446①ニ）	資本金・資本準備金の減少（447 I ①・448 I ①）
買入消却	余資	自己株式の取得	自己株式の消却	

(2) 存続中の会社による出資の払戻しの法律構成

> 問）　存続中の会社が出資の払戻しを行う場合に，配当によるのと自己株式取得によるのとでは，会社・株主の双方にとってどのような差異があるか。

(a) 出資の払戻しとなる配当

5-9 　欠損がない状態で資本金や資本準備金の減少手続き[114]を行えば計算上分

配可能額が増えるので（会社446条1号ニ），この金額に見合った剰余金を配当すれば出資を払い戻したのと同じになる。「出資の払戻し」という語感に最も近いのはこの方法である[115]。

(b) 自己株式の取得を通じた償還

5-10 　会社を解散せずとも，会社自身が株主から株式を買い取れば償還したのと同じになる。これを一般に**自己株式の取得**（stock repurchase）という。実質的にみれば対価を通じた株主に対する財産分配だから，剰余金配当と同様，分配可能額の範囲でしか行うことができない（会社461条）[116]。自己株式の取得を行うには原則として総会決議が必要である（同155条3号。ただし，上場会社等が市場[117]や公開買付を通じて取得する場合にはあらかじめ定款で定めれば取締役会決議によることができる［同165条][118]）。

　通常の債権・債務が同一人に帰属したときは，その債権は消滅する（混同，

---

114) 資本金の額を減少するには原則として株主総会の特別決議が必要である（会社309条2項9号）。ただし，欠損処理を行う場合は普通決議でよく（同括弧書），減資と同時に新株の発行を行う結果，資本金が減らない場合は取締役会決議（非設置なら取締役の判断）でよい（同447条3項）。

115) なお，剰余金配当には経済的にみた利益配当と出資の払戻しの両方が含まれるので，配当を受け取った投資家側は原資の性質に応じて収益の増加と資産の減少に区分して経理せねばならない。なおこの場合，その他資本剰余金（図28参照）には株主の払込資本以外に利益を原資とするものが含まれているので，それに見合う部分は税法上資本の払戻しではなく，利益配当として課税される（金子188-189頁参照）。

116) **分配可能規制違反の自己株式取得の効果**　まず，組織変更関連でやむを得ない場合（会社155条10-12号）や単元未満株式の買取りの場合（同155条7号），分配可能額の規制は適用されない。一方，取得条項・請求権付株式の場合（同155条1号・4号）は，取得が無効になる（同166条1項ただし書，170条5項）。それ以外の場合（同155条2号・3号・5号・6号・8号・9号）について会社法は，譲渡人，当該取得を行った会社の業務執行者，株主総会・取締役会の議案提案者が連帯して，譲渡人が交付を受けた金銭等の帳簿価額に相当する金銭の支払義務を負うと定めるが（同462条），取得自体の効果がどうなるのかについては規定しないため，見解が分かれている。【復習】龍田270頁の説明が丁寧で分かりやすい。

117) 金融商品取引所以外に市場として認められるものについて逐条会社2・404頁以下。

118) なお，市場・公開買付を通じて取得しない場合には，すべての株主に売却の機会を与えるために厳格な手続きを踏む必要がある（会社157-159条）。さらに，特定の株主から取得するには総会特別決議が必要となる（同160条・309条2項2号）。ただし，この場合も上場株式等で市場価格から大きく乖離しない価格による場合は例外が認められている（同161条）。【復習】神田・会社92頁以下，龍田251頁以下。

民520条)。しかし，社員権を表章する株式の場合，会社が自己株式を取得したとしても当然に混同消滅はしない。それどころか最近は，取得した自己株式をそのまま保有して後でさまざまな目的に再利用することが多い（この場合，取得した自己株式には議決権が認められない［会社308条2項，¶4-45］）[119]。しかし，取得した自己株式を**消却**（cancellation）すれば，結果的に出資を払い戻したのと同じ経済効果が得られる[120]。

5-11 **配当 vs. 自己株式取得**　剰余金配当は本来利益の分配のための制度である。利益は会計年度単位で測るものなので（¶2-30）通常は年1回決算後に行うことが多いし，原資は利益剰余金が主体となる。また，同じ種類の株主については厳格な株主平等が要求される。この結果，利益配当である場合はもちろん，出資の払戻しである場合も，配当の前後で原則として株主の持分に変化が生じることはない。

これに対し，自己株式取得は企業に蓄積した余剰キャッシュを投資家に還元するための制度なので，原資は自己資本というよりは，資産勘定である「現預金」と意識されており，剰余金は実施金額の上限を画し，取得株式の経理上の取扱い[121]を定めるための技術的・理論的概念として機能する。また，上場株式については株価が日々変化するから，同じ購入資金でも株価が割安なタイミングで実施すればより多くの株数を取得できる。さらに，自己株式取得に応じるかどうかは株主側の判断であり，応じた者はその限りで株主持分を失うから，手続上の株主平等は厳格に要求されるものの，結果的にみれば株主相互の持分関係に変化が生ずることが多い。

5-12 **自己株式取得と投資家への課税**　自己株式取得に伴い利益を得た投資家への課税は配当か譲渡所得かで取扱いが異なる（個人の場合は所得の種類や税率が異なる。法人の場合配当には益金不算入制度がある）。税法はこれを，相対取引か市場における買付けかで大別し，相対取引の場合，会社が支払った対価が

---

119) 自己株式は英語では treasury stock という。米国では購入した株式は通常消却せずに財務部門が保有することによる。この語感にぴったりの訳語である「金庫株」を「自己株式」の代わりに用いることも多い。
120) 自己株式の取得の手続が厳格なので消却そのものは取締役会決議（非設置なら取締役の判断）でできる（会社178条）。
121) 保有する自己株式は貸借対照表上，資産ではなく株主資本の控除項目となる（会社計算76条2項，**図19**の純資産欄参照）。

資本金等の額（法税2条16号）を超える部分を配当とみなして課税することにしている（**みなし配当**，所税25条1項4号，法税24条1項4号）。一方，取引所やPTSなどを通じて取得する場合や組織変更関連の場合はみなし配当課税は行われず対価が取得価額を超える部分について譲渡課税がなされる（所税25条1項4号括弧書，所税令61条，法税24条1項4号括弧書，法税令23条3項）。2010年末までは，上場会社等の株式を個人株主から公開買付を通じて取得する場合も同様の取扱とする特例があった（税特措9条の6）。

5-13 **市場規制と信託の活用**　上場会社等が市場外で自己株式取得をする場合は原則として公開買付により行わねばならない（金商27条の22の2第1項）。また，市場から購入する場合，自社は当然にインサイダーになってしまうので，総会決議・取締役会決議の公表後は内部者取引規制の適用が除外される（同166条6項4号の2）。一方，相場操縦を防止するために特別の規制が課される（同162条の2，有価証券の取引等の規制に関する内閣府令16-23条）。いずれにせよ市場買付・公開買付については厳格なコンプライアンスが要求されるので，信託（具体的には，ファンドトラスト。¶14-10）を利用して買付業務を第三者に委託することも多い。

(c)　自己株式の活用

5-14　自己株式取得には配当と異なるさまざまな経済効果がある。また，上場企業は，単に出資金の払戻しや配当代替としてだけでなく，自己株式取得を多様な財務戦略に活用している[122]。

5-15　**自己株式取得の効果**　自己株式の取得により，代金に見合って資産が減り，自己資本が同額控除されるが，同時にそれに応じた比率で株数も減るので1株あたりの価格に変化は生じないはずである。しかし，実際には自己株式取得により株価が改善することが多い。この背景には次のような要因があると考えられている。

　①**スリム化効果**　巨額の現金準備が積み上がっているが優良な投資機会がない企業（成熟産業に多い）の株価は過小評価されやすい。これを自己株式取得により株主に還元してスリム化すれば投資家がこれを評価して株価が本

---

[122] 砂川ほか292頁以下にNTTドコモの事例がとりあげられている。

②**株価に対するアナウンスメント効果**　上場会社の行う自己株式取得は広く株主に開示される（¶5-13）。これは，経営者が現在の株価を安すぎると判断しているという市場へのシグナルになるから，取得前からすでに市場が反応して株価が改善することが多い。こうした効果を**アナウンスメント効果（announcement effect）**という（砂川ほか282頁）。

　③**経営指標の改善**　取得した自己株式は会計上自己資本から控除されるので，RoA が一定なら自己資本を分母とする RoE や EPS（1株当たり利益）などの経営指標が改善する（ただし，レバレッジ比率も上昇していることに注意[¶3-7]）。

　④**裁定利益の享受**　株価は市況全体や投資家の嫌気・好機といった企業の実力以外の要因に大きく左右されるので，本来の水準より割安になることも多い。こうした場合に自己株式取得を行えば需給の改善によって株価を本来の水準に戻すと同時に，少ないコストで②を実現できるという裁定利益が享受できる（もし，取得した自己株式を市況改善後に売り出せばこの裁定利益は自己資本の増加というかたちで実現する）。

> 【参考】　日産自動車系の部品会社ヨロズは，日産自動車が系列解体を進めたため同社グループから自社の発行済み株式の30％強にあたる660万株の自社株を取得して保有していたが，この3分の1を他の自動車会社や仕入れ先の鉄鋼会社等に割り当て，31億円強を調達して主に国内外での設備増強に充てる。同時にヨロズも割当先の株式を取得し，関係を強化する。投資家などから消却を望む声が膨らんでいたが，当面残りの自社株式は保有した上で，引き続き，取引先などに割り当てていく方針であり，2006年に発行した転換社債型新株予約権付社債の転換に充てることも検討していると報道されている[123]）。

5-16　消却以外の自己株式の活用

　①**資金調達**　取得した自己株式を消却せずに再度市場で処分すれば実質的な新株発行になる[124]）。この場合，新株発行の登記に必要な登録免許税

---

123)　2008年3月8日付け日本経済新聞朝刊。
124)　このため会社法は，自己株式の処分を新株発行と同一の規律の下に置いている（会社199条）。なお，自己株式を取得しても授権株数が当然に変化することはないので，その枠内で新たに新株発行を行うことができる（相澤ほかQ 248・249）。
125)　【発展】興味のある者は登録免許税の課税根拠について考えてみよ（金子620頁）。

(資本金増加額の 7/1000 [登税別表第 1・24(1)ニ])[125]が回避できるというメリットがある。

②その他の新株発行ニーズへの利用 役員や従業員に付与したストックオプションや新株予約権付社債，分離型ワラント債等に関して発行した新株予約権が行使された際，権利者に交付する株式に自己株式を充てることも多い。また，株主への無償割当（¶4-30）に利用することもできる。

③M&A 関連 浮動株を自己株式として取得しておくことにより敵対的な企業買収をやりにくくしたり，友好株主に対して第三者割当（¶6-52）をする等，M&A に対する対抗策として利用できる。また，米国では合併対価に自己株式を活用することも多い。

④持合い解消策としての利用 わが国では従来から安定株主対策として，企業と銀行，あるいは大企業と系列企業等が相互に相手の株式を保有しあう株式持合が一般的だったが，最近はその解消が進んでいる。この場合に，大量の持合株式が市場で売却され株価に悪影響を与えることを回避するために自己株式取得が活用される。

⑤事業承継への利用 価値の高い株式を相続すると相続税の納税資金に苦慮することがある。この場合，あらかじめ自己株式取得を行って会社の保有資金から納税資金を確保することが考えられる。また，複数の相続人のうち事業を継いだ長男が残りの者から株式を買い取りたいが自己資金がないといった場合に，会社に十分な資金があれば自己株式取得を行うことで同様の目的を達することができる。なお，こうした事例では税法への配慮が非常に重要である（詳細は都井参照）。

3 金融商品としての株式の設計(3)——特殊な償還条件

5-17 次に，種類株式制度を活用して株式に実質的に償還条件を付す方法について考えてみよう。

> 問）以下の株式は会社法上どのように構成されるか。
> 1）一定の場合（期日・条件・請求時等）[126]に株主は会社に対して自己株

---

[126] 会社 107 条 2 項 2 号と 3 号を比較すると取得請求権付株式については「一定の事由」という項目がないが，これは行使条件が取得条項付株式のように必要的決定事由でないことを意味

式の買取りを請求することができる株式（「**償還株式**」[redeemable stock, puttable stock]）。
2） 逆に，会社側が一定の事由が生じた場合，株主から強制的に自己株式取得を行うことができる株式（「**強制償還株式**」[mandatory redeemable stock, callable stock]）。

5-18　会社法上，設問1は**取得請求権付株式**，2は**取得条項付株式**[127]と構成される[128]。取得の対価は，現金の他，株式，新株予約権，社債，新株予約権付社債，その他の財産（PIK型，¶4-28）と多様な形態が許される（会社107条2項2号・3号）。

5-19　**取得請求権・取得条項の活用例**
　　①普通株式への強制転換権・転換請求権付優先株式　剰余金の蓄積のある大手銀行（銀行は株式会社である）が不良債権で毀損した自己資本を充実するために外部からエクイティー調達を行うにあたり，当面は優先配当権付無議決権株式を発行して自己資本を充実させるが，収益状況が改善すれば会社側が強制償還できる特約（金銭対価の取得条項）を付す。同時に，状況が改善しない場合，一定期日以降は投資家側から普通株式への転換を請求できる特約（株式対価の取得請求権）を付す（¶4-35参照）。
　　②社債代替型優先株式　配当優先株式について期日における金銭対価の取得請求権と取得条項の両方を付せば，会社・株主の双方が合意したときしか期日を延期することができないので，実質的には社債のように償還期日を設定したのと同じになる。しかし，配当は社債金利のように費用ではないから，赤字の会社は赤字の拡大を抑えることが可能になる（なお，剰余金配当の制約がある場合は累積型とする等の工夫が必要である）。その後，累積損失が解消

するにすぎず，行使期間以外に行使の条件を付することは当然に可能である（相澤ほかQ 98）。
127） いずれも取得した株式は自己株式となる。このため通常の自己株式と同様取得の対価が分配可能額の範囲内でしか行うことができない（会社166条1項但書・170条5項。これに反して行われた取得は無効）。すべての株式をどちらかにしてもよいし（会社107条2項2号・3号），一部だけをそのようにしてもよい（種類株式となる，会社108条1項5号・6号）。いずれの場合も，条件を定款で規定する必要がある（会社107条2項2号・3号）。定款変更には株主総会の特別決議が必要である（会社309条2項11号）。また，既存の株式を取得条項付にするにはその株式を有する全株主の同意が必要である（会社110条・111条1項）。
128） このほかに会社法上，全部取得条項付株式が認められている（会社108条1項7号）。これは，会社整理や買収等特殊な状況において株主関係を整理するための手段としての利用を念頭においたものである（注172）。

したら，一定額面の社債もしくは新株予約権付社債に転換することができる特約（社債対価の停止条件付取得条項）を付しておけば，支払金利が費用・損金として計上できるようになる[129]。

　③**買収防衛策としての利用**　買収防衛策として，敵対的買収者が現れた場合にその者から金銭もしくは議決権制限株式を対価に取得できる（取得条項）こととする。

　④**事業承継における利用**　相続にあたり，後継者以外の保有する株式を取得条項付とする，あるいは，無議決権株式とするが取得請求権付とする等[130]，議決権の整理のために利用する。

5-20　**オプションとしての取得請求権・取得条項**　ファイナンスでは，ある物を一定価格で相手から取得したり，相手方に取得せよと請求したりすることのできる権利を**オプション**（option）といい，前者を**コールオプション**（call option），後者を**プットオプション**（put option）という。コールとはこちらに「呼び込む」，プットは相手に「押しつける」という語感である。取得請求権は株主が会社に対して有する株式に関するプットオプション，取得条項は会社が株主に対して有する自社株式のコールオプションである。デリバティブのところ（第2部）で再論するからここではコールとプットの意味だけ覚えておいて欲しい。

4　金融商品としての株式の設計(4)——譲渡制限と出口保障

5-21　上場企業以外の多くの会社の経営者にとって，株主とは不特定多数の投資家ではなく「顔の見える」出資者であり，出資者相互にも一定の「共同投資」意識がある。こうした会社にとって株主の交替は非常に重要な意味を持つ。自社の株式が，いつの間にか会社支配が目的の株主に譲渡される可能性があるのでは，経営者は安心して経営に専念できない。もちろん株主間契約

---

129)　収益費用 vs. 益金損金　蛇足だが，「収益費用」は会計，「益金損金」は税務の概念である。一致することが多いがそうでないことも多い（典型例が法人の支払う接待費）。

130)　事業承継税制の一環として，非上場株式を相続した場合に，相続時から3年以内に取得請求権行使を含む自己株式取得に応じた場合には，みなし配当（¶5-12）を行わず譲渡益課税のみとする特例が認められている（税特措9条の7）。

で株式譲渡を禁ずることは可能だが，それだけでは実効性を欠く[131]。そこで，会社法では株式そのものに譲渡制限を付けることを認めている。

(1) 譲渡制限株式

5-22　株式の譲渡に際しその会社の承認が必要とされる旨を定款で定めた株式を**譲渡制限株式**という（会社107条2項1号，108条2項4号）。そして，<u>すべての株式が譲渡制限株式である会社</u>を**非公開会社**（または**閉鎖会社**，closed company）といい，そうでないものを**公開会社**という（同2条5号）[132]。

　もちろん，非上場会社であっても普通株式には譲渡制限をつけた上で，社債の代わりに無議決権の優先株式を発行し，これには自由譲渡性を認めるといった戦略には十分な合理性がある（この場合は「非上場の公開会社」ということになる）[133]。逆に，上場会社であっても拒否権付株式（¶4-55）には譲渡制限を付したいといったニーズもある。

(2) 譲渡制限株式の出口保障

> 問）　譲渡制限株式や持分会社の社員権に関する投資回収はどうやって図ればよいか。

5-23　持分会社では社員の地位は他の社員の同意なしに譲渡できないが（会社585条），退社により投資回収を行うことができ（同606条・611条），また，退社の自由を完全に奪うことはできない（同606条3項）。このように持分会社についてはオープンエンド型の出口戦略が採用されている。

---

131)　株式譲渡を制限する株主間契約は有効だが（従業員持株会の事例ではあるが，最判平成7・4・25集民175号91頁，会社百選21事件），契約違反の譲渡が行われて譲受人が正当に名義書換を求めてきたら会社はこれを拒めない（神田・会社91頁）。やむを得ず株主間契約のみによって譲渡性を拘束したければ株式を信託する等の追加的工夫が必要である（逆にいえばそうした工夫で事実上譲渡を制限することはできる）。【発展】会社を当事者に含む譲渡制限契約の有効性について，上記百選解説（前田）を参照のこと。

132)　会社法上の公開会社の定義は本文の通り多少特殊である。一般には公開会社（public company）といえば上場会社のことを意味するので注意のこと（神田・会社29頁）。

133)　日本では，社債は証券取引所ではなく証券会社の店頭（over the counter）で直接取引される（¶10-13）。これと経済的性質が近い優先株式も同様の流通形態となることが多い。ただし，最近は優先株式を上場する動きが出てきている（¶6-32）。

株式会社についても，譲渡制限株式についてはオープンエンド型の仕組みが採用されており，譲渡制限株式を譲渡したい株主やその譲受人に，会社に対する譲渡承認請求権を認めた上で，これを承認しなかった会社もしくは指定買取人に買取義務を負わせている（会社136-145条）[134]。

5-24 **非上場株式の価値**　譲渡制限株式のように流通性を欠く株式の値段はどうやって決めればよいか。

　事業には全く採算性がないが，莫大な含み益のある遊休不動産を所有する企業であれば，その時点の純資産価値（時価評価ベースの資産－負債）に等しいと割り切ればよい。しかし，将来の収益が十分に期待できる場合や，バランスシートには計上されないが事業価値の高い拠点ネットワーク，既存顧客，知的財産権といった「のれん」を有する場合には，純資産価値では会社を過小評価することになる。

　このように企業の価値を適正に評価することを**企業価値評価（valuation）**といい，企業金融論の中核的課題のひとつである。先に述べたM&Aの文脈でも企業価値評価を適正に行うことが最重要事項となる。ただ残念ながら理念的にひとつの正しい解答があるわけではない。そう言うと身も蓋もないが，当事者同士で合意できる価格があるなら，まずはそれこそが正解である。しかし，たとえば，譲渡制限株式の買取りの場合，株主と会社で値段の折り合いがつかないと，価格決定が裁判所に持ち込まれ，「正当な企業価値」が法律問題となる（会社144条）。裁判官は，その道のプロではないから大変だが，やるからにはなるべく納得性の高いやり方をとる必要がある。ただし，誰でもある程度容易に計算できて法律上も問題が生じない客観的な方法でないと，個別事案における妥当性があっても予測可能性の観点から問題が生ずる。

　一般的にいえば，企業や事業の評価には，市場の取引実績，純資産価値（時価評価ベースの資産－負債），収益還元価値（将来収益予想額や投資家からみた配当の割引現在価値，¶13-12参照）という異なる3つの視点があり，いずれを重視するかにより，かなり異なる評価結果となることが多い[135]。このため，

[134) 譲渡制限株式の譲渡も当事者間では有効である（最判昭和48・6・15民集27巻6号700頁，会社百選18事件）。この結果，譲渡人はもちろんだが，譲受人（たとえば競落者や善意取得者，担保権を実行した金融機関など）も会社に対して譲渡承認請求をすることができる（会社137条・138条2項）。もちろん会社側にこれを承認する義務はないから，承認されなかった株主は譲渡人を介してしか株主権行使ができない。

> 価値評価が要求されているそれぞれの制度の趣旨や，評価が問題となっている場面における当事者の類型的な合理的意思の推測，評価手法の客観性（同じ状況の案件が持ち込まれれば誰でも同じように評価ができるか）といった点を勘案して，制度毎，事案の類型毎に公正と考えられる評価手法を築いていく必要がある[136]。また，こういうことで揉めたくなければ，最初に株主間協定等で**出口価格（exit price）**の評価手法について定めておくことが望ましい。合弁事業等では重要な視点である。

5　上場（listing），IPO（initial public offering）

(1) 上場と IPO の定義

5-25　株式の売却そのものではないが，新たに起業をしたオーナー株主やベンチャーキャピタル（¶4-8）が作り上げたビジネスから投資回収を図る上で最も効果の大きい手法が株式の上場である。

　上場前の株式は収益還元価値を客観的に把握することが難しいし，譲渡制限がついていると売りにくいので，原則として純資産価値でしか評価されないと思っておいたほうがよい。これに対し上場後の株式は，新規に上場する企業に対する投資家の期待が大きければ，将来の利益を株価に織り込んで大変高い PER（¶5-45）が実現される。これにより，当初の株主はきわめて大きなキャピタルゲインを取得できる。

　このように，株式会社が自社の株式を金融商品取引所が開設する市場における取引の対象となるようにすることを取引所への**上場（listing, going public）**という。上場によって，株主は株式を証券会社を通じて取引所市場で自

---

135) このほかに，相続税を決定するための相続財産の評価のために，類似業種比準方式という方法が存在しており（財産評価基本通達179，180），会社法の裁判実務は従来この手法を採用することが多かった。しかし，画一的処理には適するものの，企業価値評価の理論からすると必ずしも適切ではないと指摘されている（大阪高決平成元・3・28判時1324号140頁，会社百選19事件参照）。

136)【発展】この点に関し，評価ガイドラインが価値評価に関する理論的な基礎を整理した上で目的別に詳細な検討を行っているので一読をお勧めする。また，一般向けの書籍としては森生が大変分かりやすい。

由に売買できるようになる。また会社は，取引所を通じて広く一般投資家から資金調達ができるようになる。初めて上場することを **IPO** (initial public offering) とか，株式の**公開**という。

(2) 取引所と市場

5-26　わが国の証券取引所（¶3-43）はいずれも複数の市場（金商法上は「取引所金融商品市場」。金商2条17項）を開設している。これらは，**本則市場**と呼ばれる一般優良企業向け市場と**新興企業向け市場**に大別される（表8）。なお，2009年6月から東京証券取引所とロンドン証券取引所が合弁で株式会社TOKYO AIM 取引所を設立し，TOKYO AIM というプロ向け市場（金商法上は「特定取引所金融商品市場」，¶10-108）を開設しており[137]，新興企業にとっての選択肢が増えている。

表8　取引所と市場（2009年10月現在）

取引所	市場		取引所	市場	
	本則市場	新興市場		本則市場	新興市場
東京	第1部 第2部	マザーズ	札幌	本則市場	アンビシャス
大阪		ヘラクレス	福岡	本則市場	Q-Board
名古屋		セントレックス	ジャスダック	JASDAQ, NEO（新技術やビジネスモデルを有する企業向け）	
			TOKYO AIM	TOKYO AIM	

5-27　**上場によるプレミアムの意味**　上場に伴い新株発行を行うと，純資産価値をはるかに上回る価格がつくことが多い。この増加部分のことを俗にプレミアムという（¶6-26参照）。上場によるプレミアムは，会社からすると，会社に対する将来の収益評価の前借りという性格を有する。このため，上場で巨額の資金が集まっても，ある程度短期間に期待通りの収益があげられないと株価が下落し経営者の責任が問われることになる。上場で巨額の資金を獲得

---

137) AIM は alternative investment market の略。概略は TokyoAIM・HP のほか，みずほ銀行ほか39頁以下参照。

した新興企業が,「時間を買う」ために積極的に M&A を仕掛けて業容を拡大する背景にはこうした事情もあるものと考えられる。

5-28 **上場のメリット・デメリット**　　上場すると,株式の時価発行増資や時価転換社債の発行といった,公募によるエクイティーファイナンスが可能となるほか,信用力の増大により銀行等からの資金調達も容易になる。知名度や信用力の増大とともに,顧客や取引先の開拓が容易になるし,人事面では優秀な人材を幅広く確保できる。また,金融商品取引法を中心とした厳格な開示規制等が義務づけられるが,それ故に経営管理の組織化と内部管理体制の強化を図ることができる。また,上場基準を満たすためにしっかりとした内部統制機能が構築され,社員のモラールも向上する。役職員の報酬という点では,まず何よりも巨額の創業者利潤が実現できるとともに,事業継承対策の方法も多様化する。また,株式の流通性の増大に伴い,いわゆるストックオプションや従業員持株会のような従業員の資産形成の手段も得られる。

　このように上場のメリットは大変大きいが,いったん上場すると,多様な投資家が株主として関与してくるので,一定の株主総会対策が必要となるし,株式管理や経理事務といった事務負担も増える。また,投機のターゲットや敵対的買収の対象になる危険性も高くなる。上場会社は社会の公器とみなされるので創業者オーナーによるワンマン経営や一族による家族経営的な支配が批判されることにもなる。

(3) **上場の手続**

5-29　上場するには,上場する市場から上場承認を得た上,その取引所が内閣総理大臣に上場の届出を行わねばならない（金商 121 条）。**上場基準**は,上場にあたり最低限満たすべき形式基準（株主数・流通株式数・時価総額・事業継続年数・純資産額・利益の額もしくは時価総額等[138]）と,上場企業にふさわしい継続性・収益性・健全性,ガバナンスや情報開示の適正さといった項目からなる実質基準に分かれる。

　会社が上場を決めた時点では,まだ株式数等が形式基準を満たしていない

---

138) 具体的な項目や基準は取引所や開設された市場によって異なる。詳細は各取引書のホームページやみずほ銀行ほか 20 頁以下参照。

ことが多いので，上場に際し，株主が保有している株式を市場に放出するか（「売出し」），新たに株式を発行して市場から資金を調達する（「公募」）といった対応が必要になる（¶6-33以下）。実際にはこの両方が同時に行われることが多い。この際，証券会社が行う**引受審査**は上場に向けての事実上の予備審査となる（引受審査の基準について日証協引受規則16条参照）。

5-30 **資本政策** 資本政策とは，広義にはエクイティーファイナンスに関する企業の方針，戦略をいうが，一般には特に上場に向けたものを意味することが多い。具体的には，上場に向けた準備的増資や株主構成・議決権比率の調整等の計画と，上場基準を達成するための事業計画，創業者利潤を確保するための工夫等からなる[139]。証券会社がIPOビジネスを獲得せんとする場合，資本政策のアドバイスを的確に行うことが欠かせない。

5-31 **上場株式の発行価格の決定** 上場時の発行価格の設定は，IPOにおける最も重要な問題のひとつである。これに関し従来は，**競争入札による公募方式**によっていた。しかし，市場の人気が過熱する等，公開価格が高く設定されがちとなり，かえって公開後の株式の円滑な流通に支障を来たすことがある等の問題が指摘されたことから，1997年に**ブックビルディング方式**（book-building formula，需要積上げ方式）が採用されるようになった（証取審［2005］参照）。

　この方式は，新規上場申請者および元引受取引参加者が，(a)新規上場申請者の財政状態および経営成績並びに有価証券に対する投資に係る専門的知識および経験を有する者（具体的には大手機関投資家等）の意見その他の公開価格の決定に関し参考となる資料および意見を総合的に勘案の上，公開価格に係る仮条件を決定し，(b)その仮条件を投資家に提示し，投資家の需要状況等に基づいて公開価格を決定するというものである（東証「上場前の公募または売出し等に関する規則」4条・12-15条）。

---

[139] インターネットで入手できる文献としては，日本公認会計士協会が通産省（現経済産業省）から受託して制作した資本政策策定マニュアル（2000, http://www.vec.or.jp/mn/index.html で入手可能），資本政策ハンドブック（2001, http://www.vec.or.jp/handbook/index.html で入手可能）を参照のこと。商法に関する記述は古いが，その他は非常に参考になる。

6 市場を通じた投資回収

5-32 　株式は，上場あるいはそれに準じて証券会社の店頭で自由に取引できるようになってはじめて，現実に流通性を獲得し，投資家は市場を通じて投資回収を図ることができるようになる。

(1) 有価証券としての株式

(a) 株　券

5-33 　株式は典型的な有価証券（¶3-36）のひとつである。従来，株式を有価証券にするには，株券という紙片を用い，これに権利を表章させるという法技術が用いられてきた[140]。しかし，情報化社会の今日，物理的な紙片－株券を授受することで流通が促進されるかは疑問である。さらに言えば，株式を株券にして観念的に流通性を向上させても，取引所その他の市場で現実に流通しない限り意味はないわけだが，取引所で頻繁に流通する株式については，物理的な株券があるとかえって面倒である。そこで，現在の会社法は，こうしたリアリティーを正面から認め，定款で定めない限り株券は発行しないものとしている（会社214条）[141]。

5-34 　**証拠証券としての株主証明書**　権利義務しか頭にない法律家が合理的に考えると株券廃止ということになる。それはそれでよいが，投資家の中には，金銭的リターンだけで成績が問われるファンドマネジャーやデイトレーダーだけでなく，会社への思い入れをもって株主になる者もいる。この場合，上質な紙でしつらえられた株券は，出資者の一人であることを確認するための

---

[140] 株券は，株券の交付だけで権利を譲渡することができる講学上の無記名証券である（会社128条1項・131条）。ただし，会社や第三者に対して株主の地位を対抗するには名義書換が必要である（同130条）。これは，金融商品としての上場株式が日々刻々と取引されるのに対し，株主としての地位を主張すべき場合（株主総会への出席や剰余金配当の受領等）は年に数回であることに鑑み，株式の経済的価値の流通と，権利関係の確定とを分離するための法技術だということができる。

[141] 2004年改正前の商法下では，すべての株式会社が有価証券である株券の発行を強制されていた（同年改正前商226条1項）。本文で述べるように現在は原則として株券は発行されない（会社214条）。

> シンボルでもあった。現在でもそうした投資家は存在するし、実は会社にとって安定株主になりうる重要な存在である。そこで、権利を化体した株券や振替記録とは別に、名義書換をした者に対して株主であることを証する証拠証券としての「株主証明書」を発行することがあってもよいだろう[142]。従来的な上質紙で作っても良いが、IC カードを発行して、株主優待等を管理したり、事前の承諾に基づいて配当を電子マネーで支払ったりすることも考えられる。

(b) 振替決済

5-35 　株券がないと取引にあたり現物の授受が不要なので便利だが、こんどは誰が権利者か分からなくなる。そこで、上場株式のように高い流通性が必要な株式については**振替決済制度**という、株式をペーパーレスで電子的に流通させる仕組みが用意されている。現代における代表的な有価証券化の法技術である。

図33 寄託の連鎖から振替決済制度へ

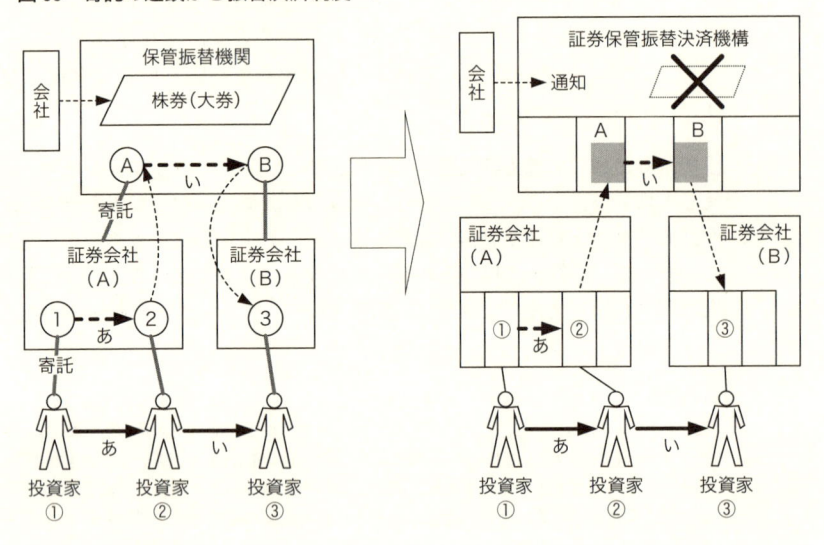

---

142) 株券発行会社でなく振替制度も利用していない会社については、会社法上株主名簿記載事項の証明書を発行することが義務づけられている（会社122条）。

5-36 **振替決済制度の経緯と仕組み**
①**寄託の連鎖による流通**　株券を電子的に流通させる手法としては，以前から株式保管振替制度が存在していた。この仕組みを単純化して理念的に説明してみよう。

　まず発行した全株式を表章する1枚の株券（大券という）を中立的な機関である保管振替機関が預かり，名義も同機関とする。株式を引き受けた証券会社は取得と同時に自己の持分を保管振替機関に寄託（民657条以下）し，持分を保管振替機関が管理する口座に記帳しておく[143]。次に証券会社が顧客に株式を販売した場合も，同様に顧客から株券の寄託を受け，証券会社が管理する預かり口座に持分を記帳する。そして，その後の取引は，譲渡人と譲受人が同一証券会社の顧客なら，預かり口座の残高を振り替えることにより行い，異なる証券会社の顧客同士の場合は，保管振替機関において証券会社の口座残高を振り替えた上で，各証券会社において各当事者の口座残高を振り替えることにより行う。こうすれば，株券の名義人は全く動かさず，また，大券以外の株券も発行しないまま取引が行える（図33左）。

　しかし，株主が株主権を行使するには会社法上名義書換が必要なので，株券を払い出さないと実質的な株主は権利行使できない。そこで，1984年に**「株券等の保管および振替に関する法律」**が制定され，振替機関に預託したままで実質的な株主（預かり口座上の名義人）が株主権を行使できるように手当がなされた。ただ，この段階では，依然「ご本尊」としての株券が存在していることが制度を成り立たせる前提だった。

　②**「紙」の廃止**　しかし，こうした制度が普及すると，株券を目にする者はいなくなるから，そもそも株券とは何なのだろうということになる。そこで，口座振替で株式を流通させるというコンピューター的な仕組みは維持しつつ，株券を消滅させ（ペーパーレス化）「株券を寄託の階層連鎖を通じて預かり口座の振替で流通させるという法的な枠組み」を，「株式を，そもそも株券を発行せずに振替機関の口座振替だけで流通させる法的な枠組み」に変更してはどうかという発想が生まれた（図33右）。もちろん，このためには立法的な手当が必要である。そこで，株式より前からそうした対応がなさ

---

[143]　結果的に代替物を預かり，同種・同等・同量のものを返還することになるので，寄託の種類としては混蔵寄託になる（さらに受寄者が目的物の処分権を有するのが消費寄託［民666条］である）。【復習】内田2・287-288頁。なお，債権法改正方針では新たに混蔵寄託（混合寄託）に関する規定を設けることを提案している（3.2.11.15）。

れていた社債等と併せて、2004年に「**社債，株式等の振替に関する法律**」が制定され2009年に全面施行された。同法128条は、株券を発行する旨の定款の定めがない会社の株式（譲渡制限株式を除く）で振替機関が取り扱うものを振替株式と定義し、その権利の帰属は、振替口座簿の記載または記録により定まるものと定め、ペーパーレス化を実現し、電子的手段による流通性の向上を図っている。同法における振替は、**株式会社証券保管振替機構**という組織が行う（保振HP参照）。

(2) 株式売却の方法

5-37 　投下資本を回収してキャピタルゲイン（¶5-42）を得るには株式を何らかのかたちで売却せねばならない。このための代表的な方法には次のようなものがある。

　　(a) **相対（あいたい）取引①　直接取引による換価**
　　たとえば、大学ベンチャーとして先進的な技術を実用化するのに成功したが、販路を欠くため一定以上の成長が見込めず、教授を兼務する社長も企業経営そのものには興味がないので、大企業に株式を売り渡して引退したい、あるいは、大企業が子会社をM&Aで他者に売却したいといった場合、現在の株主が譲受人と直接あるいは証券会社等を代理人として、価格等の条件交渉を行って株式を売却する。売却価格の決定にあたっては企業価値評価（¶5-24）が非常に重要な問題となるため、銀行や証券会社のM&A部門や会計事務所等が専門家を擁してアドバイスを行うことも多い。

　　(b) **相対取引②　店頭取引**
5-38 　取引所を介さず、証券会社の店頭（over the counter, OTCと略すことも多い）で行われる取引を**店頭取引**という。証券会社は自主ルールにより日本証券業協会が定めた開示基準等を満たした銘柄のみしか店頭で投資勧誘を行ってはならない。これを**店頭取扱有価証券**という（法令上の用語ではない）。

5-39 　**グリーンシート市場**　店頭取扱銘柄の中で、証券会社が売り・買いの気配を継続的に提示している銘柄については、証業協会が売り・買いの気配お

よび売買の内容に関する報告を受け，インターネットのサイトと紙媒体で公表しており，これに掲載されている銘柄を「グリーンシート銘柄」と呼ぶ（出縄参照）。米国で類似の市場はピンク市場と呼ばれるが，日本の場合サイトも紙媒体も，地色がグリーンなのでこの名がある。グリーンシート銘柄は金商法上は「取扱有価証券」と呼ばれ（金商67条の18第4号），一定の行為規制が課せられる（同159条・163条・164条）。

(3) 証券取引所での取引

5-40　上場株式についてはほとんどの場合，証券取引所（¶3-43）において会員証券会社同士が，自己もしくは顧客の計算で，需給に基づいて価格を決定する。

5-41　**取引所における価格決定方式**　取引所で実際に売り買いを出会わせるにはいくつかの方式がある。まず，**オークション方式**は，売り注文と買い注文の条件を，「**価格優先**」（買い注文の場合にはより高い値段，売り注文の場合にはより低い値段が優先される），「**時間優先**」（同じ注文価格の場合には時間が早い方が優先される），「**成行（なりゆき）優先**」（同じ時間に，同じ価格に注文が入った場合，成行が優先される）というルールにより，次々擦り合わせて売買を成立させる方法で，東証一部等で用いられている。

しかし，新興企業や中堅企業の場合純粋なオークション方式では売買が成立しないことも多い。そこで，在庫を保有するマーケットメイカー（値付け証券会社）が常時「売り気配」と「買い気配」を提示し，最良気配を出しているマーケットメイカーの間で相対取引を行うのが**マーケットメイク方式**である。この場合，オークション方式のように投資家と投資家が市場内で直接売買をすることはなく，全ての取引はマーケットメイカー同士で成立する（証券会社は商法上の問屋になる）。同方式は中堅新興企業を扱うジャスダックが採用していたが，2008年4月からは，オークション方式に改めた上で，銘柄ごとに届出をしたリクイディティ・プロバイダーと呼ばれる取引参加者（証券会社）が自己の計算による注文を発注することによって流動性を供給する**リクイディティ・プロバイダー制度**と呼ばれる方式に移行した。

(4) 株式投資とキャピタルゲイン

(a) キャピタルゲイン

5-42　株主が株式投資から得ることのできる利益は，剰余金配当と残余財産分配

だけではない。有価証券化を通じて株式の流通性が向上すると，それ自体に価格が形成され，取得時よりも高い値段で株式を売却することにより，**キャピタルゲイン（capital gain）**を得ることができる。特に証券取引所に上場された株式の価格は，その会社の将来の利益を織り込んでいる場合が多いので，将来期待が変わることで価格が大きく変動する。さらに，株価は市場全体の値動き（景気動向，金利動向，為替動向等）や投資家の需給を反映して，理論的な価値とは異なる動きをすることも多い。こうして，会社の当面の業績とは別の思惑に基づいて短期的な売買による投資収益を実現することも可能となる。

5-43 **配当 vs. 譲渡益** 剰余金を内部留保すればその分だけ会社の価値は高まり，配当すれば価値が下がるから，市場全体について長い目でみれば投資家が得る配当所得と譲渡益の合計は企業利益の累計と同じになるはずである（¶13-12）。しかし，上場株式についてみる限り，配当は実現した収益の分配，株価は将来の収益期待の先取りという性格を強く有する上，後者は市場全体の動向に強く影響されるため，短期的には両者はむしろ一致しない（¶13-16）。

さらに，仮に両者が一致するとしても個人投資家の中には税法上譲渡益を好む者が多い。もともと課税実務上有価証券の譲渡益を把握することが難しいので，所得税法上譲渡益には課税しない代わりに有価証券取引税を課してきたという経緯があり，同税の廃止後も配当より譲渡益課税が有利に扱われる場合が残されているからである（¶4-27参照）。

5-44 **PBR** 株主資本が有効活用されているかをみるための指標に **PBR（price book-value ratio）** というものがある。株価を一株あたりの純資産額で割った倍率である。これが1以下だと，内部留保した資金を有効活用できていない可能性がある。

式6

$$PBR = \frac{株価 \times 株式数}{1株当たり自己資本 \times 株式数} = \frac{時価総額}{自己資本}$$

また，PBRの算式の分母分子に株式数をかけると，時価総額を自己資本で割ったものになる。これが1以下ということは，時価総額＜自己資本（純資産）ということになるので，株式を時価で買い占めて会社を清算したり，過小評価されている事業を売却すればもうけが出ることになる。このため，事

業再編等とは無縁な金融的M&A（リスクアービトラージともいう。第2部で説明する）の標的となるリスクが高まる。

5-45　**PER**　株価を1株当たりの純利益で割ったものをPER（price earning ratio）という。株価は会社の将来の利益を織り込んで決定される。このため，成長性の高い会社の株式の場合PERが20倍や30倍になることも多い。いいかえれば，PERが20倍ということは株価が20年分以上の利益を織り込んでいるということになる。

5-46　**RoE（¶3-4），PBR，PERの関係**　ここまでに株式投資によく用いられる3つの財務指標が登場したので，これらの関係をまとめておこう。

$$\text{RoE} = \frac{純利益}{自己資本}$$

$$\text{PBR} = \frac{株式時価総額}{自己資本（純資産額）}$$

$$\text{PER} = \frac{株価}{1株当たり純利益}$$

以上の3つの指標は，以下のように整理することができる。

$$\text{RoE} \times \text{PER} = \frac{純利益 \times 株価}{自己資本 \times 1株当たり純利益} = \frac{株式数 \times 株価}{自己資本} = \text{PBR}$$

つまり，現時点における収益性に将来の成長性を乗じたものが，市場が会社をその純資産の何倍で評価しているかという指標になるということである。

(b)　**投資利回り：内部収益率**

> 問）　ある株式会社の設立にあたり1億円の出資をし，1年目から3年目までは無配当であったが，4年目には500万円，5年目には1000万円の配当があり，6年目に上場して，3億円で売却できた。この投資の利回りは何％か。

5-47　剰余金配当やキャピタルゲインは社債や貸付けの利子のように一定ではないので，投資成果を利回りで表すことが難しい。このように金額が一定でない投資成果の利回りは**内部収益率**（internal rate of return, IRR）を用いて表すことが多い。

5-48　**IRR**　初期投資額 PV から n 期にわたり，不規則な金額のキャッシュフロー C_1–C_n が発生する場合に，それぞれのキャッシュフローの割引現在価値の総和（これを**正味現在価値**，net present value，略して NPV という）が PV に等しくなるような割引率のことを，**内部収益率**（internal rate of return, IRR）という。すなわち，

$$PV = \sum_{i=1}^{n} \frac{C_i}{(1+d)^i}$$

を満足する d が C_i の IRR である。

　たとえば，設問の事例の場合，

$$100\,百万円 = \frac{5\,百万円}{(1+d)^4} + \frac{10\,百万円}{(1+d)^5} + \frac{300\,百万円}{(1+d)^6}$$

を満たす d（年率）がこの株式の6年間における内部収益率であり，これを投資利回りだと考えるわけである。ただ，この式を d に関する方程式として解くことは困難なので，高校で習ったニュートン法等を利用して近似計算を行う。また，EXCEL には，内部収益率を求める，IRR（数値の範囲・列，予想利回り）という関数が組み込まれており，簡単に近似値が計算できる。ちなみに，上の例における d は 21％ になる。

7　証券流通とその担い手

(1)　証券会社

(a)　金融商品取引業者としての証券会社

5-49　株式や社債といった有価証券の流通は証券会社が担っている。証券会社は金商法上，**金融商品取引業者**と位置付けられる。金融商品取引業者とは金融商品取引業を業として行う者であり，内閣総理大臣（具体的には金融庁）への登録（¶9-3）が必要である（金商29条）[144]。金融商品取引業は広範な内容を含むが，このうち有価証券の発行引受や売買仲介等を主業とする者が**証券会社**（securities company）と呼ばれている。上場株式の取引や店頭取引はもちろんだが，相対取引においても証券会社が仲介者やアドバイザーとして重

---

144)　私設取引システム（PTS）の開設・運営についてのみ認可が必要である（金商30条）。

要な役割を果たすことが多い。

5-50 **金融商品取引法における証券関連業者の定義の構造**　金融商品取引法はそれまで個別の業法で規制されていた証券関連業者を包括的に取り込んだために，大変分かりにくくなっているので**表9**で簡単に整理しておく（川口第2章参照）。

表9　金融商品取引法における証券関連業者の定義の構造

金融商品取引業の定義（法2条8項）			第一種金融商品取引業者	第二種金融商品取引業者	（金融商品仲介業者）2条1項11号	投資助言・代理業者	投資運用業者	金商業者の定義（28条）
流通仲介	自己勘定売買（1号）		○	○				
	媒介・取次ぎ・代理（2号）		○	○	△			
	店頭デリバティブ取引・媒介等（4号）		○		△			
	他の証券会社のために行う取引所等における取引の委託の媒介・取次ぎ・代理（3号）		○	○	△			
	PTS（10号）		○		×			
発行仲介 ⇒¶6-8	引受け（6号）	元引受け（28条1項3号イ）	○					
		リスクの低い元引受け（同ロ）	○					
		その他の引受け（同ハ）	○					
	投信・その他の集団投資スキーム持分・抵当証券等に限定した募集・私募（7号）			○				
	売出し（8号）		○	※				
	募集もしくは売出しまたは私募の取扱い（9号）		○	※	○			
清算取次	5号		○	○				
保護預り	16号		○					
社債振替	17号		○					
運用助言	11号	表31参照				○		
運用業務	12号・14号・15号	表31参照					○	
投資代理	13号	表31参照				○		

※：みなし有価証券に限定。△：媒介に限る。詳細は条文参照のこと。

(b) 証券会社の種類

5-51　表9によれば証券会社のほとんどは第一種金融商品取引業者に位置付けられる。従前証券業務が免許制であった時代には認可対象事業のすべてを営む総合証券かそれ以外という区分があったが現在はそうした区別はない（登録要件は第一種，投資運用業，第二種，投資助言・代理の順に緩和されるが，第一種の中は均一である）。また，銀証分離（¶10-86）が厳格であった時期にはプロパー証券会社と銀行の証券子会社といった区別があったが，これも金融機関の統合により融合化が進んでいる。

ただし，一般には，大手・準大手・中堅中小といった規模別のほか，地場証券，ネット証券，ホールセール専業，先物会社系といった営業地域やビジネスモデルの違いによって区分することが多い。

(c) 証券流通における証券会社の役割

5-52　現代の証券会社はさまざまな機能を担う総合的な金融機関だが，市場における株式や債券の売買（流通仲介業務，セカンダリー業務）に絞った場合，顧客の売買注文を受けて次のいずれかの方法で売買を成立させる役割を果たす。

① 自己勘定[145]に在庫（inventory）があればこれを売却し，あるいは買い受けて自己勘定で保有する。
② 顧客の計算で自己の名で証券取引所等において売買を行い，顧客の希望する取引を実現する。
③ 顧客と取引する相手方を見いだして契約の成立に尽力する。
④ 顧客のために代理人として取引を行う。

英語では①を**ディーリング**（dealing），②③を**ブローキング**（broking）といい，こうした業務を行う事業者のことを**ブローカー・ディーラー**（broker-dealer）という。ブローキングの場合は顧客から受け取る手数料が，

---

145) 在庫勘定とプロップ勘定　多くの証券会社は単に顧客との取引在庫としてだけでなく，積極的に自己勘定を保有して比較的短期間の投資を行い収益の嵩上げを図っている。こうした目的で保有する自己勘定のことを在庫勘定とは区別してプロップ勘定（proprietary account）と呼ぶことがある。また，証券会社や金融機関が有価証券をプロップ勘定のために取引することはディーリングとは言わずにトレーディング（trading）ということが多い（なお，為替取引ではこの意味でもディーリングという言葉を使う）。

また，ディーリングの場合は仕入れ値と売値の差に在庫期間中の投資損益を加えたものが証券会社の収益になる。金融商品取引法は①について有価証券の「売買」，②は「取次ぎ」，③は「媒介」，④は「代理」という言葉を用い，いずれも金融商品取引業と位置付けている（金商 2 条 8 項 1 号・2 号・4 号）。

5-53 **媒介・取次ぎ・代理**　上述のように金商法において，「媒介」は他人間の取引の成立に事実上尽力すること，「取次ぎ」は，自己の名で他人（顧客）の計算で取引をすること，「代理」は他人の名でかつ他人の計算で取引をすることをいう（神崎ほか 401 頁）。「他人の計算で」とは，行為の経済上の効果（損益）が他人に帰属することをいう。媒介は商法では**仲立営業**にあたる（商 502 条 11 号・543 条）。また，取次ぎは商法 502 条 11 号にいう「取次ぎ」と同義で，商行為としては**問屋営業**にあたる（商 551 条）。

(2) 金融商品仲介業者

5-54　金融商品取引法上，証券会社（金融商品取引業者）や一定の制限のもと，有価証券の引受けや販売が認められる金融機関（金商 33 条・34 条）から委託を受けて，有価証券等の売買の媒介や募集・売出しの取扱い，私募の取扱い（¶6-40）を行う者を**金融商品仲介業者**という（金商 2 条 11 項・12 項）。たとえば，銀行の投信や株式の窓口販売は金融商品仲介業として行われている[146]。また，生命保険会社が登録して生保レディーに販売させたり，フィナンシャルプランナーや税理士が登録したりする例もある。これらの業務は自己勘定を通さずに委託先に対して投資家を斡旋するだけでリスク負担が少ないことから，証券会社（金融商品取引業者）に比べて登録要件が緩和されている。また，法人だけでなく個人もなることができる。

(3) 私設取引システム（PTS）

5-55　1998 年に有価証券取引の取引所集中義務が撤廃されたことから，上場会社であっても取引所外で取引ができるほか，私設の取引所をネット上に開設

---

146) 銀行による証券販売業の参入には，①書面取次ぎ（金商 33 条 2 項），②証券会社との共同店舗設置，③金融商品仲介業の 3 つの方法があるが，①では顧客への勧誘行為が行えず，②はそもそも銀行の役職員は業務ができないという問題がある（川口 307 頁）。

して電子的に証券取引を行うことも可能になった。後者を一般に**私設取引システム**（proprietary trading system, PTS）という。株式については，いくつかのネット証券が夜間取引や顧客指値対当方式による取引サービスを提供している。最近では松井証券がわが国で初めて即時決済取引が可能なPTSを開始して話題になった。

5-56 **PTSの法的位置付け**　金融商品取引法上，PTSは「有価証券の売買またはその媒介，取次ぎ若しくは代理であって，電子情報処理組織を使用して，同時に多数の者を一方の当事者または各当事者として次に掲げる売買価格の決定方法またはこれに類似する方法により行うもの」と定義され（金商2条8項10号），登録を受けた第一種金融商品取引業者が内閣総理大臣の認可を受けて開設する（同30条1項）。このように，PTSは金融商品市場（取引所，同80条1項）ではなく，取引方法のひとつとして位置付けられている（近藤ほか379頁）。PTSの開設・運営を行う者は第一種金融取引業者と位置付けられる（同28条1項4号）。値付け方法については，オークション方式（同2条8項10号イ），取引所の売買価格を用いる方法（同ロ，ハ），顧客間の交渉による方法（同ニ），その他（顧客指値対当方式，売買気配提示方式。同ホ，金融商品取引法第2条に規定する定義に関する内閣府令17条）が認められている。

第 6 章

株式会社におけるエクイティー型投資ファイナンス ③
自己金融と増資による資金調達

> 本章では，既存の会社が新規投資等のために実施するエクイティーファイナンスについて説明する。

1 エクイティーファイナンスとしての自己金融

> 問）以下は，新たに 50 億円の設備投資を行うことを決めた A 社を訪れた証券会社の部長に対する A 社社長の発言である。この発言のおかしな点を指摘せよ。
>
> 「最近の株主は，やれガバナンスだ，増配だとうるさいから，こんどの投資はエクイティーファイナンスによるつもりはない。50 億円程度なら余資運用を取り崩せば十分賄える。他人の金はコストが高いし面倒だ。自己資金はタダだから思い切った投資ができる。」

6-1 　企業が内部資金で投資需要を賄うことを**自己金融**（self finance）という。内部資金は，主として営業活動から生み出される利益と固定資産の減価償却を通じて蓄積される。株式会社の場合，これらの資金は最終的に株主に帰属するものである。しかし，会社法は剰余金を配当せずに内部留保し，再投資に充てることも予定している（会社法 453 条が「配当をすることができる」と規定していることの反対解釈）[147]。株主からすれば企業が十分に収益性の高い事

147）現物配当の場合を除き，配当は原則として株主総会の普通決議事項であるが（会社 454

業を行っている限り，内部資金を次の投資に回してもらったほうが有利だし，配当所得には課税されるので，同じ会社に投資をし続けるのであれば配当を受けないほうがよい。

このように，自己金融は本来株主に帰属する資金の再投資なのでエクイティーファイナンスの一種と位置付けられる。投資採算を考える上で自己金融を「自分のお金だからタダ」と考えてはいけないのである。

2 キャッシュフロー

(1) キャッシュフローとは何か

6-2　企業ファイナンスでは，内部資金の増減のことを**キャッシュフロー**(cashflow)という。キャッシュフローは，経常的な営業活動から生まれるもの(**営業活動によるキャッシュフロー**)，設備投資等の投資活動から生ずるもの(**投資活動によるキャッシュフロー**)，前2者の過不足に対応するための財務活動を反映したもの(**財務活動によるキャッシュフロー**)の3つに大別できる(図34)。

6-3　**キャッシュフロー計算書**　　財務分析においてキャッシュフローの動きを見るためには，計算書類や財務諸表(¶2-30)の数字からまとめ直して**キャッシュフロー計算書**と呼ばれるものを作成する。上場企業は連結財務諸表において，**連結キャッシュフロー計算書**の作成が義務づけられている(連結財務規8条の2・82-90条)。

(2) フリーキャッシュフロー

6-4　このうち，営業活動によるキャッシュフローと投資活動によるキャッシュフローを加えたものを**フリーキャッシュフロー**(free cashflow)といい[148]，

条)，会計監査人設置会社で監査役会設置会社でもある場合において取締役の任期を1年と定めたとき，ならびに，委員会設置会社については，剰余金配当を取締役会の権限とすることができる(同458条1項4号・2項・3項)。この場合，内部資金を配当するか，再投資するかは経営者の裁量になる。

図34 キャッシュフロー概念図

項目（左から右）:
営業収入／原材料または商品の仕入れ／人件費／その他の営業支出／利息及び配当金の受取額／利息の支払額／法人税等の支払額／定期預金の預入／定期預金の払戻し／有形固定資産の取得／その他／短期借入金の純増加額／ファイナンスリース債務の返済／長期借入／長期借入金の返済／社債の発行／株式の発行／少数株主への株式の発行／配当金の支払

凡例：■支出　□収入

括弧：営業活動によるキャッシュフロー／投資活動によるキャッシュフロー／財務活動によるキャッシュフロー

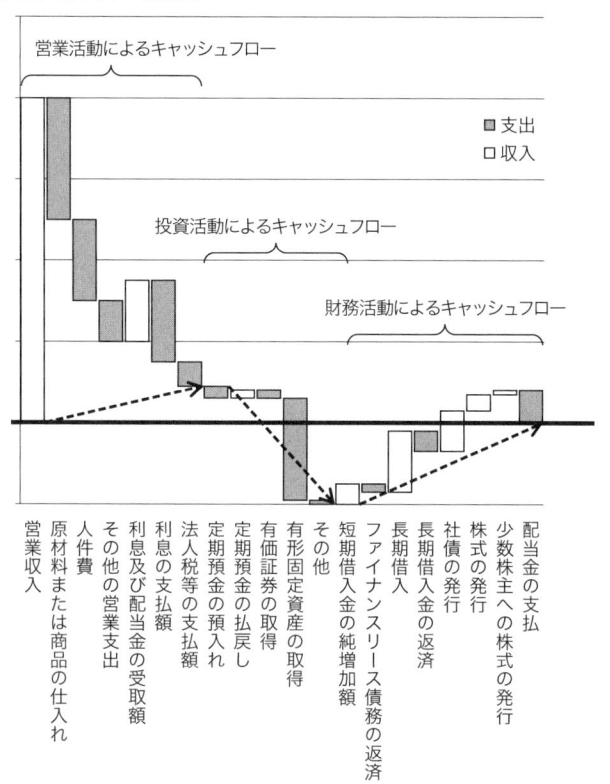

重要な財務指標のひとつと位置付けられている。フリーキャッシュフローがプラスなら次の投資に回せる内部資金が蓄積される一方，フリーキャッシュフローがマイナスの場合，外部資金調達が必要になる。財務活動によるキャッシュフローはこうした動きに対応したものである（図35）。商業ファイナンスは財務活動によるキャッシュフローのうち，営業活動に見合うもの，投資ファイナンスは投資に見合うものということになる。

---

148) 評価ガイドラインでは，これに相当するものを営業フリーキャッシュフローと呼び，営業利益×（1−t）＋減価償却費−投資支出±運転資本増減額と定義している（34頁）。

図35　フリーキャッシュフロー

```
         投資活動によるCF
       ┌─────────────┐
営
業
活        正のフリーキャッシュ
動        フロー【自己金融】
に
よ
る
C
F
         負のフリーキャッシュ
         フロー【外部資金調達】
```

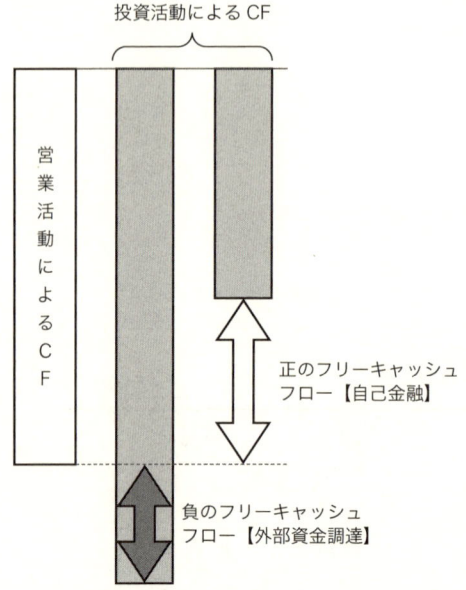

　金融では，事業や投資の価値を将来生み出される正味現金（収入－支出）の現在価値で考える（¶1-19）。このため，ファイナンスの視点から事業の投資採算をみる場合，会計上の損益ではなくフリーキャッシュフローに着目したほうがよい[149]。

(3)　営業活動によるキャッシュフロー

　キャッシュフローを生み出す原動力は営業活動である。営業活動によるキャッシュフローは，大雑把にいえば，財務諸表上の営業利益に減価償却費を加え，売掛金や在庫（棚卸資産）といった資産に含まれる運転資金に関係する項目の増減を調整して算出する（連結財務諸表の用語，様式および作成方法に関する規則84）[150]。

[149) 詳細な分析手法については，久保田［2006］が良書である。
[150) 多くの会社はこの手法でキャッシュフロー計算書を作成している。この場合，いったん損益計算書の受取利息や支払利息を戻して，別の部分で利息収支を加える仕組みになっていて，初めて見る者には分かりにくいから注意すること。

6-5 このうち、**減価償却費**は費用ではあるが、過去に取得した資産の減価にみあう金額を計算上費用として計上するだけで実際に現金が流出しているわけではないから、その金額をキャッシュフローに加えてよい。これを**減価償却の自己金融作用**という（¶17-30）。もし、償却対象資産の購入のために社債発行や長期借入を行っている場合は、減価償却によって生み出されたキャッシュフローを用いて元本を一部弁済するか（¶17-32）、将来の償還に備えて減債基金（¶10-52）を積み立てる。

6-6 **減価償却（depreciation）** もともと新設備やシステム開発に投資するのは、それを用いて営業活動をして収益を得るためだから、取得のための支出は投資時点で全額を費用（税務上は損金。以下同じ）と認識するという考え方もあってよい。しかし、すでに述べたように、初期投資の回収は将来の収益から複数年度にまたがって行われるので、費用の認識もそれに応じて行うほうが理に適っている。別の見方をすれば、土地を除く大部分の有形固定資産は、時間の経過とともにその価値が減少（物理的減価＋陳腐化や不適応化といった経済的減価）していくから、期間の経過とともに少しずつ損失が生じているともいえる。このため、大部分の固定資産（コンピューターソフトのような無体財産権、合併等の組織変更を行った際に計上した暖簾も含む）は、会計上ならびに税務上、いったん全額資産に計上した上で、何年かにわたって減価償却することになっている。

　減価償却費は資産ごとの耐用年数と残存価額、償却方法が決まれば算出することができる。代表的な償却方法には、毎年一定額を償却する**定額法**と毎年期首未償却残高の一定比率（償却率）を償却する**定率法**がある[151]。それぞれの方法による償却額の計算は**式7**，**式8**のとおりである。

式7 定額法における償却額

$$償却額 = \frac{取得原価 - 残存価額}{耐用年数}$$

式8 定率法における償却率

$$償却率 = \sqrt[耐用年数]{\frac{残存価額}{取得原価}}$$

---

[151]【復習】斎藤157頁以下。このほか、鉱業権のように採掘すればそれだけ埋蔵量が減少していくことが明らかなものに用いる生産高比例法等がある。

会計上どちらを用いるかは、経営者の判断に委ねられるが、**継続性の原則**[152]に従わねばならない。見方を変えれば、償却方法の変更は、企業の財務状況に何らかの変化が起こっているというシグナルとなる。たとえば、定率法のほうが取得当初の償却費が大きく出るので、定率法から定額法に変更した場合、銀行やアナリストから業績が悪化しているのではないかと疑われる。逆に、定額法から定率法に変更すると、税務署に課税所得の削減策ではないかと疑われることになる。

パソコンのようなIT関連機器を考えると分かるように、固定資産の経済的な耐用年数は物理的な耐用年数より短いことが多い。この場合、会計上は**保守主義の原則**[153]に従い、経済的耐用年数に合わせて減価償却費を計上すべきである。しかし、税法上は裁量的な償却費の計上は許されず、個々の資産種類ごとに、耐用年数、残存価額、償却方法のそれぞれが、法令で定められている。税務上損金処理が可能な償却額を超えて償却費を会計上認識すると、この部分に見合う収益については税金を先払いすることになる（これを**有税償却**という。¶12-52）。このため、税務上の償却額を会計上の償却額に一致させている企業が多い。一致させない場合は税効果会計を通じて調整する（¶12-53、注478）。

いわゆる**ファイナンスリース**は、税務上の耐用年数（法定耐用年数）と経済的耐用年数とのギャップを埋める効果を有する。しかし、近年リース会計が大きく変更されたことに伴い、税務上も残存価額の引下げや耐用年数の単純化といった措置が講じられており、リースの位置付けが変化している（この点を含めリースについては第2部で説明する）。

以上の話を逆手にとって、税務上の償却方法を変更して、より早く償却ができるようにすれば、結果的に課税を繰り延べしたのと同じになるから、一種の景気対策になる。また、同様の効果を通じて特定の設備投資を促進したり、競争力を失った産業の構造改革を進めたりするために、租税特別措置で減価償却の前倒しを認めることもある[154]。

---

152) 「企業会計は、その処理の原則および手続きを毎期継続して適用し、みだりにこれを変更してはならない」とする原則（企業会計原則第1-5）。

153) 「企業の財政に不利な影響を及ぼす可能性がある場合には、これに備えて適当に健全な会計処理をしなければならない」とする原則（企業会計原則第1-6）。

154) 税法上、取得した資産を事業の用に供した最初の年に追加的な償却を認める特別償却と、特定年度に普通償却額ないし、普通償却限度額を一定の割合で増加した金額の償却を認める割増償却の2種類がある（金子302-303頁）。

しかし，こうした税務上の恩典はそれに見合う十分な収益がないと意味がない。そこで，ファイナンスを仕組む際に，調達を行う企業の課税ポジション（損金を計上することのできる状態）を，これをより有効に活用できる投資家に移転して税メリットを享受させることによって資金調達コストを引き下げる工夫をすることがある。このように税効果を織り込んで有利な条件を実現する金融手法をタックスファイナンスという。タックスファイナンスは金融の法技術の中でも最も高度なもののひとつである（第2部で解説する）。

【参考】 税制調査会「平成19年度の税制改正に関する答申－経済活性化を目指して」（2006.12）より（下線筆者）
－1．経済活性化に向けた速やかな対応
(1) 減価償却制度

　減価償却制度は，償却資産の使用期間にわたって費用と収益を対応させるものであるが，国際的な競争条件を揃え，競争上のハンディキャップをなくすことが重要である。このため，主要国では設けられておらず，合理的な説明が困難な償却可能限度額（取得価額の95％）については，これを撤廃すべきである。また，設備投資を促進し，生産手段の新陳代謝を加速する観点から，新規取得資産について法定耐用年数内に取得価額全額を償却できるよう制度を見直し，残存価額（10％）を廃止するとともに，償却率についても国際的に遜色のない水準に設定すべきである[155]。法定耐用年数・設備区分については，使用実態を十分把握した上で，簡素化等の見直しをしていく必要がある。特に，技術革新のスピードが早く，実態としても使用年数の短いものについては，早急に法定耐用年数を短縮すべきである。なお，固定資産税における償却資産については，資産課税として，課税対象の資産価値を評価するために減価を行っているものであり，法人税の減価償却とは趣旨が異なる。今後，その評価方法については，税の性格を踏まえ，検討していく必要がある。
　＊　なお，以上の答申に基づいて2007年度の税制改革で残存価額が廃止され，2008年度には法定耐用年数の大幅な見直しが行われた（金子299頁）。

---

[155] 定率法の場合，残存価額をゼロにすることは理論的に不可能である。このため，定率法による残存価額が一定額を下回った時点で定額法に切り替えることになっている。

(4) 利益とキャッシュフローの相違

(a) 信用リスクの視点

6-7　会計上利益が出ていても資金が十分あるとは限らない。「勘定合って銭足らず」とか「黒字倒産」という言葉からも分かるように，一見黒字の会社が資金繰りに行き詰まって倒産することは少なくない。このため，十分なフリーキャッシュフローがあるかが，企業の信用リスクをみる上で重要な指標となる。

6-8　**利益とキャッシュフローの不一致**
　①減価償却制度があるため，大きな投資を行って多額の現金を支出しても，費用計上されるのは，当該期の減価償却分だけで，残りは資産に計上されるため，当期利益はそれだけ大きく見える。このため事業の立上げ期は損益よりも資金繰りに注意する必要がある。
　②同様に，売上げとして利益計上されていても売掛債権になっていると現金収入はない。また単体決算の見栄えを良くするため関連会社向けに売却して在庫化している場合，連結キャッシュフローは改善しない（キャッシュフロー計算書を連結ベースで作成するひとつの意味がここにある）。
　③自動車産業のようにグループ内のファイナンス会社を通じて販売金融を提供している場合，本体で儲かっていても，グループ全体の営業活動によるキャッシュフローが大幅にマイナスになっていることがある。第2部でみるように，自動車ローンの証券化は販売金融残高を早期に資金化して連結キャッシュフローを改善する取引として位置付けることができる。

(b) 企業経営の指標

6-9　次に，株主の立場からみた場合，営業キャッシュフローが使用総資本（有利子負債＋株主資本）に加重平均資本コスト（WACC，¶3-14）を乗じて得られる総資本コストを上回った剰余部分は，経営者が株主の期待利回りに応えた上でさらに追加的に実現できた株主資本の成長額といってよい（式9）。

式9　株主資本の成長に着目した経営目標

　　株主資本の成長額＝営業キャッシュフロー[156]－使用総資本×WACC

6-10　逆に言えば，この数字がマイナスの場合，仮に会計上の利益が出ていたと

しても，経営者は株主の期待に応えられていないことになる。そこで，1990年代より，経営目標を当期利益ではなく，キャッシュフローベースでみた株主資本の成長額とし，経営者の報酬をこれに連動させる企業が増えている。**EVA**（economic value added, Stewart 参照）とか，**SVA**（shareholder value added, Rappaport 参照）と呼ばれる指標は，このために有力コンサルティング会社が提唱したものである。日本でも多くの企業が何らかのかたちでこうした指標を採用している（日本の実例について砂川ほか第4章・第5章）。

(5) 現金保有の是非

6-11　企業がキャッシュフローの増大を目標とすることと，余剰キャッシュを保有することとは同じではない。企業が適正な手元流動性の範囲を超えて余剰キャッシュ（もしくは換価性の高い金融投資）を保有することの是非については正反対の見方があり，市場環境によって有力な考え方が移り変わる。会社法等の法解釈もそのときどきの「空気」にある程度影響を受ける。

6-12　**現金保有に否定的な見方**　　経済が発展途上の段階では投資機会に比べると恒常的に資金が不足しているので企業の余剰キャッシュが問題になることは少ない。しかし，経済が成熟すると有望な投資先が限られてくるため，必要以上に現金を保有する企業は投資家の再投資機会を奪っているとして市場での評価が下がる。また，株式市場全体が強気の時期は，株価は将来の収益期待に基づいて決定される傾向がある。この場合，株式の時価総額は収益を生む事業資産と同規模になる可能性が高いから，収益を生まない余剰キャッシュを含む資産総額から負債を控除した純資産額よりも，株式の時価総額が小さくなる（PBR<1 となる。¶5-44）ことも十分起こりうる。このような企業の株式を時価で買い占めて即時に解体すれば，理論的には余剰キャッシュ分の利益が労せずして得られる。余剰キャッシュを抱えるとこうした**金融目的のM&A**（リスクアービトラージ [risk arbitrage] という）の標的になりやすい。こうして企業の余剰現金保有については否定的な見方が強くなる。2007年にサブプライム問題が発生するまでは，どちらかというとこうした考え方が主流であった（砂川ほか16章参照）。

156）　厳密には営業キャッシュフローから減価償却分を必要再投資として差し引いた，税引後営業利益（net operating profit after tax, NOPAT）を基準とする。

6-13 **現金保有に肯定的な見方**　これに対し，サブプライム問題後のように世界的な信用収縮が起こると，企業の先行きに対する悲観的な見方が強まる結果，新規投資のために市場から資金調達を行ったり，銀行から借り入れたりすることが難しくなる。こうした環境下では，厚めの手許現金を確保することは，むしろ経営の柔軟性・機動性を向上させることにつながる。一方，金融目的のM&Aを仕掛ける側は，巨額の買収資金を調達することが難しくなる。このように，株式市場全体が弱気の時期は，将来性よりは安定性・堅実性の高い銘柄が好まれる結果，十分な現金準備のある企業がむしろ高い評価を得る可能性が高い。

> 【参考】強気と弱気　実務では価格の上昇期待が強いことを「強気（bullish，カタカナ英語で『ブリッシュ』ということも多い）」下落懸念が強いことを「弱気（bearish，カタカナ英語で『ベアリッシュ』ということも多い）」と表現する。強気がbull（雄牛）なのは角で突き上げるから，弱気がbear（熊）なのは腕で殴り降ろすからである。

3　増資：資金調達手段としての株式

6-14　大きな投資等が必要なために，フリーキャッシュフローがマイナスになる場合，それまでの内部資金の蓄積でこれを賄うことができなければ，外部調達が必要になる。以下，既存の会社が新規に設備投資をしたり，別の会社を買収したりするために，株式を発行して資金調達（エクイティーファイナンス）を行う手法について考えてみよう。

(1) 新株発行

6-15　株式会社が株式を新たに発行してエクイティーファイナンスを行うことを「増資」という。法律上は「募集株式の発行等」（会社199条以下）と「新株予約権の発行」（同238条以下）がこれにあたり，前者にはさらにいわゆる新株発行のほか，新株発行に代えて保有する自己株式を処分することが含まれる。

図36　新株発行手続の流れ（数字は会社法の条項）

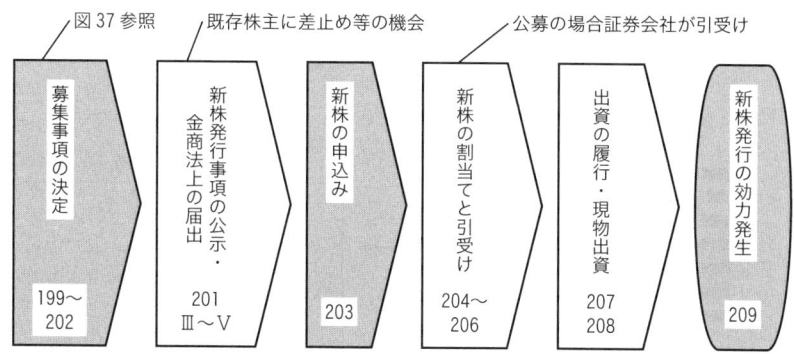

募集事項の決定	新株発行事項の公示・金商法上の届出	新株の申込み	新株の割当てと引受け	出資の履行・現物出資	新株発行の効力発生
図37参照	既存株主に差止め等の機会		公募の場合証券会社が引受け		
199〜202	201 Ⅲ〜Ⅴ	203	204〜206	207 208	209

6-16　**特殊の新株発行**　新株発行には，株主となる者が新たに払込みや現物出資をする通常の場合と，そうした新たな資金の流入がない場合に分かれる。後者を講学上「**特殊の新株発行**」という。具体的には，①取得請求権付株式・取得条項付株式等の取得で新株を対価とする場合（¶5-18），②新たな資金調達なく発行済株式総数を増加させる場合（株式分割，株式無償割当，¶4-30），③転換社債型新株予約権付社債（いわゆるCB）における新株予約権の行使，組織変更に伴う場合（吸収合併，吸収分割，株式交換，第2部で説明する）等における新株発行がこれにあたる。

(2)　**新株発行の形態**

6-17　増資は，実務上，株主への割当て，公募増資，特定の第三者への割当ての3形態に分かれる（図37）。

図37　新株発行の形態

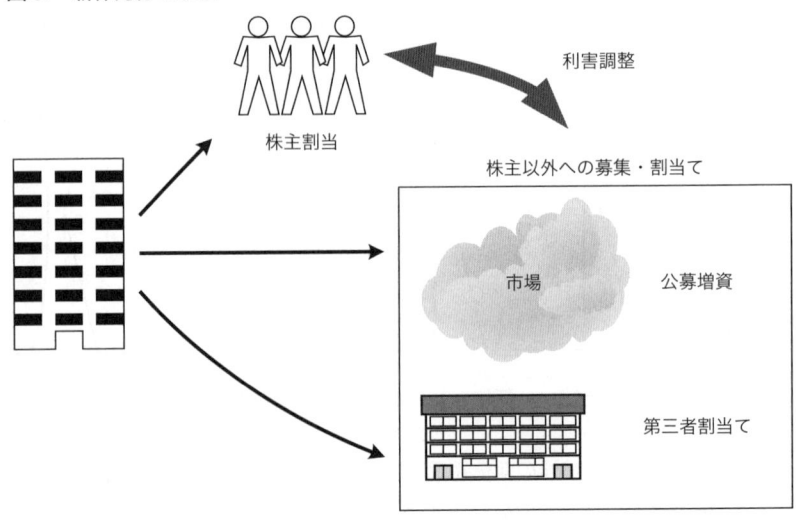

6-18　具体的に，既存会社が新株発行によるファイナンスを行う主な文脈との関係を整理すると**表10**の通りである。

表10　増資の形態と文脈

新株発行の文脈		株主割当増資	公募増資	第三者割当増資
資本政策	上場に伴う新規調達	○	○	
	資本政策の一環として行われる関連企業や取引先からの増資			○
新規調達	公募増資		○	
	親会社や銀行からの追加出資や特定先からの増資			○
	既存株主への割当増資	○		
金融支援	子会社支援のための親会社による増資	○		
	第三者による支援のための増資			○
	企業支援のためのデット・エクイティー・スワップ（債務の株式化）			○

(3) 株式ファイナンスの特殊性

> 問）　資金調達としてみた新株発行を借入れや社債調達と比較した場合，前2章でみた条件面（配当，償還等）の特徴以外にどのような特殊性があるか。

(a) 自己資本調達

6-19　まず，新株発行によって単に資金が増えるだけでなく，自己資本が増大する。一般債権者に劣後する自己資本が増えればそれだけ信用力が増強され，追加的なデット調達を行うことも容易になる。

(b) 時価調達

6-20　株式ファイナンスのもうひとつの特徴は，調達額が，原則として株式時価もしくは評価額×株数となり，調達時の株式の価値によって調達額が変動する（あるいは調達額が一定の場合は株数が変動する）**時価調達**だという点である。この結果，収益性や将来性等の観点から市場での評価（1株あたりの株価）が高い企業は，比較的少ない議決権数の増加で大きな金額の調達ができる。一方，企業の業績に変化がなくても市況が悪化して株価が下がると調達可能額が減ってしまう。

(c) 新旧株主の利害対立

6-21　株主以外の者に対して新株発行を行う場合（公募と第三者割当ての場合），新たな株主が取得する権利と既存株主がそれまでに有していた権利とが混合して平均化する過程でそれぞれの権利割合が変化する。この変化のことを一般に**希釈化**（dilution，**希薄化**ともいう。注112参照）というが，厳密には以下の2つに分けて考える必要がある。

　① 株価の希釈化（value dilution）

6-22　まず，既存株主の取得単価と新株主の取得単価が同じでなければ，単価が高いほうの株主にとって株価の希釈化が起こる（常に既存株主が不利なのではない）。

今,新株発行時点の純資産額を V,株数を N_0,今次新株発行における募集・割当単価を p,株数を n とすると,新株発行前後の**1株あたりの純資産価値**（BPS, bookvalue per share）P_0, P_1 はそれぞれ**式 10** のとおりである。

式 10

$$P_0 = \frac{V}{N_0}, \quad P_1 = \frac{V+pn}{N_0+n}$$

ここで,新株発行により株価にどのような変化があるかをみるため,$P_1 - P_0$ を**式 11** のように整理してみる[157]。

式 11

$$P_1 - P_0 = \frac{V+pn}{N_0+n} - P_0 = \frac{V+pn-P_0N_0-P_0n}{N_0+n} = \frac{pn-P_0n}{N_0+n}$$

$$\therefore P_1 - P_0 = \frac{n}{N_0+n} \times (p - P_0)$$

6-23　この式によれば,割当価格を現在の BPS より安く設定すると（つまり,$p < P_0$ だと）,必ず $P_1 - P_0 < 0$,すなわち,割当て後の BPS は割当て前より低くなるから既存株主にとり**株価の希釈化**（value dilution）が起こる。このため,会社法は有利発行を行う場合には株主総会の特別決議を要求して既存株主の利益を保護している（会社 199 条 3 項,図 38 参照）。

6-24　**新株発行のアナウンスメント効果**　上述の時価調達という特徴から,企業はできるだけ株価が実力以上に割高なときに新株発行しようとするはずである（自己の実力が過大評価されていることは過小評価の場合よりもよりよく分かる）。また,一般に負債調達のほうが手続が容易で（資本コストを勘案すれば）コストも安いから,あえてエクイティー調達により自己資本を増強せねばならないという事実はすでに負債調達が困難になっていることも疑わせる。このように,新株発行には**負のアナウンスメント効果**がある（自己株式取得の場合の逆,¶5-15）。上場企業に関して増資が発表されると株価が下落することが多いのは,希釈化の影響よりは,この効果によるところが大きいと理解されて

---

157)　この式の展開は第 2 部で新株予約権付社債に関する希釈化を検討する際に再度登場する。新株予約権は $p < P_0$ の場合にしか行使されないので,既存株主にとっては必ず希釈化が問題になる。

いる（Brealey-Myers 訳書上 482 頁以下参照）。

> **【参考】** 日本航空は 1987 年までは政府が約 3 分の 1 の株式を保有する半官半民の特殊会社であったが，87 年に株式を市場で売却して完全民営化した。このときの政府の収入は約 6600 億円であった。その後ナショナルフラッグとして日本の航空業界をリードしてきたが，2001 年 9 月の米国同時多発テロ事件以降深刻な経営不振に陥っていた国内線大手の日本エアシステムを経営統合したあとは，統合コストに加えて，積極的な国際線の拡充や高コスト体質のために巨額の有利子負債を抱えて業績が悪化した。このため 2006 年 6 月末には株主総会のわずか 2 日後に株式数を一気に 4 割近く増やす最大 2000 億円の大型増資を発表したが，市場では「株主軽視」との議論が巻き起こり，新株発行を差し止める仮処分を裁判所に申し立てる個人株主すら現れた。この結果，株価は増資前から急落し，実際の調達額は約 1400 億円で終わった。その後 2008 年には主力銀行が同社を破綻懸念先に分類したことをきっかけに自己資本の積み増しを迫られ，同年優先株による約 1500 億円の第三者割当増資を実施した。しかし時すでに遅く，2009 年末には事業再生 ADR を申請して実質破綻し，政府主導で再建が進められることになった。ちなみに，2006 年当時の株価水準は 285〜299 円であったが，それ以来最後までこの水準に株価が戻ることはなかった（日本経済新聞の記事に基づき作成）。

6-25　**IPO における過小評価の問題**　IPO の場合，すでに上場している企業に比べると現在の適正株価について十分な情報が投資家になく，先行きを読むことも容易でないため，人気の高い銘柄を除くと会社や主幹事からみて本来適正と思われる水準よりは保守的な（低い）水準で募集価格を設定することになりがちであり，既存株主にとっての希釈化が生じやすい。逆に，希釈化の問題ではないが，人気 IPO 銘柄について過大評価がなされるとその後に株価が本来の水準以上に下落することが多く，その間に売り抜けなかった既存株主は結局損をすることになる。また，すでに上場した会社の新株発行については上述の負のアナウンスメント効果が働く（¶6-24）。こうして，新株発行によって既存株主は株価下落を経験することが多い（一般にはこうした現象全体を漠然と希釈化と表現するが厳密には希釈化とはいえない場合も多い）。

6-26　一方，割当価格が現在の BPS より高い場合には（つまり，$p > P_0$ だと），割当て後の BPS は割当て前より高くなるから，既存株主は新株主が払い込んだプレミアム部分の恩恵を受ける（英語ではこのことも「新株主に希釈化が起こ

る」と表現するが，日本ではこの文脈で希釈化という言葉は使わない）。人気企業のIPOや（¶5-27），株式市場が強気な場合によく起こる現象であるが，このプレミアムが適正に将来の収益増大を反映していない場合は，比較的短期間に株価の下落が起こる。こうしたリスクの有無を新株主が的確に判断して，最初から募集に応じない自由を確保できるようにするために，十分な情報開示を図る必要がある[158]。

6-27 **増資プレミアム**　実務では，新株発行の割当価格が1株当たり純資産額（BPS, bookvalue per share）を超える場合に，その金額のことを**増資プレミアム**という。

② 議決権の希釈化（voting dilution）

図38　新株発行の募集事項決定

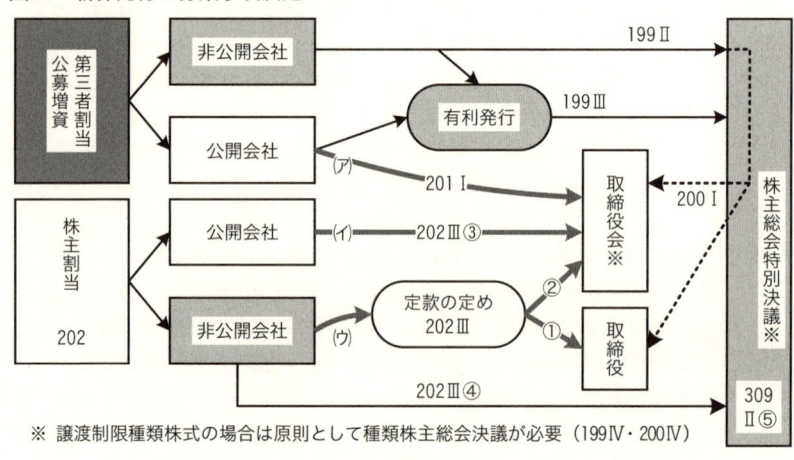

※ 譲渡制限種類株式の場合は原則として種類株主総会決議が必要（199Ⅳ・200Ⅳ）

6-28 次に，第三者に新株が割り当てられればそれだけ株主の数が増えるから論理的に必ず既存株主の議決権割合が低下する（**議決権の希釈化**）[159]。このため，

---

[158] 米国では，株式の公募にあたり募集価格と有形資産から負債を除いた実質純資産にもとづいて計算した BPS との差が大きい場合には，1株当たりの希釈化金額を目論見書で開示せねばならない（SEC Regulation S-K, Item 506）。

[159] その他の希釈化　会社全体の利益額が変わらなければ当面は1株あたりの利益が減る（EPS［1株当たり利益］の希釈化）。しかし，本来増資をする理由は起業時と同様新たな事業投資を行ってより多くの利益を獲得するためのはずだから，これを当然に希釈化というのはお

会社法は新株発行の条件決定には原則として株主総会の特別決議を要求し，株主に割当てを受ける権利を付与した場合や公開会社で一定の要件を満たした場合にのみ要件を緩和している（**図 38** の(ア)(イ)(ウ)。【復習】神田・会社 132 頁以下，龍田 293 頁以下）。また，先に説明した授権資本制度の下でも（¶4-18），公開会社が新株発行をする場合は，発行済株式総数の 4 倍までに制限される（会社 113 条 3 項）。

4 増資(1)——株主割当増資

6-29　既存株主に持株数に応じて新株を割り当てることにより行う増資を**株主割当増資**（privileged subscription, rights issues）という。子会社や非公開の合弁会社の増資はほとんどこの形態で行われる。新株発行の前後で各株主の持株比率は変化しないから，株主間に不公平が生じない。このため，発行価格は自由に決めることができる。

　株主への割当てが決定されると（会社 202 条 1 項）株主に対し期日を設けて通知がなされ，，各株主は保有株数に応じて新株を引き受ける権利を取得する（同 203 条 1 項・2 項。金商法に基づく目論見書等がある場合は通知は不要。同 4 項）。ただし，期日までに申込み（同 203 条 2 項・3 項）がなされない場合は失権する（同 204 条 4 項・208 条 5 項）。適時に申し込んで引受人[160]となったにもかかわらず，払込期日までに出資の払込みをなさない場合も同様である（同 208 条 5 項）。

6-30　**株主割当の損得**　　もし，時価よりも安く割り当てれば株主は少ない金額で持株数を増やすことができる。しかし，そういうことをすれば株式の価値は払込金分しか増えていないのに株数が増え，株価はそれだけ減ることになる

かしい。株価の希釈化との関係で論ずべき問題である。また，単純に株数が増えるので 1 株当たりの価値が下がると論ずる者があるが，これが理論的にあてはまるのは新たな資本が払い込まれない株式分割や無償割当の場合だけである。こうしてみると，既存株主からみて必ず希釈化が生じるのは議決権割合についてだけである。

[160]「引受け」ということばは会社法の文脈では株式募集の割当てに応じること（subscription）をいうが，金融商品取引法上は公募増資における売れ残りのリスクを証券会社が負担すること（underwriting）をいう。

から結局のところ株主は損も得もしない。

　ただし，ある株主が割当てを放棄したり，失権した場合，他の株主が引受けに応じる限り，やはり株数が増えて1株あたりの価値が下がるから，放棄した株主は損をしてしまう。つまり，株主は株主割当ての引受けを間接的に強制されることになる。このため，株主割当てを行った経営者は，株主に対し，割当ての払込金により行われる投資や自己資本の充実による信用の増強を通じて株価を割当て前と少なくとも同水準かそれ以上にするビジネス上の義務を負う。

6-31　**新株を引き受ける権利の譲渡**　株式を引き受ける権利そのものを第三者に譲渡しても会社にその旨を対抗するはできない（会社208条4項）。そういうことを株主に認めたい場合は，新株予約権を発行して株主に無償で割り当てる（同277条，なお，いわゆるライツイシューについて¶6-48参照）。

6-32　【参考】　緑茶を中心とした大手飲料メーカーの伊藤園は，2007年に，議決権を増やすことなくエクイティーファイナンスを行うと共に，配当に関心の高い個人を中心とした投資家層を拡大する観点から優先株式を活用することにした。
　具体的にはまず，無議決権配当優先株を普通株主に対し，1株につき0.3株の割合で無償で割り当てた。この際，普通株式の配当予定額を引き下げる一方，優先株式の配当は普通株式の1.25倍とし，全体では既存株主に対して5%程度の増配となったとされる。つまり，株式の種類を議決権はあるが配当はほどほどの普通株式と，議決権はないが高配当の優先株式に分けることによりメリハリをつけたわけである。
　この優先株式は東京証券取引所に上場された。そして，その翌月には，流動性向上も狙って，新たに同種の優先株を公募増資することにより144億円の資金調達を実現した[161]。

161）　日本経済新聞2007年7月27日付け，10月20日付け，11月29日付け（いずれも朝刊）。

5 増資(2)——公募増資

(1) 公募増資

6-33 　証券市場で新株の引受けを不特定の投資家から募集することを一般に**公募増資**という。公募増資を行う場合，金融商品取引法の厳格な規制が適用される。発行価額は市場における時価が原則である。しかし，すでに述べたように負のアナウンスメント効果や議決権の希釈化懸念等から株価が下落することが多い（¶6-22以下）。このため，最近では新株予約権を用いて新株発行の市場に対する影響を最小限にとどめる工夫がなされる（¶6-47以下）。募集は，証券会社を通じて行うが，今後はインターネットで発行体が直接募集するような事例も登場するであろう。

(2) 公募増資と証券会社

図 39　公募増資

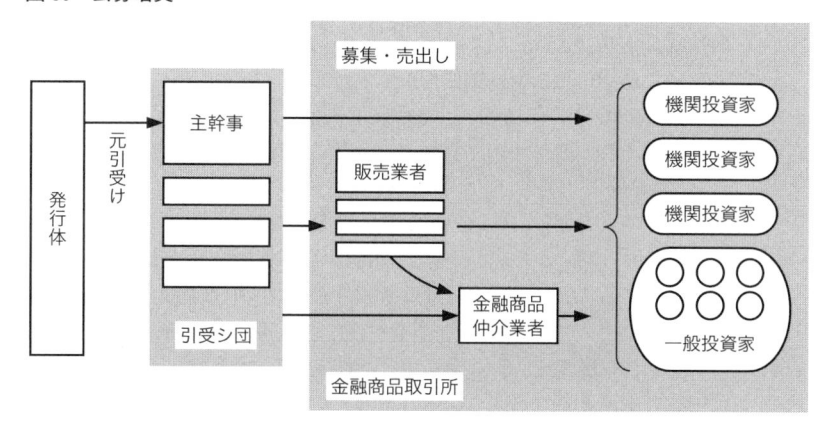

（a）　引受けの意義

6-34 　公募増資を行う会社が自ら株式を募集することは困難なので，通常は証券会社（¶5-49）に発行株式を引き受けてもらう（**表9**参照）。**引受け**（underwriting）とは，有価証券の募集・売出しまたは私募に際し，発行額の全額を証券会社が自分の勘定で取得し，投資家に転売する（**総額引受**）か，投資家への販売を斡旋した上で売残りが生じた場合にはこれを買い取ることを約束する（**残額引受**）ことをいう（金商2条6項・8項6号）。また，このために発行体と証券会社（複数の場合は幹事団）との間で締結される契約を**元引受契約**という（同21条4項）（¶10-84）。

6-35　**募集（public offering）**　多数[162]）の投資家に対し，新たに発行される有価証券（¶3-35以下）の取得の申込みを勧誘することを**募集（public offering）**という（金商2条3項）。取得勧誘のうち募集の要件を満たさない「私募」と区別するために実務では「公募」ということが多いが，法律上の用語ではない（なお，注562参照）。

　勧誘の相手方が多数である場合とは，50名以上の者（私募にあたる適格投資家を除く）を相手方とする場合をいう（金商令1条の5）。法の目的が勧誘行為の規制にあるので，勧誘の相手方が50名を超えていれば，結果的に投資家が50名未満でも公募となる（神崎ほか154頁）。また，50名未満の者を相手方として勧誘する場合でも，転売を通じて多数の者に有価証券が譲渡されるおそれがある場合は，募集に該当する（金商2条3項2号ロの反対解釈）。上場株式はまさにこれに該当するので50名未満を相手方とする場合でも募集になることから注意が必要である。

　さらに，最初は10人にだけ勧誘し，その10人が他の10人ずつに勧誘し，さらにそうして勧誘された100人が5人に勧誘して全員が購入したとすると，合計で10+100+500=610人の投資家が生まれるが，誰も50人には勧誘していないから「募集」には該当しないことになる。しかし，この過程を全体としてみれば明らかに50名以上に勧誘がなされている。そこで，「その取得勧誘に応じることにより相当程度多数の者が当該取得勧誘に係る有価証券を所有することとなる場合」も募集とみなされる（金商2条3項3号）。この場合の「相当程度多数」とは500名とされている（金商令1条の7の2）。

　同様に脱法を避ける観点から，過去6か月間に小刻みに新規発行を繰り返している場合で勧誘の相手方が合計で50名以上になる場合も募集にあたる

[162）以前は「不特定多数」だったが，2002年の証券取引法改正で「不特定」という要件がはずされたので，発行体の従業員向けとか特定の関連会社向けであっても50名を超える者に勧誘を行えば募集行為となる。

とされる（金商令1条の6）。

6-36 **私募（private placement）** 有価証券の取得勧誘であって募集に該当しないものを私募という。私募は①発行開示の適用除外となる（¶10-102参照），②銀行等による取扱いが認められる（金商33条1項4号，¶10-86）という2点で募集（公募）と異なる。具体的には50名未満に対して勧誘する**少人数私募**と，人数にかかわらず，適格機関投資家を相手方とし，転売を通じて適格機関投資家以外の一般の投資家に譲渡されるおそれが少ない場合（**プロ私募**）の2つがある。また，2008年の金融商品取引法の改正により，「プロ」とみなされる投資家の範囲を適格機関投資家（金商2条3項1号括弧書，金商定義10条）から特定投資家（金商2条31項，金商定義23条）にまで広げ，プロ向け市場（**新プロ私募**）を創設するための法令の整備が行われた（¶10-106）。

6-37 **売出し（secondary offering）** 既に発行された有価証券の売付けの申し込み，または，その買付けの申込みの勧誘のうち，均一の条件で50人以上の者を相手方として行うことを売出しという（金商2条4項，金商令1条の8）。たとえば，株式を公開する場合など，その発行会社の大株主が所有する株式について，証券会社を通じて不特定多数の一般投資家に取得させる場合等がこれにあたる。また，発行会社が浮動株主を増やして証券取引所の一部指定基準を充足することを目的としたり，市場第一部から第二部への指定替え基準や上場廃止基準に抵触しないようにすることを目的として自己株式を売り出すこともある。

(b) 引受けのリスク

> 問）証券会社が，株式の募集を100億円引き受ける場合と，同額の売買を仲介する場合とでは，負担するリスクにどのような違いがあるか。

6-38 証券会社が，引受条件の設定を誤って巨額の募集残を抱え込むと，評価損失の計上を迫られたり，引受条件よりも安い値段で販売せざるを得なくなって実損を被ることになる。また，証券会社に課せられる自己資本比率規制を充足する上で重大な障害になる[163]。このように，引受け（特に元引受け）は売買の仲介に比べると格段にリスクの高い業務であり，これを適切に行うに

は，ときどきの市場環境を踏まえて，発行体ならびに引き受ける証券に対する市場の評価を的確に予測する能力と，万が一の場合に引き受けた証券を保有できる資金力が必要になる（¶10-85）。このため，金商法は引受けの態様や規模に応じて最低資本金の要件を加重している[163]。

(c) 典型的な募集の手続

6-39　証券会社に引受けを依頼する場合，まず，**幹事会社**（managing underwriter）となる会社を決定する。幹事会社は，販売を円滑に行い，引受リスクを分散するために，他の証券会社に声をかけてシンジケート団（シ団）を組成し，共同して引き受けるのが一般的である。幹事会社は，このシ団を代表してシ団内部を調整し，発行体との間で発行条件，元引受契約の内容などを協議する。大規模な増資等の際には，複数の幹事会社を選定することも多い。この場合，幹事団の中からさらに主導的な役割を果たす**主幹事**（lead manager）が選ばれる[165]。

　元引受契約において引受人は，発行体に対し払い込む1株あたりの価額を約定する。これを**発行価額**（issue value）という。一方，引受人が投資家に対して募集・売出しを行う価格を**発行価格**（issue price）という。引受人は両者の差額を自己の報酬とするが，別途**引受手数料**（underwriting fee）が

163）　金融商品取引業者の自己資本比率規制　　市場リスク（保有有価証券の価格変動リスク等）＋取引先リスク（スワップ等のカウンターパーティーリスク等）＋基礎的リスク（事務処理等）をリスク相当額として計算し，自己資本のうち固定化されていない金額がリスク相当額の140％以上（最低でも120％以上）なければならないとするもの（金商46条の6第1項，金商業179条）。募集残は市場リスクを大幅に増大させる。

164）　引受けを行うための最低資本金の規制　　証券会社（第一種金融商品取引業社）の最低資本金は，一般に引受業務を行うだけなら5000万円だが，幹事会社（有価証券の発行者または所有者とその元引受契約の内容を確定するための協議をおこなうことのある会社のこと。¶6-39）として元引受けを行う場合は5億円，さらに引受総額（共同幹事の場合は自己引受部分）が100億円を超えるような有価証券の元引受契約の締結をする場合は30億円とされている（金商29条の2第1項4号，金商令15条の7，金商28条1項3号イ，金商令15条，金商業4条）。

165）　主幹事の選定　　従前は上場（IPO）の際に主幹事を務めた証券会社がその後の増資でも主幹事を務める例が多かったが，最近は主幹事の選定は引受条件の入札（bidding，日本語でも「ビッド」ということが多い）によった上で，従来からの取引関係や証券子会社を有する取引銀行との関係に配慮して残りの幹事団を組成することが多いようである。

支払われることもある。また，幹事は発行にかかるさまざまなアドバイス等を行う立場にあるので，**幹事手数料**（management fee）といった名目で報酬が支払われることもある。引受人は，引き受けた株式を直接投資家に販売するほか，元引受けに関与しない他の証券会社（多くの場合は販売を主として行う中堅・中小証券会社やインターネット証券会社）に転売する。これらの証券会社は発行価額と発行価格の間の価格で購入して値ざやを稼ぐ。**金融商品仲介業者**（¶5-54）に，募集・売出しの取扱いをさせることもある。

6-40　**募集・売出し・私募の取扱い**　発行者や所有者による募集・売出し・私募に際して，その者のために有価証券の取得の申込みを勧誘することをいう（神崎ほか404頁）。引受けと異なり売れ残りリスクを負担しない。**売捌業務**（うりさばき）ともいう。

(3) 公募・売出しにおける情報開示

6-41　株式や社債のような有価証券の公募・売出しを行う場合，発行会社は，金融商品取引法に基づいて，投資家が適切な投資判断を行えるように必要な情報の開示を行わなければならない（金商4条・5条）。開示すべき情報は発行する有価証券そのものについての情報（契約の内容や投資リスクについての説明等）と，発行体に関する財務情報（財務諸表，¶2-30）ならびにこれを補足する情報である。また，開示すべきタイミングからみると，発行の際に行うもの（**発行開示**）と，発行後有価証券が存在している間定期的，ならびに，重要な事実が発生次第行うもの（**継続開示**）の2種類がある。発行開示において作成するものを**有価証券届出書**といい，継続開示において作成するものを**有価証券報告書**という。金商法の開示規制については後段でより詳しく整理する（¶10-93以下）。

(4) 新株予約権の意義と段階的公募増資スキーム

(a) 新株予約権

6-42　**新株予約権**（stock right, warrant）とは，株式会社に対して行使することにより当該株式会社の株式の交付を受けることができる権利をいう（会社2条21号）。より具体的には，一定期間中（たとえば現在4月として9月末まで）

に権利者が行使した場合には，その時の株式の時価（たとえば300円）にかかわらず，新株予約権発行時に定められた価格（**行使価格［strike price］**，たとえば200円）で会社に株式を交付してもらうことができる権利ということである。新株予約権は証券発行の有無にかかわらず金商法上の有価証券にあたる（金商2条1項9号・2項柱書）。

6-43 **コールオプションとしての新株予約権**　先に述べた取得条項付株式（¶5-18）は会社が株主に対して有するコールオプション（¶5-20）であるが，新株予約権は反対に保有者（新株予約権者）が会社に対して有するコールオプションと位置付けることができる[166]。

> 【補足】　新株予約権というそれでさえ何だかよく分からないものを「コールオプションだ」などといわれるとますます混乱する人もいるだろう。むしろ，新株と新株予約権を異質なものと考えず，「今決めた価格で今お金を払い込んでもらうのが新株発行」，「今決めた価格で将来払い込んでもらうが，その時点で値下がりしていたら応じたくないだろうし，もしかしたら資金の手当てができないこともあるかもしれないから，ある程度の手付けを払ってもらう代わりに（払込みの義務なしに）権利だけ確保させるのが新株予約権」と連続的に理解しておいたほうがよいだろう。

6-44 **新株予約権の価値**　新株予約権の権利者は，期間中に行使価格を時価が上回ればその分だけ有利に株式を取得することができる。交付を受けてすぐに市場で売却すればその分を現金で取得することも可能である。このように，新株予約権の将来における価値はその時点における株価と行使価格の差（マイナスになるときはゼロ）である。もちろん将来株価がどうなるかは分からないが，もしこれが確率的な分布（たとえば正規分布等）に従うと仮定してよいなら，あらゆる想定株価の場合における新株予約権の価値にその場合が起こ

---

[166] **一般のオプションと新株予約権の相違点**　特定の会社の株式を対象にしたコールオプション契約（一定価格で買う権利を相手方に付与する契約）はその会社でなくても誰でも当事者として義務者（writerという）となることができる。しかし，相手方から株式の交付を要求された場合，writerが会社でないと市場で購入して引き渡すか，相手との合意の下に行使価格と時価との差額を現金で決済する（差金決済）しかない。これに対し，writerが会社であれば，会社法の手続に従いさえすれば，常に新株を発行するか保有自社株式を相手方に交付することができる。なお，このことは会社が新株予約権を発行すると，その時点で潜在的に議決権の希釈化が起こることを意味する。

る確率を掛けて求めた期待値の現在価値を求め，結果を全部足し合わせれば新株予約権の現時点における価値になるはずである（人間には無理だからコンピューターで大量の計算を行って近似値を求める。これを一定の仮定をおいて数理的に算式で表現したものが有名なブラックショールズ式である）。新株予約権を時価で募集する場合には，こうした考え方にもとづいて算出した理論価格を参考に，一定の価額を決めて権利者から取得時に払い込んでもらう。また，有利発行かどうかが問題となるときもこうした理論価格との比較が行われる。

　理論価格の考え方については第2部でオプションを学ぶ際により具体的に解説する。ここでは結局のところ確率的な考え方を持ち込むことにより将来価格の現在価値を求めているのだという点だけ押さえておけばよい。

6-45　**新株予約権の譲渡**　新株予約権の譲渡については，通常の指名債権譲渡（¶12-29）と異なり会社が備置する新株予約権原簿に記載・記録することが，会社ならびに第三者（二重譲渡の譲受人や差押債権者等）に自己の権利を主張するための対抗要件となる（会社257条1項）。証券を発行する場合にはこの交付が効力発生要件（同255条）ならびに会社以外の対第三者対抗要件（同257条2項）となる。

6-46　**新株予約権の発行手続**　新株予約権は新株を将来において発行するものなので，その発行手続は新株発行の場合と大筋で同じである。発行形態も，新株発行と同様，株主割当て，公募，第三者割当があり，その他に，社債と一体として発行する新株予約権付社債（¶10-39）がある。なお，第三者割当てについては，ストックオプションとの関係で，経営者（取締役・執行役）や従業員（特に幹部職員）あるいは，従業員持株会等に無償で割り当てる事例が非常に多い。新株予約権付社債とストックオプションについては第2部でオプションについて学んでから説明する。

　(b)　**資金調達への新株予約権の利用**

6-47　資金調達が必要なら素直に新株を発行すればよく，あまり大きな金額が得られない新株予約権を発行しても意味がないように思える。しかし，状況によっては非常に便利に用いることができる。

　　① 　ライツイシュー：実質的な新株引受権の株主への割当て

6-48　株主割当増資の場合に，自分は引き受ける気がないが，別の者に引き受け

る権利を譲渡したいという要望がある場合、新株引受の申込期間を行使期間とし、割当価格を行使価格とする新株予約権を、各株主に無償交付すれば、株主は新株予約権を第三者に譲渡することにより、実質的に引受権を譲渡することができる（¶6-31）。このような新株予約権の株主割当は、英国の用語にならって「ライツイシュー」と呼ばれ、近時既存株主の権利の希釈化を回避しつつ増資を行う手法として注目されている。

　上場会社がライツイシューを行う場合、新株予約権も証券取引所に上場して流通性を高めることが好ましい。ところが、従来の新株予約権の上場基準では新株予約権1個の目的となる株式の数が1株に制限されていた。これは、伝統的な会社法の解釈が、新株予約権を株主に無償割当する場合、保有株式1株に対して1個以上の整数倍（1, 2, 3, 4……）の予約権を割り当てるものであり、端数が生ずる新株予約権の割当てを想定していなかったことによる。しかし、これでは発行済株式数が最低でも2倍以上となるような発行しかできず、ライツイシューの目的が資金調達であることを考えると使い勝手が悪い。そこで、2009年末には上述のような制限が撤廃され、上場会社がそれぞれのニーズに応じて、発行条件を自由に設定できるようになった。

　② 将来における新株発行としての新株予約権発行

6-49　たとえば、A社の現在の株価水準は1株当たり200円だが、来年4月に確実に資金需要が発生するので、その時点の株価が250円以上なら株式調達したいという場合、来年4月まで待つ代わりに、現時点において行使価格250円、来年1月～4月を行使期間とする新株予約権を募集することが考えられる。もし、来年に入って株価が上がって250円以上になれば投資家は時価より安く公募増資に応ずることができるから、権利行使をしてくる。一方、株価が250円未満なら誰も行使を請求しないはずである。もし、そうした状況での権利行使を確実に回避したいなら、取得条項付新株予約権（会社236条1項7号）にしておけばよい。

　このように、新株予約権の発行は、株価動向によっては取りやめの選択肢を残しつつ、将来における新株発行を現時点で行うことだともいえる。

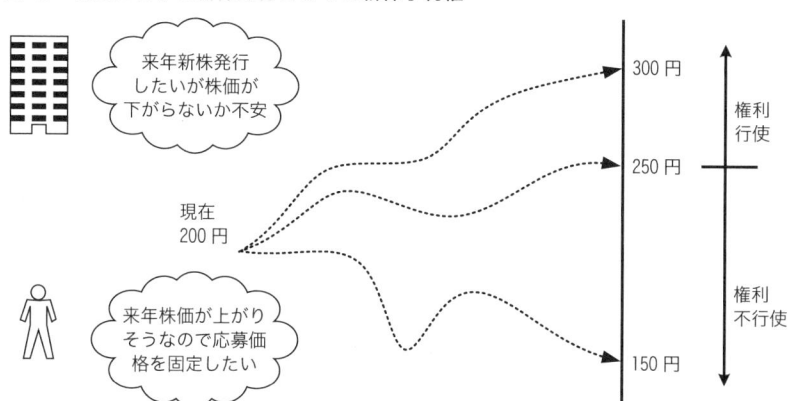

図40　将来における新株発行としての新株予約権

来年新株発行
したいが株価が
下がらないか不安

現在
200円

来年株価が上がり
そうなので応募価
格を固定したい

300円　┐
　　　　│権利
250円　│行使
　　　　┘
─────
　　　　┐
　　　　│権利
150円　│不行使
　　　　┘

③　証券会社等による段階型募集方式への利用

6-50　上述のように新株発行には負のアナウンスメント効果（¶6-24）があるので，会社としては市場への影響を最小限にとどめつつ，株価動向をにらみながら弾力的に少しずつ新株発行を行ったほうがよい。そこで，いくつかの証券会社が**段階型募集方式**（phased offer using stock rights）とでも呼ぶべきものを考案している。

6-51　**段階型募集方式の仕組み**　各社の仕組みは微妙に異なるが，プロトタイプは以下のようなものである。まず，会社が新株予約権を公募し証券会社が全額買取引受（会社244条1項）するか，当該証券会社に対して第三者割当てする。新株予約権の行使期間はたとえば6か月前後とし，行使価格は現在の時価より多少高めに設定しておくことが多い。この間株価が下落した場合に会社側が許容できる最低価格を下限として行使価格を少しずつ下げていく条項を付けることもある（**行使価額修正条項付新株予約権**）。その後，証券会社は株価の動向を睨みながら会社にとって有利と考えられるタイミングで新株予約権を行使して株式を取得し，投資家に販売していく。こうすれば新株発行を追加的な手続なしに段階的に随時行っているのと同じになるから，小ロットで市場への影響をできるだけ回避しながら会社にとって有利な価格で実質的な新株発行を行うことができる。

6　増資(3)――第三者割当増資

6-52　特定の第三者（特定の株主を含む）に新株を割り当てることを実務上「**第三者割当増資**」という。特定の第三者に割り当てる理由にはさまざまな文脈がありうるが，他の株主との関係で有利発行が問題となりやすい（手続については図38参照）。

(1) 通常の文脈

> 【参考】　石油元売り大手の出光興産は2006年に東京証券取引所第一部に株式上場を果たしたが，これに先き立ち2005年に外部資本の導入を行った。4.7%ずつの株式を保有する大手銀行3行の他，取引先金融機関や事業会社，給油所・販売店の運営会社など683社から，新株発行や自社保有株の売出しを通じて740億4880万円を調達し，発行済み普通株式に占める外部資本の割合を，従前の0.5%程度から39%弱に引き上げた[167]。

6-53　第三者割当増資が行われる一般的な文脈としては，①参考事例のように株式公開を念頭において系列企業や取引先に株式を引き受けてもらう場合，②業績が悪化した企業が親会社や大口債権者である銀行等から資金支援を受ける場合，③取引先との一層の関係強化や業務提携，資本提携を目的として自社の株式を保有してもらう場合（相互にそういうことをすると，いわゆる**株式持合**［¶5-16］になる）等が考えられる。

(2) M&Aの文脈

6-54　最近よく話題になるのが，株式の買占めを行って支配権を得ようとする企業やファンドに対抗するために，親密企業に低廉な価格で第三者割当増資を行う場合である。ただしこうした状況では，相手方はすでに一定の議決権比率を確保していることが多いので，特別決議が必要な有利発行とならないようにする工夫が必要となる。このように，M&Aの文脈でなされる第三者割当てでは発行価格が「特に有利な価格」だったかどうかが大きな争点とな

---

[167]　2005年10月12日付け日本経済新聞朝刊。

る[168]。

　一方，公開会社の場合，有利発行でなければ取締役会決議で第三者割当増資ができるので（会社201条1項），突然大口株主が登場して既存株主の支配権が脅かされることも起こりうる。最近，実態がよく分からない海外ファンドに対する第三者割当て等が問題になる事案が出てきている。

(3) 事業再生の文脈

6-55　近時事業再生の領域で，業況が悪化した企業の再生を図るために，債権者や第三者が自己の債権を株式と交換して事実上返済の猶予を行うデット・エクイティー・スワップと呼ばれる仕組みが普及してきている。ここでも株式の第三者割当てが活用される。

6-56　**デット・エクイティー・スワップ（DES）**
① DES とは何か　業績が悪化して債務超過に陥った企業から，銀行等の債権者が債権回収を行う場合，担保権を実行して資産から回収を図るよりは，ゴーイングコンサーンとしての価値に着目して，何らかの支援を行って企業を継続させ，将来収益から回収を図ったほうがよい場合も多い。しかし，融資の期限を猶予すれば不良債権が長期間帳簿上に残って銀行としても好ましくない。さりとて債権放棄したらそれきりである。また，こうした支援に伴って生じる損失を税務上損金として認めてもらう（**無税償却**，¶12-52）ための要件が厳格だという問題もある。
　そこで，債権は放棄する代わりに株式を取得すれば，株式にはもともと返済期限がないので事実上の返済猶予となる。さらに，株主として企業に対する支配権を強め，将来株式価値を向上させて配当や売却益で回収を図ることも可能となる。これを，**デット・エクイティー・スワップ（debt equity swap，DES，債務の株式化）**という[169]。つまり，DES とは，当面回収は困難だが，契約上は元本（帳簿価額）が保証されている貸出債権と，今は無価値でも株主としての支援が実を結べば価値の上昇が見込める株式とが等価だという前提で交換する経済効果を狙った取引ということができる。DES は1990年代後半から2000年代前半の長期不況期に，業況が悪化した中小企業

---

168)　たとえば，東京地決平成16・6・1判時1873号159頁（会社百選30事件）や，奈良ほか第Ⅲ部参照。【復習】神田・会社135頁以下。
169)　DES 一般について，金融法委員会［2004］，神田［2002］，藤原，西村等。

を救済するための手段として注目が集まった。

6-57　**②DESの法技術**　具体的にはまず、債権者である銀行等に第三者割当増資を引き受けてもらい、現金の代わりに貸出債権を現物出資してもらう。そうすれば、出資後は、債権者と債務者が同一人に帰することになるので債務は混同により消滅する（民520条）から、ちょうど銀行の債権を株式に交換したのと同じになる。

6-58　**③債務者側の取扱い**　DESは出資にあたり現金ではなく金銭債権で払い込むのだから現物出資になる。このため本来なら貸出債権の評価額について検査役の検査が必要である[170]。しかし、すでに対象となる金銭債権の弁済期が到来している場合、いったん額面額を債権者に返済して同時に同額を出資してもらったのと同じだから、出資の金額（貸出債権の評価額）は借入金の帳簿価額に等しいと考えてよいし、それで他の既存株主の利益が害されることもない（江頭・会社695-696頁）。そこで、会社法では、弁済期が到来している金銭債権の価額が帳簿価額以下とされている場合には、検査役検査は不要として、DESの利用促進を図っている（会社207条9項5号）。DESを行うような状況では期限の利益喪失事由（¶7-44）が発生している可能性が高いから、本来の借入期限にかかわらずほとんどの場合がこの規定でカバーされると考えて良いだろう[171]。

---

170)　**増資時の現物出資**　起業（会社設立）時と同様、増資（新株引受け）時にも現物出資が認められる。ただし、起業時のように定款で規定させることにするとせっかく授権資本制度をとっているのに株主総会を開かねばならなくなってしまうので（会社199条1項3号）、取締役会に委任が可能である（同200条1項）。また、公開会社については取締役会決議事項（同201条1項）とされる。ただし、検査役検査は設立時（同33条）と同様必要である（同207条）。また、検査役が不要な場合の例外も設けられている（同33条10項⇔207条9項）。

171)　期限の利益喪失事由が発生していない状況でDESを行う場合には、債務者側が期限の利益を放棄すればよい。

　なお、期限の利益の放棄が会社の利益にならない場合には取締役の任務懈怠を惹起しうるとの指摘がある（江頭・会社696頁）。しかし、詐害行為や倒産法上否認が問題になるような状況を除けば（表34・35参照）、借金を期限前弁済すること自体が、取締役の責任を発生させるまでに会社の利益を害することは稀である（ありうるとすれば、たとえば、非常に低い金利の借入金を市場金利がきわめて高い環境下で返済することだが、その後に高利の借金をするならともかく、DESを行うのだから、金利負担がなくなるか、配当優先株だとしても支払が劣後することになるにすぎない）。むしろ、期限の利益の喪失事由が発生していないような状況で

ところで，債務者がもし DES の代わりに借入金全額を免除してもらっていたとすると，債務免除益が発生する。債務免除益は，法的整理の場合は通常の繰越欠損可能期間（7年，法税 57-58 条）を過ぎて期限切れとなった過去の欠損金と相殺することが許されている（同 59 条）が，私的整理の場合，これが許されないので，債務免除益に課税されてしまう可能性がある。これに対し，DES の場合，少なくとも出資の価額については資本取引なので債務免除益が発生しないことが債務者側からみると大きなメリットになる。

6-59 **④債権者側の取扱い**　このように出資の価額＝金銭債権の額面と考えるところまではよいとして，問題はこれに何株を付与するかである。債権者側としては出資額に見合うだけの株数を取得しないと割に合わない。一方，DES は会社の業況が悪化した状況で行われるので 1 株あたりの価値はかなり低いから，取得株数は相当数となる。この結果，既存株主の議決権の希釈化や有利発行ではないかといった点が問題となるのである。こうした懸念を避けるために，実務では⑤で述べるように既存株主については株式消却を行ってしまう。しかし，会計上の取扱いをどうするか等，依然として適正な取得株数の問題は残る。

結論的には，出資額をその時点における株式の評価額で除して決定するしかないであろう。この場合，上場株式のように市場価格があればそれを用いればよいが，そうでなければ，支援の実効性等を勘案して合理的な評価額を決定する必要が生ずる[172]。

なお，実務では割当株式数が先に決まっている場合も多い。この場合，後日会計監査等において，取得株数が，上述の評価額に基づいて計算される理論的な要取得株数より少なかったと判断された場合，取得株式の評価額と債権額面との差額を株式の評価損失として認識せねばならない。また，税法上現物出資により増加する資本金等の額は出資財産の価額（時価）から資本金の額を減算した金額とされるため（法税令 8 条 1 項 1 号），もともと債権の帳

（つまり，とことん不良化が進んでいない状況で）特定の債権者と DES を行うという判断自体が問題とされるということであろう。

[172]　詳細は，企業会計基準委員会実務対応報告第 6 号「デット・エクイティー・スワップの実行時における債権者側の会計処理に関する実務上の取扱い」(2002 年 10 月 9 日)，また，DES に種類株式を用いた場合の債権者側の評価については，同第 10 号「種類株式の貸借対照表価額に関する実務上の取扱い」(2003 年 3 月 13 日) を参照のこと。なお，前者によれば，返済可能性を勘案した出資債権の評価額と考えてもよいとされる。

簿価額より少ない出資の価額とした場合はもちろんだが、債権者が評価損失を認識すべき場合にも、その金額に見合う債務免除益が債務者側に生ずることに注意する必要がある。なお、法的整理の場合に債務免除益と期限切れ欠損金とを相殺することができるが、DESにより生ずる債務免除益についてもこれが認められている（法税59条1項1号括弧書）。

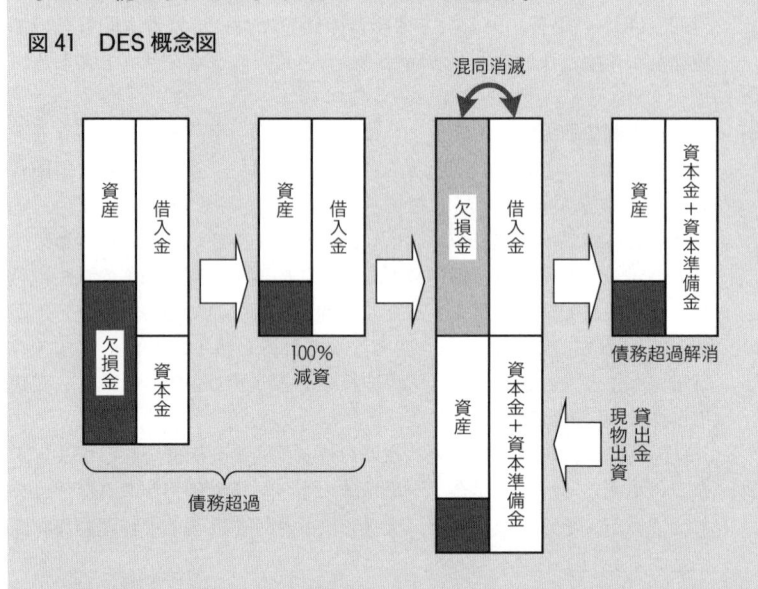

図41　DES 概念図

⑤ **DES と株式消却**　DES を行う場合、既存株主には退出してもらうのが筋である。これを俗に「株主責任を追及する」などと表現する。具体的には、DES の直前に資本金を全額消却（「100% 減資」）[173]を行って減資差益と欠損

[173) 100% 減資と全部取得条項付種類株式　「100% 減資」は実務上の用語であり、会社法上の法技術としては、①定款変更により普通株式を全部取得条項付種類株式（会社108条1項7号）にする、②全部取得条項を行使して会社が株主から株式を取得する、③自己株式を全額消却する、という3段階のステップを経て行う。①と②には株主総会の特別決議が必要だが（①同466条・309条2項11号、②同108条2項7号・171条1項・309条2項3号。ただし、価格の決定は同108条3項、会社則20条1項6号で取締役会に委ねられる）、③は取締役会決議でよい（会社178条1項・2項）。もともと定款で株式に全部取得条項を付している場合、①は省略できる。どちらにせよ全部取得条項行使時には特別決議が必要なので、万が一のために最初から定款に挿入しておくことが便宜だろう。

全部取得条項付種類株式とは、株主総会特別決議で会社がその全部を取得することができる

金を相殺する。

6-61　**⑥ DESと金融機関の支配規制**　銀行等の金融機関は事業会社の株式を一定比率以上保有することが禁じられているため（銀行16条の3第1項，独禁11条），DESを行うとこれに違反する結果となる可能性が高い。そこで，両法律上，DESの場合について緩和措置が認められている（銀行16条の3第2項・3項，会社則17条の6第1項3号・11号。公正取引委員会「債務の株式化に係る独占禁止法第11条の規定による認可についての考え方」2002年11月12日）。そういう社会的必要があったということだが，理論的には，事業再生の文脈では独占禁止法制が規制する金融資本による事業支配や競争の制限といった弊害がないからと説明できる。

7　株式分割・株式無償割当て・株式併合

6-62　本来資金調達とは無関係なのだが，財務的な利用がなされる株式関連の制度として，株式分割・株式無償割当て・株式併合がある。最近濫用的事例が話題となったことや，会社法上の名称が紛らわしいことから，ここで整理しておく。

(1)　株式分割

6-63　会社法上，同一の種類の株式について一定の割合で一律にその数を増加させることを**株式分割**という（神田・会社112頁。会社183条1項）。既存株主の利益に影響を与えないから発行可能株式総数（¶4-18）の範囲内であれば株主総会の普通決議（取締役会設置会社では取締役会決議）でできる[174]。その経済

　種類株式である（注128）。こんなことが必要になる通常の文脈は全額消却ぐらいだから，事実上は100％減資のための制度といってよい（実際，この制度の導入の経緯はその点にあった）。

　しかし，目的が制限されているわけではないから，他のことにも使える。たとえば，特別決議が可能な株式数を取得した株主からすると，少数株主を排除するためのきわめてパワフルな法技術としても用いることができる。

[174]　なお，1種類の株式しか発行していなければ，特別決議によらないでも，発行可能株式総数を分割した割合に応じて比例的に増やすことができる（会社184条2項）。

実体は以下の(a)，(b)のいずれか，もしくは，その両方の性質を有する。

(a) 本来の株式分割

6-64　企業財務的視点からする**講学上の株式分割**（stock split）とは，<u>計算上の資本金＋資本剰余金の額を変化させずに議決権の数を増やすことをいう</u>。たとえば，投資家の間で大変人気の高い企業の株価が高騰して投資家の購入単位が大きくなりすぎて流通性が害されているような場合や，そもそも投資単位を下げることによって個人株主を呼びこみたい場合に，1株あたりの価格を下げるために利用される[175]。

会社法上，株式分割によって1株当たりの金額をどこまで引き下げて良いかについて制限はない。しかし，細分化されすぎてもまた弊害が大きいため，たとえば，東証は，上場内国株式の発行者に，投資単位が5万円以上50万円未満となるよう，当該水準への移行およびその維持に努めることを求めている（東証上場規程433条）[176]。

(b) 剰余金分配としての株式分割

6-65　これに対し，剰余金を資本金に組み入れて株式分割を行えば，あたかも株式で剰余金分配を行ったようなかたちになる。米国ではこれを **stock dividend** という（¶6-67。日本でも，以前は「株式配当」という言葉が用いられたが現在は紛らわしいので使われない）。株主は交付された株式を市場で売却すれば実質的に配当を受けたのと同じになるが，株主の持分関係に変動がない限りみなし配当課税の対象とはならず（¶4-30，所税令110条1項はこのことを前提とする），爾後交付された株式について剰余金配当を受けた場合に配当課税，実際に売却した場合に（取得価額がゼロなので）その価額について譲渡益課税がなされる。このように，剰余金分配としての株式分割には**課税繰延効果**

175）　以前は分割後の新株交付に時間がかかったため，この間に需給が逼迫して株価がつり上がることがあったが（これを意図的にねらって濫用的な株式分割を繰り返す企業も登場した），2006年から分割基準日の翌日から新株を売買できるようになりそうした弊害が軽減された（東証業務規程9条6項）。

176）　株式分割とは異なるが同じ趣旨で行われるものに「くくり直し」がある。これは，単元株制度（¶4-46）を採用している会社が，1単元の株式の数を，たとえば1000株から100株に変更するというように，議決権を有するのに必要な株式数を小さくすることをいう。

7　株式分割・株式無償割当て・株式併合　193

(tax deferral effect) がある。

(2) 株式無償割当て

6-66　会社法上，<u>株主割当（¶6-28）を無償で行うこと</u>を**株式無償割当て**という（会社185条）。実質的には株式分割と同じなので，手続もこれに準じて新株発行のそれより要件が緩和されている（総会普通決議もしくは取締役会決議，同186条3項）。株式分割と同様，計算上の原資の如何にかかわらず，無償交付された時点で株主の持分関係に変動がない限り課税関係は生じない（所税令109条1項3号はこのことを前提とする）。

　以上の議論は，株式現物ではなく新株予約権を無償割当てする場合にもあてはまる（会社277条以下）。

　株式無償割当てはどちらかというと stock dividend に近いが，講学上の株式分割（stock split）としても用いることができる。このように株式分割と株式無償割当ては会社法上相互融通的な制度になっている[177]。

6-67　**株式分割 vs. 株式無償割当て**　米国では資本金や剰余金の額を変えずに単に議決権の数を増やすことを"stock split"，剰余金を資本金に組み入れることにより1株あたりの資本金の額が変わらないようにして既存株主に追加的な株式を無償交付することを"stock dividend"と呼ぶ（たとえば Haas 312頁以下，Bainbridge 433頁以下）。両者は企業財務や株主の視点からすると経済的な意味がかなり異なる。そして，「株式分割」や「株式無償割当て」という用語は一見これらに対応しているように思える。しかし上述のように，日本の会社法上はこれらと計算上の資本金や剰余金の操作とは独立しており，どちらを用いても米国的な意味における stock split, stock dividend を実現することができるし，両者の中間的な性格を持たせることもできる。このように，会社法には企業財務的にみた実質的な意味と異なる場合があるにも

---

[177]　株式分割と株式無償割当ての制度上の差異　①株式分割をすると自己株式も分割されるが，株式無償割当ては自己株式を対象とすることができない，②株式分割は計算上の分割だが，株式無償割当ては新株発行もしくは自己株式の処分が発生する，③株式分割は同一種類の株式について生ずるが，株式無償割当ての場合，異種の株式を割り当てることも可能（手続は加重されない。この点について神田・会社115頁＊1参照），④株式分割の場合だけ基準日の設定が必要（183条2項1号），⑤株式分割の場合だけ発行可能株式総数増加の特例が認められる。【復習】神田・会社114頁。

かかわらず、紛らわしい名称を持つ用語が多いので注意する必要がある。

(3) 株式併合

6-68　会社法上、同一の種類の株式について数個の株式を合わせてそれよりも少数の株式とすることを**株式併合**という（会社180条以下）。分割と異なり基本的に計算上の変動は起こらないから、講学上の株式分割（stock split）の逆の制度となる。このため英語では reverse stock split という。後述のように、少数株主の権利に影響を及ぼすので実施にあたり株主総会の特別決議が必要とされる（同309条2項4号）。株式併合は主として以下の2つの目的で行われる。

(a) 流通価格の適正化

6-69　株数が多すぎると管理コストがかさむ上、1株当たりの価格が安すぎる株式（英語では俗に penny stock という）は大手投資家が敬遠する。また、少額で投機的取引が可能になるため株価形成上も好ましくない。株式併合を行えば1株当たりの価格が増加するのでこうした問題が緩和される。ただし、業績とは無関係に株価を押し上げる行為なので、市場では否定的なシグナルととられることが多く、併合後の株価が理論値（前後で不変のはず）より低くなることが多いと言われている。最近では、新興企業の上場ブームの際に大量の公募増資を行ったり、投資家人気に乗じて株式分割を繰り返した企業が、その後の株価の値下がりに対応するために株式併合を行う事例が見られた。

(b) 株式併合による少数株主排除

6-70　米国では株式併合が少数株主排除の手段として利用されることが多いとされる。わが国でも株主総会の特別決議で行うことができるので、3分の2以上を保有する主要株主が株式併合によって少数株主の議決権を1未満とし、金銭を交付して締め出す（squeeze out）ことが可能である（会社235条）。このため事実上少数株主が排除されたとしても、明確に株主平等原則に反するような事例でない限り適法と言わざるを得ない[178]。そこで、東京証券取引所は「上場会社は、流通市場に混乱をもたらすおそれまたは株主の利益の侵

害をもたらすおそれのある株式分割，株式無償割当て，新株予約権無償割当て，株式併合又は単元株式数の変更を行わないものとする」と定めている（東証上場規程 433 条）。

> 【参考】 結婚式場を運営するモックは 2007 年に，10 株を 1 株に株式併合すると同時に，投資ファンドを割当先とした新株予約権を発行し，59 億円を調達すると発表した。これに対し，東京証券取引所は「流通市場に混乱をもたらすおそれがある行為」とし，事前に注意喚起のため投資家に公表した（東証HP・モック参照）。

6-71　**濫用的な株式併合と新株予約権の併用**　参考に掲げたような仕組みを使うと特定株主の支配権確立と少数株主排除を同時に達成できる。こうした濫用を防止するため，東京証券取引所は上場各社に対し，「発行済株式数を大幅に減少させる株式併合により，大部分の既存の株主について株主としての地位を失わしめる行為，とりわけ，既存の株主の持分が著しく希釈化される大量の新株式又は新株予約権の発行を伴う行為」を厳に慎むよう要請した（東証通知［2008］）。

---

178) 米国には，株式併合を行った直後に株式分割をした事例（forward split という）を株主平等原則に反し無効とした判例がある。

第 7 章

デットファイナンスの基礎

> 第7章から第10章では，デットファイナンスやその関連領域について，主として投資ファイナンスを念頭において解説する[179]。

1 デットファイナンスとは何か

(1) 定 義

7-1 デットファイナンスとは，調達者が期限に元本を返済する義務を負担する，広義の借入金の性格を有する資金調達手法をいう。元本が保証され，支払順位が株式等のエクイティーに優先するため，貸し手や投資家の要求利回りをエクイティーより低く抑えることができる（¶3-12）。

(2) 種 類

7-2 デットファイナンスは，銀行等の間接金融機関から融資やリース等の形態

---

[179] なお，この分野では民法の知識が重要だが，大学で習う判例で問題となったり学説が分かれる難しい論点は金融実務では避けて通るため，むしろ，個々の条文の意味を通説に従って素直にしっかりと理解していることがより重要である。この観点からは，なるべく簡潔でオーソドックスな内容の教科書を座右において，折に触れ仕事に関係する部分を読み直すことにより「基本に戻る」努力を怠らないことが大切である。良書は山のようにあるが，この観点から読み継がれてきたのがいわゆる「ダットサン民法」（我妻ほか1・2・3）である。読み返すたびに，さりげなく書き流されているように見える1行1行に驚くほどの情報量と洞察が込められていることに気づく。実務についてから含蓄を味わえる「大人の教科書」といえるかもしれない。

で調達する**間接金融型**と，市場において投資家から直接調達する**市場型**（**直接金融型**），そして，その中間形態である**市場型間接金融**に大別できる。本書でもこの順番に説明していく。

(3) 金　利

7-3　デットファイナンスの対価は利息や金利と呼ばれる。利息は事前の約定に基づいて元本に一定の利率を乗じた金額が支払われ，配当のように支払に関する裁量性や分配可能額の制限がない。このため，利息は会計・税務上，費用・損金として認められる[180]。利息を税務上損金算入できると，利息額×税率だけ実質的な調達コストが下がるから，その限りで配当に損金性が認められないエクイティーファイナンスより有利である（注48）。

金利については第8章であらためて詳しく検討する。

(4) デットファイナンスの法的形態

7-4　間接金融型のデットファイナンスは融資，貸付け，ローン等と呼ばれ，法律的には金銭を目的とする**消費貸借契約**（民587条），すなわち**金銭消費貸借契約**と位置付けられる（実務では「キンショー」と略して呼ぶことが多い）。ただし，民法の規定は非常に簡素なので，融資条件は当事者間の**契約**[181]や貸し

---

[180]　利益連動型の金利に費用性・損金性が認められ，固定率型の優先株式の配当には認められない実質的な理由は，本文で述べたような支払の確定性に存する。

[181]　契約（contract）　契約は最も広義には2人以上の当事者の意思の合致（合意）によって，裁判所において司法的救済を求めることのできる権利やこれに対応する義務を作り出す行為（法律行為）のことをいう。民法ではこのうち，「相対立する意思の合致により債権の発生を目的とするもの」を狭義に契約と定義することが多い。これに対し，1人で効果を発生させることのできる法律行為を単独行為という。また，民法では，会社の定款や組合契約のように，複数当事者が相対立するのではなく1つの目的に向かって意思を合致させる法律行為を合同行為と呼んで狭義の契約と区別する。さらに，広義の契約には，抵当権や地上権といった制限物権の設定を目的とするものや共有権者間の内部関係を定めるもの（物権契約），結婚や養子縁組のように身分関係を発生させるもの，労働協約（労組16条）のように規範的効力が発生するもの，地区住民による建築協定（建築基準69条以下）のように公法的効果を発生させるもの，公害防止協定やまちづくりのための開発協定のように行政と私人間で公法的な取決めを行うもの等，多様なものが含まれる。大学の契約法（民法）の講義で習うのは上述の狭義の契約に関する理論であり，それ以外の契約には当然にあてはまらないことがあるから注意せねばならない。逆に，行政が主体となる行政契約であっても私法的な権利義務しか発生させないもの

手の定める**約款**に負うところが大きい。特に，金融取引では約款がきわめて重要な役割を果たしており，内容の適正さを保持するために，金融庁や自主規制団体が認可・承認等を行うことになっているものも多い。

7-5　一方，市場型である社債も金銭消費貸借ないし同類似の無名契約の実質を持つが（江頭・会社 656 頁），不特定多数の投資家との関係を規律するための規定等が会社法上に設けられている（会社 676 条以下）。なお，法律上「社債」は会社が発行するものに限られるので（会社 2 条 23 号），その他の発行体が発行する類似のデット型有価証券を含める場合は「債券」という。

7-6　**金銭消費貸借契約以外の法形態を有するデットファイナンス**　**銀行預金**は銀行にとってのデットファイナンスだが，法的には金銭消費寄託（民 666 条）と解されている（西尾 36-37 頁，福井 52 頁）。自動車ローンに代表される**販売金融**の多くは「ローン」という名前がついていても，立替払い（法律的には第三者弁済，民 474 条）に基づく求償権（弁済による代位で取得した割賦代金債権，民 500 条）の形態をとる（江頭・商取引 107 頁以降）。また，商業ファイナンスの領域では，売掛代金そのものを第三者に譲渡したり（**ファクタリング**），商業手形を銀行に割り引いてもらったり（手形割引），他の企業に裏書譲渡して必要な資金を調達する。**ファイナンスリース**は，外観上はリース対象物の賃貸借契約に係る賃料債権（動産賃貸借契約に基づく賃料債権・債務）の形態をとる（我妻ほか 2 債 118，江頭・商取引 206 頁）。信託契約において受託者が借入れをすれば，**受益権**はこれに劣後するエクイティー的性格を持つことになる（信託 101 条）。ただし，借入れをせずに必要な資金全額を，デット的実体を有する優先受益権とエクイティー的実体を有する劣後受益権の 2 つで調達しても経済的には同じことを達成できる。

　こうした特殊な法的形態をとるデットファイナンスについては，後の章や第 2 部で逐次解説していく。

(5) 債権と責任財産

7-7　デットファイナンスを供与する者は一般に**債権者（creditor）**と呼ばれる [182]。債権 [183]を有する者という意味である。

　には原則として民法を始めとする私法が適用される。
182) 債権 vs. 株式・出資　広義には株式のような出資者の権利も債権に含まれる。しかし，

> 問） 物権は物に対する権利，債権は人に対する権利だというが，「人に対する権利」とはどういうことを意味するのか。より詳しく説明せよ。

図42　債権と責任財産

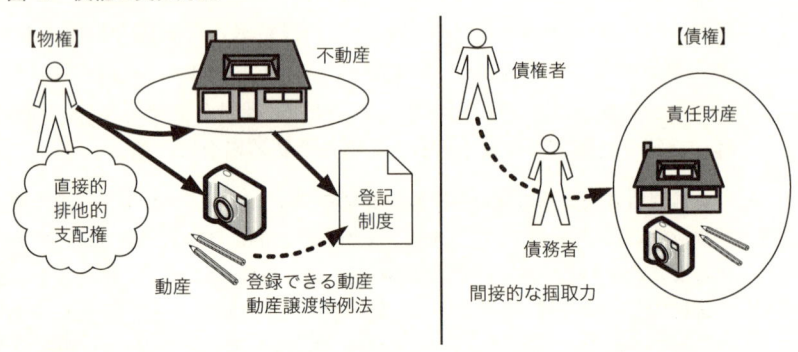

【物権】　不動産　登記制度　直接的排他的支配権　動産　登録できる動産　動産譲渡特例法

【債権】　債権者　責任財産　債務者　間接的な掴取力

7-8　**物権**とは，一定の物を直接に支配して利益を受ける排他的な権利をいい，**債権**は特定人に対して一定の財貨または労力を要求する権利だとされる。ただし，債権が人に対する権利だからといって物権のように直接支配できるわけではない。歴史的にいえば，債務者が債務を履行できないと奴隷にすることが容認されていた時代もあった。しかし，近代以降は債務者自身を人格的に支配することは許されず，仮に債務が履行されない場合であっても，お金に換算して，債務者の収入や財産から満足を得る。このように，債権の引当てとなる債務者の収入や財産全体を**責任財産**という。つまり，債権とは債務者の責任財産を債務の履行のために，直接・間接に引当てとする権利なのである[184]（図42）。この意味における債権の効力を**掴取力**（かくしゅりょく）という[185]。

出資には組織の所有・支配という，人対人の文脈では生じ得ない特殊な側面がある。このためファイナンスの文脈では，株主や出資者を債権者ということはなく，「債権者」といえば，一般にデット調達の供給者を指す。

183）「債権」ということばを英訳しようとするとかなり苦労する。物権・債権という概念が英米法にないからである。債権者は creditor（one to whom a debt is owned, *Black's*）だが，credit には日本でいう債権の意味はない（どちらかというとローンや割賦を意味する「信用」ということばに該当する）。金銭債権なら receivable, monetary claim，ファイナンスの文脈なら creditor's right といった訳語を使用するのが無難か。一方，「債務」は debt, obligation といった用語を充てればよい。

<u>デットファイナンスにおいては，責任財産を返済の引当てとしてどのように捕捉するかが非常に重要な課題となる。</u>

日本法では，債務者の一般財産（全財産から，特定債権者が物権的権利を有する担保対象財産やもともと固有財産でない信託財産等を除いたもの）は責任財産と一致し，一般債権者は債権者となった順番にかかわらず，これに対して各自の債権額に応じて平等に摑取力を有する。これを**債権者平等の原則**という。

7-9　**債権者平等を破る法技術**　デットファイナンス関連の法技術には債権者平等に何らかの変更を加えることを目的とするものが多い。たとえば，**担保権（collateral）**は特定の財産を特定の債権者のために責任財産から分離する古典的手法である（¶17-29）。これに対し，**責任財産限定特約（non-recourse clause）**は，特定の債権者の摑取力を限定する法技術である（¶17-26）。**保証（guarantee, surety）**は他人の責任財産を自分の債務の引当てにする法技術だといってよいだろう（¶16-1）。**信託（trust）**は対象財産を委託者・受託者の双方の責任財産から分離するきわめてユニークな法技術である（¶9-69）。ストラクチャードファイナンスの一分野である資産証券化においては，信託のほかさまざまな法技術を活用して特定資産を債務者の責任財産から分離する（倒産隔離と呼ばれる）ことを通じて有利なファイナンスを実現する[186]。これらの法技術のうち信用補完に関する仕組みについては第15章以下，ストラクチャードファイナンスについては第2部で解説する。

7-10　**物権 vs. 債権**　大学では物権と債権との境界が曖昧になっていると習ったと思うが，実際には両者の区別は民法を支配するドグマとして根強く残っており，実務にあっては思考の出発点として両者を截然と分けて考えることが重要である。

物権は，物の全面的な支配権である**所有権**（民206条）と，所有権の一部を権利の内容とする**制限物権**からなり，後者はさらに，**用益物権**（地上権・

---

[184]　債権・債務の「債」という漢字は「人」と責任財産の「責」が組み合わされている。漢和辞典を引くと，漢字本来の由縁は「人」が借金で「責められる」ところから来たと説明されているが（たとえば鎌田＝米山『漢語林』（大修館，1990）），近代的には，債権とはまさに「人」を通じて「責任財産」を把握する権利のことをいうのである。

[185]　ドイツ語（Zugriffsmacht）からきた概念（たとえば奥田82頁，加藤3・91-92頁）。古くさい言葉だが，語感が財産を押さえるというイメージと合うのであえて使う。

[186]　民法争点項番64大垣論文参照。

地役権・永小作権）と**担保物権**（抵当権，質権，留置権，先取特権）に分かれる187)。物権は，誰に対しても当然に主張できる（**対世効**）非常に力の強い権利であるから，新しい物権を当事者の合意で勝手に作り出したり，その内容を変えたりすることは許されず，法律で画一的に規定される。このことを**物権法定主義**という（民175条）。また不動産のように財産価値が高く権利関係が多重化するものについては，登記制度のような権利公示のためのインフラ整備が重要である。

　これに対し，債権はほとんどの場合，当事者同士の契約で創り出される。契約は公序良俗や強行法規に反する内容でない限り，当事者が自由に内容を定めてよい。これを**契約自由の原則**（より広義には，法律行為自由の原則，私的自治の原則）といい，物権法定主義に対置される188)。

2　信用リスクと投資採算

(1)　信用リスク

7-11　上述のようにデットファイナンスは，通常は，元本返済を約束する見返りに金利を株主が株式投資に要求する利回りより安く設定している。このため，投資家や銀行は調達者の元本返済能力，すなわち，**信用リスク**（credit risk）を的確に判断する必要がある。

　信用リスクの見方は商業ファイナンスと投資ファイナンスとで大きく異なる。本章では主として後者について考える。

---

187)　制限物権と物権を制限する信託　観念的な議論だが物権の一部を権利化するには2つの法技術がある。まず，制限物権は，所有権と同じ対象物について新たに別個の物権を設定し，その内容の限りで所有権を制限する（足し算による制限）。これに対し，物を受託者に信託譲渡し，債権者を受益者として制限物権と同じ内容の受益権を設定し，残りの権利は残余受益権として委託者の手元に残せば，制限物権を設定したのと同一の経済効果が得られる。しかし，この場合には信託を通じて所有権が担保受益権と残余受益権に分離されている（引き算による制限）。

188)　厳密には，契約自由の原則は，締約の自由（そもそも契約を結ぶかどうか），相手方選択の自由，内容決定の自由，方式の自由（契約書が必要かどうか等）の4つからなる。

(2) 投資採算分析

7-12　信用リスクの判断は，つまるところ債務者の責任財産が十分見込めるかという判断に帰着する。ところで，民法では責任財産ということばを漠然と静的な財産の集合体ととらえている。しかし，<u>ファイナンスにおいては，責任財産を「事業」すなわち特定の目的に向けられた有機的一体性を持った財産の組織体と重なる動的なものととらえる</u>（¶2-3後段）。そして，投資採算の分析にあたっては，①事業からの収益（**ゴーイングコンサーン価値，going concern value**）だけで十分に返済が可能か，②万が一の場合に備えて売ればお金になる財産（**解体価値，liquidation value**）が十分あるかという２つの視点から検討を行う。

7-13　ただし，②でいう財産が価値の高い非事業資産（遊休資産等）ならよいが，多くの場合は事業資産そのものなので，これを換価すると事業を継続することができなくなる（¶17-40以下）。このため，信用リスクの判断は原則として①に基づいて行わねばならない。これを**収益償還の原則**という。財産を換価して回収することは収益償還が無理だと分かった場合の最終的手段なのである[189]。

　①の観点から，個別の投資に関する比較的詳しい情報に基づいてプロジェクトの採算性を分析することを**投資採算分析**（feasibility study, FS）という。投資採算分析のやり方は，当事者（企業・起業家）・第三出資者・銀行や投資家（デット提供者）といった立場ごとに微妙に異なる。

7-14　**定性分析の重要性**　実際の投資判断にあたっては，単なる採算分析だけでなく，これを率いる経営者の能力や資質，技術者やスタッフの水準，販売網や系列企業の充実度，当該企業が属する産業の動向や経済全体の動向といった定性的な分析が欠かせない。

---

[189]　投資採算分析における担保の意義　久保田［1993］234頁は，企業審査の観点から，「いかに十分に企業を調べても不明な点が残る。経済，技術，社会など企業を取り巻く環境が将来どのように変化するかを予測し，今後数年間の対象企業の事業収益を正確に見通すことは不可能に近い。（中略）このような審査結果の不確実性を補完するのが担保物権である。」とする。

(3) デット提供者からみた投資採算分析の方法

問) 今，必要な初期投資が 2000 万円である事業についてキャッシュフロー予測を行ったところ，保守的シナリオにおいても，当初 10 年間で表 11 のような正味営業キャッシュフローが得られることが分かった。メインバンクに問い合わせたところ，適正な借入額なら，期間 10 年期限一括弁済で 4% 程度の金利で貸せるだろうとのことである。株主の要求 RoE は 20% である。税金の影響を考えない場合，銀行はどの程度までを適切な借入額と考えるか。

表 11　営業 CF の推移　　　　　　　　　　　　　　　　　単位：万円

年	初期投資	1	2	3	4	5	6	7	8	9	10
営業 CF	−2000	50	100	300	500	800	750	600	400	300	200

7-15　MM 理論（¶3-13）によれば負債・資本の比率をどのようにしても総資本コスト（WACC, ¶3-14）は同じになるので，理論的に適切な負債（資本）比率は決められないことになる。しかし，銀行や投資家の目から見るとこれ以上は貸せないという金額が厳然として存在する。以下，これを分析する枠組みを簡単に説明しておく。

(a)　事業計画に基づくキャッシュフロー予測

図 43　営業 CF（表 11）に基づくプロダクトライフサイクル

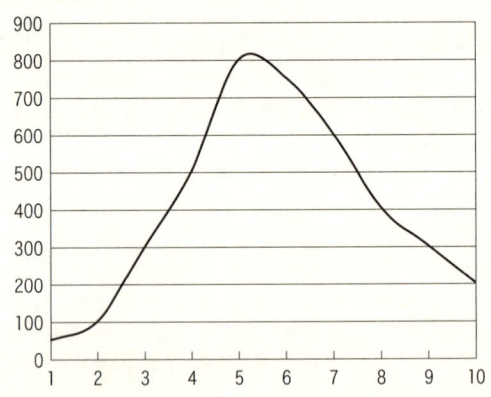

7-16　投資採算分析を行う前提として，**事業計画**（business plan）に基づいて投資回収期間におけるキャッシュフローの予測を行う（表11）。たとえば，設備投資をして製品を販売するのであれば，当初の売上げは少なく，徐々に増加し，競合製品の登場等によりある時期から伸び悩み，ピークを過ぎると値下げ合戦や陳腐化により収益率や売上げが下がるといったシナリオを書くことが多いだろう。こうした商品の盛衰を**プロダクトライフサイクル**（product life-cycle）という（図43参照）。

7-17　予想シナリオは，通常（expected scenario）・悲観的（pessimistic scenario）・楽観的（optimistic scenario）の３つを用意する。企業が提示した事業計画の前提が楽観的な場合は，金融機関や投資家側で独自に，保守的（conservative scenario）・最悪ケース（worst case scenario）の２つを作成する。

　　作成にあたっては，さまざまな状況を想定する必要がある。たとえば，消費者向けの商品やネット販売の場合，広告宣伝費が投資額に比して巨額になりうる。中間製品の場合，納入先企業の生産計画に大きく左右されるだろう。輸出製品や材料が輸入材の場合，為替レートや原油価格，その他関連商品市況の動向により売上高が大きく変動しうる。景気動向も織り込む必要がある。このあたりは，事業の性質やビジネスモデル（¶4-6）そのものに係る問題だから絶対的な手法があるわけではなく，それぞれの事業に即してなるべく客観的なデータに基づいて想定を行い，EXCEL等を利用してスプレッドシートを作成して，投資から生まれる正味営業キャッシュフローを予想する。

(b)　適正な債務比率の計算

7-18　設問の場合，借入金利と株主の要求利回りが分かっているので，総資本コスト（WACC，¶3-14）が分かれば適正な使用総資本に占める借入れの比率（**負債比率**，debt ratio）が決まる。

　　すでに見たように，WACCは結果的に事業全体の利回り（RoA）に一致する（¶3-15）。ただ，営業キャッシュフローの金額は不規則なので，単純に何パーセントと想定することができないから内部収益率（IRR，¶5-48）を用いる。**表11**のキャッシュフローについてEXCELのIRR関数を用いて内部収益率を計算してみると，約13％となる。つまり，この事業のRoAすなわちWACCは13％ということである。

今，適正な負債比率を x とすると，
$$WACC = 0.04\,x + 0.2\,(1-x) = 0.13$$
$$x = 43.75\%$$

つまり，このケースでは，2000万円の43.75％，すなわち875万円までの借入額であれば，株主の要求利回りを満足させつつ債務の返済を行えることが分かる[190]。この結果を検証したのが**表12**である。累積CFが概ね剰余金（¶4-25）の動きに相当する[191]。

表12 負債比率43.75％の場合の採算分析

単位：万円

年	初期投資	1	2	3	4	5	6	7	8	9	10	IRR
営業CF	−2000	50	100	300	500	800	750	600	400	300	200	13％
借入CF	875	−35	−35	−35	−35	−35	−35	−35	−35	−35	−910	4％
正味CF	−1125	15	65	265	465	765	715	565	365	265	−710	21％
累積CF	−1125	−1110	−1045	−780	−315	450	1165	1730	2095	2360	1650	

7-19　なお，負債比率が43.75％ということは，自己資本を5割以上用意せねばならないということを意味する。しかし実際には，銀行等は投資した設備の担保価値や他の事業からの収入，その他の資産の価値を評価することにより理論的な適正負債比率を超えて貸出しを認めることも多いから，もし経営者に事業収支がシナリオどおりとなることについて自信があるなら，追加的な借入れを行って RoE の向上や事業規模の拡大を図ることができる。ただし，

---

190) 実際にはお金に時間価値があるので，このような大雑把な計算では微妙な狂いが生じる。EXCELでは，ツールメニュー（EXCEL 2007ではデータリボンのwhat-if分析）にあるゴールシーク機能を用いて，借入金額を変化させ（「変化させるセル」に借入金額にあたるセルを指定），株主のIRRがちょうど20％になる正確な値を試行錯誤で求めることができる（「数式入力セル」に株主のIRRを計算しているセルを指定し，「目標値」に0.2を入力）。本文の例でこれを計算すると適正な負債額は822.6百万円程度になる。
191) 正味CFのIRRが20％ではなく21％になるのもお金の時間価値が考慮されるからである。

レバレッジ比率（¶3-6）が高まるからそれだけ損益の振幅が大きくなってリスクが増える。また，負債比率が上昇すると財務構造も悪化するから追加的な調達が難しくなる。経営者はこうしたことを総合的に判断して負債比率を決定するのである。

　一方，起業時に銀行等から十分な信用が得られず，さりとて，普通株式で巨額の資金調達を行うことも難しい場合には，優先株式（¶4-32）や転換社債，疑似エクイティー（第2部）といったハイブリッド調達を検討する。

　(c)　最悪シナリオの分析

7-20　次に，負債額875万円を前提に，最悪シナリオの場合に，債務返済が可能かどうかを検証する。このためには，割引率を借入金利（4%）として最悪シナリオにおけるキャッシュフローの正味現在価値（NPV，¶5-48）を求めればよい。これは，最悪シナリオにおいて債権者に返還できるギリギリの金額を意味する。逆に言えば，この金額が貸付元本を下回る場合には担保や保証等の債権保全策を講じておいた方がよいということになる。

　(d)　金繰りの分析

7-21　事業によっては売上げが伸び出すまでに時間がかかり，当初数年間の資金収支が赤字になることもある。この場合，現在価値ベースの分析では問題がなくても，赤字資金の借入れができないと資金繰りが破綻してしまう。こうした事態が予測される場合，赤字資金分の余剰資金を出資者にあらかじめ拠出させるか，銀行の融資枠を追加的に設定させる必要がある。さらに，こうした投資ファイナンスとは別に，商業ファイナンスのために借入余力を残しておく必要もある。なお，商業ファイナンスでのリスク分析は金繰り分析が主体になる。

　(e)　投資採算分析の限界

7-22　投資採算分析は株主の期待利回りと金利等の負債利子率を所与として事業キャッシュフローとの関係を分析するものであり，そもそも株主の期待利回りや負債利子率がどの程度であるべきかについては何も語っていない。これらの理論値をどのように求めるかについては，別途後段で論ずることにする

(株主の期待利回りについては¶13-16，デットについては¶8-30以下を参照のこと)。

3　証書貸付

7-23　1年以上の企業向けの融資（金銭消費貸借契約，¶7-4）の場合（実務では1年以上の貸付けを「長期貸付」という），契約証書を作成して貸し付けることが多い。これを**証書貸付**（loan on deed）という。

> 契約証書といっても，銀行取引約定書との併用を前提にした非常に簡素なものから，大規模プロジェクト向け融資に用いられる複雑なものまで千差万別である。しかし，以前に比べると欧米流の本格的なローン契約が締結される事例が増えている。そこで，本書では，日本ローン債権市場協会がシンジケートローン（¶11-12以下）について取引標準化のために公表しているローン契約のひな形（SL ひな形）を適宜サンプルとして用いることにする。このひな形は，読者の皆さんが容易に入手できる金融関連の契約書例の中で最も複雑なもののひとつではないかと思う。ぜひダウンロードして参照箇所を一読してみてほしい。

(1)　前文（preamble）

> ●●株式会社（以下，「借入人」という。），○○銀行（以下，「貸付人」という。）は，平成●年●月●日付で以下の通り合意する（以下，「本契約」という。）。

7-24　通常条文に入る前に，契約の当事者が以下の通り合意したといった内容の前文をおく。伝統的には当事者を甲・乙・丙などと略するが，当事者が増えると誤りやすいため，借入人・貸付人といった立場が明確に分かる略称を用いるほうがよい。貸出実行が1回の場合は，契約日付を融資実行日とした上で前文に「貸付人は金○○円を貸し付け，借入人はこれを受領した」といった内容を盛り込んで要物契約性を明確にする（¶7-25）。

7-25　**要物契約性**　消費貸借契約は目的物を借入人が受け取ることにより効力が生ずる要物契約である（民587条）。大学では，諾成的消費貸借契約を認める

べきとか，契約後資金交付前に設定・作成した抵当権や公正証書等の有効性をめぐり要物性が緩和されている等と習ったと思うが[192]，実務は民法に従い要物性を意識して組み立てられており，契約文言上の工夫に加え，借り手から収受すべき手数料があったり，融資金を第三者に直接支払うよう依頼された場合であっても，後日契約の有効性が争われることのないよう，融資金はいったんは借り手の預金口座に融資額全額を入金する。

7-26　**諾成的消費貸借契約**　諾成的消費貸借とは「貸そう」「借りましょう」という意思表示の合致だけで（諾成的に）消費貸借が成立するという考え方を指す場合と，一方が貸す義務を負担し，もう一方が借りる権利と借りた以上は返済する義務を負担するという内容を持つ，典型契約としての消費貸借とは別の種類の契約のことを指す場合の2つの文脈がある。実務上，前者は認めないが，後者は（これを講学上何と呼ぶかは別にして）当然に有効と考えられている[193]。上記前文を見れば分かるが，SLひな形は諾成的消費貸借契約の形態をとるので，契約時点で資金の交付は行われていない。後述する融資枠契約も諾成的消費貸借契約の例である。

(2)　定義規定（definition）

> 第1条（定義）　次に掲げる各用語は，文脈上別義であることが明白である場合を除き，本契約において次に定める意味を有する。……

7-27　最近の契約書は英文契約書の影響を受け冒頭に定義条項を置くものが多い。この場合，異なる条文にまたがって登場する用語で特別な意味を持つものには原則として定義規定を設ける。ただし，定義の中にあまり実体的な内容を盛り込むと非常に読みにくい契約書になるので注意する必要がある。

7-28　**定義された用語を見落とさないための工夫**　英文の場合，定義された用語

---

[192]　大判昭和11・6・16民集15巻1125頁（公正証書，民判208事件）。大判大正2・5・8民録19巻312頁（抵当権）。ただし，抵当権についてはむしろ将来債権を被担保債権とする抵当権の設定が認められるかという付従性緩和の議論と位置付けることができる。実務的にはこちらのほうが格段に重要な論点である。

[193]　債権法改正方針では，この意味での諾成的消費貸借契約を消費貸借の原則型とすることを提案している（3.2.6.01）。

> （定義語）は大文字（capital letter）で始めるので文中でそれとすぐ分かるが，和文だと非常に分かりにくいため，長文の契約書を読む場合，まず定義規定にざっと目を通しておいて定義語にマーカーを引きながら読むといった工夫が必要である。ただし，本来ならワープロで簡単に対応できるのだから定義語をゴシック体にするか，かぎ括弧で囲むといった工夫をすべきである。法律文書は正確を期すためにある程度「悪文」になることは避けられないが，それだけに，その他の面ではできる限り読みやすくなるよう配慮せねばならない。

(3) 貸付人の貸出義務（commitment）

7-29　設備投資や長期運転資金のような投資ファイナンス目的の融資の場合，プロジェクトや事業の進行に即して貸出実行が一定期間に数次にわたって行われることが多い。この場合，貸付人が総額でいくらまでの融資に合意したのかを明らかにし，貸出義務を定める（¶7-58，実務では貸出義務のことを「コミットメント」と呼び，たとえば10億円の融資契約を締結して貸出義務を負担していることを「10億円コミットしている」と表現する）。

【参考】　貸出義務の規定例（SLひな形を参考に作成）
第○条（貸付人の権利義務）
(1)　貸付人は，貸付義務を負担する。
(2)　貸付人が貸付義務に違反して実行日に個別貸付を行わなかった場合，貸付人は，かかる貸付義務違反により借入人が被った全ての損害，損失および費用等を，借入人から請求があり次第，直ちに補償する。
第○○条（貸付実行の前提条件）
　貸付人は，次の各号に定める条件が実行日において全て充足されることを条件に貸付を実行する。
① 貸付不能事由が生じていないこと。
② 第××条（表明と保証の規定）各号記載の事項がいずれも真実かつ正確であること。
③ 借入人が本契約の各条項に違反しておらず，また，実行日以降においてかかる違反が生じるおそれのないこと。
（後略）
第○○条（定義）

> ○○)「貸付義務」とは、第○○条各号記載の要件の充足を条件に、実行日に貸付人が借入人に対して貸付を実行する義務をいう。
> ○○)「貸付不能事由」とは、①天災・戦争の勃発、②電気・通信・各種決済システムの不通・障害、③東京インターバンク市場において発生した円資金貸借取引を行い得ない事由、④その他貸付人の責によらない事由のうち、これにより貸付の実行が不可能となったと貸付人が判断するものをいう。

(4) 資金使途（use of proceeds）

> SLひな形 第3条（資金使途） 借入人は、貸付により調達した金員を[　]として使用する。

7-30　融資代り金（proceeds）が何に使われるかを明確に定め、後述する表明・保証の内容としたり（¶7-42）、より直接的には期限の利益喪失事由（請求喪失事由。¶7-44）として債権保全策と連動させる。収益償還の原則（¶7-13）からして、融資金が目的外利用されると融資判断の根拠となった返済原資の確保ができないからである。

(5) 借入申込手続と貸出前提条件（conditions precedent）

> SLひな形 第4条（貸付実行の前提条件） 貸付人は、次の各号に定める条件が実行日において全て充足されることを条件に個別貸付を実行する。……

7-31　契約後に順次貸出しを行う方式の場合は、借入申込みの手続を定め、さらに融資実行日において借入人が満足すべき要件を定める。具体的には、表明・保証条項の内容が真実であることや、コヴナンツの遵守、不可抗力等の貸付不能事由の不発生や期限の利益喪失事由にあたるような事実の不存在を確認する。期限の利益喪失事由にあたらないが、重大な財務上の懸念がある場合には融資を拒めるとする場合もあるが、この場合、その判断を誰が何に基づいて行うか等を明確にしておかないとトラブルとなる可能性がある。

(6) 元本返済（repayment, amortization）

7-32　元本返済にはさまざまな方法がある。最も単純な方法は，最終期限に元本の全額を返済する**期限一括弁済**（bullet repayment, repayment in lump sum）であるが，この場合，期限到来の年に巨額の返済資金が必要になるため，借り手の資金繰りに対する影響が大きい。特に返済資金を**借り換え**（新規の融資を受けて前の融資を返済すること）による場合，その時点で業況が悪化していたり，金融政策が引締め期にあったりすると，借り換えができずに金繰り破綻するといったリスクもある。一方，返済のために内部資金を積み立てると借入金利に比べて低い利回りでしか運用できない上，万が一の場合に貸付人が当該資金について優先弁済を受けるには特別な対応が必要になる。このため，事業のキャッシュフローに合わせて少しずつ弁済させていくことが多い（**内入**［うちいれ，partial repayment］という）。

　内入を行う方法としては，N年据え置き後M回均等返済（repayment in equal installment），均等返済に最終回だけ大きな金額の返済を組み合わせるもの（equal installment with balloon payment），不均等弁済（毎回の返済額を具体的に定めるもの），元利均等払い（level payment，住宅ローンのように元本と金利の合計が均等になるもの），最終期限までに随時弁済（voluntary repayment）といったものがある。内入を行う場合は返済日を利払日と合致させることが多い。そうしないと，利息を内入日を挟んで分かち計算せねばならなくなり，コンピューター処理が複雑になるからである。

(7) 期限前弁済（prepayment）

7-33　融資契約の場合，期限前弁済を認めることが多い（債券の場合について¶10-51）。ただし，期限前弁済への対応には事務コストがかかることに加え，長期固定金利型等の場合には再運用を同じ金利以上でできないと収益減もしくは逆ざやになる。このため，事務コストや得べかりし利益を補償させる趣旨で**期限前弁済手数料**（prepayment fee）を徴求する。

> 【期限前弁済手数料の規定の例】　借入人は，期限前弁済にあたり，貸付の元本並びに経過利息に加え，以下の算式に基づき計算される期限前弁済手数料を支払うものとする。ただし，除算は最後に行い，1円未満は切り捨てる。

$$期限前弁済される元本額 \times (再運用利率 - 適用利率) \times \frac{再運用期間}{365}$$

　再運用期間　期限前弁済がなされた日から約定弁済日までの期間をいい，期限前弁済日と約定弁済日の双方を含むものとする。
　再運用利率　期限前弁済がなされた元本金額を再運用期間について東京インターバンク市場で再運用すると仮定した場合の利率として貸付人が合理的に決定した利率をいう。
　適用利率　○○条（金利に関する条文）に定める利率をいう。

(8) 金利，利払い方法 (interest rate, interest payment)

7-34　金利の決定方法や計算方法についてできる限り具体的に規定する。金利のバリエーションや利息計算の方法等については，第8章で金利に関する基礎知識とともに詳しく解説する。

7-35　**延滞利息**　期日より遅れて元利金の支払がなされた場合は，当該金額について延滞利息（遅延損害金という）を徴求する。遅延損害金については利息制限法の制限金利の1.46倍を超えてはならないとされている（超過部分は無効。利息4条1項。**表17**参照）。

(9) 費用負担・租税公課の負担 (expense, tax indemnification)

7-36　契約費用，契約締結後に当事者のいずれかに発生した費用をどのように分担するかを明確に定める（民法では折半が原則［民559条・558条］，SLひな形13条）。印紙税の負担のほか（¶7-46），非居住者との取引については，利息に源泉徴収税が賦課された場合にこれを借入人が補填（gross up）するかどうかが重要な問題となる。

(10) 債権保全関連の規定

7-37　債権保全関連の規定については次節で詳しく解説する（¶7-41以下）。

(11) 相殺予約 (set-off clause)

7-38　相殺適状については民法でも学説が分かれる部分なので，貸付人に有利な相殺が可能となるように相殺予約，相殺特約を設けることが多い（SLひな形

19条,¶15-20)。

⑿ 弁済充当の指定

7-39　充当順序については,民法の定める費用・金利・元本の順番(民491条)は,貸付人に有利なので特に変更する必要はない。しかし,遅延利息がある場合はこれを通常の利息に優先させる等細かな規定を定める必要がある(SLひな形14条(4))。また,現在の貸付け以外にも複数の債権がある場合には,無担保・無保証のものから先に充当できるようにするといった対応が必要だが,民法は原則として弁済の充当順序の指定権は借入人にあるとするので(民488条),これを貸付人となるように特約する必要がある。

⒀ 債権譲渡(assignment clause)

7-40　最近のローン契約では,貸付債権をローンセールの対象とすることができるように債権譲渡関連の規定を設ける。ローンセールについては第12章で詳しく検討する(SLひな形26条)。

4　債権保全関連の規定とコヴナンツ(covenants)

7-41　エクイティーとの比較で検討したように,デット調達は企業が問題ない限り安定した利益が得られるが,貸倒れが生ずると大きな損失につながる(¶3-10)から,債権保全に関する条項は融資契約の中でも最も重要な位置を占める。最後にこれを整理しておこう。

(1) 表明・保証と貸出しの前提条件

7-42　貸倒れを避ける最良の方法は,危ない先には最初から貸さないということである。融資契約ではこれを表明・保証(SLひな形16条)と貸出しの前提条件(同4条)の組合せで対応する(¶7-31)。

> SLひな形　第16条(借入人による表明及び保証)　借入人は,貸付人及びエージェントに対し,本契約の締結日及び実行日において,次の各号に記載された事項が真実に相違ないことを表明及び保証する。
> ①　借入人は,日本法に準拠して適法に設立され,かつ現在有効に存続する

> 株式会社であること。……

7-43 **表明・保証条項**　「表明および保証」は，英語の"representations and warranties"を直訳したもので，その事実がなければ相手方が契約や契約上の債務負担を行うことがなかったと考えられる重要な事実が確かに存在し，また真実であることを契約書上で確約させるものである。融資契約の場合，表明・保証が真実であることは貸出実行の前提条件となるほか，後に，真実でないことが判明した場合は期限の利益喪失事由となる（SLひな形18条2項2号）。また，これらが真実でないことが判明したときは直ちにその旨を全貸付人に報告させる（同17条1項6号）。

表明・保証の対象となる事実は本来なら貸付人が契約や貸出実行の時点で自ら確認すべきものだし，実際にも確認をするわけだが，先方が最初から騙すつもりの場合は見抜けないこともあるし，財務状況の重大な変化（同16条7号）や重大な争訟等の不存在（同8号）など主観がからむものについては見解の相違がありうる。規制や第三者がからんでいると双方の当事者が大丈夫と考えても結果的に問題が生じることもある。このようにたぶん大丈夫だが完全を期そうとすると前に進めなくなるような問題については表明・保証を利用すると便利である。ただし，表明・保証違反が判明してからでは対応が難しいことも多いから，あくまで自分で確認することを前提に万が一に備える趣旨であることを忘れてはならない。

(2) 期限の利益喪失事由

7-44 また，いったん貸した後に問題が生じたら弁済期日を待たずに期限の利益[194]を喪失させ回収を図ると共に，必要に応じて相殺や担保の実行等を行う必要がある。民法は期限の利益喪失事由として，①破産手続の開始，②債務者による担保の滅失・減損，③担保提供義務の不履行の3つを定める（民137条）。しかし，実務ではこのほかにもさまざまな期限の利益喪失事由を特約として盛り込んで債権保全を強化する。期限の利益喪失事由は，発生すれ

---

194) **期限の利益**　法律ではファイナンスを得た者が期限まで資金を返済せずに利用できることを「期限の利益」という。これは，民法136条が「期限は，債務者の利益のために定めたものと推定する」と定めていることに由来する。【復習】我妻ほかⅠ総123-125。

ば自動的に喪失させる**当然喪失事由**（SLひな形18条1項）と，貸付人の判断で喪失を請求するかを決する**請求喪失事由**（同2項）からなる[195)196)]。前者には倒産やこれに準ずる状況，後者にはそれに至らない債務不履行の発生や財務状況の悪化が含まれる。また，これらにつながる可能性が高い別の債務に関する債務不履行も請求喪失事由とする（SLひな形18条2項5号・6号）。これを**クロスデフォルト条項**（cross default clause）という（¶15-49）。

(3) コヴナンツ（責任財産の維持と監視）

7-45　しかし，入口と出口だけ押さえるだけでは十分でない。デット調達は原則として債務者の責任財産（¶7-8）を引当てとするから，契約期間中はこれを維持させると同時に，常に情報を収集して財産状況やこれに影響を及ぼす状況の変化を監視して必要な対応を即時に打てるようにする必要がある。このために用いられる法技術が**コヴナンツ条項**（covenants clause）である。コヴナンツには積極的な行為を要求する**ポジティブ・コヴナンツ**（positive covenants）[197)]と不作為を要求する**ネガティブ・コヴナンツ**（negative covenants）がある。

　伝統的な融資は銀行と借入人との間に経常的な取引関係があることを前提に，万が一の場合には担保から回収を図ることを想定している場合が多い。これに対し，シ・ローンは借入人と参加人との間には経常的な取引関係がなく，社債と同様無担保の場合が多いので，債権保全のためにコヴナンツが重

---

195) 債権法改正方針は，期限の利益喪失に係る事項は任意規定であり，当然喪失事由と請求喪失事由の双方が可能である旨の確認的規定をおくことを提案している（1.5.64〈4〉）。

196) 期限の利益喪失事由と消滅時効　判例によれば，分割弁済や割賦債権について1回分の債務不履行があった場合に，これが当然喪失事由にあたる債務全額について債務不履行の時から消滅時効が進行するのに対し，請求喪失事由にしかすぎない場合は，弁済期未到来の債務については債権者が債務全額の返済を請求した時点から消滅時効が進行するとする（大連判昭和15・3・13民集19巻544頁［民判73事件］，最判昭和42・6・23民集21巻6号1492頁）。これに対し，多数説はどちらも不履行時からとする（内田1・316頁等）。しかし，債権者はむしろ当然には請求しない前提だからこそ請求喪失事由としているのであり，債務者も当然に全額返済せねばならないとは考えていない場合が多い。また，支払遅延以外の請求喪失事由の場合，発生時点を客観的に決定しづらいものが多いという問題もある。基本的には判例の考え方が妥当である（加藤1・407頁）。

197) アファーマティブ・コヴナンツ（affirmative covenants）ともいう。

要な役割を担う。一般にプロジェクト性やノンリコース性が強くなるほど詳細で厳しいコヴナンツが必要になる[198]。

表13は標準的なコヴナンツの内容を整理したものである（SL ひな形17条参照）[199]。この中で特に一定財務状況を維持すべきとするコヴナンツのことを**財務制限条項（financial covenants）**という（¶15-52）。

表13　標準的なコヴナンツ

種類		内容	SL ひな形 17 条
ポジティブ・コヴナンツ	報告・開示義務	期限の利益喪失事由の発生もしくはそのおそれ	1項1号
		適法に作成された財務諸表その他開示文書	1項2号
		借入人や子会社・関連会社に関する追加的な財産・経営・業況に関する報告や調査の便益の提供	1項3号
		重大な業況の変化やそのおそれ（material adverse change）	1項4号
		事業計画や経営計画の開示	－
		短期または長期格付けの変更	1項5号
		表明・保証違反の報告	1項6号
		貸付債権に対する差押え等の報告	7項
	パリパス条項	他の無担保債務と同順位に取り扱うこと	4項3号
	財務制限条項	資本金の維持　格付けの維持	5、6項
		その他財務比率の維持[200]	－
ネガティブ・コヴナンツ	事業維持条項	事業の維持	4項1号
		事業内容の不変更	4項2号
		事業譲渡、組織変更の禁止	4項4号
		重要な資産処分の禁止	－
	担保不提供義務	対第三者	2項
		シ・ローンの貸付人の一部に対するもの	3項

---

198) たとえば、プロジェクトファイナンス関連について西村58頁以下、M&Aファイナンス関連について篠山＝村岡193頁以下。
199) コヴナンツ一般については注198の文献の他、コベナンツ研究会、西村149頁以下。
200) 財務制限条項の対象となる代表的な財務比率には、自己資本比率の他、DSCR（debt service coverage ratio、金利・税・償却前利益［EBITDA］を債務返済（元利）で除した比

5　手形貸付と銀行取引約定書

(1)　短期融資の手段としての手形貸付

7-46　さて，融資期間が長期間にわたる投資ファイナンス型のデットファイナンスについては上述のようなしっかりした契約書の締結が欠かせない。一方，融資期間が営業循環（通常1年）の期間内におさまり，借入金額も比較的小口の商業ファイナンスについていちいち証書を作成すると，面倒なだけでなく印紙代や契約書作成のコストもバカにならない。そこで，1年以内の貸付け（これを「短期貸付」という）については，**銀行取引約定書**（銀行以外の場合は金融取引約定書）[201]と呼ばれる基本契約を取り交わしておいて（この場合，約定書に貼る印紙税は 4000 円ですむ），それぞれの貸付けの際には簡単な借入申込書を提出させ，別途約束手形を差し入れさせる形態[202]が取られることが多い[203]。これを**手形貸付（loan on note）**という（借入人の勘定科目は支払手形ではなく手形借入）。手形貸付のために差し入れる約束手形は裏書による流通が想定されず銀行の名前が受取人として記載されるだけなので，**単名（たんめい）手形**と呼ばれる。

7-47　**当座勘定取引と手形・小切手**　普通預金を引き出すときは，預金の払出票に署名捺印して通帳と共に銀行の窓口に提出することになっている。実際には，カード以外使ったことがない人も多いと思うが，最近不正・犯罪対応のために ATM（automated teller machine[204]）を使って普通預金から引き出

　　率，¶15-12），金利カバレッジ比率（interest coverage ratio，一定期間の収益を同一期間の利払額で除した比率），負債比率等がある。
201)　以前はすべての銀行が，全国銀行協会連合会が定めた銀行取引約定書ひな形に従っていたが，公正取引委員会から横並びの助勢につながるとの指摘もあって 2000 年 4 月に廃止され，現在は各金融機関が個別に内容を定めている（金取六法約款類 1）。
202)　多くの場合単名手形は預かるだけで，期日には当座預金を口座引落しして元本の回収が行われ，手形は別途借り手に返却される。
203)　手形に貼る印紙は証書の場合の約半額で済む。さらに，最近は手形を一覧払いにして 200 円で済ませることも多い。
204)　teller という英語は銀行窓口担当のことを指す「テラー」というカタカナ英語にもなって

せる金額の上限が引き下げられたので、一時よりは窓口で手続をする機会が増えた。しかし、巨額かつ頻繁に資金決済を行う必要のある企業はそれではいかにも不便である。そこで、①預金口座の払出票を有価証券化し、企業間で払出票をあたかも現金のように用いて決済を行う、②受取人はそれを他人に裏書譲渡できるほか、自分の取引銀行に預け入れさえすれば、あとは銀行が振出人の取引銀行に持ちこんで決済をしてくれる[205]、といったサービスがあれば大変便利である。誤解を恐れずに単純化して言えば、このように有価証券化された預金の払出票が**小切手**（check）であり、小切手により払出しを行う預金のことを**当座預金**（current account）という。小切手法3条に「小切手ハ其ノ呈示ノ時ニ於テ振出人ノ処分シ得ル資金アル銀行ニ宛テ且振出人ヲシテ資金ヲ小切手ニ依リ処分スルコトヲ得シムル明示又ハ黙示ノ契約ニ従ヒ之ヲ振出スベキモノトス」とあるのはこうした関係を指している。

　小切手が当たり前になるとこんどは支払を先に延ばせないかというニーズが出てくる。これに事実上応えたものが**約束手形**である。約束手形は、振出人が手形上で受取人に対して一定金額を支払う旨の債務負担を行うものである。支払は振出人が行うことが想定されているので、小切手のように銀行が手形債務者として登場する余地がない。しかし、日本において取引銀行から交付される統一手形用紙にはあらかじめ支払場所（第三者方払）としてその銀行の特定の支店が記載されており、銀行を通じて支払わない手形は事実上流通しない。日本の企業は従来、この手形を企業間信用や手形割引を通じた商業ファイナンスのツールとして活用してきた（以上の説明について大垣3・42-48頁を参照）。

　当座勘定取引はこのように手形・小切手の支払委託契約と預金契約を併せた混合契約と位置付けられている（西尾64-65頁、福井59-60頁）。

いる。これは昔、tell に（お金を）数えるという意味があったことに由来する。
205）他の銀行や支店に持ち込まれた小切手や手形をお互いに交換する場所が手形交換所である。

(2) 投資ファイナンスへの転用

図44　商業ファイナンスとしての手形借入

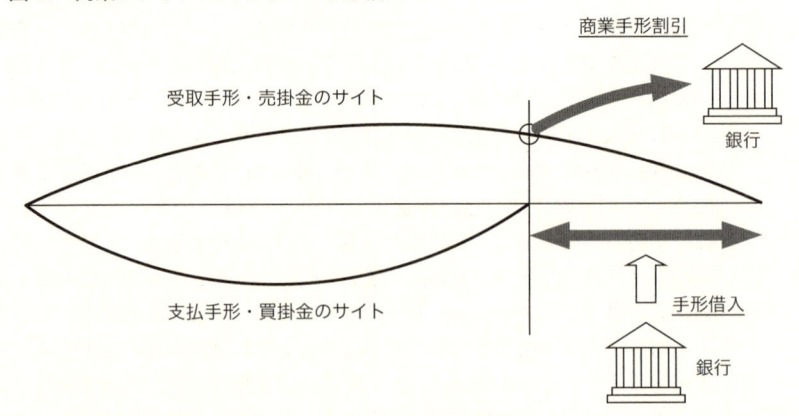

7-48　手形貸付は売掛・買掛という企業間信用の決済手段である手形を銀行からの借入れに利用したものであり、本来は短期の商業ファイナンスの手段である（¶2-44）。しかし、手形には不渡りや手形訴訟制度を通じた強力な強制力があるので（¶15-40以下）、設備投資や長期運転資金目的の投資ファイナンスにおいても、証書貸付と併用したり、手形貸付を期日ごとに更新したりして（ロールオーバー［roll over］という）事実上長期の貸付けに転用することがある。

7-49　また、中堅・中小企業についてはメインバンクとなる銀行がほぼ永続的に短期貸付を継続して提供することにより、経済的には資本金に非常に近い資金提供を行ってきた。これを**疑似資本的貸付**[206]ということがある。

7-50　**疑似資本的貸付の合理性**　　まず、銀行は独占禁止法上株式の保有を一定比率に制限されている（¶6-61）。また、融資は期限における元本返済が保証されているので、本来長期ファイナンスを行うべきところを、短期融資でロー

---

[206] 小野24頁は「本来は企業が「資本」として備えていなければならないにもかかわらず、金融機関からの借入によってまかなわれており、事業キャッシュフローからの返済が困難な性質のもの」と定義する。また、2008中小企業白書は「借入のうち金融機関からの借り換え等により事実上返済資金を調達する必要がない部分」と定義している（172頁）。

ルオーバーしておけば，万が一の場合には目先の期限において投資資金を回収することができる（¶15-39）。高度成長時代は金利の絶対水準が高かったので，あえてエクイティー投資を行わなくても融資で相応の収益を獲得することができた。このように，中堅・中小企業向けの投資ファイナンスを短期融資のロールオーバーで行うことには相応の合理性があった。

> 【参考】 2008 中小企業白書より
> 　わが国の中小企業金融の特徴として，金融機関からの借入金の一部は借り換え等により，実質的に返済資金を調達する必要がなく，中小企業にとって資本的性格を有する資金と認識されており，中小企業の自己資本を補完しているといわれている。（中略）　全体で5割の中小企業が借入金の一部を疑似資本と認識していることが分かる。こうした借入金は企業の業績が安定的に推移しており，金融機関の対応が変わらない限り資本的な資金として継続的な借入れが可能であるが，契約上は期限付きの借入れであるので，安定的な継続が不確実な資金であるという限界もある。こうした点でも，中小企業の経営において金融機関との取引関係が非常に重要な意義を有していることが分かる。中小企業においては，疑似資本のメリット・デメリットを踏まえ，エクイティーファイナンスにより自己資本の強化を図ることも選択肢として検討すべきであろう。

6　当座貸越

(1)　本来の当座貸越

7-51　当座預金に十分な残高がないと手形や小切手が不渡りになってしまうが，事務的な手違いが絶対ないとは言い切れない。また，数日後に確実な入金が見込める場合にいちいち不足資金について手形借入を受けるのはめんどうである。こうした場合，銀行は，信用力に懸念がない取引先については，一定金額の範囲内で当座預金の残高を超えて手形・小切手の支払に応じてくれる。当座預金について，いわゆる「赤残」（あかざん。残高がマイナスとなること）を認めるわけである。これを**当座貸越**（かしこし）という[207]。その性格上，

---

207) 当座貸越契約の法的性格は消費貸借の予約と考えるのが通説である（詳細は西尾 112 頁，

返済期限は定めず随時弁済とし，毎日の貸越残高[208]に付利した上で一定期間ごとに（多くは毎月）口座から引き落すか，（赤残の場合は）元加する。

(2) 融資型当座貸越

7-52　このように，当座貸越はもともと一時的な資金不足に対応するためのものだが，手形や契約証書が必要なく印紙税や事務の負担が軽くてすむことや，一定の枠金額の範囲で反復して貸したり返したりする場合に便利なので，通常の貸付けのための法技術としても用いられる。これを実務では融資型当座貸越などと呼んで本来の当座貸越（預金型当座貸越）と区別する。小規模事業者向けや個人向けのカードローン等にこの形態をとるものが多い。この場合，貸越しの対象となる当座預金は，手形・小切手の決済や口座振替による引落しはもちろん，第三者からの振込み等の受入口座にすることもできない借入専用口座とし，貸出金の振込先や返済金の引落しを行う口座とは別に設定することが多い[209]。

7　融資枠契約（コミットメントライン）

(1) 融資枠契約の意義

7-53　日々の事業において不測の支払や入金遅延が発生することは避けがたいから，万が一に備えて余裕資金（**手元流動性**）を確保しておく必要がある。このため，多くの企業は銀行から融資を受ける一方で，一定の資金をすぐに引出しが可能な要求払預金（当座預金，普通預金，通知預金等）のかたちで保有している（**図45 上**）。

福井 128 頁参照。
208)　よく考えると，ある日の貸付残高といっても企業の場合１日の中で頻繁に変動するから簡単には決められない。理論的には日中平均残高によるべきだが，システム負担が大きいので便宜的に日初と終了時の残高のいずれか高いほうとする方式をとる銀行が多いようである。
209)　会計上，預金型当座貸越は預金勘定のマイナス残高だが，融資型の場合はシステム対応上の問題もあり，期間に応じて手形貸付勘定や証書貸付勘定で処理することが多い。

図45　融資枠概念図

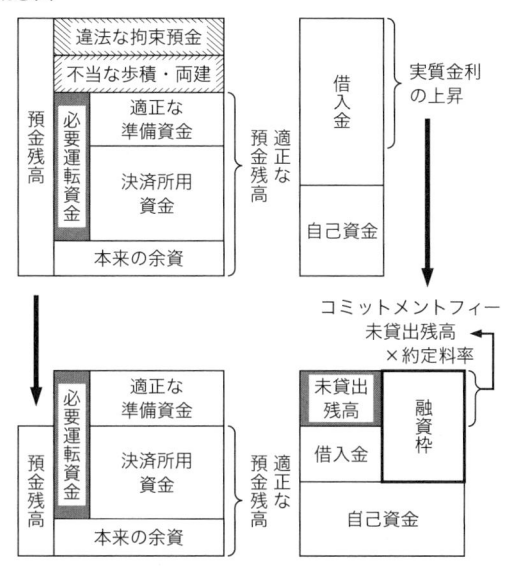

```
┌─────────────────────────┐  ┌─────────┐
│ ┌─┬─────────────────┐   │  │         │   
│ │ │違法な拘束預金   │   │  │         │   実質金利
│ │ ├─────────────────┤   │  │ 借入金  │   の上昇
│ │ │不当な歩積・両建 │   │  │         │      │
│ │ ├──┬──────────┐   │  │         │      │
│預│必│  │適正な    │適 │  ├─────────┤      │
│金│要│  │準備資金  │正 │  │         │      │
│残│運│  ├──────────┤な │  │自己資金 │      │
│高│転│  │決済所用  │預 │  │         │      ▼
│ │資│  │資金      │金 │  │         │   
│ │金│  ├──────────┤残 │  └─────────┘   
│ │ │  │本来の余資│高 │                  
│ └─┴──┴──────────┘   │     コミットメントフィー
└───────────┬─────────────┘     未貸出残高
            │                    ×約定料率
            ▼                  ┌───┬─────┐
┌─────────────────────────┐    │未貸│     │
│ ┌─┬──┬──────────┐   │    │出残│融資 │
│ │必│  │適正な    │適 │    │高  │枠   │
│ │要│  │準備資金  │正 │    ├───┤     │
│預│運│  ├──────────┤な │    │借入│     │
│金│転│  │決済所用  │預 │    │金  │     │
│残│資│  │資金      │金 │    ├───┴─────┤
│高│金│  ├──────────┤残 │    │         │
│ │ │  │本来の余資│高 │    │自己資金 │
│ └─┴──┴──────────┘   │    │         │
└─────────────────────────┘    └─────────┘
```

7-54　融資と預金を両建てにすることは一見無駄に見えるが，融資金利−預金金利というコストを銀行に支払って手元流動性を確保しているのだと考えることもできる。この場合，融資金利は銀行の調達コストである預金コストに借り手の信用リスクや事務負担に見合ったコストを上乗せしたものだから（¶8-29），上述のコストはちょうどこの上乗せ部分に相当する。しかし，融資金はいつでも預金と相殺できるのだから，銀行は両建ての部分については事実上信用リスクを負担していない[210]。それにもかかわらず借り手が信用リスクに見合うコストを負担するのは不合理である。またそもそも，両建ての部分は実質的な資金供与がないので，そこだけを見ると無駄な借入れをさせているようにも見える[211]。借り手が万が一の資金不足に備えたいなら，む

---

210)　BIS 規制における貸出金と自行預金の相殺の取扱い　健全性の観点から銀行の自己資本比率を一定以上に保つことを要請するいわゆる BIS 規制において（銀行14条の2），貸出金のリスクエクスポジャー（自己資本比率の分母となるリスク資産の額）を算定するにあたり一定の要件を満たす自行預金の額を相殺してよいと定める（BIS 告示117条・157条）。貸出金と預金の相殺については¶15-22参照。

211)　歩積・両建預金　従前は手形割引や融資にあたり強制的に貸出金の一定比率を預金させて実質金利を引き上げる慣行があった。これを歩積預金（手形割引の場合），両建預金（融資

しろ正面からそういう目的に則した金融商品を提供してもらい，これに対して銀行側の資金準備に対する正当な対価を支払ったほうがよい。

そこで，最近は，借り手の将来の資金需要にあらかじめ備える目的で，銀行が融資枠を設定し枠金額まで「貸し出す義務」を契約上明確に負担する一方，その対価として借り手が一定の手数料を支払う**融資枠契約**（コミットメントライン，commitment line）が普及しつつある（図45下）[212]。

(2) 貸出義務と約定料

7-55 　当座貸越（¶7-51）も融資枠契約と同じ機能を有するが，約款上貸出義務が明確に定められてはおらず，枠設定に対する対価も支払われない。ただし，銀行側が貸越しのための資金を準備しておく必要があるから，その分だけ融資金利が通常より高めに設定されていると説明される（たとえば，対策3・132-133頁）。

図46　利息と約定料

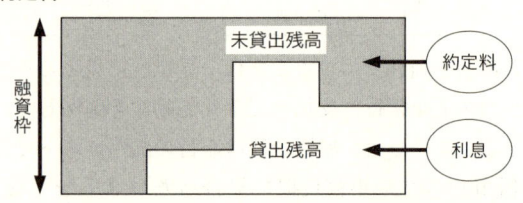

（融資枠／未貸出残高→約定料／貸出残高→利息）

7-56 　融資枠契約ではこれを一歩進めて，銀行の貸出義務負担の対価として，融資枠のうち未貸出の残高に対して**約定料**（やくじょうりょう，commitment fee）を徴求する。約定料は，利息と同様に，未借入残高に対して約定料率を乗じ，期間割りして計算する[213]。

の場合）という。これらは，不適切な融資慣行とされ（主要行指針Ⅲ-3-1-5-2，中小地域指針Ⅱ-3-1-5-2)，過度なものは優越的な地位の濫用として独占禁止法違反となる（独禁19条，不公正取引告示14号）。また，利息制限法の制限利息（利息1条）の判断にあたっては歩積・両建を勘案した実質金利による。

212) line of credit, credit facility といったことばも同義である。

213) このほか，未貸出残高ではなく融資枠全額について一定率の手数料を徴求する方式もある。この方式で徴求される手数料はファシリティーフィー（facility fee）と呼ぶことが多い。借入残高にも手数料がかかるから，一見借り手にとって不利なようだが，貸し手が約定料計算のために未貸出残高を厳密に管理しようとするとシステム開発や事務のコストが嵩むので，ファ

> 問）　利息制限法3条は「金銭を目的とする消費貸借に関し債権者の受ける元本以外の金銭は，礼金，割引金，手数料，調査料その他何らの名義をもってするを問わず，利息とみなす」と定める。出資法にも同様の規定がある（5条7項）。これをみなし利息というが，約定料はこれに該当する可能性が高い（¶8-68）。さて，B銀行はA社に10億円の融資枠を設定した。約定料は未貸出残高について年0.125％，貸出金利は2％である。A社は初年度はほとんど借入れをせず，年間平均借入残高は100万円であった。この場合，利息制限法・出資法の適用上，B銀行は年率換算で何％の利息を受け取ったことになるか。

7-57 **特定融資枠契約法**　設問の利率を計算すると，

$$\frac{1\text{百万円}\times 2\% + 999\text{百万円}\times 0.125\%}{1\text{百万円}} = 126.875\%$$

となり，利息制限法や出資法の制限を超過してしまう。年間借入平均残高をさらに小さくしていくとこの利率はどんどん法外な値になる。しかしこれを遂にゼロにして，A社が約定料だけ支払うなら何の問題もないというのはどこかおかしい。理論的にいえば，約定料と利息はどちらも融資枠という広義の与信供与の対価だから，利率計算上は上記算式の分母を貸出額ではなく枠金額全体とした上で，約定料には独自の上限率を設けるべきである[214]。しかし，現行法を前提にする限りは，悪質な金融業者が30万円を貸すために10億円の融資枠を設定するといった脱法行為を封じる必要がある。このため，法務省は分母を貸出額と考える立場を厳格に貫いてきており，銀行も利息制限法違反をおそれて融資枠契約の提供に慎重であった。

バブル崩壊（¶12-42）後の信用収縮の時期にこのことが問題視され，1999年に**特定融資枠契約に関する法律**という議員立法が成立し，特定の者に対して供与する融資枠契約については約定料をみなし利息としないことになった（法3条）。現在，同法に基づいて融資枠が利用できる者は①大会社（会社2条6号），資本金が3億円以上の会社，上場会社といった大企業（同2条1-3号），②証券化や投信等に利用されるSPV（同2条4-6号）に大別される。このう

シリティーフィー方式により料率を低くできれば両者にとって有利となりうる。もともと何もなければ借り入れる予定はないが必要が生じた場合には全額借り入れることになる可能性が高いCPバックアップラインの場合も，ファシリティーフィー方式が便宜である。

214）約定料はその性質からしてそもそも利息制限法の対象外だという見解もあるが（たとえば，西尾127頁），経済的性質はみなし利息とされる他の例より利息に近い。

> ち②は格付取得に融資枠の供与が必要な場合が多いといった実需に応えたものである。これに対し①は，大企業なら金融機関との力関係からいって上述のような脱法的利用をされるおそれが少ないからだとされる。しかし，もともと預金・融資の両建てを避けて資金枠を確保するニーズは中小企業にも強くあるはずなので，金融機関との力関係が弱いから融資枠契約が事実上利用できなくなるのはおかしい。<u>立法論としては第3類型を設け，金融庁の免許が必要で厳格な監督がなされており，日銀による流動性補完も期待できる預金金融機関が枠供与者である場合は借り手の如何にかかわらず同法を適用すべきである</u>[215]。

(3) 極度枠と限度枠

7-58　融資枠契約を手元流動性の確保や商業ファイナンスのために活用する場合，枠金額の範囲で何度も借入れ・返済を繰り返せたほうが便利である。このような種類の融資枠を**極度枠**（revolving credit, facility）という。

　これに対し，投資ファイナンスにおいて，工場や建物，船舶等の建築計画に従い何回かに分けて支払が必要になる場合，当初に総貸出額について融資枠契約を締結し，その後借り手の**借入実行通知**（drawdown notice）に基づいて順次貸し出していく方式がとられる。この場合，その後に返済をしても枠金額は復活せず，総額が貸し出された時点か**引出可能期間**（drawdown period）が満了した時点で融資枠は消滅して通常の消費貸借契約が残る。こうした種類の融資枠を**限度枠**（lending limit）という[216]。

7-59　**CPバックアップライン**　　信用力が高い企業は後述するCP（commercial

---

[215]　融資枠型長期貸付　　なお，こうした事情で中小企業に融資枠契約が供与しづらいため，信用懸念がない先には枠期間に対応する長期融資を供与して対応しておき，返済が進んだところで追加融資を行う。銀行からするとこのほうが金利が高めになるし，貸し渋りを恐れる借り手側からすると貸し借りを繰り返すよりはそのほうが安心ということもある。こうした実務を前提にするなら，当座預金の残高が見合う部分の融資の金利を約定料程度まで引き下げれば融資枠を供与したのと同じになる（BIS基準におけるリスク残高もゼロになるので合理性はある）。特定融資枠契約の対象とならない優良中小企業向けサービスとして検討の余地があるのではないか。

[216]　英文の融資契約はもともとこうした形態をとるものが多いが，日本では消費貸借契約が要物契約とされるために，資金交付時に契約書を締結することが多かった。

paper, ¶10-40) で市場から直接短期資金を調達したほうが有利な条件を得られることが多い。しかし，多くの投資家は，CP を一時的な余資を運用する預金代替と位置付けているため，発行体の格下げや市場の信用不安等に非常に敏感である。このため，CP 市場は長期債市場に比べると安定性が低い（2007 年に，サブプライム問題がきっかけで米国の CP 市場が一瞬にして機能不全に陥ったことは記憶に新しい）。そこで，CP の発行体は万が一に備えて，銀行に融資枠を設定してもらうことが市場の慣行となっている。このための融資枠を **CP バックアップライン（CP back-up line, facility）** という。銀行は預金という本源的資金を持つうえ，いざとなったら中央銀行から流動性支援を受けられるので"lender of last resort"の役割を果たせるのである。

(4) 融資枠の信用リスク

> 問) CP バックアップラインは，CP の発行体が格下げされた場合に発動されるから，保証とはいわないまでも偶発債務的な性格が色濃い。また，通常の融資枠の場合も枠期間が長期の場合，設定時に比べて借り手の業況が悪化するリスクが高まるから，貸出残高がゼロでも一定の信用リスクを負担しているように見える。銀行が融資枠の設定で負担している借り手の信用リスクは実際に貸出しをした場合に負担する信用リスクの何パーセント程度と考えるべきか？

この問に理論的に答えることは難しいので，現行の BIS 規制の取扱いがどうなっているかを整理しておこう。

7-60　**BIS 規制からみた融資枠契約**　銀行には，総資産の金額を信用リスクに応じて軽減加重して求めたリスク資産額に対する自己資本の割合を一定以上に保つべきとする，自己資本比率規制（いわゆる BIS 規制）が課せられている（銀行 14 条の 2，BIS 告示，¶12-19 以下）。設問を BIS 規制との関係でみると，自己資本比率を計算する際に分母となるリスク残高に融資枠の残高のうちどの程度を算入すべきか（これを**リスクウェイト [risk weight]** という）という問題となる。BIS 規制においては，各国の銀行が同じルールで一律に計算する必要があるから設問のような疑問に正面から答えねばならないのである。現行ルールでは融資枠のリスクウェイトは，①任意の時期に無条件で取消可能な場合や相手方の信用状況が悪化した場合に自動的に取消可能な場合は 0%，

②上記①に該当しないもので原契約期間[217]が1年以下の場合は20%，③1年超の場合は50%とされている（BIS 告示78条・117条1項4号）[218]。

(5) 約定料の理論値

問）以上の議論を踏まえると，約定料の理論値は，①いつでも貸し出せるように資金準備をしておくためのコスト，②借り手の信用リスクに対する対価，③事務コスト等からなることが分かる。どれも厳密な理論値を求めることは大変だが，②については BIS 規制を前提とすれば貸出金利に含まれる信用リスクプレミアムに上述のリスクウェイト（0，20，50％）を乗じて求めればよいであろう。では，①はどうやって求めればよいか。

7-61 **資金準備のためのコストの考え方**　銀行は貸出し可能な資金は無駄に保有せず全額貸出ししているはずだとしよう。この状態で融資枠に基づいた借入申込みに応ずるためには，貸出資金をインターバンク市場等から外部調達せねばならない。しかし，急な調達に応じてもらえるとは限らないから，資金を確実に用立てするには，事前に融資枠相当の金額を調達しておくしかない。ただ，それでは無駄な金利を支払わねばならない。そこで，借入申込みがあるまでは調達した資金をインターバンク市場に再放出して運用する。この場合，調達金利は運用金利より高いのでその差（**預貸スプレッド，offer-bid spread**）が銀行のコストになる。言い換えればこの預貸スプレッドがまさ

---

217) ここで原契約期間といっている意味は，たとえば1年間の枠設定において枠期限まであと3日という時点で3か月の借入れが可能な場合，借入期間は含めず原契約の期間である1年以内と考えればよいということである。蛇足だが，こうした事例で枠更改がなされないと，貸出金が残存しているのに融資枠契約が終了してしまうので，「なお，借入人が本契約上の全ての債務の履行を完了するまでは，かかる債務の履行に関する限り，本契約の関連条項は有効に存続する」といった注意規定を契約書に盛り込む必要がある。

218) **エバーグリーン条項**　1年の融資枠について，「満期の1か月前までに貸出人，借入人のいずれかが特に申し出ない限り，当該融資枠は同一条件であと1年更改されるものとする」という規定を設けることがある。これを，芝生がいつも青々としているという意味でエバーグリーン条項（evergreen clause）という。BIS 規制において，1年以下の短期融資枠のリスクウェイトは低く扱われるが，エバーグリーン条項があり，信用状況を見直さずに無条件に更改する仕組みになっているものは実質的に長期契約と取り扱うべきである。

に①に該当することになる。ちなみに，インターバンク市場における預貸スプレッドは1/8%程度であることが多い。ただし，銀行自身の信用力が低いと追加的な信用リスクプレミアムが上乗せされるからそれだけコストは上昇する。

　こうしてみると，融資枠を利用せずに融資と預金を両建てにするということは，銀行の代わりに借り手自身が上と同じことをしていることになる。しかし，調達金利にかかる信用リスクプレミアムが銀行より大きいため，それだけコストが膨らむ（融資枠の約定料にも設問②の部分が含まれるがリスクウェイトを前提にすると最大で50%にしかならない）。ここに融資枠契約を利用する経済的な合理性が存する。

第 8 章

金利の基礎知識

> デットファイナンスを理解するには，金利とは何かについて理解を深めておく必要がある。少し法律の世界を離れるが，融資契約等を起草する際の基礎知識になるので，金融パーソン以外の方も我慢して読んでみてほしい。

1 金利とは何か

(1) さまざまな金利

8-1　親子や知人からの寸借を考えれば分かるように，金銭消費貸借契約において，借り手は当然に利息を支払う義務を負うわけではない[219]。しかし，企業が借り手や貸し手となる場合，原則として資本使用の対価として何らかのかたちで**金利（interest）**を徴求する。一般には元本の一定比率[220]を元本と

---

[219] **利息請求権**　商人間の消費貸借については特約がなくても利息を請求できる（商513条1項）。債権法改正方針は事業者（法人，団体，個人事業者）の間の消費貸借について同様の規定を設けることを提案している（3.2.6.02）。なお，商法513条が利息を請求できる場合を商人間に限っていることについて批判的な立場が有力だが（たとえば落合ほか145-146頁，近藤142頁），近時の借り手保護の流れからすればむしろ現在の規定のままでよい。事業者・消費者間も同様である。

[220] **法定利率**　利息を払うべき場合に利率やその決定方法について，約定がなければ原則として5％，商行為から生じた場合は6％（商行為性は当事者の一方に認められればよい。最判昭和30・9・8民集9巻10号1222頁，商法百選42事件）とされる。これを法定利率という（民404条，商514条）。だが現在の低金利状況下で，5％・6％という水準は実情にそぐわなくなっている。法定利率の趣旨は，どんな者でもこの程度の運用はできただろうという金利だけは法律で保証してあげましょうということなので，そもそも金利が固定されていることがお

は別に支払うが，貸出時に金利相当の金額を返済金額（債権額面）から控除する**割引き**（discount）も実質的な金利（前払）として機能する。割引形態の場合，金利に該当する部分は**割引料**という[221]。

8-2　**利息・利子・金利**　金利を表す言葉にはいろいろなものがある。民商法では利息という言葉が使われている。金利は利息・利子の両方を含む，より一般的な用語で，利率を意味することもある。国語辞典を引くと利息と利子は同義とあるが，貸付利息のことを貸付利子とは言わないし，利子所得のことを利息所得とも言わないから微妙な違いがある。一般に，利息は払う立場，利子は受け取る立場から使うことが多いが，例外は多い。本書でも特に統一はせず文脈ごとに最も自然と思われる用語を用いる。

8-3　**金利・利率・クーポン・利回り・利子率**　利率を表す言葉もいろいろある。利率（interest rate）は，利息計算に用いる利息の元本に対する割合を指す。これに対し，**利回り**（yield, イールド）は，投資期間を通じた総キャッシュフローの内部収益率（IRR（¶5-48））を年率等で表したものである。事業収益や株式の配当のように不規則な収益キャッシュフローは利回りで考える。**クーポン**（coupon）は，もともと社債券の利札のことだが，社債券に関する利息やその計算のための利率の意味でも用いる。利子率という言葉は，経済学で抽象的な金利を考える場合に用いることが多い。投資理論では信用リスクを考えない**無リスク金利**（risk free rate）のことを特に利子率ということもある。

かしいし，短期・長期の区別がないことも問題である。立法論としては，金利を発生させるべき期間に応じた国債の金利やスワップ金利を法務省や財務省等が一定の基準にしたがって見直して定期的に発表する期間別の基準金利を民事法定利率として用い，商事法定利率については，これに一定率（たとえば1％）を上乗せしたものを用いるべきである（¶1-24, ¶1-33参照）。なお，債権法改正方針では同趣旨の提案がなされている（3.1.1.48）。

221）社債の場合，利息を付さず額面以下（under par）で発行するものを割引債もしくはゼロクーポン債という。利付債についても額面発行（issue at par）のほか，ディスカウント発行（issue at discount），額面以上（over par）の価格で発行するプレミアム発行（issue at premium）がある。額面との差額は発行差金といい，発行体・投資家はこれを資産・負債に計上し，一定期間で償却（amortization，カタカナ英語で「アモチ」と略する）もしくは増額（accumulation，同様に「アキュム」と略する）していく。この場合の実質利回りは，期中に社債を購入した場合と同様，満期までのすべてのキャッシュフローについて，すでに学習したIRR（¶5-48）を求めればよい。

8-4　**延払代金債権・割賦代金債権**　売買の代金債権を通常の掛け売りのサイト（期間）より長く**延べ払い（deferred sale）**にすれば，購入者に対する実質的なファイナンスの供与になる。通常の掛け売りの場合，値段の中に明確に金利部分を織り込むとは限らないが，延べ払いの場合，代金の中に利息部分が含まれていることが多い。割賦債権も同様である。

　しかし，代金債権は法律的にはあくまで代金債権であり，別途金利の約定がない限り金利が支払われるわけではない。このことを利用して，実質的には貸出＋金利であるものを延払代金債権として構成し，金利の授受に伴う問題を回避することがある。たとえば，利息の授受が宗教上禁止されているイスラム諸国で行われる**ムラバハ（murabahah）**と呼ばれる金融手法はそのひとつである[222]。また，かつてのわが国のように対非居住者間の資本取引に対する規制が厳しい場合，一般に貿易取引に関する規制は相対的に緩やかであることを利用し，クロスボーダーの与信を融資ではなく延払債権や為替手形の売買の形態で供与する。同様に非居住者の貸し手が受け取る利子所得に対して源泉徴収税が課せられる場合に，課税を回避する法技術として利用することもある（ただし，それが主目的の場合は租税回避とみなされる可能性が高まる）[223]。

(2)　法的にみた金利：利息債権

8-5　利息を受け取る権利を利息債権という。また，利息を生む元となる借り入れた金額のことを**元本（principal）**という。利息債権には，元本債権の一内容としてこれに付従[224]して，利息を生み出す基本的な債権（**基本権たる利息債権**）と，これに基づいて実際に利払い期日に発生した独立した金銭債権（**支分権たる利息債権**）の2種類がある。

8-6　**金利ストリッピング**　観念的な議論だが，基本権たる利息債権は元本債権から分離して譲渡しえないとするのが通説である（我妻ほか2債11(2)イ）。これに対し，支分権たる利息債権は独立した金銭債権だから元本債権とは別に

---

[222]　イスラム金融に関する概説書として，イスラム金融検討会，北村＝吉田。
[223]　古い事例だが，いわゆる籠抜けリースについて大垣1・189頁以下参照。
[224]　「付従する」という表現は，法律では主たる債権等と独立しているが，発生・消滅に関して主たる債権と運命を共にすることを意味する。また，主たる債権と共に移転する性質を表す場合，「随伴する」という表現を用いる。

譲渡したり担保権の目的とすることができる（我妻ほか2債11(2)ア）。将来発生すべき支分権たる利息債権を譲渡することも，譲渡当事者間では有効である（奥田58頁）。このように，元本債権から利息債権を弁済期到来前に分離し，独立した金銭債権として処分することを**金利ストリッピング**（interest stripping）という。

8-7 **社債券のストリッピング**　物理的に利札のある社債券（無記名債権）の場合，利札は独立した有価証券であると解されている。そこで，これを切り離してそれぞれを独立した割引債として取引するのが**ストリップス債**[225]である（¶10-25）。ストリップス債には，①同一の発行体について多くの割引債が生み出されることにより，投資家の保有期間に応じた投資を行うことが容易になる，②債券相互に裁定が働くので価格形成の効率性が向上し，発行条件の改善にもつながる，③国債等についてはスポットレート（¶8-11）が理論値ではなく実勢レートとして形成され指標性が強化される，等のメリットがある。振替決済制度（¶5-35）を利用する場合は社債券が発行されないので，有価証券たる利札を分離しているのではなく，将来発生すべき支分権たる利息債権の譲渡を振替決済制度を通じて行うという法律構成になる。ストリップス債を振替決済制度で取り扱うかどうかは立法政策の問題であるが，国債以外についてはほとんど流通市場が存在しない市場の現状や金利指標形成の観点から，現在のところ国債についてのみ法的対応がなされている（社債株式振替90条・93条）。ちなみに2009年9月末では473兆8264億円の振替国債残高のうち，元本ベースで3350億円（0.07％）について元利分離が行われている。

8-8 **利息債権の付従性**　利息債権は，元本債権の存在を前提とするので，元本債権が期限前弁済された場合や何らかの瑕疵や終了事由が発生したことにより当該利息の支払期限前に消滅した場合，これと共に消滅する。これを**利息債権の付従性**という。ただし，利息債権の譲渡に際して債務者が異議を留めないで承諾をすれば，元本が消滅してもなお，利息債権は有効に存続する（民468条1項）。社債券の場合，利札が独立した有価証券として取引されるため付従性の原則を貫くと問題である。そこで，会社法700条や国債に関す

---

[225]　ストリップス債という言葉は，米国で用いられる STRIPS（separate trading of registered interest and principal of securities）という略語に由来する。

る法律7条は，社債券が発行されている社債の期限前償還にあたり，支払期未到来の利札が欠けている（つまり市場で流通している）場合，償還額から欠缺利札相当額を控除してよく，欠缺利札の所持人はいつでもこれと引き替えに控除額の支払いを請求できるとする[226]。

8-9 **信託を利用した将来利息債権の譲渡**　仮に基本権たる利息債権を独立して譲渡できるかに疑義があるとしても，元本債権を一旦信託し，元本受益権と利息受益権に分離し，利息受益権のみを譲渡することは可能である。米国でストリップス債が普及する以前は信託方式で元利分離がなされていた。

2　金利と期間

(1) 金利の期間構造

8-10 　一般的に金利は短期のものは低く，長期になるほど高くなるという傾向がある。もちろん，期間が長くなるほど何が起こるか分からないから，調達者に対する信用リスクプレミアムは期間が長いほど高くなり，それだけ金利も高くなる。しかし，期間に応じた信用リスクの増減をあまり考慮する必要のない国債金利やインターバンク金利にもそうした傾向がみてとれる。このように，信用リスクを考慮しない金利と期間の関係のことを**金利の期間構造** (term structure of interest rate) という。

8-11 **イールドカーブ**　金利と期間の関係をグラフ化したものを**イールドカーブ** (yield curve) という。イールドカーブには，それぞれの期間に該当するキャッシュフローの現在価値を求めるためにそのまま利用できるよう，期中

---

[226] 控除すべき金額　控除すべき欠缺利札の金額について，旧法下では，計算の簡易から券面額と解する立場が有力であった（注釈会社10・134頁以下）。しかし，情報技術が発展した今日，発行体の事務負担に配慮した上，これに中間利息を利得させる合理的理由は希薄だから，控除すべき欠缺利息の金額は，償還時点における現在価値相当と解すべきである。ただ，社債券の多様化が進んでいるため，清算方法について一律に法律で定めることには無理がある。立法論的には，分離された支払期未到来の利札は元本の償還があっても失効しない旨のみを規定し，償還額の具体的決定方法等については市場の取扱いに委ねるべきである。

に利払いのない割引債の利回り（ゼロクーポン金利，zero coupon rate）を用いることが多い。これを**スポットレート**（spot rate）という[227]。イールドカーブの形状は多くの場合右上がりだが，期間が長くなるにつれて傾きがなだらかになる傾向がある。このほか，期間にかかわらず水平になる場合を**フラット・イールドカーブ**（flat），右下がりになる場合を**ネガティブ・イールドカーブ**（negative）とか**逆イールドカーブ**という（図47）。

図47　さまざまなイールドカーブ

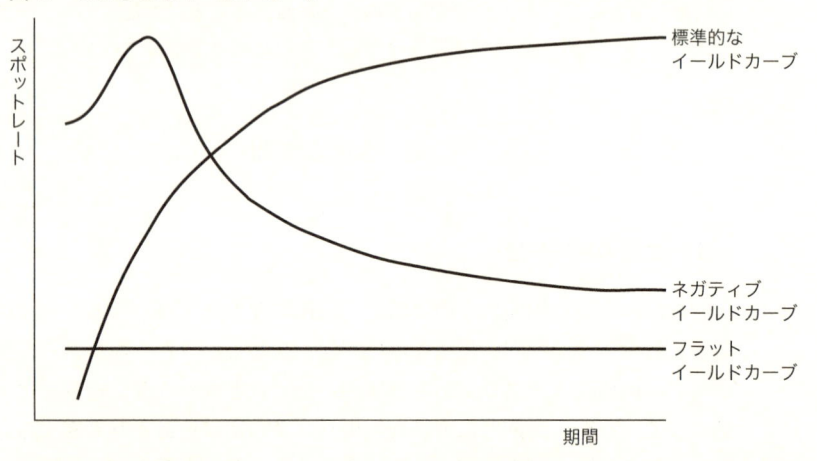

（グラフ：縦軸「スポットレート」，横軸「期間」。標準的なイールドカーブ，ネガティブイールドカーブ，フラットイールドカーブを示す）

8-12　金利の期間構造がどうして生ずるかは，金融に関する経済学における重要な論点のひとつである。

8-13　**金利の期間構造の説明**　金利と期間の関係を数学の関数のように決めつけることは不可能だが，大別して次の2つの考え方がある（SAAJ2・33頁以下参照）。

8-14　**①流動性プレミアム仮説**　まず，お金は使えて初めて価値があるのに，貸

---

[227] spotという言葉は，金融では「今この時点」というような意味で使われる場合が多い。もともと先物市場において，先物価格（future price）に対して，現時点で現金で買ってすぐに現物を受け取る場合の価格をスポット価格（spot price）と呼んだことに始まる。スポットレートに対し，利付債のクーポンは，パー・レート（par rate）と呼んで区別する。LIBORやTIBORといった銀行間金利の表示はパーレートなので，イールドカーブを作成するにはスポットレートに変換せねばならない（注495参照）。

付け・投資をしてしまうと使えなくなってしまう。金利はこのように流動性を犠牲にすることの対価なので，期間が長くなればそれだけ高くなるとする考え方である。有名な経済学者ケインズやヒックスによるもので，**流動性プレミアム仮説**（liquidity premium hypothesis）と呼ばれている[228]。

8-15　**②期待仮説**　今，市場参加者がみな1年後に金利が上がると思っているとする。この場合，もし1年と2年の金利が同じだとすると，今の金利で1年運用してから，あらためてもう1年運用したほうが2年の運用をするより有利になってしまう。このため，現時点における2年の金利は1年の金利よりもそれだけ高めになるはずである。このように，イールドカーブは市場参加者の将来金利に対する予想・期待を反映したものだとする考え方を**期待仮説**（expectation hypothesis）という。この考え方によれば，これから金利が下がると市場参加者が思っている場合には，長期金利のほうが低くなるはずである。実際にも，稀にそうした現象が起こることがある。

期待仮説は完全市場を前提にした理論であり，現実の市場の動きを常に説明できるわけではないが，数値化が容易なので，実務家がこれから行う取引について依拠すべき理論として使いやすい。特に，瞬時の判断で市場金利を動かす債券トレーダーや銀行の資金担当者は「金利先高ならイールドカーブは右上がり，短期金利が急騰しているが一時的ならネガティブ・イールドカーブ」といった「思考の定石」とでもいうべきものに従って取引を行っているため，短期的な材料に対して市場が期待仮説に沿って反応することは多い（¶8-53）。

(2) 短期金融市場と債券市場

8-16　これまで何度か説明したように，1年以内の金利を**短期金利**，1年超を**長期金利**という。この2つは，単に期間の長さが違うだけでなく，それが決定される市場が異なっている。

---

[228] これに対し，国債は流通性が高いので短期だろうが長期だろうが構わないだろうという意見があるかも知れない。しかし，売ろうとするときに今より金利が上がっていれば価格が下がって損をしてしまう。後述するように，期間が長い債券ほど支払われる金利が多いので，金利変動により価格が大きく影響を受ける（¶13-22以下）。流動性プレミアムはこのリスクに対する対価だといってもよい。

(a) 短期金融市場

8-17　短期金利は銀行間の無担保コール市場を中心とした**短期金融市場**（money market）により決定されている。金利は完全自由化（¶8-48参照）されてはいるが，中央銀行による金融政策（¶8-18）の対象となるため，この影響を非常に強く受ける。最近の日本においては景気対策のために1999-2000年にゼロ金利政策，2001-2006年に量的緩和策がとられ，金利が人為的に非常に低い水準に維持されてきた。

8-18　**金融政策（monetary policy）**　日本銀行は完全雇用・経済成長・物価安定・金利の安定・信用秩序の維持といった目標を達成するために，公定歩合や公開市場操作等を通じて金利，通貨量を操作する金融政策を担っている（日銀1-5条参照）。金融政策は本来自由な市場で決定されるべき通貨量・金利を政府の介入により調整するものであり，企業や家計のファイナンスに大きな影響を及ぼす（なお，財政政策について¶10-21参照）[229]。

8-19　**インターバンク金利（inter-bank rate）**　短期金融市場のうち，銀行同士が企業向け貸出等に用いずに保有する余剰資金を他の銀行に預けることで資金運用し，あるいは，相手方の銀行からみると預金で不足する貸出資金を調達するための市場を**インターバンク市場（inter-bank market）**という。インターバンク市場で資金をやりとりするための金利がインターバンク金利である。このうち，借り手となる銀行に対し相手方が呈示する金利がinter-bank offered rate（IBOR），逆に，資金運用をしたい相手方に対して呈示

---

[229]　金融政策の「政策」性と日本銀行の法的性格　一般に政策とは公権力の行使を伴うものと意識されているが，日本銀行が行う金融政策は今日においては市場において銀行業務という私的手段を用いて行われている。このため行政法的な視点からは日本銀行は行政主体性を欠くという議論がなされる。組織的にみると日本銀行は日本銀行法により設立され，政府のほか民間の関係者が発起人となって自主的に設立されるものだが（日銀8条），定款等の制定・変更が主務大臣（財務大臣および内閣総理大臣）の認可に係らしめられている（同11条2項）。この点をとらえて行政法上は認可法人と位置付けられている。具体的には出資金1億円の内55％を政府が残り45％が民間が保有しているが（同8条2項），配当は年5％に制限されており（同53条4項），最高意志決定機関は政策委員会（同14条）であって出資者に議決権はない。また総裁・副総裁・審議委員は両議院の同意を得て内閣が任命し（同23条1項・2項），監事も内閣が任命する（同3項）。こうした特殊な位置付けのため日本銀行の法的性格については議論がある。詳しくは塩野ほか参照。なお，日本銀行と同様認可法人に位置付けられる金融関係の公的主体に預金保険機構（預金保険法3条以下）がある。

する預金金利が inter-bank bid rate (IBID) である[230]。当然のことながら，通常は前者のほうが後者より高い。インターバンク金利のうち，国際的な銀行が参加するオフショア市場で決定されるものは指標性が高く，貸出銀行が現実にその市場で資金調達をしているかどうかにかかわらず，貸付けの基準金利として利用されることが多い。たとえば，ロンドンのユーロ市場（注439）なら，London IBOR，略して，**LIBOR（ライボー）**，東京なら **TIBOR（タイボー）** という。

8-20 **最近の日本の金融政策**　日本では，1994年以降長期間続いた不況に対応するため，数次にわたる金利引き下げが行われた結果，1999年には金利が実質ゼロになった。このゼロ金利政策は2000年にいったん解除されたが，時期尚早との批判が強く，2001年には，貨幣供給量を大幅に増大させる**量的緩和政策**がとられ，再びゼロ金利状態となり，2006年に解除されるまで続いた（大村ほか225-229頁）。

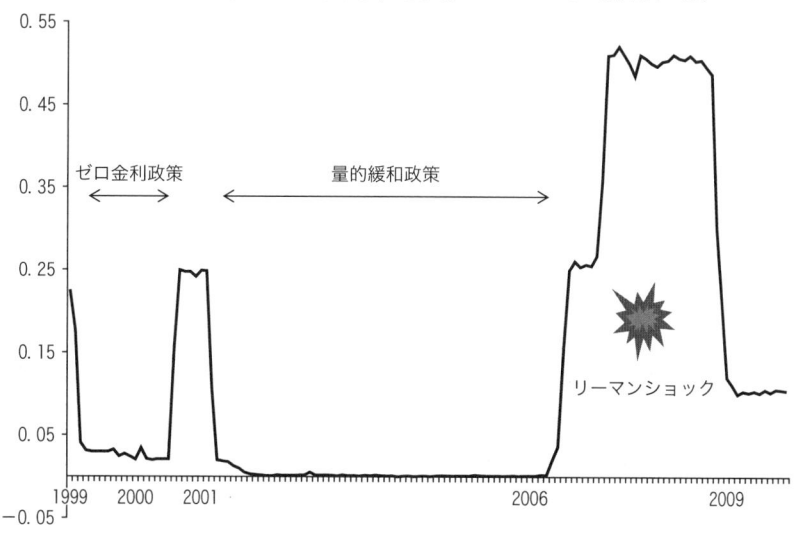

図48　短期金利の推移（出所：日本銀行，無担保コールレート（月次平均））

---

230) **オファー金利 vs. ビッド金利**　資金取引では，貸し手（預ける側）が借り手（預かる側）に呈示するのがオファー金利（offered rate），借り手（預かる側）が貸し手（預ける側）に呈示するのがビッド金利（bid rate）である。実際の世界では，貸し手の呈示する金利でし

量的緩和により，銀行がゼロコストの資金を民間投資（貸付け）に振り向けることが期待されたが，実際には不良債権問題や金融検査の厳格化のために事業リスクを負担することに慎重であったことから，増加した預金資金のほとんどを1％前後という超低利の個人向け住宅ローンと国債購入に充てた。このため，量的緩和が景気回復につながったのかどうかを疑問視する者もある[231]。

　法的にみると，金利がゼロに近い状態で，民主的意思決定機関でない日本銀行が，量的緩和の名の下に銀行に対して無利子資金を大量に投入して景気刺激策を行うことは，そもそも財政政策を行う立場にない日本銀行（日銀1条）の行う施策としてギリギリの感がある。また，これを主として国債等の購入による公開市場操作を通じて行うことは結局のところ，禁止されている国債の日銀引受に近い結果となりうる（財5条）。

　いずれにせよ，政治的にみると，不況対策として金利の引き下げを行うことは容易だが，引き上げにはさまざまな障害が伴う。しかし，過度な低金利政策が長期間とられると，金融政策の実効性が阻害されることはもちろん，金融ビジネスを普通の文脈で行うことも非常に難しくなり，少なくとも実務への悪影響は大きい。このように，金融ビジネスに携わる者は，金融政策の動向をよく理解しておく必要がある。

(b) 債券市場

8-21　長期金利は**資本市場**で決定されている。株式も資本市場で取引されるので，債券を中心とした市場を特に**債券市場**（bond market）と呼んで区別する。

　債券市場においては，①債券に対する需要が供給を上回ると債券の価格が上昇するが，そういう状況では発行体はより低い金利でも資金調達ができるので市場金利が下がる，②逆に供給が需要を上回ると債券の価格は下がるが，そういう状況では発行体は高い金利をつけないと資金調達ができないので市場金利が上がる。このように，債券市場では債券の流通価格を通じて長期金

　　か借りられないし，借り手の呈示する金利しか預金できない。つまり，オファー金利が借入金利，ビッド金利が預金金利の指標となる。

[231]　たとえば，服部は量的緩和策は，具体的に貨幣が供給される銀行が金融仲介業者（信用リスクテーカー）である点を無視し，資金があれば常に貸出を増加させると想定していると批判する（服部序章，第1章）。

利が決まる。債券市場の価格形成は政策介入の余地が小さく，政府といえども国債の金利を自由に操ることはできない。債券市場は株式市場・為替市場と密接な相関関係がある。

8-22 **株価と長期金利**　株価と金利の間には決まった関係があるわけではないが，一般に株価が上昇すると金利も上昇，逆だと低下することが多い。きわめておおざっぱに言えば，景気が良くなり株価の上昇が見込まれる場合，投資家は，元本が保証されるがリターンが低い国債のような債券を売って株を買おうとするから，投資家の手持ち資金が一定なら債券の値段が下がって金利は上昇する。逆に景気が弱含みになると投資家は株を売って債券を買おうとするので，債券の値段が上がって金利が下がると説明できる。為替を考慮すると，円高になると輸出の不振を嫌って株が売られて債券が買われ，円安だとその逆になるという説明も可能である。しかし，実際の市場はきわめて複雑な動きをするので，これを定式化することは不可能である。

> 【参考】　新聞の「今日の市場」といった欄をみると株価と債券利回りの指標が載っている（たとえば，日本経済新聞の場合1面に主要な市場指標が図示されている）。両者の動きは多くの場合，上述の説明のようになっているが，逆の動きをすることも多い。毎日動きを確かめた上で変動があった場合，経済欄の記事を参考に自分なりの理由付けを考えてみると勉強になる。

(3) 固定金利と変動金利

8-23 　金利には期限まで一定金利を適用する**固定金利**（fixed rate）と，一定期間毎に，あるいは，金利環境が変わる都度変更される**変動金利**（floating rate, variable rate）がある。一定期間は金利を固定するが，その後は変動金利に変更する方式や，当初は変動金利にするが，債権者や債務者のオプションで固定金利に変更できるものもある。

3　金利決定のメカニズム

8-24 　以下の2節では金利決定のメカニズムについて検討する。まず，本節では，金融機関や投資家が金利を決定する場合にどのような要素を加味すべきかという内部的意思決定に焦点をあてて考えてみよう。

(1) 資金調達コスト

図49　金利決定の要素①

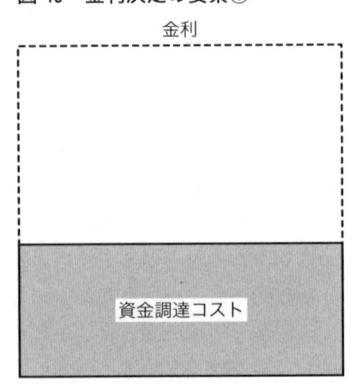

[金利／資金調達コスト]

8-25　間接金融機関（¶9-4）や機関投資家（¶9-103）は，預金者，保険契約者や投信の投資家といった第三者から資金を調達し，これを貸し出しや投資に振り向けている。こうした，外部資金調達コストが貸し出しや投資の原価となる。具体的には，預金金融機関なら預金金利，保険会社なら予定利率，ファイナンス会社は借入れ・社債・証券化等を通じた調達コストといったものがこれにあたる。金利の期間構造（¶8-10）によれば，外部調達のコストは一般に期間が長いほど高率になる傾向がある。

さらに，ほとんどの金融機関は株式会社であるから，株式に対する要求利回りを考慮する必要がある。相互会社形態をとる生命保険会社も契約者配当の多寡で競争を行うから一定の目標利回りがあるはずである（¶14-76）。投資ファンド（¶13-3）の場合，調達の大半が投資家からのエクイティーであるから明確な目標利回りが存在する。

理論的には，負債調達コストに要求資本利回りを加えた，資金供給者の目標WACC（¶3-14）が，金利決定のための原価に組入れるべき資金調達コストになる。

8-26　**自己資本比率規制と要求資本利回り**　銀行には総資産の金額を信用リスクに応じて軽減加重して求めたリスク資産額に対する自己資本の割合を一定以

上に保つべきとする，自己資本比率規制（いわゆる BIS 規制）が課せられている（¶12-19以下）。このため，自己資本が規制の水準以下の場合や，総リスク資産の増大に伴い比率を維持する必要がある場合には，株主の要求利回りの前に，規制で要求されている自己資本を維持するための最低利回りを確保する必要が生じる。

(2) その他の調達原価

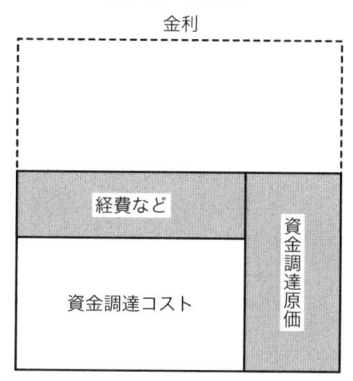

図50　金利決定の要素②

（金利／経費など／資金調達コスト／資金調達原価）

8-27　金利の決定の基礎となる原価は，外部資金コストに，人件費や店舗の賃料，システム費といった物件費その他の経費（本来固定費だが，残高に対する率で表すことが多い[232]）を上乗せしたものとなる。これを**資金調達原価**（funding cost）という。

8-28　**金融機関の管理会計**　諸経費を適切に貸出金利やデット投資の目標利回りに反映するには，これを直接経費と間接経費（あるいは変動費と固定費）に切り分けた上，間接経費を適切に**配賦**（cost allocation）[233]する必要がある。

---

[232] たとえば，日本金融通信社の『ニッキン資料年報』は，預金金融機関の経営指標を財務諸表のみならず各金融機関からのヒアリング等による情報も加味して比較している非常に貴重な資料であるが，ここでは，資金調達原価を「預金利息等の資金調達コストに経費を加えたものを資金調達勘定平均残高で除したもの」と定義している。

[233] コスト配賦（cost allocation）　企業や金融機関が間接経費を個別の製品やサービスに割り振ることをコスト配賦という。たとえば，管理会計上，ある営業部店が行った貸出しや投

こうした原価計算や内部的な予算統制を行うための会計を**管理会計（managerial accounting）**という。現代の金融機関は巨額のシステム投資や多数の店舗を必要とする上，管理部門の人員が多いことから間接経費の比率が高く，これをどのように配賦するかによって部門業績が大きく影響を受ける。しかし，金融機関の管理会計については必ずしも標準的な手法が確立されているわけではない[234]。

(3) 信用リスクプレミアム

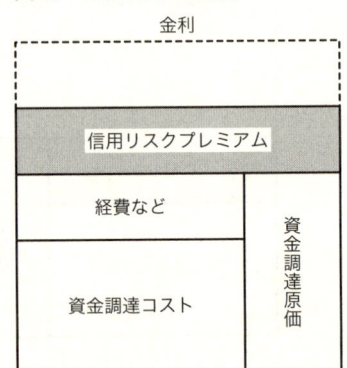

図51　金利決定の要素③

```
                    金利
      ┌─────────────────────┐
      │   信用リスクプレミアム   │
      ├───────────┬─────────┤
      │  経費など   │         │
      │           │ 資金調達原価 │
      │ 資金調達コスト│         │
      └───────────┴─────────┘
```

資から得られた収益に対して，金融機関全体のシステム経費を何に基づいて配賦するかには，残高比，件数比，部店の人員比等，さまざまな考え方があり得る。どれをとるかで配賦経費額が大きく変わる上，いったんやり方を決めると配賦システムの変更コストや部店間の利害対立のために変更が非常に難しくなる。このように，コスト配賦方法の決定は経営そのものにつながる重要な問題である。

234) **管理会計とABC**　邦銀の管理会計の歴史について，櫻井ほか5-7頁。また，金融機関における伝統的な原価計算の問題点については，同書49-60頁に的確に指摘されている。同書と吉川はABC（activity based costing）の考え方に基づいた金融機関における新しい管理会計のあり方を提言している。ABCにおいては，まず，最終的な製品やサービスを生み出すのに必要な業務フローの流れに即して，製品・サービスを通じて共通ないくつかの業務単位：活動（activity）を定義し，それぞれの活動について全体の間接経費を配賦しておく。原価を製品・サービスに直接配賦することは難しいが，活動毎になら比較的容易に配賦ができるというところがミソである。そして，活動を測定するのに必要な計測単位（activity driverとかcost driverという）を別途定義し（たとえば，電話受付業務なら着信回数等），これを用いて各製品やサービスにかかった活動の量を決定し，それに基づいて活動毎に経費を配賦する。製品・サービス毎の配賦経費額は活動別配賦経費の合計となる。

8-29　金利のうち，貸し付けた資金が期日に返済されるかという信用リスクを負担することの対価に見合う部分を**信用リスクプレミアム**（credit risk premium）という。信用リスクプレミアムをどのように決定するかは非常に難しい問題である。

> 問）　Bは，A社の社長で知人のCから事業資金を100万円を1年間貸して欲しいと頼まれている。C社長が取引銀行Dの担当者から内々に教えてもらったところでは，A社はD銀行内の内部格付けで5格に格付けされている。同行の内部格付けで，5格の先が1年間に債務不履行に陥る確率（貸倒率）は平均で3％程度だということも分かっている。
> 1)　Cは，借入金利を決めるに当たり，機会コストとして1年の定期預金金利である1％を想定し，これにA社の貸倒率である3％を足した4％なら，Bが損をすることはないはずだから，それにBのもうけとして1％を足して5％ならかなり有利な金利になるのではないかと言っている。Cの言っていることは正しいか。
> 2)　信用リスク相当分として，貸倒率を用いることの是非を論ぜよ。
> 3)　貸倒率として，平均の3％を用いるだけで十分か。十分でないとしてどの程度上乗せするのが適当か。
> 4)　Bの奥さんは，この話を聞いて，バブル崩壊のように滅茶苦茶なこともおこるのだから，そういうことも考慮した金利でないと引受けるべきではないと主張している。この考え方は正しいか。

(a)　投資採算分析再論

8-30　前章で投資採算分析について学習した（¶7-12以下）[235]。これは，株主の要求RoEとデット調達のコスト（負債利子）を所与とし，A社の事業計画に関する将来予想を変化させることにより，一定のレバレッジ比率の下で事業キャッシュフローからデットの返済が可能かどうか等を分析するものであった。つまり，本問では借入金利を5％とおいた上で他の想定を勘案しながら

---

[235]　さらに実際には，Cの人格や経営者としての能力，A社の事業や競合状況等定性的な判断を十分行う必要がある。また，直近3年程度の事業報告書か財務諸表をもらって，現時点において問題ない会社なのかどうかを検討せねばならない。D銀行と取引がありながらBを頼ってきていること自体，何かあると思ったほうがよいからである。できればD銀行にも問い合わせたほうがよいだろう。

100万円の借入れが適正かどうかをチェックすることになる。

(b) 貸倒率の意味

8-31 しかし，この分析はBがどの程度の金利なら「貸したいと思う」べきかについて何も語っていない。デット調達（借入れ）のコスト5％を所与とすれば，投資採算がとれるのかを議論しているだけである（¶7-22）。

このため，Bからすると，Cが述べているような考え方で金利の目安を求めることには一定の合理性がある。D銀行という多くの企業と貸借取引を行った経験のある金融機関が，過去の経験に照らしてA社を，「1年間取引をしていると平均的にみて100社の内，3社が債務不履行になるような企業群」に属していると判断しているからである。

8-32 しかし，この3％という数字の持つ意味はBとD銀行とでは全く異なる。

中学校の数学で期待値という概念を習ったと思う。債務不履行があれば1銭も返ってこないと仮定した場合に，Bが被る損失の期待値を100万円×3％＝3万円と計算するというものである。しかし，この計算はBにとっては無意味である。A社が債務不履行を起こせば，Bの損失は100万円であり，約束通り返済してくれればBは5％つまり5万円の利益を得る。天気予報で雨の降る確率が3％といわれて傘を持っていかなかった場合に，雨が降ったら3％しか濡れないということはありえないのと同じである。

8-33 これに対し，D銀行のように，たくさんの取引先と貸借取引を行う者にとっては，3％という数字は，D銀行が被るであろう損失の金額が総資産に占める割合と一致する可能性が高い。いわゆる**大数の法則**が働くからである。D銀行にとっては，損害の期待値が貸倒率に一致してくるのである。

このようにD銀行については，貸倒率をカバーするに足る金利をもらっておけば，全体として損をする可能性は低い。これに対し，Bにとって貸倒率は，金利分もうかるか，元本分損をするかという一種の賭けをするにあたって，負ける確率がどのくらいかを意味するにすぎない。

8-34 **貸倒率と回収率** 上の説明では，期待値を計算するにあたり「債務不履行があれば1銭も返ってこない」と仮定した。しかし，現実には一部なら返済できる可能性があるし，担保をとっている場合もあるだろう。この結果，実

際の損害率は貸倒率×（1－回収率）となる（¶1-41）。D銀行のようなプロであれば，過去の経験からどの程度の回収率が見込めるかについて知見があるだろうから，先ほどのリスクプレミアムを3％から多少縮減することが出来る可能性がある。ただし，回収に時間がかかると貸出原資の調達にかかる金利費用や追加的な経費が増すので，こうしたコストを回収率の想定に盛り込む必要がある。

(c) 貸倒率の統計的処理

8-35　さて，ここまで貸倒率については過去の実績の平均値を用いてきた。しかし，平均値が実際の値と一致することは稀であり，それより多い年があったり少ない年があったりする。このため，平均値から標準的に考えてどの程度上ブレする可能性があるかを見込む必要がある。平均値からの標準的なちらばり具合を調べるには，すでに学んだように（¶1-39），偏差の二乗を合計して平均をとったもの（分散）の平方根である**標準偏差（standard deviation）**を用いる。

もし，D銀行における内部格付5格の取引先の過去10年間の貸倒率が**表14**のようなものであったとすると，標準偏差は，0.53％になる。つまり，平均値から標準的に±0.53％だけブレる可能性があるということなので，貸倒率は平年でも3.53％程度にはなることを想定しておかねばならない。このように，通常想定しておくべき損失を**期待損失（explected loss, EL）**という。期待損失は原則として金利収入でカバーする。

表14　貸倒率の統計的な処理

	1	2	3	4	5	6	7	8	9	10	合計	÷10	
過去の実績	2.75	3.60	2.40	3.50	2.85	3.80	2.00	3.25	2.75	3.10	30.00	3.00	平均
偏差	－0.25	0.60	－0.60	0.50	－0.15	0.80	－1.00	0.25	－0.25	0.10	0.00	0.00	
偏差の二乗	0.06	0.36	0.36	0.25	0.02	0.64	1.00	0.06	0.06	0.01	2.83	0.28	分散

標準偏差　0.53　←平方根

(d) 異常事態への備え

8-36　では、Bの奥さんの言うような異常な事態にまで備える必要があるだろうか。こうなると、キリがない話になる。チェビシフの不等式（¶1-40）によれば、平均＋標準偏差×2まで想定すれば、75％前後、標準偏差×3なら、90％程度カバーできることになる。つまり、約4.5％の信用リスクプレミアムを上乗せできれば、D銀行のように多くの会社に貸出をしているところであれば、5格の会社に関する限りかなり安全だということになる。

　しかし、実際には上述のようにそんな贅沢な値決めは許されないから、異常事態が生じて被る損失（EL ［¶8-33］）に対し、非期待損失［unexpected loss, UL］という）については、自らリスクを保有する（¶1-37）。このためのクッションとして自己資本を充実させるのである。これが銀行について自己資本比率規制を行う理由となっている。

(4) その他のプレミアム

8-37　資金調達原価に信用リスクプレミアムを加えればほぼ適正な金利となる。しかし、期限前弁済を自由に認める場合、貸し手は再運用のリスクを負担することになるから、それなりに金利を高めにすべきである。また、利払いが年2回の期限一括弁済の企業向けローンと、毎月元利均等払いの住宅ローンとでは回収管理にかかるコストがかなり異なるから、追加的な経費分を金利に上乗せする必要があるかもしれない。また、そもそも金利の絶対水準が高くなると、同じ信用リスクであっても上乗せする利ざやが大きめになるという傾向がある[236]。理論的にはこうした追加プレミアムを考慮して最終的な金利が決定されることになる。

---

[236] たとえば、1％の調達コストに0.3％の利ざやを上乗せするのと、5％に0.3％の利ざやを上乗せするのとでは、調達コストに占める利ざやの比率が30％か6％かという差となり、借り手からすると「コストの痛み」がかなり異なる。つまり、利ざやによるコストアップは本来足し算なのだが、調達者からみればこれを比率で感じているため、0.3％の利ざやを0.5％に値上げをする場合、5％よりも1％に上乗せするほうが値上がり感が強くなり借り手との交渉が難しくなる。最近の日本では金利の低下時に信用リスクに見合った利ざやを載せにくくなるというかたちでこうした現象が観察された。

図52　金利決定の要素④

| 金利 |
| その他のプレミアム |
| 信用リスクプレミアム |
| 経費など／資金調達コスト ｜ 資金調達原価 |

4　金利提示の方法と基準金利の種類

8-38　前節では貸し手が内部的に金利を決定する場合にどのような要素を考えるべきかについて検討した。しかし，借り主との交渉ではこうした内部的な数字を明らかにすることはできない。だからといって，価格決定に透明性がないと借り手を納得させることができない。このため，実務では，貸し手の資金コストにほぼ連動していると考えられる客観的な金利指標を**基準金利** (base rate) とし，これに借り手のリスク等を反映させた**利ざや** (margin) を上乗せするかたちで金利の呈示を行う（**図53右**）（単に利率を約定する場合でも，当事者間では基準金利と利ざやについて一定の合意があることが多い）。

図53 内部コストと提示金利

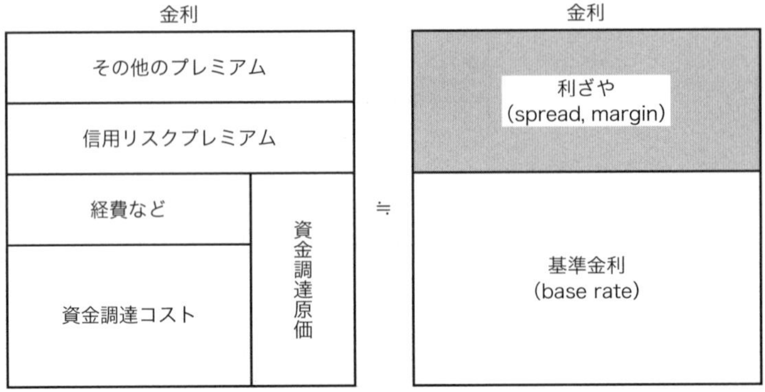

金利		≒	金利
その他のプレミアム			利ざや (spread, margin)
信用リスクプレミアム			
経費など	資金調達原価		基準金利 (base rate)
資金調達コスト			

8-39　**パーセント（％）とベーシスポイント（bp）**　利ざやは大手企業向け取引ではほとんどの場合，1％未満になるので，パーセントの百分の一を単位として表記することが多い。この単位を**ベーシスポイント**（basis point）と呼び，"bp" と表記する。たとえば，後述する TIBOR に 0.5％ 利ざやを上乗せするのであれば，"TIBOR＋50 bp" になる。

8-40　基準金利の体系は，内部コスト型と市場金利連動型の2つの体系に大別される。

(1) 内部コスト型

8-41　前節で説明したような，金融機関の内部的な資金コストを基準金利とする方式を内部コスト型という。このうち，最も優良な顧客に適用する最優遇金利（**プライムレート**，prime rate）を呈示し，他の顧客はこれにリスクプレミアムに相当する金利を上乗せするものを**プライムレート方式**と呼ぶ。特に1年以内の貸付けに用いる**短期プライムレート**は今日でも企業向け融資に広く用いられている。これに対し，上乗せ金利は借り手からみると印象が良くないので，むしろ，標準金利を発表した上で，それを中心に優遇先はマイナス，信用力が弱い先は上乗せとする体系をとることもある。これを**標準金利方式**という。個人向け住宅ローン等で用いられている。

8-42　**プライムレート**（prime rate）　プライムレートは，戦後電力会社を意識し

て設定されたと言われている。発電所の建築に巨額の投資が必要で，あらゆる産業の米と言うべき電力を供給する電力9社の金利を最優遇し，これに上乗せするかたちで他の企業の金利を決定していったわけである。具体的には，1年までの短期貸付に適用される**短期プライムレート**と，1年以上の長期貸付に適用される**長期プライムレート**が存在する。後者はもともと長期信用銀行が公表する5年の利付金融債の新発債利回りに基づいて決定されていたが，現在は5年もの普通社債の発行利率やスワップレートなど，市場における金融機関の資金調達レートを参考に，一定の利ざやを上乗せして決定されている。短期プライムレートに一定の利率を加えたいわゆる**新長期プライムレート**が用いられることも多い。また，生保は独自に10年を目安とした長期貸付に適用される長期プライムレートを発表している。

市場連動金利と異なり，プライムレートは貸出人自身の資金調達レートを基準に内部的に設定され，仕上がりレートだけが公表される。このため，基準金利＋利ざやの形で銀行のコストと収益が明確化される市場金利連動型に比べると透明性が少なく，金利の水準も高くなる傾向がある。しかし，最優遇金利と銘打つ以上，それより低い金利の適用先はないという建前なので，これに明らかに反する事例（「アンダープライムでお貸しします」というような表現で金利を下げる等）があると問題となる（市場連動金利等を採用した結果，仕上がりの金利が事実上プライムレートを下回ることは問題ない）。

(2) 市場金利連動型

8-43　金利を，貸し手の内部コストではなく，市場に公表されている客観的な指標（金利インデックス，interest rate index）に基づいて決定するものを市場金利連動型という。

(a) 短期金利

8-44　日本の銀行が行う国内融資については，短期貸付の基準金利として，全国銀行協会が公表するTIBORを用いることが多い。貸出原資を顧客からの預金で賄えない場合はインターバンク市場で調達せねばならないから，（仮に実際には市場調達していないとしても）これをもって基準金利とするのである[237]。外貨建取引やオフショア市場での円貸付にはLIBORのような海外市場のインターバンク金利を用いることも多い（¶8-19）。

市場金利は刻々と変動しているので，契約上はいつの何時にどのような媒体で公表されている金利を用いるのか，また，公表数値が何らかの理由で得られない場合には誰がどうやって決めるのかを明確に定める必要がある。なお，インターバンク金利は，資金需要の動向等に左右されるため，借り手からみると内部コスト型より変動が激しくなる傾向がある。

> 【参考】 変動金利型における利息の規定例（SL ひな形を参考に作成）
> 第○○条（利息）
> (1) 借入人は，各利息計算期間における元本金額に，適用利率および利払日に対応する利息計算期間の実日数を乗じて算出した利息の合計額を，各利払日に支払う。
> (2) 前項の利息の算出方法は，後落しによる片端［両端］および1年を［365／360］日とした日割計算とし，除算は最後に行い[238]，1円未満は切り捨てる。
>
> 第○○条（定義）
> ○○）「基準金利」とは，各利息計算期間について当該各利息計算期間の直前の利息計算期間に係る利払日（但し，第1回利息計算期間については実行日）の2営業日前の午前11時または午前11時に可及的に近い午前11時以降の時点において全国銀行協会が公表する日本円 TIBOR（Telerate17097 ページ）のうち，●ヶ月の利率をいう。ただし，この利率が何らかの理由で公表されない場合には，各利息計算期間の直前の利息計算期間に係る利払日（但し，第1回利息計算期間については実行日）の2営業日前の午前11時またはそれに先立つ直近の時点で東京インターバンク市場における●ヶ月の円資金貸借取引のオファードレートとして貸付人が合理的に決定する利率（年率で表わされる。）とする。
> ○○）「スプレッド」とは，年率●●％をいう。
> ○○）「適用利率」とは，基準金利にスプレッドを加算した利率をいう。

8-45　**日数計算**　民法は，日，週，月または年によって期間を定めたときは，期間の初日が午前零時に始まる場合を除いて初日を算入しないと定める（初日不算入の原則。民140条）。具体的には，期間表記が3月1日-4月16日となっ

---

[237] 原則として貸付原資を市場調達せねばならない外貨建貸付の場合はこれがそのまま銀行の調達コストになる。
[238] 除算を最後にする理由は，除算により計算結果が一時的に小さくなるとコンピュータの内部で有効桁が切り捨てられてしまう，いわゆる「丸めの誤差」が生ずるからである。

ている場合，その間の日数は3月1日を含まず，4月16日を含めて46日となる。

これに対し，融資取引の場合，貸付実行時刻が午前9時であったとしても，借入人は当日からその資金を代金支払等に利用可能であるし，返済期限は銀行が閉まるギリギリに金策して返済してもよいから，原則として貸出日と期日の両方について金利を徴求する[239]。これを利息の**両端（りょうは）計算**という。つまり3月1日-4月16日は47日と計算することになる。一方，預金利息の場合，銀行は預金された日はその資金を使うことができないから，原則どおり初日を含めずに計算する。これを**片端（かたは）計算**という。

図54 利息期間表記のバリエーション

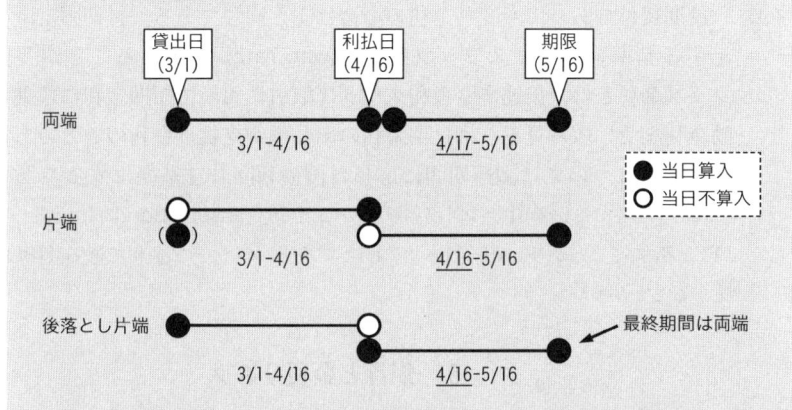

貸出日(3/1)　利払日(4/16)　期限(5/16)

両端　3/1-4/16　4/17-5/16
片端　3/1-4/16　4/16-5/16
後落とし片端　3/1-4/16　4/16-5/16　←最終期間は両端

● 当日算入
○ 当日不算入

なお，融資取引において，両端計算を前提にした期間の表記方法（両端表記）をとる場合，貸出日が3月1日で中間利払日が4月16日，返済期限が5月16日の場合，期間は，3月1日-4月16日，4月17日-5月16日というように，期日を重ねずに表示する。日本の金融機関はいわゆる**おどり利息**[240]

---

239) 「消費貸借における利息は，元本利用の対価であり，借主は元本を受け取つた日からこれを利用しうるのであるから，特約のない限り，消費貸借成立の日から利息を支払うべき義務がある」（最判昭和33・6・6民集12巻9号1373頁）

240) **おどり利息**　期間の途中で利払いがある場合や短期借入れを順次借り替えて転がしていく場合，利息両端取りの原則をそのまま各期間にあてはめると，利払日の利息を二重に徴求してしまうことになる。これをおどり利息という（おどりは「踊り」ではなく「尾取り」の意味）。実は，日本では明治以来これがむしろ金融慣行であった。しかし，1973年に，社会的批判を背景に全国銀行協会連合会が決定文を発表し自主規制のかたちで廃止された（斎藤[1973]）。

を徴求していないということを明らかにするため両端表記によることが多い。これに対し、海外では中間利払日の利息は次回の期日に支払うとの考え方に基づいて初日算入末日不算入とすることが多く、日本でもこれにならう例が増えている。これを**後落としによる片端計算**という。この場合期間表示は、3月1日-4月16日、4月16日-5月16日と、期日を重ねて表記する（最後の期間は特約で両端計算とすることが多い）。細かいことだが、融資契約では明確に定めておかないとトラブルになりやすい。

(b) 長期固定金利

8-46　長期貸付であっても変動金利の場合は①と同じである。長期固定金利を決定する基準金利には**スワップ金利（swap rate）**を用いることが多い。スワップ金利とは、後述する金利スワップ取引において短期金利に連動する変動金利を受け取る見返りに長期金利の出し手が支払う金利のことである。また、社債については調達期間に応じた国債利回りを基準にすることも多い（"JGB" と略する。米国では財務省証券のことを Treasury Bond/Note というので "T" と略することが多いが、日本で "T" というと、スワップ金利である TIBOR を意味することが多い）。

5　銀行と金利リスク

(1) 金利リスク

> 問）　銀行は主として短期の商業ファイナンスを行うが、実際には企業の投資ファイナンス需要を満たすために5年以上の長期融資を行うことも多い。家計の投資ファイナンスともいえる住宅ローンは30年以上のものが主体である。しかし、銀行の貸付資金を調達するための預金のほとんどは、当座預金や普通預金のような要求払預金であり、定期預金の期間も3年までが大半である。銀行が長期の投資ファイナンス需要に応えられるのはなぜか。

8-47　金利の期間構造を前提にすると、短期で金利の低い預金を原資に長期で金利の高い貸付けを行えば利ざやを稼ぐことができる。しかしこの場合、預金

金利が上昇すると利ざやが減るか，最悪の場合逆ざやになってしまう。このように資産・負債の期間にミスマッチがあると金利変化により収支が変動する。これを**金利リスク**（interest rate risk）という（¶8-60参照）。資産・負債のミスマッチから生ずるリスクを管理することを **ALM**（asset liability management）という[241]。

8-48　金融機関が健全な経営を行う上で，金利リスクを過度に負担することは好ましくない。そこで以前は，**臨時金利調整法**（¶8-66）に基づいて政府が預金や貸付け等の金利の上限を設定し，前者＜後者となるように人為的に管理を行っていた（法2条）。しかし，市場経済の発達とともに80年代前後から段階的に自由化が進められ，1994年には当座預金金利を除き，すべての規制が撤廃された[242]。これを**金利の完全自由化**という。自由化市場において，金利リスクの管理は銀行にとって最も重要な経営課題のひとつである。

8-49　金利リスクを適正に管理するには，リスクを数理的に把握する必要がある。このために80年代後半から急速に発展をみた金融工学の理論が応用される。また，貸出や預金の種類・量を金融機関が自分に都合のよいように調節することは不可能なので，金利リスクの管理を的確に行うには追加的な手段が必要となる。このための代表的な手段が，デリバティブと資産の証券化である。

(2) 金利スワップ

8-50　金融工学やデリバティブ，証券化については第2部で詳しく解説する予定だが，ALMに用いられる代表的な金融商品である金利スワップはここまでの知識で十分理解できるので，先取りして簡単に説明しておこう。

(a) 金利スワップ

8-51　設問において，もし誰かが銀行から5年間一定の固定金利を受け取る代わ

---

[241] 銀行ALMの対象となるリスクには金利リスクのほか，資産・負債の通貨のミスマッチから生ずる為替リスク，負債の借り換えができるかどうかに関する流動性リスク等がある。

[242] 臨時金利調整法は戦後の資金逼迫を背景に1947年に成立したものだが，グローバル化が進んだ今日，人為的に金利を決定することは不可能なので，同法の発動はきわめて例外的な状況に限られる。94年以降では，2002年に流動性預金が全額預金保険で保護されることになったときに，混乱を防ぐために時限的な規制が行われた例がある。

りに，1年物の預金金利に連動する変動金利を支払ってくれれば，金利リスクをその第三者に移転して利ざやを確定することができる（図55）。もちろん，第三者との間では金利を授受すべき元本債権・債務があるわけではないから文字通り金利を交換すること（法的にいえば将来の支分権たる利息債権の交換）はできない。そこで，両者が，交換すべき金利と同額の独立したキャッシュフローを相手に支払うべき金銭債務を相互に負担し合う契約を締結すれば，外観上は，あたかも長期金利と短期金利を交換（swap）しているように見える。これを**金利スワップ契約**（interest rate swap contract）という[243]。

図55 金利スワップによる金利リスクのヘッジ

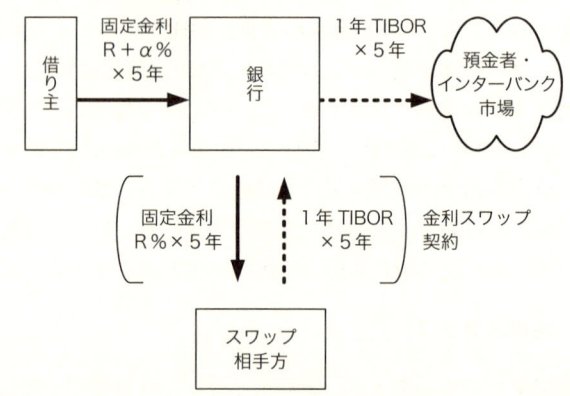

```
                  固定金利              1年TIBOR
                  R+α%                  ×5年         ┌─────────┐
    ┌─────┐      ×5年   ┌─────┐  ──────────→  │ 預金者・  │
    │借り主│ ─────────→ │ 銀行 │                │インターバンク│
    └─────┘             └─────┘  ←──────────  │  市場    │
                                                     └─────────┘
                          │ ↑
                   固定金利│ │1年TIBOR    金利スワップ
                   R%×5年│ │×5年        契約
                          ↓ │
                        ┌─────┐
                        │スワップ│
                        │相手方 │
                        └─────┘
```

---

[243]　**スワップ契約の法的性質**　スワップ契約は，相手方が自分に対して一定の債務を負担する見返りに自分も相手方に対して一定の債務を負担するという無名契約であり，このうち金利スワップは，各当事者が負担すべき債務の額を，原借入人に対する貸付元本（想定元本 [notional amount] という）と金利の計算方法を参照することによって決定するものと位置付けられる。銀行間スワップ取引の法務はグローバル化が進んでおり，原則として業界団体であるISDA（International Swap and Derivatives Association）の定める基本契約書（ISDA Master Agreement）に基づいて実施される。一方，銀行と顧客が行う国内取引については，ISDA基本契約のほか，銀行が個別に定める「金銭の相互支払に関する契約証書」という基本契約書を用いることも多い。

(b) 金利スワップの条件設定

> 問) イールドカーブが図 56 のような形状である場合に，5年の固定金利を1年毎に金利を見直す変動金利5年分とスワップしたい（いずれも年1回払いとする）。金利の期間構造に関する期待仮説に基づけば，固定金利は何％にすればよいか。

図 56　イールドカーブ

期間(年)	スポットレート
1	1.00%
2	2.00%
3	2.75%
4	3.25%
5	3.50%

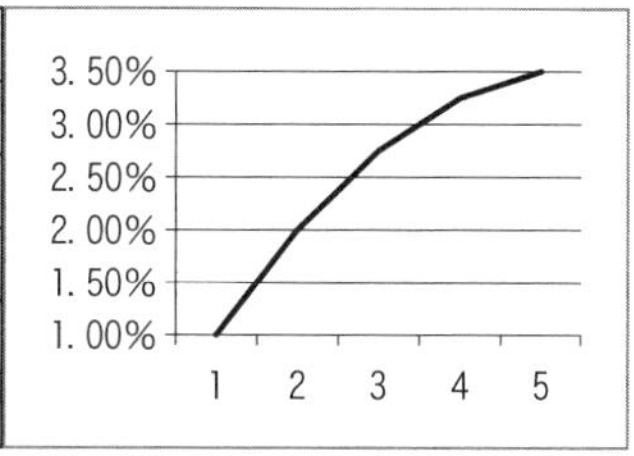

8-52　スワップにおいては，当事者が受け取るキャッシュフローの現在価値が等しくなるように条件の設定を行う。ただ，将来5年間に1年物の金利がどう変動するかは分からないから，変動金利側の現在価値を求めることは無理なように思える。しかし，期待仮説（¶8-15）によれば，イールドカーブは将来の金利の動きに関する市場の評価を織り込んでいるから，次のようにすれば少なくとも将来の金利の動きについて現在の市場がどう考えているかを推し量ることができる。以下，単純化した事例を用いて基本的な考え方を説明しておく。

8-53　**フォワードレートと金利スワップの条件決定**　もし，期待仮説（¶8-15）が正しいなら100円の元本を今から2年間運用した成果と，当面1年間運用し，1年後にその時点の1年物の金利でさらに1年間運用した成果とは同じになるはずである。図56のイールドカーブの下では，前者は$100 \times (1+2\%)^2 = 104.04$，後者は，1年後における1年物の金利をxとすると，$100 \times (1+1\%) \times (1+x\%)$ となるから，両者を合わせればxに関する単純な一次方程式となり，これを解けばx＝3.01％であることが分かる。同様にして2年後－4年後における1年物の金利も順次求めることができる（図57）。このように特定のイールドカーブに内在している将来金利の予測値のことを**フォワードレート**（forward rate）という（SAAJ2・29-31頁）。

図57　フォワードレートの算出

$A = 100 \times (1 + \text{n年のスポットレート})^n$

$B = 100 \times (1 + \text{n−1年のスポットレート})^{n-1}$

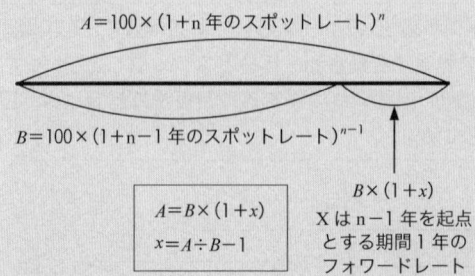

$A = B \times (1+x)$
$x = A \div B - 1$

$B \times (1+x)$
Xはn−1年を起点とする期間1年のフォワードレート

さて，こうして求めた将来の1年物金利を使って100円の想定元本を持つ変動金利貸付のキャッシュフロー CF_i を作成すると図58のようになる。

図58　金利スワップの条件決定

期間(年)	スポットレート	sによる運用成果		1年物フォワードレート	変動金利のキャッシュフロー
		n年	n−1年後		
n	s	a	b	a/b−1	CF
0					−100.000
1	1.00%	101.00	100.00	1.00%	1.000
2	2.00%	104.04	101.00	3.01%	3.010
3	2.75%	108.48	104.04	4.27%	4.267
4	3.25%	113.65	108.48	4.76%	4.765
5	3.50%	118.77	113.65	4.51%	104.506

IRR＝　3.45%

ところで固定金利貸付の金利と利回りは等しいから，これをfとすると，fは，

$$\sum_{i=1}^{5} \frac{CF_i}{(1+f\%)^i} = 100$$

を満たすはずである。つまり，CF_i のIRR（¶5-48）を求めれば，それが固定金利側の利率になるということである。上の例についてEXCELのIRR関数で計算すると3.45%となる。つまり，現時点において1年物の預金金利

> に連動する5年の変動金利は，年1回3.45%を支払う固定金利（パーレート[注227]）と等価だということである。

8-54　現実の金利スワップ取引の条件決定は精緻かつ複雑だし（たとえば，割引率を各期間に応じたスポットレートとする），交換する金利の種類も多種多様だが（具体的な実務については，杉本ほかが詳しい），どんなに複雑にみえても結局は，①対象となる2つのキャッシュフローの現在価値が等しくなるようにする，②変動するキャッシュフローについては，何らかの合理的な考え方に基づいて将来の値を想定する，ということをやればよい。

(3) コア預金とBISの金利リスク規制

8-55　銀行は金利スワップを活用して金利リスクを回避していると説明されることがある。しかし実際には，ほとんどの銀行は長期資産のかなりの部分について短期の預金を見合わせているにもかかわらず，金利スワップを利用していないことが多い。これは，経営者が金利リスクを軽視しているからではなく，もともと理論的に大きなリスクがないことによる。この秘密がコア預金と呼ばれるものである。

(a) コア預金

8-56　コア預金（core deposit）とは，明確な金利改定間隔がなく，預金者の要求によって随時払い出される預金のうち，引き出されることなく長期間銀行に滞留する預金のことをいう（主要行指針Ⅲ-2-3-3-2(2)③）。たとえば¶7-53で述べたように，多くの企業は手元流動性を確保するために，一定残高の決済性預金を維持している。また，2当事者間で期日の異なる複数の支払がある場合，理論的には，権利段階で相殺もしくは交互計算（¶15-16）することにより決済すべき金額を最小化できるはずだが，実際には，情報の確定や集約が難しいので，総額について決済することが多い。これも決済性預金の残高を押し上げる。家計においても，もらった給料をすぐに全部引き出すことは稀で，諸費引落や万が一のために一定部分は普通預金に長期間滞留する。こうした事情でどんな銀行も一定のコア預金を有している。

8-57　金利リスクを考える上でコア預金は長期資金と考えてよい。そして，流動

性預金の金利はゼロか非常に低利なので，コア預金は事実上金利リスクのない低コストの長期資金として活用できる（**図59**）。これによって，資産・負債の期間ミスマッチを最小限に抑えることが可能になる[244]。また，銀行とノンバンクとでは，仮に信用格付が同じであっても，コア預金を持つ銀行のほうが低利で安定的に貸付けを行える（なお，¶9-25参照）[245]。

図59　コア預金概念図

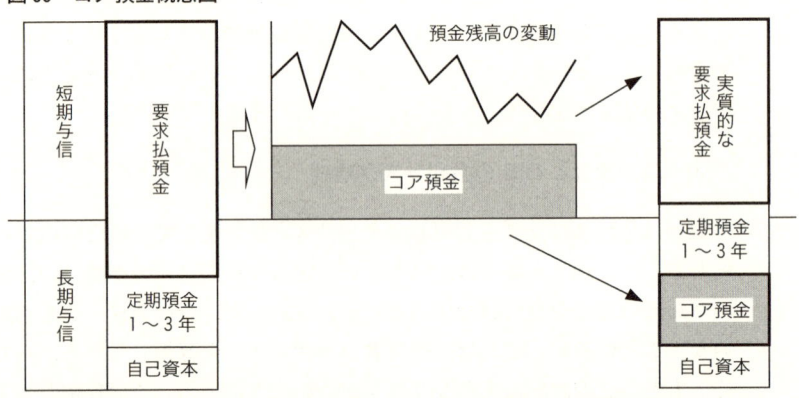

8-58 | **BIS規制におけるコア預金の定義**　コア預金の額は，次に述べるBISのアウトライヤー基準との関係では以下のいずれかの方法で算出する。一度選択したコア預金の定義は合理的な理由がない限り継続して使用しなければならない（主要行指針Ⅲ-2-3-3-3(1)）。
a. ①過去5年の最低残高，②過去5年の最大年間流出量を現残高から差し引いた残高，または，③現残高の50％相当額のうち，最小の額を上限とし，満期は5年以内（平均2.5年以内）として銀行が独自に定める。
b. 銀行の内部管理上，合理的に預金者行動をモデル化し，コア預金額の認

---

244) **コア預金の剥落リスク**　コア預金を長期資金と考えて長期与信を行う場合，コア預金の残高が想定外に減少すると，これを銀行間市場からの調達（ホールセール預金）で補う必要が生じ，にわかに大きなALMリスクに曝されることになる。

245) 銀行がノンバンクより有利なもうひとつの大きな理由は，預金保険の存在である（¶9-25）。現在のところ，預金保険の保険料は年度中の預金平均残高に一定の料率（2010年4月現在，一般預金等は0.082％，決済用預金は0.108％）を乗じて算出することになっており，各銀行の信用リスクを反映していない（預保HP参照）。このため，リスクの高い銀行ほど預金保険の恩典を享受することが出来る仕組みになっている。

定と期日への振分けを適切に実施している場合は,その定義に従う。

(b) BIS 基準の取扱い

8-59 しかし,漠然とコア預金があるので金利リスクは大丈夫というのは大ざっぱすぎる。いわゆる BIS 規制は,銀行勘定についても各国の監督当局が金利リスクを規制するように求めている。

8-60 **BIS のアウトライヤー基準** もともと BIS の自己資本比率規制は信用リスク管理の枠組みであり,市場リスクはトレーディング勘定のみが対象とされていた。これに対し,2006 年からの新しい BIS 基準では,各国の銀行が同一の基準で自己資本の充実を図る第一の柱に加えて,一律の規制になじまないリスクを各国の監督庁の裁量下で管理する第二の柱が含まれており,この中で銀行勘定の金利リスクに関する**アウトライヤー基準**(outlier,ハズレ値という意味)と呼ばれるものが規定されている(主要行指針Ⅲ-2-3-3-3(1)③,中小地域指針Ⅱ-2-5-3(2))。これは,銀行勘定に含まれるすべての金利関連資産・負債,デリバティブ等について,市場金利が急激に変化した場合(**金利ショック**)に[246],勘定全体の割引現在価値の低下額が自己資本[247]の 20% を超える場合について,銀行法 24 条に基づいて報告を求めて改善を促し,また,改善計画を確実に実行させる必要があると認められる場合には,法 26 条に基づき業務改善命令を発出するというものである(**安定性改善措置**)。銀行勘定の資産・負債のミスマッチから生ずる金利リスクの額が自己資本の一定額以上になると,業務改善命令の対象となるということである。

8-61 少し専門的だが前節で習ったことの復習になるので,アウトライヤー基準の考え方を単純な例でみてみよう。今イールドカーブとこれから計算したフォワードレートは図 58 と同じとし,銀行勘定の資産はすべて貸付金で,期間は 5 年,金利は 5% だとする。これに対し,負債側はすべて預金で,その平

---

[246] 標準的金利ショックとして,①イールドカーブを上下 200 ベーシスポイント平行移動させることによる金利ショック,または,②保有期間 1 年,最低 5 年の観測期間で計測される金利変動の分布における 1 パーセンタイル値(低い側の 1%)と 99 パーセンタイル値(高い側の 1%)を用いることによる金利ショックのいずれかを用いることとされている。

[247] 基本的項目(Tier Ⅰ)と補完的項目(Tier Ⅱ)の合計額をいう。

均期間は1年，金利は1年物の基準金利と等しいとしよう[248]。今双方の帳簿金額が100億円だとする。そうすると，現時点における資産と負債の現在価値は**表15**のように計算されるから，現時点における将来損益の現在価値は約7.17億円である。

表15 現在の資産・負債の現在価値

期間(年)	スポットレート	資産		1年物フォワードレート n−1〜n	負債		収支	
		キャッシュフロー	現在価値		キャッシュフロー	現在価値	利ざや	現在価値
n	s	CF_A	$\dfrac{CF_A}{(1+s)^n}$	f	CF_L	$\dfrac{CF_L}{(1+s)^n}$	CF_{A-L}	$\dfrac{CF_{A-L}}{(1+s)^n}$
1	1.00%	5.00	4.95	1.00%	1.00	0.99	4.00	3.96
2	2.00%	5.00	4.81	3.01%	3.01	2.89	1.99	1.91
3	2.75%	5.00	4.61	4.27%	4.27	3.93	0.73	0.68
4	3.25%	5.00	4.40	4.76%	4.76	4.19	0.24	0.21
5	3.50%	105.00	88.41	4.51%	104.51	87.99	0.49	0.42
合計			107.17	−		100.00	⇒	7.1723

8-62　ここで各年のスポットレートがすべて2%上昇したとする（このことを「イールドカーブが200 bp上に平行移動」と表現する。注246参照）。資産側の金利は固定金利だから上昇しないが，負債側は2年目以降の金利が上昇するからそれだけ収益状況が悪化する。表16はこれを現在価値でみたものだが，将来損益の現在価値は，0.18億円に減少し，約7億円悪化する。この悪化額が資本金の20%を超える場合にアウトライヤー基準に抵触することとなるわけである。

---

248) 厳密には資本金を考慮せねばならないが，ここでは単純化のために無視している。

表16　金利ショック時の資産・負債の現在価値の変化

期間(年)	スポットレート	資産 キャッシュフロー	資産 現在価値	1年物フォワードレート n−1〜n	負債 キャッシュフロー	負債 現在価値	収支 利ざや	収支 現在価値
n	s	CF_A	$\dfrac{CF_A}{(1+s)^n}$	f	CF_L	$\dfrac{CF_L}{(1+s)^n}$	CF_{A-L}	$\dfrac{CF_{A-L}}{(1+s)^n}$
1	3.00%	5.00	4.85	1.00%	1.00	0.97	4.00	3.88
2	4.00%	5.00	4.62	5.01%	5.01	4.63	−0.01	−0.01
3	4.75%	5.00	4.35	6.27%	6.27	5.45	−1.27	−1.10
4	5.25%	5.00	4.07	6.76%	6.76	5.51	−1.76	−1.44
5	5.50%	105.00	80.34	6.51%	106.51	81.49	−1.51	−1.15
合計			98.24	−		98.06	⇒	0.1828

8-63　こうした収益ポジションの変化を本文では負債の借り換えによって金利が上昇して逆ざやになるからだと説明した（¶8-47）。これを資産・負債の現在価値という視点から見ると，後に学習するように期間が長い資産・負債ほど，金利が1単位変化することによる現在価値の変化が大きくなるので（¶13-22），資産の期間＞負債の期間の場合，金利上昇が上昇すると資産価値の減少率＞負債価値の減少率となるため，収支が悪化するのだと説明できる[249]。

---

249) このことを逆にみれば，金利が下落した場合には資産・負債にミスマッチがあると収益が大きく拡大する。銀行は運用資金のほとんどを預金というデット調達に依存しているため，財務レバレッジ効果（¶3-4以下）が大きいのである。不況期に低金利政策がとられると銀行の収支が改善するのはこのためである。

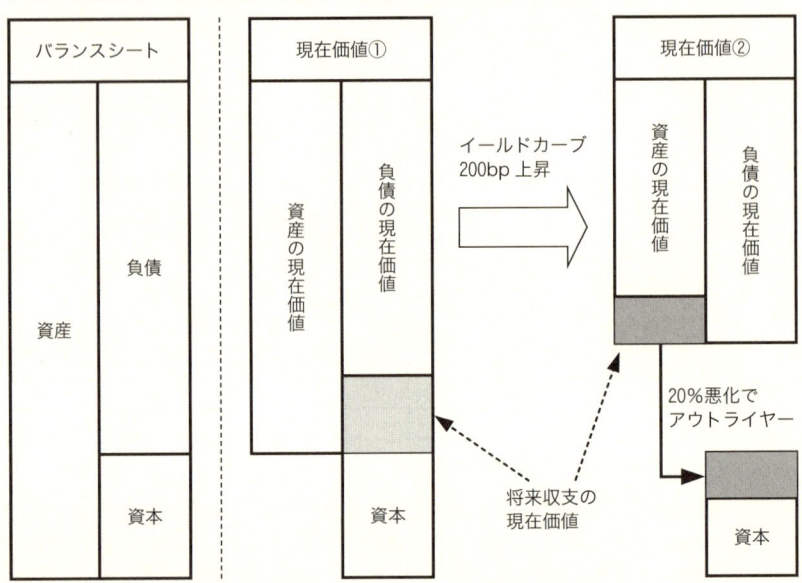

図60　金利変化による資産・負債の現在価値と将来収支の変化

(4) 金融機関債

8-64　金利リスクを回避するもうひとつの方法として銀行自身が社債を発行して長期資金を調達することが考えられる（¶10-46）。

6　金利の規制

8-65　金利の水準に関する規制にはいくつかのものがある。

(1) 臨時金利調整法

8-66　まず，市場金利が異常に高騰したような場合のために，臨時金利調整法に基づいて，内閣総理大臣および財務大臣は，経済一般の状況に照らし必要があると認めるときは，日本銀行政策委員会をして，金融機関の金利の最高限度を定めさせることができる。以前はこの法律に基づいて預金金利をはじめとするさまざまな金利が人為的に規制されていた（¶8-48）。

(2) 利息制限法[250]

8-67　次に、利息制限法は金銭消費貸借の金利や延滞利息が以下の水準を超える契約は、その超過部分について無効と定める（法1条・4条）。

表17　制限金利

元本額	制限金利（1条）	遅延損害金（4条）
10万円未満	年率20%	年率29.2%
10万円以上100万円未満	年率18%	年率26.28%
100万円以上	年率15%	年率21.9%

8-68　制限金利の計算にあたっては、金銭消費貸借に関し債権者が受ける元本以外の金銭はいかなる名義をもってするかを問わず、利息とみなされる（**みなし利息**、¶7-57）。無効とされる超過利息を支払った場合、直接返還請求してもよいし、元本に充当することを求めてもよい。

(3) 出資法と貸金業法

8-69　しかし、高金利を私法上無効とするだけでは取締りの実効性を欠く。このため、高金利については、別途、出資の受入れ、預り金および金利等の取締りに関する法律（出資法）が刑事罰を定めている（法5条）。出資法にも利息制限法のみなし利息と同様の規定がある（同5条の4第4項）。

表18　高金利の処罰

行為者	制限金利	刑罰	
		契約したとき	受領・支払の要求をしたとき
金銭の貸付けを行う者	109.5%	5年以下の懲役もしくは1千万円以下の罰金または併科	
金銭の貸付けを行う者が業として行う場合	20%超－109.5%		
	109.5%超	10年以下の懲役もしくは3千万円以下の罰金または併科	

8-70　貸金業者にとって出資法の制限金利は元本金額にかかわらず20%なので、

---

250)　利息制限法、出資法、貸金業法の規定の概観は2006年に行われた抜本改正の経緯や関連の判例の変遷について、我妻ほか2・債11(5)、加藤3・38頁以下参照。

利息制限法について 18%，15% の制限金利が適用される場合，各制限金利から 20% までの範囲については私法上無効だが，刑事罰は課せられないこととなる。ただし，貸金業法が貸金業者に利息制限法の制限金利を超える契約の締結を禁じているので行政処罰の対象となる（法 12 条の 8 第 1 項）。

(4) 遅延損害金の規制

8-71　遅延損害金の定めをした場合には，利息制限法の制限金利の 1.46 倍を超える部分が無効となる（利息 4 条 1 項）。定めがない場合には民法 419 条 1 項ただし書が適用されるから，法定利率＜約定利率の場合は約定利率によることになる。この結果，利息制限法の制限金利が上限となる。さらに，消費者契約については 14.6% を超える部分が無効となる（消費契約 9 条 2 号）。

第 9 章

間接金融機関

> デットファイナンスにおいては，間接金融機関が貸し手や投資家として重要な役割を果たす。本章では主要な間接金融機関を種類ごとに概観すると同時に，それぞれを理解する上で必要な最小限の付帯知識について説明する[251]。

1　金融と業者規制

9-1　金融業（financial business）は典型的な**規制業種**（regulated industry）である。何らかの業法と無関係な金融ビジネスはないといってよいであろう。金融ビジネスの規制は原則として金融庁が担っている。

9-2　**金融庁**（Financial Services Agency, FSA）　　金融庁は内閣府の外局であり，①国内金融制度ならびに本邦金融機関の国際業務に関する制度の企画・立案，②本邦金融機関や金融業務を行う各種機関，国内で業務を行う海外の金融機関等の監督，③破綻金融機関の処理，④金融商品取引や関連業者の規制，⑤企業会計やディスクロージャー等，きわめて広範な権限を有する（金融庁設置法4条）。証券市場の監視にあたる**証券取引等監視委員会**（Securities and Exchange Surveillance Commission, SEC[252]）も金融庁の下にある（同6条，金商194条の7・210条以下）。これらの役割はもともとは大蔵省（現在の財務

251）　本章の記述は筆者固有の視点が多く含まれている上，個々の業態について詳述する余裕がないので，本領域に関する標準的な教科書である川口や江頭・商取引第8・9章を参照されたい。

252）　本来略語は SESC のはずだが，米国の証券取引委員会（Securities and Exchange Commission）が SEC と略されるので，日本でも同様の略称が用いられることが多い。

省）が主として銀行局と証券局で担っていたが，1997年に起きた過剰接待問題等をきっかけに監督機能が総理府に分離され，その後，金融監督庁，金融再生委員会といった経過的な組織を経て，2001年の省庁再編において現在の姿となったものである[253]。信用組合や公的金融機関の再編に伴い，従来地方公共団体や他省庁に監督権限のあった金融機関も金融庁の監督下におかれ，2006年の貸金業法の改正によりノンバンクに対する監督権限も強化されて，わが国の金融ビジネスの監督を一手に担う非常に重要な官庁となっている[254]。設立当初はいわゆる「護送船団方式」（¶9-10）への反省もあり監督・取締機能に重点が置かれたが，近時は「ベターレギュレーション」の標語の下に，わが国の金融市場の競争力強化を支える金融規制の質的向上への取組みがなされている（金融庁HP・BR）。ただし，市場の競争力は本来民間の活力から生み出されるべきものである。この点，わが国の金融機関はイノベーションへの活力や変化への対応力が欧米に比べてかなり見劣りするように思われる。役所がどれだけがんばっても，民間金融機関が，大きく変化する経済社会構造に即して次の時代を担う新たなビジネスモデルを自ら構築しない限り，わが国の金融市場に未来はない[255]。

9-3 **免許・許認可 (license)，登録 (registration)，届出 (filing)** 金融ビジネスの規制には，免許・許認可，登録，届出という3つのレベルがある。行政法上厳格な定義があるわけではないが，ここではこれらが実務でどのようなものと理解されているかを説明しておく。まず，**免許・許認可**が必要な事業や業務については，金融庁がこれを与えるかどうかについて幅広い裁量を有している。これに対し，**届出**の場合，事業や業務を行うことそのものに許諾を求める必要はないが，法令で定められた事項を事前あるいは事後に当局に届け出ねばならない。届出は，建前上は形式要件が満たされていれば必ず受理される。ただし，届出内容に実体的な要件が含まれていることも多く，この場合は事実上ソフトな規制として機能する。以前は「審査付届出」といって，当局が満足する内容でないものは受理しないというかたちで事実上許認可にかなり近い運用がなされることがあった。しかし，現在はこうした裁量

---

253) 経緯については，川口119-136頁，日野・金融法187-193頁にまとめられている。
254) 金融行政の具体的な内容については，日野・金融法第5章に詳しい。
255) 少し内容は古くなってきているが，金融ビジネスモデルのあるべき方向性に関する私見について，大垣2参照。

> 的受理拒否は許されない[256]。
> 　**登録**は両者の中間に位置し，事業や業務を行うには登録が必要だが，登録要件があらかじめ法令で客観的に定められており，免許・許認可よりは裁量の余地が狭いものである[257]。

2　間接金融機関

(1)　間接金融と間接金融機関

9-4　自らの資金調達のため固有の金融商品を用いて資金供給者から資金を吸収し，主として融資によって資金需要者に対して資金供給を行う金融仲介のあり方を**間接金融**（indirect finance）といい，間接金融を担う金融機関を**間接金融機関**（indirect financial institution）という[258]。上述のように，戦後の日本の金融は次節で述べる業態縦割り体制の下で間接金融を中心に発展してきた。今日でも間接金融の果たす役割は依然として大きいが，経済の成熟化とともに，金融仲介の焦点が資金調達から投資商品の供給へと移ってきてい

---

256) 行政手続法は，こうした行為を「申請」と「届出」に区分している。申請とは，法令に基づき，行政庁の許可，認可，免許その他の自己に対し何らかの利益を付与する処分（許認可等）を求める行為であって，当該行為に対して行政庁が諾否の応答をすべきこととされているものをいい（行手2条3号），届出とは，行政庁に対し一定の事項の通知をする行為（申請に該当するものを除く）であって，法令により直接に当該通知が義務付けられているもの（自己の期待する一定の法律上の効果を発生させるためには当該通知をすべきこととされているものを含む。）をいう（行手2条7号）。そして，届出については，意図的な不受理や返戻を抑止するために「届出が届出書の記載事項に不備がないこと，届出書に必要な書類が添付されていることその他の法令に定められた届出の形式上の要件に適合している場合は，当該届出が法令により当該届出の提出先とされている機関の事務所に到達したときに，当該届出をすべき手続上の義務が履行されたものとする。」と定めている（行手37条）。

257) 届出制と登録制に関する行政法上の位置付けについて，芝池135-141頁，小早川196-199頁参照。

258) 経済学では，直接金融は，主として有価証券を用い市場を介して資金余剰主体から資金不足主体へ資金が直接流れること，間接金融は，金融機関が一方で資金余剰主体から受信を行い自らの発行する間接的証券により資金調達し，他方で資金不足主体に対し与信を行うかたちで間接的に資金の仲介を行うことと定義される（たとえば，経済学事典538-539頁）。

るため，直接か間接かといった区別にも新しい意味付けが必要になっている。

9-5 **市場型間接金融**　最近，投信のように小口の投資資金を金融仲介機関が集めて，市場において有価証券で運用するもの（集団投資スキーム型）や，シンジケートローンのように資金供給手段は間接金融で用いられる融資の形態だが，市場を通じて社債のように募集・販売するもの（市場型与信）といった，**市場型間接金融**の重要性が増している。これらについては，章を改めて詳しく論ずる（¶11-1以下）。

9-6 **間接金融機関と情報生産**　融資取引においては，借入人は特定の貸し手にできる限り詳しい内部情報を開示することにより，不確実性から生ずるエージェンシーコスト（¶2-25）を引き下げて有利な調達コストを得る。内部情報は他社との競争上できる限り秘密にしておいたほうが有利だから，少ない貸し手にだけ開示することには合理性がある。逆に言えば，一般預金者や投資家は間接金融機関を介することによってのみ競争力のある条件呈示を行うことができる。これを間接金融機関の**情報生産機能**（information production）という[259]。

これに対し，いったん上場した企業は金融商品取引法や証券取引所のルールに従って詳細な情報開示を行うので，間接金融機関が果たしていた情報生産の必要性は低下する。むしろここでは，特定の投資家だけに内部情報を開示するのではなく，できる限り広く内部情報を投資家に開示してエージェンシーコストを引き下げると同時に，投資家間の競争を促して有利な調達コストを実現する（¶10-93）。

このように，間接金融型と市場型とでは有利な調達条件を得るための情報生産の方法が正反対になっている。そして，市場型調達を活用するようになった企業が間接金融を利用する場合，貸し手が固有の情報生産を行う余地は限られるため，むしろ市場による競争を通じたコストの引き下げを狙った方がよい。ここにシンジケートローンのような市場型間接金融手法が登場する背景のひとつがある（¶11-16）。

9-7 **メインバンクの意義**　日本では企業と株式を持ち合い大口株主であると同時に最大の債権者でもあるメインバンクと呼ばれる銀行がその企業の資金調

---

[259]　情報生産機能は，伝統的には金融機関の果たす役割の中で議論される（たとえば，大村ほか 248-250 頁，筒井 143-146 頁）。

達を主導する体制が長年続いてきている。メインバンクは、典型的な間接金融型情報生産者であると同時に企業が破綻した場合には最大の損害を被るので、他の債権者はその動向を見て与信を行うかを判断する。これを**カウベル効果**[260]という。これを逆から見れば借り手が破綻したらメインバンクは最後まで逃げずに「しんがり」機能を果たすことが期待されている[261]。しかし、最近はメインバンクといっても情報生産機能に限界があるので、どこまでそうした責任を負わせることが相当かは難しい問題である（なお社債権者との関係について¶10-10・11、シンジケートローンのエージェントの責任について¶11-44参照）。

(2) わが国における業態区分の特徴

9-8　銀行、信託、保険といった金融ビジネスの類型を俗に**業態**（sub segment）という。わが国の業態区分は、以下にみるように、資金吸収機能に力点を置いて形成されてきた。現在でも間接金融機関の性格は多分に調達する資金に規定される。

9-9　**業態の生い立ち　①資金吸収のための制度**　日本は戦後、金融市場が壊滅状態にある中で、産業に対し十分な投資資金を投入して一刻も早く経済を立て直さねばならなかった。そこで、間接金融機関が個人から効率的に資金を吸い上げ、国策にかなった産業に資金を傾斜的に投入するという体制がとられた。具体的には、普通銀行は預金、信託銀行は金銭信託と貸付信託、長期信用銀行を始めとする発券銀行は金融債、生命保険会社は養老保険や定期付終身保険、損害保険は積立保険といった貯蓄性の高い金融商品によって、それぞれ短期－超長期の資金を吸収し、企業に貸し付ける役割を担ったのである。金融ビジネスに関する業法（銀行法、金融機関の信託業の兼営に関する法律、長期信用銀行法、保険業法等）は、この目的を確実に遂行できるように、

---

260) cowbell effect。牛の放牧において、先頭の牛に鈴をつけておくと他の牛が正しい方向に進むことによる（日向野22-27頁参照）。
261) 1995年にいわゆる住専会社が破綻した際、メインバンクにあたる母体行が全額債権放棄をした上で、一般債権者は融資額に応じて損失を負担するという処理方式が採用された（母体行責任に基づく処理）のに対し、税務当局が母体行の債権放棄額を税法上全額損金算入することを認めなかったために争われた税務訴訟（いわゆる興銀事件）で、最高裁は母体行責任の存在を認めた（最判平成16・12・24民集58巻9号2637頁、租税百選コラム③事件）。

資金吸収商品の側に厳格な壁を設けて業態間の競合を回避する「仕切り」として機能した（実際，どの業態も貸付けを行うことは規制されていない）。その一方で，同じ業態の中ではむしろ熾烈なシェア競争が行われ，業態内の順位は優れて資金規模の大小で決まった（今も金融機関の中に根強く残る収益率の前に規模を誇るという体質は，こうした体制の中で培われたといってよい）。

9-10　**②元本保証**　個人から資金を薄く広く集めるためには，リスクの低い元本保証型の商品が適している。そして，すべての金融機関が資金吸収機能を果たすためには，業態内部の優劣は規模のみにより，原則としてどこと取引しても安全ということを政府が請け負うことに合理性がある。こうして，大蔵省が，金融機関の経営について事細かに指導を行う一方で，全社の健全性を業態内の優劣にかかわらず事実上保証するという**「護送船団方式」**と呼ばれる体制が生まれた。

　元本保証型の商品は株式のように元本保証のない商品より利回りが低い。しかし，高度成長期からバブル崩壊（¶12-42）頃までは，そもそも金利の絶対水準が今より非常に高かったので，あえて元本をリスクにさらさないでも十分に高いリターンを得ることができた。誰でも金利が十分高いなら元本保証を好む。日本人は保守的なので預金・保険のような元本保証型商品を好むという議論があるが，私はむしろこうした歴史的事情によるところが大きいと考えている。

9-11　**③間接金融中心**　上述のように資金吸収手段は業態ごとに厳格な仕切りが設けられたが，資金供給手段は，業態に関わりなく貸付けが主体であった。本来直接金融の手段である社債も，特定の間接金融機関があらかじめ大部分を購入する**計画消化**と呼ばれる慣行があったことや，今日では証券会社が行っている幹事業務の枢要な部分を，**募集の受託**（¶10-71）という仕組みを通じて銀行が担っていたことから，融資代替としての性格が強かった。また，株式についても，企業同士や間接金融機関との間での株式持合や，年金勘定・従業員持株会等による長期保有が残高の大部分を占めていた。このため，証券会社は計画消化や安定保有部分以外の残部を富裕層や短期的な利益狙いの個人投資家に支店や系列証券会社の販売網を通じて「はめこむ」リテール中心の営業形態をとることになった。巨大リテール網を抱える総合証券会社はこうした文脈の中で育ったといえるだろう。

一方，貸付けのみを行うだけで，資金吸収面で特権を持たないファイナンス会社（ノンバンク）については，厳格に規制する理由が乏しいので，貸金業法に基づき業者登録が要求されるのみで，高利貸付や苛烈な取り立てに対する取り締まりがなされるにすぎなかった[262]。

9-12　**④業態の意義**　このように，戦後，業態に区分された金融機関は競争規制による経営の安定を基盤に，総体として国民から資金を吸収し，国策により成功が約束された産業に投資するという壮大なる資金配分マシンとして機能し，戦後の経済復興を支えてきた。つまり，「日本株式会社」がうまく行っている限り，金融機関には半ばリスクフリーで収益が約束されたのである。

　しかし，1980年代に入り，こうした資金吸収中心の業態を維持する基盤は失われた。本来なら，この時点で思い切った自由化と業界構造の転換を推し進めるべきであったが，過去の輝かしい成功体験と巨大な既得権益の故に，業態縦割り構造はその後も長らく維持され，1990年代に入りバブル崩壊によって受動的な再編を余儀なくされた。このように，業態縦割りのビジネスモデルはもはや歴史的遺物といってよく，遅ればせながら徐々に新しいビジネスモデルも出現してきている（大垣2は，この点について検討したものなので興味のある方は一読されたい）。金商法や信託法・信託業法の大改正，電子記録債権法や資金決済法の制定等にみられるように，金融関連の法的インフラもようやく次の時代に向けて整備されつつある。

9-13　以下，代表的な間接金融機関を概観した上で資金吸収手段に焦点をあてて説明する。

3　銀　　行

(1) 法的位置付け

9-14　銀行は，預金により決済性または3年程度までの中短期の資金を調達する

---

[262]　2007年に抜本改正される以前の貸金業法は正式名称が「貸金業の規制等に関する法律」であったことからも窺われるように不適格業者を取り締まることに主たる目的があった。これに対し新法は「貸金業法」と改称され，貸金業を正面から金融市場の担い手として位置付けるとともに，その監督・規制が強化された（上柳＝大森49頁）。

ことを許された業態である。銀行業を営むには，銀行法に基づく免許が必要である（銀行4条1項）。

9-15　銀行法は**銀行業（banking business）**を，①預金または定期積金の受入れと資金の貸付けまたは手形の割引とを併せ行うこと，②為替取引（内国為替・外国為替といった決済業務）を行うことの，いずれかを行う営業と定義している（法2条2項)[263]。①は貸付けの原資としての預金に着目した定義，②は預金の決済機能に着目した定義であり，銀行の本質が預金の受入れにあることが分かる。なお，銀行はこの他にもさまざまな付随業務，周辺業務を営んでいる。中でも最近は有価証券や保険といった金融商品を支店窓口において販売する金融商品仲介業務が重要性を高めている（¶5-54）。

9-16　**機能特化型銀行**　銀行法2条の書きぶりからすれば，融資業務を行わず為替業務に特化した銀行があってよい。また，店舗を持たずインターネットだけで運営する銀行も考えられる。業務の多様化や規制の精緻化に伴い銀行業への参入コストは上昇を一途をたどっているので，特に新規参入者（¶9-36）にとって，どちらも合理性の高いアプローチである。そこで，金融庁はこうしたビジネスモデルも認めた上で，業務開始後に免許申請時に想定していなかった新たな業務を行おうとする場合にはあらかじめ当局の承認を必要とする旨を免許付与の条件としている（主要行指針Ⅶ-1-3）。これまでの認可経験に基づき，以下の2類型については免許の際の注意点が定められている。

---

[263]　商法上の銀行取引と銀行法の銀行業の関係　細かな話だが，商法は「両替その他の銀行取引」を営業的商行為としている（法502条8号）。ある行為が商行為と認められると，行為者が個人や非営利法人のように当然に商人でない場合でも，一定の事項について民法ではなく商法の特則が適用される（具体的には，消滅時効が問題となることが多い）。

このうち，両替（currency exchange）は，業として外国通貨または旅行小切手の売買を行うことをいう（外為法22条の3）。銀行でなくとも一般の両替商（たとえば旅行代理店やホテルのフロントデスク）が特段の認可や届出なく行うことができる業務である（外国為替法上，本人確認義務を負うことに注意）。

銀行取引（banking transaction）について判例は，銀行法上のそれである必要はないが，貸付けのみでは足らず，不特定多数から金銭を受け入れてこれを融通することが必要とし，自己資金のみを貸し付ける貸金業者や質屋営業者の行為は銀行取引ではないとする（貸金業者：最判昭和30・9・27民集9巻10号1444頁，営業質屋：最判昭和50・6・2判時785号100頁［商法百選35事件］）。なお，そもそも論として業として融資を行うことが商行為にならないことには違和感があるため，立法論としてこれを営業的商行為とすべきという議論がある。

9-17　**①決済特化型**　要求払預金（¶7-53）を中心に受け入れて決済の利便性を強調する一方，資産は貸出ではなく国債等安全性の高い有価証券を中心に運用するモデル。コンビニやGMS併営型に適する。ゆうちょ銀行（¶9-34）もこのモデルがなじむ。認可にあたっては，伝統的な銀行業とは異なる業務形態に見合った自己資本の充実や，ALMリスクの管理体制の整備の有無や，貸出に頼らず収益源が確保できるか，全国的に決済業務を営む場合に確実な決済が確保されているか等の点が重視される（同指針Ⅶ-1-4）。

9-18　**②非対面取引特化型**　インターネット専業銀行やコンビニATM中心の銀行といった非対面取引を専門に行うモデル。免許時には，苦情・相談，システムダウンへの対応，顧客への商品説明やディスクロージャー，本人確認や疑わしい取引の届出の履行等を非対面で行う態勢の整備が問われる。また，取引の解約・変更が容易なので顧客の一時大量流出に備えた流動性確保のための方策を確立しているか，システムの外部委託先を適切に管理しているかといった，eビジネス特有の点にも注意が払われる。また，障害発生時の危機管理体制等について外部機関からの評価書類の提出が求められる（同指針Ⅶ-1-5）。

(2) 銀行と決済

9-19　AがBに銀行に依頼して金銭を支払う場合，Aから依頼を受けた銀行Xは，①Aの預金を引き落とし（現金で依頼する場合も一時的な預金関係が成立すると解されている），②Bの受取り銀行Yに対して支払指図（文書もしくは電信）を送り，③日本銀行に対してXの口座を引き落としてYの口座に付け替えるよう指示する（実際には②と③がシステム上同時に行われる）。次に，Yはこれを受けて④　②の指示に従いBの口座に同額を入金記帳する（図61）。このようにして銀行は日銀を頂点とした決済網を形成するのである（なお，XとYの口座が両方同じ銀行の支店にあるなら単に口座を付け替えるだけでよいし，銀行は同じだが支店が違う場合は本支店間に設けられた本支店勘定といわれる勘定を経由してAからBに口座の付け替えを行う）。

図61　預金決済の仕組み

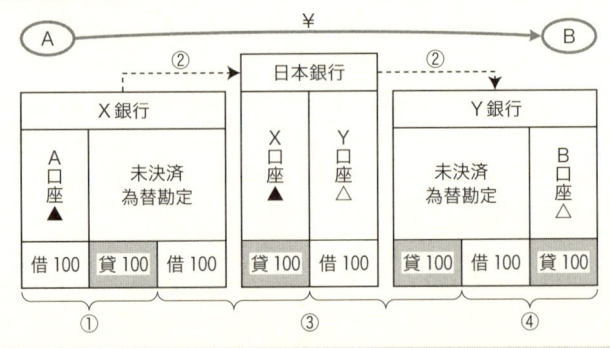

```
        A ─────────────── ¥ ──────────────→ B
            ②↗         ↑  ②↘
        ┌─────────┐  ┌─日本銀行─┐  ┌─────────┐
        │ X銀行   │  │ X  │ Y │  │ Y銀行   │
        │A│未決済 │  │口座│口座│  │未決済│B │
        │口│為替  │  │ ▲ │ △ │  │為替  │口│
        │座│勘定  │  │    │    │  │勘定  │座│
        │▲ │      │  │    │    │      │△ │
        │借│貸    │  │貸  │借  │貸    │貸 │
        │100│100  │  │100 │100 │100   │100│
        └─────────┘  └─────────┘  └─────────┘
            ①              ③              ④
```

9-20　**決済業務の開放**　2009年の金融審議会第二部会決済ワーキンググループの報告書において，預金の受入れや融資等の運用を行わない為替取引については，銀行以外の者が行うこと（為替取引に関する制度の柔軟化）を認めることとし，このための制度整備を行うことが適当とされた（金融審［2009］）。これを受けて同年，**資金決済に関する法律**（以下，**「資金決済法」**）が制定された（同法ならびに資金決済全般に関する幅広い制度に関する解説書としては高橋が良書である）。

　決済サービスには，①支払における同時履行の確保と，②隔地者間の送金という2つの異なる要素がある[264]。このうち，①については**荷為替手形**の利用を通じて銀行が伝統的に重要な役割を担ってきている。特に外国為替では①の要請が強い。しかし，インターネットの普及により地理的に隔地者でなくても，非対面で取引を行う，情報的隔地者間の取引とでもいうべきものが日常化している。ここでは物の流通を担う事業者のほうがむしろ同時履行を確保しやすい立場にあるため，宅配業者やコンビニエンス・ストアが行う**収納代行サービス**のように，銀行以外の事業者のサービスが拡充してきている。そこで，資金決済法の議論の過程では，収納代行サービスに対して同法の規制を課すべきとの議論がなされたが，最終的には見送られた。

　一方，②については現在のところ銀行がこれを独占している。銀行は相互のコンピュータを全国銀行協会のシステムを通じてネットワークし，巨額の決済から小口決済までを瞬時に行う卓越した能力を有している。しかしそれ

264）【復習】為替手形には，①荷為替手形と②送金手形という2つの異なる利用法がある。この仕組みをあらためて学習してみると，決済業務の本質が何かがよくわかる（関・手形320頁以下参照）。

故に，小口決済については手数料が割高になる傾向がある。そこで，少額の決済のみを取り扱う資金移動業者を資金決済法により認めることにした。すなわち，同法は銀行等以外の者が少額の為替取引を業として営むことを**資金移動業**と定義し（2条2項），**資金移動業者**を登録制とする（37条）。資金移動業者は一定期間（1か月以内で内閣府令で決められる）ごとに，当該期間における要履行保証額（各営業日における未達債務額＋α［還付コスト分］）の最高額以上の履行保証金を，供託所への供託（履行保証金，43条），銀行等預金等（履行保証金保全契約，44条），信託（履行保証金信託契約，45条）のいずれかの方法で保全することが義務づけられる。しかし，銀行に比べればかなり緩やかな規制である。

このほか同法は，**前払式証票の規制等に関する法律**を廃止してこれを取り込み，従来同法が規制対象としてきた，商品券・プリペイドカード・電子マネー[265]に加えて，ネットワーク上でのみ流通するサーバ管理型電子マネーも規制対象とすることとした（**前払式支払手段**）。また，発行見合い資金の保全措置に従来の供託・預金等に加えて信託を追加する等の規制の合理化を行っている（3条以下）。ただし，立法の過程で議論のあったいわゆる**ポイントプログラム**への規制は見送られた[266]。

また，銀行間の為替取引を相互に直接決済するのではなく，清算機関に債務引受や更改等の方法で集中して清算する，**資金清算業**が免許業種とされた（64条以下）。これは現在全国銀行協会が担っている内国為替のネットワーク機能を，単なるシステムサービスではなく集中決済の仕組みに格上げした上で免許制とし，集中決済システムを強化すると同時に，主体的・戦略的な取組みが可能となるよう企図したものである。

---

265) 2種類の電子マネー　現在，日本で一般的に用いられている電子マネーは，クレジットカードや非接触型の乗車カードにICチップを組み込んで利用時にはカードを用いて支払を行い，利用残高をカード上に記録しておくもので，物理的実体があるためにプリペイドカード等（前払式証票）の一種として法規制を及ぼすことができる。これに対し，インターネット上で財貨やサービスの購入のために用いるサーバ管理型電子マネーは情報そのものが物理的な媒体なしに流通するために，「証票」という概念にあてはまらない。そこで新法は「前払式支払手段」という概念で双方を取り込んだ。

266) いわゆるポイントは，利用においては前払式支払手段と同様の機能を持つが，発行に際して消費者から対価を得ず，基本的に，景品・おまけとして無償で発行されている点が異なる。

(3) 銀行の信用創造機能と預金保険

(a) 銀行間信用創造

9-21　このように銀行業の本質は預金を受け入れる点にあり，それゆえに免許が要求される。逆に預金類似の行為は出資法によって厳格に禁じられているが（法2条），金銭の貸付けまたは金銭の貸借の媒介のみを業として行うなら貸金業者（貸金業2条）として登録すればよい（同3条）。では，預金がそのように重要視される理由は何か。

　まず，銀行が取り扱う預金の中で，随時・無条件で引き出して現金にすることのできる要求払預金（¶7-53）は，経済学的視点からは，日本銀行の発券する**紙幣**と財務省が発行する**補助貨幣**（いわゆるコイン）と共に「貨幣」あるいは「通貨」（currency）を構成する[267]。

9-22　さらに銀行には預けられた預金を，与信取引を通じて何倍もに拡大して一国のマネーサプライの創出に寄与するという**信用創造**と呼ばれる機能がある。これらを通じて銀行は預金を通じて，中央銀行である日本銀行を扇の要とした決済機構の一翼を担う。これが銀行の公的性格と呼ばれているものの実体である[268]。

---

[267]　**経済学における通貨の呼称**　本文で述べた現金通貨と要求払預金（預金通貨）を併せてM_1という。これに定期預金を加えたものをM_2といい，この合計を貨幣の供給量（マネーサプライ，money supply）とするのが伝統的な考え方である。最近は，これに譲渡性預金（CD）等を加えて考えることも多い（M_2+CDまたはM_3）。
　一方，現金通貨と銀行が日本銀行に預けている準備預金は，日本銀行が金融政策で直接コントロールできるのでハイパワードマネー（high-powered money）と呼ばれる（大村ほか59頁-62頁）。ハイパワードマネーも本文で述べた銀行間信用創造と同様の過程を経て，一国のマネーサプライを生み出す。この際の乗数は貨幣乗数（money multiplier）と呼ばれる（同62-66頁）。

[268]　**銀行の公的性格と銀行規制**　このように銀行は公的性格を有するので，銀行の破綻は1企業の破綻を超えて一国の経済秩序に大きな悪影響を及ぼす。従来の銀行規制は，業態秩序を維持する競争規制に重点があったが，特にバブル崩壊やサブプライム問題発生後の銀行規制は，銀行を破綻させないためのリスク管理，業務監督に重点が置かれるようになっている。しかし，一方で銀行の多くは上場会社として利益追求が要求されるため，経営者は「安全に高収益」をあげるというきわめて困難な目標を強いられるようになっている。そこで，銀行業務を公的性格の強い部分と営利追求としての性格の強い部分に分解し，前者については規制を一層強化する一方，後者については自由度を高めるために別組織化する動きが海外で始まっている。わが

9-23 **銀行間信用創造と信用乗数**　今1億円の現金を有している人が，タンスから出して，銀行にこれを預けたとする。タンスにいれたままと銀行に預けた場合を比較すると，少なくとも経済的に見る限り，なけなしの利息がつく以外に大きな差はないように思える。しかし，社会全体でみると驚くほど異なる結果を招来するのである。

まず，1億円を預かった銀行Aは預金利子をもうけるために有望な取引先Xに貸すことになる。ただし，日本銀行は同行に預金を有する金融機関に対して，預金の一定割合を無利子で強制的に預けさせている。これを**法定準備預金（reserve deposit）**という（準備預金制度に関する法律1条・2条2項）。この準備率が10%だとすると，残りの90%にあたる9000万円を貸し出せることになる。こうして，新たに9000万円のお金がX社の預金口座に振り替えられる。

ところで，これを借りた会社Xは，通常はその資金をタンスにいれるために借りるのではない。たとえば，Y社への原材料の支払がちょうど9000万円あり，Y社からB銀行にある同社口座に振り込んでくれと言われていたとする。そうすると，B銀行の預金が9000万増加する。B銀行はA銀行と同じようにこのうち10%，900万円を法定準備預金として日銀預け金に残した上で，8100万円をZ社に貸す。

こうして最初に1億円の投入で始まった預金の連鎖は，無限に連鎖して社会に預金のかたちでお金を増殖していく。このことを**銀行間信用創造**という。

> 問1）　一般に預金準備率がrの場合に，最初の預金Dが何倍になるかを式であらわせ（この倍率のことを信用乗数という）。
> 問2）　上記事例の場合，最初の1億円はいくらに増えるか。

9-24　増殖した預金総額をMとすると，
$$M=\sum_{i=0}^{\infty} D \cdot r^i = D + D(1-r)^1 + D(1-r)^2 + \cdots + D(1-r)^\infty$$
これを求めるために，全体に$1-r$を乗じたものを引くと，

国でも今後そうした動きが強まる可能性がある。

$$
\begin{array}{rl}
& M = D + D(1-r)^1 + D(1-r)^2 + \cdots + D(1-r)^\infty \\
-) & (1-r)M = \quad D(1-r)^1 + D(1-r)^2 + \cdots + D(1-r)^\infty + D(1-r)^{\infty+1} \\
\hline
& \therefore rM = D - D(1-r)^{\infty+1}
\end{array}
$$

ここで，$(1-r)$ は 1 より小さいから，$D(1-r)^{\infty+1}$ は限りなくゼロに近くなる。このため，

式12

$$M = \frac{1}{r}D$$

つまり，信用乗数は $\frac{1}{r}$ となる。これを上記事例にあてはめれば，1億円の預金は，1/0.1 すなわち10倍の，10億円に増えることになる。

(b) 預金保険の意義

9-25　企業の資金決済で現金が用いられることはまずなく，巨額かつ多数の決済が，日々銀行の決済預金を通じて行われている。また，小口の預金を行う個人にはそれぞれの銀行の信用リスクを判断する情報も能力もないから，銀行の信用リスクを預金者に負わせると健全な経済活動が営めなくなる。このため，一般預金については元本1000万円までとその利息（預金保険54条）[269]，決済用預金（当座預金と利息のつかない普通預金等）は全額（同54条の2，同施行令6条の3），が預金保険の対象となる（詳しくは，川口171-187頁を参照のこと）。この結果，銀行はそれぞれの信用力とは無関係に安い資金を調達できる（¶8-57参照）。

(4) 銀行の種類

銀行には，全国に店舗展開している都市銀行と特定の地域を中心に店舗網を展開している地方銀行，第二地方銀行[270]，信託業の兼営を許された銀行

---

[269]　ただし，1000万円を超える部分は破綻金融機関の財産状況によって支払われる。

[270]　戦前は無尽業者であったものを戦後，相互銀行法に基づいて相互会社形式の銀行にした相互銀行を，さらに銀行法に基づく株式会社組織の普通銀行に転換したもの。営業地域が限定される点で地方銀行と変わるところはないが，組織転換に際し，従来の地方銀行の組織ではなく，独自に第二地方銀行協会を組織したことから，これに加盟している地方銀行という位置付けで

である信託銀行がある。以下，簡単に各業態をみる場合のポイントを簡単に整理しておく（なお，信託銀行については信託の知識と併せて¶9-52以下で解説する）。

(a) 都市銀行（メガバンク）

表19 銀行

種類	業態名	根拠法
普通銀行	都市銀行（メガバンク）	銀行法
	地方銀行	
	第二地方銀行	
	異業種保有銀行	
	信託銀行	銀行法・兼営法・信託業法・貸付信託法
	在日外国銀行	銀行法
郵便系	ゆうちょ銀行	郵政民営化法，銀行法

9-26　都市銀行は不良債権への対応や国際競争力強化のために従来の企業集団の枠を超えた統合を繰り返し，2009年現在，三菱東京UFJ，みずほ，三井住友3大メガバンクグループと，りそな銀行からなる4大銀行に集約されている。こうしたメガバンク統合は，とりあえずシステムや店舗の廃統合による規模の経済性の追求という経費効率面で一定の成果を見せているが，今後は，欧米の金融機関と伍して，迅速な意思決定の下，どうやって収益力を高め，積極的なグローバル展開を行うかが課題となっている。

9-27　**メガバンク（mega banks）：都市銀行の統合**　都市銀行の統合は日本の組織再編法制に大きな影響を与えた。まず，業態が複数にまたがる多くの関連会社を有するメガバンク統合を円滑に進めるには持株会社方式によることが便宜である。そこで，1996年に橋本内閣が打ち上げたいわゆる金融ビックバン構想[271]の下で**金融持株会社（financial holding company）**の解禁が謳われ，これに平仄を合わせて1997年には独占禁止法改正により「事業支配力が過度に集中することとなる」場合[272]を除いて持株会社が解禁された

区別する。
271)　日本版金融ビッグバン　経済審議会行動計画委員会金融ワーキング・グループ報告書「わが国金融システムの活性化のために」（1996年10月17日）で提唱された一連の改革。

(独禁9条)。会社法制上も，1999年に**株式交換・移転**の制度（神田・会社342-344頁）を導入してこれに対応した。

9-28 **長期信用銀行の消滅**　戦後業態秩序の下で，特殊な社債である金融債を発行して企業に対して中長期の貸付けを行う，社債発行代替機関ともいうべき長期信用銀行[273]が存在していたが，いずれも2007年までに金融債の発行を中止し，業態としては事実上消滅した（¶10-45参照）。

(b) 地方銀行

9-29　都銀・地銀という営業地域による業態区分は大蔵省の店舗行政によって作られた事実上のもので，銀行法自身がそうした区別を設けているわけではない。店舗の改廃を認可制とし，大蔵省・金融庁が厳格に管理する**店舗行政 (branch regulation)**は上述した業態区分に基づいた資金吸収を秩序だって行うための基本的な規制であったため，他の制度が自由化されていく中でも象徴的な存在として最後まで残されてきた。しかし，2002年の銀行法改正により国内営業所の設置・変更が認可から届出制（¶9-3）になった（小山110-112頁）。この結果，メガバンクによる地方進出や地方銀行の越境進出が始まっている。また，店舗の形態や営業時間に関する自由化も進んでいる。このように，銀行内業態の**同質化 (homogenization)**が進む中で，それぞれの銀行が生き残るためには，明確な戦略が必要な時代になっている[274]。特に，依然として100を超える地域金融機関のあり方が真剣に問われている。

9-30 **地域金融機関のあり方**[275]　地域金融機関のあり方を考える場合に，いく

---

[272]　川口294-302頁参照。一般的な持株会社の基準については，公正取引委員会「事業支配力が過度に集中することとなる会社の考え方」(2002年11月12日) にガイドラインが定められており，金融持株会社もこれに従う。

[273]　具体的には，新生（旧日本長期信用銀行），あおぞら（旧日本債券信用銀行），みずほコーポレート銀行（旧日本興業銀行）の3行。

[274]　地方金融機関から中規模金融機関へ　このように地方銀行が「地方」の銀行であるということはもはや単なる自己規定にすぎなくなっており，規制上は都銀に比べて中規模な銀行という以上のものではない。今後は地域が異なる複数の金融機関が同一フランチャイズの下で都銀を凌駕する利便性を提供したり，インターネット等を活用することにより一定の事業領域に絞って全国展開したりといった新たなビジネスモデルの登場が期待される。

つかの切り口がある。

9-31 **①リレーションシップバンキング（relationship banking）** リレーションシップバンキングは，金融機関が顧客との間で親密な関係を長く維持することにより顧客に関する情報を蓄積し，この情報を基に貸出等の金融サービスの提供を行うことで展開するビジネスモデルと定義される[276]。対義語は**トランザクションバンキング（transaction banking）**である。地域金融固有のものではないが，現在は「地域密着型金融」と日本語化されて，二次にわたり推進のための行動計画が策定されてきている。ただし，いずれも地域経済の不振を背景に事業再生等を通じた問題債権の処理や，中堅・中小企業や新規事業に対する円滑な資金供給に向けた体制や新しい融資技術の導入等に焦点があたっている（ともすると，従来型の地方における金融機関営業のあり方を漠然と追認するような議論になる傾向があることにも注意が必要である）。

9-32 **②金融流通業者** 地域金融機関は特定の地域内に関するかぎり充実した店舗ネットワークを有する。これを最大限に活用して，自行商品のみならず，投信・保険・株式といった幅広い金融商品を顧客に販売して手数料収入を獲得せんとするのが，金融流通業者型ビジネスモデルである。異なる地域の銀行同士が広域コンソーシアムを形成して，共同で商品供給，マーケティング会社を設立するような方向性も考えられる[277]。

9-33 **③地域 CFO** 日本経済の健全な発展のためには地域再生が必須である。このためには，地域金融機関には地域の CFO (chief financial officer, 財務担当役員) として地域の活性化を先導することが期待されている。従来から地域金融機関はそうした「自負」だけは有してきたが，新しい時代においてその機能を担っていくには充実したシンクタンク機能やこれを実現するための金融技術，市場型商品にアクセスするためのネットワーク等が必要である。こうした，専門集団としての地域 CFO 機能を強化することが，これからの

---

275) 地方銀行の現状については，地銀協を参照。
276) 金融審議会金融分科会第二部会「リレーションシップバンキングの機能強化に向けて」（2003 年 3 月 27 日）。このほか，その後の金融庁 HP・中小掲載の地域密着型金融関連の資料，村本，木村を参照のこと。
277) こうした機能特化型のビジネスモデルをアンバンドリング型ビジネスモデルという。詳細については，大垣 2 第 2 章参照。

「地域密着型金融」のあり方ではないかと考えられる。

(c) ゆうちょ銀行

9-34　2007年からは公的貯蓄金融機関であった，郵便貯金が民営化（注18参照）されて，180兆円余りという日本最大の資金量（2009年3月現在）と全国郵便局を店舗ネットワークとして有する株式会社ゆうちょ銀行（Japan Post Bank）がこれに加わった[278]。従前の郵便貯金はその資金を全額財政投融資に預託し，政府系金融機関が行う融資の原資を提供してきた。しかし，財政投融資の意義が見直される中でまず財政投融資への預託義務が廃されて自主運用が原則となり，さらに，今時の民営化となったものである（図62）。なお，2009年に民主党政権が誕生したことに伴い，郵政民営化については大幅な見直しが予定されており，ゆうちょ銀行については特殊会社（注18）状態を維持したまま預入限度額を引き上げる等の業容拡大も検討されている。

ところで，2009年3月末における貯金残高約186兆円のうち，84％にあたる約173兆円が有価証券で運用されており，その大半にあたる約157兆円が国債の購入に振り向けられている。これをみると，<u>ゆうちょ銀行は事実上財政資金供給源として機能している</u>ことが分かる。財政難の下，資金量が増えればますますその傾向は強まるであろう。しかし，こうした姿は決して健全とはいえないので，完全民営化を見直すのなら，財政規律を維持し運営の透明性を高める観点から，公的与信業務を行う政府機関（日本政策金融公庫や住宅金融支援機構等）との連携を高め，これらが発行する債券や証券化商品を市場経由だけでなく直接購入することを通じて低利資金を安定供給する等，公的金融の担い手（受信機能）としての役割を明確化すべきである（たとえば，ゆうちょ銀行が住宅金融支援機構と共同で郵貯の総資金コストに連動して緩やかに変

[278) ゆうちょ銀行の法的位置付け　ゆうちょ銀行は，郵政民営化法上「郵便貯金銀行」といい，民営化に際しては金融庁の免許を得ることなく，直接同法で銀行法による免許を受けた銀行とみなされる（郵民営98条）。しかし，その株式は当面，日本郵政株式会社が全額保有し（同95条），同社がこれを全部処分するか，内閣総理大臣と総務大臣が他の金融機関等との適正な競争関係や利用者への適切サービス提供を阻害するおそれがないと認めるまでは，郵政民営化法上業務の制約と特例が併せて認められている（同103条-125条）。

動する金利設定の公的住宅ローンを開発し，貸出回収業務と与信リスクの負担は住宅金融支援機構が行った上で，その証券化商品はゆうちょ銀行が運用部門で直接購入する等）。これにより，公的金融のために発行されている財投債（¶10-26）と呼ばれる国債の残高を圧縮することも可能になる。

図62　郵貯と財政投融資の改革

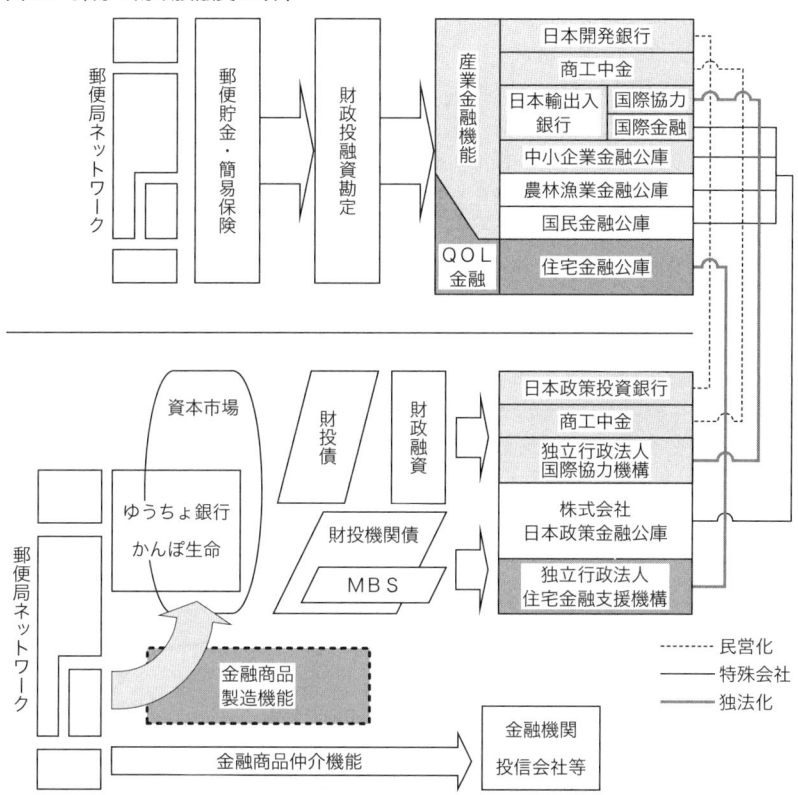

9-35　**ゆうちょ銀行のビジネスモデル**　ゆうちょ銀行のあり方を考える場合，①ゆうびん局という巨大店舗ネットワークと，②預金という世界最大規模の低利安定資金という2つの営業資産を別々に検討せねばならない。

①**ネットワーク**　ゆうちょ銀行の直営店舗は200余りしかないが，2万か所以上ある郵便局の大半を何らかのかたちで銀行代理店（銀行2条14項）として組織することが許されている（郵民営101条）。この結果，メガバンクも

まったく寄せ付けない巨大な店舗ネットワークを持つ。しかし一方で，過去に融資を手がけたことがなく，郵便局の人的リソースにも限界があるので，与信リスクの判断や回収が伴う業務を行うことには高い事業リスクが伴う。むしろ，決済機能の利便性を一層強化して資金吸収機能を維持する一方で，すでに手がけている民間の投資信託販売や住宅ローンの仲介のような与信リスクのない金融流通業者としての機能を中心に展開すべきであろう。この場合，郵便機能を併営することのシナジー（商品，あるいは店舗へのアクセス，定期的な配達業務という追加的顧客接点の活用等）を追求することも重要である。

②**資金** 一方，巨額の貯金資金については安全かつ流動性の高い運用が求められるため，国債偏重の構造をにわかに変更することは難しい。本文でも述べたように完全民営化を見直すのなら，与信機能を担う公的金融機関との連携を強化することが欠かせない。また，商品開発力の高い民間金融機関との提携を通じて，安い資金コストを活かした魅力的商品を開発し，これを郵貯ネットワークを通じて販売し，いったん提携先を通じて貸し出した上で高格付の証券化商品等に転換したものを運用部門で購入するといった仕組みを構築することも考えられる。購入条件について政策的配慮をすれば，民業圧迫の弊害を避けつつ準公的金融機関としての役割を効率的に果たすことも可能となるだろう（図63）。

図63 ゆうちょ銀行のビジネスモデル例

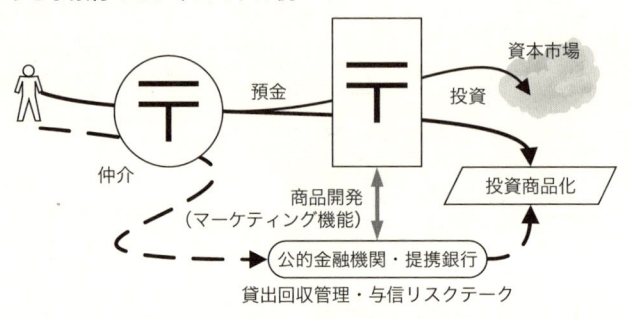

(d) **異業種による銀行参入**

9-36 2002年に事業会社等異業種による銀行業への参入ルールが整備され（小山43頁），2004年以降具体的な参入が進んでいる。

9-37　**銀行業への新規参入**　事業会社が銀行を保有すると，銀行子会社が親会社事業のための調達機関となったり（機関銀行化），親会社の信用リスクが子銀行に及ぶリスクがある。このため，免許にあたってはそうした点への対応が十分なされているかが審査される（主要行指針Ⅶ-1-6-1, 2, 川口21-24頁)[279]。これまでのところ，参入の態様は大別して以下の3つに分かれる。

9-38　**①インストアブランチ（小売店舗内銀行営業所）型**　コンビニやGMS[280]のように事業親会社の店舗を共有するもの[281]。親会社に業務の一部を委託したり，親会社職員が銀行員を兼職することにより，保安やリスク管理の上で問題がないかが問われる。

9-39　**②インターネット専業型**　有人店舗を持たず原則としてインターネットやコールセンター経由のみで非対面の営業展開を行うもの[282]。運営にあたってはコンプライアンス対応が難しいことや店舗コストが少ない代わりに宣伝コストが嵩む傾向があることに注意する必要がある。一方，契約書や添付書類等の電子化（イメージ化，電子記録債権化）が進むと効率性が飛躍的に向上する可能性がある。

9-40　**③中小企業融資特化型**　バブル崩壊後，銀行が資産の健全性に敏感になったことからミドルリスクの借り手が高利のノンバンクから借りることを余儀なくされているという認識に基づき，ミドルリスク先への与信に特化した銀行を設立して「そこそこの」金利水準で貸し出せば，借り手の支持を得られる上に収益性も高くなるはずという仮説に基づくビジネスモデル。これまで

---

[279]　なお，新設だけでなく，一般的に事業会社が金融機関の株式を保有すると銀行法をはじめとする業法の規制が及ぶことに注意せねばならない（銀行52条の2・52条の9・52条の14，金商32条・103条の2第1項・106条の3，保険業271条の3・271条の10・271条の15）。

[280]　General Marchandise Store（量販店）　ダイエー，イトーヨーカ堂，イオン（ジャスコ）のように，衣食住に関わる商品を総合的に揃え，低価格で大量販売を実施する大規模小売店のこと。総合スーパーとも呼ばれ，多数のチェーンストア展開を武器に百貨店と競合する。

[281]　コンビニではセブン銀行，GMSではイオン銀行がある。前者はATM展開による非対面対応，後者は有人店舗による対面展開という対称的な戦略をとっている。これは顧客がコンビニと巨大GMSに求めるものについての自己規定の差に基づくものと思われる。

[282]　2009年末現在，ジャパンネット銀行，ソニー銀行，イーバンク銀行，住信SBIネット銀行，じぶん銀行の5行がある。

> 東京都が出資する新銀行東京と東京青年会議所のメンバーによる日本振興銀行の2行が設立されている。理念的にはうまく行きそうであるが，実際には両行とも必ずしも順調とはいえない展開になっている。

9-41 **④新たな文脈**　2007年から貸金業者の規制が強化されたために，もともと事業金融を中心とするファイナンス会社が，消費者金融と一律に取り扱われてかえって不自由になっている。そこでこうしたファイナンス会社が小規模の銀行を傘下に収めて持株会社化していく可能性がある。また，システム融合を果たした複数の地域金融機関が単一ブランドで預金者向けサービスや金融商品販売，個人ローンを手がける流通型銀行フランチャイズを組成し，事業融資については共同ファイナンス子会社を通じて行うといったモデルも考えられるかも知れない。

4　協同組織金融機関

(1) 法的位置付け

9-42 　協同組織金融機関とは，協同組合的組織により銀行と同様の金融事業を行う業態である。協同組合は立場を同じくする者同士が各自出資して相互扶助を行うための非営利団体である（非営利の意味について¶2-4）[283]。組合（¶14-59）は本来，法人格を持たないが，協同組合については明治時代から特別法により法人格が付与され，政府の保護と監督の下で組織的な育成が図られた。

　戦後も，協同組織金融機関は地域その他の部分社会における金融機関として銀行を補完する機能を果たしてきた。しかし，今日銀行との同質化（¶9-29）がすすみ，その非営利法人としての位置付けにも疑問が投げかけられている（安田ほか参照）。

---

[283]　協同組織金融機関の非営利性　　協同組織金融機関は非営利かつ相互扶助的な性格を根拠に商人ではないとするのが通説・判例である（信用組合について，最判昭和48・10・5金法705号45頁（商法百選4事件）。信用金庫について，最判昭和63・10・18民集42巻8号575頁）。また，税法上も，公益法人と同様の軽減税率が適用される等の優遇を得ている（法税66条3項）。

9-43 **協同組織金融機関の合理性と部分社会の金融機能**[284]　協同組合による金融機能は，貯蓄銀行機能（貯蓄・貸付）と保険機能（共済）に大別される。前者は余剰資金を有する構成員から資金を集めてこれを資金が必要な構成員に融通するもの，後者は構成員から広く薄く掛金を集めてプールしておき，事故等に遭遇した構成員に共済金を支払うものである。

こうした仕組みの合理性を貯蓄銀行機能に焦点をあてて考えてみよう。

まず，地域内の構成員には数年に1度程度大口の資金需要が生ずるが，それ以外の年は，むしろ少額だが貯金や借金の返済ができる程度の資金余剰があるとする。この場合に構成員が多数，かつ，大口の資金需要が生ずるタイミングが十分にバラバラであれば，全体としては資金収支がほぼ均衡する。また，相互で生ずる資金決済を預貯金口座の振替で行っている限り，資金は外部に漏出しないから，その中で信用創造機能（¶9-23）が働く。

リスク面では，お互いに顔の見える者どうしで融通を行うので，情報の非対称性（¶2-23）が少なく，外部者である銀行よりも踏み込んだリスクテークが可能となる。また，貸し手と借り手が同じ共同体に属するので，返済について単に契約上の強制力に加え，共同体内部の規律が働く。見方を変えれば，万が一貸し倒れが生じた場合，その損失は，構成員全員で負担することになるから，ある意味で構成員全員が相互にお互いのリスクを保証し合う関係だともいえる。このため，構成員が単独で外部から借り入れるよりも低利で借り入れることが可能となるのである。

こうした部分社会の金融機能は，今日において新しい文脈で有効性を発揮する可能性がある。

(2) 協同組織金融機関の種類

9-44　貯蓄銀行機能を有する協同組織金融機関には，会員・組合員の種類毎に，自営業者や中小企業を対象にした信用金庫・信用組合，労働組合や生活協同組合等の組合員である勤労者を対象にした労働金庫，農林漁業者の互助組織である農林漁業組合がある。このうち，農林漁業組合は共済事業を併営している。

---

[284]　経済学的な見地から内部補助理論とクラブ財理論に依拠して議論した文献として，村本[2007]がある。

いずれも，地域単位の組織であるため，別途，県や全国単位でこれらをとりまとめる系統機関，系統中央機関が存在している。農林系については，系統組織に加えてこれらに預託された資金を集中して運用する農林中央金庫が存在しており，豊富な資金量を有する機関投資家として証券市場において高いプレゼンスを有する。

表20　協同組織金融機関

名称	系統中央機関	業法
信用金庫	信金中央金庫	信用金庫法
信用組合	全国信用協同組合連合会【全信組連】	中小企業等協同組合法，協同組合による金融事業に関する法律
労働金庫	労働金庫連合会	労働金庫法
農業協同組合 いわゆる【JA】	県単位：信用農業協同組合連合会 …いわゆる【県信連】 全国単位：全国共済農業協同組合連合会 …いわゆる【全共連】または【JA共済】	農業協同組合法
漁業協同組合	県単位：信用漁業協同組合連合会 …いわゆる【JF信漁連】 全国単位：全国共済水産業協同組合連合会	水産業協同組合法
森林組合	運用機関 農林中央金庫	農林中央金庫法

9-45　**信用組合と信用金庫**　信用組合は明治33年の産業組合法により農業組合と共に創設された制度である。その後，都市部の中小商工業者を対象に員外預金も取り扱える市街地信用組合という制度が設けられた。戦後，中小企業等協同組合法（1949年）により，両者が統合されることになったため，大部分の市街地信用組合や大手信用組合の受け皿として，信用金庫法（1951年）が制定され，預金の受け入れに制限がない信用金庫が認められた。

9-46　**員外取引**　相互扶助を目的とした協同組合の理念に基づき，信用組合，労働金庫，農業協同組合は預貯金・貸出の両方について組合員以外との取引を一定比率以下に抑えねばならないという制限がある（20%：中協9条の8第3項・4項，同施行令10条2項，労金58条3項・4項，同施行令3条，15%；農協10条20項，同施行令1条の3）。これを**員外取引**という。信用金庫については，預金受け入れの制限はないが，貸出について員外取引が制限される（20%：

(信金53条2項,同施行令8条2項)。

9-47 **卒業生金融**(finance to graduates)　信用組合と信用金庫は組合員・会員資格が一定規模の中小企業に限られているため(中協8条4項・7条,信金10条,同令4条),手塩にかけた企業が成長してその規模より大きくなると融資ができなくなる。こうした企業を卒業生と呼び,卒業生への融資を**卒業生金融**という。信用組合は卒業生金融が許されないが,信用金庫は員外貸付の限度内かつ一定の期間・金額に限って許されている(信金令8条1項2号,「信用金庫が会員以外の者に対して行う資金の貸付け等に関する期間および金額を指定する件」昭和43・6・1大蔵省告示71)。

(3) これからの協同組織金融機関

9-48 　協同組織金融機関も,高度成長期の慢性的な資金不足の下で会員・組合員から吸収した資金により相互金融を行う使命を果たしてきた。しかし,東京への一極集中はむしろ強まるばかりであり,経済における地方のプレゼンスは低下の一途をたどっている。一方,地域の優良企業や個人向け営業については,店舗規制の取り払われた銀行との競合が強まっており,サービスの同質化が進む中で協同組織金融機関の存在意義が問われるようになっている。

　こうした中で,巨大化した信用金庫については,資本力増強のために普通銀行化することも十分考えられるであろう。一方,中堅・小規模なものについては,地域密着化型ビジネスモデルを再構築する方向性が重要である[285]。この場合,個別にみれば弱小にみえる業態であるが,地銀等と異なり,系統中央機関を軸とした階層構造を有しているので,将来的には,業態全体として製販分離型のビジネスモデルを採用し,顧客リレーションのきめの細かさとシステム投資や商品開発の集中による規模のメリットを同時追求することも考えられる。

9-49 **コミュニティーバンク(クレジット)**　もともと信組・信金は地域の活性化を担う立場にあるが,成り立ちが組合員,会員である事業者の相互扶助を目

---

[285] 信金・信組を念頭においたリレーションシップバンキングに関する文献として,村本を参照。

的とするものであるから，収益性の低い地域社会の振興・福祉，環境保全を目的とした NPO や市民団体，個人等が融資を受けることは必ずしも容易ではない。しかし，地域活性化のニーズは高まる一方であり，収益性はなくても，元本の返済可能性については大きな問題のないプロジェクトも少なからず存在する。このため，有志から出資や寄付を受け，その資金を低利で NPO やコミュニティビジネスといった非営利事業等に融資する，それ自身も非営利の団体が登場している。これを**コミュニティ・バンク（クレジット）**とか，**NPO バンク**，**非営利バンク**等という。バンクという名前はついているが，法的には民法上の組合である投資組合の一種と位置付けられる[286]。このため，出資に元本保証はない。実例をみると，貸出の金利は 1－5％ 程度と低利に抑えられている。しかし，出資者はもともと社会貢献のつもりで投資を行っていることに加え，自分の住んでいる地域において顔の見える事業や相手を対象にするのでリスクが見える。部分社会の金融機能（¶9-43）を新しいかたちで実現する手法だといえよう。

9-50　**マイクロクレジット（micro credit）**[287]　近時発展途上国において，銀行融資にアクセスできない貧困農民層（特に女性）の起こす小規模な企業活動に対して無担保での小規模貸付を行う事業に注目が集まっている。これを**マイクロクレジット（micro credit）**という。1983 年に始まったバングラディシュのグラミン銀行の創設者がノーベル平和賞を受賞したことから一般にもよく知られるようになった。運営の基本的考え方は，部分社会の金融機能について述べたことがそのままあてはまる（¶9-43）。グラミン銀行では貸付けは同一地域内に住む 5 人程度のグループ単位で行われ全体が返済に連帯責任を持ち，追加的融資の可否はグループ全体の返済率に依存するという**グループベース貸付（group-based lending）**の手法が採用されており，地域メンバーの相互監視を通じてエージェンシーコストが低減される仕組みになって

---

[286] 2009 年現在の NPO 法（特定非営利活動促進法）は，NPO で行える事業を限定列挙しており（同法別表），出資を受け入れて融資を行う事業は当然には含まれないため，コミュニティーバンクを NPO として組成するには目的をかなり限定する必要がある。一方，貸付けを業として行うので，貸金業法に基づく登録が必要になる。また，組合型については出資持分に対する配当の方法如何で，出資持分が金融商品取引法上の有価証券となることに注意を要する（金商 2 条 2 項 5 号）。

[287] マイクロファイナンスに関する情報は，世銀 MFHP で入手することができる。そのほか日本語の文献として，奥田ほか第 8 章，Bardhan, et al, 黒崎ほか第 9 章。

いる。また，借り手は一定額をさまざまな口座に貯蓄せねばならず，これがメンバー全員のための担保になっている (Khandker, et al., Armendariz, et al.)。強制貯蓄は地域内の信用創造効果ももたらす。

　金融ビジネスとしてマイクロクレジットを考える場合，個別の融資単位で採算を得ることは難しいが，ファイナンスが提供されている地域について一定以上の経済成長が見込める場合には，仮に個別単位の採算性に問題があっても，当該地域全体の経済成長によって結果的に問題が解消される可能性が高くなる。高度成長期における日本の金融ビジネスモデルはこれを国単位で実現したものに他ならない。日本では融資サービスであるマイクロクレジットに焦点があてられることが多いが，世界銀行のサイトにおいても，融資プログラムが成功するには借り手全体の98%程度が返済可能であることを要するとされる。このため，借り手は，①安定もしくは成長途上にある経済圏に属しており，②現在は貧困だが起業家として相応の資質を有し，③与えられた融資金が補助金ではなく返済すべきものと理解しており，かつ，その意志を有する者であることが必要と指摘されている (What is Microfinance?〔世銀 MFHP・FAQ〕参照)。一方で，適切に運営されている主体向けの投資は SRI (¶2-2) の対象として俎上に上る。さらに，マイクロクレジットの証券化の仕組みも登場している (Dieckmann 参照)[288]。

9-51　**マイクロファイナンス（microfinance）**　貧困層に起業資金を付与することだけが貧困からの脱却の最善の道とは限らない。そこで最近はマイクロファイナンスの重要性が強調されるようになっている[289]。**マイクロファイナンス（microfinance）** とは，融資だけでなく，途上国の貧困層に対する貯蓄，保険，送金といったファイナンス活動全般のことをいう。たとえば，農業従事者は融資よりは作物の代金を数か月の生活費のために貯蓄する手段を求めている。出稼ぎ者からの送金を安心して低コストで受けることができるようにすれば，為替資金が銀行に滞留して信用創造を生み出し，地元企業の投資を促して雇用を創出する可能性もある。小口の保険サービスも同様である。

　日本においても，戦後庶民がなけなしの資金を将来のために信用組合や郵

---

288)　証券化する場合，機関投資家の投資対象としてではなく，小口化・電子化により広く薄く資金を募集するための手段となるように商品設計することが望ましいであろう。
289)　マイクロファイナンス全体の包括的な教科書として Ledgerwood。

> 便貯金に預け，簡易保険等により長期資金を供給したことが，産業を育み経済の自立化を支えた。このように，マイクロファイナンスにおいては，貧困層に対してさまざまなファイナンスサービスへのアクセスを確保することによって多面的な効果を狙うことが重要視されている。

5　信託銀行と信託会社

9-52　信託は金融の法技術の中でもきわめて重要性の高いものだが，学習の機会は必ずしも多くない。このため本書では信託について多少詳しく言及することにしている。本節では，信託の基礎と信託銀行の役割について概説しておこう[290]。

(1) 信託の基礎

9-53
> 問）以下はいずれも信託の事例である。これらに共通する特徴は何か。
> 　事例1）　特定贈与信託　　Aの娘夫婦は1人娘と3人でドライブ中に事故で死亡し，娘Cだけが残された。娘Cも事故で重度の障害を負ったためにAの死後ひとりで生活することは難しい。そこで，Aは他の法定相続人の了解を得，生前にB信託銀行に金銭のほか，自分の保有する株式や自宅を信託契約に基づいて譲渡し，自分の死後Cを自宅に住まわせ，また，金銭や株式から生活費を定期的に支給してもらうことにした[291]。

9-54
> 　事例2）　貸付信託　　Aはまだ金利が高かった頃はもらったボーナスの一部を近くのB信託銀行で5年の貸付信託で貯蓄していた。受益者は

---

[290] 信託法の教科書　信託法の知識は，今後金融に携わる者にとって必須なので是非学習されることをお勧めする。入門書としては，道垣内・信託か樋口，実務知識を重視するなら井上か佐藤哲，本格的に取り組むなら新井，加えて，旧法の教科書だが四宮14-37頁をぜひ読んでみて欲しい。

[291] 現在の相続税・贈与税の考え方によれば，Aが信託を設定した時点で，Cに対して実質的な贈与がなされているために，その時点で贈与税が発生してしまう。このため，一定の要件を満たした特別障害者に対して行われる他益信託については，6000万円を限度に贈与税が非課税とされる（相税21条の4）。なお蛇足だが，贈与税は生前に贈与をすることにより相続税を免れることを防止するための税金なので，相続税法の中に規定されている。

A自身である。Bは同様にして多数の者から集めた資金をひとまとめにして，主として貸付けまたは手形割引で運用し，得られた収入を配当する。他の金銭信託と違って元本はBが保証してくれている。最近はあまりに予定配当率が低いので敬遠していたが，先日Bで聞いたら貸付信託はもうやっていないとのことであった。

9-55　　事例3）　指定金銭信託　　Aは銀行の定期預金が低利で魅力がないので，退職金の一部をB信託銀行の指定金銭信託で運用することにした。運用方法を委託時に金銭債権の証券化商品等とゆるやかに指定し，あとはBの裁量で運用する。貸付信託のようにBによる元本の保証はないが，予定配当率が示される。

9-56　　事例4）　企業年金信託　　中堅企業Aは新たに従業員（C）のために企業年金制度を導入することにし，B信託銀行との間でCを受益者とする企業年金信託契約を締結した。

9-57　　事例5）　証券投資信託　　CはD証券会社でDのグループ会社であるA投信委託が運用する証券投資信託を購入した。商品説明を読むと，運用財産はB信託銀行に信託されているが，運用の意思決定そのものは委託者であるAが行い，BはAの指示に従って証券の売買や管理をするだけである（¶14-22）。

9-58　　事例6）　土地信託　　財務省は相続税の物納により取得した土地を少しでも有利に換価するため，土地信託の受託者の入札を実施し，落札したB信託銀行に複数の物納不動産を一括して委託した。Bは受託者として自分の名前で財産価値を高めるためのさまざまな工夫を行って処分対価を財務省に分配する（¶14-53）。

9-59　　事例7）　セキュリティートラスト　　業況が悪化した会社のオーナー社長Aは，会社に融資している複数の金融機関（C）を受益者とする信託契約をB信託銀行と締結し，自己保有株式にBを質権者とする質権を設定した（つまり，信託財産は株式に対する質権ということになる）。Bは受託者として万が一の場合は，Cのために質権を実行し債権保全を図る（¶11-38）。

9-60　　　事例 8)　目的信託①・公益信託　　A 県は，同県が主催した博覧会が成功裏に終わり余剰金が残ったことから，これを B 信託銀行に委託し，同県の地域振興や福祉に係るボランティア活動，まちづくりに関する活動を行う団体，グループおよび個人に対し資金援助することとした。信託設定の段階では受益者は特定されておらず，毎年 B 信託銀行が県の代表や有識者からなる第三者委員会の審査結果に基づいて選定する。

9-61　　　事例 9)　目的信託②　　子供のいない老女 A は，長年つれそってきた犬を家族以上にかわいがっている。このまま死ぬと財産は息子達に相続されてしまうから，愛犬のめんどうをみてもらえるか分からない。そこで，B 信託銀行に財産を信託し，自分の死後愛犬のめんどうをみてもらうことにした。

9-62　　　事例 10)　自己信託　　A 社の不動産事業部は，これまで積極的に借入れを行って物件を取得してきたが，折からの不況で資産と借入れを両建てで圧縮するよう財務部門から強く要請されている。そこで，保有物件の中で相応に事業性があるものを数件みつくろった上で，銀行から承諾を得て借入れとセットにし，自らを受託者として信託する旨の公正証書を作成して受益権化した。受益権は受益証券を発行し，証券会社に引受けてもらって親密な投資家等に私募で販売する。

(a)　信託の定義と種類

①　信託の定義

9-63　　信託とは，A (委託者) が，B (受託者) に対し財産の譲渡，担保権の設定，その他の財産の処分を行い，B が一定の目的に従い財産の管理または処分およびその他の当該目的の達成のために必要な行為をすべきものとする法律関係をいう (信託 2 条 1 項)[292]。信託目的の利益を受ける主体がある場合，その

---

[292]　補完的な信託当事者　　信託法は，委託者・受託者・受益者のほかに，目的信託のように受益者として権利行使できる者が現に存在しない場合に自己の名で受益者の権利を行使する信託管理人 (信託 123 条以下)，受益者が高齢や未成年である等の理由で十分に受託者を監視・監督できない場合にその任にあたる信託監督人 (信託 131 条以下)，受益者が多数であったり構成員が入れ替わる場合に受益者を代理して一切の権利を行使する受益者代理人 (同 138 条以

者を**受益者**という（事例1のC）。信託の対象となる財産はプラスの価値があるものなら制限はない（¶9-84参照）。

② 自益信託・他益信託

9-64　信託の受益者は委託者自身でもよい（**自益信託**）。**事例2・3**が自益信託である。これに対し、受益者が委託者でないものは**他益信託**という。

③ 目的信託・公益信託

9-65　また、受益者を定めないか、受益者が不特定であったり、存在しない信託（**目的信託**，purpose trust）も許される（信託258条）。**事例8**は受益者が不特定な事例である。**事例9**は受益犬（？）はいるが、人間でない犬は権利の帰属主体になれないから、受益者不存在の事例である。目的信託の中で公益性の高いものは**公益信託**（public trust）として税法上の恩典が認められる[293]。

④ 遺言信託・自己信託

9-66　信託の設定は、AB間の契約のほか、遺言でも行える（信託3条2号）。また、公正証書その他の書面によりAが自分自身を受託者として単独で行うこともできる。後者は**自己信託**（または**信託宣言**[294]、信託3条3号，¶4-40）という（**事例10**）。

図64　さまざまな信託の形態

他益信託	●委託者　－　◆受託者【信託財産】　－　■受益者
自益信託	●委託者＝■受益者　－　◆受託者【信託財産】
目的信託 公益信託	●委託者　－　◆受託者【信託財産】　　　　（■受益者）
自己信託	●委託者＝◆受託者【信託財産】　－　■受益者

9-67　**擬制信託（constructive trust）**　2007年改正前の旧法下においては、当事者が信託契約を締結したとは意識していない場合であっても、裁判所が特定

下）という3つの制度を用意している。これらはいずれも信託業者にはあたらないが、今後業務として重要性が増す可能性がある。

[293]　2006年の信託法改正時には、現在の信託法を新法として制定し、旧信託法は公益信託に関連する部分のみを残して、名称が「公益信託ニ関スル法律」と改められた。この結果、同法は信託法の目的信託（受益者の定めのない信託、信託258条）に関する特別法と位置付けられる（公益信託1条）。

[294]　妙な言葉だが、母法である英米法におけるDeclaration of Trustの直訳である。

の当事者の権利を保護するために信託契約の成立を認めることがあり，英米法の概念にならって**擬制信託**（constructive trust）と呼ばれていた[295]。

そもそも信託法上信託関係を認めるのに契約書を作成する必要はないから[296]，暗黙であっても当事者に信託関係を成立させる意思があるなら，信託を「擬制」するのではなく，率直に信託契約の存在を認定すればよい。だとすると，擬制信託とは，当事者間には暗黙の意思すら認められない場合でも一定の客観的な事実関係がある場合には，信託法上の効果を認めるべき場合があるかという問題だということになる。

実務で問題となったのは，事業者が相手から別の者に帰属すべき預り金をした状態で倒産した場合に顧客を保護すべきかという事案である[297]。金融との関係でいえば，代理店の自由化が進む中で，代理店や契約の事務代行者等が本人である金融機関に帰属するお金を顧客から預かったまま破綻した場

---

[295] 1) 旧法下で擬制信託の成立が肯定された事案（最判平成14・1・17民集56巻1号20頁）：地方公共団体Aから公共工事を請け負ったBがAから工事費の前払いを受けるにあたり，法律上保証事業会社の保証が必要なので，これをCから受けた。工事請負約款によれば，保証証書は発注者に寄託しなければならず，請負者は前払金を当該工事の必要経費以外に支出してはならないとある。また，保証約款によると，前払金は，別口普通預金として預け入れなければならず，払い出しに際しては預託金融機関に適正な使途に関する資料を提出して確認を受けなければならず，保証会社には，前払金の使途の監査権が認められ，不適正と認められる場合預金払出の中止その他の処置を依頼することができる等の規定があり，こうした内容は法令の規定に沿ったものであった。その後Bが倒産したのでBの破産管財人が，預金口座に残っている前払金の引き出しを求めたところ，すでに前払金の保証履行を行ったCがその帰属を争った事案である。これに対し裁判所は，上述のような事情を総合的にみれば，AとBとの間で，Aを委託者，Bを受託者，前払金を信託財産とし，これを当該工事の必要経費の支払に充てることを目的とした信託契約が成立していたと解すべきなので，預金口座に残っている金員はBの破産財団に組入れられることはないと判断した。

2) 旧法下で擬制信託の成立が否定された事案（最判平成15・2・21民集57巻2号95頁，民法百選Ⅱ71事件）：損害保険会社Aの損害保険代理店であるBが，保険契約者から収受した保険料のみを入金する目的で金融機関に「A代理店B」名義の普通預金口座を開設したが，AがBに金融機関との間での普通預金契約締結の代理権を授与しておらず，同預金口座の通帳および届出印をBが保管し，Bのみが同預金口座への入金および同預金口座からの払戻事務を行っていたという事実関係の下においては，同預金口座の預金債権は，AにではなくBに帰属するとされた。

[296] さらに，2006年以前の信託契約は要物契約と解されていたが，新法はこれを合意のみで効力が生ずる諾成契約としたことから，信託契約がより成立させやすくなった（信託4条1項）。

[297] 岸本［2007］参照。

合に顧客は保護されるのかという点と，そういう預り金を受け入れている銀行は誰を預金者として考えるべきかという点が問題になる。信託関係が認められれば顧客保護が強化されるので資金を預かる事業者からみても好ましいが，事業者は預かり行為を業として行っているので，自ら積極的に信託関係の存在を主張すると信託業を営んでいることになってしまうという微妙な問題がある。このため，2006年の信託法改正時に信託業法上の手当てがなされた（¶9-83と注310）。

  (b) 信託の機能
  ① 信認関係創出機能

9-68　信託は相手を信頼して法律行為や事務処理などを委ねる点で委任契約（民643条）に似ている。たとえば，信託銀行にお金を信託して運用してもらうのと，投資顧問業者に資金運用を一任するのとでは実体にあまり差がないように見える。しかし，委任が対等な当事者どうしの契約関係であるのに対し，信託は契約以外でも設定でき，設定された後は，受託者が信託目的実現のために裁量権を持つ一方，委任と同じ**善管注意義務**に加え（民644条，信託29条2項），もっぱら受益者の利益を図る義務（**忠実義務**，信託30条）を負担する**信認関係（fiduciary relationship）**という特別な関係であるとされる[298]。たとえば，上記**事例1**や**9**では契約当事者である委任者が死亡後のことを託すため，この信認関係創出機能が非常に重要となる。第13・14章で詳しく学ぶ投資ファンド（**事例2〜6**）においても，信託の信認関係創出機能が重要な役割を果たす（¶14-7）。

  ② 財産隔離機能

9-69　たとえば，不動産の信託を考えてみると，契約の時点で委託者から受託者に財産が移転されるので，登記簿上の所有者は受託者になる。ところが，その財産とこれを運用・管理した成果は，実際には委託者でも受託者でもなく受益者に帰属する。多くの信託関係は自益信託なので外観上は委託者が権利を保持しているように見えるが，これは受益者を兼ねているからにすぎない。このように，財産を信託すると，①その財産が委託者のものでなくなり，②

---

[298]　樋口第1章，樋口［1999］36頁以下，新井55頁以下参照。

外見上受託者のものになるが，③受託者もこれを自分の固有財産とすることはできず，④経済的な所有者は受益者になる。つまり，信託前に「全きもの」であった財産権が分解されて，信託目的を実現するために委託者・受託者・受益者という3者に帰属するようになるのである。そして，信託財産の受託者への移転が単なる担保ではなく譲渡だと認められる場合（これを真正譲渡ということがある），①の効果として信託財産は委託者の責任財産から分離する一方[299]，②③の効果として，受託者の責任財産ともならず（信託23条・25条），④の結果受益者が取得するものは受託者に対する受益債権にすぎず，信託財産そのものは受益者の責任財産とならない[300]。このように信託は，財産の隔離機能とでもいうべきものを有する（これを倒産隔離ということがある。¶16-30参照）。第2部でストラクチャードファイナンスを学ぶ際にあらためて詳しく検討するが，金融との関係ではこの機能がきわめて重要である。

　③　転換機能

9-70　もうひとつ金融にとって便利な信託の機能が財産の転換機能である。信託の対象としてよい財産には原則として制限がないが，受益者は常に受益権という受託者に対する債権を取得する。受益権は金商法上の有価証券だから（表3），信託を介してさまざまな財産権を証券化することができる。この点は第2部で詳しく解説する予定である。

　(c)　商事信託と信託業法

9-71　事例1～10はいずれも信託銀行が業として受託を行っている。このように

---

299) 信託11条・12条の反対解釈。なお自己信託については，信託23条2項に注意。
300) 樋口8頁以下の説明参照。詳しくは，信託と倒産第1章参照。
301) 営業の意味　営業とは営利の目的をもって反復継続して行うことをいう。ただし，営利性の判断は主観的であるから，特に業法との関係では，業（なりわい）とするつもりで行えば営業性が認められると考えておいたほうがよい（なお，商502条本文但書参照）。また，反復継続とは1回で終わるつもりがないことを意味し，そういう意図がある限り1回目から業としてやったことになる。これらの点は民事信託を活用する場合に重要なポイントとなる。
302) 2006年の商法改正において，信託の引受けを営業として行うことが商行為とされた（商502条13号）。この結果，受託者が会社のように当然に商人性が認められる者でない場合（弁護士や司法書士等）でも商法が適用される（受託者の報酬請求権や時効期間の短縮化等で問題となりうる）。なお，従前，担保付社債に関する担保の受託は絶対的商行為とされていたが

信託の引受けを営業として[301]行うことを信託業といい[302]，設定された信託を**商事信託**（commercial trust）という（¶14-6）。信託業を行うには**信託業法**に基づく許可や登録が必要である。信託業を行う者には銀行業務を兼営する信託銀行と一般の信託会社の2種類がある。

一方，反復継続性が認められず，受託者にとって営業性がない信託は**民事信託**という。事例1と同内容の信託契約を信頼のおける個人との間で締結するような場合を考えればよい[303]。

(2) 信託銀行（trust bank）

9-72　信託銀行は信託業法上は「信託会社」と位置付けられるが，銀行でない信託会社とはビジネスのあり方がかなり異なるので，本書では信託業務を兼営する銀行を「信託銀行」と位置付け，独立して説明する。

(a) 間接金融機関としての信託銀行

9-73　信託銀行は，金融機関の信託業務の兼営等に関する法律（以下「兼営法」）に基づいて信託業務の兼営を許された銀行である。戦後，2004年に信託業法が改正されるまで同法に基づいて信託業の免許を得た信託業者は存在せず，信託業は兼営法に基づく信託銀行が独占してきた。

戦後の業態秩序の下で，信託銀行に期待されたのは銀行預金で集めることのできない長期資金である。このために，貸付信託法に基づく貸付信託が用意された。事例2の内容から分かるように，貸付信託の経済実体は2年ない

（旧担信3）。商法の規定に吸収された（ただし，同法が定める担保の受託は免許を受けた会社にしか許されず［法3条］，会社の行為は当然に商行為なので結局同じことになる）。2008年現在信託会社は株式会社に限られているが（信託業5条2項1号・10条1項1号），TLOについては非営利法人による受託が認められている。また，金融審議会で弁護士や司法書士への信託業の開放が検討されている。

303）　従来わが国で明示的に民事信託契約が締結されることは非常に稀であったが，2006年改正の新信託法はさまざまな民事信託契約が私人間で締結されることを当然に予定している。一方，歴史的な事情から信託業は金融業として位置付けられ金融庁の監督下におかれているが，信託の目的は融通無碍といってよいので，現在の規制の枠組みが適切でない営業的信託サービスが登場する可能性もある。今後は成熟経済，高齢化社会の下で，伝統的な商事信託の体系とは別に，どのような種類の信託が登場しいかなる社会的役割を担うのか，これを私的自治に委ねてよいか別途法規整を及ぼす必要があるのか等について検討していく必要がある。

し5年の定期預金とほとんど変わらない。最近まで，期間5年の貸付信託と1年の金銭信託を中心とした貸付目的の信託業務が信託銀行の業務の大半を占めていたのである。しかし，日本経済の成熟化により貸付信託はその役割を終え，93年をピークに残高が激減しており，今日では，ほとんどの信託銀行が新規募集を停止している（¶14-14）。

表21　信託銀行と信託会社

種類			業法	
信託銀行			信託業法 兼営法	
	専業信託銀行	免許		
	外資系信託銀行			
	信託銀行子会社			
	資産管理型信託銀行			
	ホールセール型信託銀行			
銀行等による本体参入		認可		
信託会社			信託業法	
	運用型信託会社	免許	3条	
	管理型信託会社	登録	7条	
	特定大学技術移転事業承認事業者（TLO）	登録	52条	
	グループ企業内（特定信託業者）	届出	51条	

9-74　**戦前の信託**　わが国は民商法を大陸法から継受したため，信託という概念は異物であった。しかし，明治時代に外資の導入や長期資本の形成を促すために，金融先進国であった英国の債券発行の仕組みを導入するため，社債券に担保をつけるための**担保付社債信託法**を明治38年に導入した。基本法である信託法の前に，特別法だけを導入したわけである。当時，社債の引受けを一手に行っていた日本興業銀行の業務に信託業務が含まれていたのはこの理由からである。

　さて，他人から金銭その他の財産を預かって運用するというビジネスは金融業の基本的枠組みだと言える。このために銀行預金（消費寄託）以外に考えられる民商法上の枠組みは組合（民667条）か匿名組合（商535条）だが，「信託」のほうが聞こえがよいことは間違いない。そこで，大正3年に始まった第一次世界大戦後の好景気を背景に信託会社なるものが多数登場し，

大正10年末には488社を数えるに至った。しかし，その多くは高利貸しや不動産の仲介業者であり，悪質業者も多かった。このため，これを取り締まるための法律が必要となり，信託法と信託業法が同時に導入され，信託とは何かを明らかにした上でこれを業として引き受ける者に大蔵省の規制を及ぼすことにした[304]。このように，信託法はもともと商事的な関係を念頭において導入されたものである。

9-75 **専業信託銀行制度の創設**　戦後になり，経済をゼロから再スタートさせねばならない状況となった。ここで最も重要となったのが復興のための資金を調達する金融である。この場合，国策にしたがって金融機関が秩序だって資金を吸収し，これを重要産業に重点的に投資する必要があった。こうした状況下では信託会社を信託業法に基づいて自由に設立させて，自由に個人から資金を集めて好きなところに投資することを認めるなど思いもよらぬことであった。そこで，信託業法に基づく信託業者の免許は完全に凍結され，別途兼営法に基づいて普通銀行の免許を有する8社に対してだけ信託業務を認めるという信託銀行制度が導入されたのである[305]。

(b) **年金，有価証券の運用・管理業務**

9-76 　信託銀行は，いわゆる企業年金の受託業務を生命保険会社と並んで早くから引き受けてきており，機関投資家（¶9-103）としても機能してきた。ただし，その運用方法は現在のようにダイナミックなものではなく，どちらかというと間接金融機関としての位置付けに近いものであった。その後，1980年代バブル崩壊以前に企業の余資運用が活発化したときには，ファンドトラストや特定金銭信託（¶14-10）といった商品で預かり資産を伸ばしたが，高度な運用能力に裏付けられたものではなかった。このため，運用受託業務は投資顧問業者を中心に展開した。一方，市場経済の発展とグローバル化によ

---

[304] もともとは大蔵省が信託業法の中に実体法規も組み込もうとしたのだが，司法省の反対にあって実体法規である信託法を分離し，司法省の所管としたのだとされる（四宮2頁）。

[305] このうち，安田信託，三菱信託，三井信託，住友信託，東洋信託，中央信託，日本信託は信託業務を専業としたので専業7社と呼ばれ，この他に大和銀行（戦前は野村銀行，現りそな銀行）が都市銀行でありながら信託業務の兼営を認められた。その後，専業7社は統合が進められ，三井住友信託（2011年4月統合予定），三菱UFJ信託，みずほ信託の3社になっている。

り，年金の受託や有価証券のカストディー業務といった資産管理業務に対するきめ細かなサービス提供がきわめて重要となり，米国のステートストリート銀行のように，中規模の銀行が同主業務に特化することにより世界的なプレゼンスを得る事例も出てきた。しかし，これには高い専門性と巨額のシステム投資が必要となる。そこで2000年以降のメガバンク集約をきっかけに，既存銀行の資産管理業務を集約するかたちで資産管理専門の信託銀行が設立された[306]。こうして，資産管理業務移管後の信託銀行の企業向け受託業務には高度な運用能力が一層要求されるようになっている。このため，大手信託銀行の中には，証券と年金信託業務のみを分離して法人向けのホールセール型信託銀行と，従来型のリテール信託銀行をひとつの持株会社の下に保有するところも現れている[307]。

(c) 地方銀行，都市銀行の本体参入とアンバンドリング型ビジネスモデル

9-77　2001年に証券業と保険業に銀行業務を開放するにあたり，銀行にも子会社方式で信託銀行業務に進出することが認められたことから，多くの新信託銀行が設立された[308]。また，子会社を設ける体力のない地域金融機関については，代理店方式による参入が認められた。なお，これらの信託銀行子会社には専業信託銀行のように宅地建物取引業の兼業は許されない（¶14-52）。その後，地方銀行や都市銀行が直接信託業務を取り扱うこと（本体参入）も漸次認められるようになり，現在ではほぼ全ての預金金融機関が信託業務を兼営することができる（兼営法施行令2条）。ただし，信託業務を行うには相当規模の物的・人的投資が必要であるため，中堅・中小の銀行の場合，遺言

---

[306] 現在，日本マスタートラスト信託銀行（三菱UFJ・日本生命・明治生命・農中），日本トラスティ・サービス信託銀行（りそな・三井住友信託），資産管理サービス信託銀行（みずほ）の3社。

[307] 中央三井トラストグループは，2002年にホールセール部門を分離（現中央三井アセット信託銀行）し，さらに2003年には資産管理部門を日本トラスティーサービスに移管して運用特化型に移行した。また，もともとホールセール中心であった外銀信託もほとんどが資産管理部門を売却したり外部化して運用に特化するか，そもそも信託銀行を閉鎖している。

[308] この中で，オリックス信託銀行だけが免許金融業者以外の子会社となっているが，これはもともと山一証券の信託銀行子会社を同社の破綻に伴い，1998年にオリックス社が特別に引受けたことによるものである。

業務のように個人向け銀行業務との親和性があるものに特化し，その他の機能については大手と提携の上，代理業務のみを行うところが多い。

(d) ストラクチャードファイナンスの展開と信託関連法の大改正

9-78　また，高齢化の進展に伴う財産管理業務や，資産証券化関連業務のように，金銭の受託を中心とした従来的な業務とは異なる信託業務の比重が高まったことや，それまで証券運用に限定されていた資産運用業務の対象が不動産や知的財産権等に広範化してきたことから，資金吸収を軸とした戦後の信託行政のあり方が実情に合わなくなってきた。そこで，2004年の信託業法の大改正により信託業を営む信託会社が広く認められることになり，資産管理のみを行う資産管理型信託会社については，免許ではなく登録制とされ参入要件が緩和された（注526）。一方，同年4月からは信託銀行による投資一任業務が解禁となり，資産運用に特化したビジネスモデルも可能となった。

9-79　一方，信託は非常に応用の広い法技術であるため，自身で受託機能をもたない者が受託の斡旋や代理ができればメリットが大きい。そこで，信託業法の大改正においては，**信託契約代理店**の制度が拡充された（信託業67条以下）。

9-80　**信託受益権の販売**　2006年に信託法が抜本改正され，受益権の証券化が認められた（受益証券発行信託，信託185条以下）。これに伴い受益証券発行信託の受益証券は金融商品取引法上の有価証券（金商2条1項14号）と位置付けられた。また，受益証券を伴わない信託受益権もその金融商品性に鑑み，有価証券とみなされることになった（みなし有価証券，同2項1号，¶10-102）。この結果，前者は金商法上社債券と同様に取り扱われる。また，後者の一般受益権については，開示規制は適用されないが（金商3条3号，¶10-102），市場リスクにより信託の元本について損失が生じるおそれのあるもの（**特定信託契約**）には行為規制の一部が適用される（信託業24条の2，¶14-6）。また，その販売を行う者は金融商品取引業者（第2種，金商28条2項，**表9**〔159頁〕参照）の登録が必要となるが，管理型信託会社を除く信託会社や外国信託会社と，自己信託を行う者については金商法が適用除外とされ金融商品取引業者とみなされる（金商65条の5）。

すでに述べたように，新信託法の下では，信託のバリエーションが非常に広がり，私人間の民事信託が活発化することも想定される。こうした状況下，従来的な信託銀行のビジネスモデルは大幅な変更が必要となっている。

9-81 **信託銀行のビジネスモデル**　上述のように，業法上はすべての貯蓄金融機関に信託の兼営が認められているが，信託業務を収益源として育てることは必ずしも容易ではなく，むしろ製販分離と機能特化が進む傾向がある。

　信託銀行の今後の方向性としては，①銀行としての機能を再強化して信託併営の総合メガバンクをめざすメガバンク型，②信託機能の中でも巨額のシステム投資が必要な年金，投信，保護預かりといった有価証券受託業務に特化する資産管理専門型，③信託業法下で認められた幅広い信託の受託を行う総合信託型等が考えられる。また，②，③については大手メガバンクのメンバーとして機能特化する方向と，地域金融機関等と幅広く提携して信託商品を提供するアンバンドリング型の方向が考えられる。

(3) 信託会社 (trust company)

9-82 　上述のように，2004年には事実上運用が停止されていた信託業法が抜本的に改正され，それまで限定列挙されていた信託財産の種類が自由化されると共に，新たに，銀行以外の者が同法に基づいて信託会社を設立することが認められた（ただし，旧法でも免許さえもらえれば認められていたわけだから，本来の姿に戻すににあたり実態を踏まえて法改正をしたというべきだろう）[309]。2009年末現在，運用型信託会社は6社，管理型信託会社は8社設立されている。運用型の中には，知的所有権の受託を専門に行うものがある。管理型については証券化・流動化業務や不動産信託を主として行うものが多い。信託会社が，信託銀行と同様のフルラインの信託会社を設立・維持することは容易ではないし，競争上も得策ではないので，今後も特定のビジネスラインに特化した専業型が主体になるものと考えられる。

　このほかに，新信託業法では登録制のTLO（技術移転機関）や届出制の企業グループ内信託会社が認められている。いずれも知的財産信託の活用を念頭においた制度である。

9-83 　また，新信託法の施行に伴い，信託業の定義から弁護士や建築請負業者等が行う，顧客からの費用等の預かり行為を適用除外とすることが定められた[310]。米国では不動産取引において登記完了と代金支払の同時履行を確保

---

309) 改正の経緯については，神田＝阿部＝小足が詳しい。

するために，登記実務にあたる弁護士等が代金の預託を受ける**エスクロー業務**（escrow）が一般的である。こうした預かり行為が信託だということになれば，財産隔離機能（¶9-69）により業務の信頼性が向上することから，今後日本でもこうした業務を明確に信託関係をうたって行う事例が増えるものと考えられる。

9-84　**受託財産の制限**　受託財産の制限については，①信託法でそもそも引受けが可能か，②信託業法で特に制約を設けているかという2つの問題がある。新信託法では信託財産の制約はほぼ完全に取り払われたので，積極財産（プラスの価値を持つ財産）に関するかぎり，およそ何らかの経済的価値があり，その譲渡が禁止されていたり，それを信託することが公序良俗に反するようなものでない限り，原則として対象とすることができる。この中には，動産，不動産，債権，有価証券，知的財産権といったさまざまな権利のほか，それらに対する担保権（**事例7**）や借地権，賃借権といった利用権も含まれる。また，事業を全体として信託することも許される（なお，消極財産［債務］の信託について¶14-55を参照のこと）。

一方，信託業法は改正前までは受託可能財産を限定列挙しており，特に知的財産権がこれに含まれていないことが信託業法改正のひとつの動機となった。改正後の業法では受託財産の制限が撤廃されたので，信託法上受託の認められるものであれば，すべて業として引き受けることができる。

9-85　**知的財産権信託**（intellectual property trust）　信託業法の改正で受託財産

310）　**信託業法の適用除外となる行為**　具体的には，「他の取引に係る費用に充てるべき金銭の預託を受けるもの，その他，他の取引に付随して行われるものであって，その内容等を勘案し，委託者および受益者の保護のため支障を生ずることがないと認められるものとして政令で定めるもの」が信託業の定義から除かれた（信業2条1項括弧書）。現在，これに該当するものとしては，①弁護士または弁護士法人がその行う弁護士業務に必要な費用に充てる目的で依頼者から金銭の預託を受ける行為その他の委任契約における受任者がその行う委任事務に必要な費用に充てる目的で委任者から金銭の預託を受ける行為，②請負契約における請負人がその行う仕事に必要な費用に充てる目的で注文者から金銭の預託を受ける行為，③これらに準ずるものとして内閣府令で定める行為の3つが定められている（信業令1条の2）。2009年時点で③の内閣府令は定められていない。

これらの行為は当事者が明確に信託契約を締結して行っているものではないが，旧法下で擬制信託（¶9.67）が成立すると解されており，これを反復継続して行うと信託業になるのではないかという懸念が持たれていたものである。

の制限を撤廃するにあたり最も注目されたのが特許権，実用新案権，意匠権，著作権，商標権といった知的財産権である。前4者は知的創作物に対する権利，商標権は営業に関する識別標識に関する権利である。不動産や動産と異なり物理的な実体はないが，これを何らかのビジネスに使用することにより直接・間接に使用者に収益を生むので，現代では物と同様に権利の客体として認められている。知的財産権はそれ自体に物理的価値があるわけではないので，その経済的価値は，これを事業のために使用することによってのみ実現する。しかし，これらを発明，考案，創作した者は必ずしもそれをお金に換えるビジネスセンスを持ち合わせているとは限らない（むしろそうでないことが多い）。そこで，そうした者から知的財産権を受託して，これをお金に換える者に使用させれば，貴重な知的財産権が死蔵されず，ひいては国力の増強にもつながる。折しもアジア諸国の経済発展もあり，国としての知的財産戦略に焦点があたったことも知的財産権信託の重要性を浮かび上がらせることになった。

9-86 **TLO（技術移転機関）**　一般に大学の研究者は，発明・考案・創作はするがこれを商売に結びつけるのは苦手なことが多い。そこで，大学が関与して研究者から知的財産権を受託し，これを民間企業等に活用してもらうための専門機関があるとよい。こうした機関のことを **TLO** (technology licensing organization) という。こうした事業を推進するために，別途，大学等における技術に関する研究成果の民間事業者への移転の促進に関する法律が定められ，同法にいう特定大学技術移転事業の承認事業者を対象に，信託業法において知的財産信託の受託が認められる（信託業52条）。信託業法上は，管理型信託会社に準じて登録制とされるが，非営利法人でもなることができる。

9-87 **グループ内管理信託**　大学と共に知的財産権を大量に保有しているのが，大企業の研究開発部門である。特許や著作権，実用新案といった何らかの発明や創作にからむものはもちろんだが，商標や意匠の場合，防衛的観点から登録しておくことも多いから，比較的規模の小さな会社でも管理すべき数がかなりに及ぶ。これをグループ内各社の法務や総務でそれぞれ管理するのはいかにも煩雑である。そこで，グループ内に蓄積された知的財産権を一カ所で集中して管理する会社を設立し，それぞれの企業が保有する知的所有権の信託を受けて，受託者としてその管理や権利保全，有効活用を行うことが便

宜である。グループ内各社からしか信託を引き受けないのであれば、信託業法に基づいて厳格に監督する必要は少ないので、登録ではなく届出だけで業務を営むことが許されている。

6 保険会社

9-88　保険は、リスクファイナンスという難しい領域に属する。ここでは、生命保険と損害保険の区別と保険を取り扱う業態について簡単に説明するにとどめ、先端的な内容については第2部で取り扱う（保険全般については下和田が良書である）。

(1) 保険とは何か

9-89　保険とは、最も広義には自己の保有するリスクを相手方に移転する金融取引（リスク移転取引、¶1-37）一般をいう。日常会話で「念のために保険をかけておこう」というような場合の保険がこれにあたる。しかし、ファイナンスにおいて、狭義に**保険**（insurance）といえば、特に純粋リスク（¶1-35）について、リスク発生の可能性を数理的に見積もり、損害率（¶1-41）に見合った保険料を相手から収受して、相手方のリスクを引き受ける取引を指す。

こうした取引の典型が、保険会社で販売されている損害保険と生命保険である。本節では、まずこれらについて概観しておこう。

9-90　**リスク投資 vs. 保険**　ある事故により損害が発生すると1億円の損害が生ずるが、その発生確率は1％だとすれば、保険料は、保険を引き受ける保険会社の費用や報酬部分を除くと100万円となり、これをリスク引受の対価として収受する。しかし、実際に損害が生ずると1億円支払わねばならないから、このままでは9900万円損をしてしまう。それでも、99％の確率で100万円がもらい得になるのだからそれに賭けてみようという取引は、**リスク投資**（risk investment）という。これもひとつの金融取引ではあるが少なくとも狭義の保険ではない[311]。

---

[311]　多くの再保険（reinsurance）は再保険者にとっては狭義の保険というよりは、リスク投

> これに対し，同じ契約を100人と締結すれば1億円の収入があり，確率的にはこの中で事故に遭遇するのは1人だから，保険料支出も1億円でちょうど収支が見合う。このことを**収支相等**[312]という。保険は単独の取引ではリスク投資にしかならないものを多数の契約者と取引することによって収支相等となるように運営する制度である。多数と取引をすることにより取引全体から生ずる実際の損益がその期待値と一致してくることを**大数の法則**（law of large numbers）という。

(a) 保険法による保険の定義

9-91　保険の法律的な定義は保険法に定められている。すでに第1章で保険契約や損害保険契約・生命保険契約それぞれの定義を紹介したのであらためて読み直して欲しい（¶1-25）。なお，以前は保険契約に関する事項は商法の一部に定められていたが，商法現代語化の一環として，2007年に海商法の一部である海上保険に関する規定以外の部分を独立させ，かねて問題となっていたいくつかの規定の整備を行い[313]，新たに保険法という法典を制定した（保険法の入門書としては竹濱，より詳しい教科書としては山下ほかが良書である）。

(b) 損害保険

9-92　損害保険は顧客別に大きく企業保険と家計保険に分かれる。リスク別にみると，家計保険は自動車・火災・傷害，企業保険は，企業が被保険者となる自動車・火災のほか，信用保険（¶16-38），企業財産・賠償責任，工事，労災，船舶・貨物などがある。従前は，家計向けの傷害保険に積立部分を加えて貯蓄型の商品とした積立傷害保険が普及していた。家計保険については保険商品そのものについて認可制が維持されているのに対し，企業ごとに保障内容

資の性格を有している（第2部のリスクファイナンスの章で詳しく検討する）。
312) 「相等」を「相当」と間違わないように注意すること。
313) 具体的には，①共済契約の保険概念への取り込み（保険2条1号），②傷害疾病保険に関する規定の新設（同2条7号・9号，34条以下），③告知制度の見直し（同4条・37条・66条）・保険金支払時期に関する規定の新設（同21条・52条・81条）・片面的強行規定の規律（同7条・41条・70条）といった保険契約者保護のための規定の整備，④責任保険契約における被害者の保険給付請求権に対する先取特権の付与（同22条），⑤保険金受取人の変更に関する規定の整備（同43条・72条）等である。

を細かく調整する必要のある企業保険については届出制とされ自由化が進んでいる。また，第2部でリスクファイナンスを学ぶ際に詳しく検討するが，企業保険分野は保険商品に限らないさまざまなリスクファイナンス商品を提供して企業のリスクマネジメントに関するソリューション提供を行うビジネスだという考え方が一般的になっている。

　保険業法上は，損害保険は原則として免許制の損害保険会社と登録制の少額短期保険会社しか営むことができない。

(c)　生命保険

9-93　生命保険のうち，人が死亡したら一定金額のお金がもらえるのが狭義の生命保険（講学上は**死亡保険**という）である。これに対し，人が生きている限り定期的に一定額のお金がもらえるのが**年金生命保険（annuity）**である[314]。ある人が予想より長生きした場合を考えてみると，生命保険会社は生命保険についてはもうけが増えるが，年金生命保険についてはもうけが減るので，両者は対称的な関係にあることが分かる。さらに，この両者を混合して，一定期間経過後は満期返戻金がもらえ，期間の中途で死んでもそれと同額がもらえるという保険を**養老保険（endowment insurance）**という[315]。

　保険業法上，生命保険は原則として免許制の生命保険会社と登録制の少額短期保険会社しか営むことが出来ない。

(d)　第三分野

9-94　人に関する保険には，事故で死亡したり傷害を負ったりすることに備える損害保険である傷害保険と生命保険のほかに，病気や高齢化に対する備えとしての医療保険と介護保険がある。これらは典型的な損害保険と医療保険の中間に位置している。保険業の規制においては，典型的な生命保険は**第一分野**，損害保険は**第二分野**，医療保険と介護保険は**第三分野**と呼ばれている。保険法では，損害保険契約のうち，保険者が人の傷害疾病によって生ずるこ

---

314)　生存保険　人がある時点で生存していたら保険金がもらえる生命保険を生存保険（pure endowment insurance）という。年金保険は生存保険の一種であるが，現在のところ定義通りの純粋な生存保険が認可されたことはない。

315)　講学上は，死亡保険と生存保険の組み合わせなので，「生死混合保険」という。

とのある損害（当該傷害疾病が生じた者が受けるものに限る）を填補することを約する**傷害疾病損害保険契約**（保険2条7号。たとえば，海外旅行中に事故や病気になった場合の治療実費）と，保険契約のうち，保険者が人の傷害疾病に基づき一定の保険給付を行うことを約する**傷害疾病定額保険契約**（保険2条9号。たとえば，入院日数1日について5000円）の2つがこれにあたる。

保険業法上，第三分野に該当する商品は，免許制の生命保険会社・損害保険会社，登録制の少額短期保険会社の全てで取り扱うことが出来る（保険業3条4項2号，5項2号）。また，少額短期保険会社は第三分野専業が許される。

(2) 保険業の規制

9-95　保険は，契約者からみると先に保険料を支払っておいてあとから保険金をもらうという取引なので，契約者は保険会社の信用リスクを負担していることになる。さらに，事故が確率通りに起こるとは限らない。仮に事故が予想より少なければもうかるが，逆に予想より多いと損失を被る。この場合に保険会社に十分な資力がないと，契約者は保険金を支払ってもらえなくなる。また，そもそも事故発生率の予想や数理計算に間違いがあると大変なことになる。

こうしてみると，保険会社には，十分な財務基盤に加えて，リスクを正確に見積もって適切な数理計算を行う高い専門性，預かった保険料の安全かつ有利に運用する能力等が要求される。このため，保険の引受けを事業として行う者は，保険業法に基づいて免許を得るか登録をしなければならない（保険業3条・272条）。

(3) 間接金融機関としての保険会社

(a) 貯蓄商品としての保険

9-96　保険会社の仕事をよくみると，ひとりひとりの契約者からは少額の保険料を受け取って万が一の場合には巨額の保険金を支払っているように見えるが，これを全体としてみれば，契約者から保険料を預かり運用した上で，確率的にみるとこれと同額の保険金を後日事故が発生した時点で返戻していることがわかる。こうしてみると，保険会社は間接金融機関としての機能を持つことが分かる（図65）。

図65 間接金融機関としての銀行と保険会社

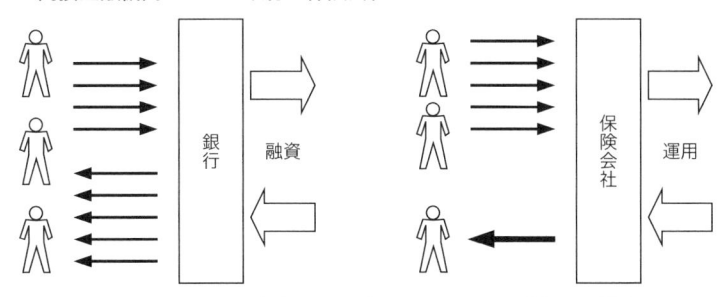

9-97　実際，比較的最近まで保険会社は長期金融を行う間接金融機関として重要な役割を果たしてきた。たとえば，損害保険会社は，戦後長らく個人に対して満期5年が主体の積立傷害保険を販売してきた。また，生命保険会社は戦後当初は貯蓄商品である**養老保険**（endowment insurance）を中心に販売した。昭和40年代に入ると生命保険会社は，主力商品を，生涯死亡保障を行う**終身保険**（whole life insurance）に退職年齢である60歳までといった長期の**定期保険**（term insurance）を組み合わせた終身定期保険に転換する。これは養老保険よりもさらに長期の貯蓄商品と位置付けることができる。さらに，生命保険会社は企業に対して，団体年金保険により，信託銀行と並んで企業年金の受託を行ってきた。団体年金保険は実績配当の企業年金信託と異なり，予定利率を生命保険会社が保証する確定利回り商品であり，やはり超長期の資金調達と位置付けることができる（¶14-77）。

9-98　**超長期資金調達手段としての生命保険**　すでにみたように，終身保険や定期保険には期間中の支払保険料を一定額とする**平準保険料**（level premium）が採用されている（¶1-30）。このため，若いうちは，実際の死亡率に基づいて計算された本来の保険料（**自然保険料**, natural premium）よりも高めの保険料を徴求することになる一方，一定年齢を超えると自然保険料が平準保険料を上回ることになる。そこで，若い時期に徴求した超過部分を**責任準備金**（policy reserve, ¶1-31）として積み立て，一定利率（**予定利率**, assumed rate of interest）で運用しておき，一定年齢以降の保険料の不足部分に充てる。責任準備金は生命保険会社からみると，超長期の負債（資金調達）と位置付けることができる。

9-99　財政投融資のための長期資金調達を担う簡易保険も貯蓄性の高い養老保険が主体であった（¶9-101）。
　このように，戦後の業態区分の中で，主要な保険会社はすべて，保険を通じて超長期の資金調達を行い，この資金で企業向けの長期貸付や株式の購入を行うという産業金融のための間接金融機関として機能してきたのである。このため，長らく運用資産に占める貸付けの割合が非常に高いことがわが国の保険会社の特徴であった。

9-100　**貸付と生命保険会社**　このように保険会社は長らく，融資を行うために保険を売るという間接金融機関として自己規定してきた。このため以前は，有名大学を卒業して保険会社に入ったら，支店に配属されていわゆる生保レディーの管理をするよりは，財務部や融資部門に配属されたほうがエリートだというような雰囲気がなくはなかったのである。しかし，よく考えてみると保険業というのは先に保険料をもらって後の保障に備えるという仕事なので，保険料の運用先は安全でしかも換価性の高い資産で運用するのが本筋である。その点でいうと長期貸付は決して好ましい資産ではない。運用利回りは，国債の10年程度の平均利回りと連動する予定利率が達成できれば十分なのであるから（¶1-33），本来ならそれほど大きなリスクをとらないでも実現できるはずある。保険会社は保険を売って保険料に内在する事業費やその他の利源を収益とする会社であり，保険料を融資等で運用して利鞘を稼ぐ会社ではないのである。

9-101　**簡易保険とかんぽ生命保険株式会社**（Japan Post Insurance）　簡易保険は国民に死亡保障を簡易に提供する目的から，すでに1875年に英国にならって郵貯事業を開始していた郵便局をチャネルとして創設されたものであり（1916年），業態秩序の下ではこの基本保障に養老や学資保険といった貯蓄型の特約を付して，政府による産業資金供給事業である財政投融資のための長期資金吸収チャネルとして機能してきた。その商品は，死亡保障額の上限を1000万円とし，月掛け，無審査で加入を認めるところに第一の特徴がある。
　今次，郵政改革に伴い簡易保険業務はかんぽ生命保険株式会社に引き継がれた。かんぽ生命は，郵政民営化法上は「郵便保険会社」といい，民営化に際しては保険業法の免許を受けた生命保険会社（保険業3条4項）とみなされる（郵民営130条）。当面，日本郵政株式会社の子会社となること（郵民営127

条)，業務上の制約と特例については，ゆうちょ銀行と同じである（郵民営133-153条）（¶9-34）。

かんぽ生命は民営化に伴い新規契約が減少しているとはいえ，総資産は2009年3月末で約107兆円と民間最大手の日本生命保険の2倍超を有する大保険会社である。郵便局をチャネルとして小口で安価な保障をあまねく提供することの合理性と社会的意義は依然として大きいと考えられる一方，他の一般生保のように運用受託型のビジネスモデルを強化することは難しい。欧米には保険募集と資金運用を全く別の独立した事業と考え完全に2つに分社化する動きすらあるが，かんぽ生命もそうした組織モデルを採用し，運用機能は出来る限り外部化した上で，保険募集とそのためのマーケティング機能に特化することに高い合理性がある。その上で，商品戦略としては引き続き第三分野を含む小口の保障商品の提供を中心にしながら，保険代理店としての郵便局のチャネル価値を極大化するための管理塔機能を強化すべきであろう[316]。

(b) 機関投資家としての保険会社

9-102　戦後の業態規制の下では保険会社も産業金融を担う融資金融機関としての機能を果たしてきた。しかし，その営業形態は典型的な間接金融機関である銀行とはかなり異なる。銀行における「営業」が一義的に融資であるのに対し，保険会社の「営業」はあくまで保険引受の募集であり，運用業務は本社に所属する比較的少数の財務や運用担当者が行う。このため，銀行のように中堅・中小企業と直接接触して信用判断や保全管理を行うことは困難であり，上場大企業や大型のプロジェクト融資が中心となる。また，預金機能を持たないために，営業循環過程における決済資金の融通を行う商業ファイナンス（¶2-44）を行うことは難しく，長期資金を中心とした投資ファイナンス（¶2-43）が主体となる。

---

[316]　2008年2月22日付け日本経済新聞夕刊によれば，かんぽ生命保険と日本生命保険が金融商品の開発やシステム構築で提携することで合意したとされる。かんぽ生命側は商品開発力や支払管理などシステム面で民間の保険会社に比べて遅れており，日生のノウハウを活用して体制を整えられる。また，日生にとっては郵便局という強力な販売網の活用を期待できる。具体的には，かんぽ生命が今後投入を目指す高額の生命保険や，医療保険など第三分野の新商品開発に日生が協力するとのことである。

9-103　このように，少人数の担当者が巨額の投資資金をリスクの低い大企業等を中心に運用するため，そのリスク判断は個別借入人に関する信用リスク判断よりはポートフォリオ全体のリスク分散等に重点を置いたものになる。こうした特徴を持つ投資家のことを**機関投資家**（institutional investor）という（¶10-61）。機関投資家が効率的に運用を行うためには個別の資金調達者との直接交渉が必要な融資よりは，債券投資やシンジケートローンへの参加のほうが便宜である。また特に，生命保険会社のバランスシートをみると負債（責任準備金）の期間が超長期であるため，この期間に見合った超長期の運用対象を見つけることは容易ではない。このため負債よりも短めの資産を回転させて運用を行う必要があるから，機動的な ALM（asset liability management）を行うには，資産側の弾力性を維持することが欠かせない[317]。こうして近年，保険会社の運用対象は融資から有価証券や社債代替的な性格の強いシンジケートローンに比重が移ってきている。

---

317)　この点資産のほうが負債より長く，むしろ負債の弾力性を高めてデリバティブなども用いながら ALM を行う銀行とは正反対という特質がある。

第 10 章

市場型デットファイナンス

> 本章では，債券法総論とでもいうべき内容を「金融と法」的な視点から整理する。会社法の授業では，社債について詳しくふれる機会がないことも多い。この機会に会社法の社債規定についても，各自の教科書で復習されたい[318]。

1 債券とは何か

(1) 意義

10-1　市場でデット調達をするための金融商品を総称して**債券**[319]という。法的には会社が会社法に基づいて発行する社債とそれ以外の法律に基づくものに大別される。

10-2　バケツリレーのたとえで説明したように (¶3-18)，債券は期限前に市場で自由に売買が可能なので，投資家は長期債に自己の投資資金の期間に合わせ

---

[318] 総論的記述も含めて社債に関する説明が充実した教科書としては，龍田が良書である。鴻・社債はこの分野を深く理解する上で欠かせない古典である。河本は証券パーソンのバイブルであった。改訂版が望まれる。

[319] 債券の英訳　一般には bond を用いるが，実際には，この他に debenture, note, bill といったさまざまな用語が用いられる。特に米国では，日本のように会社法上に社債に関する規定を持たないため，その都度発行される有価証券の私法上の性格等から名称が選ばれるようである。概して言えば，10 年以上の長期債は bond，それ以下の中期債は note，1 年以下の短期債は bill といった用語を充てる（CP は別種の債券と意識されている）。また，debenture は無担保の中長期債をいう。このほか，典型的な公社債でないもの（信託受益証券や組合持分証券等）には certificate という用語を用いることが多い。

て投資することができる。また，金利変動や発行体の信用状況に即して債券の価格が変動するので，利益獲得・損切りの機会も高まる。こうした流通性の付与を通じて投資家層が広がり，市場全体で長期資金を安定的に供給可能となるのである。逆に，この点（市場における流通性）を除けば債券と融資の法的性格は大きく異ならない。

10-3　証券的債権の流通性向上の法技術　民法86条3項は「無記名債権は動産とみなす」と規定する。しかし，物理的には紙切れにすぎないわけだから，乗車券・入場券・商品券のように価値が比較的少額で有効期間や利用対象に制限があるものでないと，額面通りの価値がある物（動産）として流通させた場合の弊害が大きいし，実際にも流通しないだろう。これに対して，金額が大きく複数当事者間を流通する可能性の高い投資証券・支払証券の場合，発行体の信用力が誰の目からみても明らかでない限り，国の信用秩序に悪影響のないよう何らかの制度的保障を設ける必要がある。そこで，支払証券である手形・小切手については法律でこれらを裏書により譲渡できる指図証券とした上で，人的抗弁の切断，善意取得で保護されるための要件緩和（無重過失）など，第三者保護を強化すると同時に，手形交換制度を通じてその流通に銀行を深く関与せしめて信用力と流通性の向上を図っている。また，投資証券である金商法上の有価証券（¶3-35）については同法が厳格な市場規制を課す一方で，商法やそれぞれの特別法において無記名性を強化して証券の交付を譲渡の効力発生要件とし，善意取得の保護要件緩和等，第三者保護を強化して流通性の向上を図っている。

　なお，今日の情報化社会において証券の流通性を向上させるには「紙」の存在がむしろ邪魔になる。このため，支払証券については電子記録債権法[320]，投資証券については社債，株式等振替法が制定されて，電子化・ペーパーレス化への対応がなされている。また，たとえば会社法では，株式・社債の双方について券面不発行が原則型とされた（法214条・676条6号）。これに伴い債権の流通性向上の法技術についても，券面の存在を前提にした記名・無記名・指図といった区別から，情報化を前提にした記番号管理型（電子記録債権），残高管理型（振替株式・社債）[321]の区別が重要になっている。

---

[320]　電子記録債権は，シンジケートローンのような準社債的取引にも利用することが立法時点から想定されているので，投資証券としての性格も併せ持つことに注意。

[321]　紙の有価証券の場合，ひとつの権利をひとつの紙片に表章することが原則である。これに

(2) 直接金融としての債券調達

(a) 直接金融

10-4　債券の発行体が有価証券（株式・債券等）を用いて投資家から直接資金の融通を受けることを**直接金融**（direct finance）といい，間接金融と対置される（¶9-4）。株式のようなエクイティーは，元本が保証されず発行体の事業リスクがそのまま投資成果に反映するので，銀行のような間接金融機関の運用対象として適さない。このためエクイティー調達は直接金融が原則型である。これに対し，期待利回りは低いが元本返済が保証されるデットにおいては発行体の信用力を十分に審査することが重要となるため，むしろ間接金融が原則型であり，債券を用いて一般投資家から資金を調達する直接金融は，後述するように債券格付が「投資適格（investment grade）」である企業でないと事実上利用が難しい（¶10-79）[322]。

(b) 市場型間接金融としての債券投資

10-5　上場株式の場合，投資家の相当部分を個人投資家が占める（図66の「家計」に相当）。これに対して，債券投資に個人投資家が関与することは稀で，ほとんどの投資家は預金金融機関や保険会社，年金基金，社会保障基金といった，間接金融機関ないし機関投資家である[323]。図67によれば2008年

　　対し，情報化にあたってはひとつの（プログラム技術上複数の場合は観念的にひとつと考えられる）記録ファイルに同じ項目からなる複数の有価証券に関する情報を一括して保有し，この中の1レコード（ファイルを構成するひとかたまりの情報単位）に個々の権利を表章させ，権利関係の得喪は記録を書き換えることで管理することになる。この場合に，従来の券面1枚に相当するものをレコード単位として管理する方法を記番号管理型あるいは物的編成主義という。これに対し，投資証券のように1発行体が同時に発行した有価証券の内容は均質であり，個別の権利者ごとに異なるのは残高だけである場合には，権利者＋銘柄をレコード単位とし，権利の得喪日と残高のみを管理する。こうした方法を残高管理型あるいは人的編成主義という。

322)　非投資適格の企業が発行する債券は，俗にジャンクボンド（junk bond）とか高利回り債（high-yield bond）という。もともと有名な優良企業が買収ファンドの標的になるなどして調達条件が実力以上に悪化した場合（fallen angels[堕天使]と呼ばれる）やLBO（レバレッジドバイアウト）の資金調達等特殊な文脈で利用されることが多い。一方，資産証券化（asset securitization）は，担保よりも法的に厳格な仕組みを通じて保有資産の信用力のみに依存した債券を作り出し，自社の格付を上回る高い格付を取得する工夫である。

323)　個人投資家が関与する例としては，中小規模の会社が株主等の縁故者に対して社債を割り

3月末時点のこれら4業態の事業債保有比率は99％にもなり、株式の投資家層との違いが顕著である（「成長続くか社債市場（上）」2008年5月2日付け日本経済新聞朝刊参照）。このことは，後述するように市場規制のあり方にも影響を及ぼす（¶10-74, ¶10-91, ¶10-100）。

図66　株式保有者の構成（2008度末）　　図67　国内事業債保有者の構成（2008年度末）

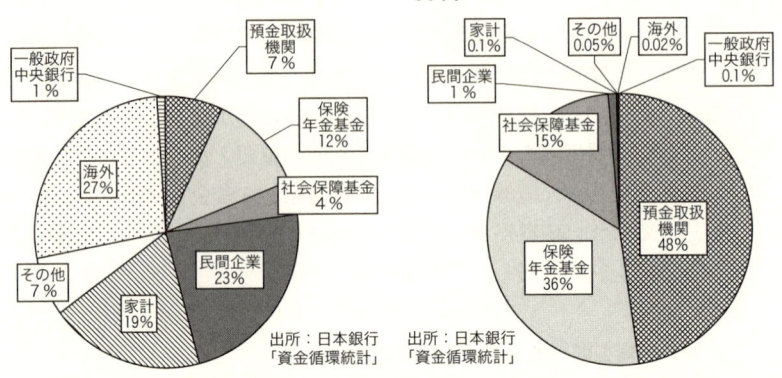

図66（株式保有者の構成）：
- 一般政府中央銀行 1％
- 預金取扱機関 7％
- 保険年金基金 12％
- 社会保障基金 4％
- 民間企業 23％
- 家計 19％
- その他 7％
- 海外 27％
- 出所：日本銀行「資金循環統計」

図67（国内事業債保有者の構成）：
- 家計 0.1％
- その他 0.05％
- 海外 0.02％
- 一般政府中央銀行 0.1％
- 民間企業 1％
- 社会保障基金 15％
- 預金取扱機関 48％
- 保険年金基金 36％
- 出所：日本銀行「資金循環統計」

10-6　このように，債券調達は講学上は直接金融に分類されるが，仕上がりを見る限り個人投資家の資金を預託された機関投資家や間接金融機関が行う，一種の間接金融になっている。ただし，発行体と機関投資家や間接金融機関との間に資本市場を介在させることにより，市場メカニズムを通じて条件決定が行われる点やその際に金融商品取引業者が介在する点で，相対取引である典型的な間接金融とは異なる。そういう意味では，日本の社債市場の実体は直接金融というよりは**市場型間接金融**（¶9-5, ¶11-1）に近い。

(c)　**債券調達のメリット**

> 問）　社債発行は融資に比べると手間がかかる。投資家の大部分が結局金融機関なのに，会社があえて融資ではなく社債調達を選択する理由は何か。

当てて資金調達する縁故債や，当初から個人投資家向けに募集がなされる個人向け国債・社債等がある。

① 資金ソースの多様化

10-7　融資の場合，貸し手と直接接触が必要になるので取引金融機関が多くなると財務部門の負担が大きくなるし，お互いをうまく競争させることも難しい。社債発行が可能な優良企業の場合，銀行取引は融資以外の幅広い金融サービスを提供できる数行に限定し，残りは社債により全国の金融機関から幅広く調達したほうが有利な条件が得られる可能性がある。また，投資家間だけでなく，証券会社間の競争を通じて調達に係る付帯コストを引き下げることができる。

② 長期固定金利調達

10-8　銀行の長期融資は，主として定期預金やコア預金（¶8-55）を原資とするので平均期間が5年程度でプライムレートの変更に伴い金利見直しがあるものが多いのに対し，債券は10年の固定金利建てが多い。このため市場金利の上昇が見込まれる場合，低金利の資金を確保するために社債発行に踏み切る企業が増える。

③ 低利調達

10-9　一般に，社債のほうが融資より低利という意識がある。実際，表面金利だけみるとそうみえることも多いが，発行価格や初期コスト，期中コストも勘案した**総コスト**（all-in cost）は融資とそれほど変わるわけではない。総コストは発行時から満期時までのキャッシュフローに関しておなじみのIRR（内部収益率，¶5-48）を求めればよい。ただし，最終的な発行条件はあくまで発行時の需給に左右されるので，うまいタイミングを捕らえれば破格の条件を得ることも可能になる[324]。また，電力会社の社債（電力債）のように発行量が巨額で相応の流動性が見込めるものについては，流通市場における追加収益が見込めるのでそれだけ発行条件が改善して低利調達が実現する（注329参照）。

④ 無担保調達の実現

10-10　融資の場合，借り手は担保を要求されることが多いが，公募債に関する限

---

324) 一方，市況が冷え込むと本来以上にコストを上乗せしないと調達できない場合や極端な状況では発行そのものが不能になることもある。2007年の米国サブプライム問題が深刻化した後，各国の資本市場で，そうした状況が続いた。

り無担保債が原則になっている．多くの社債には，既発行の社債同士の返済順位を同じ（**pari passu**, パリパス）とするコヴナンツ（社債間限定同順位特約）が付されているが，融資等他の債権のために担保提供することは禁じられていないものが多いとされる（なお，¶17-17参照）．

10-11　これは，日々さまざまな取引を行う企業にとって，あらゆる債権に対する pari passu を遵守することが事実上困難なことに加え，もともと社債に比べて機動的に調達できるメリットのある融資調達の特性を害さないようにするための配慮だといわれている．確かに，投資家の大半がプロの金融機関である現状を前提にする限り問題はないのかもしれないが，本来なら一般投資家を巻き込む社債調達の返済順位は他のファイナンス手段と少なくとも同順位とすべきである．今後の社債市場の発展のためには，一考を要する問題であろう（「成長続くか社債市場（下）」2008年5月3日付け日本経済新聞朝刊）．

　⑤　商品性の多様化を通じた有利な条件の実現

10-12　後述するインデックス債（¶10-55）や新株予約権付社債（¶10-39）のように金融商品としての商品性を多様化することを通じて有利な調達条件を得ることが可能となる．

(3) 流通市場とデット調達

> 問）　株式の流通市場と債券の流通市場はどのように役割が異なっているか．

10-13　すでに学んだように，会社設立の当初から株式を市場で公募することは稀であり，当初は起業家自身や親族・知人，ベンチャーファンド，親会社（企業内起業の場合）といった比較的少数の株主が引き受けた上で，事業が成功した時点で取引所に上場して将来の収益期待を反映した価格付を実現する．これにより，市場において有利な資金調達が可能になる．

　これに対し債券の場合，株式のような上場メリットはないし，発行ごとに金利や期限等の条件が異なるから，単一の銘柄について売り買いを集中するという取引所本来の機能が働きにくい．このため，債券を取引所に上場することは稀で，ほとんどが証券会社を介して行う**店頭取引**（over the counter, OTC）で売買される[325]．

10-14 　また株式の場合，原則として投資元本が償還されないので，流通市場が投資家が出口を確保するためのほぼ唯一の場となる。これに対し，債券は元本償還が保証されているので，永久債[326)]のように特殊なものを除けば，流通市場は出口確保のために絶対に必要なものではない。もちろんバケツリレーのたとえ（¶3-18）で述べたように，債券についても長期債投資に出口を保障する流通市場の働きは重要である。しかし現実には，国債以外の債券投資は投資有価証券勘定（固定資産）において，比較的長期間（多くは期限まで）保有する**バイアンドホールド（buy and hold）**型が主体である[327)]。

10-15 　**債券トレーディングの目的**　収益獲得のために短期間に債券の売買を繰り返すことを**債券トレーディング（bond trading）**という[328)]。元本が保証されている債券は，株式と異なり会社の業況により値段が大きく変化することはないが，市場金利が変動すると割引率が変化するので価格が変動する（¶3-19）。具体的には，債券の価格は市場金利が上昇すると下がり，下落すると上がるので，国債のように信用力が高く流動性の高い債券に投資すれば短期間の金利変動から利益を得ることができる。実際には，先物やオプション等のデリバティブ取引を組み合わせてリスクをヘッジしたり，投資目的に

---

325) なお，ユーロ市場の場合，国内市場のように厳格な証券規制により公募・私募が分かれていないため，ロンドンやルクセンブルグの取引所に上場して発行条件が開示されたものが公募と扱われる。公募債主幹事競争（いわゆるリーグテーブル競争）は仲介業者の評判に直接結びつくことから，上場を促進する背景になっている。ただし，上場債といっても株式のように頻繁に売買されるものは稀である。

326) **永久債（perpetual bonds）**　期限がなく金利のみが支払われる債券。発行体が期限前償還権を持つ場合が多い。他の債券より返済順位を劣後させる劣後特約付のものは一定の条件下でBIS基準上自己資本とみなせるので（BIS告示6条1項4号等），銀行が株主権の構成に影響を与えずに自己資本を充実する手法として利用することがある（¶12-88参照）。

327) この背景には，会計上有価証券は売買目的なら流動資産，投資目的なら固定資産に計上されるが，前者は期末に時価評価が必要な上，銀行の場合BIS基準の市場リスク規制の対象となることがある（BIS告示11条・21条等）。なお，国際会計基準ではバイアンドホールド（held-for-maturity）と認定されるための基準が厳格に定められており，これに該当しないものは売買目的とされて時価評価の対象となる（IAS39号9段落）。

328) **法律におけるトレーディングの定義**　銀行法ではトレーディングを特定取引と呼び「金利，通貨の価格，金融商品市場における相場その他の指標に係る短期的な変動，市場間の格差等を利用して利益を得る」取引やそのヘッジ取引と定義し，その規模が一定以上になる場合には特定取引勘定として分別管理し，他の勘定に振り返ることを制限する（銀行法施行規則13条の6の3）。

合わせてリスク・リターンの形状を変化させる（¶13-20参照）。

　逆に，一定期間大きな金利変動がないと考える場合，金利の期間構造（¶8-10）を利用して短期資金で長期債に投資すれば金利差をもうけることができる。これを**キャリー取引**（carry trade）という。この場合，投資期間中は毎日，その日までのキャリー収益とその日の時価－取得価額を比較し，価格が下落してきたら後者のマイナスが前者を上回る前に売却して収益を確定する。

10-16　**クレジット投資としての債券投資**　国債は信用力・流動性の両面で優れているが，それだけに表面金利は非常に低い。一方，他の公共債や社債はそれより高い金利収入が狙えるが，わが国の債券市場では国債以外の債券の発行量が少ないこともあって，そもそも流動性がきわめて低い。また仮に売買が成立したとしても，売買スプレッド[329]が大きいために頻繁に売買を繰り返すと収益性が落ちる。一方，債券は元本が保証されているため期限まで持ちきれば，金利変動による価格リスクは避けられる。このため国債等流動性の高い銘柄以外への投資は，バイアンドホールドを原則として金利収入に含まれる信用リスク分の上乗せ分（credit risk premium）の獲得を狙うクレジット投資と位置付ける投資家が多い。

2　債券の種類

(1)　公共債

(a)　意　義

10-17　**公共債**（public bond）は，国やこれに準ずる統治主体が税金ではなく借入金のかたちで自国民・企業や他国等から資金を調達するための手段として，非常に古くから用いられてきた[330]。公共債は信用力・流通性が高く発行量

---

[329]　売買スプレッド（offer-bid spread）　機関投資家を相手とする債券取引の場合，売値（offer price）と買値（bid price）の差額が証券会社の収益となる。売買が頻繁に行われる銘柄であればこの差を縮めても一定の収益が確保できるが，流動性が低いとこの差を広げて少ない取引から一定の収益を確保せねばならない。このように売買価格の開き（スプレッド）は流動性の指標となる。

も多いので，債券市場の中核的存在として長期金利の形成に重要な役割を担う331)。公共債の大部分は社債と異なり発行体ごとに個別の法律に基づいて発行される（なお，注340参照）。

10-18 　公共債の引受・媒介業務は証券業務一般が制限されている銀行本体でも行うことができる（銀行11条，金商33条2項332)）。このため公共債市場では，証券会社と並んで資金力のある銀行が大きなプレゼンスを有している。

　　(b) 国　債

10-19 　公共債のうち，国が発行するものが**国債**333)である。

　　① 国債の発行方式

10-20 　国債は，2006年以降は公募入札による方式で発行されている。入札にあたっては，財務省が設けた基準を満たす銀行や証券会社を**プライマリーディーラー**（primary dealer。**国債市場特別参加者**）として指定し，一定の入札・落札を義務づける代わりに，他のディーラーにはない便益が付与されている（¶10-86）。

　　② 財政政策

10-21 　**財政政策と金融政策**　市場による価格決定は最初から正しい価格が与えられるのではなく，需要・供給の綱引きによって上下動を繰り返しながら価格調整が行われるという動態的（dynamic）なものなので，その集積としての経済全体も好不況の変動の波を避けられない。波が大きく下振れすれば恐慌（depression）になる。このため，今日ではこうした変動を最小限に留めるために単に経済を放置するのではなく，国が主体的にこれに介入する**経済政**

---

330) 日本でも江戸時代には諸藩が藩債，あるいは一村一郡もしくは郡村連合して郷印証文という郡村債を起こす例は多く，これを引き受ける組織として幕府に諸貸付所，日光・上野・熊野三山もしくは紀州名目貸付所等があったとされる（近藤［1952］11頁）。

331) 世界の国債の歴史については富田の労作がある。その他，真壁ほか，バスキンほか（青山監訳）参照。

332) 銀行が取り扱うことのできる有価証券は，①公共債（国債証券，地方債証券，政府保証債），②CPやこれに準ずる短期債，③証券化商品（資産流動化法に基づく特定社債等，信託受益証券，抵当証券等）に分類できる。

333) 国債の私法的な内容については，国債に関する法律（明治39年法律第34号）に規定されている。また，振替国債については社債，株式等の振替に関する法律が適用される。

策(economic policy)が重要と考えられている。経済政策は，公共事業による有効需要創出を軸とする**財政政策**(fiscal policy)と，通貨量の調節を通じて金利や物価を管理する**金融政策**(monetary policy)との2つからなる。これらはそれぞれ，財務省を中心とした政府と日本銀行が独立して担当している(¶8-18)。

財政政策を行うためには予算が必要である。**予算**(fiscal budget)は財政政策を実施するために憲法上法律と並んで認められた法形式のひとつである(憲86条)。国の財政についての基本は財政法という法律に定められている。

10-22 **乗数理論と財政政策** 国内で生産された財貨やサービスの総量(国内総生産, Gross Domestic Product, GDP，経済学ではYと略することが多い)は，海外との貿易や投資を考えなければ，民間セクターの総消費(C, consumption)と総投資(I, investment)に，政府が行った支出(G, governemnt)を加えたものになる。式で書けば

$$Y = C + I + G$$

となる。これはマクロ経済学で最も重要な恒等式である。ところで，消費が1単位増えると購入先の所得が増えるからその何パーセントかは新たな消費に回るはずである。この割合を**限界消費性向**(marginal propensity to consume)[334]という。追加的な消費の増加をΔC，限界消費性向をrとすれば，$\Delta C' = \Delta C \cdot r$である。ところで，この$\Delta C'$はまた所得を押しあげて次の消費$\Delta C'' = \Delta C' \cdot r = \Delta C \cdot r^2$を生み出す。このように，追加的な消費$\Delta C$は無限連鎖的に新たな消費を生み出す。この総和$\Delta Y$は，¶9-24で求めたのと同じ方法で計算すると

式13
$$\Delta Y = \frac{1}{(1-r)} \Delta C$$

となり，この分だけYも増える。つまり，1単位の消費の増加は，$1/(1-r)$倍の所得を生み出すことになる。この$1/(1-r)$を**乗数**(multiplier)という。rは1より小さいから乗数の値は1より大きくなる。ところで，不景気のもとで消費が抑制されると，反対にYが減少し，これがさらに消費

---

[334] 経済学には「限界」という言葉がよく登場する。これは「もはや限界だ」というときの「限界」ではなく，インプットを最小単位だけ増減させるとアウトプットがどの程度変化するかということを示すときに用いる。

を減少させるという逆行程が起こってしまう。そこで $Y=C+I+G$ という式のうち、まず G を増やして所得を押し上げ、C の増加を導けば、乗数が順回転で働き出す。この場合、G の増加に必要な資金は本来税収から賄うべきだが、不景気なときは先に赤字国債で借金をしても、結果的に Y が増えれば税収が増えて結果オーライとなりうる。きわめて大雑把で経済学者からは怒られると思うが、こうして景気を刺激しようというのが財政政策の基本的考え方である（【関連】伊藤マクロ3, 6章）。

③ 赤字国債と国債市場

10-23　財政法4条1項は「国の歳出は、公共債又は借入金以外の歳入を以て、その財源としなければならない。但し、公共事業費、出資金及び貸付金の財源については、国会の議決を経た金額の範囲内で、公債を発行し、又は借入金をなすことができる」と定める。同条ただし書に基づき、道路、住宅、港湾等の社会資本整備にあてるために発行される国債は**建設国債**という。これに対し、別途特別法に基づいて歳入の不足を補うために発行されるものを**赤字国債**という[335]。赤字国債の是非については経済学者の間で大きな議論があるが、実際には、バブル崩壊（¶12-42）以降、赤字国債禁止の原則は有名無実化しており、巨大な財政赤字からの脱却が焦眉の急となっている[336]。一方この結果、国債はその高い信用力も相まって高い流通性を誇る巨大市場を形成し、その円滑な消化を確保するために先物やオプションといった投資戦略を柔軟・多様化するためのデリバティブ市場や頻繁な売買に耐えうる決済機構が整備されており、ファイナンスの視点からはきわめて重要な存在となっている。

10-24　**プライマリーバランス（primary balance）**　国債残高が増えると、歳入で政府支出だけでなく利払いも賄わなければならない。しかし、このことにこだわりすぎると利払い額は所与だから歳入が減ると政府支出を抑えねばなら

---

[335] 赤字国債　赤字国債は、毎年、「平成○○年度における財政運営のための公共債の発行の特例等に関する法律」といった名前の法律（公共債特例法）で特例を認めて発行されている。このため赤字国債のことを特例国債ともいう。

[336] 国債残高　2009年末で普通国債が約577兆円、後述する財投債が約124兆円あり、これにいわゆる為替介入の資金等を調達する外国為替資金証券等の政府短期証券（約110兆円）と借入金（約56兆円）、その他特殊な国債を加えると約871.5兆円になる。

なくなり財政の機動性が害される。そこで，国債等の元利払いに必要な金額（公債費）を除いた政府支出と歳入の差（プライマリーバランス）をゼロにすることが財政の目標となってきている（伊藤マクロ 142-143 頁，147 頁）。とりあえず公債費を考えずに財政運営を行い，十分な経済成長が達成されれば，その分の税収増により国債の利払いはカバーされるはずだから，少くとも政府債務の膨張に歯止めがかけられるという発想である。

10-25 **国債大量発行とイールドカーブ**　効率的な市場形成のためには，価格決定のために用いる割引率（スポットレート〔¶8-11〕）が，出来る限り多くの期間について現実の取引を反映したものであることが好ましい[337]。また，そうした金利は信用リスクを含まないものでないとすべての発行体が用いる基準金利として不適切である。米国では赤字財政を背景に長短さまざまな期間の国債が大量に発行されたこと，さらに，半年払いである長期国債の利札を分離し，独立した割引債として売買するストリップス債（¶8-7）[338]が普及したこと等から，信頼性の高いイールドカーブが形成された[339]。日本でも巨大な残高を背景に国債利回りに基づき指標性の高いイールドカーブが形成されている。国債残高の急速な削減が難しい以上，円滑な財政資金調達のためだけでなく，国民の金融投資や企業ファイナンスを支援する観点からも，さまざまな工夫を通じて国債市場の流通性を向上させる必要がある。

(c) **財投債・財投機関債**

10-26 　財政投融資の原資は，もともと郵便貯金や簡易保険等で集めた資金を用いていたが，これらの民営化や財投改革の結果，現在は原資調達を国債発行によるものとされている（**図 62**）。この国債は一般の国債とは発行の根拠法が

---

337) 　**金利の期間補間**　特定の期間に該当する市場の金利がない場合は，これを挟む 2 つの期間の金利から想定する。これを補間（interpolation）という（数学用語である）。単純に比例配分で求める方法を直線補完というが，イールドカーブ本来のなめらかさが失われるので，スプライン曲線のような補間関数を用いることが多い。

338) 　**日本のストリップス債制度**　日本でも振替制度の導入で技術的な障害がなくなったことから，2003 年から財務大臣が指定した分離適格振替国債（現状全ての固定利付債）についてストリップが可能となっている（分離適格振替国債の指定等に関する財務省令）。

339) 　**スポットレートの求め方**　それぞれの期間に対応する利付国債の価格から，各元利払期日におけるキャッシュフローの現在価値の総和が等しくなるような割引率を逆算していく。

異なり，返済原資が特定されているので**財投債**と呼んで一般の国債と区別する。なお，財政投融資制度改革により財政融資の対象機関は必要な資金を可能な限り市場で自己調達することとされており，このために機関自身が発行する債券を**財投機関債**という340)。

10-27　**政府保証債**　政府や地方公共団体は，財務大臣（地方公共団体の場合は総務大臣）の指定する会社その他の法人の債務を除いて保証契約をすることを禁じられている（法人に対する政府の財政援助の制限に関する法律3条）。この指定を受けて金融業務を行う政府系機関や高速道路，空港開発を行う旧公団系の特殊会社等が政府保証債を発行してきたが，財投改革を機に，保証なしで財投機関債を発行することが困難な機関等に限定していく方針がとられている。

10-28　**政府債務のオフバランス化**　政府債務の残高はその金額が巨額だとそれだけで負のアナウンスメント効果がある。このため，国債を政府のバランスシートからオフバランス化することには相応の意義が認められる。たとえば，財政投融資機関に対する貸付けを行う財政融資は財投債という国債で賄われているが，その償還は通常の国債のように将来の租税収入ではなく，財投機関からの返済で賄われる。そこで，政府の保有する財投貸付をノンリコースで証券化すれば，財政融資とこれに見合う財投債を両建てでオフバランス化できる。証券化商品の評価は財投機関の返済能力に基づくことになるから，おそらく資金コストは国債よりも上昇するが，よく考えればそれは潜在的なコストとして政府が抱えていたものだし，調達と貸付けの金利ミスマッチに係るリスクも投資家に転嫁されるから，政府全体としてはリスクが減少する。実は財政融資勘定には巨額の金利変動準備金が積み立てられているから，証券化に伴いこれを歳入に繰り入れることも可能になる。2008年に実施された財政融資貸付資金の証券化にはこうした意義が認められる（財務省HP4参照）。

　現在，国は日本最大の債務者なので，今後も政府のバランスシートを対象に大小さまざまなオフバランス化の仕組みが提案される可能性がある。同様のニーズは地方公共団体についても存在する。これらの点については，第2部で再論する。

---

340)　財政投融資の対象となる機関は特殊法人，独立行政法人，株式会社形態をとる特殊会社があるが，特殊会社が発行する財投機関債の法的位置付けは会社法に基づく社債となる。

(d) 地方債証券

10-29 　地方財政法は，地方自治体が1会計年度を超えて負担する債務を**地方債**と総称し（法5条），この中で債券形式のものを**地方債証券**と呼ぶ。証書借入形式のものは相当部分を国が財政融資資金や公的金融機関を通じて引き受け，その残額と地方債証券の相当部分を地元の銀行等が私募形式で引き受けてきた（**縁故債**）。しかし，財投改革により公的引受が減少傾向にあるため市場公募地方債の役割が重要になってきている（地方債制度の詳しい現状は，野村を参照のこと）。

　地方債は，国債に比べると信用力が劣り，発行規模も小規模なので円滑な調達のための制度が工夫されており，金融技術的に興味深い（なお，米国のモノライン保険会社について¶16-40参照）。

10-30 **地方債の信用強化のための制度的工夫**
①国による実質的な財源保障　起債にあたって，国や都道府県との協議を義務付ける一方で，国が返済財源を実質的に保証している。また，赤字や公債比率が大きい団体は起債許可が必要になる。

10-31 **②共同発行制度**　個別発行が難しい自治体が連名で発行し，連帯債務を負担することにより相互に信用補完する方式で，2010年3月現在35団体が参加している（地財5条の7）[341]。これによって投資分散が図られ，信用力が強化される上，発行規模が大きくなるので有利な条件が得られる（共同発行HP参照，¶16-24）。

10-32 **③地方公共団体金融機構**　従来，財投機関である公営企業金融公庫が地方公営企業の資金調達を支援してきたが，財投改革で同公庫が廃止されたため，地方公共団体の共同設立による特殊法人である地方公営企業等金融機構がその機能を引き継ぐことになった。その後2009年には，自治体の一般会計債

---

341) **相互保証の法技術としての連帯債務**　本文のように連帯債務は複数当事者が相互に債務を保証しあって責任財産を融合するための法技術として利用することができる。なお，この機会に連帯債務者の1人について生じた事由が他の連帯債務者に及ぼす影響（民432-441条），無資力となった連帯債務者の負担部分の分担と連帯の免除（同444条・445条），弁済時における他の連帯債務者への非通知の効果（同443条）等民法の基本的な規定を復習し，共同発行の場合にどのような特約を設ける必要があるかを考えてみると理解が深まる。

の貸付けも行えることとなり，**地方公共団体金融機構**という名称に改められた。同機構が資金調達のために発行する債券は，実質的に共同発行地方債と同様の機能を果たす[342]。

(e) 外国公共債

10-33　日本の投資家の多くは，米国債をはじめ数多くの国や国際機関等が発行した外国公共債に投資している。

10-34　**国の債務不履行**　国際法上，国には**主権免除**（sovereign immunity）が認められるので，外国国債に債務不履行が生じた場合にわが国の裁判所が法的救済を与えることができるかが問題となる。しかし，外交上の配慮を別にすれば，債券調達は純然たる私法的行為なので主権免除は認められない[343]。ただし，勝訴判決をもらっても実効性のある回収が可能かは別の問題である。少なくとも国内にある預金等の資産の差押えは可能だが，債務国の領土を占領するわけにはいかない。一方，国は破産しただけでは消滅しないから長期間かければ最終的には返済が見込めないとも限らない。このため，国が債務不履行に陥った場合（**累積債務国**），債権者である全世界の民間金融機関や国・国際機関が国際会議を開催して対外債務の再編（**リスケジュール**，re-schedule）を行うことが多い。

(2) 社　債

会社の発行する債券を社債という。社債には，次のような種類がある。

(a) 事業債

10-35　事業会社が投資ファイナンスのための長期資金を資本市場から調達するための手段のうち，デット型（¶3-1）のものを**事業債**（corporate bond）という。

---

[342]　機構債券には団体への貸出債権を信託会社に担保のために信託する形態で信用補完をしたり，保有債権を直接信託や資産流動化法に基づく特定目的会社を通じて証券化できるようになっている（地方公共団体金融機構法42条・43条）。
[343]　主権免除に関する制限免除主義。最判平成18・7・21民集60巻6号2542頁参照。

10-36　**会社法上の社債と事業債の関係**　事業債の大部分は会社法に基づく社債だが，広義の事業債には金融商品取引法上のデット型有価証券であって，①会社以外の事業主体が発行するもの，②会社が社債以外の法形式で発行するもの（たとえば，約束手形型のCPや私募債型の電子記録債権）が含まれる。一方，③法形式は会社法上の社債であっても，金融機関が間接金融の原資調達のために発行するものは金融機関債，特殊会社の発行するものは準公共債と位置付けて事業債とは区別する。また，④会社をSPCとして利用する社債型の証券化商品も多い（図68）。

図68　広義の社債

法形式	発行体	位置づけ			
会社法上の社債（狭義の社債）	会社	事業債	金融機関債 ③	準公共債 ③	証券化商品 ④
その他の有価証券 ②	会社以外の事業主体 ①				

10-37　**英米における社債市場の発展**　産業革命の後の英国やゴールドラッシュ期の米国において，鉄道や運河建設のために巨額かつ長期の投資ファイナンスが必要になり，株式により幅広く資金調達を行う株式会社制度（¶2-14）が発展したことはよく知られている。しかし，数多ある会社の将来性を素人の個人や遠隔地の投資家が判断することは容易ではない。そこで，株式に関するエージェンシーコスト（¶2-25）を引き下げて，より幅広い投資家から長期資金を調達するための工夫として，元本と確定利回りを保証する社債による調達が発展した。当時の鉄道や運河事業は一種の公共事業と考えられており，投資家の信頼を得やすかったことが市場の発展に寄与した。デット調達を行えば財務レバレッジ（¶3-4）により株式の利回りが向上するから，エクイティー調達にも好影響を与えたのである（バスキンほか（青山監訳）第4章）。

10-38　しかし，19世紀後半には必ずしも全ての社債が安全ではないことが認知されるようになり，客観的な立場で社債の安全性を評価するサービスに対する需要が高まった。こうして20世紀初頭に，自然発生的にMoody's,

> Standard & Poor's という現在においても世界を代表する２つの**格付機関 (rating agency)** が生まれ，1929年の大恐慌の洗礼を経て市場の信頼を勝ち得ていった。一方，大恐慌時に頻発した社債デフォルトの反省の下に市場ルールの整備が急務となり，開示規制・行為規制・証券業者規制・銀行の証券業務禁止といった内容からなる証券法（1933年。発行市場規制），証券取引法（1934年。流通市場規制）が制定され，戦後わが国の証券取引法（現在の金融商品取引法）の母法となった（¶3-30）。

(b) 新株予約権付社債

10-39　上述のように社債は，株式投資を行うに足る情報量を持たない個人や遠隔地の投資家のために，利回りは低いが元本を保証しようというものとして発展した。逆に言えば，社債投資家はもともと不測の損失さえ避けられるなら株式の値上がり益も享受したいと考えているはずである。そこで，社債販売の際に発行体の株式をいわば**オマケ**（sweetener, equity kicker）に付けることが早い段階から行われていた。その後これらが法的に一体化され，事業がうまくいった場合には元本を株式に転換できる**転換社債**（convertible bond）や[344]，一定の値段で株式を引受ける権利（ワラント）を付与した**ワラント債**（warrant bond）に発展した。こうしたエクイティーのオマケは，株価が下がっても損はしないが，上がれば得をするというコールオプション（¶5-20）の性質を有している。値上がり期待が大きければ，投資家はオプション部分の価値を高く評価してくれるので，それだけ社債部分の金利を引き下げることができる。わが国の会社法はこのオプション部分を**新株予約権**という独立した権利と位置付け（¶6-42以下），転換社債やワラント債は**新株予約権付社債**の一種と構成している（新株予約権付社債については，第２部で詳しく説明する）。

(c) CP

10-40　優良企業が商業ファイナンスのために短期調達を銀行からではなく直接調

---

[344] 世界最初の転換社債は1843年に発行された米国 Erie Railroad Company のものだと言われている（船橋159頁）。同社の歴史については Rosenberger が詳しい。

達するために発行するものを **CP**（コマーシャルペーパー，commercial paper）という（¶7-59参照）[345]。

10-41 　企業が行う短期の資金調達を商業ファイナンス（commercial finance）ということはすでに説明した（¶2-44）。商業ファイナンスでは伝統的に手形や小切手を企業が発行して，これを間接金融機関である銀行が割り引く形態で資金供与がなされてきた。このため，手形や小切手のことを商業ファイナンスの手段となる有価証券という意味で**商業証券**（commercial paper）と呼ぶが，市場の発達により，信用力の高い大企業が，この商業証券を市場で売却して投資家から直接資金を調達するようになったので，これを特に CP と呼ぶようになったのである。このように，営業循環過程を担う商業ファイナンスの手段である CP と，事業資金を調達する投資ファイナンスの手段である社債は経済的機能が異なっている。法律的にも，CP は約束手形として発行されてきた。日本で CP 制度が導入されたときの法律構成も，受取人白地の約束手形とされ，会社法上の社債ではなかった。しかし，短期間に頻繁に発行・償還を繰り返すことになるため券面の煩わしさが強く意識されるようになり，社債・株式に先立って振替決済制度（¶5-35）を通じたペーパーレス化の対象となった。この場合，もともと支払証券である手形は券面ごとの個性が強く，人的編成主義（注321）をとる振替決済になじまない。このため，ペーパーレス CP については社債の一種（**短期社債**）と位置付けられている[346]。

(d) 金融機関債

① 意義

10-42 　上述のように，英米には早くから金融資本が成熟し，公共債だけでなく企業の社債も引受けるだけの投資家の厚みが存在していた。これに対し，金融

---

345) 銀行が短期資金を資本市場から調達する場合には，預金に流通性を付与した CD（譲渡性預金，certificate of deposit）を用いる。

346) **短期社債型 CP の定義**　社債，株式等振替法では同法の振替対象となる社債であって以下の4つの要件を満たすものと定義される（法66条1号）。①社債金額が1億円を下回らないこと，②期間が1年未満で期限一括払であること，③利息の支払期限を元本の償還期限と同じ日とすること（割引方式ではなく利息後払い方式），④担保付社債信託法により担保が付されるものでないこと。

資本の成熟が遅れた独仏では間接金融への依存が強かったため、銀行が自ら債券を発行して長期資金を調達し、これを原資に長期貸付や企業の社債・株式の引受購入を行う制度が生まれた[347]。このように間接金融の原資調達のために発行する債券を広義に**金融機関債**（financial debenture）という。

10-43　19世紀の独仏において、初期投資を長期間かけて収益で償還するという、投資ファイナンスのニーズが最も強かったのは農業関連であった。このため、債券を発行して資金を調達した上で、土地に抵当権を設定して貸付を行う**不動産抵当銀行**が登場した[348]。今でも不動産抵当銀行はドイツの住宅ローン市場で重要な役割を担っている。一方、事業資金については不動産以外の動産を担保にとったり、投資家に対して債券・株式を担保にとって貸付けを行う**動産抵当銀行**が生まれた[349]。

10-44　このように、大陸法系の国々では銀行等が金融機関債を発行して長期資金を調達し投資ファイナンスを行う間接金融型の制度が発達し、英米型の社債市場と共存しているところに英米にはない特徴がある。日本も比較的最近まで事業債の発行を厳しく規制し[350]、一部の長期金融機関にのみ金融債で資金調達を認めるという制度が採用されていた[351][352]。

347）　欧州では、銀行が証券業務を併営するユニバーサルバンク制をとる国が多いのはこの沿革によるものと考えられる。

348）　不動産抵当銀行は、シレジアの領有をめぐる7年戦争（1756-1763年）の後、同地を治めたプロシアのフリードリッヒ大王が一商人ビューリングの意見に従い、同地の大地主にランドシャフトと呼ばれる組合を組織させ、これにファンドブリーフと呼ばれる債券を発行して資金を調達させたのが始まりとされる。その後、1852年にフランス政府においてクレディ・フォンシエーという不動産銀行が設立され、近代的な株式会社組織として初めて債券発行による資金調達を行った（近藤［1952］10-11頁）。

349）　近代的組織を持つものとしては、1822年にブリュッセルにウイリアム2世が設立したソシエテ・ゼネラール・プール・ファボリセ・ランツストリー・ナショナルが最初とされ、その後欧州各国で数多くの動産抵当銀行が設立された。たとえば、ドイツの大手銀行ドイッチェ・バンクはこの系譜を汲むものである。なお、仏伊の動産抵当銀行は株式・社債券への投機的投資を行ったため、経営が安定しないものが多かったとされる（近藤［1952］14-15頁）。

350）　社債の発行限度額規制　債券市場が未成熟な状態では、金融機関債を中心とした信用秩序を守るために、事業債の発行を規制する必要がある。このため、一般の株式会社については商法（現在の会社法）において社債の発行限度額が定められ、社債関連の法規整がほぼ現在のかたちに改正された1993年まで維持されていた。

351）　金融債と発券銀行　たとえば、長期信用銀行は社債市場の未成熟を前提に、1年の割引金融債、5年の利付金融債を毎月定期的に発行して中期の資金調達を行い、主として長期貸付

10-45　**金融機関債と事業債**　金融機関債は信用力の高い金融機関が貸付・投資原資の調達のために大量かつ定期的に発行するという点で，事業会社が特定の事業目的のために必要に応じて発行する社債（**事業債**）とはかなり経済的性格を異にする。

　日本では，長期信用銀行を中心に金融債という特殊な社債券を発行する発券銀行を認める一方で，それ以外の金融機関が貸付原資調達のために社債を発行することは事実上禁止してきた。また，ノンバンクについては，出資法で実質的な預金業務（預り金）を禁止し（出資2条1項・2項），社債の発行による不特定かつ多数の者からの貸付資金を受入れるときは業として預り金をするものとみなすという規定を設けて（改正前出資法2条3項），社債発行を事実上禁じてきた。

　しかし，1999年にはノンバンク社債法の制定と出資法の改正により一定の規制の下にノンバンクの社債発行が自由化された。銀行社債についても長期信用銀行制度が普通銀行化，あるいは普通銀行と統合されるに至り（¶9-28），金融債制度を維持する意味が失われたことを機に完全に自由化され，現在は株式会社である銀行等が発行する金融機関債は会社法上の社債として通常の事業会社と同一の法規整が適用されている。

② 　金融機関債の機能

10-46　金融機関債の資金で長期貸付を行えば金利リスクを回避できるので安定的に長期貸付が行える。しかし，一般的な金利の期間構造からすると調達コス

を行う金融機関であった。社債発行限度も資本および準備金の20倍（最終的には30倍）と事業会社に比べて大幅に緩和され（長信8条），企業の社債発行を代行する金融機関として機能した。金融債には，発行限度枠の緩和，月単位で募集して売れただけを発行額とするという特殊な発行方法（売出債方式という），預金保険の保護等，通常の社債とは異なる取扱いが認められている。このように，金融機関債の中で長期信用銀行等の発券銀行が発行しそれぞれに関する特別法の規定が適用される社債券を狭義に金融債といい，金融債の発行を許された銀行を発券銀行という。現在も農林中央金庫や信金中央金庫のような系統中央機関が発券機能を維持している。

352）戦前に，まず仏不動産抵当銀行のクレディフォンシエーにならって日本勧業銀行が，また欧州に数多く設立された動産抵当銀行にならって日本興業銀行が政府による特別銀行として設立された（近藤［1952］12頁，16頁）。特に，興銀は自ら債券調達を行うだけでなく，事業債引受業務でも中軸的な役割を果たした。戦後，前者は普通銀行化されたが，後者は長期信用銀行法に基づき発券機能を維持し長期金融機関のリーダーとして戦後の経済復興に大きな役割を果たした。現在，両行は数次の変遷を経て，みずほFGに統合されている。

トが上がって利ざやが縮減するから高い営業利益率は期待できない。このため今日純粋な発券金融機関が，BIS基準に基づいて高い自己資本比率の維持を要求される民間金融機関として存続することは困難になっている[353]。一方，政策目的から民間の投資ファイナンスを補完する公的金融機関の多くは，<u>金利リスクを回避しつつ安定的な業務遂行を行うため，その高い信用力を活用して金融機関債を発行し，投資・貸付のための資金を調達するビジネスモデルを採用している</u>。世界銀行や欧州投資銀行のような国際金融機関が代表的だが，日本でも独立行政法人住宅金融支援機構や複数の公的金融機関を特殊会社に統合して生まれた株式会社日本政策金融公庫が債券発行を主たる調達手段としている（図62参照）[354]。

10-47　**金融機関債のホールセール機能**　企業の資金需要の強い都市部の銀行は預金吸収に比して貸付需要が多く資金不足の状況になり安い。これに対し，地域金融機関は預金吸収が貸付運用を上回る資金余剰の傾向がある。両者をつなぐのがインターバンク市場（¶8-19）であるが，通常の短期預金のやりとりでは地域金融機関の運用利回りが限定される。これに対し，金融機関債は長期債券であるから金利の一般的な期間構造（¶8-10）の下ではインターバンク預金より利回りが高い。一方，銀行のコア預金（¶8-55）は低利の長期資金なのでこれを金融機関債で運用すればインターバンク市場での資金放出に比べて安定的に高い利回りを享受することができる。また，高い流通性があるので市場で売買することで資産のリスク構造を弾力的に調整することが可能になる。このように，金融機関債には，地域金融機関がリテール預金を通じて調達した資金をホールセール（卸売り）的に吸収し，インターバンク市場に比して高い投資利回りと資産の流動性を提供しつつ，安定的な貸付原資を得るという**ホールセール機能**がある。貸付債権の証券化と同じ性格を持つものと位置付けてもよいだろう。

---

[353]　1980年代後半から90年代にこの問題に直面した長期信用銀行は，インターバンク市場からのホールセール預金を原資に債券投資等金利リスクの高い業務に収益を依存することになり，折からの不良債権問題もあって経営の安定性を失っていった。

[354]　**日本政策投資銀行と広義の金融債**　特殊会社化の後，完全民営化が予定されている日本政策投資銀行も債券調達が主体となるものと考えられるが，本文で述べた利ざやの問題を考えると比較的利回りの高い投資を中心に一般の銀行とは異なるビジネスモデルを構築する必要がある。同行の動向は新しい発券銀行のモデルを占う上で興味深い。

10-48 **金融機関債と証券化**　後述するように，1990年代に入るとBIS規制との関係で自己資本比率を悪化させずに事実上金融債と同様の資金調達機能を果たす工夫として貸付債権の証券化に注目が集まった。しかし，2006年から適用されている新しいBIS基準の下ではオフバランス化のための条件が厳格化される一方，信用力の高い資産はオンバランスのままでも低いリスクウェイトが適用されるようになったので，BIS対策としての証券化の効果は限定的になっている。また，近時のサブプライム問題ではさまざまな金融技術を駆使して複雑化した証券化商品が全世界的な金融不安の原因を作ってしまった[355]。この結果，現在欧米では，住宅ローン貸付のための長期資金を安定的に調達するために**カバードボンド**（covered bond）と呼ばれるドイツの不動産抵当銀行債（注348）にルーツをもつ仕組みに注目が集まっている。誤解を恐れずに言えば「金融機関債帰り」が生じつつあるのである。このため，本文で述べた公的金融機関による活用も含めて，広義の金融機関債の効用やあるべき姿について改めて研究する必要が生じている。

(3) 証券化商品

10-49 いわゆるストラクチャードファイナンスの発展により，資金調達主体が直接発行するのではなく，SPV（special purpose vehicle）や導管体（conduit）と呼ばれる特殊な法人や信託，組合等を介在させて，従来的な社債券とは異なる特殊な金融商品とする事例が増えている。これを広く**証券化商品**（securitized products）と呼ぶ（投資法人債はこの一種である。¶14-47）。証券化商品にはさまざまな種類があり，ファイナンスからみた機能はもちろん，法技術的にも多様であることから，第2部においてストラクチャードファイナンスとしてまとめて説明する。以前は，証券化商品の法的性格によって発行にかかわる主体や市場規制がかなり異なっていたが，新しい金融商品取引法の下では商品の法的性格にかかわらずほぼ同一の法規整が及ぶ。

---

[355] サブプライム問題に関する筆者の見方については，大垣［2008］参照。

3 債券の条件

10-50 債券には,期限一括償還・長期固定金利といった単純な条件を有するものが多い(**通常債,straight bond**)。これは,債券は市場で取引されるため,客観的な価格決定がし易いように,条件はできるだけ単純化したほうがよいことや,長期にわたる事業収益を返済の引き当てとする投資ファイナンスの場合,市場金利の動きと将来の事業収益は必ずしも一致しないことによる。

ただし,市場で取引される金融商品(financial product)という性格から,独特の考慮が必要になったり,特殊な条件設定が行われることも多い。以下,融資と異なる点を中心に概説する。

(1) 償還条件

10-51 まず,債券は金利の動きに従って価格が変動するので,額面で期限前償還するのと,市場価格で買入消却するのとでは経済的な意味が明らかに異なる。発行時より市場金利が低下して社債の価値が上がったときには,発行体は額面で償還して借り換え(refinance)をすれば有利である[356]。このように発行体が全額もしくは一部金額を期限前に償還することができる債券を,買い取る権利(コールオプション)がついているという意味で**コーラブル債(callable bond)**という。投資家からみると不利な条項だから代償としてクーポンに上乗せ(コールオプション・プレミアム)を求めたり,当初3年間は期限前償還を認めず,その後は3年ごとに償還価格を額面の103%,102%,101%,100%と定めるといった規定(**コール・プロテクション条項[call protection clause]**)を設ける。

10-52 **減債基金(sinking fund)** 社債の発行体が将来の償還や買入消却のために内部や外部の受託者に積み立てる基金のこと。従来は外部の金融機関に自己名義で積み立てるものが多かったが,今後は,自己信託を活用して発行体自

---

[356] 市場金利が上昇した場合,発行体は市場から時価で買い入れて消却すれば消却益を得ることができる。一方こうした場合に,投資家側から額面で償還を求めることができるものをプッタブル債(puttable bond)という。

> 身が投資家のために減債基金を積み立てる仕組みを組み込んで社債の信用力を高める工夫が登場する可能性がある。なお，減債基金を積み立てると発行体のキャッシュフローが制約されるのでコール条項と組み合わせることが多い。

(2) 金利条件

期間が長期にわたる債券の金利は，原則として金利リスクが避けられる固定金利型とする場合が多い（¶8-22）。しかし，金利情勢や投資家の選好にしたがって変動利付債やインデックス債に仕組むことも多い。

(a) 変動利付債（floating rate note, variable note）

10-53　金利がLIBORのような基準金利に連動して定期的に見直される債券を変動利付債という。銀行等が投資家の場合，長期固定金利よりは短期のインターバンク金利等を基準金利とする変動金利債が好まれる。発行体が金利リスクを回避したい場合は，金利スワップ（¶8-50）やオプションを併用する。

(b) 長期債利回り連動型の変動金利

10-54　長期債の流通利回りを変動金利の指標として利用することもある。この場合，最も指標性が高い期間10年の固定利付き国債の一定期日における発行金利を用いることが多い。急激な変動を緩和するため，一定期間（たとえば10年）の移動平均を用いることもある。

(c) インデックス債

10-55　金利（場合によっては元本）を金利指標以外の指数等に連動させた債券を**インデックス債（index bond）**という。収益連動型と市場インデックス連動型に大別できる。

10-56　**インデックス債の種類**　①**収益連動型**　まず，調達主体の収益に直接的な影響を与える可能性の高い指標を採用し，増益の場合は金利が上昇，減益の場合は金利が減少する仕組みが考えられる（あるいは，その逆にすれば増益の場

合はますます増益，減益の場合はその反対という天国地獄型になる)357)。**利益参加型金利**（interest with profit participation）はこの典型例である。また，上場企業が自社の株価に連動する金利で借入れをすれば，業績悪化の場合には金利費用が減少して経常利益を改善できる可能性がある。石油価格が上昇すると収益が増大する企業が**石油価格連動金利付社債**を発行し，石油価格が上昇すると収益が減少する企業が購入すれば，金融商品を通じた収益の平準化が実現する。**物価連動国債**には，表面金利に発行時の**消費者物価指数**（consumer price index, CPI）と利払い時のそれとの比率を乗じて金利を変動させる**物価連動金利**が採用されているが，これも物価高による将来の税収増と見合わせた収益連動型と位置付けられる（財務省HP2参照）。

10-57　**②市場インデックス連動型**　　一方，日経平均や東証ダウといった株価指数に連動する**株価インデックス金利**，為替レートに連動する**為替インデックス金利**といった企業の業績等とは全く無関係な市場インデックスを組み込むことにより，貸し手や投資家・預金者にインデックス投資の機会を付与する見返りに，調達コストの引き下げを図るものもある。この場合，インデックス部分は調達者が第三者との間でスワップやオプション契約等を締結することによりヘッジし，ヘッジ後の金利負担が通常金利の借入れと同じになるようにする。

(3) 社債の信用補完

10-58　社債の保証については，第16章でその法律構成も含めて検討する（¶16-17）。また，社債に物的担保を設定するための制度である一般担保権，企業担保権，担保附社債信託については，第17章で解説する（¶17-8，¶17-14，¶17-66）。

---

357) なお，間接金融の形態でインデックス型金利による調達を行うと，貸し手にとって利息制限法や出資法による最高金利の制限を超える金利になる可能性があるため，インデックス型調達は社債券化して直接金融型に仕組むことが多い。

4 格付

10-59 　格付とは、一般に企業の信用力や金融商品の安全性を記号や数字を用いて表したものをいうが、債券ファイナンスとの関係では、金商法の2009年改正で新たに定義された「信用格付」に該当するものが重要である（以下改正法の内容に基づく）。同法にいわゆる**信用格付**（credit rating）とは、金融商品または法人の信用状態に関する評価の結果について、記号または数字を用いて表示した等級というとされる（法2条34項）。信用格付を付与し、かつ、提供しまたは閲覧に供する行為は**信用格付業**といい（同2条35項）、これを行う法人は同法に基づいて内閣総理大臣（具体的には金融庁）に登録を行うことができる（同66条の27）。登録をした場合、金商法の規制を受けることになる一方、その格付が金商法の開示規定等で用いられるものとなる[358]。

10-60 　定義からも分かるように信用格付は発行体の財務状況一般に対して付与される場合[359]と、個別の金融商品に対して付与される場合がある[360]。債券格付は、同じ発行体でも、優先・劣後といった返済順位や担保の有無等、信用力に影響を及ぼす条件が異なる種類のものが複数存在し得るから、通常は後者と位置付けられる。

　現在、世界的規模で運営している格付機関には、Moody's Investors

---

[358] 格付と法規制　市場規制との関係ではまず、無登録業者の格付を利用する場合、金融商品取引業者等は業者が無登録であることを告げなければならない（2009年改正金商38条3号）。また、従前から有価証券届出書の会社情報部分について最新の有価証券報告書を参照すべきこととすること（参照方式）が許されるための要件の中に、2つ以上の指定格付機関（企業開示1条13号の2）から金融庁長官が指定した格付を得ていることが含まれていた（社債：企業開示9条の4第5項1号ホ、CP：同9条の5）。2009年改正以降はこの指定格付機関が登録格付機関と置き換わることが想定される。もうひとつはBIS基準におけるリスクウェイトを決定するために利用してよい外部の格付を付与する機関として適格格付機関という名称で登場する（BIS告示1条14号）。これらについても金商法上の登録信用格付業者の格付を利用することになるものと思われる。

[359] 財務状況一般に対する信用格付の例としては、銀行の財務格付やスワップカウンターパーティー格付等がある。

[360] 金融商品単位の場合、論理的には発行後にしか付与できないが、それでは募集が行えないから「予備格付（preliminary rating）」を公表してもらう。

Service, Standard & Poors, Fitch Investors Service 等があり，日系では格付投資情報センター（R&I）と日本格付研究所（JCR）の2社がある。

10-61 **適債基準から格付へ**　従前は募集の受託会社（¶10-71）となる銀行同士が大蔵省（当時）とも連携して**適債基準**という基準を設けてこれを下回る企業の社債を事実上取り扱わないことにより起債制限を行っていた。こうした制度下では，社債は発行されたという事実そのものが信用力に問題がないことを表すことになる。しかし，1996年には適債基準が廃止され，理論的にはどんな会社でも社債発行できるようになった。このため，投資家の信用判断のよすがとして格付が重要な役割を果たすようになっている。発行する債券に格付を取得することは法律上の義務ではないが，今日の市場では格付のない社債は株主や知人に対する縁故募集でもない限り事実上引き受けてもらえない[361]。

> 問）　格付が審査能力のない個人投資家にとって有用なことは論をまたないが，高い審査能力のある機関投資家にとってはどんな意味があるのか。

10-62 **機関投資家と格付**　多くの機関投資家は巨額の資金を非常に少ない担当者で安全に運用せねばならないことから，銀行のように個別企業の信用力について営業担当者をはりつけてじっくりとモニタリングするわけにはいかない（¶9-103参照）。このため，一定の貸倒率以下の安全な債券を**投資適格**（investment grade）と定め，その中で十分な投資分散を図りながら，同じような信用力の銘柄の中から割安なものを購入して収益の最大化をめざす。このように個別債務者ではなく運用資産全体のバランスに注目した運用のあり方を**ポートフォリオ運用**（portfolio investment）という（なお，¶13-26参照）[362]。こうした運用形態をとる場合に，格付がないと，投資候補銘柄すべ

---

[361]　担保付社債の場合は担保評価をすればよいが，無担保債の場合には企業の信用評価が必要なので格付が重要になると説明されることがあるが（たとえば，川口211頁），すでにみたように，負債調達の引き当ては一義的には企業収益であって担保ではない（¶7-13）。さらに，近時は担保といっても比較的緩やかなものから証券化商品のように資産の信用力のみに依拠したものまで多様化が進んでいるので，広い意味で資産の信用力に依拠している金融商品のほうがむしろ格付評価が重要になっているともいえる。

[362]　ポートフォリオとはもともと絵画や版画を入れて運ぶ大判で薄いケースのことで，これが転じてある画家の作品一覧のことを意味する。そして，そのイメージをファイナンスの世界に持ち込んで，ファンドマネジャーの運用対象（有価証券の券面の束と考えれば絵画とつなが

てについてあらかじめ信用審査をせねばならなくなるが，格付があればこれに一種の一次試験の役割を果たさせることができる。また，具体的な購入銘柄について独自の審査をするにあたっても，ゼロからの審査ではなく格付機関の評価を出発点あるいは重要な参考意見とすることができる。このように，十分な審査能力を持つ機関投資家にとっても格付は非常に重要な役割を果たす。

問）　格付がトリプルＡ（最上級）とはどういうことを意味するのか？

10-63　**格付機関の登場と統計的手法の採用**　　前述のように19世紀後半の米国で社債の安全性を評価するサービスへの需要が高まった（¶10-38）。ただ，特定の銘柄について「信用力に支障がない」と言い切ることは難しい。下手なことを言って，万が一貸し倒れたら投資家から訴訟を起こされるリスクもある。そこで，向こう１年間に貸倒れが発生する確率がどの程度かという統計学的（statistical）な切り口で債券の信用力を分類し，最高等級をトリプルＡ（会社によりAAA，Aaaといった表記をする）とし，以下ダブルＡ，シングルＡ，トリプルＢまでを**投資適格 (investment grade)**，それ以下のダブルＢからＤ（債務不履行状態）までを**投資非適格 (speculative grade)** とする格付記号を付与するという発想が生まれた[363]。これなら仮に高い格付の債券に貸倒れが発生しても全体として想定される発生確率の範囲内に留まっている限り問題はない。このように，一般に「この会社は安全だ」というのと，「この会社の格付はトリプルＡだ」というのとでは，統計的手法による裏付けがあるかどうかという大きな違いがある。この点は第２部で資産証券化を学習する際にあらためて詳しく検討する。

10-64　**格付への信頼**　　格付は発行体が依頼するものなので，格付機関にどの程度の内部情報を提供するかは発行体の自由に委ねられる。しかし，一般に法定開示や報道情報だけでは保守的な格付判断になりがちなので，発行体はでき

る）の一覧を意味する言葉として用いられるようになったのだと思われる。

[363]　トリプルＡ以外の格付はさらに３段階に細分化され（たとえばムーディーズ社の場合，投資適格格付はAaa, Aa1, Aa2, Aa3, A1, A2, A3, Baa1, Baa2, Baa3の10段階になる），この１単位を**ノッチ (notch)** と呼ぶ。たとえば，「ムーディーズ社における当社の普通債格付はA1でしたが，今般１ノッチ格上げされてAa3になりました」などと表現するわけである。

る限り詳細な追加情報を提供して少しでも高い格付を取得しようと努める。これらの情報が市場や投資家に開示されることはないが、最終的な格付判断に織り込まれていると想定される。また、多くの企業の格付を専業で行えば業界や地域、国といった市場の属性についての知見も増すからより的確な判断が行える可能性が高まる。さらに、自分自身は投融資を行う立場にないので中立的な判断を下せる可能性が高い。こうして、格付機関の判断は市場において高い信頼を勝ち得てきた。しかし、2001年に米国のエンロン社が破綻したときに直前までこれを見抜けなかったことに批判が集まり、さらに2007年にいわゆるサブプライム問題が発生して証券化関連商品の格付に大きな問題があったとの批判が高まったことから、国際的に公的規制の導入・強化がなされている。わが国でも上述のように2009年に金商法が改正されて信用格付業の登録制度が導入された[364]。

5　会社法による社債の法規整

(1)　発行に係る決議要件

10-65　会社法上、社債発行には新株発行と同様の決議要件が課せられる点で銀行借入等の間接金融手段と異なる（取締役会決議［会社362条4項5号］）。なお、取締役に委任できない事項の詳細は会社施規99条。また、委員会設置会社については執行役への委任可［会社416条4項］）。社債発行は、公共性の高い資本市場において厳格な規制の下に一般投資家から直接資金調達を行うという重要な意思決定を伴う業務だからである[365]（なお、新株予約権付社債については新株発行

---

[364]　くわしい経緯については、池田［2009］33頁以下参照。

[365]　**社債に関する決議要件の意義**　通説は、社債は大量的かつ継続的借入れなので会社の財産状況ひいては株主の利益に重大な関係を有するからだと説明するが（大系Ⅱ 353頁、江頭・会社737頁等）、それだけなら条文上は多額の借財（会社362条4項2号）で読めばよい。またそれだけの理由では、シンジケートローンのように実質的に私募社債と経済的に変わらない調達手段や約束手形方式のCPについては多額の借財に該当しない限り取締役に委任できる一方、私募債や短期社債型のCPについては少額であっても決議要件が厳格化される理由が合理的に説明できない。結局、社債という法形式を採用する場合についてだけ一律に決議要件を厳しくしているのは社債発行が厳しく制限されていた時代の名残というべきであろう。理論的に

と同様，既存株主に対する配慮が必要になる）。ただし，取引安全保護の観点から，決議要件を欠く社債発行も私法上は有効と解されている（大系Ⅱ353頁）。

(2) 社債管理の法技術

> 問）社債は発行体と不特定多数の投資家との間の債権債務関係である点で，債権者がはっきりしており，自ら権利行使を行うことに大きな支障がない間接金融型のデット調達と大きく異なる。特に，債務不履行の場合に誰がどのようにして多数の投資家をとりまとめるのかが大きな問題である。仮に，会社法に社債管理者の規定がないものとして，発行体がデフォルトした場合に，中立的な第三者が不特定多数の投資家のためにまとめて権利行使をするには，どのような法技術を用いればよいか。

(a) 私的自治による対応の限界

10-66　この問題を日本法の下で素直に考えれば，社債権者が信頼のおける第三者にデフォルト時における社債の管理を発行時において委任（民643条）するということになるだろう。しかし，発行当初の社債権者がデフォルト時の社債権者とは限らないから，①起債時の投資家が締結した委任契約の効果をその後の投資家に当然に及ぼす工夫が必要になる。また，多数の社債権者が委任契約上の権利を行使する場合の決議要件等，集団的取り決めをあらかじめ定めておかないと混乱するが，それ自体は委任契約とは異なる社債権者相互の合意（一種の組合契約）になる。この場合も，②最初に締結された社債権者間の合意内容をその後に登場する不特定多数の社債権者に当然に及ぼす工夫が必要になる。さらに，③そもそも投資家が登場する募集前の時点でどのようにしてこうしたアレンジを行うのかも問題である。

(b) 信託による対応

10-67　英米法の下では，信託をこのための法技術として利用する。たとえば，米国では発行体が社債を発行するために信託契約（trust indenture[366]）をその

は会社法上の決議要件は他の負債調達と同様とした上で，必要な市場規制や広義の金融商品取引法制に委ねるべきではないか。

後に投資家のために社債管理にあたる受託者（indenture trustee）との間で締結し，その中で社債権の内容を詳細に規定すると同時に，受託者が受益者である投資家のために必要な権利行使をすべきことを定める。

10-68 **Trust Indenture 契約の構造**　この契約を日本法の概念を用いて説明すれば以下にようになる（以下，Wood3・290-292 頁の説明に基づく）。

　まず，発行体が受託者となる者の間で総額について社債権（この段階では一種の諾成的消費貸借）を発生させ（設権的信託になる），当該社債権を信託財産，社債投資家を受益者として，受託者が受益者のために社債権の行使等を行う旨の信託契約を締結する。同時に，発行体は投資家に対し別途同額の社債券を発行して証券会社を通じて資金調達する。この結果，投資家と受託者は一種の連帯債権者[367]となるが，信託契約上，投資家が弁済を受ければ受託者の債権もそれだけ縮減する一方，万が一の場合には受託者が信託契約に基づいて受益者である投資家のために権利行使する旨を定める。また，重要事項については受益者集会（社債権者集会）を開催して一般事項は過半数，重要事項は全員一致や特別多数で定め，この決定に従って受託者が権利行使を行う旨の規定を設け投資家相互の利益調整を行う（図69）。

図69　Trust Indenture の構造

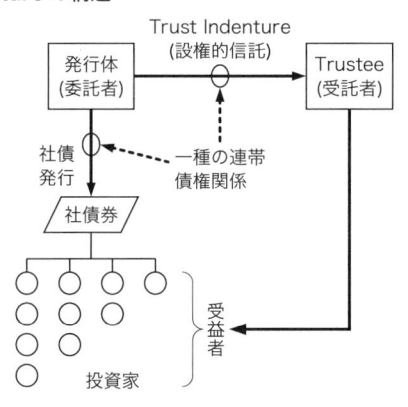

---

[366]　昔，1枚の羊皮紙に同一内容の契約を2回書いた上で半分に引き裂き，切り口が indent（ぎざぎざにする意）になったものを当事者のそれぞれが保有しておき，紛争の際には切り口を合わせてみることでその真正さを確認した。indenture という言葉はこの例に由来する。

[367]　連帯債権とは，複数の債権者がそれぞれ債務者に対し全部または一部の履行を請求できるが，1人の債権者が弁済を受けると他の債権者についても債権が消滅する債権関係をいう（加

10-69　**日本におけるIndenture Trust的アレンジメント**　わが国でも新しい信託法の下ならこうした indenture trust 的アレンジが可能である[368]。新しい信託法では受益者が複数の場合を想定して受益者集会等の規定も整備された（法105条以下）。さらに受益証券についての流通市場が整備されれば，上述のような二重構造をとらず信託財産である社債権と付帯するアレンジメントを表章する受益証券を発行し（信託185条以下），これを広義の社債券として流通させることも考えられるだろう（典型的な社債については実益がないが，新株予約権以外の付帯的な権利を付合させたり複数の調達主体が連名で発行するような仕組みには活用が可能である）[369]。

　また，後述するように担保付社債については信託法が成立する以前からいち早く英米法に基づいて担保付社債信託法を導入して担保の受託者に社債権者を代表する権限を信託法理に基づき付与してきている（¶17-66以下参照）。

(c)　法定代理権の付与による対応

10-70　これに対し英米に遅れて社債制度が発展した大陸法系の国々はもともと信託法制を持たないこともあり，多くの場合英米において私的自治の下で整備された問題を立法的に解決する法技術を採用している（国会は万能である）。

　たとえば日本の旧商法では，上述(a)①の問題については無担保債発行に関し「**募集の受託**」という制度を商法上に設けて受託者（法律的には募集に関する委任契約の受任者）に法定代理権[370]を付与して事実上 indenture trustee と似た役割を営ませることとし（1997年改正前商法309条），(a)②の問題についても商法上に**社債権者集会**に関する規定を設け，これに基づいて集団的意

　　藤3・465頁）。
368)　**電子記録債権の私募債的活用**　電子記録債権法に基づく電子記録債権は支払証券（手形）的活用のほか，資金調達目的で疑似CP/私募債として活用することが想定されているが，この場合，別途 trust indenture 的なアレンジメントを行う必要がある。
369)　英国国内債の trust indenture については二重構造をとらずに受託者が直接社債券（一種の受益証券）を発行して流通させる。わが国でも戦前に信託社債という名称で導入が検討されたことがある。
370)　募集の受託銀行は，契約上は社債募集の事務を委託されただけであり投資家を代表する立場にない。そこで，商法で「社債募集の委託を受けたる会社は社債権者の為に社債の償還を受くるに必要なる一切の裁判上または裁判外の行為を為す権限を有す」と規定して（旧商309条1項）募集の受託者に社債権者を代理する法定代理権を付与した。

思決定がなされるようにした（この部分は現行会社法715条以下に引き継がれている。【復習】神田・会社298頁以下，龍田338頁以下）。

10-71 **募集の受託**　銀行業務と証券業務を厳格に分離しない戦前のわが国では，銀行等が企業から社債募集を引受け，発行体に代わって自らあるいは証券会社を介して社債を募集する一方で，売れ残りが生じた場合には自分でこれを引き受ける方式（請負募集）が一般的であった。戦後，銀行の社債引受が禁じられた後は，投資家への販売と残額引受機能を証券会社に委譲し，残りの業務（主として募集事務）のみを「募集の受託」として引き続き銀行が行うことになった。しかし，計画消化制度を通じて発行額の大部分を引き受ける銀行が募集の受託を拒否すれば社債は事実上発行できなかったため，受託業務を営む大手銀行からなる「八行会」が事実上適債基準を管理し発行の可否や条件を決定してきた[371]。このように，銀行は戦後証券業務を禁止されはしたが，社債市場においては高いプレゼンスを維持してきたのである[372]。

図70　社債管理者の構造

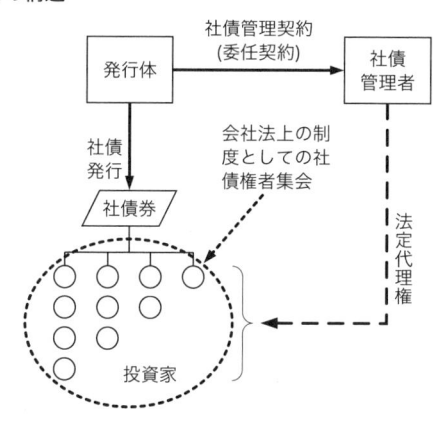

10-72　しかし自由化の進行と共に，募集の受託制度がいたずらに社債発行のコストを押し上げているといった批判が強まったことから，銀行に対し子会社を通じた証券業務を解禁して銀行が募集に関与しない英米型の発行方式への転

---

[371] このルートを通じない私募債であっても商法上は発行可能であったが「アングラ（underground の意）私募債」と呼ばれ小規模会社が株主や縁故者に購入してもらうような事例に留まっていた。

[372] わが国の社債の歴史については，船橋，鴻・社債を参照のこと。

換を促す一方，1997 年の商法改正において募集の受託制度を廃止し，社債管理機能のみが**社債管理者**という制度に引き継がれ，これに法定代理権が付与された（会社 705 条，図 70，【復習】神田・会社 295 頁以下，龍田 335 頁以下）。こうして社債管理者は社債権者との契約なしに会社法に基づき表 22 に整理したような権限を持つ一方，これに伴う法定の義務・責任を負担する。社債以外の債券の場合にも類似の規定がおかれている（資産流動化 126 条，保険業 61 条の 6）。また，いわゆる財投機関債については，発行に関する事務の受託者をおく場合に，設置法で社債管理者と同様の権限が付与されている（たとえば，独立行政法人住宅金融支援機構法 19 条 8 項）。

表 22 社債管理者

項目	内容
資格	銀行・信託会社またはこれらに準ずる者（保険会社，担信法 3 条の免許を受けた会社）[703 条，会社則 170]
権限	①社債権者のために社債に係る債権の弁済を受け，また社債に係る債権の実現を保全するために必要な一切の裁判上または裁判外の行為。[705 条 1 項〜3 項] ②社債権者集会の決議に基づき以下の手続きに関する一切の行為（募集事項で決議不要と定めることも可［会社 676 条 8 号］）。[706 条 1 項〜3 項] 　1) 支払の猶予，債務不履行によって生じた責任の免除・和解 　2) 訴訟行為または法定の破産・民事再生・会社更生・特別清算手続 ③①②の権限を行使するにあたり裁判所の許可を得て行う，社債発行会社の業務および財産状況の調査。[705 条 4 項，706 条 4 項] ④社債権者集会の招集，出席・意見陳述，決議の執行。[717 条 2 項・729 条 1 項・737 条 1 項] ⑤社債発行会社の不公正弁済等の取消しの訴えの提起。[865 条 1 項] ⑥発行体の合併等にかかる債権者意義の申立て。[740 条 2 項] ⑦その他の約定権限（コブナンツ，財務制限条項の遵守監視，条項違反にかかる期限の利益喪失請求等）。[676 条 12 号・会社則 162 条 4 項]
義務	公平誠実義務［704 条 1 項］，善管注意義務［同 2 項］，¶11-41 参照
責任	原則：会社法・社債権者集会決議に違反する行為に対する責任（社債管理者複数の場合は連帯責任）。[710 条 1 項] 特別の責任：債務不履行・支払停止の前後 3 か月以内に行った偏頗的弁済・相殺等に対する責任（ただし免責規定あり）[710 条 2 項]，¶11-43 参照

10-73　米国の Trust Indenture Act of 1939　米国においても社債発行のための

> 信託契約（trust indenture）が完全に私的自治に委ねられているわけではなく，金融商品取引規制のひとつとして，1939年に受託者の中立性や義務，信託契約の内容に関する強行法規的規定が盛り込まれた Trust Indenture Act という法律が制定され，1933年証券法，1934年証券取引法と並んで金融商品取引規制の中核をなしている（¶3-30）。

(3) 社債管理者設置強制の例外

10-74　このように社債管理者は投資家のために債権の保全，権利行使という重要な役割を担うので，社債についてはその設置が義務付けられている（会社702条）。一方，公共債や金融債のように信用力が高い債券の場合，設置義務がないことも多い。また，社債の最低金額（最小の取引単位）が1億円以上の場合と，1銘柄（銘柄を統合した場合は統合後の銘柄）について社債総額を最低金額で除した数が50未満の場合には設置する必要がない（同条ただし書，会社則169条）。すでに述べたように社債投資家の大半は大口で購入する比較的少数の機関投資家である（¶10-5）。このため，社債管理者の設置義務は有名無実化していると指摘されている（たとえば，徳島第8章。なお，¶11-46参照）。

10-75　社債管理者不設置の場合も，発行関連事務や元利金の支払等資金関連事務はとりまとめて行う必要があるので，これらを代行する**財務代理人**（fiscal agent）を置く。こうした社債は**社債管理者不設置債**とか **FA債**と呼ばれる。

10-76　**社債管理者の非営利化の可能性**　以上のような現実は，法令上重い義務を負担することになる銀行等が社債管理者を引き受ける上での手数料を高く課す結果，そうした義務がないため安くすむFA債を選択することによるのだと思われる。しかし，1億円以上出せる者が当然にプロとは限らないし，49名までなら万が一の場合に投資家自身が共同して権利保全を図ることが簡単だとも言い切れないだろう。やはり，社債管理者は設置しておいたほうが投資家の市場に対する信頼が向上する。

　しかし，自社が万が一の場合に備えて高めの手数料を払うことを「市場を活用する以上当然のこと」と受け止められる経営者がまだまだ少ないことも事実である。だからといって規制を強化して発行コストを押し上げればそれでさえ活発とはいえない債券市場がますます使われなくなる。結局どれだけのコストでどれだけの義務を負担するかという問題なのだとすれば，たとえ

> ば，社債管理者の債権保全機能のみ（財務代理人機能を除いたもの）を低コストで法的に引き受ける非営利法人（一般社団法人や財団法人）を金融機関や機関投資家が共同で設立して，万が一の場合には協力して人員を派遣したり弁護士の依頼費用を負担し合って処理にあたるような仕組みと，そうした枠組みを可能にするための最小限の法改正を検討してみてはどうだろう。倒産が一時に集中することは稀なので，多数の参加者が協力すればかなり効率的にコスト分散を図ることができるはずである。

6 債券募集の仕組み

10-77　直接金融といっても実際には発行体が自ら投資家を募ることは稀であり，すでに株式について説明したように，金融商品取引業者が募集や売出しを仲介する（具体的には証券会社のほか，債券の場合銀行等も一定の場合に取扱いが認められる）。ここでは典型的な国内公募無担保事業債（募集・売出しの対象となるもの，金商2条3項・4項）の発行に必要な事項を整理しておこう（必ずしも時系列順ではないので注意のこと）373)。なお，公募・私募の内容や募集・売出しの違い等は株式の公募増資について説明したことがそのままあてはまる（¶6-33）。

図71　社債募集の仕組み

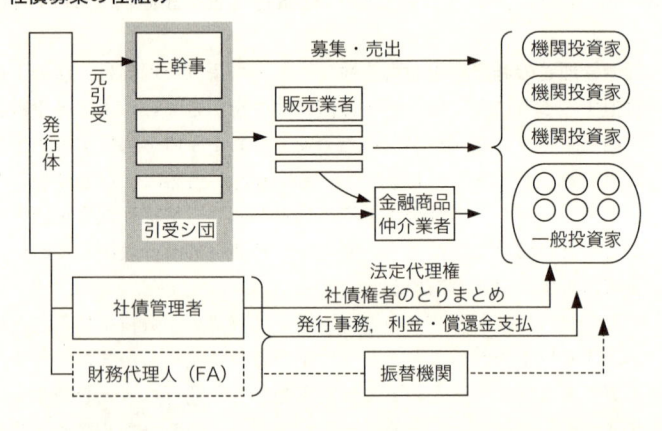

373)　なお，実際には国内公募債という選択を行う前に，そもそも国内市場で起債するかどうか，

(1) 主幹事・社債管理者・財務代理人の選定

10-78　まず，**主幹事**（lead manager）となる金融商品取引業者を指名し，この者を中心に手続を進めていく。同時に，社債管理者もしくは財務代理人を選定する。

(2) 格付の取得

10-79　すでにみたように，格付の取得は義務ではないが，無格付債の発行は事実上きわめて困難である。格付は本来投資家のためのものだが，格付機関の選定や格付費用の負担は発行体が行う[374]。わが国では発行費用を軽減するために1社のみから格付を得る場合も多いが，国際的には少なくとも2社選定することが通例である。この場合，国内格付機関と国際的な格付機関を1社ずつというように，なるべく異なる視点をもつところを選ぶことが投資家への情報提供という視点からは望ましい[375]。

(3) 社内手続と弁護士の選定

10-80　上述のように，社債発行には取締役会の決議が必要である（¶10-65）。その他の債券の場合も発行に必要な内部手続を適正に実施せねばならない。

　　債券発行には数多くの契約書類，法令上の要求文書，格付機関等から要求される法律意見書等の作成が必要になる。これらには通常弁護士の関与が必

　　公募か私募か，あるいはそもそもシンジケートローンとどちらがよいかといった判断が必要になる。

[374] 利益相反の懸念からこれを批判する者もあるが，「暖簾」のみが事業資産といってよい格付機関にとって利益相反を疑われると事業基盤そのものが危機に瀕することになりかねないため，通常は強い自己牽制が働く。このことが長年にわたり市場における格付機関に対する信頼を支えてきたが，サブプライム問題ではこの信頼が裏切られたために，すでに説明したような格付機関に対する公的規制が導入されることになった。しかし，本来は審査内容に対する市場の評価こそが最大の規制となるべき業態である。当局の監督下におかれることにより，その事業内容にある種の「お墨付き」が付与される結果，従前格付機関が有していた一種の緊張感が失われたり，投資家の側が格付を公的な信用判断と取り違えたりすることのないよう，十分に注意する必要がある。

[375] 一般に日系格付機関のほうが格付結果が若干高くなる傾向があるので，当初は日系で取得した上で，海外起債等を機に国際的な機関に格付依頼することが多いようである。

要になる。定型的な契約書等は主幹事側の法務部門や主幹事が依頼した弁護士が準備することが多いが，その場合でも発行体側として内容の吟味を弁護士に依頼することが多い。この点，約款取引が主体の融資と大きく異なる。

10-81　**弁護士と広義の準法曹**　米国では法律意見書はもちろん契約の準備もすべて弁護士事務所に委ねることが多い。これに対し，日本では弁護士の絶対数がまだまだ少ないため，弁護士の側が訴訟関係の仕事を重視する傾向がある。また「先生」の時間単価は高いので契約書作成を丸投げするとむやみに費用が嵩むという問題もある。一方で，大手弁護士事務所を除くと金融実務を熟知した弁護士の絶対数が少ないため，結局技術的な部分は企業の担当者が自分で起草せねばならないことも多く，それを当然のように主張する弁護士すら存在する。このため法務部門にそれなりの人材を抱える証券会社や企業の中には自衛策として定型的な文書のひな形を自社保有して自ら契約書案を作成し，内容のチェックのみを弁護士に依頼するところが多い。

　もともと日本では，大部分の法学部生は企業や官庁に就職し，少なからざる者が**広義の準法曹**（quasi lawyer）―**法学士**として法律実務を担ってきている[376]。一方米国の場合，ロースクールを卒業すればほとんどの者がどこかの州の司法試験には合格するが，だからといってすべての卒業生が日本的な意味で司法過程を担う法曹になるわけではない。実際には日本の法学部卒業生が企業や官庁において果たしている役割を担う者も多いのである。いわゆる法化社会が進むと訴訟でなくてもそれなりの資格を持つ者に法務をやらせるべきという社会ニーズがあるともいえるだろう。日本でも法科大学院ができて欧米に多少近づいたが，全員が司法試験に合格するわけではないのが現実だし，法学部からも依然として大量の「法曹でない法学士」が生み出されている。このことを前提にすれば，今後も当分の間は，①主として司法過程に携わる訴訟弁護士，②弁護士資格に加えて特定の専門領域に関する実務

---

[376]　この点について，三ケ月42頁，120-122頁を参照のこと。法務大臣も務められた同先生は東大教授時代の裁判法講義においてこの点に言及され，司法試験を受けるかどうかにかかわらずすべての法学士は欧米のlawyerと同じ役割を担うのだから高い識見と職業倫理を維持する必要があると説かれた。また，英語で職業を意味する言葉にはoccupationとprofessionの2つがあるが，前者は時間を雇用主にoccupy（占領）させて報酬を得るもの，後者は専門知識を提供して報酬を得るものである。全ての法学士はprofessionを担うという自負と誇りを持つことが必要と説かれた（同108頁以下参照）。当時，司法試験受験を諦めて民間の金融機関に就職を決めていた私はこの講義に大いに勇気づけられた（裁判法について習ったことは全く記憶にないが……）。同じ立場にある読者にはぜひこれらの言葉を贈りたい。

知識を深めて法廷実務に限らず幅広く法務を担当する専門弁護士，③法科大学院や法学部を卒業したが法曹はめざさずに，法学士や法務博士として企業や官庁の内部で経験を積んで専門性の高い法務に携わるか，高い法的教養をベースに法務以外の領域でキャリア形成をする広義の準法曹が機能的な棲み分けを形成することになろう。ちなみに本書の読者は②と③を想定している。私自身は③に属して金融の分野で専門性を高めようとしてきたが，それを支えてくれたのは大学と実務を通じて学び続けた法的教養であった。本書を「金融法」ではなく「金融と法」と名付けた理由もここにある。狭義の法曹－法廷実務家だけが法律を学ぶゴールとは限らないのである。

(4) 法定開示の実施，目論見書等の作成

10-82　発行体は法定開示のために必要な有価証券届出書（金商2条7項）や**目論見書**（同2条10項，prospectus[377]，実務では「プロスペクタス」ということも多い）を準備する。また，主幹事側で発行条件や債券の特徴や発行体の概要，考えられる投資戦略等を説明したプレゼンテーション資料，主幹事に属する証券アナリスト（これを業界用語で**セルサイドのアナリスト**という）の業界や企業分析等の資料を作成し，格付機関が別途発行する格付結果や理由等を記載した資料（**格付リリース**という）とあわせて投資家に参考資料として交付することが多い。

(5) 需要予測に基づく条件決定

10-83　以前は複数の証券会社に引受け条件を入札させるプロポーザル方式が採用されていたが，過当競争のために実勢を乖離した引受けが横行したので，現在は条件決定日までに主幹事と引受シンジケート団が市場情勢や大手機関投資家等販売対象先の意向を確認（プレマーケティング）し，この需要予測に基づいて発行条件を決定する（これを**均一価格販売方式**とか**固定価格販売方式**という）[378]。

---

[377]　私募でも投資家向けに同様のものを作成することが多いが，offering circular とか information memorandum などと呼んで区別する。

[378]　2000年から需要予測から販売までの一連の手続きをインターネット上で行うネット起債も行われている。

(6) 債券の募集，引受け

(a) 募集・引受けの仕組み

10-84 　発行条件が決まり次第募集を開始する。典型的には証券会社に引き受けてもらい，広く投資家を募ることになる。募集・売出しの引受けに関する法規整は，株式の公募増資に関して述べたことがそのままあてはまる（¶6-34以下）。

　なお債券の場合，証券会社等が最初から特定の投資家を念頭に置いて交渉を進めるものもある。このようなものを**ターゲットイシュー（targeted issue）**とか**クラブディール（club deal）**という。

　幹事会社は，発行する債券の全額を引き受けるか，売れ残りが出た場合の残額引受を約して自ら投資家に販売するか，他の証券会社に割り当てて販売してもらう。主幹事はこうして発行された債券に関し，原則として投資家に**購入価格（bid price）**と**販売価格（offer price, asked price）**の両方を呈示（two-way quote）して流通性を確保する。これを**マーケットメイク（market making）**という。

(b) 債券引受のリスク

> 問）　社債の募集を100億円引き受けることと，同額の社債の売買を仲介することとの間には，どのような違いがあるか。また，引受条件を誤って100億円の募集残が生じた場合に，これを発行体に対する同額の融資と同視してよいか。ただし，社債と融資の条件は法律構成以外を除いて同一とする。

10-85 　まず，売買仲介において条件設定を間違えても売買が成立しないだけであるが，社債引受において引受条件の設定を誤れば，大量の募集残を抱え込むことになるから格段にリスクが高い（¶6-38）[379]。

　では，引受条件の設定を誤って100億円の募集残が発生した場合にこれを

---

[379]　ただし，売買仲介の場合でも，単純な媒介（ブローキング）ではなく，売買のために在庫を抱える場合（ディーリング）は引受けと同様のリスクが生じる。

100億円の融資と同視してよいだろうか。確かに両者の条件が同じなら，得られる収益や負担すべき信用リスクは同じに見える。しかし，社債は市場で取引される金融商品なので，時価よりも低い価値のものを高く引き取れば評価損失が発生する（具体的にはすぐに損失計上はせず在庫として保有した上で期末に時価評価する。もちろん，それまでに市場で売れば実損が生じる）。これに対し融資の場合，市場で取引されるものではないので，借り手に有利な条件で貸し出したからといって当然に損失を計上する必要はない。

10-86 **銀証の分離政策** このように，有価証券の引受けや売買目的の在庫保有には単なる融資とは異なる大きなリスクが伴う。ただし，そのことは銀行がそうした業務を行ってはならないことを当然には意味しない。実際欧州では，銀行が証券業務も行うユニバーサルバンク制をとる国が多い（注347）。これに対し，日本では戦後厳格な業態別規制（¶9-8）を行う必要から，銀証分離制をとる米国の証券取引法にならって，銀行業務と証券業務を厳格に分離してきた（旧証券取引法65条）。その後，米国で銀証分離制が緩和されたこともあり，日本でも銀行の証券子会社や，同じ持株会社の下に銀行と証券がグループを形成することが認められるようになった。しかし上述のように，市場の状況を十分に把握して適切な引受・販売条件を設定し募集残や不良在庫を抱え込むリスクを回避する能力は，融資先の信用リスクを適切に判断する能力とは全く異質なものである。そこで，金融商品取引法は銀行等（銀行・協同組織金融機関・保険会社等［金商令1条の9］）の本体が行う証券業務は原則として禁止し，証券業務（金融商品取引業務）は証券会社（金融商品取引業者）に営ませることとしている（金商33条1項）。「餅は餅屋に」という趣旨である。

ただし，最初から投資目的で有価証券を取得すること[380]，これに準じて考えることのできる私募債の引受けについては融資と同視してよいので銀行が直接行うことができる（金商33条2項4号イ）。また，在庫リスクのない金融商品仲介業や顧客から書面で注文を受けてその計算で有価証券の売買を行うこと（書面取次行為，金商33条2項）等も銀行本体で行ってよいことになっ

---

380) **銀行の株式保有規制** なお，銀行による産業支配を防止する観点から，独占禁止法は銀行が企業の株式を，発行済株式総数の5%を超えて保有することを禁じている。また，株式の価格変化が債券に比べて激しいことに鑑み，2001年に「銀行等の株式等の保有の制限等に関する法律」が制定され，2006年9月より銀行やその子会社による自己資本の額を超える株式保有が原則として禁じられることになった。

ている．さらに，国債を初めとする公共債を安定消化させるため，公共債については銀行の証券業務が幅広く認められており（金商33条2項1号），公共債市場における銀行のプレゼンスは非常に高い（¶10-20）。なお，社債発行の募集（公募）を行うことはできないが，大手銀行は歴史的に募集の受託や担保の受託業務を通じて募集過程に事実上深く関与してきた。このため，現在も社債引受の主幹事業務について銀行の証券子会社は大手証券会社と対等な競争力を有している。

(7) 社債原簿の調製，社債振替のための手続，券面の調製

10-87　発行後は遅滞なく社債原簿を調製して必要な事項を記入せねばならない（会社681条）。また，現在公募される社債・債券のほとんどは券面を不発行とし社債振替法に基づく振替により流通させるので，発行条件等を振替機関（証券保管振替機構）に登録する必要がある。こうした事務は通常**発行代理人**，**支払代理人**を選定して行う（証券保管振替機構「社債等に関する業務規程」2条21，22号。社債管理者や財務代理人が兼務することが多い）。

　　　一方，社債券を発行する場合には印刷会社等に手配して券面の調製，投資家への交付（delivery）が必要になる。

7　債券ファイナンスと市場規制

10-88　最後に，債券取引に関する市場規制について整理しておく。

> 金商法の教科書は通常株式取引を念頭において説明されているので，本書では債券を想定した説明をすることで補完を試みた。しかし，<u>いずれの規制も原則として株式・債券に等しく適用される</u>。

(1) 行為規制と不公正取引の規制

10-89　間接金融の場合，一般的には借り手より金融機関の立場が強く，また相対取引なので不正が明るみに出にくいことから，銀行法や貸金業法による業者規制の他，利息制限法や不公正取引規制（優越的地位の濫用禁止）等といった借り手の保護が重要になる[381]）。これに対し直接金融の場合，自らのリスク

において市場を利用する借り手（発行体）よりはむしろ，貸し手（投資家）の保護がより重要な課題となる（金商1条。なお，¶3-29参照）。

(a) **金融商品取引業者に対する行為規制**

10-90　このため，金融商品取引法は金融商品取引業者を登録制（¶9-3）にして政府の監督下に置くと共にさまざまな行為規制を課している（**表23**）（詳細は近藤ほか219頁以下，川村TB第4章，川村第4編，川口第9章，日野・金商法第5章）。

---

381)　間接金融では借り手の保護に加えて，間接金融機関が行う資金調達の相手方となる預金者や投資家の保護も問題になる。この点は市場における投資家保護（投資サービス規制）と重なってくるため，両者を併せて金融サービス規制ということがある。

表23　証券会社に対する金融商品取引法の行為規制
　　　　（★印は特定投資家には適用除外のもの）

一般的な行為規制（36条-37条）
・顧客に対する誠実義務
・標識の提示義務，名義貸しの禁止，
・社債管理者・担保の受託者となることの禁止
・広告規制★
★販売勧誘に関する規制（37条の2-37条の6）
・取引態様の事前明示義務，契約締結前・締結時の書面交付義務，保証金受領に係る書面の交付
・クーリングオフ
禁止行為（38条，金商業等府令117条1項）
・虚偽告知，断定的判断の提供
・不招請勧誘★，勧誘受託意思の不確認★，断られた後の再勧誘★
・その他投資者の保護に欠けもしくは取引の公正を害する行為，または，金融商品取引業の信用を失墜させる行為，
損失補塡の禁止（39条）
・事前の損失・利回り保証
・事後の損失補塡の約束，損失補塡行為
遵守事項（40条-40条の3，金商業等府令123条）
・適合性の原則の遵守★
・業務の運営の状況が公益に反しないよう業務運営すること，投資者の保護に支障を生ずる恐れがないよう業務運営すること
・最良執行方針とその公表・説明（★一部）
・善管注意義務，分別管理の確保
・顧客の有価証券を担保等に供する行為の制限★
プロ向け市場対応（40条の4・5）[382]
・特定投資家向け有価証券について一般投資家向けまたは一般投資家のために売買等を行うこと
・同有価証券の売り付け等に際しての告知義務
弊害防止措置（44条-44条の4）
・2つ以上の種別の業務を行う場合の禁止行為
・その他業務に係る禁止行為
・親子間の弊害防止措置（アームズレングスルール，ファイアーウォール等）
・引受人の信用供与の制限

---

[382]　2008年改正法で付加されたもの。池田262-268頁

(b) 特定投資家（specified investors）

表24　特定投資家（条文は全商法）

1. 本来の特定投資家 （一般投資家に移行不可能 [2条31項]）
国，日本銀行
適格機関投資家（2条3項1号括弧書，金商定義10条1項）
・金融機関，証券会社等 ・保有有価証券残高10億円以上の法人（届出制） ・保有有価証券残高10億円以上かつ投資経験1年以上の個人（届出制）
2. 申出により一般投資家に移行可能な特定投資家（34条の2，金商定義23条）
・上場会社 ・資本金5億円以上の株式会社 ・外国法人等
3. 申出により特定投資家に移行可能な一般投資家（34条の3，4）
・法人 ・出資金3億円以上の投資組合の営業者 ・純資産・投資資産の額が3億円以上かつ投資経験1年以上の個人

10-91　これらの行為規制を眺めると多くが一般個人投資家の保護を想定したものだということが分かる。確かに株式投資には多くの個人投資家が関与するのでこうした規定が非常に重要である。しかし，債券の投資家のほとんどを占める機関投資家や間接金融機関はプロの投資家なので，個人を想定した保護を徹底するとかえって効率的な業務の妨げになる。そこで，金商法は投資のプロと考えられる投資家を「**特定投資家**」と位置付け（金商2条31項，**表24**），一定の行為規制の適用を除外している（金商45。**表23**で★マークを付したもの）。

(c) 不公正取引の禁止

10-92　さらに，市場取引の公正を期すために，別途一連の不公正取引を禁止・制限する（**表25**）。これらはその性格上，特定投資家向けの適用除外のような例外はない。また，どちらかというと株式について問題となることが多い。

表25　金融商品取引法における不公正取引規制

何人も禁止
・不正行為（157条） ・風説の流布，偽計，暴行・脅迫（158条） ・相場操縦行為（159条）－仮装売買，馴合売買，変動操作（見せ玉等），市場操作情報の流布，虚偽情報による相場操縦，安定操作取引 ・虚偽の相場の公示等（168条） ・証券記事に係る対価受領の表示の義務付け（169条） ・有利買付等，一定配当などの表示（170条-171条） ・無免許市場における取引（167条の2） ・場外差金取引（202条）
弊害の生じやすい取引の規制
・過当取引の禁止（161条） ・信用取引における証拠金の預託の義務付け（161条の2） ・空売り，逆指し値注文の規制（162条）

(2) 開示規制と内部者取引の規制

10-93　また，間接金融では借り手が貸し手にだけ自らの情報を開示することにより有利な融資条件を引き出すのに対し，直接金融にあっては資金調達の主体が市場に対して自らの情報を広く開示して，投資家間の公正かつ自由な競争を通じて有利な調達条件を引き出す。そしてこのためには，発行体自らが発行する有価証券（株式・債券等）の条件や自己の財務状況を全ての市場参加に対して公平に，客観的な基準に基づいて正確に開示することが欠かせない（¶9-6）。

(a) 開示規制

10-94　公募有価証券の発行者は有価証券届出書，発行後は有価証券報告書を提出せねばならず（金商4条・5条・24条，¶6-41），また，両者には会社法の計算書類より詳細な財務諸表と呼ばれる会計情報が作成されること等はすでに説明した（¶2-30）。届出書の構成は**表26**の通りである。特に証券情報の項目例を列挙しておいたので，社債条件のイメージを確認してほしい[383]。

---

383) EDINET　ただ，やはり皮膚感覚を得るには現物を見るのが一番である。以前は，投資

7　債券ファイナンスと市場規制　363

表26　一般事業債に関する有価証券届出書の構成（企業開示　別表第二号）

第一部	証券情報（新規発行社債の場合）	
	銘柄	
	記名・無記名の別	
	券面総額または振替社債の総額 各社債の金額 発行価額の総額，発行価格	
	利率（％） 利払日，利息支払の方法	
	償還期限，償還の方法	
	申込証拠金，申込期間，申込取扱場所，払込期日	
	振替機関	
	担保の種類，目的物，順位，先順位の担保をつけた債権の金額，担保の目的物に関し担保権者に対抗する権利	
	財務上の特約（担保提供制限） 財務上の特約（その他）	
	取得格付	
第二部	企業情報 ⇒　有価証券報告書に該当する部分	
第三部	・保証会社や連動子会社，投資判断に重要な影響を及ぼすと判断される保証会社以外の会社についての情報 ・インデックス債等に関する指数等の情報	
第四部	特別情報	

10-95　なお，開示規制についても，適格機関投資家（表24に定義）につき一定の場合に適用除外が認められてきた。2008年度の金商法改正でこの幅が広げられたので，次節であらためて説明する。

10-96　**MTNと発行登録制度**　資本市場においてもコミットメントライン（¶7-53）が活用されることがある。**社債発行枠**（note issuance facility, NIF）とか，**MTNプログラム**（Mid-Term Note program）と呼ばれるもので，発

家以外の者が届出書を簡単に目にすることは難しかったが，現在は金融庁が所管するホームページであるEDINET（EDINET・HP, Electric Disclosure for Investors' NETwork［金融商品取引法に基づく有価証券報告書等の開示書類に関する電子開示システム］の略]）にアクセスすれば誰でもすべての開示書類を自由に検索・閲覧することができる。

行体があらかじめディーラー数社と基本契約を締結して発行限度枠と基本的な条件を定め，その範囲内で通常の社債よりは短めの3-5年程度の中期債を弾力的に発行する。期間が短いと発行コストの償却負担が相対的に増えるので開示コストを抑え，銀行融資と同様の機動性を確保するためにこうした仕組みが必要になるのである。特に開示規制が緩やかなユーロ市場（注439）でよく活用される。

　国内で同様の仕組みを行おうとすると起債の都度有価証券届出書の提出が必要になることが障害になる。このため一定の要件を満たした発行体について複数の起債のために発行限度額や期間を指定して事前に届出書を登録する仕組みが認められている。これを**発行登録制度**（金商23条の3-23条の12参照）という。ただしわが国では，MTNは全く普及しておらず，シンジケートローン形式による融資枠が活用されている。

　しかし，発行登録制度には開示コスト削減と起債の機動性確保という利点があるので，むしろ通常の社債発行で活用されている。

(b) 内部者取引の規制等

10-97　開示規制の精神を裏側から見れば，虚偽開示が許されないことは当然として，一部の投資家が自分しか知らない情報（インサイダー情報）に基づいて「抜け駆け」して一般投資家の犠牲のもとに利益を得ることも禁止されねばならない（金商166条）[384]。これらは，いずれも資本主義を支える市場秩序に対する挑戦であるから，金商法は同法の中でも最も厳しいペナルティーを課す（虚偽開示等：197条・207条，内部者取引規制：197条の2。さらに，内部者取引により得た利益は没収される［198条の2］）と共に，虚偽開示等については投資家からする損害賠償の損害額の推定や責任加重に関する特則を設けている（18条以下）。

---

384)　なお，内部者取引規制を担保するために，上場会社等の役員または10%以上の大株主はインサイダー情報に基づかない場合であっても，自社株式の短期売買（6か月以内）によって得た差益を会社に提供せねばならない（金商164条）。また，どんなに無能な役員でも業績を悪化させて自社の株価を下げることは簡単だから，役員やこれに影響を与えうる大株主によるヘッジ目的を超える空売り（あとで安く買い戻すつもりで高く売却）は，業績悪化の事実の有無にかかわらず一種の内部者取引として禁じられる（同165条）。

10-98 　また，開示規制の対象になるような大企業は組織が巨大かつ複雑なため，そもそも内部統制が働きにくく上手の手から水が漏れることがありうる。米国ではエンロン事件等をきっかけに，財務情報に加えて財務情報の正確性を担保するだけの内部統制が確立されているかを評価することを義務付け，その結果を報告させることになった[385]。これを受けて，米法を母法とするわが国でも**内部統制報告書**の提出が別途義務付けられることになった（金商24条の4の4）。この報告書に虚偽があった場合も虚偽開示等と同様のペナルティーが課せられる（金商21条の2・24条の4の6）。

10-99 　**課徴金制度**　ところで，市場取引はゼロサムゲームであり，誰かが利益を得れば必ずそれだけ誰かが損をするか高値で購入して潜在的な損失を抱え込むことになる。つまり，誰かがインサイダー取引により不正なもうけを得た場合，理論的に必ず同額の損害が市場にもたらされている。そして，各投資家は自分の損害額と相手方の故意・過失を立証できれば不法行為にもとづく損害賠償を求めることができるはずだが，実際にはどちらも不可能に近い（虚偽開示等については上述のように損害の推定や責任の加重規定があるが，内部者取引にはそうした規定もない）。刑事罰も厳格な裁判が必要だし結論が出るまで時間がかかる。仮に有罪になっても得られたもうけと対比すればがまんできる範囲だとすると，結局「ヤリ得」を許すことになってしまう。そこで，金商法は上述の金額を**課徴金**として当然に市場（国）に支払わせることによって抑止力の強化を図っている（金商175条）。これは行政罰ではあるが，個別の投資家とは別に市場自身が被った信頼の毀損による損害を賠償させているのだとも説明できるだろう。ただし，ペナルティーという性格も強いから罰金が科せられることになった場合には金額の調整が行われる（金商185条の8）。

　なお，同様の課徴金は有価証券届出書・報告書の虚偽記載，風説の流布または偽計，相場操縦の場合にも課せられる（金商172条以下）。いずれも市場の信頼失墜を引き起こしたことに対するペナルティーとして，それぞれの行為に則して市場全体が被ったと考えられる損害を類型的に計算して支払わせるものと位置付けることができる。

---

385) Public Company Accounting Reform and Investor Protection Act of 2002. 提出者の名前をとってサーベンス・オクスリー法（SOX法）と呼ばれることが多い。

(3) 開示規制の例外

10-100　開示規制には以下の 5 つの異なる例外がある。

10-101　**原則か例外か**　すでにみた社債管理者設置の例外（¶10-74）や特定投資家を対象とする行為規制の例外（¶10-91）も含め，債券調達に関連する会社法と金融商品取引法による規制には幅広い適用除外規定が認められている。特に債券に関するかぎり，むしろ原則と例外が逆転しているといったほうがよい（¶3-32）。

　　法令を遵守すべきは当然だが，それにはコストがかかる。そして，そのコストは，数ベーシスポイント（100 分の 1％）の表面金利の上下動で一喜一憂する発行過程において，優にその 10 倍を超える水準となることも稀ではない。このため，やらないですむことはやりたくないし，やるべきでもないというのが発行体や証券会社の立場である。語弊はあるかもしれないが，発行体や証券会社で金商法の実務に携われば「何をすべきか」ではなく「何をしないですむか」が中心課題となる。学校のゼミで投資家保護の必要性を熱く語った者も，実務に入れば，往々にして適用除外をめぐる条文解釈ゲームに知力を傾けざるをえなくなる。しかし，投資家からの信頼を失えば結局そのコストが最も高くつく。現場のプレッシャーの中でこうしたバランス感覚をいかに保つか，これがファイナンス実務におけるリーガルマインド−バンカーズマインド（¶1-15）だといってもよいだろう。

(a) 適用除外有価証券

10-102　まず，募集態様等にかかわらず開示（発行時・継続時の双方）が免除されている種類の有価証券がある（金商 3 条）。これには，①発行体が公共法人かこれに準ずる存在で通常の開示規制になじまないもの（国債，地方債証券，特別の法律により設立された法人の発行する出資証券，政府保証債，特別の法律に基づき法人が発行する債券［いわゆる財投機関債，金融債等］[386]，貸付信託の受益証券），②典型的な有価証券ではなく流動性に乏しいためその情報を公衆縦覧により

---

[386]　2007 年施行の医療法人制度改革で創設された社会医療法人（一定の公的要件を備えた医療法人について小児救急医療，災害医療，へき地医療等を行うことを義務付ける一方で収益事業を認めたもの）の発行する債券はこれに含まれるが，社債類似なので 3 条括弧書に該当するものとして適用除外の対象から除かれている（金商 2 条の 8）。

広く開示する必要性が少ないもの（金商2条2項のいわゆる「**みなし有価証券**」。ただし，有価証券投資のための集団投資スキームは開示対象となる）の2種類がある。

ただし，少なくとも②については金商法の規定に従う必要がないだけで，購入する投資家に対して十分な情報開示が必要であることはいうまでもない。また，①についても金融債や企業並開示が可能な財投機関債については事実上社債と同様の詳細な開示が行われ格付も付与されている。

(b)　少額募集・売出し

10-103　募集・売出しの定義に該当する場合（公募）であっても，発行価額・売出し総額が1億円未満の場合には発行時開示が免除される（金商4条1項5号。ただし，細かな例外が多いので企業開示2条3項を参照のこと）。

(c)　少人数私募

10-104　多数の者に取得の申込の勧誘を行わない場合（具体的には50名以上。なお，みなし有価証券［¶10-102］のうち開示対象となる集団投資スキームについては500名以上）は募集・売出しの定義に該当しないため，発行時開示が免除される（金商2条3項1号，金商令1条の8・1条の8の2。なお，細かな例外については¶6-35を参照のこと）。これを**少人数私募**という。なお，勧誘の相手方に以下に述べる適格機関投資家が含まれる場合には，適格機関投資家にしか転売できないようにするための手当て（**転売制限**）[387]がなされている場合に限り，多数かどうかの計算に含めないこととされる（金商2条3項1号括弧書）。

(d)　プロ私募（適格機関投資家私募）

10-105　有価証券投資に関する専門知識と経験を有する者を類型的に適格機関投資家（**表24**参照）と定義し，この者のみを対象とする場合で，かつ，転売制限が手当てされている場合には，相手方が多数であっても発行時開示が免除さ

---

387)　具体的には，金商令1条の4，金商定義11条。たとえば振替債については，取得者が振替債を適格機関投資家に譲渡する場合以外にはその譲渡を行わないことを約することを取得の条件として，取得勧誘が行われており，当該振替債にそうした条件が付されていることが明白となる名称が付されていることが要件とされる。

れる（金商2条3項2号イ，金商令1条の4，金商定義10条1項）。これを俗に**プロ私募**という388)。

なお，(b)−(d)により発行時開示が免除される場合であっても継続開示（金商24条）は必要となる場合が多いので注意する必要がある。

(e) 拡大プロ私募（特定投資家私募）

10-106　すでに述べたように金商法は特定投資家について行為規制の一部を適用除外としている。従前は，この中で適格機関投資家（本来の特定投資家）についてのみプロ私募を認めていた。しかし，諸外国でこうしたプロ向け市場が発達していることを背景に389)，わが国の金融・資本市場の競争力の強化を図るため390)2008年の改正において，一定の条件を満たすことを条件にプロ私募の概念を**特定投資家**（**表24**参照）に拡大すると共に，特定投資家のみを対象とするプロ向け市場の開設が認められた391)。

① 拡大プロ私募

10-107　特定投資家のみを対象とする場合で，①金融商品取引業者等が顧客からの委託等により行うこと，②特定投資家でない一般投資家への譲渡制限のための手当て（転売制限等）がなされていることの2要件を満たす場合には，私募（拡大プロ私募）に該当し発行時開示が免除される（金商2条3項1号括弧書・2号ロ，金商令1条の5の2）。こうして発行された有価証券は**特定投資家向け有価証券（プロ向け銘柄）**と呼ばれる（金商4条3項）。

ただし，開示が一切不要なのではなく，投資判断のために必要な情報（**特定証券情報**）を書面やホームページ等で公表せねばならず，同様の情報を年1回以上投資家に提供するか公表せねばならない。しかし，その方法や内容については最低限のことだけを定めるに留めて柔軟な対応を可能にしている（同27条の31・27条の32）。

---

388)　2008年の金商法改正でいわゆるプロ私募は特定投資家向け私募のうち，適格機関投資家のみを対象とするものと位置付けられることになった。

389)　ロンドン証券取引所のAIM（Alternative Investment Market，代替投資市場）や，米国の144A市場等が有名である。

390)　金融審[2007]。

391)　同年の改正では，このほかに投資信託商品の多様化，金融商品取引業者に係る兼職規制の撤廃，課徴金について算定方法および対象範囲を見直す等の措置が講じられた。

② プロ向け市場

10-108　プロ向け銘柄についてはプロ投資家の間でしっかりとした流通市場を形成させることが好ましい。このために開設された，会員等が特定投資家等以外の者から委託を受けて有価証券の買付けを行うことが禁止される市場を**特定取引所金融商品市場（プロ向け市場）**という。具体的には，取引所市場（金商117条の2），店頭市場（同67条）のほかいわゆる **PTS（私設取引市場**，同2条8項10号，¶5-56)[392)] も含まれる（ただし，PTSにおいては非上場・非登録のプロ向け銘柄のように取引所市場や店頭市場以外で取り扱うことが不適当なものは扱えない。同括弧書）。

10-109　**拡大プロ私募は適用除外か？**　以上から分かるように，プロ向け市場に関する一連の規定は，発行開示の例外を定めるものというよりは，プロだけが参加して独自の開示基準に従って取引を行う市場を作ろうとするものである。金商法の法定開示はすべての有価証券を対象に画一的な取扱いを求めるために，サブプライム問題で話題となった **CDO（collateralized debt obligation)** のように近時の複雑な商品にはうまく対応できないことも多い。こうしたものについては無理矢理法令に従った開示をするとコストや負担が大きい割には投資家からみて実効性のある情報提供ができない。現在のところプロ向け市場は株式との関係で論じられることが多いが，上述のように債券市場の参加者のほとんどは特定投資家なので，今後商品のバリエーションに応じてきめ細かな情報提供を行うプロ向け市場が形成されれば，債券市場の厚みが増すことが期待される。

---

392)　「有価証券の売買又はその媒介，取次ぎ若しくは代理であつて，電子情報処理組織を使用して，同時に多数の者を一方の当事者又は各当事者として」行うものと定義される。これだけ読むと売買の一手法のようだが，ネットワーク上でこういうことをすればあたかも市場のような役割を果たすので金融商品市場のひとつと位置付けられている。

第 11 章

市場型間接金融 ①
シンジケートローン

> これから徐々に一般にはなじみの少ない先端の金融スキームが登場する。一見自分には関係ない遠い世界の話と思われるかもしれないが，長い歴史に基づく完成度の高い法制度がないため，契約内容そのものは法学部や法科大学院で習う法律知識があれば十分理解できるし，かえって民商法の基本的な理解を深める恰好の材料にもなる。本書では，それぞれについて極力具体的なイメージが分かるよう配慮しつつ，新しい仕組みが必要となった背景や仕組みの経済的本質，そして意図された金融を実現するためにどのような法的工夫が用いられているかに焦点をあてて，なるべく丁寧に説明することにしたい。

1 市場型間接金融とは何か

(1) 市場型間接金融の定義

11-1　これまでにも何度か登場したが（¶9-5，¶10-6），**市場型間接金融**（intermediated market transactions）とは，資金供給者（預金者や一般投資家）と資金需要者（企業や家計）との間に市場を介在させた上で，それぞれと市場の間を金融機関が仲介する間接金融のあり方のことをいう（詳しくは，池尾第 1 章［池尾・柳川］参照）。

(2) 伝統的金融仲介との対比

11-2　伝統的な間接金融においては，資金供給者と資金需要者との間に間接金融機関が介在して預金や融資といった金融手段で仲介を行う。一方，直接金融においては有価証券を市場で発行・流通させることにより両者が直接取引を

行い，金融機関（金融商品取引業者）の役割はその媒介に留まる（図72）。これに対し，市場型間接金融においては，両者と市場との間に金融機関が単なる媒介者以上の機能を持って介在し，市場と相まって間接金融機関の機能を果たしている点に特徴がある。

図72　伝統的金融仲介

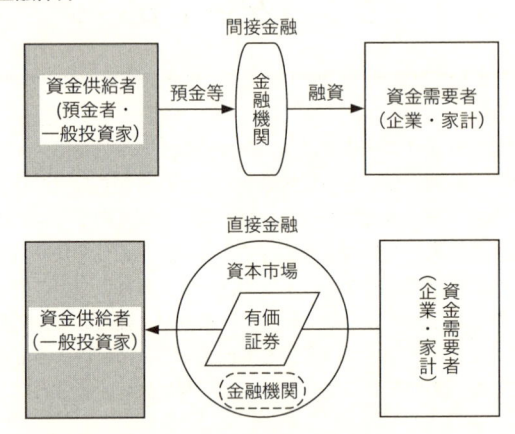

```
        間接金融
資金供給者  預金等  金融  融資  資金需要者
(預金者・ ─────→ 機関 ─────→ (企業・家計)
一般投資家)        

        直接金融
        資本市場
資金供給者 ←──  有価証券  ←── 資金需要者
(一般投資家)                    (企業・家計)
          (金融機関)
```

2　市場型間接金融の2つの文脈

11-3　市場型間接金融には，以下の2つの文脈がある。

(1) 第1の文脈（市場型与信）

図73　市場型与信（第1の文脈）

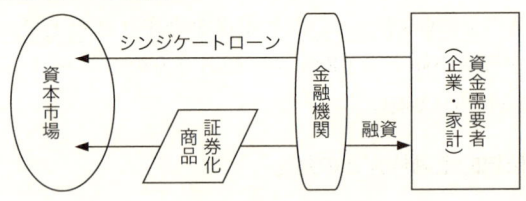

```
         シンジケートローン
資本  ←─────────────  金融  融資  資金需要者
市場                    機関 ────→ (企業・家計)
     ←── 証券化商品 ──
```

11-4　まず，銀行に代表される間接金融機関が市場を活用して与信を行うという**市場型与信**の文脈がある（図73）。古典的事例としては，金融債を通じて融資を行う発券金融機関がこれにあたる（¶10-42以下）。最近は，シンジケート

ローンと貸出資産の証券化[393]という2つの新しい仕組みが普及してきている。2008年12月に電子記録債権法が施行されたので，今後はこれを用いた電子私募債が登場する可能性もある。

(2) 第2の文脈（間接型証券投資）

図74　間接型証券投資（第2の文脈）

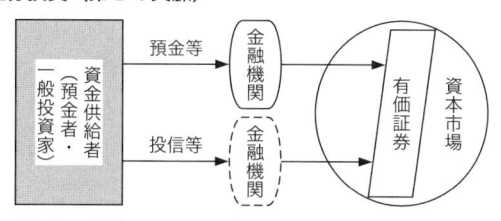

```
                     預金等    ┌金融┐
        ┌資金供給者┐─────────→│機関│──┐    ┌─────┐┌─────┐
        │(預金者・ │                └──┘   │    │有価 ││資本 │
        │一般投資家)│                       │───→│証券 ││市場 │
        └──────┘─────────→┌金融┐──┘    │     ││     │
                     投信等    │機関│       └─────┘└─────┘
                               └──┘
```

11-5 　もう1つは，株式や債券といった市場型調達手段に最終投資家が直接投資をするのではなく，金融機関が介在する**間接型証券投資**の文脈である（図74）。これはさらに，元本保証型と集団投資の2つの形態に分類できる。

(a) 元本保証型間接投資

11-6 　1つは，金融機関が預金や債券といった元本保証型の商品により集めた資金を，市場において運用するという間接投資の形態である（図74上）。端的な例は預金金融機関による株式・債券投資である。日本の銀行は自行がメインバンクである取引先と株式を持ち合うことにより企業グループの核となり，また安定株主として機能してきた。バブル崩壊（¶12-42）後は，その弊害が指摘されたり時価会計が導入されたりしたこともあって持合いの解消が進んでいるが[394]，依然として大手銀行を中心に長期保有を前提とした株式投資残高は大きい[395]。一方，債券投資は同じデット調達である融資の代替にな

---

[393] 貸出資産の証券化商品はCLO（collateralized loan obligation）とかCDO（collateralized debt obligation）という略称で呼ばれるが，近時のサブプライム関連の報道からも分かるように仕組みが恐ろしく複雑化しており経済的本質が全く異なるものも含まれているため基礎的なものから順次解きほぐしていかないと理解が難しい。

[394] 持合いの形成過程については，橘木＝長久保に整理されている。また，持合い解消全般については資本市場研参照。

[395] **融資者による非上場企業株式保有の合理性**　なお，持合いの文脈とは別に，上場前企業への融資には相応のリスクが伴うにもかかわらずリターンは金利しか得られないことから，株

る。金融技術の発展により複雑な仕組みの債券やエクイティーとデットの中間形態に属する商品が増加しているが，サブプライム問題をきっかけにシンプルで分かりやすい商品への選好が強まっている（金融商品に関する情報の非対称性）。この結果，リスク判断が難しい商品への投資はプロに委ね，多少利回りが低くても間接投資で元本保証を享受したいという投資家が増える可能性が高い[396]。

11-7 　また，最近は第1の文脈で創出されるシンジケートローンに参加したり，貸付債権の証券化商品を購入したりすることにより，一般投資家が直接行うことのできない「ローンへの投資」が可能となっている。

(b) 集団投資（リスクパススルー型）

11-8 　もう1つの仕組みは，金融機関が投資家から小口資金を集めて有価証券等に投資する**集団投資スキーム**（collective investment scheme）である（図74下，¶4-49，¶13-1）。間接投資と異なり，集団投資における投資リスクは最終投資家が負担する。いわゆる投資信託が典型例だが，近時はそれ以外にもさまざまな形態のファンドがある。この文脈で市場に参加する金融機関は，業態が伝統的な間接金融機関（銀行等）に属していても，機能上は**機関投資家**（institutional investor，¶10-62）と位置付けることができる。

11-9 　**複線的金融システム** 　このように伝統的間接金融・直接金融に市場型間接金融が加わった体制を称して**複線的金融システム**（multi-track financial system）ということがある。図75から分かるように市場型間接金融が加わることにより，資金供給者と需要者をつなぐ経路の組み合わせが多様化してファイナンスの選択肢幅が広がるという効果が期待できる。ただし，従来は截然と分断されていた伝統的間接金融・直接金融の境界が不分明になり，両

式を保有して経営監視を行いつつ，上場や価値増大による追加収益を狙うことには一定の合理性がある。

396) 　従来，間接金融機関の有価証券投資は貸出しに回せない余剰資金の運用と位置付けられてきた。しかし，①本文で述べた金融商品に関する情報の非対称性の増大に加え，②むしろ最近は，貸出しを行わず有価証券運用を主体とするビジネスモデルが登場していること（¶9-16・¶9-17，¶9-35，¶9-100・¶9-103），③国内事業債保有者に占める預金取扱機関の割合が半分近いこと（図67）等を考えると，間接投資も市場型間接金融の一形態として積極的に位置付ける必要がある（¶10-6）。

者の相互依存関係が強まることには注意が必要である。近時のサブプライム問題はこのことがどちらかというと裏目にでた結果，引き起こされたといってよいであろう。

図75　複線的金融システム概念図

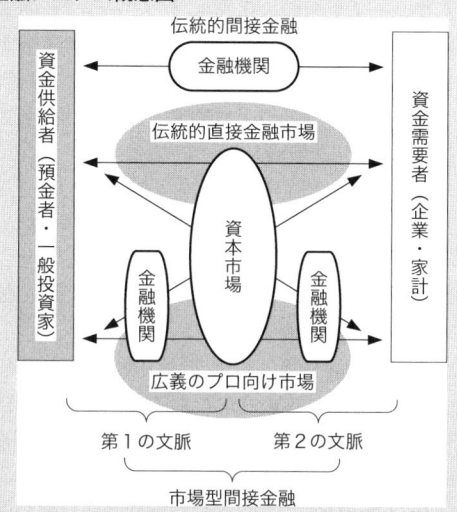

```
                    伝統的間接金融
              ┌──── 金融機関 ────┐
  資金          伝統的直接金融市場          資金
  供給者    ┌─────────────────┐    需要者
  （預金者・     金融    資本    金融      （企業・
  一般投資家）   機関    市場    機関      家計）
              └─────────────────┘
                  広義のプロ向け市場
                ├──────┤├──────┤
                 第1の文脈   第2の文脈
                ├─────────────────┤
                     市場型間接金融
```

11-10　**プロ向け市場の重要性**　市場型間接金融が普及すると調達・投資の両面に金融機関が介在するのでプロ同士の取引が増える。このため2008年金商法改正で導入されたプロ向け市場（¶10-108）の活用可能性が大きい。

11-11　**法技術の役割の重要性**　市場型間接金融を実現するには，これまで見てきた基本的な調達手段に加えてさまざまな新しい金融スキームが必要になる。ここでは，融資を市場で流通させたり，小口の資金をとりまとめて一本化したりするための法的な枠組みや工夫（法技術）が重要な役割を果たす。

以下，第1の文脈からシンジケートローンとローンセール，第2の文脈からさまざまなファンドをとりあげて，順次解説する（資産証券化については第2部で解説する）。

3 シンジケートローンとは何か

> 設例① 東証一部上場の大手電機メーカーA社（長期債格付トリプルB）は100億円の設備投資を計画している。資金は工事期間1年間にわたり四半期毎に4分の1ずつ必要になるので，その都度社債を発行するのはめんどうである。銀行から100億円の融資枠（限度枠¶7-58）を確保した上，当初1年間に随時資金を引き出せるようにしたい。返済期限は完成後9年とし，当初1年間は残高を据え置いた上で残り8年で毎年12.5億円ずつ均等半年賦[397]で返済する。金利は借入時の市場水準でよいが，平均期間[398]である5年に対応するスワップ金利（TIBOR）＋37.5 bp以下をめざしたい（融資金利の決定方法について¶8-38以下，スワップ金利について¶8-46参照）。
>
> 取引のある大手銀行4行に25億円ずつの融資を上記条件で打診したところ，3行はトリプルB先に対する利ざやの行内基準が50 bp超なので無理だと言われた。これに対しB行は，融資利ざやに関する行内基準は他行と同じだが，融資形態をシンジケートローンとし100億円全額のアレンジを任せてくれるなら地域金融機関や保険会社の参加を募りT＋37.5 bpを実現するという。そこでA社はB行にシ・ローンのアレンジメントを委任する（マンデート，mandateという）ことにした。

図76 シンジケートローンの仕組み

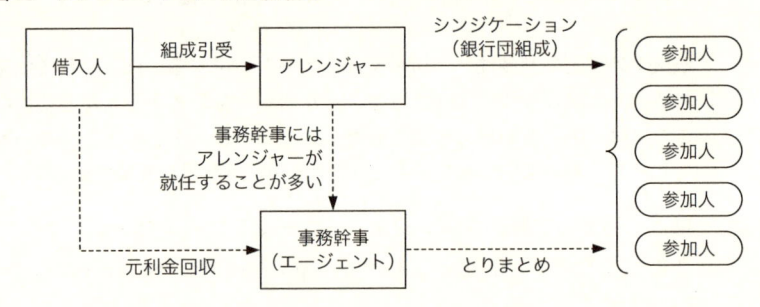

---

[397] 均等半年賦（semi-annual principal repayment in equal installments）　半年ごとに均等額を返済していくこと。年1回なら均等年賦という。

[398] 平均期間（正確には加重平均期間，weighted average life）は（分割返済期間×各期日までの期間の総和）を融資総額で除して求める。

11-12　シンジケートローン（syndicated loan，以下本章では「シ・ローン」と略す）とは，**アレンジャー**（arranger）と言われる金融機関が借入人との間で比較的巨額の融資のとりまとめ[399]を引き受け，複数の**参加人**（participant）からなる**シンジケート団**（syndicate）を組成し，同一の契約書による貸出等の信用供与を行う融資形態をいう[400]。アレンジャーは組成に際し，貸出条件の設定や参加人に対する参加勧誘，契約書の作成などを行い，借入人とシンジケート団の間を調整する役割を担う。アレンジャーには借り手となる大企業と関係の深い大手銀行がなることが多いが，シ・ローンの普及に伴い地域金融機関のほか，証券会社や保険会社等も手がけるようになっている。アレンジャーに対しては**アレンジメントフィー**（arrangement fee）が支払われることが多い[401]。

---

399)　とりまとめの形態　　とりまとめは通常，アレンジャーが希望調達額を実現できるよう最善の努力を行う義務のみを負担するベストエフォートベース（best effort base）で行われる。ただし，買収資金の調達のように巨額資金を短期間に調達する必要がある等の場合には，アレンジャーが希望調達額に満たない部分を自ら貸し受ける義務を契約上負担するか，自ら全額を融資した上で参加人に契約上の地位を譲渡する引受方式（underwriting base）がとられることもある。後者のほうが借入人に有利に思えるが，その分，手数料が高くなる。一方，ベストエフォートといってもアレンジャーの沽券に関わるから実際には引受けに近いものが期待できる。

400)　協調融資（co-finance）との違い　　世界銀行や国際協力銀行等が行う協調融資は，こうした公的金融機関が行う融資に協調して民間金融機関が独立して融資を行うものでありシ・ローンとは異なる。公的金融機関の関与により借入主体やプロジェクトに一定のお墨付きが与えられ，万が一の場合に政府等の関与が期待できるので民間単独では踏み切れない融資が可能になる一方，公的金融機関は自己の与信額を膨らまさずにすむことや，融資審査や保全管理において民間の知見を活用できるという利点がある。

401)　アレンジメントフィーの金額制限　　アレンジメントフィーは，金銭の貸借の媒介に関する手数料とみなされる可能性が高いため，貸借金額の5％を超えてはならない（出資法4条1項）。媒介に関して受領する金銭は，何らの名義をもってするを問わず手数料とみなされる（同4条3項）。厳密にいえばアレンジャー自身が貸し付けることになった部分は「媒介」に該当しないとも考えられるが（その場合，論理的にはアレンジャーの貸出額に対応する報酬はみなし利息を考えることになる），シ・ローンの組成はシ・ローンへの参加とは独立した業務なので，自己参加分も含めた金額について「媒介」があったと考えるべきである（金融法委員会 [2009] 10-17頁）。シ・ローンが融資枠型の場合，契約時点で貸借金額がゼロであっても将来において枠金額まで貸借が行われることが想定されているのだから，5％の計算は枠金額を基礎に計算すべきである。ベストエフォートベースの場合において，成否にかかわらず依頼者（借入人）がアレンジャーの努力に対して相応の報酬を支払う旨の合意は有効だが，契約が成立していない以上，媒介に関する手数料ではない（契約不成立の場合，仲立人は報酬請求権を

11-13 　調印後は，**エージェント**（agent，**事務幹事**。アレンジャーが引き続き就任することが多い）が融資枠の管理や貸出の実行，契約条項の履行管理，元利金の支払などの事務を一括して行う。国際的な巨大シ・ローンの場合，全体をとりまとめるマスターエージェントの下に国や業態別のセグメント別エージェントを置くことも多い。エージェント業務に対しては，**エージェントフィー**（agency fee）が支払われることが多い[402]。

11-14 　シ・ローンは 2000 年前後から国内で普及が進み，貸出残高は公募普通社債の残高に迫る勢いとなっている。

図77　社債とシンジケートローン残高（単位：兆円）

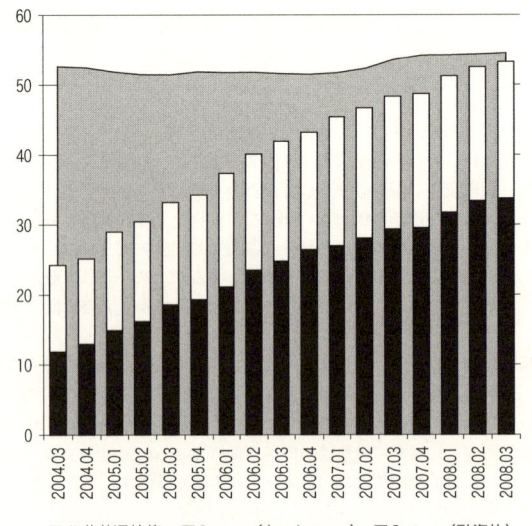

凡例：□公募普通社債　■Sローン（タームローン）　□Sローン（融資枠）

出所：日本銀行「貸出債権市場取引動向」
　　　日本証券業協会「公社債発行額・償還額」

有しない。商 550 条，森本・商行為 110 頁，落合ほか 158 頁，近藤 183 頁）。逆に言えば，当事者間で契約不成立の場合にも支払うべき報酬の額が明確に定められているなら，上述 5％ テストを行うにあたり，この金額を控除してよいとも考えられる。しかし，出資法 4 条 3 項の文言からすれば，組成目標額の一部であっても契約が成立した以上は，受領した報酬全額が規制の対象となると解すべきだろう。

402) **エージェントフィーはみなし利息に該当するか**　貸出人を兼ねる事務幹事が債務者から受け取るエージェントフィーは，貸付け自体とは別途独立したエージェント業務に対する対価であるから，利息制限法・出資法上のみなし利息（¶7-57）とはならないと考えられる（金融

4　シ・ローン普及の背景

11-15　融資と社債の中間形態ともいえるシ・ローンはデット調達としてどのような合理性があるのか。

(1) 情報生産のあり方

> 設例②　設例①でＢ行が参加者を募る場合，Ａ社と共同で，インフォメーションメモランダムと呼ばれる私的な開示資料を作成する。これには貸付条件に加え，投資判断に必要な借入人の財務内容や追加的な内部情報が記されており，守秘義務確認書と引き換えに投資家に交付される。Ａ社のように上場企業の場合で経常資金であれば，インフォメーションメモランダムの財務情報は単に参考資料として交付される場合も多い。この場合，投資家は，別途独自に情報を収集し，信用リスクを判断せねばならない。

11-16　上場企業のように，金商法に基づく財務情報の開示が十分なことに加え，企業の立場が強く，銀行等の間接金融機関が追加的な情報生産を行う余地が少ない先については，融資であっても市場型，すなわち，貸付人（投資家）間の公正な競争を通じて有利な条件を得る方式に合理性がある（¶9-6）。

しかし一方で，新規投資等に関する詳細な情報のような内部情報が分かれば，より有利な条件で調達ニーズに応じられる可能性がある場合に，公募社債で調達しようとすると金商法の定型的な開示規制がかえって障害になる。そこで金商法の適用がないシ・ローンを利用し，調達主体と緊密な関係にあるアレンジャー銀行が守秘義務契約を取り交わし，同様の義務を負担することに合意する限られた参加候補者のみに一定の内部情報を供与して融資条件を競わせれば，間接金融の情報生産機能と市場の競争促進機能の双方のメ

法委員会［2009］10-17 頁）。なお，事務幹事業務は本来シンジケート団のためのものだから，エージェントフィーの法律構成を事務幹事とシ・ローン参加者間の委任契約に基づいて，事務幹事が借入人から受領した金員の範囲内で受領するものと構成するか，借入人を要約者，事務幹事を諾約者，シ・ローン参加者を受益者とする第三者のためにする契約と構成すれば，上記の点をより明確化することができる。

(2) 投融資からの収益性の悪化

> 問) 設例①においてB行自身10億円を融資する予定である。ところで，B行はどうやって行内の基準である50 bpを満たすのか。

11-17　わが国を含む先進国では一般に，調達需要に比べて投資需要が少ない金余りの状況が恒常的に続いているため，投融資から得られる収益は薄いものにならざるをえない。このため，コストをかけて顧客と緊密な関係を築いて投融資の機会を得てもそれだけでは十分な見返りが得られない。そこで一部を市場で他の貸付人（投資家）に売却して売却ざやを得れば，自己投資部分の利益率がそれだけ向上する。

11-18　たとえば上記設問において，B行がシ・ローンの参加人である地域金融機関9行に10億円ずつTIBOR＋35 bpで売却することにすれば，B行はその部分から2.5 bpの追加収益が得られるから，残った自己投資部分10億円についての総合利ざやは，(10億円×37.5 bp＋90億円×2.5 bp)÷10億円＝60 bpとなり，行内基準の50 bpを上回る結果となる。

> 問) 同じ設例で，参加人である地方銀行のP行もトリプルB先への基準利ざやは50 bpである。P行がB行のシ・ローンに35 bpの利ざやでも参加するのはなぜか。

11-19　次に，参加人側の事情を考えてみよう。まず，銀行のように融資を行うための営業組織を持たない機関投資家にとっては，社債以外にデット投資対象が広がることがそのまま運用の幅や収益機会の拡大につながる。また，設例のP行のような地域金融機関の場合，地元に投資適格格付を取得している企業が少なく，優良な融資機会が少ないという事情がある。さらに，通常の融資先に関する粗利経費率（経費÷利ざや収入）が70%程度だとすると，50 bpの利ざやのうち経費を除く純利益は15 bp程度だが，シ・ローンに参加するだけなら人件費がかからないため，限界的な粗利経費率が50%程度で済む可能性がある（¶8-27参照）。この場合，35 bpの利ざやでも純利益は17.5 bpとなり，通常融資よりむしろ収益性が高くなるのである。

11-20 **預貸率とシ・ローン**　銀行の貸出金額を預金額（譲渡性預金を含む）で除した比率を**預貸率**といい，重要な経営指標として銀行法上開示が要求されている（銀行21条1項，同施行規則19条の2第1項3号ハ並びに別表1）。従前は8割以上あるのが普通だったが，最近は運用難から地域金融機関を中心に7割未満のところも多い。法令上一定以上の水準を維持せねばならないわけではないが，預貸率が低いと貸し渋りではないかといった批判を受ける可能性があるし，協同組織の場合会員還元が不十分といった批判にもつながる。このため，同じ企業に投資をするなら，有価証券ではなく貸付勘定に計上されるシ・ローンが好まれる傾向がある。

(3) 金商法の規制の回避

> 問）　設例①で，A社はMTN型（¶10-96）の私募債でもよいと考えているとする。銀行には私募債の引受けや斡旋業務が認められているから，B行としてはどちらでもよさそうだが，あえてシ・ローンを勧める理由があるとすればどんなことが考えられるか。

11-21　前講で学んだように，社債発行は会社法上の手続きが厳格な上（¶10-65），金商法上もさまざまな義務や責任が課せられる（¶10-88以下）。これに対し，シ・ローンの法形式をとればこうした規制を回避・軽減することができる。

11-22 **シ・ローンと証券取引規制**　シ・ローンに金商法が適用されるかどうかについては，①そもそもシ・ローンは有価証券か，②仮に有価証券とみなされる場合に開示規制や行為規制の例外が適用されるか，という順序で検討する必要がある。

　まず，①についてだが，会社の場合，会社法に基づく社債ではない単なるローン（金銭消費貸借契約）は金商法2条1項に列挙された典型的な有価証券に該当しない。ただし，流通性を高めるために電子記録債権を活用した場合（後述）はいわゆる第1項有価証券に指定することが想定されている（金商2条2項本文）。また，参加人が多数な場合や，プロでない参加人を含むかそうした者への転売が容易な仕組みが採用されている場合のように「公益または投資者の保護を確保することが必要かつ適当と認められる」事例が増えてくれば[403]，一定の条件下でいわゆる第2項有価証券に指定される可能性もあ

る（同2項7号）404）。

　次に②についてだが，まずシ・ローンに参加するためには貸出を業として行うことが許された者でなければならないから，金商法上適格機関投資家となる金融機関か特定投資家となる可能性が高い大手貸金業者に限られる。このため，仮にシ・ローンが金商法上有価証券に該当することになってもほとんどの場合，発行開示と一部の行為規制に適用除外が認められる。ただし，有価証券を取り扱う以上，少なくともアレンジャーは金融商品取引業者の立場で業務を行うことになる。

(4) 私募債との商品性の相違

11-23　シ・ローンと社債は似ているが，細かくみれば**表27**のようにかなり違いがあるため，調達手段として使い分けることに合理性がある。

403）　最近は単に参加持分（貸付債権もしくは契約上の地位）を譲渡するだけでなく，ローンパーティシペーション（¶12-37以下）やクレジットデリバティブ（¶16-46以下）を用いて事実上の転売が容易に行えることに注意する必要がある。

404）　米国でもシ・ローンは，原則として証券取引規制が適用される"securities"には該当しないと解されている。しかし，米国の証券取引法は日本のようにみなし有価証券を政令指定で限定列挙するのではなく，一般条項によりさまざまな金融商品を幅広く"securities"の定義に取り込むことから（川村35頁参照），ある事件で裁判所が特定のシ・ローンを"securities"だと認定する可能性は常に残る。このため，最悪の場合には規則144A私募（日本の特定投資家向け私募に該当）の適用除外の対象になるように配慮する（Taylor et al., 87頁以下参照）。

表27 社債とシ・ローンの商品性比較

	社債	シ・ローン
形態	会社法上の社債	金銭消費貸借契約
種類	投資ファイナンス（CPは商業ファイナンス）	商業・投資ファイナンスのいずれも可
使途	設備資金，長期運転資金	経常資金のほか，M&A，不動産関連といったフェアリスク案件にも利用される
格付	投資適格以上	不要
開示	金商法に基づく	当事者間の守秘契約
枠形式	MTN型は普及していない	融資枠形式が普及している
期間	1年－30年。10年が中心	短期・長期（5年前後が中心）
返済	期限一括が主体	長期については分割返済が多い
金利	固定金利が主体 変動金利，物価連動，利益参加・インデックス債等も可能	変動または固定 多様化は自由だが，利息制限法の適用あり
エクイティー付	会社法上新株予約権を付すことが可能	エクイティーと組み合わせることは稀（銀行法上の配慮も）
投資家	金融機関・機関投資家	同左。預金金融機関が多い
募集	金商法の規制あり	金商法の規制なし
譲渡性	振替決済や無記名証券化により高い流動性	契約上の地位の譲渡 流通性は限定（電子記録債権化が検討）
コヴナンツ	比較的緩やか	契約による
担保	無担保が原則。有担保の場合は担保付社債信託法に基づく必要	無担保が主体。有担保の場合はセキュリティートラスト等の工夫が必要。なおシェアリング条項に留意
集団取扱	社債管理者。社債権者集会	エージェント。契約に基づく合議

5 シ・ローン契約を読む[405]

問） 自分がエージェントの担当者だと想定して，シ・ローン契約のひな形（SLひな形）に基づいて，契約の締結から融資の実行，金利の計算，元利金の回収，債務者の破綻，参加者の一部が借入人の預金と貸出金を

---

[405] シ・ローンの法務や実務に関する詳細は，佐藤ほか，西村＝松崎，平野等を参照のこと。

> 相殺した場合の処理等がどうなるかを，分かりやすく説明する資料を作成してみよ。

11-24　シ・ローンは，「シンジケート」という言葉からも推察されるように参加人全体が団体的に貸付人となり，借入人に対して単一の契約書に基づいて融資を提供するという構造を持っている。しかし，単純に団体性を貫くといろいろ不都合が生じるので，契約では規定ごとに個別性を強めたり団体性を強めたりして微妙なバランスを図っている。すでに通常の融資と共通する基本的なSLひな形の条項については解説したので（¶7-23以下），本章では，シ・ローン特有の部分を中心に見てみよう。ほとんどの読者は実際に関与することはないだろうから，内容を覚えるのではなく，<u>ローンに関するさまざまな実務上の配慮を契約にどうやって落とし込むのか</u>という過程を学びとって欲しい。

(1) 契約全体の構成

11-25　SLひな形では「本契約に別段の定めがある場合を除き，貸付人は本契約に基づく権利を個別かつ独立して行使できる」とする（2条1項）。しかし以下にみるように，特に回収や権利行使の局面では団体性がそれなりに強調されており，貸付債権を準共有（民668条・676条）しているとまではいえないにしても，貸付人間に一種の組合契約（同667条）的関係が存在している。この点で，投資家間に契約関係が存在しない社債とは異なる。

(2) 貸出義務とその履行

11-26　多くのシ・ローンは融資枠形式（短期の場合は極度型，中長期の場合は限度型・分割型）をとるので貸付人に貸出義務があるが（SLひな形2条2項），この義務も原則としてそれぞれの貸付人が個別かつ独立して負担し，他の貸付人が義務を履行しないことを理由に自らの本契約に基づく義務を免れない一方，他の貸付人が義務を履行しないことについて一切責任を負わない（SLひな形2条3項）。

11-27　特に問題となるのは，契約後貸出実行前の事情の変化により，貸出の前提条件（SLひな形4条各号）が満たされているかどうかについて参加者間で判

断が分かれる場合である（たとえば，SLひな形16条7号の財政状態の悪化）。この場合に団体性を貫いて全員一致でないと貸さないとしたり（民251条参照），逆に過半数の賛成があれば全員に貸出義務を負担させたり（民252条・670条参照）といった取扱いをすることは適切でないから，貸付人ごとに判断するものとされる（SLひな形4条本文なお書）。

11-28　ただし，不可抗力で貸出ができない場合（貸出不能事由）の判断については緊急の状況で混乱を回避するため多数決もしくはエージェントの判断によるものとされる（SLひな形4条1号・1条9項）。

(3) 利息等の按分計算

11-29　利息計算は円未満の端数を切り捨てるので（SLひな形9条2項），借入総額について金利計算をした金額と，個々の貸付人からの借入額について金利計算をした金額とを足し上げた合計は一致しないことが多い。このため，後者である旨を明確にし，端数調整が生じないようにする（同9条1項）。また，その他の支払額を按分計算する場合も同様の端数が生じうるので，エージェントを兼務する貸付人への支払額を，支払総額から他の参加人分の合計を減じた額とする旨を明記して疑念を排する（同21条7項）。

(4) 回収における貸付人間の公平の確保

11-30　回収や権利行使の局面ではシンジケートの団体性が強調される。

(a) 元利金の回収

11-31　元利金はいったんエージェントが受け取ってから各貸付人に分配するが，借入人はエージェントに支払った時点で免責される（SLひな形14条1項）[406]。これに反して特定の貸付人に直接支払っても免責されず，支払を受けた貸付人はこの金員をエージェントに支払わねばならない（同3項）。その場合，仮に全体として支払額に不足があれば各貸付人には本来の債務額で按分して配

---

[406]　エージェントへの支払は，エージェントが銀行の場合は通常，借入人がエージェントに開設した預金口座（シンジケート口座）に入金した上エージェントがこれを引き落とすことにより行い，その他の場合はエージェント名義の口座（エージェント口座）に送金することにより行う（SLひな形14条1項・2項）。

分がなされるので（SLひな形15条1項・3項，14条5項），先に支払を受けた貸付人は結果的にシンジケーション全体のために回収を行ったことになる。直接払いが事務ミス以外で起こるとすれば特定の貸付人が「抜け駆け」している状況なので貸付人間の公平を図った規定である[407]。充当においてはエージェントへの手数料（同12条）が一種の共益費として最優遇される（同14条4項1号）。

11-32　この点社債に関しては，担保の受託者がいる場合であっても投資家が自ら直接権利行使し，回収額全額を自ら収受してよいとする判例があり[408]，社債管理者がいる場合も同様に解されている（江頭・会社661頁）。社債権者間には契約が存せず団体性が希薄だからである。社債管理者の報酬についてはエージェント報酬と同様の優遇規定がある（会社741条3項）。

(b) 期限前弁済

11-33　約定弁済の場合と同様，借入人が貸付人の一部だけに期限前弁済をして「抜け駆け」させることは許されず，全貸付人およびエージェントから書面で事前に承認を得た場合に限り認められる（SLひな形10条第1項）。

(c) 相殺

11-34　借入人から特定の貸付人に対してする逆相殺は，債権保全の目的で本来の弁済期日（SLひな形1条31項）が到来したものについて行う場合しか認められない（同19条2項。なお民677条参照）[409]。逆に，個別貸付人からする相殺は通常融資の場合と同様広く認められる（SLひな形19条1項）。

---

[407]　なお，この条項はフォークランド紛争の前年にあたる1981年にアルゼンチンが借り入れていた国際シ・ローンに係る英国の銀行への支払を供託勘定（escrow account）に保留し残額分のみを支払ってきた際に，これを英国にも按分して支払うべきかどうかについて参加行間で紛議が生じたことへの反省から設けられるようになったものといわれている（Mugasha 262-263頁）。国内ローンではむしろ「抜け駆け」防止として働く。

[408]　大判昭和3・11・28民集7巻1008頁（会社百選91事件）

[409]　これは，借入人が特定の貸付人の参加額全体について期限の利益を放棄して逆相殺できるとすると，貸付人に資力がない場合シェアリング条項が有効に働かず，結果的に借入人から（その時点では借入人より信用リスクの高い）貸付人にリスクが移転することになるからである。これに対し，社債に関しては，発行体が投資家の有する社債を受働債権としてする相殺を認める判例がある（最判平成15・2・21金判1165号13頁（商判Ⅰ-113事件））。

(d) シェアリング条項

11-35　ただし相殺により回収された金額は，逆相殺の場合も含め，直接回収の場合（上記(a)）と同様シンジケーション全体のために行ったものと取り扱われる。すなわち，相殺を行った貸付人は，相殺により消滅した貸付債権の額に相当する金額が仮にエージェントに支払われていた場合に，他の貸付人が支払ってもらえたであろう金額に相当する貸付債権を他の貸付人から額面で買い取らねばならない（SL ひな形20条1項。具体的には指名債権譲渡〔民466条〕による）[410]。こうした調整規定を**シェアリング条項**（sharing clause）とか，**プロラタ条項**（pro rata clause）という。ただし，借入人の信用力に懸念がなく，金利の低下等により買取代金を十分な利回りで再運用することができないといった事情がある場合，買取りを希望しない者もいるかもしれないので，SL ひな形では，貸付人は売却を拒めるというただし書を加えてよいことになっている（SL ひな形20条1項2号ただし書）。

11-36　**シェアリング条項の経緯と経済的機能**　1979年のイラン革命の後，前政権が借り入れた国際シ・ローンの支払が停止された際，同国向けシ・ローンのエージェント実績が高かった米国チェースマンハッタン銀行が，預金との相殺により自行債権の回収を図ったことに他の銀行が反発したことが，シェアリング条項が設けられるようになったきっかけとされる（Mugasha 261-262頁）。アレンジャーやエージェントは借入人と緊密な関係にあり，銀行なら預金を受け入れている場合が多いから，シェアリング条項によりアレンジャーが万が一の場合は相殺により参加行の分まで回収を図る覚悟のあることを示して参加を促す効果がある[411]。また，途上国向けや大型の国際プロジェクトファイナンスのように，国内法による秩序だった倒産手続きが存在しないため，万が一の場合には債権者が協調して債務処理を行う必要のある

---

410) 具体例については，西村＝松崎141-142頁を参照のこと。
411) ダブルディッピング　たとえばエージェントの参加額より預金額のほうが大きければ，自行分の相殺をした後シェアリング条項で債権を買い取ると追加的な相殺が可能になるから，理論的にはシェアリングを繰り返せば他行分の回収を図ることが可能になる。海外ではこれをダブルディッピング（double dipping）と呼ぶ。ただしそうする義務があるわけではないし，倒産後に取得した債権等による相殺禁止規定（破産72条，民再93条の2，会更49条の2）に抵触するおそれもある（西村＝松崎143頁）。さらに，他人から債権を譲り受けて権利の実行をすることを禁ずる弁護士法73条との関係も微妙である。

> 案件の場合，シェアリング条項があれば個別行の抜け駆け的回収行為を抑えられる効果が期待できる（同263頁）。

(e) 担保権の実行

11-37　契約時点で，設定済の根担保権やその後に全貸付人とエージェントが承諾（SLひな形17条3項）して設定した担保権（許容担保権，SLひな形1条12項）を実行した場合や対象財産を任意売却した場合（同19条3・4項）はその貸付人のみが利益を受ける（同20条4項）ことができるが，その他の担保については相殺と同様，シェアリング条項が適用される。（同3項）。逆に言えば，各貸付人が個別に同順位の担保権を取得しても，シェアリング条項があるため結果的にシンジケートが担保権を組合保有しているのと同じ経済的効果が得られる[412]。

11-38　**シ・ローンとセキュリティートラスト**　さらに進んで，エージェントがシ・ローンの貸付人全体のために自己名義で担保権を取得し実行にあたる仕組みも考えられる。しかし，登記簿上はシ・ローンのためであることが公示されないので，契約上1個の貸付債権を準共有しているといった法律構成を明確にとらない限り，参加人にとってリスクが大きい。そこで，エージェント（あるいは別の担保受託者）を受託者とし，担保権を信託財産（設権的信託になる），担保設定者を委託者，参加人またはその譲受人を受益者とする信託契約と構成することが考えられる（¶9-59の事例7参照）。これが**セキュリティートラスト（security trust）**と呼ばれるものである（詳細は¶17-62以下参照）。参加人が広域に及ぶため自分で担保管理や実行を行うことが困難な場合やM&Aやプロジェクト融資のように担保管理を含む経常的な信用管理が重要な案件，参加人が頻繁に変更することが予定された流動化型シ・ローンの場合等に活用が期待される。

---

[412]　なお，この場合担保権の登記をエージェントがまとめてできると便利だが，同一債務者だが債権者が異なる複数の債権を被担保債権とする抵当権設定登記は許されないため（1960年12月27日民甲3280号民事局長通達），登記も貸付人が個々に行う必要がある。

(5) エージェントと利益相反

11-39　このように回収や権利行使の局面では，シンジケートの団体性が強調される。他の局面でも，貸付人全体として行動する必要のある場合にはエージェントがとりまとめの機能を果たす。以下，会社法の復習も兼ねて，社債の場合と対比しながら整理してみよう。

(a) エージェントの法的地位

11-40　エージェントはシ・ローン契約に基づき，参加人から業務を委託された貸付人の代理人である（SLひな形21条1項）。エージェント自身も貸付人である場合は，委任契約の受任者というより組合の業務執行組合員に近い[413]。ただし，エージェント報酬は借入人負担である上（同12条），組成段階では同じ主体がアレンジャー，すなわち借入人からシ・ローン組成の委託を受けた受任者として参加人を募るので，現実にはケジメが明確とは言い難いところがある。

　これに対し社債の場合，すでに説明したように（¶10-66以下），社債権者同士が契約をしてエージェントのような立場の者を選定することができないため，社債管理契約や財務代理人契約はあくまで発行体と管理者間の委任契約にすぎず，社債管理者については別途会社法に基づいて社債権者のために社債管理を行う権限や代理権[414]を付与している[415]。また，募集に関与する金融商品取引業者と社債管理者との間には法令上明確な分業が成立している[416]。

---

[413]　組合契約の諸相　もともと組合は共同事業のための契約と定義されており（民667条），実際に最近は組合形態をとる組織や投資ファンドが増えている。しかし組合という法技術は，組織というよりは受任者自体も委任者のひとりであるような集団的委任関係を規律するために用いられることも多い。また組織性が認められる場合でも，事業を行うためのそれと集団的投資スキームのためのそれとではかなり性格が異なることに注意する必要がある。

[414]　社債管理者の代理人として裁判上または裁判外の行為をする場合，本人が不特定多数の投資家であるため個別の社債権者を表示することを要しない旨が会社法上明記されている（会社708条）。

[415]　詳細は表22参照。

[416]　社債管理者については，銀行・信託会社等に資格が限定されている（会社703条，会社則170条）。一方，有価証券関連業を行う金融商品取引業者は社債管理者になることができない

(b) 注意義務と責任

11-41　社債管理者は社債権者に対して、会社法に基づいて公平誠実義務、善管注意義務を負担する（会社704条）。これに対し、エージェントは参加人との委任関係に基づいて善管注意義務を負担する（SLひな形21条3項、民644条）。公平誠実義務については、契約で金額不足の場合の按分義務（SLひな形14条3項）等が規定されている。エージェントがこうした義務に違反すれば債務不履行責任を負うことになるが、シ・ローン契約上エージェントやその役職員・代理人は、契約に関連する行為、不作為について故意もしくは過失がない限り貸付人に対して一切の責を負わないとして通常の債務不履行における帰責事由の立証責任を転換している（SLひな形21条4項、民415条）。

　一方社債の場合、社債管理者と社債権者間に契約がないため、本来なら不法行為責任しか問えないはずだが、会社法は、社債管理者が会社法の規定や社債権者集会決議事項に違反した結果、社債権者に損害が生じた場合は損害賠償責任を負うと定める（会社710条1項）。

(c) 利益相反

11-42　社債権者と社債管理者との利益が相反する場合に、社債権者のために裁判上または裁判外の行為をする必要があるときは、裁判所は、社債権者集会の申立てにより、特別代理人を選任せねばならない（会社707条）。

11-43　**デフォルト前後における利益相反行為に関する加重責任**　さらに、社債管理者がデフォルトの前後3か月内に次のような行為をしたときは、社債権者に対して賠償責任を負担せねばならない（会社710条2項）。
  1) 社債管理者が自己の債権について担保の供与または債務の消滅に関する行為を受けること[417]。
  2) 自己の債権を50％以上の議決権を有する関係会社等（詳細は会社規則171条）に譲り渡して上記の脱法を図ること。
  3) 発行体から財産を譲り受けて代金債務を負担したり、第三者が発行体

（金商36条の4第1項）。
417）　倒産法における特定債権者への担保供与の否認、相殺禁止（破71条・72条・162条、民再93条・93条の2・127条の3、会更49条・49条の2・86条の3。なお、注411参照）の要件が強化されたものと位置付けられる（江頭・会社662頁）。

に有する債務を引受けることを内容とする契約を締結したりして自己の
　　　債権と相殺すること。
　　４）　第三者から発行体向け債権を譲り受けて社債管理者が社債発行会社に
　　　対して負担する債務と相殺すること。

11-44　シ・ローンの場合，エージェントが貸付人でもあることが多いことに加え，エージェントを務める銀行は借入人と緊密な関係にあるメインバンク等の場合が多いため，社債管理者よりも利益相反的状況が問題となり易い。しかし，シ・ローンの参加人はプロの金融機関であることに加え，契約を起草するのがエージェント側であることもあって，むしろ契約上免責規定を設けてエージェントの責任が軽減されている。

11-45　まず，エージェントが貸付人を兼ねる場合，その権利義務はエージェントの義務とは無関係に他の参加人と同等とされ，また，エージェントは借入人との間で一般に認められる銀行取引を行うことが許される。さらに，シ・ローン契約に基づいて開示することを明示して開示された情報でない限り参加人に開示する義務を負わず，借入人からシ・ローン以外の取引で受領した金員を参加人に分配する義務も負わない（以上SLひな形21条6項）。ただ，限界的な状況でこうした規定がどの程度有効かには疑問が残る。水元，西村＝松崎113頁以降や東京地判平成19年11月28日（金法1835号39頁）[418]も参考にして以下の設問を考えてみよ。

　練習問題11-1
　　上場企業A社は，監査法人の適正意見が付された直近の財務諸表を見る限り財務状況に特段の問題はない。しかし，実際には資金繰りがかなり悪化しておりメインバンクのB行は粉飾を疑っているが確証は得られていない。折しも手形貸付（短期融資）の期限が迫っていることから，B行はA社に対し「在庫品の実地棚卸調査に応じないと借り換えには応じられない」と伝えた。これに対し，A社の財務部長から「在庫調査には応じるが貴行の対応に社長が感情を害しているため，決裁に少し時間が欲しい」とした上で，B行がエージェントである契約済シ・ローンの貸出実行を要請してきた。「シ・ローンの貸出金は全額手形借入の返済に充てる。その上で，在庫調査に

---

[418]　下級審だが，小規模なシ・ローンの組成の過程がよく分かるので，興味のある者は事実関係を読んでみて欲しい。

問題がなければ別途手形貸付を再開してほしい」と言う。B 行は結果的に自行の貸出残高が削減できるためこの提案に応じることにした。なお，以上の経緯はシ・ローンの参加人には一切伝えなかった。ところが，その 2 週間後には粉飾決算が発覚し，A 社は民事再生手続開始を申し立てて倒産，債権の大半が回収不能となった。

① 以上の事実関係の下，参加人 C 行が B 行に損害賠償を請求するにはどのような立論が考えられるか。また，B 行としてはどのような反論が可能か。

② メインバンクではなく，B 行と財務部長のいきさつも知らない D 行がエージェントの場合はどうか。

③ 財務部長がシ・ローンではなく，発行登録済の公募社債の募集を B 行から紹介を受けた同行の証券子会社 E に引き受けてもらった場合，E と B 行にはどのような責任が問えるか。

11-46　**法律と現実**　こうして比較してみると，社債管理者に比べてエージェントはいい加減だと思われたかも知れない。しかし，だからこそ業者が重い責任を嫌って社債管理者非設置債（FA 債）ばかりになってしまい（¶10-74），かえってシェアリング条項等のあるシ・ローンのほうが参加人の権利が守られているともいえる。シ・ローン市場成長の背景にはそうした現実もあるように思われる。

第 12 章

市場型間接金融 ②
ローンセール市場

ファイナンスでは，金銭債権を市場で流通させるということが非常に重要な意味を持つ．すでに債券の流通については，基本的なことを折に触れて説明した．本章では，さまざまなローンセール－貸付債権流動化の手法について学ぶ．金銭債権を流通させて行うファイナンスとしては売掛債権の流動化も重要であるが，売買のような双務契約に基づいて発生した金銭債権は，社債や金銭消費貸借のように片務契約に基づくものと比べると法律関係が複雑なので，第2部で商業ファイナンスを論ずる際に詳しく検討する．また，証券化は本来流通を予定しない金銭債権やそもそも金銭債権でないものまで市場で流通させるための，また，デリバティブは原債権の中から特定の金融的な部分だけを別の純粋な金銭債権に投射して取引するための金融技術である．これらも第2部で取り扱う．

1 ローンセールとは何か

(1) ローンセールの定義

12-1　金融機関が保有する貸付債権を第三者に売却することを**ローンセール**(loan sale) という．ローンセールには，売却に伴い売り主と借り手の関係が消滅する**完全型**と，売却後も売り主がシンジケートローンのエージェントのように回収業務を代行する**参加型**がある．参加型の法律構成には，後述のように債権譲渡方式とローン・パーティシペーション等の代替方式がある．

(2) ローンセールの合理性

12-2 　間接金融においては借り手が特定の貸し手との継続的な取引関係（リレーションシップ，relationship）に基づき，当該貸し手だけに詳しい情報開示を行うことを通じて安定的かつ有利な調達条件を得る。ところが，貸し手がローンを適正な価格で売るためにはそうした内部情報を第三者に開示せねばならない。また，ローンが自由に売買されると借り手は見知らぬ貸し手と取引をせねばならなくなる。民法では，債権は譲渡禁止特約がない限り自由に譲渡できることになっているが（同466条），Aという銀行で借りたローンの取り立てをAの一存でBに売却され，その旨をAから通知されただけで（同467条1項），見知らぬBに返済せねばならなくなるというのは決して気分の良いことではない。そうすべき特別な事情がない限り，借り手との取引関係にひびが入るであろう。このようにローンは本来，社債のように当然に市場で売買されるものではない。

12-3 　それにもかかわらず，ローンの売買は比較的古くから行われており，以下のようないくつかの文脈を経て（図78），最近はローンセール市場（貸付債権流動化市場）とでもいうべきものが形成されてきている（図79）。

> ローンセールの文脈
> 　1）　**古典的ローンセール：担保的利用**　　ファイナンスのために行う貸付債権の譲渡は，まず，手形市場や抵当証券のように金融機関自身の資金調達のための担保的利用から始まった。ただし，その形態は譲渡担保借入ではなく，比較的信用力の高い保有資産をリコース義務や買戻条件付きで売却する形態をとる。そして，中央銀行はそうした資産を市場で売買することにより資金量を調節して金融政策を行う。
> 　2）　**BIS対策としてのローンセール**　　次に，90年代に入り銀行の健全性維持のために国際的な自己資本比率規制（BIS規制）が導入されると，ローンセールを通じて分母となる資産をオフバランス化して自己資本比率を向上する取引（BIS対策）が登場した。この場合，顧客との関係を維持したままオフバランス化を実現するための法技術として売切り型のサイレント譲渡やローンパーティシペーションが利用される。
> 　3）　**不良債権処理**　　バブル崩壊（¶12-42）に伴い早期に金融機関の不良債権を処理する必要が生じたため，90年代後半からは不良債権の流動化が推

進された。税務上貸倒償却の損金算入には厳しい要件があるが，ローンセールによれば売却損のかたちで処理することができる。当初は，オフバランス化後も売り主が引き続き処理を行っていたが，いわゆるサービサー法の整備により，処理を専門に行う業者に名実共に売り切る取引が普及してきている。

　4）　**本来のローンセール**　　2000年代に入ると，経済的動機に基づく本来のローンセール市場が拡大し，契約書の標準化等の取組が始まる。ローンセールの動機には，ALMやポートフォリオ分散の文脈，シンジケートローンと同様のローン投資の文脈，銀行と比べて資金調達力が劣るファイナンス会社がローンセールをビジネスモデルに組み込むというアンバンドリングの文脈等さまざまなものがある。

　5）　**クレジットトレーディング**　　米国では，裁定取引目的で行われるローントレーディングの市場が拡大し，債券やローンの代替商品としてCDSのようなクレジットデリバティブが登場した。日本でも徐々にクレジットデリバティブ市場が拡大している。

図78　ローンセールのさまざまな文脈と展開

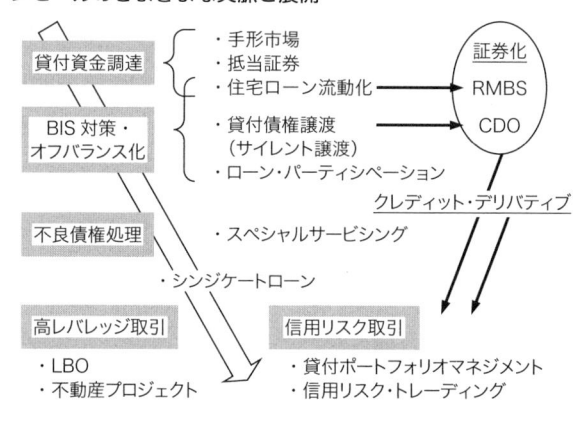

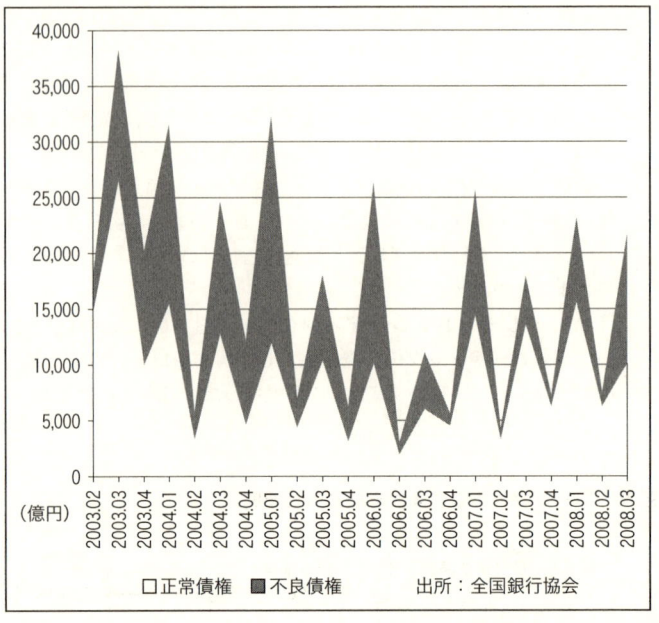

図 79　最近のローンセール残高の推移

```
[グラフ：2003.02～2008.03の正常債権・不良債権の残高推移（億円）
出所：全国銀行協会]
```

　以下，基礎的な法律知識の復習も交えながらローンセール市場の発展をたどってみよう。

2　古典的ローンセール：担保的利用

12-4　ローンセールという概念が登場するよりも前から，金融機関は貸付資金の調達をローンの売却という形式で実施してきている。この場合，売却といっても債務保証や買戻，遡求義務を負担する**リコース付**[419)]が中心となる。

---

419)　リコース　　カタカナ英語で「リコース付（with recourse）」という言葉は，法形式にかかわらず，債権の売り主が対象債権に債務不履行や瑕疵が存する場合にこれを填補する義務を負担することを，一般的に表すために用いられる。

(1) 手形市場

12-5　**手形市場**は，銀行同士が短期金融市場（¶8-17）で商業手形や単名手形を遡求義務付で売買して貸付資金を調達する市場である。取引は**短資会社**[420]と呼ばれる仲介業者を介して行うことが多い。手形貸付（¶7-46）や手形割引（企業が取引先から受け取った商業手形を銀行が割り引いて資金融通するもの）のように，わが国では短期融資の手段として手形を活用してきた。この大きな理由の1つとして，銀行が手形市場において有利な条件で貸付けや割引きのための資金を調達できたことが指摘できる。

12-6　また，日本銀行は金融逼迫時に手形市場で手形を銀行から買い取ることを通じて市場に資金を供給し，また，緩和期にはこの逆を行う。これを**手形オペレーション**（公開市場操作，open market operation の 1 つ）という。このように手形市場は金融政策上も重要な役割を担っている[421]。

図 80　手形市場概念図

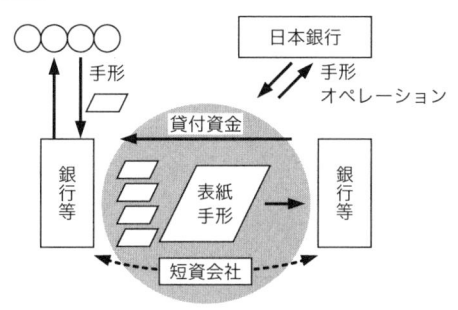

12-7　**表紙手形**　手形の裏書人は遡求義務を負担するので，相手方の銀行に手形を裏書譲渡しても資金調達としての目的は達する[422]。しかし多くの場合，

---

420)　短資会社　インターバンク市場において，主として 1 年未満の短期的な資金の貸借やその媒介，各種短期金融商品の売買等を行う会社で，金融庁長官の指定を受けて貸金業法の適用除外を受けているものをいう（貸金業 2 条 1 項 5 号，同施行令 1 条の 2 第 3 号。なお，出資法昭和 58 年改正附則 9 条）。

421)　手形オペレーションを含む日銀の金融政策の概要については，黒田第 6 章，里麻 93-110 頁が分かりやすい。

422)　指図債権　手形や後述する抵当証券のように証券の裏面に譲渡人が署名（捺印）し，証券を譲受人に交付することにより譲渡する証券的債権のことを指図債権という（民 469 条）。

398　第12章　市場型間接金融②

> 銀行が短資会社を受取人として振り出した自己引受の為替手形[423]に，額面合計が当該為替手形の額面金額以上となる複数の保有手形（原手形）を添付して，短資会社を通じて相手方銀行に売り渡す方式が用いられる。この為替手形は**表紙手形**と呼ばれる[424]。日本の手形実務において外国為替以外の文脈で為替手形が用いられる数少ない例の1つである[425]。

(2) 抵当証券

12-8　不動産（民86条1項）は情報化の進んだ今日においてもなお経済活動を行う上で不可欠な財産であり高い価値を有するので，金融においても重要な役割を果たす。不動産の価値は，これを利用して耕作をしたり，工場・社屋を建築して事業を行ったりする**利用価値（utility value）**と，市場で売買して資

　通常は券面に発行者が最初の債権者に対して「あなたまたはあなたの指図人にお支払します」といった指図文言を記載するが，手形小切手，貨物引換証，倉庫証券，船荷証券は指図文言がなくても法律上当然に指図証券とされる（手11条・77条，小14条，商574条・603条・627条・776条）。

423）為替手形（draft, bill of exchange）　振出人が支払人にあてて，受取人に対して一定の金額を支払うことを委託する手形を為替手形という（手1条）。支払人は「引受け」という手形上の債務負担行為を行うまでは支払義務を負わず（同28条），振出人が遡求義務を負担するにとどまる（同9条・43条）。しかし，振出人と支払人が分断されているため隔地者間の資金決済において生ずるさまざまな取引態様に柔軟に対応することができる。たとえば青森県のAが鹿児島県のCに代金を支払うにあたり，現金を送る代わりにAが当座勘定を有するB銀行の鹿児島支店を支払人とする為替手形を振り出してCに送付する。CはこれをBの鹿児島支店に呈示すればAの口座に十分な残高がある限り支払を受けることができるし，満期前ならBから支払を引き受けてもらえる（同21条）。ただ，これではCが不安だから実際には，最初の時点でAがBにお金を支払ってB青森支店に振出人となってもらうことが多い。これを送金手形という。この他，さまざまな利用形態とその現代的展開については第2部で解説する。

424）為替手形を振出と同時に自己引受すればその実体は約束手形と同じになるから，表紙手形は為替手形である必然性はない。たぶん原手形のほとんどが約束手形なので，混乱を避けるために為替手形を用いたのであろう。

425）外国為替以外で為替手形が用いられる他の例として，関・手形176頁注3参照（この例は恐らく，債務者が当座勘定を開設してもらえない零細小売りの場合に，卸元企業が自分の手形用紙を使って相手を支払人，自己を受取人とする為替手形を振り出し，相手に引き受けさせることにより，相手が約束手形を振り出したのと同様の効果を狙ったものではないかと思われる）。

金化するという**金融価値**（financial value）に分かれるが，不動産の所有者が利用価値を享受したままこれを金融のために利用するには，金融価値のみを実現（つまり，不動産を利用したまま資金化）する必要がある。このための工夫としては，①利用権（賃借権，借地借家権）を留保して所有権を売却する，②売却可能価額の範囲内で相手方から資金の融通を受けるが，万が一返せない場合は相手に不動産を処分する権限を与えるという2つの方法が考えられる[426]。②の場合に相手が取得する権限が担保物権であり，わが国の民法では不動産について抵当権が認められている（同369条以下，¶17-33）。

12-9　ところで②の場合に，貸し手が抵当権付貸付債権を表章する有価証券を市場で売却して資金調達できると便利である。これを可能にするのが抵当証券法に基づく**抵当証券**（mortgage note）である（図81）。同法は，1927年の昭和恐慌を契機に地方銀行が資金繰り難に陥ったことから，保有不動産担保債権を抵当証券化し，日本勧業銀行等（注352参照）が買い取って支援することを目的に1931年に制定されたものである。

---

[426]　土地負担・投資抵当と不動産ノンリコース借入　理論的にはもう1つ，率直に不動産の金融価値のみを独立した物権として売買できるようにするという方法がありうる。具体的なイメージは，たとえば次のようなものである。
　不動産の所有者Aが登記所に申請して不動産金融証券（S）を発行してもらう（この点で債権担保のために設定する抵当権や債権者が申請する抵当証券と異なる）。これによりAは当該不動産の使用収益権とSとを保有する状態になる。SはAまたはその承継人から地代を収受し，また使用収益させた状態で対象不動産を処分してその代金を①全額，もしくは，②証券記載の額面額を限度に収受する排他的権利を表章する物権証券である（講学上Sのことを所有者抵当とか流通抵当などということがあるが厳密には担保権ではない）。AはSをBに売却して資金を調達する。Bは地代を受け取るかSを別の者に売却して投資資金を回収する。Sの権利者であるBとAとの間には債権債務関係はないが，Aが登記簿記載の地代を払わない場合，BはAの権利を失わせて別の者に使用収益させることができる。ドイツで土地負担とか投資抵当と呼ばれているものがこれに近い性質を有する（我妻第3章第2節，石田参照。特に，我妻は現代的視点で読むと非常に面白いのでぜひ一読をお勧めする）。
　Sの価値は理論的には利用権者から得られる将来の地代を市場環境の変化を反映した一定の割引率で割り引いた現在価値（収益還元価値）に等しくなる。
　実は不動産をREIT（不動産投資信託，¶14-39）に売却して持分を上場して流通させれば①と同じになる。また，REITや商業不動産ファイナンスで用いる不動産保有のための特別目的会社が保有物件を引き当てにして債券調達をすれば②に近いものになる。これらとSとではどちらの実用性が高いと思うか。また，Sの流通性を向上するためには登記に公信力を付与すべきという議論があるが，REITではこの点がどのように解決され，あるいは，どの点は解決されていないか考えてみよ。

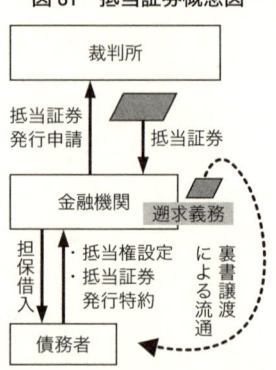

図 81 抵当証券概念図

```
              裁判所
              ↑  ↓
         抵当証券   抵当証券
         発行申請
              ↓
            金融機関 ─── 遡求義務 ┐
         ↑  ↓                      │裏書譲渡
        担  ・抵当権設定              │による
        保  ・抵当証券              │流通
        借   発行特約              │
        入  ↓                      │
            債務者 ←────────────────┘
```

12-10　抵当証券は，土地，建物または地上権を目的とする抵当権を有する債権者（債務者ではない！）が登記所に申請して発行してもらう（抵証1条）。抵当証券発行の特約が登記されていない場合は発行にあたり抵当権設定者（または第三取得者）と債務者の同意が必要である（同3条1項4号）。発行される証券は抵当権と債権を併せ表章する約束手形のようなものと考えればよい（ただし，約束手形のように券面上での債務者の債務負担行為は存在しない）。抵当証券が発行された場合，抵当権と債権の処分は抵当証券によらねばならず，抵当権と債権とを分離して処分することが禁じられる（同14条）。

12-11　抵当証券は手形と同じ指図債権であり裏書により譲渡することができる（同15条）。上述のように，もともと不動産担保融資を行う金融機関の資金調達のために導入されたものなので，手形と同様裏書人は遡求義務を負担するものとされる（同31条）。

12-12　**抵当証券 vs. モーゲージ証書**　抵当証券は立法者の期待に反し銀行にはほとんど使われず，現在はわずかに抵当証券業者と呼ばれるファイナンス会社が不動産融資のための資金調達手段として利用する程度である。ただし，手形と異なり融資期間が長期に及ぶ上，金額も比較的巨額で債務者や対象物件の個性も強いことから，抵当証券自体の流通性はきわめて低い。このため，抵当証券業者は抵当証券を小口持分化して一般投資家に売却している。この場合，抵当証券の券面は分割できないから複数の買い主が1枚の抵当証書を準共有することになる。そこで，抵当証券業者は別途**モーゲージ証書**と呼ばれる買い主の持分等を記載した証拠証券を買い主に交付する[427]。抵当証券

に基づき支払われる金利は，所得税法上利子所得ではなく雑所得とされ，以前は，預金利子のように源泉徴収されず，金額が少額なら申告が不要の場合が多い[428]というメリットがあった[429]ことから，バブル期に個人投資家向け商品として人気が高まった。しかし，裏付けとなる抵当証券の額面を超えてモーゲージ証書を発行して不正に資金調達をする会社が相次いで社会問題化したため，1987年に**抵当証券業の規制等に関する法律**が制定され，業者を登録制として規制を行うと共に，抵当証券は財団法人抵当証券保管機構に保管し，投資家には同機構が発行する保管証を交付することが義務づけられた（法18条・27条）[430]。しかし，ほどなくバブルが崩壊し，その後の業界は縮小の一途をたどっている。2007年には金商法が抵当証券を同法上の有価証券（法2条1項16号）と位置付けたことに伴い，抵当証券業に対する規制も同法に一本化され，抵当証券業規制法は廃止された[431]。

---

[427] 仕組みの詳細は，日長銀77-84頁参照。この仕組みでは抵当証券業者は裏書をしないため法令上の遡求義務は負担しないが，別途購入者に対して元利金を保証している。このため経済実体は抵当証券業者が一般投資家から行う抵当証券担保借入といったほうがよい。したがって，抵当証券業規制法廃止後は金商法の規制に従って販売しないと出資法の預り金禁止違反（法2条）となる。

[428] 現在でも外国為替証拠金取引等から得られた利益等は雑所得として同じ取扱いになる。なお，業者の中には「20万円以下なら申告不要」と説明する者がいるが甚だ不正確である。詳しくは，国税庁のタックスアンサーNo.1900等を参照のこと。

[429] 所税23条1項，「抵当証券に係る税務上の取扱い」（昭和59直審4-30）。その後，租税特別措置による対応がなされたことから，現在は預金利子と同様，源泉分離課税される（税特措41条の10）。

[430] なお最近，抵当証券業法施行後に破綻した抵当証券業者に関し，本来登録更新を拒否すべきであったのに国が監督責任を果たさなかったとして，被害者の国に対する損害賠償請求が第1審，控訴審共に認められ，国が上告を断念して話題になった（いわゆる大和都市管財事件。大阪地判平成19・6・6判時1974号3頁，大阪高判平成20・9・26訟月55巻6号2195頁）。

[431] **保管機構vs.信託** 抵当証券業規制法廃止も6年の経過措置期間中はモーゲージ証書方式による限り抵当証券を保管機構に預託せねばならない（証券取引法等の一部を改正する法律の施行に伴う関係法律の整備等に関する法律58条）。一方，抵当証券を金融商品取引法上の有価証券に指定しただけでは，これを安全に保管した上で持分権を小口流通させる枠組みが提供されるとは限らない。保管機構廃止を想定すると，抵当証券を民間の信託業者に信託譲渡（裏書）し，受益権（場合によっては受益証券）化して流通させる方式が最も現実的であろう（なお，経過期間中でもこの方式は可能）。抵当証券発行に際して裁判所が関与し一定の公正さが確保されているので，担保付貸付債権をそのまま受益権化した場合とは異なる商品として受け入れられる可能性はある。

(3) 住宅ローン流動化

(a) 住宅ローン流動化の意義

12-13 　住宅ローンは個人向けに30年前後という長期間貸出を行うものであり，貸し手からみると信用リスクに加えて，それだけの期間自分自身が貸付資金を確保できるかというリスク（流動性リスク）がある。長期資金が確保できなければ将来金利が上昇すると貸付金利と調達金利が逆転するという金利リスクにもさらされる（¶8-47以下）。しかし，衣・食・住という言葉に表されているように住宅は生活の基本的要素であり住宅ローンがないと国民が円滑に住宅取得を行うことができない。このため比較的古くから各国で住宅ローンを安定的に供給するための仕組みが工夫されてきている。

　住宅ローンを行う貸出金融機関自身が長期債券を発行して安定的な長期資金を調達する金融機関債はそうした工夫の1つである（¶10-42以下）。米国では，住宅ローンの集合（プールと呼ばれる）をそのまま金融商品に転換して資本市場で売却する**証券化（securitization）**と呼ばれる仕組みが発達している。

(b) 資金逼迫の時代：住宅抵当証書・住宅ローン債権信託

図82　住宅抵当証書

図83　住宅ローン債権信託

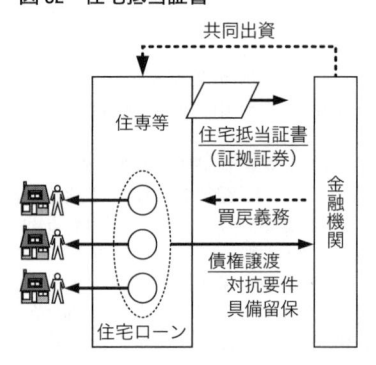

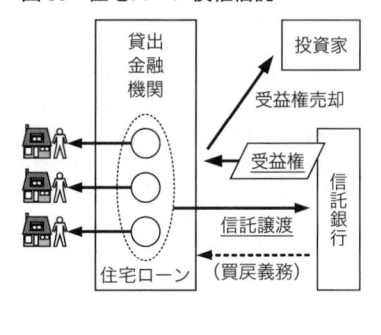

12-14 　わが国における住宅ローン流動化は高度成長時代の昭和48年に発表された金融制度調査会（現在の金融審議会にあたるもの）の答申に遡る（金制答申）。ここでは，企業融資に偏重しがちな民間金融機関の住宅金融への取組みを促進するため，共同出資で**住宅金融専門会社**（いわゆる住専）を設立して個人

向け住宅ローンに取り組ませ、その資金調達は住宅ローンを母体となる金融機関に**流動化**[432]して行うという枠組みが提言された[433]。金融機関としては、住専の貸付資金を融資形態で供給すると金額が巨額になる上、担保にとれる資産も住宅ローン（指名債権）しかないことから、むしろ、保有住宅ローンを譲り受ける形態でファイナンスを提供せんとしたのである。

12-15　具体的には、住宅ローンを長期信用銀行等に集合譲渡し（指名債権譲渡）、譲受人に「**住宅抵当証書**」と名付けられた証書（抵当証券と異なり単なる証拠証券にすぎない）を交付する方式と（図82）[434]、住宅ローンを信託銀行に信託譲渡し（「**住宅ローン債権信託**」という）、受益権を同じ信託銀行が受託する年金信託勘定等で購入[435]する方式（図83）の2つが認められた（詳しくは大垣I§3.6.1参照）。いずれも債務者からの回収は事務委託に基づいて住専が引き続き行い、一定期間後や原債権に問題が生じた場合には買い戻すこととさ

---

432) 流動化　流動化という言葉は、資産を相手方や市場に流通させて資金調達することを意味する。売却や譲渡といった特定の法形式を連想させないことや、有価証券にすることを連想させる「証券化」に限定されないことを明確にするための、日本独特の表現である（英語にこれにあたる用語はない）。

433) 住専の法的地位と住専問題　住専は本文のような経緯で設立されたが、その後80年代後半には母体金融機関が自ら住宅ローンに積極的に取り組むようになったために競争力を失い、折からの不動産バブルで資金需要を強めた不動産業者に対する融資に傾注していった。ところで、住専は旧出資法に基づく大蔵省の告示により銀行とノンバンクの中間的な位置付けを与えられ、その後1983年に立法された貸金業法に基づく貸金業者ではなかった。このためバブル末期に行われたノンバンクへの融資規制の対象外とされたことから、母体金融機関が不動産業者等に迂回融資を行うための仲介主体としての役割を果たすこととなり、バブル崩壊により巨額の不良債権を抱え込んで1社を除く全社が破綻した。いわゆる住専問題とは、この破綻が借入先金融機関の破綻に連鎖することを防ぐために公的資金を投入すべきか、また、投入する場合にいわゆる母体金融機関の責任をどこまで追及すべきかが政治問題にまで発展したものである。

434) 多数の債権譲渡を一度に行うだけなので対抗要件の具備等は個別に行う必要があるが、債務者対抗要件はローン契約上、債務者の事前承諾を取得し、第三者対抗要件については事務が煩瑣なことに加え金融機関同士の取引なので具備留保とした（今日では後述する債権譲渡登記制度を使えばこうした問題は回避可能である）。また、購入者は個別の住宅ローンではなく住宅抵当証書の額面金額全体を1つの貸付けのように扱って管理できるというメリットがあった。ただ、仕組みが原始的なこともあってあまり活用されなかった。

435) ちなみにこの場合、同一の受託者が信託財産を別の信託の信託財産に帰属させる取引となるため利益相反が問題になる。信託法では31条1項2号で原則として禁止されるが、同条2項で任意規定化が図られている。

れた。

12-16 信託の持分権化機能　住宅抵当証書で譲渡されるものは貸付債権の集合（集合債権）にすぎない。ところが，これらを信託して受益権化すると，個別性が失われて信託財産に対する均質な持分権というべきもの（beneficiary interest）に転換される。たとえば以下の設例のように，複数の住宅ローン100億円分を譲渡する場合，住宅抵当証書だと個々のローンについて金利差に相当する譲渡差額（¶12-80）を認識せねばならない。これに対し信託の場合，受託者に信託譲渡した段階では譲渡差益（損）は発生せず，その後受益権を譲渡する際に当該受益権について譲渡差額を認識すればよいため経理処理等が大幅に簡素化される。全体を5分の1ずつ均等な条件で異なる投資家に譲渡することを考えれば両者の差はいよいよはっきりする[436)]。

設例

	金利	金額	譲渡金利	金利差
住宅抵当証書（集合債権譲渡）	2.000%	15	1.875%	0.125%
	2.125%	20		0.250%
	2.250%	30		0.375%
	2.375%	20		0.500%
	2.500%	15		0.625%
合計／平均	2.250%	100		0.375%
住宅ローン債権信託受益権	2.250%	100	1.875%	0.375%

(c) 金利自由化と RMBS

12-17　最近は預金金融機関自身が積極的に住宅ローンに取り組むようになったため，古典的な住宅ローン流動化は過去のものになったが，一方で，金利の完全自由化（¶8-48）を契機に，預金金融機関自身の ALM 目的の流動化ニーズが強く意識されるようになってきている。ただし，この間の金融技術の発展を受けて，古典的な流動化商品は **RMBS**（Residential Mortgage Backed Securities）と総称される米国型の本格的な住宅ローン証券化に取って代わ

---

436) 今日住宅ローンのような小口債権をまとめて証券化する場合，いったん受益権化してから譲渡証券化商品を発行する SPV（資産流動化法に基づく特定目的会社や海外の SPC）に譲渡することが多い。その理由の1つが，この点にある。

られている[437]。なお「証券化は住宅ローンに始まり住宅ローンに終わる」と言われるほど奥の深い領域なので，第2部においてRMBSの仕組みも含めて詳しく議論する予定である。

3 BIS対策とオフバランス化のためのローンセール——売切型の登場

12-18　わが国で最初にリコース付でない売切型のローンセールが正面から業務として認知されたのは，いわゆるBIS基準が導入された1990年前後からである。

(1) BIS規制[438]

12-19　これまでも何度か登場したが，BIS規制について簡単に整理しておこう。

　銀行の健全性を維持するために自己資本を維持させる規制は古くからさまざまなかたちで各国に存在する。しかし，銀行が多国籍化すると一国の銀行の破綻が他国の信用秩序に影響を及ぼすようになる。また，いわゆるオイルマネーの流入によりユーロ市場[439]が巨大化すると金融規制を国際的に行うことが必須となった。折しも1974年にドイツのヘルシュタット銀行が破綻して国際金融市場を揺るがせたことがきっかけとなり，同年スイスのバーゼルにある**国際決済銀行（Bank for International Settlement, BIS）**を事務局と

---

437) RMBSにおいても住宅ローン債権信託が活用されているが，法的形式が同じでも経済的には全く似て非なるものである。なお，新信託法で受益権について無記名証券を発行する受益権発行信託（信託185条以下）が認められたことに伴い，受益証券は金融商品取引法上の有価証券（同2条1項14号）となる。また，受益証券の発行されない信託受益権もみなし有価証券（同2条2項1号）とされる。

438) BIS規制の経緯については氷見野が詳しい。

439) ユーロ市場，オフショア市場　ある国の通貨が他国の金融機関に預けられたり，非居住者によって保有されたりしている場合にこの通貨をユーロマネー（euro money）といい，ユーロマネーを対象にしたさまざまな金融取引が行われる市場をユーロ市場（euro market）という。「ユーロ」というのは，こうした市場がヨーロッパに起源を持つことによる。ユーロマネーの拡大につれ，国内金融市場とは切り離して，非居住者の資金調達や非居住者に対する資金運用について，金融・税制上の制約を少なくし，自由に行えるようにした市場を設ける国が増えた。こうした市場のことをオフショア市場（offshore market）といい，ロンドンが最も古い歴史を持つ。東京にもオフショア市場が設けられているがその国際的地位は低い。

して主要先進国の中央銀行と銀行監督局が国際的な銀行監督の枠組みについて協議を行う場が設けられた。これがいわゆる**バーゼル委員会**（Basel Committee on Banking Supervision）である。

12-20　ところで，1970年代から銀行の破綻を経験し世界最大のオフショア金融市場ロンドンを擁する英国と，基軸通貨ドルを擁し1980年代にラテンアメリカに対する累積債務国問題やドル高高金利政策，その後の不動産バブル等によりきわめて多数の銀行破綻を経験した米国は，銀行の健全性維持のための規制に早くから取り組んできていた。BIS規制は，両国が1987年に共同でバーゼル委員会に対し国際的な活動を行う銀行に共通して適用される自己資本比率の規制として提案したものをもとにとりまとめられた（2006年からはこれを抜本的に改めた新基準が適用されているので，当初のものを"BIS Ⅰ（ビスワン）"，現在の規制を"BIS Ⅱ（ビスツー）"あるいは"Basel Ⅱ（バーゼルツー）"と称して区別することが多い）。参加各国はこの基準（BIS基準）に準拠して国内の規制を導入せねばならない（日本では1988年に行政指導で導入され，93年からは銀行法14条の2において法制度化された）。

(2) BIS対策

12-21　BIS規制は国際的活動を行う銀行に8%以上の自己資本比率を要求する。しかし，それは導入当時の主要邦銀の水準をはるかに上回るものであった。ただし，当時邦銀の信用力を疑う者は少なく，国際的なプレゼンスを急速に高めていた邦銀に対する政治的牽制ととらえる向きも国内では強かった。ところで，BIS規制に先立ち同様の国内規制が実施された米国では，多くの銀行が基準を満たすためにローンセールや証券化取引を行って自己資本比率の分母である総資産（リスクアセット）を削減する「オフバランス化取引」を行っていた[440]。そこで，わが国もこうした先例を参考に，どちらかといえ

---

440) 自己資本の増加と劣後債　自己資本比率を改善するには本来なら分子の自己資本を増やすのが王道である。しかし利益によらずに資本を増やすには増資をする必要がある。収益力が変わらないのに規制を満たすためだけに増資をすればRoEが悪化して株価が下がるから既存株主の利益を害し，場合によっては経営者が責任を問われる。また，多くの銀行が決算期末に向けて同じことを考えれば買い手市場になって調達額や条件が悪化する。こうした問題を回避しつつ分子を増やすには無議決権の優先株式や劣後債が用いられる。

ば規制対応の「お化粧」のために貸付債権を流動化する，いわゆる「BIS 対策」の手法を官民合同で開発したのである。

12-22　なお，あらためて図 79 を見ると，今でもローン売買市場の取引規模は第 1 四半期（3 月末）と第 3 四半期（9 月末）が他の四半期に比べて大きい。このことは，オフバランス目的の流動化が現在でもそれなりに存することを伺わせる。

(3) 貸付債権流動化

12-23　BIS 基準では資産を売却するにあたりリコース付とするとオフバランス化が認められないため，売切型とする必要がある[441]。そこで，前述の住宅ローン債権信託について委託者が買戻義務を負担しない売切方式が認められ，対象債権も企業向けの貸付債権一般に拡大された。また，貸付債権をオフバランス化のために他の金融機関に直接売却することが銀行の業務として正面から認められた。オフバランス目的のローンセールは，売切型ではあるが借り手との取引関係清算が目的ではないため，回収管理を引き続き売り手が行う参加型が原則となる。

12-24　**サービサー vs. スペシャルサービサー**　このように融資の回収だけを引き受ける業務を**サービシング**（servicing）といい，これを受託した業者のことを**サービサー**（servicer）という。日本ではサービサー法（債権管理回収業に関する特別措置法，¶12-60）に基づき主として不良債権の買取・取立を行う業者をサービサーと呼ぶことが多いが，英語でサービサーといえば通常の回収

---

[441] オフバランス化における規制・会計・法律の相互関係　どんな場合にオフバランス化が認められるかについては，BIS 基準が独自に要件を定めていない限り，原則として会計基準の取扱に従うことになる。ところで，会計上オフバランス化（「資産の消滅」という概念になる）を考える場合，法律的に権利関係が完全に移転しているかどうかが重要な判断基準の 1 つとなる。法律上資産の消滅問題は，譲渡か担保かという切り口で問題となることが多いが，特に会社更生手続では担保権者に別除権が認められないから両者の差が大きい。一方，譲渡担保か譲渡かが契約上不明瞭な場合には，会計上借入金処理しているかどうかが当事者の意思解釈を行う上で大きな要素となりうる。譲渡か担保かは譲渡損益をめぐり税法の文脈でも大きな論点になる。法人税法は，収益・費用等の額を会計基準に従って判断せよと定める（法 22 条 4 項）。

このように規制，会計，法律は密接かつジャンケンポンにも似た相互依存関係を有するが，それぞれの制度は目的を異にするから，安易に他の制度の基準を借用することには慎重でなければならない。

業務のことを指すことが多く、不良債権専門業者は、**スペシャル・サービサー**（special servicer）と呼んで区別する。

12-25 　このように「BIS 規制との関係では売り切っているのだが、借り手との関係は継続する」状況を作り出すためにはさまざまな法技術が用いられる。証券化に代表される複雑な BIS 対策ファイナンスについては第 2 部で詳しく解説するので、ここでは比較的単純なローンセールスの手法を、関連する法律知識と共に整理しておこう。

(a) 手形の無担保裏書＋戻し裏書による流動化

12-26 　手形貸付については徴求している単名手形（¶7-46）を譲渡人に「引受無担保」等の文言を付記して裏書譲渡すれば遡求義務を負担せずに譲渡することができる（無担保裏書、手 77 条 1 項 1 号・15 条 1 項）[442]。その上で相手方から取立委任裏書（同 77 条 1 項 1 号・18 条）により手形を戻してもらえば回収は引き続き譲渡人が行うことになる。BIS 対策が議論される以前から外資系銀行等が利用していた方法である。

(b) 債権譲渡＋サービシング（事務委任）

12-27 　手形貸付以外の金銭消費貸借契約を含む貸付債権一般を譲渡するには、民法の指名債権譲渡の方法によった上で（民 467 条）、譲渡人がサービシングを行うために別途譲受人との間で事務委任契約を締結するか、譲渡契約の中にそうした特約を挿入する。

12-28 　債権譲渡の法理は今後さまざまなところで登場するので、この機会に大学時代に使った債権総論の教科書で復習しておいてほしい[443]。ここでは特に

---

[442] ただし、通説は手形貸付を手形担保の金銭消費貸借契約だと解するので、担保手形を裏書譲渡するだけで果たして貸付債権を譲渡したことになるのか議論の余地がある。一方、手形貸付を指名債権譲渡する場合、担保手形は譲渡人が引き続き占有する（民 183 条）。なお、手形割引は手形の買取だと解されているので、そうした疑念は生じない。このため金融機関がオフバランス化を目的に割引手形の流動化や証券化を行う際には無担保裏書が利用されている。

[443] コンパクトな教科書としては、この分野の権威である池田真朗教授の執筆になる野村ほか第 6 章をお勧めする。また売掛債権を念頭においたものではあるが、大垣 3 も第 3 章で比較的丁寧な説明をしている。

対抗要件について整理しておこう。

12-29 **指名債権譲渡の対抗要件**　指名債権の譲渡には特定の要式は不要であり，債権譲渡契約（売買契約の一種。民555条）を締結して行う。貸付債権に代表される金銭債権はあらかじめ譲渡禁止特約[444]を付さない限り原則として自由に譲渡可能であり（民466条），当事者間の譲渡契約で当然に債権は移転するが（民555条），譲受人がその権利を主張するには対債務者，対第三者という2つの対抗要件[445]が問題になる[446]。

12-30 **①対債務者対抗要件**　譲受人が債務者に対して債権者としての地位を主張するためには，どのような要件を満たす必要があるかという問題である。民法はまず譲渡人の通知を対抗要件と定める（民467条1項）。債務者からすれば譲受人から「オレが債権者だ」と言われても信用できないからである。

　債務者は対抗要件を具備しない譲受人への弁済を拒めるが，他方で債務者は対抗要件を有する者に支払わないと免責されない。ただし，債務者が自らリスク負担するなら保護の必要はないから，債務者の承諾も対抗要件とされている（民467条1項）。譲渡人から通知がなくても明らかに譲受人と分かる者から請求を受けた場合は譲渡を承諾してその者に弁済すればよいということである。

444）　**譲渡禁止特約の第三者効**　民法466条2項が譲渡禁止特約に第三者効を与えていることには，比較法的視点や中小企業等が売掛債権等の金銭債権を利用して資金調達を行うことを不当に制約するといった実質的な視点の双方から批判が多い（民法争点番83参照）。しかし，一口に指名債権といってもきわめて広範なものを含むし，貸付債権に限っても債務者が事業者か消費者かで譲渡禁止の意味が異なる。また，譲渡禁止特約を制限するだけで，売掛債権を流通させて資金調達を行う場合に考慮すべきさまざまな法律問題が一気に解決するわけでもない。そもそもこうした問題が浮上した最大の要因は，情報化時代を迎えて手形が機能不全に陥る一方，長引く不況で商業ファイナンスに目詰まりが生じたからだが，その点については電子手形を可能ならしめる電子記録債権法が2008年12月から施行されたところである。従前から譲渡禁止債権であっても手形で支払うことはできたのだから，電子手形の普及により法的な問題がある程度解決することに期待したい。

445）　**効力要件と対抗要件**　財産権の処分（譲渡や担保権の設定）については，そもそも処分が有効かどうかに関する要件（効力要件）と有効な処分で得た権利を当事者以外の者に主張できるかという要件（対抗要件）が問題となる。対抗要件は有効な処分を受けた者が複数存在する場合に問題となるため，「両立し得ない権利を争う者同士の関係」と説明される。

446）　対抗要件の具体例については，VM 73-74頁を参照のこと。

12-31　**②対第三者対抗要件**　複数の譲受人やこれに相当する者（差押債権者，国税債権）が競合する場合に誰が勝つかという問題である。この点について民法467条2項は債務者以外の第三者に対抗するには通知・承諾を「確定日付のある証書」でせよと定める。確定日付とは証書の作成日を第三者に対して証明するための公的な制度である（民施4条）。具体的な方法は民法施行法5条に列挙されている（実務では公証人役場で確定日付を取得するか［民施5条1項2号］，内容証明郵便とすることが多い［同6号］）。ところで通知は意思表示ではないが[447]到達主義に関する規定が類推適用される（民97条1項，奥田437頁）。だとすると，通知に関する限り確定日付で証明すべきは到達日であって通知書の日付ではないと考えるべきである（承諾については承諾書に確定日付を取得すれば足る）。しかし，この立場には以下のような問題がある。

　まず，実務で到達日を明らかにするには<u>配達証明付郵便</u>（郵便47条）が用いられる。しかし，配達証明の日付そのものは確定日付ではなく，他に確定日付を取得するうまい方法もない[448]。

　次にそもそも，物権変動に関する対抗問題と異なり，債権の対第三者対抗要件には，<u>債務者が誰に支払えば免責されるのか</u>という議論が不可避的に伴う。債務者からすると，自分に対する債権の帰属が自分とは関係のないところで争われているために，誰に支払ってよいかがわからない（それどころか下手に間違った相手に弁済すると免責されない）というのでは迷惑な話である。このため，<u>対第三者対抗要件の判断は債務者自身が容易に判断でき，かつ負担が少ないものでなければならない</u>。これらの点からすると上述の立場は，到達日が確定日付で証明されているかどうかによって誰に支払うかを判断するという難しい作業を債務者に強いることになり不当である。そうかといって通知書の確定日付の先後で判断するという立場をとると，先日付の確定日付さえあれば通知せずに放置してよいことになり法的安定性が害される。

　そこで最高裁は，確定日付本来の役割はさておき，<u>確定日付は通知書に取得すれば足るが，優先関係はその確定日付によるのではなく，到達日の先後による</u>とした上で，<u>到達日は別途証明せよ</u>という立場をとる[449]。いわば通

---

447)　準法律行為（意思表示ではないが何らかの法律効果を生じさせる行為）のうち，観念の通知と呼ばれるものにあたる（我妻ほかⅠ総78）。

448)　民営化後の郵便会社の郵便認証司は内容証明の日付と民事訴訟の特別送達の認証をする権限しかなく，配達証明の日付は民法施行法5条1項に列挙された確定日付のいずれにもあたらない。立法論としても特定の郵便事業者の配達証明を特別扱いすることは好ましくないから，到達時の証明を確定日付制度ではなく一般の方法に依らしめる最高裁の判断は現実的である。

3 BIS対策とオフバランス化のためのローンセール——売切型の登場　411

知については，[通知書に対する現行の確定日付取得]＋[到達日を証明可能な送付方法]を以て民法が予定する「本来の確定日付」の機能を果たすと考えるわけである[450]。これを債務者の視点からみれば，①　とにかく通知書を受け取ったら次の通知書を受け取る前に支払えば免責される，②　万が一通知書を複数受け取ったら内容証明郵便や公証人役場のスタンプが押されたものを優先させる，③　②で優先度が同じものについては日付ではなく先に来たものを優先させる，という対応をすればよい。これなら法律を知らない者でも無理がないだろう。なお，こうした方針で対応困難なら，債務の履行地にある供託所で弁済を供託することができる（民494条以下）。

> 問）　実務では融資契約を締結する時点であらかじめ譲渡承諾特約を挿入しておくことが多い。以下の条項は対抗要件として有効か。
> 例1）「私（借入人）は貸付人が私に対する債権を第三者に譲渡することをあらかじめ承諾します」
> 例2）「私（借入人）は貸付人が私に対する債権を銀行その他の預金金融機関に譲渡することをあらかじめ承諾します」
> 例3）「私（借入人）は貸付人がA，B，Cもしくは貸付人が適切と考える第三者に譲渡することをあらかじめ承諾します」
> 例4）「私（借入人）は貸付人がA，B，もしくはCに譲渡することをあらかじめ承諾します」

12-32　まず，対債務者対抗要件（債務者が対抗要件を具備しない譲受人に対して弁済を拒めるかという問題）との関係だが，判例は債権および譲受人がいずれも特定している場合に，債務者があらかじめ譲渡を承諾していれば，その後あらためて通知または承諾がなされなくても債務者に対して対抗し得るとする[451]。さらに通説は，例1のように譲受人を特定せずとも差し支えないとする（我妻講義4・533頁，奥田438頁等）。しかし，事前承諾した債務者は，譲渡の事実を知らずに旧債権者の請求に応じて支払うとその後に現れた譲受人に二重弁済させられるという高いリスクを負担するので，そこまで覚悟したといえ

449）　最判昭和49・3・7民集28巻2号174頁（民法百選Ⅱ 30事件，民判169事件）。
450）　なお，判例の立場だと譲受人と債務者が到達時を操作できることや，起草者が想定していた仏法での取扱い等を根拠に，あくまで到達時そのものを確定日付で証明させるべきだという学説も有力である（民法百選Ⅱ 30事件の池田解説参照）。
451）　最判昭和28・5・29民集7巻5号608頁。

るのかどうかが問題である。もちろん，貸付人が貸出後すぐに譲渡することが明白で譲受人と称する者が現れたら誰でも文句を言わず支払うつもりのこともないとは言えないだろうが，通常は例1を読んでも，<u>譲渡禁止特約を付す意思がないことを確認したものとしか考えないのではなかろうか</u>[452]。少なくとも，例1型の特約付約款を用いた消費者向け貸付取引等において，特約の意味を債務者に明確に説明せず契約を締結したような場合は，債務者対抗要件としての効力を否定すべきだろう。同様に例2，例3についても，少なくとも債務者が消費者の場合，裁判所が譲受人の特定性を厳格に要求する可能性を十分考慮しておく必要がある[453]。

次に，事前承諾が対債務者対抗要件として有効な場合は，確定日付を取得すれば原則として対第三者対抗要件としても機能する。しかし，例1や例2のように譲受人が不特定な事前承諾について，複数の譲受人が登場すると，一体誰がその承諾によって対抗要件を取得したのかが特定できないから対第三者対抗要件としては機能せず，あらためて特定の譲受人について確定日付ある通知・承諾が必要である（潮見552頁も同旨と思われる）。一方，例4において，承諾書の確定日付より後に，承諾書に記載のないXを譲受人とする確定日付ある通知書を受け取った場合，A，B，C全体としてはXに優先するが，A，B，C内部は早い者勝ちだと解することになろう[454]。

(c) サイレント譲渡――債権譲渡特例法

12-33 融資は貸し手・借り手の閉鎖的な情報生産関係に基づいて行われるものなので，前講で学習したシンジケートローンのような市場型の構造を持つものを除き，貸付債権を貸し手の都合でBIS対策のために譲渡する場合，債務

---

[452] 譲受人を特定しない事前承諾は通知・承諾不要特約だと解し，債務者は旧債権者に支払っても免責されるとする説もある（加藤3・315頁）。

[453] たとえば例2は「預金金融機関」ならよいが，「金融機関等」だと特定性が否定される可能性がある。また例3は，A，B，Cに対する事前承諾としての効果しか認められない可能性が高い。

[454] これらの問題については判例・学説が深まっていないので，実務上は事前承諾の確定日付に安住せず，以下に述べる譲渡特例法に基づく債権譲渡登記を併用して対第三者対抗要件を取得すべきである。なお，債権法改正方針では債務者の承諾を債権譲渡の対抗要件とはせずに，譲渡債権に関する弁済の相手方に関する規定を新設し（3.4.1.06），さらに，債務者の抗弁切断に関する規定を整備して異議なき承諾と同様の機能が果たせるよう配慮する提案を行っている（3.4.1.08）。

者としては引き続き旧債権者とのみ取引したいと考える可能性が高い。一方貸し手の側も，BIS対策のためにオフバランス化する債権は大手企業向けの優良・大口のものになりがちだから，取引先との関係を損ねないために譲渡の事実は相手に知らせたくないという事情がある（こうした譲渡を**サイレント譲渡**という）。これに対し，譲受人は自己の権利を確保するために少なくとも対第三者対抗要件だけは具備しておく必要がある。しかし，民法の対抗要件の構造は対債務者対抗要件の存在を前提にこれに確定日付を取得して対第三者対抗要件とするものなので，「債務者に知らせずに譲渡し，債務者は譲受人への弁済を拒否できるが，譲受人は自己の権利を債務者以外の第三者には主張できる」という関係を作り出すことができない。こうした配慮は消費者ローンの流動化においても重要である。

12-34　BIS対策や後述する不良債権処理において金融機関が多くの貸付債権を一括して流動化すること（これを**バルクセール [bulk sale]** という）が増え，確定日付を取得する手間とコストが強く認識されるようになった（大垣1・113頁注32参照）。

12-35　こうした中，バブル後の不況下において金融機関の不良債権処理と企業金融のメニュー拡大の観点から資産流動化を推進するため，1998年に一連の法整備の1つとして，**債権譲渡の対抗要件に関する民法の特例等に関する法律**（以下，「**譲渡特例法**」）が制定された。同法によれば，<u>法人が譲渡する金銭債権に関する情報を電子情報化して磁気媒体やネット経由で登記すれば，第三者対抗要件のみを具備することができる</u>（法4条。**表28**，**図84**参照）[455]。

455）　債権法改正方針では，譲渡特例法を自然人も利用できるよう措置を講じた上で，金銭債権の譲渡に係る対第三者対抗要件を債権譲渡登記に一元化することが提案されている（3.1.4.01 <1>，3.1.4.07 <1>）。

表 28　債権譲渡登記制度の概要（法 4 条）

項目	内容
譲渡人の制限	法人に限る[456]。譲受人や債務者に制限はない。
対象債権	金銭債権に限る[457]。磁気媒体やインターネット経由で申請でき集合債権について一括して対抗要件取得が可能。
債権の特定	債務者が特定している必要はなく，将来債権譲渡の登記も可能（譲渡特例法規則 9 条 1 項 3 号）。また，将来債権を含む場合は債権総額も不要（法 8 条 2 項 3 号）。
登記	法務省が設ける登記所において債権譲渡登記ファイルに対し譲渡の登記を実施。
対第三者対抗要件	債務者以外の第三者について民法 467 条による確定日付のある証書による通知が登記の日付においてあったものとみなされる。[458]
対債務者対抗要件	債務者の承諾または，譲渡人若しくは譲受人が債務者に登記事項証明書（VM 76 頁参照）を交付して通知。
人的抗弁	対債務者通知があった場合，債務者は，通知を受けるまでに譲渡人に対して生じた事由を譲受人に対抗することができる。
登記内容の開示	誰でも登記事項の概要を記載した概要記録事項証明書（VM 76 頁参照）の交付を請求可能（法 13 条）。
取消・解除による抹消登記	復帰的な債権譲渡に関する対抗要件について譲渡登記と同様の取扱

---

[456]　登記実務の制約はあるが，本来事業者・消費者（消費契約 2 条 1 項・2 項）で分けるべきであり，法人・自然人で分けることの合理性には疑問がある。

[457]　債務者が特定していない場合は債権の発生原因，債権発生時における債権者の数，氏名および住所を記録すればよい。これにより将来債権譲渡に関する登記が容易になる。

[458]　この結果，債権譲渡登記と民法 467 条 2 項に基づく確定日付のある証書による通知が競合した場合は，登記日付と通知到着日の先後によることになる。

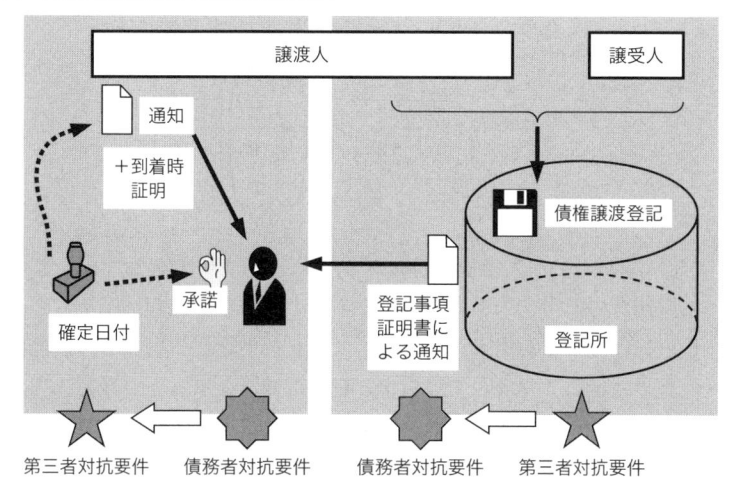

3 BIS対策とオフバランス化のためのローンセール——売切型の登場

図84 民法の対抗要件と債権譲渡登記

12-36 　なお，同法はアセットベーストファイナンス（売掛債権や在庫動産といった流動資産を裏付けにした商業ファイナンス。第2部で取扱う）を推進する観点から2004年に改正され，新たに在庫等の集合動産を想定した動産譲渡登記制度が盛り込まれた（法3条。同時に**動産および債権の譲渡の対抗要件に関する民法の特例等に関する法律**と改称された）。

(4) ローン・パーティシペーション

12-37 　上述のサイレント譲渡をより徹底させて，法的な債権譲渡は行わず，貸付債権（対象債権）の貸し手（被参加人）と実質的な譲受人（参加人，participant）との間で，対象債権の全部または一部に係る利益（原債務者から元利金として支払われた金銭等を受け取る利益）とこれに係るリスクの全部または一部を被参加人から参加人に経済的に移転させる目的で，参加人が対象債権の時価相当の対価を支払い，爾後被参加人が現実に受け取った元利金のうち，参加人の参加割合に応じた金額を受け取る契約を締結することがある（図85）。これを**ローン・パーティシペーション（loan participation）契約**という（以下，LP契約）[459]。

---

459) 原資産の経済的特質を抽象化させた原資産とは独立した金銭債権の取引という意味では，

図85 ローン・パーティシペーション

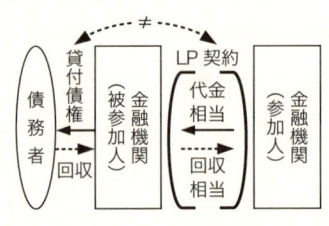

12-38　LP 契約の参加人は債務者に対する直接的権利を有しない。このため，仮に債務者の信用リスクに問題がなくても，被参加人が倒産するとその後の支払を受けることが出来なくなる。サイレント譲渡の場合も，債務者が譲渡人の求めに応じて弁済してしまうと有効な弁済となるという意味で，譲受人は譲渡人について一定のリスクを負担しているが，LP 契約ではより明確に譲渡人の信用リスクを負担することになるわけである。

12-39　このように LP 契約は，法律的には被参加人が参加人に対して金銭債務を負担する契約であり，本来なら被参加人は会計上対象債権の消滅を認識するのではなく，これに見合った負債を認識すべきはずである。しかし，LP 契約が貸付債権流動化の手法として広く利用されていることに鑑み，企業会計基準では対象債権に係るリスクと経済的利益のほとんどすべてが参加人に移転している場合には，対象債権の消滅を認識すること（オフバランス化）を認めている（金融商品会計基準42段落）。この場合，被参加人は実質的な買戻権を留保してはならない。同様に BIS 規制上もオフバランス化が認められる（BIS 告示248条1項参照）。

(5) 信用リスク削減手法と証券化

12-40　いわゆる BIS 対策は，BIS II においては**信用リスク削減手法**（credit risk mitigation, CRM）と**証券化エクスポジャー**という2つの概念により基準内部に取り込まれ，それぞれの手法についてオフバランス化がどの程度認められるかについて精緻な基準が定められた（BIS 告示80条以下・219条以下・246条以下）。特に**クレジット・デリバティブ**は，これを利用したリスクアセッ

一種のデリバティブ契約と位置付けられる。

トの削減が正面から認められたことから，わが国でもその活用が進んでいる（¶16-46）。また，**CLO**（**collateralized loan obligation**）とか **CDO**（**collateralized debt obligation**）等と呼ばれる貸付債権を対象にした証券化商品も大きな発展をとげた。特に 2000 年前後からは 2 つの金融技術が融合して，**structured products** と呼ばれる，古典的なオフバランス化の文脈とは全く異なる信用リスクトレーディングのための商品に発展して大きな市場を形成するに至った。2007 年に勃発したサブプライム問題はこの市場の崩壊によりもたらされたものである（そのメカニズムは第 2 部で解説する）。

4 不良債権の処理とローンセール

> 問）バブル崩壊とは何か。バブルはなぜ起こり，そして崩壊するのか？

12-41　BIS 対策の次にローンセールが重要な役割を果たしたのが，バブル崩壊（1992 年頃）を契機とする不良債権処理においてである[460]。

12-42　**バブルとその崩壊**（**collapse of bubble economy**）　バブルとは特定の財に対する投機的投資[461]が短期間に膨らみ，価格が実体価値をはるかに上回る水準となる現象を指す[462]。古くはオランダにおけるチューリップ取引に遡るとされる（Galbraith，チャンセラー参照）。価格が泡のように大きく膨らみ，またそれが，泡のように消えることを例えたものである。

　もともと投機的投資は市場に不可避なものでありそれ自身が一概に悪では

---

[460]　本節の経済的な背景については，伊藤マクロ 11 章が分かりやすく丁寧なので一読をお勧めする。

[461]　**投機的投資**　投機的投資（speculative investment, speculation）とは，投資対象の実体的な価値に大きな変化がないにもかかわらず，その市場価格が本来の水準を超えて上昇・下落することが見込まれる場合に，値ざやを稼ぐ目的で購入・売却（空売り）を行う比較的短期の投資をいう。こうしてみると投機も投資の一態様だが，「投機か投資か」と対比する場合の投資（狭義の投資）は，投資対象の実体的価値の増大を見込んで比較的長期的な投資を行うことを意味する。なお，投機的リスクと純粋リスクの対比について¶1-35以下参照。

[462]　厳密には値下がりの側にも逆バブル（行き過ぎた値下がり）が存在しうる。バブル崩壊の過程でこうした現象が起こることが多い。ただし，この過程では信用収縮により市場が機能停止してしまうため取引価格そのものが成立しなくなり，評価損が一人歩きして拡大し，それが原因で信用収縮が一層深刻化するという径路をたどることが多い。

ないし[463]，通常はバブルを引き起こすまで資金が続かないことが多い。しかし，何らかの理由で金融機関や市場の規律が緩んで特定の財に対する投機資金が過剰に供給されると，それ自身により価格が押し上げられ，担保価値が増えて追加的な資金調達が可能となり，これがさらに次の投機的投資を生むという過程が繰り返されて急速にバブルが拡大する。そして，実体価値[464]との乖離幅がある程度以上になると市場は「バブル」を意識するようになり，何らかのきっかけ[465]で金融機関や市場が追加的な投機資金の供給を停止すると手仕舞いや損切りのための売却が市場に集中し価格が急速に下落する。これが**バブル崩壊**である。

　1980年代後半から90年代初頭の日本では，成熟経済の下で余剰貸付資金を抱えた銀行が，自ら，あるいはノンバンクを介して，土地に対する投機的投資を行う不動産業者や企業に対して融資競争を繰り広げたためにバブルが生じた。最近の米国では，金融工学の発達を背景に，証券化市場に巨額の投機的資金が流入したために，それまでは借入れが困難であったいわゆるサブプライムローン（低所得者層向けや投機目的といった高リスクの住宅ローン）が証券化を前提に過剰に貸し出されたことがバブルを生み出した[466]。

　このように，バブル問題が深刻化する最大の原因は，投機的投資そのものよりは，投機者に無節操に資金供給をしておきながら，突然これを停止する金融機関や資本市場の側にある。ただし，どこまでが健全な資金供給でどこからが行き過ぎなのかを判断することは非常に難しい。問題を恐れて過剰な規制に走れば本来自由であるべき市場が機能不全に陥る。このため，市場メカニズムの中に金融の行き過ぎを抑えるビルトインスタビライザーをいかに組み込むかが現在の金融における最大の課題のひとつである。

463）バブルが市場価格と実体価格の差だとすれば，それ自体は，投資家が合理的に行動するという前提の下でも発生し，理論的には発散的な（無限大となりうる）構造を有する（大村ほか194-205頁）。

464）実体価値とは何かについては議論がありうるが，一般にはその財が生み出す将来キャッシュフローの現在価値（株式の場合配当割引モデル［¶13-12以下］，不動産の場合収益還元価格などと呼ばれるもの）と定義される。

465）日本の不動産バブルにおいては，当時の大蔵省が金融機関に対して不動産関連融資とノンバンク融資の増加を抑える総量規制を行ったことが引き金となった。

466）サブプライム問題では，こうして作られた証券化商品を再度何層にも証券化して，資本市場内部においても一種のバブルが形成されたことが問題を国際的でかつ巨大なものにした（大垣［2008］参照）。

(1) 不良債権処理の開示

> 問）　金融市場の安定のために，銀行の不良債権額を開示させるのはなぜか。正直に開示するとかえって不安や混乱を生むのではないか？

(a) エージェンシーコストの低減

12-43　バブル崩壊（¶12-42）やサブプライム問題後のように金融機関の資産全体が劣化している場合，あるいは，特定の金融機関が巨額の損失を被ったといった風評がある場合に，不良債権の金額や想定される損失額を「不確実性」のまま放置しておくと預金者の不安が増大して取り付け騒ぎになったり，短期金融市場からの資金調達が困難になったりして最悪の場合破綻に至る。これに対し，不良債権の額が正確に開示されていれば必要に応じて日銀や政府が公的支援等を検討することも可能になる。このように金融市場の安定性を確保する観点からは，不良債権に関する透明性を確保してエージェンシーコスト（¶2-25）を引き下げることが非常に重要である。

(b) 不良債権の開示基準

12-44　不良債権の開示には，一般的な会計基準によるものと金融機関固有の開示規制の2つが存する。

12-45　**不良債権の会計上の開示**　会社法上，取立不能のおそれのある債権については事業年度の末日において取立不能見込額を控除せねばならない（会社計算5条4項）。企業会計基準は貸倒見積高の算出方法について，①　破産更生債権については債権額から担保の処分見込額および保証による回収見込額を減額して求める方法，②　貸倒懸念債権については，(A)　①と同様に計算した金額について債務者の財政状態および経営成績を考慮する方法と，(B)　将来の受取元本・利息に係るキャッシュフローを当初の約定利子率で割り引いた現在価値と帳簿価格の差額による方法（キャッシュフローを合理的に見積もれる場合に限る）を認めている（金融商品会計基準28段落）。

12-46　さらに銀行については，銀行法と金融再生法が独自に不良債権の内容の開示を義務づけている（日野・金融法第4章，小山325-336頁，348-349頁）。

12-47 **リスク管理債権**　銀行法は会社法や金商法の開示とは別に，すべての銀行について業務および財産の開示を義務づけている（同21条）。これに基づき開示対象となる不良債権は**リスク管理債権**と呼ばれ，①破綻先債権，②延滞債権，③3か月以上延滞債権[467]，④貸出条件緩和債権[468]の4つに区分される（銀行法施行規則19条の2第1項5号）。債権ごとの概念なので同じ債務者について延滞分と正常分があれば前者のみがあてはまる。また，この区分は米国証券取引委員会（SEC）のそれに準拠しており，国際比較が可能である。

12-48 **金融再生法上の開示債権**　さらに銀行法の特別法にあたる金融再生法[469]は，金融機関に半期ごとに資産査定の結果を内閣総理大臣（金融庁）に報告することを求めている（法6条1項，同規則2条，法7条）。同法に基づく資産査定とは，金融機関が保有する債権その他の資産を，回収不能となる危険性または価値の毀損の危険性に応じて，①破産更生債権およびこれらに準ずる債権，②危険債権[470]，③要管理債権[471]，④正常債権に区分することをいう（法6条2項，規則4条1項）。リスク管理債権と異なり，債務者の状況に基づく区分である。また，貸出金に加えて，債務保証見返，未収利息，仮払金なども査定対象となる。各金融機関は各分類に該当する金額を公表せねばならない（法7条，規則5条）。

467)　延滞債権は，貸出債権のうち未収利息が不計上になっているもの（注484参照），3か月以上延滞債権は元金または利息の支払が，約定支払日の翌日から3か月以上延滞しているが未収利息が不計上には至っていないものをいう。

468)　貸出条件緩和債権　債務者の経営再建または支援を図ることを目的として，金利の減免，利息の支払猶予，元本の返済猶予，債権放棄その他の債務者に有利となる取決めを行った貸出金。

469)　金融機能の再生のための緊急措置に関する法律（1998）。金融機関の破綻が相次いで発生し，わが国の金融の機能が大きく低下するとともに，わが国の金融システムに対する内外の信頼が失われつつあったことから，金融の機能の安定とその再生を図るため，本文に述べた開示規定に加え，2001年までの時限措置として，①金融機関の金融整理管財人による管理，②破綻した金融機関の業務承継（いわゆるブリッジバンク），③銀行の特別公的管理並びに金融機関等の資産の買取りに関する緊急措置の制度を設けること等により，信用秩序の維持と預金者等の保護を確保することを目的とするもの（同1条）。

470)　危険債権　債務者が経営破綻の状態には至っていないが，財政状態および経営成績が悪化し，契約に従った債権の元本の回収および利息の受取りができない可能性の高い債権（金融再生規則4条3項）。

471)　要管理債権　3か月以上延滞債権，および，貸出条件緩和債権（金融再生規則4条4項）。

(c) 銀行による不良債権の自己査定と償却・引当て

12-49　以上とは別に，金融庁は銀行検査の一環として**資産査定**を行い，貸出債権をⅠ分類−Ⅳ分類の4段階に分類する[472]。このうちⅡ分類以下が不良債権に該当する（俗に不良債権の同義語として用いられる「分類債権」［正式には分類資産］とはこのことを意味する）。ただし，検査官が自ら査定するのではなく，銀行自身が，公開されている金融検査マニュアルに則り資産を自己査定し，検査では査定結果が適正かどうかがチェックされる。査定結果の開示義務はないが，銀行はこの自己査定に基づいて償却・引当てを行うため[473]，不良債権処理に係る意思決定に大きな影響を与える。リスク管理債権と金融再生法開示債権の金額は担保・引当てによるカバー分を含むが，自己査定に基づく分類は償却・引当てを目的とした概念なのでカバー後の金額となる（表29）。

表29　債権分類基準（日野・金融法124頁による）

担保等の分類		債務者区分 正常先	要注意先[474]	要管理先	破綻懸念先	実質破綻先	破綻先
預金・国債等の優良担保／保証協会などの優良保証		Ⅰ分類	Ⅰ分類	Ⅰ分類	Ⅰ分類	Ⅰ分類	Ⅰ分類
一般担保（不動産等）	処分可能見込額（評価額の70%相当分）	Ⅰ分類	Ⅱ分類	Ⅱ分類	Ⅱ分類	Ⅱ分類	Ⅱ分類
	リスク部分（評価額の30%相当分）	Ⅰ分類	Ⅱ分類	Ⅱ分類	Ⅲ分類	Ⅲ分類	Ⅲ分類
無担保		Ⅰ分類	Ⅱ分類	Ⅱ分類	Ⅲ分類	Ⅳ分類	Ⅳ分類

---

472) 個別資産の分類方法については，金融検査マニュアル別表1に整理されている。
473) 目安として，担保・保証で保全されていない破綻懸念先債権は70%，担保・保証で保全されていない要管理先債権は15%，その他の要注意先は3%–5%程度の償却・引当てが必要とされる（金融再生［1999］，日野・金融法135頁）。
474) 要注意先　延滞先，貸出条件先のほか，業況が低調ないしは不安定，財務内容に問題が

(2) 税務上の配慮と損失の確定

> 問1) 不良債権に対して，貸倒引当金を積むと自己資本が増えるという話があるが本当か？
> 問2) 不良債権を売却する税務上のメリットは何か？

(a) 貸倒損失の償却方法

12-50　銀行等の金融機関は，保守主義や健全性維持の観点から，不良債権について見込まれる損失を早い段階から処理することが望ましい[475]。

12-51　**直接償却と間接償却**　貸付債権が回収不能な場合に帳簿価額を減額して貸倒損失を認識することを実務では**直接償却**という。これに対し，債権の簿価はそのままにしておいて，別途**貸倒引当金**を引き当てることを**間接償却**という。貸倒引当金には，保有債権一般について通常生ずべき貸倒額を引き当てる**一般貸倒引当金**と，特定の債権が不良化した場合に当該債権について引き当てる**個別貸倒引当金**がある。

　税法上，直接償却を損金算入できるのは，現実に貸倒れが発生した場合か，これに準ずる場合に限定されている（法税22条3項3号）[476]。これに対し，間接償却については比較的柔軟に損金算入が認められる（法税52条1項，2項）。間接償却を損金算入してよい限度額は，法人税法施行令に定められて

ある等今後の管理に注意を要する債務者とされる。いわゆる銀行の「貸し渋り」はこれに該当するか，該当する懸念がある場合に起こるといってよい。

475)　具体的な償却・引当ての目安については，金融検査マニュアル別表2に整理されている。
476)　法人税基本通達では，以下の場合が認められている。
　① 金銭債権の全部または一部の切捨（法税通達9-6-1）
　　(1) 法的整理手続（会社更生等・民事再生・特別清算）によるもの
　　(2) 法的整理手続に準ずる私的整理によるもの（イ　債権者集会の協議決定で合理的な基準により債務者の負債整理を定めているもの，ロ　行政機関または金融機関その他の第三者のあっせんによる当事者間の協議により締結された契約でその内容がイに準ずるもの）
　　(3) 債務者の債務超過の状態が相当期間継続し，その金銭債権の弁済を受けることができないと認められる場合において，その債務者に対し書面により明らかにされた債務免除額
　② 法人の有する金銭債権につき，その債務者の資産状況，支払能力等からみてその全額が回収できないことが明らかになった場合（ただし，担保物があるときは，その担保物を処分した後）（法税通達9-6-2）

いる（同 96 条）[477]。

(b) 償却損失の税務上の取扱い

12-52　損金算入の限度額はあくまで税務上の問題であるから，会計上それを超えて引き当てることは自由だし，そのほうが好ましいことも多い。この場合に，税務上損金算入できる債権償却を**無税償却**，損金算入できないものを**有税償却**という（¶6-6）。

12-53　**有税償却と税効果会計**　仮に当期において有税で 10 の貸倒引当金を積むと，会計上の当期利益は 10 減るが課税所得は減らないので，実効税率が 40％なら 4 だけ多めに税金を支払うことになる。しかし，翌期以降この 10 について無税償却が認められる状態になると，税務上は 10 の損金が生じるので 4 だけ税金が少なくて済むが，会計上はすでに引当済みだし，直接償却する場合も引当金の戻入益と損失が相殺しあうから，結果的に税金が減った分だけ費用が減って利益が増える。そこで会計上は当期の段階で将来実質的に返還される税金 4 を当期費用から減額調整し（費用の減少なので貸方），同額を**繰延税金資産**という名の資産勘定に計上する（資産の増大なので借方）ことが認められている。このように企業会計と税法における損益認識時期の差異（一時差異という）を調整する会計のことを**税効果会計**という[478]。わが国では 1999 年より導入された（税効果会計に係る会計基準）。

　　税効果会計が行われると資産見合いで費用が減る（利益が増える）のでその分だけ自己資本が膨らんで繰延税金資産と見合ったかたちになる。これを俗

---

[477]　法人税法施行令では，以下のような基準が定められている。
　① 長期棚上げ額－注 476 の①の(1)－(3)と同様の法的整理等により，弁済が猶予され，または賦払いで弁済される場合（法税令 96 条 1 項 1 号）：5 年目までに弁済されることになっている金額以外の額
　② 債務超過の状態が相当期間継続し，かつ，その営む事業に好転の見通しがないこと，災害，経済事情の急変等により多大な損害が生じたことその他の事由が生じていることにより，一部金額につき取立ての見込みがないと認められる場合（同 2 号）：当該一部の金額に相当する金額
　③ 形式基準：法的整理の申立や手形交換所の取引停止処分があった場合（同 3 号）：債権金額の 50％

[478]　なお，本文の例とは逆に租税特別措置等で加速償却を行った場合には繰延税金負債が生ずる（斎藤 184 頁以下）。

に「税効果資本」と呼ぶ。税効果資本は，将来の収益見通しが悪化して，将来の損金に見合う十分な課税所得が見込めなくなると，幻と消える[479]。このためBIS規制上，基本的な自己資本部分の20％相当を超える繰延税金資産に対応する金額は自己資本から控除される（BIS告示5条7項）[480]。

(c) 償却代替手段としてのローンセール

12-54　間接償却は比較的柔軟に無税で行うことができるが，当然のことながら，債務者に対する法的権利はそのままだから回収の努力は継続せねばならず，開示すべき不良債権の残高も減らない[481]。

12-55　そこで，不良債権を額面以下の金額で第三者に売却すれば，それに伴う売却損は当然に損金算入することができるし，回収は買い主の仕事になる。しかし，後述のように不良債権の売買にはさまざまな問題がある。このため，受け皿となるSPCを設立して，これを営業者とする匿名組合（商535条）に対し，匿名組合員となる債権者が保有債権を回収不能額を織り込んだ時価で現物出資するとか[482]，国が関与して銀行等から不動産担保付の不良債権を譲り受ける機関[483]を設立するといった工夫がなされた。

---

479) 2004年に旧UFJ銀行が収益状況の悪化から繰延税金資産の大幅な取崩しを迫られたことがきっかけとなり，旧東京三菱銀行との統合を余儀なくされた（「衝撃メガバンク統合(1), (2)」2004年7月15日・16日付け日本経済新聞朝刊）。ところが，皮肉なことに統合後はあらためて繰延税金資産の計上が可能になって，統合後銀行の収益に貢献したとされる（「三菱UFJ, 4000-5000億円資本増強へ──前期，繰り延べ税金資産計上」2006年4月26日付け日本経済新聞朝刊）。

480) 規制に至る検討経緯について，金融審［2004］参照。

481) 一部貸倒の直接償却　リスク管理債権，金融再生法開示債権のいずれも担保や引当前の債権金額を開示することになっているため，間接償却しただけでは開示不良債権の額が減少しない。一方税務当局は，金銭債権について評価損の計上が認められていない（法税33条2項）ことを根拠に，全額回収不能の場合にしか直接償却を認めない（注476の②参照）。このため，不良債権処理を推進する観点から，一部が客観的に回収不能な場合にもその金額について帳簿額を減額して貸倒損失を損金算入する部分直接償却を認めるべきという有力な学説がある（金子［2002］，渡辺226-228頁参照）。

482) 1995年に銀行として戦後始めて破綻した兵庫銀行（みどなと銀行）の関連ノンバンク向け債権の処理スキームとして利用された仕組みである。

483) 共同債権買取機構（1993）。大垣1・136-137頁，西村総合下669頁参照。

12-56　しかし，いずれの仕組みもローンに対する経済的な支配権を完全に移転するものではなく，弥縫策の感は否めなかった。こうして不良債権問題が深刻化するにつれ，不良債権を譲り受けて回収にあたる専門業者育成の必要性が強く意識されるようになった。

(3) 不良債権回収業務の分離

> 問 1)　不良債権を売却する経済的な合理性について説明せよ。
> 問 2)　不良債権の譲受けを業とする専門業者が免許制とされる理由は何か。

(a) 不良債権を切り離すニーズ

12-57　延滞や貸倒れの生じたローンの権利保全や回収には，専門性の高い職員がかかりきりになったり，弁護士等の専門家を雇ったりせねばならず経費がかかる上，処理にも時間がかかる。時間がかかるとその間，金利収入はないにもかかわらず預金等の資金コストは負担せねばならない。さらに，延滞後6か月分の利息収入は税法上未収利益として計上せねばならないので，これに対する税金までかかってしまう[484]。在京企業向けシ・ローンに参加した地方金融機関のように遠隔地の債権者の場合，回収コストはさらに増加する。また，機関投資家の場合，そもそも債権管理の専門部署がないことも多い。

12-58　こうしてみると，不良債権を抱える金融機関は，最終的にある程度の債権回収が期待できるとしても，それまでに要する予想コストを控除した金額程度の価格で売却できるなら現時点で売却して損失を確定させ，回収資金を新たな貸付や投資に振り向けたほうがよい。一方，債権回収のプロや企業再生のプロからすれば，不良債権を額面以下の価格で買い受けて，できる限り短い時間で想定以上の金額を回収できれば高い収益を上げることができる。

12-59　**不動産担保貸付の売買の経済的意義**　不動産担保貸付は，事業会社が保有不動産を担保に供するものと，建設を目的とした土地購入資金や建物の建設資金，完成建物（土地）の購入資金等の調達を目的とする不動産プロジェク

---

[484]　「金融機関の未収利息の取扱いについて」（昭和41 直審［法］72［例規］）。

ト融資とに大別できる。このうち後者は，担保不動産からの収益や売却価格を返済の引当てとしている場合が多く，不良化の原因も担保不動産の採算や収益性の悪化（空室率の上昇，家賃の下落）や価格下落である場合が多い（つまり，担保が万が一の備えとしての機能を果たしていない）。こうした不良債権の限界的な状況における経済実体は担保不動産そのものだといってよい。しかし，貸付債権の譲渡にかかる手間やコストは不動産を直接譲渡する場合よりかなり低い485)。そこで，債権回収のプロが上述のように売却により事実上直接償却を行うニーズのある債権者486)から貸付債権を額面より十分に低い価格で買い受けて，不動産市況の回復を待つか，自己競落した上で価値を高めて（担保処分ではなく）通常の市場で売却すれば高い投資利回りを確保することができる487)。仮に多少なりとも債務者が返済するならさらに利回りは向上する。高い利回りが見込めるなら，買取資金を多少高コストで調達しても割に合う。こうしてバブル崩壊（¶12-42）からの回復過程では高利回りを狙った海外の私募ファンド等が買い手として重要な役割を果たした。

(b) 弁護士法の制約とサービサー法

12-60　しかし，債権を他人から譲り受けて取り立てる行為を自由に認めると暴力団や事件屋488)の介入を招く弊害が大きい。このため弁護士法は弁護士以外の者が，債権者から委託を受けて，取立のための請求，弁済の受領，債務の免除等の行為489)を業として行うことを禁止するとともに，何人も490)，こう

---

485)　貸付債権の売買なら債権譲渡に対抗要件を具備すれば随伴性からその効果は抵当権に及ぶ。いずれにせよ，抵当権の移転登記に係る登録免許税は所有権移転登記のそれよりはかなり安い。

486)　銀行等の場合，自己査定に基づいてすでに間接償却を行っていれば売却に伴う痛みが少ないためスムーズに交渉が進む可能性がある。

487)　不良債権投資と出口戦略（exit strategy）　こうした不良債権投資においては，最悪の場合でも一定の利回りを確保できる「出口」を確保するための出口戦略（¶5-3）が非常に重要である。具体的には，購入後一定期間が経過したら最終的に担保不動産を競売により処分するという方針を立て，予想される最低競落価格（買受可能価額）と競落までの想定期間から逆算した価格に必要な最低利回りを上乗せして，購入価格の上限を設定し交渉に臨む。

488)　弁護士等正当な資格に基づかず，他人間の係争に介入し金銭的利益を挙げることを業とするものを指す俗称。「三百代言」という言葉も用いられる（「三百」は三百文の略で価値が低いことのたとえ，「代言」は明治初期の弁護士のこと）。

489)　弁護士法72条の文言中「その他の法律事務」に含まれる（日弁連613頁）。

490)　弁護士や弁護士法人も，係争権利を譲り受けることが禁じられている（弁護28条・30条

した債権を譲り受けて，訴訟，調停，和解その他の手段によって，その権利の実行をすることを業とすることを禁止している（法72条・73条）。

12-61　そこで，1998年に上述の金融再生法を含む一連の金融再生関連法のひとつとして「債権管理回収業に関する特別措置法」（いわゆる**サービサー法**）が制定され，金融機関や一部のノンバンク等が保有する不良債権のうち一定の要件を満たすもの（**特定金銭債権**）について，免許を受けた**債権回収会社**（いわゆる**サービサー業者**）が，業として特定金銭債権の管理・回収を行うこと（**債権管理回収業**）が，弁護士法の特例として認められた。その後2002年に譲渡人の範囲を貸金業者一般に拡大すると共に，特定金銭債権の範囲を証券化関連や企業の破綻処理関連に拡大する等の改正が行われて現在に至っている。

12-62　**サービサー法の対象となる特定金銭債権と立法目的**　特定金銭債権については限定列挙主義がとられており，政令指定されたものも含めると29種類にも及ぶ。しかし，これを類型化すれば，①金融機関と貸金業者の貸付債権，②リース・クレジット債権，③証券化の対象となる金銭債権，④ファクタリング業者が譲り受けた金銭債権，⑤倒産手続き中の者が有する金銭債権に大別できる。

このうち，①は上述のような金融機関等の不良債権処理の推進を主眼とするものである。

これに対し，②－④は金銭債権の証券化や流動化によるファイナンスの円滑化を主眼とする。証券化・流動化の普及により債権の創出に関わる者とこれを保有する主体（SPV）が分離し，従来単独の金融機関が担ってきた機能を複数の主体が担うアンバンドリング（unbundling，分業化・専門化）が進んだ結果，債権の管理・回収部分（サービシング）だけを第三者に切り出して委託するニーズが増えたが，システムによる効率的対応が必要な正常債権の管理・回収と，1件ごとの個別性が強く専門性が必要な不良債権のそれとは全く異なるので，後者を専業とする事業者が必須とされたからである。さらに，①②④に共通する新たな動向として，従来は与信＋管理回収がビジネスの中

の21）ので，文字通り「何人も」であることに注意すること。なお，一部にサービサー法を弁護士の権益を侵すものととらえる向きがあるが，金融の一機能であるサービサー業を弁護士が代替することはもとより不可能だし，サービサー法上も枢要な点で弁護士の関与が要求されており（法5条4号・11条2項），むしろ弁護士の活躍の場を広げる立法といえる。

核を占めていたものが，最近はむしろこれに付帯するさまざまな金融サービス（カード機能，回収代行機能等）に付加価値の源泉が移ってきているため，証券化を前提にしない場合でも管理・回収業務をアウトソースするニーズが高まっている。

最後に，⑤は大型倒産等の場合に破綻処理を円滑に進めるためにサービサー業者が資産を一括して処分する受け皿となることを可能にするためのものである。

このように，サービサー法には立法時の社会事情を反映して微妙に異なる立法目的が混在している。しかし，サービサー業はすでに金融サービスの1セクターとして確固たる位置付けを得ている。このため，今後はわが国の金融サービス業界のアンバンドリングを一層推進してサービスの質と効率性を向上させる観点から，特定金銭債権の範囲を事業者（消費契約2条2項）の保有する金銭債権一般に拡大し，弊害が見込まれるものだけを除くというネガティブリスト方式に移行することが望まれる[491]。

(c) 不良債権売買に係る契約標準化

12-63　サービサー法の整備を受けて，最近では経常的に不良債権を子会社・関連会社，あるいは提携先のサービサー業者に譲渡して管理・回収業務をアウトソーシングする金融機関も増えている。そこで後述のように，JSLA（日本ローン債権市場協会）が不良債権売買に関するローンセール契約の標準化に取

---

[491]　いかなる産業も，当該産業全体から得られる収益の額には限界があるが，資本主義経済の下では，通常このパイを参加企業が自由な競争を通じて取り合うことになる。しかし，銀行のように優勝劣敗に任せて淘汰させると弊害が大きい業種については，免許制を採用して参入そのものを規制する必要がある。これに対し，サービサー業の免許のように，問題が起こりやすいことを理由に禁止している業務を，十分な資質を有する事業者にのみ解禁する一方，厳格に監督・取締りを行うという趣旨のものについては，銀行免許の場合のように参入規制まで行う理由は乏しい。実際にサービサー法は一定の要件が満たされれば免許が付与されるという，講学上の登録制に近い仕組みになっており（法5条），事業者の数は増え続けている。このように数的参入規制のない免許業種については，事業者が新たな事業ドメインを開拓して競争に勝ち残る余地をなるべく多く与えておかないと，他業が禁止されているだけに（法12条），社会状況が変わると法律を変えない限り業界全体が立ちゆかなくなる。そうなってから業界保護のために法改正をすることは許されないし，そもそも政府主導で新領域を解禁してもうまくいくとは限らない。

り組み，2005年には契約書のひな形を公表している（譲渡ひな形［問題］）。

5　正常債権の売買

(1) 正常債権売買の目的

12-64　これまでみてきたように，歴史的にはBIS対策や不良債権処理といった広義のオフバランス化ニーズがローンセール市場の成長に寄与してきた。これに対し最近は，冒頭でも述べたように，より経済的ニーズに基づくものが増えてきている。

(a)　ALMの文脈

12-65　まず，金融機関のリスク管理の観点からローンセールが活用される。
　　比較的古くから行われているのが，すでにみた住宅ローンの流動化に代表されるALM（asset liability management, ¶8-47）の観点から行うローンセールである（¶12-17）。

(b)　ポートフォリオ分散の文脈

12-66　また，貸付ポートフォリオが特定の企業，地域や業種に偏る，いわゆる**与信集中リスク**を軽減するために，銀行同士がローン取引を行ってポートフォリオを入れ替えることもある。

12-67　たとえば，大手企業のメインバンクは子会社や系列企業まで含めると巨額のグループ与信残高を抱えることが多く，親企業の業況が悪化するとグループ全体の信用状況が急速に悪化してしまう。最近は銀行同士の統合により，期せずして特定の企業グループに対し膨大な与信残高を抱えてしまうことも多い。こうした場合，ローンセールで残高を調節することによりリスク軽減が図れる。また，地域金融機関はどうしても特定地域に与信が集中するので，他の地域の金融機関との間でローンを売買すれば相互にリスク分散を図ることができる。

12-68　なお，一度に大量のローンを売却する場合は，SPVに対してローンセールを行った上で，SPVがこれを見合いに有価証券を発行する，証券化の形

態をとることが多い。

12-69 **与信集中リスクと投資分散**　特定の借入人やそのグループ，業種，地域等に偏って融資を行うと，すべての債権が一度に劣化するリスクを負担することになる。これを**与信集中リスク**（credit concentration risk）という。このリスクを軽減するにはなるべく相関度の低い融資先に**リスク分散**（risk diversification）する必要がある。

　このことを多少理論的に説明してみよう。

　今，借入先AとBに対して金額B_A，B_Bの貸付を行うものとし，今後1年間にそれぞれが貸し倒れる確率（倒産確率）の平均的な値を$\tilde{P}_A$，$\tilde{P}_B$[492]，その場合の回収率をRC_A，RC_Bとすると，1年間にAとBに対する貸付から生じうる貸倒損失の期待値Lは，

$$L_A = B_A \times (1-RC_A) \times \tilde{P}_A$$
$$L_B = B_B \times (1-RC_B) \times \tilde{P}_B$$

で表される（¶1-41参照）。では，半分ずつAとBの両方に融資した場合の貸倒損失の期待値L_{A+B}はどのように表されるのであろうか。

図86

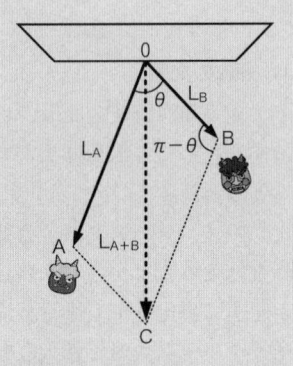

　ここで唐突ではあるが，湖に浮かんだボート（金融機関に該当）を水底から鬼（A，Bに該当）が引っ張っていると想像してほしい（なおこの際，鬼が泳げるのかという疑問は忘れてください）。それぞれが水底に向けて引っ張る力がL_A，L_Bだとすると，L_{A+B}はこの場合にどれだけボートが沈むかを表している。

---

492) Pの上につけたニョロニョロマークは「チルダ」と呼んで，それが確率的な変数であることを表す。

この場合に L_{A+B} の長さが L_A+L_B となるのは2匹の鬼が両方真下に引っ張ったときだけである。これは親企業への依存率が100％の系列企業2社に融資していたら親企業が倒産したような場合だと思えばよい。これに対し通常，鬼の引っ張る方向は微妙にずれている。これを図示すると**図86**のようになる。

この場合，ボートの沈む深さ，すなわちAとBの両方に半分ずつ投資したときの貸倒損失の期待値 L_{A+B} は鬼Aと鬼Bが引っ張る2つの力を合成したものに他ならない。そして中学校の理科で習ったように，これはそれらを2辺とする平行四辺形の対角線の長さに等しい。ところで，平行四辺形の対角線の長さは2辺の長さの和よりは必ず小さくなる。この減少部分がリスク分散の効果ということになるわけである。

ただ，これでは直感的にすぎるので多少数式を使って説明しておこう。今2辺の間の角を θ とすると，対角線の長さは，図86の△OBCについて高校1年で習った余弦定理（3角形の2辺の長さからもう1辺の長さを求める公式）をあてはめれば次のように表すことができる。

$$L_{A+B}=\sqrt{L_A{}^2+L_B{}^2-2L_AL_B\cos(\pi-\theta)}$$
$$=\sqrt{L_A{}^2+L_B{}^2+2L_AL_B\cos\theta}$$

12-70　ここで登場する $\cos\theta$ がA，Bの貸倒がどれだけ相関しているかを表す**相関係数**（correlation coefficient）と呼ばれるものである。$-1\leq\cos\theta\leq-1$ であり，リスク分散との関係は表30のようになる。

表30　相関係数とリスク分散の関係

θ	鬼が引っ張る方向	$\cos\theta$（相関係数）	リスク分散効果
0	同方向	1	なし
↓		正	
$\pi/2$ (90%)	異方向	0	あり
↓		負	
π (180%)	反対方向	-1	リスク相殺

融資先が増えても式の構造自体は変わらない。そしてその数がある程度以上の数になると大数の法則といわれるものになる（¶9-90）。いずれにせよ，ここではボートと鬼の話を直感的に理解しておけば十分である（なお，ポートフォリオリスク分散について¶13-26）。

(c) ローン投資の文脈

> 問） シンジケートローンとローンセールはどのような関係にあるか。

12-71 　証券市場は，発行市場（プライマリー市場）と流通市場（セカンダリー市場）からなり，投資家は両方の市場で投資機会を得ることができる。これをローン市場にあてはめれば，シンジケートローンがプライマリー市場，ローンセールがセカンダリー市場に該当する。シ・ローンに参加する機関投資家型の金融機関にとっては，当初からシ・ローンに参加することと，ローンセール市場で既存のローンを購入することとの間に大きな違いはないので，ローンセール市場が拡大するとそれだけ投資機会が拡大する。

12-72 　一方売り主側からみれば，いったん自己保有した貸付債権をローンセール市場で売却すれば結果的にシ・ローンと同様の経済効果が得られる。特にサイレント譲渡の形態をとれば売り主が事実上エージェントの機能を果たすことになる。こうした取引はシ・ローンを組成するには小規模な場合や，取引の機動性が重視される場合，融資後ある程度時間をおいてから売却すると利益が見込める場合等[493]に合理性がある。

12-73 　**プロジェクト型案件**　　以前に，間接金融機関としての情報生産に限界がある優良企業向けにシ・ローンを組成する合理性について説明した（¶11-15）。実はそうした優良銘柄とは別に，不動産プロジェクトやLBO関連融資のように，単独や少数の貸し手がリスク負担をすることが難しい大型，高リスクの案件についても，リスク分散の観点からシ・ローンが組成されることが多い。しかし当初の段階では，守秘義務が厳格，成否の不確実性が高い等の理由からシ・ローンの参加者を募ることが難しいこともある。この場合，当初は単独で融資に応じ，案件の成功が見えてきた段階で他の参加者に低い金利でセルダウンすればもうけが得られる。

12-74 　**ローン投資 vs. 社債投資**　　シ・ローンと社債の商品性の違いについてはす

---

493) ウェアハウジング　このように売却を見越して貸出債権を一定期間保有することをウェアハウジング（warehousing）という。ウェアハウス（warehouse）とは在庫を保管する倉庫のことである。ウェアハウジングの目的は，金利が高めの長期貸付を短期間保有することによりキャリー収益（¶10-15）を狙うといった金利主導型と，債務者の信用状況の改善により，市場において要求される融資スプレッドの縮小を狙う信用主導型に大別できる。

でにみたとおりである（¶11-23，表27）。また，ローンは有担保の場合が多く，パリパス条項やクロスデフォルト条項（¶7-44）も社債のそれに比べると厳しい場合が多い（¶10-10参照）。金商法に基づく開示情報に関する限り誰でも入手できるので両者に差はないが，ローンセールの場合，守秘義務契約の締結によりむしろ充実した情報が得られることがある。また，社債と異なり空売りができないので，米国市場では企業の業況が悪くなった場合の価格下落幅が社債に比べるとかなり小さいと言われている（Taylor et al., pp.407-411）。一方，期限前弁済についてはローンのほうが緩やかに認められるのでプライシング上はマイナス要素となる（ただし，変動金利建であれば影響は少ない）。

このように，投資対象としてのローンには固有の魅力があり単なる社債の代替物ではないので，これを独立した金融商品として正面から位置付けて，取引の標準化や流通性の向上を図ることには十分な合理性がある。一方，現在のところローンは金融商品取引法上の有価証券には基本的に該当しないが，今後，取引の態様や商品性によっては同法の規制の中に取り込む必要が生じてくるであろう（¶11-22参照）。

12-75　【参考】　ローンセールを前提にしたシ・ローンの組成

2004年に三菱商事が，東京三菱銀行，みずほコーポレート銀行をアレンジャーとして貸出後のローンセールを前提にしたシ・ローンを共同開発した。アレンジャー2行がマーケットメイク（値付け，売買仲介）をするほか，本邦の上場・投資適格企業として初めてローン格付も取得し，高流動性を備える（「東京三菱とみずほコーポ，貸出債権を本格売買，流通促進へ利回り提示」2004年11月5日付け日本経済新聞朝刊）。2006年には同種の仕組みがメーカーにも広がりだしたと報道されている（「協調融資，債権売買を前提，メーカーに広がる」2006年9月15日付け日経金融新聞）。

(d)　アンバンドリングの文脈

12-76　ローンセールが普及すると，銀行と比べて資金調達力が劣るファイナンス会社等が当初から売却を前提に貸出資産の創出を専業に行い，仲介業者やローン投資家との間で分業関係を築くという新しいビジネスモデルが登場する。

12-77　たとえば，2003年に住宅金融公庫が民間事業者の貸し付けた住宅ローンを買い取って証券化する事業を導入した際，取扱い事業者を従来の金融機関

から一定の要件を満たす貸金業者に拡大したことがきっかけとなり、モーゲージバンクと呼ばれる新しいファイナンス会社が登場した。**モーゲージバンク（mortgage bank）**は、住宅ローンの貸出と管理・回収に特化し、貸し出した住宅ローンは貸出日に住宅公庫に譲渡し、融資残高をほとんど持たずに手数料収入を得る。2004年には住宅公庫が独立行政法人住宅金融支援機構に改組され、証券化支援業務を業務の中核に据えたことから、モーゲージバンクも20社余りに増えて、取扱高が機構の証券化残高の過半を占める業態に成長している。

12-78 **貸金業法24条の規制**　貸金業者が債権譲渡を行う場合、譲受人が貸金業者でなくても貸金業法の行為規制の一部が適用される（法24条2項）[494]。こ

---

494) **サイレント譲渡と24条2項**　貸金業法24条2項により譲受人に要求される行為規制の中で実務上大きな問題となるのが、譲受人が譲受時において債務者に対し貸付時と同様の書面交付義務を負うという点である（法17条の準用）。サイレント譲渡の場合や、証券化目的でSPVに対して債権譲渡する場合、通常は譲渡人が引き続き回収行為を行うので、かえって混乱を招く上、消費者向けローンのような小口多数の債権を一括して譲渡する場合、書面交付のコストがきわめて大きくなるからである。

そもそも、譲渡の前後で契約条件に変化はないにもかかわらず債権譲渡時に譲受人に17条の書面交付義務を課す理由は、契約内容を再度通知するためではなく、債務者が突然当初の貸し主以外の者から請求を受けた場合に貸金業法上の権利や相手方の義務を主張できるようにするため（surprise回避目的）である（大蔵140頁）。このため法律上債務者が譲受人から請求を受けうる立場にある以上は、譲受時に書面交付を行わせることが法の趣旨に合致する。

この考え方によれば、民法467条に基づいて対第三者対抗要件を具備する場合、対債務者対抗要件の具備が前提となるので、法律上債務者は譲受人からの請求を拒めないから、書面交付を省略することはできない。たとえば、本文で紹介した住宅金融支援機構の場合、実質的にみる限り債務者保護上の問題は希薄なのでそもそも書面交付は不要という議論もありえたはずだが、あえて法律で適用除外とした背景にはこうした考えがあったと解される。ただし、譲渡担保の場合については大蔵省時代から担保実行時でよいとの解釈が定着しているので（大蔵113頁）、実体が譲渡担保と同視しうると主張できれば交付を省略する余地はある。しかしそういう主張は、会計やBIS規制上のオフバランス化の扱いに悪影響を与えるだろうし、証券化取引では、格付取得のために譲渡は倒産法上真正なもので担保ではないとわざわざ構成していることと矛盾してくる。

これに対し、譲渡特例法を利用する場合、譲渡登記をしただけでは対第三者対抗要件の効果しかなく、対債務者対抗要件は具備されない（¶12-35）。このため、債務者があえて譲渡を承諾しない限り譲受人からの請求を拒める立場にあるので、譲受人が対債務者対抗要件を具備するまでは書面交付を行う必要はないと解される（道垣内[2001]）。なお実務上は、これに加えて貸金業法の債務者保護の精神に則り、追加的な工夫を加えて万全を期する。

のため，譲渡人はその旨を譲受人に対して通知することが義務づけられている（同1項）。住宅金融支援機構も貸金業者（モーゲージバンク）から住宅ローンを譲り受けるので本来ならこの規制の対象となるが，住宅機構法で適用除外が認められている（法30条）。

(2) ローンのプライシング

(a) JSLA の標準方式

12-79　ローンセールにおける価格決定の方法には，現在価値に基づく複利方式と，お金の時間価値を考慮しない単利方式の2つがある。1年以内の短期ローンの取引の場合，複利運用を想定することが現実的ではないため，原則として単利方式が用いられる。計算方法については，JSLA（日本ローン債権市場協会）が標準的な譲渡価格算定ツールを EXCEL のスプレッドシート形式で提供している（JSLAHP1で入手可能）。

12-80　**価格計算の考え方**
①単利方式の基本的な考え方は，期間ごとに原債権の金利と譲渡利回り（投資家基準金利＋投資家スプレッド）の差にローン額面を乗じて譲渡差額を算出し，これをローン額面に加減して譲渡価格を算出するというものである。ローンの場合，変動金利建のものも多いが，この場合，基準金利が同じなら原債権のスプレッドと投資家スプレッドの差を用いて計算する。
②複利方式は，譲渡後のキャッシュフロー全体を投資家スプレッドを含めた割引率で割り引いて譲渡価格を算出する。割引率は各期の元利払いについてそれぞれの期間に対応したスポットレート（¶8-11）[495]が用いられる。
　変動金利の場合，原債権のスプレッドと投資家スプレッドの差から算出される利息差額のキャッシュフローを投資家スプレッドを含めた割引率で割り引いた現在価値に，ローン額面を加算して譲渡価格とする[496]。

---

495) JSLA の EXCEL スプレッドシートにはスポットレートを求める機能が組み込まれており，算出の方法についても詳しい説明があるのでぜひ読んでみてほしい（注339参照）。
496) 経過利息の清算　利息後払の貸付債権を利息期間の途中で譲渡する場合，その日までの未収利息を譲渡時点で譲受人が譲渡人に支払う方式と，その後に到来する期日に受け取ってから期間該当分を清算する方式が考えられる。債券の場合，売買の後に投資家間の関係を残さないために前者が原則だが，ローンの場合は後者の場合も多い。譲渡ひな形は債券と同様前者を

(b) 価格情報の公表

12-81　ローンセール市場を活発化するため，市場参加者が価格情報を共有するための努力も行われている。

12-82　**JSLA プライシングマトリクス**　2008年からJSLAでは会員金融機関が過去に実行したプライマリー市場でのシンジケートローン，およびセカンダリー市場でのローンセール取引の価格情報を，統計的処理を行った上で，期間（1年〜10年超）を行（横罫），格付の序列（トリプルA−無格付）を列（縦罫）とする表形式で，ネット上に公表している（JSLAHP 2）。これをプライシングマトリクスという。価格情報はTIBORを基準金利とするスプレッド値であらわされる。たとえば，シングルA・期間3年のところが最低値40，最高値50となっていれば，シングルAの債務者向けローンで残存期間[497]が2年超3年以内のものを売買する場合の条件（投資家利回り）の目安はTIBOR＋40 bp−50 bpだということになる[498]。集計結果画面は，格付機関（R&I，JCR，Moody's，S&P）別，取引種類（タームローン，コミットメントライン，セカンダリー）別に，計12画面ある。

(c) ローンセール契約の標準化

12-83　JSLAはシ・ローンと同様，貸付債権譲渡に関する基本契約書および貸付債権譲渡契約書のひな形を正常債権用と問題債権用に分けて公開し，標準化に取り組んでいる（譲渡ひな形，譲渡ひな形［問題］）。契約書は将来の譲渡について共通して適用される項目をまとめた基本契約書と，これに基づいて個別譲渡の条件を決定する譲渡契約書からなる。本書では詳しく解説する余裕がないが，一般の債権譲渡契約書に比べるとかなり手の込んだものだし，非常に丁寧な解説書がついているので，ぜひダウンロードして読んでみてほしい。

　　　原則とし，その後に債務不履行があっても譲渡人は清算された経過利息を返戻する必要がないとする（3条(4)(i)）。利息前払（割引型）の場合は金利が自然に譲渡価格に織り込まれるので前者となる（3条(4)(ii)）。問題債権の場合は個別対応となり，利息以外の弁済金も含めて細かい取り決めがなされる。

[497]　現状，分割弁済を考慮しない最終期間となっている。
[498]　スプレッドが分かれば，スワップレートから固定金利も算出することができる。

6　クレジットトレーディング

12-84　同一債務者の社債とローンが存在する場合，一般にローンの支払が優先するので（¶10-10以下）本来なら社債より利回りが低くてよいはずだが，取引されている市場が異なるためローンの利回りのほうが社債より高いこともある。この場合，ローンを買うと同時に同じ残存期間の社債を売れば利益を確定することができる。

12-85　また，前述のように企業の信用状況が悪化すると社債の価格のほうがローンの価格よりも下落幅が大きくなる傾向がある。株価も本来は将来の利益予想を反映するものだが，企業の信用力が低下してくると，弁済順位の劣後性（会社502条）が強く意識されて大きく値下がりする場合が多い（¶3-10参照）。そこで同一企業について，社債や株式をショートポジション（空売り等）にした上で得られた原資でローンをロングポジション（購入）にすれば，企業の業況が予想通り悪化すると（改善ではない！）元手なしで利益を得ることができる。

12-86　このように，信用リスクに対する市場の価格付けに歪みがある場合に，割安のものをロング，割高のものをショートにして利益を得る取引を**信用裁定取引（クレジットアービトラージ，credit arbitrage）**といい，クレジットアービトラージを狙ってローンセールを含むさまざまな金融商品に対する比較的短期の投資を繰り返すことを**クレジットトレーディング（credit trading）**という。

12-87　なお，こうした取引が一般的になると，ローンそのもの（これを「現物[physicals]」という）を売買していては迅速かつ効率的な取引が行えない。そこで2000年代に入って信用リスクを純粋に現物とは切り離して取引することができるCDS（credit default swap）やTRS（total return swap）といった**クレジットデリバティブ（credit derivatives）**の市場が急速に拡大している。クレジットデリバティブを用いると多彩かつ複雑なクレジットトレーディングを行うことが可能になる（¶16-46）。

12-88 **新規調達による社債の買入消却**　サブプライム問題後のように市場が機能不全に陥ると，健全な企業の社債であっても大幅に値下がりすることがある。特に，国外投資家が主体の海外起債ではそうした傾向が強まる。この場合，銀行借入等で新たに調達した資金で，市場価格よりは高めに投資家から買入消却すれば，発行体は消却益が得られる一方，投資家も損失を減らすことができる。これも信用裁定取引と位置付けることができる。

参考）　住友信託銀行は 2006 年に発行した英ポンド建の永久劣後債（注 326）が金融危機以降大幅に値下がりしているため，これを 75% の価格で買入消却して約 90 億円の利益を得た。こうして得られた利益は BIS の自己資本比率規制上，劣後債よりも資本としての質の高い中核的自己資本となる。同時に同行は日本銀行から 200 億円の永久劣後ローンを借り入れた（2009 年 6 月 5 日付け日本経済新聞朝刊）。

【コメント】全体としてみれば，劣後債を劣後ローンに入れ替えることにより信用裁定を行ったことになる。永久劣後債はデュレーション（¶13-22）が長いため価格変動が激しいことからこうした裁定取引の対象となりやすい。

第 13 章

市場型間接金融 ③
投資ファンドと投資理論のつかみ

> ここまでの章では，企業の投資ファイナンスの手法に焦点をあててきた。第13章と第14章では，焦点を投資家側に移して市場型間接金融の一分野である証券投資のための枠組みを概観することとしたい。

1 投資ファンドとは何か

(1) 間接型証券投資

13-1 前に，市場型間接金融には市場型与信と間接型証券投資という異なる2つの文脈があり，間接型証券投資はさらに，間接金融機関が預金者等から預かった資金を有価証券に投資する**元本保証型**（¶11-6）と，最終投資家から資金を預かった運用者が報酬を得て有価証券等への投資を代行するだけで，投資リスクは投資家が負担する**集団投資スキーム**（¶11-8）に分類できると説明した[499]。

13-2 本章ではこのうち，近時，金融技術の展開が著しい集団投資スキームを代表する**投資ファンド**（investment fund）について解説する。

(2) 投資ファンドの定義

13-3 投資ファンドとは，単独または複数の投資家が，運用者または集団投資の

---

[499] 集団投資スキームに資産証券化も含めることが多いが（WG 報告），運用型の仕組みとは全く異質なものなので，本書では投資信託のように運用型のものを集団投資スキームと呼ぶ。

ための枠組み（CIV, ¶14-1参照）に対して資金を預託し，運用者自身またはその助言を得た CIV が，有価証券その他の財産に投資して，その成果を投資家に享受させる仕組みをいう。

(3) 投資ファンドの種類

13-4　投資ファンドは，その組織形態からファンド型商事信託，投資信託法に基づく投資信託もしくは投資法人，投資事業組合と総称される組合形式のものに大別できる[500]。また，投資対象からは，株式や債券といった有価証券に投資する**証券投資ファンド**[501]と，その他の資産を対象とするものに大別できる。後者の代表が**不動産投資ファンド**（real estate investment trust, RE-IT[502]）と，商品先物市場（¶13-45）で投資を行う典型的な**商品ファンド**（commodity fund）であるが，そのほかにも貸付債権，診療報酬請求権，知的財産権，ワイン[503]，競走馬[504]等さまざまなものが存在する。規模別にみれば，個人投資家等から幅広く小口資金を集める**投資信託**，少数の投資家のために特徴のある運用方針で高い利回りを狙う**私募ファンド**，複数の素人投資家が経験者と共同で投資を行う**投資クラブ**[505]，資産家個人から大口の資

---

[500]　このほか経済的に投資ファンドとして機能するものに，生命保険会社の提供する変額年金保険，デリバティブ形態をとるオフバランスファンドや，CDO（collateralized debt obligation）や SIV（structured investment fund）等，一部の証券化商品の劣後部分等がある。

[501]　投資信託の場合，株式を運用対象に含むものを株式投資信託，株式を一切組入れず公社債等で運用するものを公社債投資信託と呼んで区別する。

[502]　「リート」と呼ぶ。もともと米国のものなので日本で組成されたものを特に J-REIT（ジェーリート）と呼ぶことも多い。

[503]　ワインファンドは法的には商品ファンドの一種である。ワインは長期間寝かせてヴィンテージが上がるとより高く売れる上，消費が進めば希少性が増してやはり値段が上がる傾向があるので，概して安定的な利回りが得られるとされる。

[504]　競馬法上一定の要件を満たす少数の組合員からなる組合が馬主となることが認められている（競馬 13 条・22 条，同施行規則 13 条）。競走馬は税法上の償却期間が短いので節税効果が高いと言われる（耐用年数省令別表 4。なお，所得税基本通達 27-7）。俗に一口馬主と呼ばれる競走馬を対象とした商品ファンドもある。これは，馬主の資格基準が厳しいために，まず，愛馬会法人と呼ばれる会社が投資家との間で匿名組合契約を締結して出資を募り，競走馬を購入した上で，これを馬主資格を有する法人に現物出資するという形態をとる。

[505]　投資クラブの概要については，たとえば日本証券業協会関連の NPO のホームページ（エイプロシス HP）を参照のこと。

1 投資ファンドとは何か　441

金を預かって投資を代行する**プライベートバンキング**[506)]や証券会社の**投資一任契約**[507)]等が存在する。運用形態の種類については後述する（¶13-33以下）。

(4) 投資ファンドの合理性

(a) 投資と運用の分離

13-5　運用者からみると，投資ファンドは最終投資家に元本保証を約束せずに投資資金を預かるパススルー（pass-through）型の資金調達手段として機能する。預金のように元本保証で資金を集めて投資をする場合，万が一に備えて手厚い資本がないと安定的な経営が難しいし，どうしても保守的な運用をせざるを得なくなる。運用者が，高い投資ノウハウを誇る場合，むしろ，運用成績・リスクの双方をそのまま投資家にパススルーして，運用サービスに対する報酬を得たほうが少ない資本で高い収益率を実現できる可能性がある。

　逆に，投資家からみると預金のような元本保証型で金融機関に資金を預けても低い利回りしか期待できない。一方で，自ら証券投資をするには十分な資金規模や投資ノウハウがない場合，共同でプロの運用者に資金を預託して分散投資や高い利回りを狙うことに合理性がある。

---

506)　プライベートバンキング（private banking）は富裕層向け金融サービスを総称する言葉として用いられるが，投資関連サービスはその中核となる。日本はこれまで中産階層が多かったため欧米のような伝統がないが，1顧客あたりの預かり資産が巨額で収益性が高いことから大手銀行や証券会社が注力している。

507)　投資一任契約　金融商品取引業者(証券会社)が顧客の資産運用を行い，行った売買に対してではなく，預かり資産残高に対して定率の手数料をとるサービス。米国でラップ・アカウント（wrap account）と呼ばれる。1991年までは証券会社が顧客から取引の一任を受けて売買を行う取引一任勘定が広く認められていたが，定率手数料でないため証券会社が無用な売買を繰り返して手数料を嵩上げする弊害や，バブル崩壊を経る過程で損失補償の温床となった点が批判され原則禁止された。一方投資顧問業者には投資一任契約が認められていたが，利益相反の観点から証券会社が投資顧問業を兼営することは長く禁止されていた。しかし，1998年に証券業務の規制が免許制から登録制に緩和されたことを機に兼業規制も緩和され，その後2003年改正でラップ口座に関する実務的障害が除かれたことから取扱いが本格化した（神崎ほか80頁参照）。金商法では証券業と投資顧問業が金融商品取引業に一本化され手続的にも簡素化が図られている。なお，同法において投資一任契約は「当事者の一方が，相手方から，金融商品の価値等の分析に基づく投資判断の全部または一部を一任されるとともに，当該投資判断に基づき当該相手方のため投資を行うのに必要な権限を委任されることを内容とする契約」と定義されている（金商2条8項12号ロ）。

13-6　このように投資ファンドにおける投資家と運用者の関係は，株式会社における所有と経営の分離になぞらえることができる（¶2-11）。株式ファンドについてみれば，すでに株式会社制度を通じて経営から分離された所有部分が，投資ファンドにより運用と投資にさらに分解されているともいえる。

(b) 投資の金融商品化

13-7　もともと市場性が低い不動産等の実物資産や知的所有権，有価証券でない金銭債権等を投資ファンドを通じて金融商品化すれば，小口投資が可能となる上，換金性・流通性が格段に向上する。また，これまでそうした資産への投資が適わなかった投資家にも広く投資機会が開放される一方，金商法により厳格な投資家保護が図られるメリットがある（流通市場の機能について¶3-19）。バブル崩壊（¶12-42）を機に，不動産投資信託を導入して不動産の証券化が推し進められた背景にはこうした考慮がある。

13-8　マクロ的にみると欧米や日本のような成熟経済にあっては，優良な投資先が慢性的に不足しているので，金融仲介機関は，単に企業の資金調達を仲介するだけでなく，さまざまな資産を金融商品化することを通じて旺盛な投資需要を満たすという投資仲介の役割を担わねばならない（¶1-6）。投資ファンドはこのための中心的な金融技術の1つと位置付けられる。

2　投資理論のつかみ

13-9　自分のお金を個人的にどのように投資しようが勝手であるが，投資ファンドのように，人様からお金を預かって運用する場合「オレを信じてくれ」だけでは客観性を欠く。このため古くから投資を科学的に分析する**投資理論**(investment theory) と呼ばれる学問領域が発達してきた。投資理論は，株式や債券といった個々の金融商品の価格をどのように決定するかに関する価格理論と複数の金融商品をどのように組み合わせて投資すればよいかに関するポートフォリオ理論に大別できる（恐ろしく大ざっぱだが……）。昔は法律家とは無縁の領域だったが，最近M&Aや株式の評価がからむ会社法や税法を取り扱う場合，多少の知識は持っていたほうがよい。ただ，この分野の教科書はいきなり数式の羅列となるものが多いので文科系金融パーソンにはか

なり取っ付きにくい。そこで，本書では，結局のところ何をやっているのかという「つかみ」だけを説明しておく。興味が湧いたら本格的な教科書で勉強してみてほしい[508]。

13-10 **完全市場の前提** これまで本書では現実の世界をできる限りそのまま叙述して，そこに内在する合理性をさまざまな視点から説明しようとしてきた（金融における法律学的アプローチ）。この方針は今後も変わらない。一方，投資理論では，きわめて流通性が高く，すべての投資家が合理的に行動する完全市場の前提の下に，理念的な投資ファイナンス手段である「普通株式」と「長期無担保固定利付債券」を対象に理論的な分析が行われる（金融における経済学的アプローチ）。

しかし，現実の市場は完全でないし，非上場の株式や，国債を除くほとんどの債券は流通性が低い（¶10-13）。一方で，ローンセール市場の発達により融資にも売買価格が存在する時代になった（¶12-79）。すでにみたように，株式にはさまざまな種類（会社108条）があるし（¶4-22），配当優先株式（¶4-32），新株予約権付社債（¶10-39）や永久劣後債（注326）といったデットとエクイティーの中間に位置するハイブリッド商品も多い。

こうしてみると，投資理論は単に理念型にすぎず現実には役に立たないと思うかもしれない。しかし，理念型があることによって現実との「差分」が明確になり客観的な分析が可能になる。また，競売を思い浮かべれば分かるように，最初に「当たらずとも遠からず」の参考価格や売却基準価格が提示されないと値段の交渉が前に進まない。もし市場参加者の大部分が理念型を「本来の姿だ」と考えていれば，これを出発点に市場価格が形成されるようになる。さらに，市場価格が理念型より高めなら「売り」，低めなら「買い」と行動する**裁定取引**（arbitrage）が起こり，市場価格が理念型に近づくという現象が起こる（標準化された理論の自己実現性）。このため「誰もがもっともらしく思う単純明快なモデル」が存在することは非常に重要なのである。

(1) **価格理論**（pricing theory）

13-11 すでに何度も説明しているように金融の世界ではあらゆるものの価格を，

---

508) SAAJ1・2はこの分野の標準的な教科書である。草野は投資理論と金融課税を総合的に扱った意欲的な著作である。

それが生み出すキャッシュフローを一定の割引率で割り引いた現在価値の合計と考える（¶1-19。なお¶5-24参照）。

(a) 株式の価格

13-12　これを株式に単純にあてはめれば，株式の価格は将来の配当の現在価値ということになる。これを**配当割引モデル**（dividend discount model）という（なお，¶5-43参照）。ただし，利益は配当されずに剰余金として内部留保されることも多い。しかし，剰余金がキャッシュフローとして有効に再投資されている限り，次期以降に追加的な投資収益を生み出すはずであり最終的には残余財産として分配されるので，割引率が一定なら配当政策によって評価額に変化は生じない[509]。

そこで，割引率（投資家の要求利回り）をrとして，1期－n期までの配当Dの現在価値V_0は式14のように表すことができる。

式14　配当割引モデル①

$$V_0 = \sum_{i=1}^{n} \frac{D_i}{(1+r)^i} + V_n$$

13-13　ここでV_nはn期の株価だが，これもまた同じ式で表すことができる。その先もまた同じである。これをどんどん続ければ結局のところ株価の理論値は式15のように表されることになる。

式15　配当割引モデル②

$$V_0 = \sum_{i=1}^{\infty} \frac{D_i}{(1+r)^i}$$

ただ，これは枠組みを示すにすぎず，実際にはDをどのように予測するかが肝心である。具体的には，①配当を毎期一定とおく**ゼロ成長モデル**，②定率で増えるとする**定率成長モデル**[510]，③より現実的な一定の想定の下に

---

[509] 以前にMM理論について簡単にふれたが，このことを証明したのもMM（モジリアーニとミラー）なので，MMの配当・株価の無関連命題と呼ばれる（SAAJ 337-341 頁参照）。ただし実際には，配当すると投資家側に所得税がかかるので投資家の税引き後利回りでみる限り内部留保したほうが理論価値は高まる。また，外部資金調達にかかるコストを考えると利益を配当せずに再投資したほうが効率がよい。自己金融がエクイティーファイナンスといわれる所以である。配当政策が企業価値や株価に与える影響をより現実に即して解説した文献として砂川ほか 247 頁以下が分かりやすい。

コンピューターを用いて多数のシナリオを作成し，それぞれについて現在価値を求め，これに当該シナリオの発生する確率を乗じた期待値の合計を評価値とする**シミュレーション法**（なお，このような方法をモンテカルロシミュレーションという[511]）等，さまざまな手法がある。しかし，期待キャッシュフローの現在価値を求めているにすぎないという根幹のところは同じである。

13-14 **配当割引モデル**
① **ゼロ成長モデル**　ゼロ成長であれば式15のD_iはすべてDになるから株価Vは以下の式で表される。

式16　ゼロ成長モデル
$$V_0 = \sum_{i=1}^{\infty} \frac{D}{(1+r)^i} = \frac{D}{r}$$

② **定率成長モデル**　定率成長モデルでは$D_{n+1} = D_n(1+g)$と考えるのであるが，このgをどのように仮定するかについていくつかの考え方がある。たとえば**ゴードンモデル**と呼ばれるモデルでは，内部留保された資金が再投資されて次の配当を生むので，gは内部留保率（d）×再投資の利回り（q）だと想定する。この場合，株価Vは以下の式で表される。

式17　定率成長モデル（ゴードンモデル）
$$V_0 = \sum_{i=1}^{\infty} \frac{D(1+dq)^{i-1}}{(1+r)^i} = \frac{D}{(1+r)}\left\{1 + \frac{1+dq}{1+r} + \left(\frac{1+dq}{1+r}\right)^2 + \left(\frac{1+dq}{1+r}\right)^3 + \cdots\right\}$$
$$= \frac{D}{(1+r)-(1+dq)} = \frac{D}{r-dq}$$

練習問題 13-1
大阪高決平成元・3・28 判時 1324 号 140 頁（会社百選 19 事件）を読んで，裁判所が譲渡制限株式を評価するにあたりゴードンモデルを採用した理由を考えよ。

13-15 **企業価値評価との関係**　ところで，株式の価値が配当の現在価値だという考え方は株主側からみた物の考え方である。では企業そのものを評価すると

---

510) この2つは決して現実的とはいえないが，式15が無限等比級数の和を求める式になるので数学的に単純化できる（SAAJ2・98-122 頁）というメリットがある（具体的には¶9-24参照のこと）。
511) SAAJ2では「リアルオプション法」と紹介されているものがこれにあたる。金融オプションの評価モデルと似た手法を現実の事業等にあてはめるのでこの名がある。

したらどうか。企業から生ずる現金とは将来の**フリーキャッシュフロー**（¶6-4）に他ならないから，その現在価値が企業全体の価値ということになる。この場合，フリーキャッシュフローには減価償却のような現金の流出を伴わない費用分を含むのでその金額は剰余金や配当の金額とは一致しない。また，割引率は株主の要求利回りではなく，負債も含めた**加重平均資本コスト**（WACC，¶3-14）にする必要がある。そして，これにキャッシュフローの創造に寄与していない非事業用資産の時価評価額を足して長期負債や優先株式の現在価値（割引率はそれぞれ適用金利や優先配当率）を引けば普通株式の価値になる。現実世界では利益が同じなら低配当の企業より高配当の企業の株価のほうが高めになる傾向があるし，投資意欲が強い成長企業や逆に多額の欠損を抱えた赤字企業のように当面配当が見込めない先の株価を配当割引モデルで求めることは難しい。このため，M&A等の文脈では，フリーキャッシュフローを用いることが多い。

ちなみに株式評価は，①会社法との関係では株式の買取り（¶5-24）や新株予約権の発行価格の適正さが問題となる局面で，また，②税法との関係では資産課税における評価との関係で問題となる。法律においては客観性が重要なので，上場株式のように市場価格があるなら原則としてこれをそのまま評価額とするが，市場価格がない場合は上述のような理論価格や類似会社の株価の水準等を総合的に勘案して適正価格を決定することになる。税法では，恣意性を排除するため通達で細かな評価方法が定められている。

13-16 **株主の期待利回りとCAPM**　現在価値は割引率を少し変えるだけで大きく変化する（¶1-22）。このため，株主の期待利回りを何％程度とするのが妥当かという問題が投資理論において非常に重要な問題となった。これについては，**CAPM**（capital asset pricing model，**資本資産価格モデル**，「キャップエム」と呼ぶことが多い）という基本的な考え方を理解することが重要である。CAPMは，まず市場が完全なら達成されるはずの期待利回りを，国債のように無リスクの証券に投資しても得られる**安全利子率**と，株式のようなリスク資産に投資する結果，負担する投資リスクの代償（**リスク・プレミアム**）の和とする。そして，後者は十分にリスク分散がなされた株式市場全体から期待できる利回り（**市場収益率**）と安全利子率の差（つまり株式市場全体のリスクプレミアム[512]）に，個別株式の値動きが市場全体の値動きから乖離する比率

---

[512] このように市場全体に係るリスク（つまりそれ以上投資分散［後述］でリスク低減ができ

(これをベータ［β］という)[513])を乗じたものとする（式18)[514])。

式18　CAPM

　　期待利回り＝安全利子率＋（市場収益率－安全利子率）×ベータ

このモデルは米国のシャープ博士[515])とリントナー博士によって提唱されたものである。その後さまざまな批判や修正が試みられ，別の考え方に基づいたモデルも登場しているが，構造が単純で考え方が本質をとらえているので現在でも実務で活用されている。

(b)　債券の価格

13-17　債券の場合，将来のキャッシュフローが当初から確定しているので，その価格は債券からもらえる将来の金利（クーポン）と元本のキャッシュフローを投資家の要求利回りで割り引いた正味現在価値（NPV，¶5-48）で表される（なお，¶12-79参照）。たとえば，期限一括償還の債券の額面をFV，クーポンをCP，取引日から各期日までの期間をi，満期までの期間をt，投資家の期待利回りをdとすると，価格Pは，

ない限界的なリスク）をシステマティック・リスク（systematic risk）という。「システム的な」という理由は，個別企業の業績にかかわらずあたかもコンピューターシステムで決められたように変動してしまう部分だからと考えておこう。

513)　ベータの求め方　個別株式のベータは，個別株式と市場インデックスとの差のバラツキ度合いを表す統計値（共分散）を後者のそれ（分散）で割って求める。具体的には，①まず，一定期間における市場全体の株価指数（TOPIX等）Xと対象となる株式の価格Yの変化率（当日の数値÷前日の数値－1）を求める（それぞれx_n，y_nとする），②x_nとy_nの平均をそれぞれ求める，③x_n，y_nの毎日の値と平均の差（偏差）を求める，④x_nの偏差の2乗の平均（分散）を求める，⑤x_nの偏差とy_nの偏差の積の平均（共分散）を求める，⑥⑤の結果を④の結果で割る（理論的な背景については，SAAJ 169-175頁参照）。なお，手持ちのPCにマイクロソフト社のEXCELがインストールされていれば，インターネットの株価情報サービスから必要な情報をコピーして①までやったあと，LINEST（範囲1，範囲2）という関数にx_nとy_nを範囲指定すれば簡単に求められる。

　　次に，式18の安全利子率は長期国債の利回り（最近のように低金利の場合多少上乗せしてもよい），市場全体のリスクプレミアムは上記の②で求めたx_nの平均に④で求めた分散の平方根（標準偏差＝平均的なバラツキ度合いを示す）を安全率として足したものを年率換算すればよいだろう。市場が順調な時期なら単純にTOPIX等の指数の年間上昇率を使ってもよい。

514)　もし実際の利回りがこれよりも高ければ株価は過小評価されていることになる。この差の部分をアルファ［α］値という。

515)　この業績等により1990年にノーベル賞を受賞した。

$$P = \sum_{i=1}^{t} \frac{CP}{(1+d)^i} + \frac{FV}{(1+d)^t}$$

となる。

13-18　同様に，期限一括でない債券については各期のキャッシュフローをCとすると，**式19**で表すことができる。

式19　債券の理論価格

$$P = \sum_{i=1}^{t} \frac{C_i}{(1+r)^i}$$

13-19　**式19**に含まれる変数は割引率rだけなので，債券投資は割引率の変動リスクへの投資であることが分かる。rは分母にあるから値が大きくなるほどPは小さくなる。逆に言えば，Pが額面より高ければ（**ディスカウント，discount**という），rが発行時より下がったということ，Pが額面より低ければ（**プレミアム，premium**という），rが発行時より上がったことを意味する（図87）。

図87　債券価格と期待利回りの関係

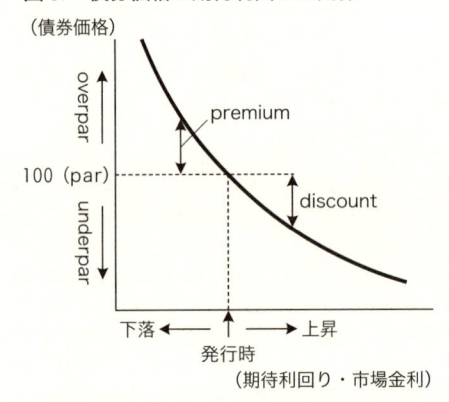

(債券価格)
overpar
premium
100 (par)
discount
underpar
下落 ← → 上昇
発行時
(期待利回り・市場金利)

13-20　**割引率の中身**　　以前に債券や長期融資の金利は一定の基準金利に利ざやを上乗せして決定されると述べた（¶8-38以下）。基準金利にはさまざまな種類があるが，投資理論ではこれを国債金利のような**安全利子率（risk free rate）**と想定する。国債の価格ならこれで終わりだが，事業債の場合には安全利子率にリスクプレミアムを上乗せして割引率とする。リスクプレミアムが生じる原因もいろいろ考えられるが，単純化のために信用リスクを負担す

> ることの対価だと想定する[516]。
> 　このように理念化すれば，債券投資は安全利子率に体現された市場金利の変動リスクとプレミアムに体現された発行体の信用リスクへの投資だと言い換えて良い（なお，外貨建の場合為替リスクにも投資することになる）。たとえば国債投資の場合，信用リスクはゼロと考えてよいので，円金利の変動リスクに投資していることになる。この場合，安全利子率は上昇・下降の両方に動きうるので，価格もそれにつれて下落・上昇する。これに対し，信用リスクプレミアムは貸倒リスクの上昇とともに拡大するが縮小することは稀なので，価格が下落する側にのみリスクがある。前者のようにアップサイドもダウンサイドもあるリスクは**投機的リスク**（speculative risk），後者のようにダウンサイドしかないリスクは**純粋リスク**（pure risk）というのであった（¶1-35以下）。この違いは大変重要なのであらためて確認しておいてほしい。

13-21　株価は市場全体の変化に影響は受けるものの，個別性も強い。不況相場でも値上がりする株式はある。これに対し債券投資の場合，キャッシュフローが固定されている上に，割引率に占める安全利子率部分の比率が大きいので，市場金利が変動するとあらゆる銘柄の価格が同じように影響を受ける。このため，市場金利の変動により債券価格がどのように変動するかを理論的に解明する努力が早くから行われてきた。この点について次節で検討しよう。

(c)　デュレーション

13-22　今，最も単純な債券として1年後に元本だけが支払われる割引債（ゼロクーポン債，zero coupon bond）を考えると，その価格は，

$$P_1 = \frac{C_1}{(1+r)}$$

である。同様に期間2年なら

$$P_2 = \frac{C_2}{(1+r)^2}$$

n年なら

---

[516]　現実のリスクプレミアムには，たとえば流動性の有無が大きく反映される。また期限前償還が可能だとコールオプションの対価相当が上乗せされる。

式 20　期間 n 年の割引債の価格

$$P_n = \frac{C_n}{(1+r)^n}$$

となる。**式 20** について金利 r が変化したときに価格がどのように影響を受けるかを考えてみると、期間 n が大きいほど分母が変化する度合いが大きくなるので、価格 P もそれだけ大きく変化することが分かる（**図 88**）。

図 88　金利変動と年限別割引債価格の変化

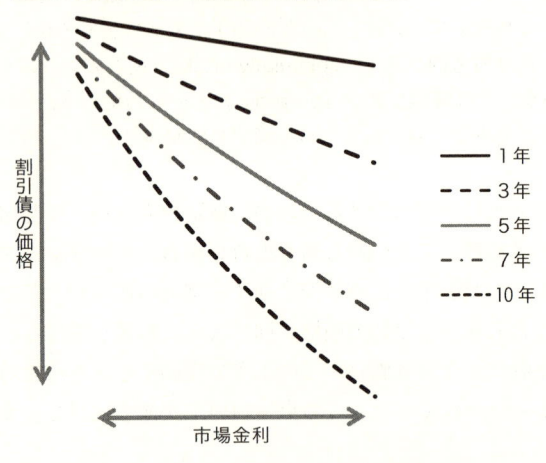

（グラフ：縦軸 割引債の価格、横軸 市場金利、1年、3年、5年、7年、10年）

13-23　ところで、あらためて**式 19** と**式 20** を見比べてみると債券の価格は各期間に対応した割引債の現在価値の合計になっていることが分かる。たとえば、期間 10 年、クーポン 5% の債券価格 100 に占める各年限の割引債の現在価値がそれぞれ 4.8、4.5、4.3、4.1、3.9、3.8、3.5、3.4、3.2、64.5 であったとしよう（**図 89** 参照）。

図89　債券価格の構造

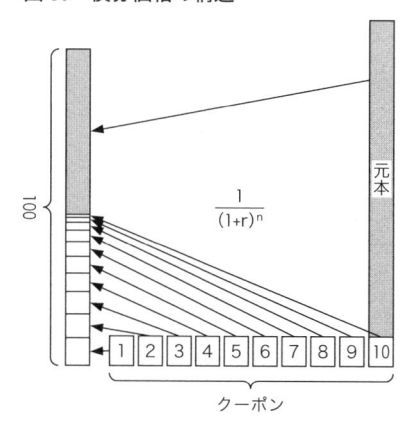

　この場合，この債券の価格変化率は，1年－10年の期間を，各期間に対応するキャッシュフローの現在価値の大きさに従って加重平均して求められる期間である8.1年を満期とする割引債の価格変化率と同じになるはずである（式21）。

式21　デュレーションの計算

$$1 \times \frac{4.8}{100} + 2 \times \frac{4.5}{100} + 3 \times \frac{4.3}{100} + \cdots + 10 \times \frac{64.5}{100} = 8.1$$

13-24　このように，ある債券の価格変化率を，何年の割引債の価格変化率と同じかという期間に引き直したものをデュレーション（duration）という。なお，duration, maturity, term といった単語はすべて「期間」という意味があるが，この中でdurationだけは特別な意味を持つのであえて訳さずに英語のまま使う。

13-25　**微分とデュレーション**　高校で数Ⅱを選択した人は微分を習ったであろう。知らない人（知りたくない人も含む）は$y=f(x)$という関数においてxを変化させていくとyがどれだけ変化するかを考えることだとざっくり理解しておこう。一次関数だと変化率は一定だが，それ以外の場合はxの値が変わるとyの変化量も多くなったり少なくなったりする。つまりそれ自身がxの関数になっているわけである。微分とは，この関数を求めることにほかならない。たとえば，$y=x^n$を微分すると$y'=nx^{n-1}$になる。**式19**も，

$$\frac{1}{(1+r)} = (1+r)^{-1} = R^{-1}$$

とおけば似たような形をしているので微分してみると[517]，

$$P' = -(R^2C_1 + 2R^3C_2 + 3R^4C_3 + \cdots + nR^{n+1}C_n)$$
$$= -R \times (RC_1 + 2R^2C_2 + 3R^3C_3 + \cdots + nR^nC_n)$$
$$= -R \times \left(\frac{RC_1 + 2R^2C_2 + 3R^3C_3 + \cdots + nR^nC_n}{\text{現在の価格}}\right) \times \text{現在の価格}$$

$$\therefore P' = -\frac{\text{Duration}}{(1+r)} \times \text{現在の価格}$$

つまり，現在の金利水準がrの場合に，rが変化すると債券価格はデュレーションを－(1＋r)で割った値（これを**修正デュレーション**という）だけ変化するということである。このようにして，価格だけでなく価格の変化率も数値化することが可能になる。

(2) ポートフォリオ理論 (portfolio theory)

13-26 ¶12-69で純粋リスクである貸倒リスクに関する分散効果について説明した。ポートフォリオ理論では株価のような投機的リスクについても分散効果があるのかについて検討する[518]。一般にリスクというと貸倒れのように悪くなることと考えがちだが，株価のような投機的リスクは値上がりすることもあるので，値下がりそのものをリスクと考えるのではなく，騰落の激しさをリスクと考える（¶1-38。なお¶1-39を復習のこと）。

さて，銘柄AとBへの投資を考えているとしよう。どちらも過去の平均的な収益率はμで同じだが，株価の平均的なバラツキ度合い（標準偏差，¶1-39）をみるとAはσ_A，Bはσ_Bであったとする。つまり，AとBの株価は平均的には

$$\mu \pm \sigma_A \text{ もしくは } \mu \pm \sigma_B$$

の範囲に収まるだろうということである。そして，バラツキ度合いを示す

---

517) 正確には合成関数の微分なので，$P' = \dfrac{dP}{dr} = \dfrac{dP}{dR} \times \dfrac{dR}{dr} = \dfrac{dP}{dR}$

518) ポートフォリオの意味について注362参照。

σ_A，σ_Bが投資リスクを表している。

> 問）この場合に，AとBに半分ずつ投資すると期待収益率がμであることは明らかだが，バラツキ度合い，すなわち投資リスクはどうなるか（SAAJ 2・34 頁以下参照）。

図90 ポートフォリオリスク分散概念図

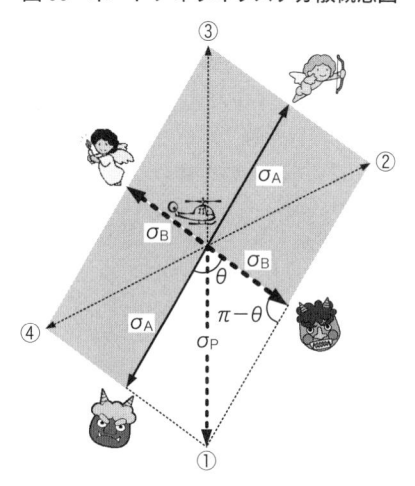

13-27 　貸倒リスクの分散効果について検討したときは湖水に浮かんだ船を鬼が沈めようとすることだけ考えた。株価の変動については船をヘリコプターに換えた上で，天使にも登場してもらって上のほうに引き上げられることもあると考える。**図90**をみれば分かるように，天使と鬼の引っ張り方が①−④のどの組み合わせであっても，2つの矢印が同方向か正反対でない限り，変動の幅は引っ張る2つの矢印を含む平行四辺形の対角線の長さになるから，2辺の和である$\sigma_A + \sigma_B$より短くなることが分かる。この縮減部分がリスク分散の効果である。

13-28 　もちろんこんなめんどうな言い方をしないでも，1銘柄に集中投資するより，なるべく関係が少ない複数の銘柄に分散投資したほうが安全だということは誰にでも分かる。しかし，こういう分析のメリットはこれを定量化できることにある。¶12-69で説明したように，高校1年で習った余弦定理を使えば平行四辺形の対角線の長さは**式22**のように計算できる。

式22　銘柄A, Bからなるポートフォリオの投資リスク

$$\sigma_P = \pm \sqrt{\sigma_A^2 + \sigma_B^2 - 2\sigma_A\sigma_B \times \cos(\pi - \theta)}$$
$$= \pm \sqrt{\sigma_A^2 + \sigma_B^2 + 2\sigma_A\sigma_B \times \cos\theta}$$

13-29　**リスク相関の計算**　¶12-69以下の説明ではcosθを相関係数だとだけ説明したが、実際にAとBに関する過去の値があるなら（A_n, B_nとする）、次のようにして相関係数を計算することができる。
① A_n, B_nそれぞれの値と平均値の差（偏差）を掛け合わせたものの平均値を求める。統計学ではこれをAとBの共分散といいσ_{AB}と表す。共分散はそれぞれの場合に互いの値が平均からどれだけ乖離したかというバラツキ度合いの平均である。② A_nとB_nの標準偏差の積$\sigma_A\sigma_B$を求める。これは、A、Bそれぞれが独立して値動きした場合の最大のバラツキ度合いになる。③相関係数は①を②で割った比率である[519]。

これを**式23**にとりこむと、

$$\sigma_P = \pm \sqrt{\sigma_A^2 + \sigma_B^2 + 2\sigma_A\sigma_B \times \frac{\sigma_{AB}}{\sigma_A\sigma_B}}$$
$$= \pm \sqrt{\sigma_A^2 + \sigma_B^2 + 2 \times \sigma_{AB}}$$

最後に、AとBの購入額が半々でない場合にも使えるようにA, Bの購入比率x_A, x_Bを加味すれば、通常の投資理論の教科書に登場する数式になる。

式24

$$\sigma_P = \pm \sqrt{x_A^2\sigma_A^2 + x_B^2\sigma_B^2 + 2x_Ax_B\sigma_{AB}}$$

または、

$$\sigma_P^2 = x_A^2\sigma_A^2 + x_B^2\sigma_B^2 + 2x_Ax_B\sigma_{AB}$$

証券の数が3つ以上になっても式の構造は変わらないし考え方も同じである。証券の数をどんどん増やしていけばリスク分散の効果はどんどん向上していくが、あるところで限界に到達する。この状態における収益率がCAPM（¶13-16）のところで述べた市場収益率ということになる。

13-30　公募投信に代表される典型的な投資ファンドのメリットは、複数の投資家から募った大口の投資資金をプロの運用者が投資理論を駆使して分散投資し、

---

[519] 相関係数をEXCELで求める場合、CORREL（範囲1、範囲2）という関数にA_nとB_nを範囲指定すればよい。

リスクを抑えつつ単独の投資家では実現できないリターンを実現する点にある。

13-31 **最適ポートフォリオの決定**　式24のσ_PはAとBという2つの証券を購入した場合のリスクを表している。AとBの期待収益率をμ_A, μ_Bとすると，AとBをx_A, x_B（ただし，$x_A+x_B=1$）だけ組み合わせたポートフォリオの期待収益率μ_Pは，

式25
$$\mu_P = x_A\mu_A + x_B\mu_B$$
$$= x_A\mu_A + (1-x_A)\mu_B$$

となる。この式をx_Aについて解いて式24に代入するとμとσだけで表された式になる。これをμ_Pとσ_Pの関係式のかたちに整理すると，

$$\sigma_P^2 = 係数 \times \mu_P^2 + 係数 \times \mu_P + 定数$$

というかたちになることが分かる。そして，この式はさらに，

式26
$$\frac{\sigma_P^2}{S^2} - \frac{(\mu_P-C)^2}{T^2} = 1$$

というかたちに変形できる（S, T, Cはμ_A, μ_B, σ_A, σ_Bで表された定数）。ところで，$\frac{x^2}{S^2} - \frac{y^2}{T^2} = 1$という関数のグラフは，2点P$(-\sqrt{S^2+T^2}, 0)$, Q$(\sqrt{S^2+T^2}, 0)$からの距離の差が一定であるような原点に対称な2つの曲線になる。これを**双曲線**という（中学校で習った反比例のグラフはこの一種である）。式26も同じかたちをしているので，μを縦軸，σを横軸にとれば，**図91**のようなグラフになる。ただし，$\sigma>0$，$\mu>0$だから，右側の曲線（p）の太線部分だけが問題となる（ポートフォリオ理論の教科書ではこの部分のみを切り取って図示することが多いため双曲線という言葉に混乱した人があるかもしれない）。太線上では最も効率的な投資分散が達成されている。そして，$\mu=C$（点線）より上の点は，AとBという2つの証券を一定比率で組み合わせたポートフォリオのリスク（σ）に対して得られるリターン（μ）の最大値を示しているので**効率的フロンティア**（efficient frontier）と呼ばれる。証券の数を3つ以上に増やしても，効率的フロンティアの形状は同様になることが証明されている。

図91

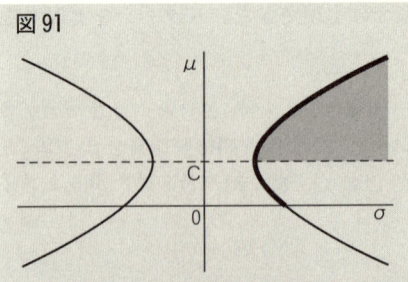

13-32　安全資産とリスク資産の組合せ　実際には投資家はリスク資産以外に国債や預金のような無リスク資産（$\sigma=0$）にも投資する。無リスク資産は $\sigma=0$ だから、無リスク資産の組入れ率を x_F，リスク資産部分全体のリスクを σ_R とすると、**式24** は

式27
$$\sigma_P = (1-x_F)\sigma_R$$

となる。また、その収益率は、**式25** より、

式28
$$\mu_P = x_F \mu_F + (1-x_F)\mu_R$$

となる。さきほどと同様に**式27**を x_F について解いて**式28**に代入して整理すると，

式29
$$\mu_P = \mu_F + \frac{(\mu_R - \mu_F)}{\sigma_R} \times \sigma_P$$

となる[520]。これをグラフ化すると、縦軸（μ）の切片が μ_F である右上がりの直線になる。この直線がさきほどのリスク資産に関する効率的フロンティアと交わることができる領域が可能な投資ポートフォリオの組合せになるが、この中で最も μ が大きくなるのは、直接と曲線が接する点である。これを接点ポートフォリオという。

---

[520] この式は期待利回り＝安全利子率＋（市場収益率－安全利子率）×ベータという CAPM の基本式（式18）と同じである。実際，市場が完全なら接点ポートフォリオは市場全体と一致するはずである。

図 92

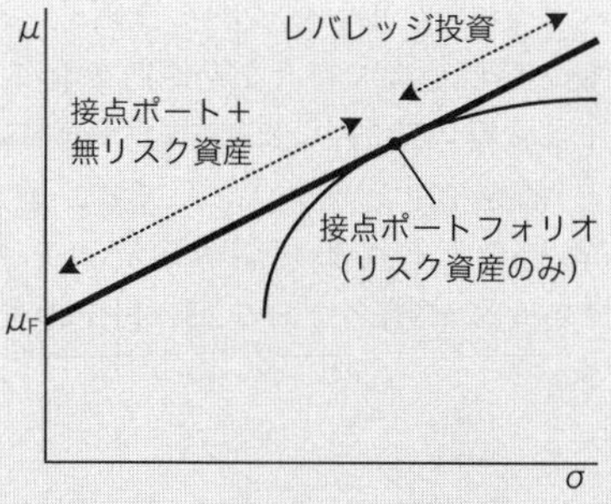

つまり，安全資産とリスク資産を組み入れるポートフォリオについては，まず，リスク資産について接点ポートフォリオを選択し，次に，これと無リスク資産を適当な比率で組み合わることにより，各投資家のリスク許容度に応じた最適ポートフォリオを実現できる。このように，最適ポートフォリオの選択に際して，リスク資産だけのポートフォリオを決定する意思決定と，リスク証券と無リスク証券との比率に関する意思決定が，独立して行われるということを，**トービンの分離定理**という。

3　さまざまな投資ファンド

13-33　投資ファンドにはさまざまなものがある。次章では法的形態別に説明するので，ここでは特に，運用形態や運用対象からいくつか異なるタイプの投資ファンドを紹介しておく。

(1)　アクティブ運用 vs. パッシブ運用

13-34　CAPM の考え方からも分かるように，株式の価格は市場全体の値動きから大きな影響を受ける。いかなる企業も経済全体の動きから中立的ではいられないと言い換えてもよいだろう。このため，ほとんどの投資ファンドは市場全体の動きには大きく逆らえないという前提でこれより良かったか悪かったかという相対的な物差しで運用成績を測る。つまり，市場全体が値下がりした場合でも投資ファンドの価値の下落率が市場全体のそれを下回っている限り良い成績だったと考えるわけである。

13-35　**インデックス**　この場合に，市場全体の値動きを示す指標を**インデックス** (index) という（網羅的な資料として住友信託参照）。代表的な株価インデックスとしては，東証1部上場の全銘柄の時価総額の合計を全銘柄で割って出した**東証株価指数（TOPIX）**と東証1部上場の銘柄中225銘柄の平均株価である**日経平均株価（日経225）**がある。債券インデックスとしては，過去の一定期日を100とした累積投資収益指数として野村證券が発表している**Nomura-BPI**（Bond Performance Index）が有名である（野村HP参照）。

(a) アクティブ運用

13-36　多くのファンドはインデックスに対してより良い成績を上げることを目標とする。これを**アクティブ運用**（active investment）という。具体的な運用方針にはさまざまなものがあるが，たとえば，**グロース型**（growth fund）は組み込まれた企業の1株あたり利益が平均以上成長することを狙う。このためPER（¶5-45）やPBR（¶5-44）の高い銘柄が組み込まれることが多い。これに対し**バリュー型**（value fund）は本来の企業価値に比べて株価が割安なものを組入れて値上がりを狙う。このためどちらかといえば成熟産業に属して遊休資産を多く抱える低PBR銘柄等が対象となることが多い。

(b) パッシブ運用

13-37　たとえプロでも長期にわたり市場に勝ち続けることは容易ではない。このため年金基金のような長期投資を行う場合は，むしろインデックスに連動することを目標にすることも多い。これを**パッシブ運用**（passive investment）という。パッシブ運用のファンド（パッシブファンド，passive fund）は**インデックスファンド**（index fund）とも呼ばれる。

(2) ヘッジファンド

13-38　通常のファンドが「TOPIXに対し年1％の超過収益をあげる」とか「日経平均株価に連動させる」といった相対的なリターンを狙うのに対し，「年率○○％以上」といった絶対的リターンを目標にして比較的少数のプロ投資家から資金を集めて運用するファンドを**ヘッジファンド**（hedge fund）という。投資家に小口の個人投資家が含まれる公募ファンドの場合，空売りや

借入れ等が厳格に規制されているため[521]，原則として投資資産を取得して保有することが中心になる。これに対しヘッジファンドの場合，割安な資産の購入と割高な資産の売却を両建てにしたり，少額の資金で大きなリスクポジションを取ることのできるデリバティブを組み合わせるといった手法を活用して最小限の資金で大きなリターンを狙う（こうした行動が「ヘッジ」という名前の由来にもなっている）。ヘッジファンドは 80 年代から存在していたが，2000 年以降にサブプライム関連商品に関する信用裁定型投資を軸に急速に残高を拡大した。しかし，同問題の発生によって大きな曲がり角を迎えている。

(3) ベンチャーキャピタル，プライベートエクイティーファンド，企業再生ファンド

13-39　**ベンチャーキャピタル**（venture capital）は株式会社等を設立して事業を興す者に対して出資に応じ上場（IPO，¶5-25）や事業売却等の出口を狙うものである（¶4-8）。これに対し，**プライベートエクイティーファンド**（private equity fund）は未公開会社への資本参加等を通じて積極的に経営に関与し，企業価値を高めて上場や事業売却等の出口を狙う。後者のうち，もともと上場会社であったものも含めて，問題会社を主として手がけるものは**企業再生ファンド**と呼ばれる[522]。

13-40　これらのファンドは，運用者自身が特定の領域に対する専門知識や，経営コンサルティング，企業再生のノウハウを持ち，積極的に投資対象である企業の価値を高める努力を行う点に特徴があり，M&A 法や倒産法に詳しい弁護士や法務パーソンが重要な役割を担うことも多い。

521）投資信託協会「投資信託等の運用に関する規則」15 条参照。
522）LBO ファンド　現金収入はあるが将来性のない事業や遊休資産を抱えるため株価が本来の企業価値に比べて割安な企業（低 PBR 企業）等の株式を，当該企業の資産や事業を引当に巨額の借入を行って買い占め，支配権を獲得した後に経営者の一新，資産や事業の売却等を通じて株価を本来の水準に高め，場合によっては買収に抵抗する他の株主等に株式を高値で売却することにより高い収益を狙うものを企業買収ファンドとか，買収資金を借入れで調達する点に着目して LBO（leverage buyout）ファンドという。

(4) ファンド・オブ・ファンズ

13-41　会社の業績が経営者の資質に大きく影響されるように，投資ファンドの成績は運用者の能力で決まると言ってよい。また同じ運用者であっても運用対象や方針の異なるファンド（株式・公社債・不動産，グロース・バリュー・インデックス等）では運用結果が全く異なる。この結果，運用者や運用対象・方針の異なる複数の投資ファンドに分散投資する投資ファンドがあってもよい。これを**ファンド・オブ・ファンズ**（fund of funds）といい，運用者が投資選定をするものと，投資対象となるファンドだけをあらかじめ定めた上で，どれにどの程度投資するかは投資家に選択させるものとがある。

13-42　**ファンド・オブ・ファンズと課税**　多くの変額年金や確定拠出年金は後者なので運用面における付加価値は限定的である。しかし，投資対象や構成比を変更しようとすると，その時点でいったん投資収益が実現するため課税が生ずる。また期中の配当にも課税される上，これを再投資しようとしても十分な金額に満たないことも多い。これに対し，投資ファンドの内部でこのような作業を行えば，実際に現金配当を受け取るまで課税を繰り延べることができる。この効果は，運用期間が超長期となる年金型のファンドにおいて特に重要な意味を持つ（¶14-82）。

第 14 章

市場型間接金融 ④
投資ファンドとCIV

> 本章では引き続き投資ファンドについて，法的視点から解説する。特に，集団投資スキームを実現するための枠組みであるCIVに焦点をあてる。

1　投資ファンドの関与者

(1) 集団投資のための主体 (CIV)

14-1　投資ファンドを組成するには，①複数の投資家の資金を 1 か所に集中し，②プロの運用者がこれをまとめて運用し，③その投資成果を受け取る投資家の権利を金融商品化する枠組みが必要になる。本書ではこのうち，①と③の役割を担う投資ファンドの枠組みを **CIV**（collective investment vehicle，集団投資のための枠組み）と呼ぶことにする。

14-2　CIV には特別な法律に基づく専用型と既存の組織形態を利用する転用型がある。専用型には投資信託，投資法人，投資事業有限責任組合が，また，転用型には主として一般の信託契約，保険契約，合同会社＋匿名組合契約，民法上の組合契約（任意組合）がある。

14-3　**税務透過性（tax transparency）**　CIV は投資家や運用者とは独立した法的枠組みになるが，これに法人課税がなされると二重課税が生じてしまう。このため，CIV に形式的に帰属する投資成果が税金によって目減りしないで投資家に分配されるような工夫や法的手当てが必要になる。これを CIV の税務透過性の問題という。

(2) 運用者

14-4 上述②の役割を担う投資ファンドの運用者は，委託を受けて運用を自ら行う投資運用業者と，運用者に助言を行う投資助言業者（いわゆる投資顧問）に大別される。いずれも原則として金商法上の金融商品取引業者となる（表9）[523]。同法において運用者が行う業務は**表31**のように類型化されている[524]。

表31 運用者の類型

投資助言業務（金商28条6項・28条3項1号・2条8項11号）
投資顧問契約を締結し，有価証券や金融商品の価値等の分析に基づく投資判断に関する助言を行うこと
投資代理業務（金商28条3項2号・2条8項13号）
投資顧問契約または投資一任契約（注507）の締結の代理または媒介のいずれかを業として行うこと
投資運用業務（金商28条4項）
金融商品の価値等の分析に基づく投資判断に基づいて有価証券，または，デリバティブ取引に係る権利に対する投資として…
投資法人（投信2条13項）との資産の運用に係る委託契約に基づきくもの金銭その他の財産の運用を行うこと（金商28条4項1号・2条8項12号イ）
投資一任契約に基づき金銭その他の財産の運用を行うこと（金商28条4項1号・2条8項12号ロ）
投資信託等の受益証券の投資家から拠出を受けた金銭その他の財産の運用を行うこと（金商28条4項2号・2条8項14号）
信託受益権等を有する者から出資・拠出を受けた金銭その他の財産の運用を行うこと（28条4項3号・2条8項15号）

---

523) 保険商品と投資信託でない信託型投資ファンドにおいて保険会社や信託会社が自ら運用者となる場合には保険業法や信託業法が一義的に適用される。ただし，各業法において金商法の行為規制が準用され規制の横断化が図られている。

524) なお，信託型や保険型については①と③を提供している信託会社や保険会社が自ら②も担当することがある。この場合には，一義的にはそれぞれの業法の規制を受ける。

2　ファンド型商事信託

14-5　法技術的にみて最も単純な投資ファンドの仕組みは，投資家（委託者）が信託会社（受託者）に対して金銭（財産）を信託し，信託会社が自らまたは委託者もしくは第三者の指示・助言を得て当該投資家（受益者）のために有価証券その他の財産への投資を行い，投資成果を金銭で，もしくは運用対象を現物で分配[525]する信託契約（¶9-63）によるものである（**ファンド型商事信託，図93**）（なお，次節で説明する投資信託にも形式的にこの形態をとるものがあるが，投資信託法を軸に独立した法規整を受けるので一般的なファンド型信託とは区別する）。

図93　ファンド型商事信託の仕組み

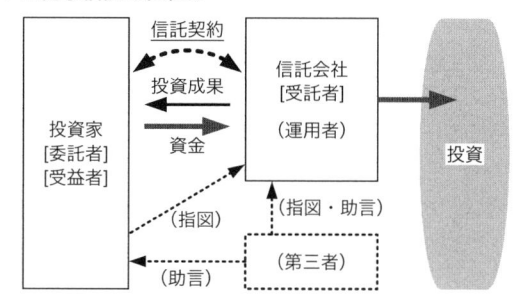

(1)　ファンド型商事信託に関する法規整

14-6　信託に関する事項は信託法が規定する。また，投資ファンドのように営業として行う信託の引受けは商行為となる（商事信託，商502条13号，¶9-71）。この場合，受託者となる者には原則として信託業法に基づく免許が必要であり[526]（信託業3条），同法による行為規制が及ぶ（信業24条1項［勧誘ルー

---

[525]　分配を金銭で行うものを金銭信託，運用対象をそのまま現物で受益者に給付するものを金外信託という。

[526]　管理型信託業　①委託者または委託者から指図の権限の委託を受けた者（受託者と密接な関係を有する者を除く）のみの指図により信託財産の管理または処分が行われる信託と，②信託財産につき保存行為または財産の性質を変えない範囲内の利用行為もしくは改良行為のみ

ル]・2項［適合性原則］, 25条［説明義務］, 26条［契約締結時書面交付義務］)。投資ファンドの受託者は一義的には信託業法で規制されるが，投資ファンドのように金融商品を対象とし元本毀損のおそれがあるもの（信託業法上の特定信託契約）については金商法の行為規制が準用される（信託業24条の2）。また，信託の受益権は金商法上の有価証券となるため（金商2条1項10号・12-14号, 2項1号），その販売には前述の信託業法上の行為規制に加えて金商法の規制が及ぶ（¶9-80）[527]。

14-7　**受託者の義務**　信託の受託者には信託法と信託業法により厳格な責任が課せられる。信託法に規定された受託者の義務としては，善管注意義務（信託29条2項），忠実義務（同30-32条），公平義務（同33条）[528]，信託財産の分別管理義務（同34条）がある。**善管注意義務**とはその職種や地位にある者として通常要求される管理者としての義務，**忠実義務**とはもっぱら受益者のために行動せねばならないという義務であり，後者についてはこれをさらに具体化した，**利益相反行為の禁止**（同31条）[529]，**競合行為の禁止**（同32条。信業には規定なし）[530]が定められている。いずれも信託法上は当事者の合意に基づいて義務の軽減が認められる（信託29条2項ただし書・31条2項・32条2項）が，信託会社については強行規定化されている（信託業28条）[531]。こうした義務に違反した場合，受託者は損失補塡や原状回復義務を負担し（信託40条），受託者が法人の場合，その役員も連帯責任を負う（同41条）。また，違

　　　　が行われる信託（管理型信託業，信託業2条3項）を行う場合は登録でよい（管理型信託会社，信託業7条）。

527)　詳細は小出114頁以下参照。

528)　公平義務　受益者が複数の場合，これらを公平に取り扱うべしとする義務。

529)　利益相反行為　具体的には，①自己取引（信託31条1項1号，信託業29条2項1号），②信託財産間取引（信託同2号，信託業同2号），③双方代理類似取引（信託同3号，信託業同3号），④間接取引（信託同4号，信託業施行規則41条2項4号）が禁止・制限される。違反行為は①②は無効（信託31条4項），また，(a)①②について第三者との間で取引がなされた場合と，(b)③④について相手方が違反について悪意または重過失の場合には，取消しの対象となる（同6・7項）。

530)　競合行為　信託事務の処理として受託者ができる行為であってこれをしないことが受益者の利益に反するものについては，これを受託者の固有財産または受託者の利害関係人の計算でしてはならないという義務。違反行為については第三者の権利を害しない範囲で受益者は信託財産のためにされたものとみなすことができる（信託32条4項）。

531)　このほか分別管理義務について，信託業法はこれを適切に遂行できる管理体制整備義務を規定する（信託業28条3項）。

反の結果，信託財産に著しい損害が生ずるおそれがある場合，受益者は事前に行為をやめることを請求できる（同44条）。

14-8 **運用指示者の義務**　受託者は信託事務の処理を一定の場合に第三者に委託することが認められている（一般原則：信託28条，業者規制：信託業22条）。実際にも投資顧問業者に運用そのものを委託したり，数理分析のみを専門業者に委託することは多い[532]。この場合，受託者が受任者に対する選任・監督の義務を負うことはいうまでもないが（信託35条），運用指示者が実質的な受託者となるため，信託業法上受託者と同様の忠実義務・善管注意義務が課せられる（信託業22条2項）。

(2) ファンド型商事信託の種類

14-9 　ファンド型商事信託には以下のようなものがある。

(a) ファンドトラスト，特定金銭信託，単独運用指定金銭信託

14-10 　**ファンドトラスト**は企業等が比較的大口の資金を信託会社に委託して運用してもらう金外信託（注525）である（¶5-13参照）。**単独運用指定金銭信託（指定単）**は公的機関が運用対象の種類を指定した上で，その中で信託会社に運用してもらうものである。**特定金銭信託**は委託者側が運用方法を指図するもので，投資顧問会社が投資助言業者や投資代理業者として関与する場合も多い。

> 問）　運用方法を委託者が指図する特定金銭信託には，自分で直接運用する場合と比較してどのようなメリットがあるのか。

14-11 　**簿価分離**　まず，投資目的で行う有価証券の売買事務や管理を財務部門の者が行うことは煩雑である。また，企業が証券投資をする場合，税法上同一銘柄については全体の簿価を通算して損益を計算せねばならない（**簿価通算**。法税令119条の2）ため，長期目的で保有している有価証券と同一銘柄につい

---

[532] ファンドマネジャーは専門性の高い仕事なので，信託会社の一般職員とは独立した教育体系や昇進・給与体系で処遇するために別会社化した上，他社からの受託も狙わせて収益事業化を図ることも多い。

て追加的に投資して値ざや稼ぎをしようとしてもうまくいかない。これに対し，信託（具体的には金銭の信託と退職給付信託）を通じて売買しているものについては，信託内の有価証券の損益計算は本体保有のものと分離してよいことになっているため，簿価通算にわずらわされることなく，特定の期間について有価証券投資を行いその成果を損益に反映させることができる。これを**簿価分離**という（金融商品会計基準85-87段落，法人税基本通達2-3-16）。

(b) 企業年金信託

14-12　**企業年金信託**は，いわゆる企業年金の受け皿となるものである[533]。

14-13　**企業年金**　日本の年金制度は，(1)すべての国民を対象にした国民年金と被用者を対象にした厚生年金・共済からなる公的年金，(2)企業年金，(3)その他の個人年金から構成される。このうち，企業年金は受取人になる従業員のために企業が掛け金を積み立てて運用し，退職後に一時金や年金のかたちで支払うものである。法律上の制度としては**確定給付企業年金**，**厚生年金基金**，**確定拠出年金**等がある[534]。いずれも超長期の投資ファンドとしての性格を有するが，従業員の老後を支える大切な資金になるから，従業員が年金を受け取る権利（受給権）を明確にし，転職や企業が倒産した場合でも受給権が確保されるようにする必要がある。また，年金を運営するためには資産運用とは別に，従業員別の記録管理（record keeping），給付事務，数理計算・財政計算といった制度運営上不可欠なサービスを付帯的に提供する必要がある。

(c) 貸付信託と金銭信託

14-14　金銭信託は信託会社が一般大衆から広く金銭を受託して貸付金や有価証券等で運用するもの，貸付信託は貸付信託法に基づいて比較的長期間主として貸付金等に運用するものである。貸付信託と一部の金銭信託については受託者が元本補塡を行うため，これを扱う信託銀行にとっては事実上定期預金と

---

[533]　**企業年金保険**　生命保険会社の企業年金保険も企業年金の受け皿を狙った商品である。信託型の場合，元本保証はなされないのに対し，年金保険型の場合は一定の予定利率が予め保証され，さらに運用成績が良ければ利差配当がなされる。

[534]　年金制度や企業年金の概要については，企業年金HP，三菱UJF信託第6章等を参照のこと。

同様の機能を果たしてきた（¶9-73）。

(3) 信託の課税

14-15　信託については，以下のような仕組みで税務透過性（¶14-3）が確保されている。

14-16　①**受益者課税の原則**　信託財産の名義上の権利者は受託者なのでその財産に関しては本来受託者が納税義務を負うはずである。しかし，信託関係を経済実体に即してみれば，信託財産の実質的な所有者はむしろ受益者なので，分配の有無にかかわらず期末年末の財産状態に基づき受益者（信託の変更をする権限を現に有し，かつ，当該信託の信託財産の給付を受ける者も受益者とみなされることに注意）があたかも当該財産を保有し運用していたのと同様に課税所得を認識し納税せねばならない（所税13条，法税12条1項。なお，税特措41条の4の2・67条の12に注意すること）。

14-17　②**例外(1)：課税の繰延べ**　ただし，後にみる投資信託，年金信託や公募投資信託のように受益者が不特定多数の場合，受益者を把握することが困難なことに加え，そもそも現実に分配金を受け取るまでは納税原資がない。そこで特定の信託契約については例外的に分配時まで受益者段階における課税が繰り延べられることになっている（法税12条1項ただし書）。この場合さらに，(1)証券投資信託や企業年金信託のように受託者段階でも法人課税がなされない完全繰延型（対象となる信託の種類については法税12条3項参照）と，(2)会社と同様，受託者段階で課税される法人課税信託に分かれる。

14-18　③**例外(2)：法人課税信託**　私法上法人でないものであっても社団性が認められるもの（人格なき社団）については収益事業について法人税が課される（法税4条1項）。これに対し，信託には社団性はなく，あえていえば人格なき財団とでもいうべきものである。しかし，新信託法の下では経済実体が会社や社団，財団法人に類似する信託を作り出すことができる。そこで，信託を用いた課税の長期繰延や租税回避的利用を防止するため一定の信託には法人課税がなされる。この対象となる信託を**法人課税信託**という（法税2条29の2号）。この場合，受託者が，引受けている信託契約毎に信託財産から納税義務を負担する（法税4条の6）。

14-19 **④例外(2)の例外**　法人課税信託については税務透過性が確保されない。しかし，①証券投資信託等以外の投資信託（たとえばREIT）と，②証券化に用いる資産流動化法に基づく特定目的信託については，租税特別措置法に基づいて一定の条件を満たせば分配金の損金算入が認められるのでその限りで二重課税を回避することができる（税特措468条の3の2・68条の3の3）。

3　投資信託法に基づく投資ファンド

14-20　投資ファンドのための法的枠組みの中で最も完成度の高いものが**投資信託および投資法人に関する法律**（以下「投信法」）に基づく投資信託と投資法人である。

(1)　投信法のCIV

14-21　投信法は投資ファンドのために3つのCIV（集団投資のための枠組み，¶14-1）を用意している（**表32**）。以下，導入された順番に委託者指図型，投資法人，委託者非指図型の順に説明する（以下，参照条文はすべて現在の投信法のもの）。

表32 投信法上のCIV

CIV	委託者指図型投資信託	委託者非指図型投資信託	投資法人
法的性格	信託契約	信託契約	専用法人
持分	信託受益権	信託受益権	投資口
商品	投信法上の受益証券	投信法上の受益証券	投資証券
目的 証券投信	○	×	○
REIT	○	○	○
その他	○	○	○
投資家	受益者	受益者	出資者
運用者	委託者（金商業者）	受託者（信託会社）	運用マネジャー（金商業者）
資産名義人	受託者（信託会社）	受託者（信託会社）	投資法人
事務・管理			外部業者
借入れ	規制あり	規制あり	投資法人債

(2) 証券投資信託と委託者指図型投資信託

14-22 　投資信託の仕組みは19世紀後半の英国で生まれ，20世紀初頭米国においてミューチュアルファンド（mutual fund）として普及した[535]。わが国では戦後，一般投資家の小口資金を株式市場に導入するため1951年に**証券投資信託法**が制定され，主として有価証券に投資する証券投資信託（以下「証券投信」）が導入された。

14-23 　証券投信は信託法に基づく信託契約をCIVとして利用する金銭信託の一種なので**契約型投資信託**と呼ばれる（¶9-57）。

---

[535] 大恐慌前にレバレッジを利かせた投資信託が株式バブルを生み出した。この反省の下に1940年投資会社法（Investment Company Act of 1940）が成立し，今日わが国にも継受されている投資会社規制の基礎が作られた。

図94 委託者指図型投資信託の構造

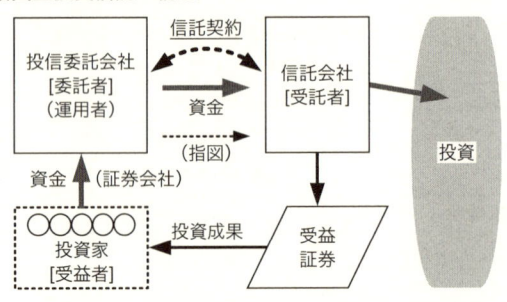

> （問） 典型的な証券投資信託では運用にあたる会社は受託者である信託銀行ではなく「投信委託会社」と呼ばれる。なぜ受託者ではなく委託者が運用をするのか。

14-24　ファンド型商事信託では，委託者である投資家が自ら受益者となり受託者である信託会社に金銭を信託譲渡し，運用は受託者が行う。しかし，多数の一般投資家から資金を集めて，株式を含む有価証券を対象とした投資ファンドを運営する業務は，証券業務と密接に関連する。このため，銀行・証券を厳格に分離する戦後の体制下では証券会社の業務であって，信託銀行に認めるわけにはいかない。そこで証券投資信託法は，証券会社が投資家から資金を集め，自ら委託者となって信託を設定し，信託契約上運用指示は委託者が行うものとする仕組みを採用するとともに，証券投信の受益証券を証券取引法上の有価証券と位置付けた[536]。しかし，仲介業務を行う証券会社が運用指示も行うことは利益相反だとの批判があったため，1960年に証券会社から投信の委託・運用を行う**投資信託委託会社**が子会社として本体から分離された。こうして投資家との窓口機能を証券会社が担い，投資委託会社が投信の設定とその後の運用指示，信託銀行が発注・保有に係る事務を分担するという，わが国で一般的な**委託者指図型投資信託**の仕組みができあがったので

536）　投信受益権の証券化　投信を広く投資家から募るには信託受益権に高い流通性を付与する必要がある。証券投資信託立法当時の信託法には受益権の証券化に関する規定がなかったため，投信法で無記名証券化を規定し，旧証券取引法で投信受益権を特に有価証券指定した。新信託法では受益証券発行信託の制度が定められたが（信託185条下，金商2条1項14号），投信法の受益証券規定は維持した上で，新信託法の関連規定を準用している（投信6条）。

ある（投信2条1項・3条以下，図94)[537]。現在も契約型証券投信[538]はこの形態をとらねばならないこととされている（投信7条)[539]。

(3) クローズド投信と会社型投信

(a) オープンエンド型・クローズドエンド型

14-25　契約型投信において投資家が投資を完了させたい場合，投信の受益証券は有価証券だから本来なら市場で売却すればよいはずである。しかしその場合，**正味資産価値**（net asset value）で必ず値段がつく保証はないし，取引所に上場する等の工夫をしないと高い流動性は望めない。そこで，ほとんどの契約型投信は受益者が販売会社を通じて委託者に契約の解約を請求しうるものとし，正味資産価値に基づいた解約返戻金を受益者に清算するというかたちで出口（¶5-3）を確保している。こうした方法を**オープンエンド型**（open end）という（¶5-4）。

14-26　ところで，正味資産価値といっても評価額にすぎないから，解約に応ずるには現実に資産を売却して現金に換えねばならない。解約率が経験則の範囲内に収まっている限り一定の現金準備を持っておけば解約に対応できるが，市況の悪化等で解約が集中すると大量の資産売却によって市況をさらに悪化させることになり，果ては投信の継続すら困難となる。このため，そもそも解約を認めず，出口確保は市場における受益証券の売却による**クローズドエンド型**（closed end）のメリットが意識されるようになった。

　しかし，契約型投信の場合，信託契約を完全に解約不能にすると投資家の

537）　**委託者指図型投資信託における投資家と委託者の関係**　旧信託法下では信託契約は要物契約とされており，投資家から資金を集める段階では信託契約が存在しないため，投信委託会社と投資家との法律関係について解釈が分かれていた。しかし新信託法の下では，委託者と受託者との間で将来の投資家を受益者とする諾成的信託契約が成立し，この受益権を委託者が証券会社（金融商品取引業者）を通じて投資家に販売して，払い込まれた代金で信託財産の移転債務を履行すると考えればよい。

538）　**証券投資信託の定義**　①委託者指図型投資信託であって，②信託財産総額の過半を有価証券（金商2条2項のみなし有価証券を除く）か有価証券関連デリバティブ取引（金商28条8項6号）で運用するものと定義されている（投信2条4項，投信令6条）。

539）　ただし，業際問題的な制限は取り払われており，運用指図権限を広く金商法上の投資運用業者や，（受託者と兼任しない限り）信託会社に委託することが許される（投信2条2項，投信令2条）。

出口確保が難しくなる。また，法的にも信託法の一般法理である**永久信託禁止の原則**（rule against perpetuity）に反する疑いがある[540]。このため，クローズドエンド型契約型投信といっても，一定期間解約不能期間を設けるか，償還期限を設けた上で全期間解約不能とするものが主体であった。

(b) 会社型投資ファンド

14-27　これに対し，米国では会社を CIV として利用する会社型投資ファンドが普及している。ゴーイングコンサーン（¶2-7）を前提とする会社はクローズドエンド型投信の CIV に適している上，信託法に比べるとガバナンス規定が明確というメリットがある[541]。しかし，日本で会社法上の会社を投資ファンドに転用すると，組織設計の自由度が高いためかえって規格性が失われることに加え，税務透過性（¶14-3）を認める上で一般の会社と区別する明確な基準を設けることが難しく濫用の危険性も高い[542]。

14-28　そこで，1998 年に証券投資信託法を大改正して**投資法人**という専用 CIV が創設された（投信 61 条以下）。投資法人は後に説明する資産流動化法に基づく特定目的会社と並んで，最初から金融のための枠組み（CIV, SPV）のひとつとして設けられた特殊な法人であり，事業のための組織である会社等とはかなり異なる性格を有している。

540）永久信託禁止の原則（rule against perpetuity）　信託財産があまり長期にわたって信託目的に拘束されて処分できない状態になることは，物の流通を阻害し，国民経済的に好ましくないことから，信託の存続期間の上限を設けるルール。日本では民法 90 条の公序良俗違反となると解されている（四宮 152 頁，能見・信託 25 頁，新井 92-94 頁）。また，新信託法では目的信託の期間制限（20 年，信託 259 条），いわゆる後継ぎ遺贈型信託の期間制限（30 年，同 91 条）の背景にこうした考え方がみてとれる。

541）ただし，会社型投資ファンドでも投資持分の償還に応じるオープンエンド型が認められる。CIV として会社型が主体の米国ではむしろオープンエンド型をとるものも多い。

542）米国では，会社法や信託法が州ごとに異なるため，私法上の法形式にかかわらず一定の要件を満たすものを投資会社（regulated investment company）として連邦証券規制の対象とし，また，連邦所得税法上税務透過性を認める。日本ではそのような事情がないため，CIV の法形式と証券規制・税法上の取扱いを連動させる場合が多い。

(c) 投資法人の特徴

> 問）事業組織である株式会社と専用 CIV である投資法人はどのような点で違いがあるか？　また，投資ファンドのための枠組みとして投信信託と投資法人ではどのような違いがあるか？

14-29　両者を比較すると**表33**のようになる。網掛け部分を見ると分かるように，投資法人は使用人の雇用が禁止され，すべての業務を外部委託せねばならない等，単なる枠組み機能に特化させるべくさまざまな制限が課せられている。また，オープンエンド型に対応するため投資法人の投資口は随時払戻しが可能である点が株式とは大きく異なる。一方，●印の項目を見ると，法人格，負債調達の自由度，M&A，ガバナンス等の点で会社との類似性が認められる。

(d) 証券投資ファンドへの活用

14-30　投資法人は次節で述べる不動産投資ファンドのほか，未公開株式や投資事業組合持分に投資するベンチャー投資ファンドの CIV として利用されている。ベンチャー企業投資は投資成果が得られるまでに時間がかかることや，上場前は換価が困難なため，クローズドエンド型がなじむからである。投資口の出口確保のため 2001 年には大阪証券取引所が「ベンチャーファンド市場」を開設している（大証 HP 参照）。

14-31　一方，従来的な証券投信については，既存の受託者のインフラを活用する観点等から現在でも契約型が利用されることが多い。

表33 会社・投資法人・投資信託の比較

項目	株式会社	投資法人	委託者指図型投資信託
法人格	あり	●あり(61)	なし
能力制限	定款による（緩やか）	資産運用に限る(63)	信託目的に限る
営業所	制限なし	本店のみ(63)	―
使用人雇用	制限なし	不可(63)	―
スポンサー	発起人	設立企画人(66)	投信委託会社
同上資格	なし	投資運用業者5年以上等（令54）	投資運用業者
基本文書	定款	規約(67)	約款
最低出資	1円	1億円以上	―
最低純資産	なし	5000万円	―
設立	登記のみ	登記＋届出（69Ⅰ）	約款の届出
運用開始時	―	登録(70)	―
投資対象	株式	投資口(76)	受益権
投資証書	株券	投資証券(85)	受益証券
投資家	株主	投資主(77)	受益者
譲渡制限	可	不可(78)	―
分配	剰余金	利益を超えて可能（137）	元本・収益
持分の払戻	減資	払戻が制度化（124）	解約
デット	社債・借入れ	●投資法人債（139の2）	借入れ・規制厳格
M&A	合併・分割・株式移転株式交換	●合併のみ（145以下）	併合のみ（8Ⅲ）
総会	株主総会	●投資主総会(89)	書面決議(17)
役員	取締役	●執行役員(96)	受託者
監督	監査役	監督役員	―
役員会	取締役会	●役員会（112）	―
業務	役員が実施	外部運用者（金商業者）への委託強制（198）	受託者
資産の保管	―	信託会社，金商業者等への委託強制（109）	受託者
その他の一般事務	―	第三者への委託強制（117）	受託者
会計士・監査法人監査	大会社等一部のみ	●強制（95④）	ファンド監査（金商193の2）

※括弧内の数字は特に断りのない限り投信法の条文

14-32　**ETF（exchange traded fund）**　バブル崩壊（¶12-42）後長期間続いた不況の中で，銀行や大手企業の間で株式持合（¶5-16）の解消が進んだが，この際大量の保有株式を市場で売却すると価格形成に悪影響を及ぼすことが問題となった。ところで，持合解消で放出される多数の銘柄を含む大規模なポートフォリオは，それ自身が市場と同じ動きをするインデックスファンドといってよい。そこでこれをそのまま投信にしてはどうかということになった。通常のパッシブファンド（¶13-37）はなるべく少ない銘柄でインデックスと同じ値動きをするように工夫を凝らして運用するのだが，インデックスの構成銘柄を全部含むなら難しい運用は不要だから運用手数料が安くてすむ。そして，この持分を上場すればその経済実体は「市場」という銘柄の株式になる。こうした構造を持つパッシブファンドを ETF という。

　ETF について随時解約を自由に許すと，せっかくのポートフォリオが崩れるから本来なら投資法人を用いてクローズドエンド型で仕組むことが望ましい。しかし，法人に現物出資する場合，税法上の取り扱いが微妙である。また，上述のように証券投信に係る既存インフラを活用すれば導入がスムーズに進む。そこで ETF を契約型で組成することができるよう，2001 年に投信法上の手当てがなされた[543]。また，税法上も ETF 持分を「特定株式投資信託」（税特措 3 条の 2 等）と位置付け，投資家への課税について上場株式と同様の有利な取り扱いが認められた（渡辺 40 頁以下参照）。こうした促進策を背景にさまざまなインデックスに連動する ETF が上場されている（東証 HP・ETF 参照）。

---

[543]　ETF の特例　投信法 8 条 1 項は，証券投信は原則として金銭信託（金銭を受託し終了時にも金銭を返戻する信託）でなければならないとするが，金融庁告示で限定列挙されたインデックスに連動する ETF については，設定や解約を構成比に応じて現物で行ってよいことになっている（同施行令 12 条，「投資信託および投資法人に関する法律施行令 12 条 2 号イの規定に基づき株価指数を定める件」［平成 13 年金融庁告示第 55 号］）。これにより証券会社のほか，銀行や企業から株式をそっくり受け入れられる一方，解約にあたっても組込資産を現金化せずにすむ。

(4) 不動産投資ファンドの導入

(a) 不動産投資ファンドの合理性
① 投資対象としての不動産[544]

14-33　不動産は，株式に代表される事業投資と並んで昔から代表的な投資対象のひとつである。これは土地を耕作や建物建築を通じて使用収益させれば賃料収入（インカムゲイン，income gain）が生まれることに加え，経済成長や立地による希少性の増大によって，値上がり益（キャピタルゲイン，capital gain）が見込める場合が多いことによる（なお，不動産投資の税効果について¶14-66参照）[545]。

> **インカムゲイン vs. キャピタルゲイン**　不動産は，バブル期のわが国やサブプライム問題発生直前の米国に見られるように，過去幾度となく投機の対象とされて経済に大きな影響を与えてきた。
> 　一般に不動産事業は土地投機，開発，完成物件の運用という３つの段階に分けられる。キャピタルゲインのみを狙った土地投機のリスクが高いことは当然だが，開発も不動産価格が上昇傾向にあるときに完成後のキャピタルゲインを織り込んだ安易な事業計画に基づき実施されると，土地投機と同様のリスクを孕む（残念ながら歴史上こうした例には事欠かない）。これに対し完成物件の運用はインカムゲインが中心となるため収支のブレは限定的である（ただし，負債比率をあげたレバレッジ投資を行うと投資持分のリスクが急速に高まることには注意せねばならない）。

② 不動産と物件マネジャー

14-34　投機的要素を除けば，不動産の理論価値は使用収益によって生み出される将来キャッシュフロー（典型的には賃貸料）の現在価値と考えてよい。そして

---

544) 不動産の金融商品化については，最新のデータを含む信頼性の高い資料としてARES，また，基礎的な知識から実務までを網羅的に分かりやすく解説した教科書として，佐藤を参照のこと。

545) 理論的にいえば，キャピタルゲインは将来時点におけるインカムゲインの現在価値なので株式における配当還元価値と同様に考えてよいはずなのだが，不動産の場合従来はキャピタルゲインに含まれる投機的要素が大きかったことと，上場株式と異なり流動性がきわめて低いことから，投資期間中の賃貸収益と売却時点のキャピタルゲインを明確に区別して考えることが多い。

その価値は基本的には，土地の立地や利用方法，建物の構造や設備・内装，デザイン等といった物件そのものの魅力で決まるのだが，実際には保全・管理を適切に行い，あるいは積極的に物件の魅力を高めて少しでも高い賃料を獲得する**物件マネジャー（property manager）**[546]の技量によっても大きく変動する[547]。これは，いかに素質のある事業であっても経営者によって成否が左右されるのと似ている。そして，事業と経営者をセットにして投資商品化するための典型的な枠組みが株式会社だとすれば，不動産についてもこれをマネジャーとセットにして投資対象化する枠組みがあってよい。CIVはまさにそうした役割を果たす。

図95　株式会社とCIVの役割のアナロジー①

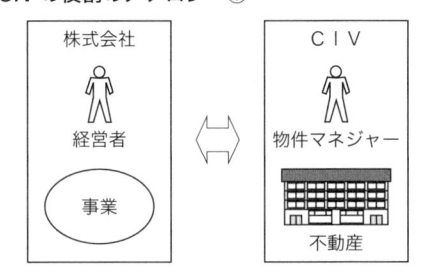

14-35　もちろん，物件マネジャーが投資家から資金を募集して株式会社を設立して不動産投資を行ってもよい。しかし，不動産投資は一般の事業投資に比べると受動的であり，リスクは低めだが[548]その分リターンも低いことから，株式会社のように法人税を負担すると十分な配当を実現できない。不動産投資は類型的にみた担税力が事業投資より低いといってもよいだろう。このた

---

[546]　物件マネジャーの役割をテナント誘致や物件の日常的な管理に限定し，ファンド全体の運営戦略を司る者をアセットマネジャーと呼んで区別することもある（ARES 16頁）。本書では物件マネジャーの役割を不動産の価値増大と広く解し，通常のファンド運用者の役割であるポートフォリオ運用と区別する。

[547]　たとえばオフィスビルの場合，床下にネットワーク配線用の空間を設けたインテリジェントビル仕様とするかどうかだけでも賃料に大きな差が出る。プロはトイレにウォシュレットがあるかどうかにまで気配りするとされる。

[548]　不動産投資を低リスクというと抵抗を感じる向きがあるかもしれないが，少なくとも出来上がったビルやマンションの運用利回りを予測するのと会社経営者が新規事業の成否を予測するのとではかなり難易度が異なる。リスクとは収益のブレの度合いだという定義からしても，土地投機を除く賃料収入のブレは事業収支のブレに比べればかなり小幅である。

め比較的古くから税務透過性のある CIV を通じて不動産投資を行う仕組みが存在していた。この典型が米国の**不動産投資信託（real estate investment trust, REIT）**であり[549]，日本でも導入を求める声がかなり昔からあった。

③　不動産の金融商品化と保有と利用の分離

図 96　株式会社と CIV の役割のアナロジー②

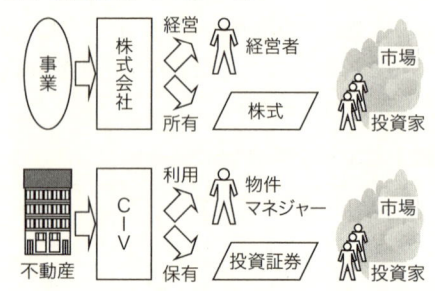

14-36　不動産はその名の通り流通性が低いので，投資時点で明確な出口（¶5-3）を確保することが収益を上げること以上に重要である。そこでこれを，CIV を通じて金融商品化し，株式のように証券市場で流通させれば高い流通性を確保できる。また，金商法による厳格な規制が及ぶので投資の客観性も高まる。株式会社が事業について所有と経営を分離する役割を有していたのと同様（¶2-11），<u>CIV は不動産について保有と利用を分離する役割を果たす</u>といってもよいだろう[550]。

14-37　このような仕組みの中で金融商品化を最も徹底したものが不動産投資ファンドである。

14-38　**証券投資ファンドと不動産投資ファンドの違い**　　証券投資ファンドの場合，

549）　米国の REIT は 1992 年の連邦税法改正により運用業務の外部委託義務が緩和されたため，純粋な CIV よりも事業組織としての性格が強まっている。それにもかかわらず税務透過性が認められている実質的な理由は，本文で述べたような事業投資と不動産投資の本質的相違に求める必要がある。

550）　**不動産物権変動の分解現象**　　不動産の金融商品化が進み保有と利用の分離が進むと，名義上の所有権は CIV に残したまま経済的所有権と利用権が分解し，さらに前者は証券的債権として民法の想定する物権変動とは全く異なる法理に基づいて流通する。このように不動産の金融商品化は物権を質的に分解する法技術だということができる（注 426 参照）。

すでに株式・社債のかたちで証券化された事業にどのように分散投資するかというポートフォリオ運用が主たる目的となり，運用者の技能もこの点が評価される。これに対し，不動産投資ファンドには，①対象物件と物件マネジャーを一体化する機能（こうして一体化された投資対象としての不動産を**不動産プロジェクト [real estate project]** という），②複数の不動産や不動産プロジェクトに分散投資をする本来のファンド機能という2つの機能があり，運用者にも本来のファンドマネジャーとしての資質に加え，物件マネジャーとしての資質が要求される。特に①の要素があるため，不動産投資ファンドは純粋なファンドに比べると事業組織に近い性格を帯びる。

(b) 投信法の対象資産拡大

14-39 いわゆるバブル崩壊（¶12-42）の過程で，不動産価格が下落するだけでなく，そもそも値下げしても市場で買い手がつかないという流動性の問題が強く意識された。このため，不動産市場を活性化するには，不動産を証券化して流動性を高め，投機の対象ではなく収益投資の対象に変えていくことが必須と考えられた。ところで，不動産は有価証券と異なり頻繁に売買を繰り返すことができないことや，投資期間がきわめて長期に及ぶことから，ファンド化するならクローズドエンド型が適している。折しも，1998年の投信法改正でそのための枠組みが準備された。そこで，2000年に投資信託・投資法人の運用対象を不動産その他の資産に拡大する改正が行われ，日本型REIT（J-REIT）が認められた。なお，この際法律名から「証券」が取り去られて現在の名称になった。

14-40 **証券・不動産以外の対象資産** 2000年の改正では不動産だけでなく「その他の資産で投資を容易にすることが必要であるもの」として政令指定するものにも対象が拡大された。現在のところ，①不動産の賃借権，地上権，②CPでない一般の約束手形，売掛金等の金銭債権，③匿名組合出資持分，④商品や商品先物・同オプション等が指定されている（投信施行令3条）。①はREITへの借地付建物の組み込みに対応するためのもの，②は企業の流動資産の投資商品化，③は匿名組合型（後述）の不動産投資商品や商品ファンド，レバレッジリース持分等が想定される。

(c) 不動産投資ファンドの2つの担い手

14-41　不動産投資ファンドの担い手は不動産事業者と信託会社の二者に大別でき，利用するCIVも事実上異なっている。以下(5)，(6)でそれぞれを概観しておく。

(5) 不動産事業者と上場REIT

14-42　まず，不動産事業者は自ら設立企画人（実務ではスポンサー［sponsor］ということも多い）・投資運用業者となって投資法人を設立し，投資証券を上場させることが多い。

(a) 不動産事業のアンバンドリングと不動産投資ファンド

14-43　後述するように投資法人は収益の大半を配当すれば事実上法人税を回避できる。そこで不動産事業者がある物件に投資して運用収益を投資家に分配する場合，自ら投資せずに投資法人に保有させた上で運用や管理業務だけを事務受託すれば，投資家の税後利回りが向上する。このように，従来株式会社が行っていた事業をCIVのような枠組み主体を介して複数の機能に分解することを**アンバンドリング（unbundling）**という。不動産業はREITの導入を機にアンバンドリングが一気に進行した。このように最近は法的な枠組みが事業戦略のあり方に影響を与えるようになっている[551]。

14-44　**大手不動産業者とアンバンドリング**　高度成長時代は土地の値上り益がきわめて大きかったので，わが国の不動産会社は銀行融資を受けて自ら開発を行い，完成後も保有し続けるという「大家」型ビジネスモデルを採用してきた。しかし，バブル崩壊（¶12-42）後はこうした「含み経営」が行き詰まったことから，自らは収益性の高い開発とバランスシートを食わない運用受託

---

551)　CRE（corporate real estate）戦略　一般の事業会社にとって，土地価格が右肩上りであったバブル期以前は，不動産は保有していれば担保価値が上がる大切な財産であった。しかし，最近はむしろ値下がりして減耗損の計上を余儀なくされることも増えた。また，収益率の低い遊休不動産をいたずらに保有していると株価が割安となりM&Aの標的となるリスクが高まる。さらにオフィス・工場・倉庫・店舗といった事業用不動産であっても保有形態を工夫すれば財務状況を改善させたり，外部のノウハウを取り入れて利回りを向上させたりすることが可能となる。こうして近年，企業不動産（CRE）をどのように扱うかが重要な経営課題となってきている。

に特化して高い RoE（自己資本利益率，¶3-4）を実現する一方，物件保有は REIT を介して証券化し，安定的な収益を求める投資家に販売するというアンバンドリングのニーズが高まった。その意味では REIT による不動産保有の証券化は，企業分割（会社 757 条以下）と似た経済的機能を果たす法技術だと位置付けることもできる。

14-45　**中堅不動産事業者とアンバンドリング**　一方，物件マネジャーとしての力量はあるが小規模・新興といった理由で資金調達力のない中堅事業者は，最初から不動産投資法人の設立企画人，運用受託者としての機能のみを担い，早期に投資口を上場して投資資金を調達するという事業戦略をとれば短期間に業容を拡大することができる。サブプライム問題が起こる前に上場 REIT 市場が急拡大した背景にはこうした動きがあったと考えられる。

(b)　上場 REIT の状況

14-46　法改正に続いて 2001 年に東京証券取引所が不動産投資市場を開設した。2009 年 3 月現在，上場銘柄数は 40 銘柄で，すべてが投資法人形態をとっている（なお，上場規定上は投信の受益証券も上場可能）。

図 97　不動産投資法人の構造

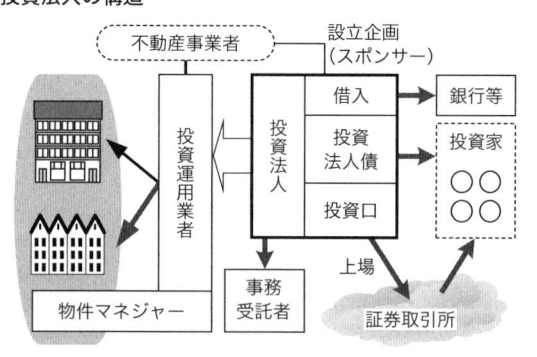

(c)　投資法人債・外部借入

14-47　証券投資信託については借入れによるレバレッジ投資は厳しく規制されている[552]。これに対し，投資法人はクローズドエンド型であることを条件に

投資規約で定めた金額を上限に投資法人債を発行して投資資金を調達することができる（投信139条の2）。このため、多くの上場REITが投資法人債を発行しているほか、機動的な調達のために銀行やスポンサー企業からの借入れを通じた負債調達を行っている。

14-48 **不動産投資ファンドとレバレッジ**　事業投資の場合、会社の段階ですでに負債調達が行われている。不動産投資についてもこれと同様プロジェクト単位で負債調達を行い、ファンドはその持分に投資することも考えられる。後述する匿名組合型投資ファンドの持分に投資することはそうした意味を持つ。しかし、多くの物件は「素のまま」の不動産なのでファンドで負債調達する必要がある[553]。前述のように、不動産投資は事業投資に比べると一般に利回りは低めだが変動も少ないため、ある程度財務レバレッジ（¶3-4）を利かせて投資口の利回りを向上させることに合理性がある。複数物件に投資することでリスク分散が図られるので投資法人債に比較的高い格付を取得して有利な条件で資金調達を行うことも可能になる[554]。

(d) 投資法人の税務透過性

14-49　投資法人は法人だから原則として法人課税の対象となってしまう。そこで、投資信託における法人課税信託の例外（¶14-19）と同様、租税特別措置により、税法上計算される配当可能額の90%超を配当する等一定の条件を満たす場合に、配当の損金計上を認めることで実質的に税務透過性を確保している（税特措67条の15）。

14-50 **幽霊所得の問題**　投資法人に会計上費用または損失として経理されるが、

---

[552]　借入は、解約代金支払目的および分配金再投資型投資信託の分配金支払目的に限定（投信協会「投資信託等の運用に関する規則」15条1項9号・21条3号）。

[553]　理論的にはファンド段階では負債調達せずに投資家が借入れをして投資口を購入することも考えられるが、個人投資家の場合、税務上投資収益に見合う借入金利を損金処理できないという問題がある。

[554]　なお、サブプライム問題を機に、証券市場で短期借入を投資法人債により長期化したり、投資法人債の借り換えを行ったりすることが困難となり、資金繰りに窮するREITが続出し、スポンサー企業の財務状況にも悪影響が及んだ。しかし、本文で述べたように不動産投資ファンドの場合、負債調達をすること自体には一定の合理性がある。そこで、政府において市場安定のために公的な資金繰り支援が行われた。

税法上は損金に算入されないものや，会計上収益として経理しないが税法上は益金算入すべきものがあると（法税施行規則別表四参照），投信法上配当可能な利益の全額を配当してもなお上記90％要件を満たせない場合が生じる。わが国の租税特別措置の母法である米国ではこうした税務上の過剰利益を**幽霊所得（phantom income）**と呼び，REIT 促進の観点から1997年の連邦歳入法改正で税法上の対応がなされた555)。わが国ではサブプライム問題を機に経営が厳しくなった REIT を他の REIT が救済合併する場合の，のれん代の取り扱いをめぐり問題が生じたため556)，2009年の税制改正で対応がなされた（「平成21年度税制改正の要綱」閣議決定［2009.1.23］，九・15）。

(6) 信託会社と委託者指図型投資信託

14-51　信託会社が商事信託型投資ファンドを通じて証券投資分野に深く関与していることは前講で説明したが，不動産投資の分野でも大きな役割を果たしている。

(a) 信託会社と不動産

14-52　信託会社が不動産の管理や処分を受託したり，年金等の運用資産に不動産を含めたりすると必然的に不動産の賃貸・売買を行うことになるが，この行為は，宅地建物取引業法に基づく免許が必要な，宅地建物の売買・交換・貸借の代理もしくは媒介とみなされる可能性が高い。そこで，同法は明文で信託会社を適用除外としている（宅建業77条1項。なお，信託兼営法1条1項6号，同施行令3条3号参照）。特に，専業信託銀行（注305）は古くから不動産取引に深く関与してきた（信託兼営法付則10条）557)。不動産商事信託には以下のようなものがある（なお，租税特別措置について注570参照）。

　① 土地信託

14-53　委託者（民間地主や遊休地の有効活用を行う公的主体等）が信託会社に土地を

---

555) Real Estate Investment Trust Simplification Act of 1997 (H.R. 1150), Sec.305
556) 「試練の REIT（下）税改正で再編機運高まる」2009年1月16日付け日本経済新聞朝刊。
557) バブル期には信託銀行が銀行勘定から顧客に金を貸して不動産を銀行の仲介で購入させ，これを信託勘定で受託して運用するという利益相反が疑われる仕組みが横行し，数々のトラブルが生まれた。

信託し，信託会社が受託者の地位で借入れを行って建物（オフィスビル・マンション等）を建築して賃貸運営を行って賃料を配当し，期限には土地と建物をそのまま返還するか，売却して代金を返還するものである[558]。相続税等の物納不動産を効率的に処分するため，国が委託者となって設定する処分を主たる目的とした土地信託も行われている（¶9-58）。

② 不動産管理・処分信託

14-54 　委託者が第三者から購入した不動産を信託会社に信託し，受託者は物件管理・運用を行って賃料収入を分配し，期限には不動産をそのまま返還するか，処分して代金を返還するものである。借入れは受益者において受益権を担保として行い，信託段階では行わないことが多い。

14-55 　**債務の信託**　ビルとその取得資金借入を併せて信託してよいか，それはだめとしても敷金（入居者への金銭債務）はどうなるのであろうか。債務の信託，あるいは消極財産の信託として議論されてきた問題である。旧信託法では積極財産の信託しか認められないと解されていたので，信託への債務の移転は財産に随伴する債務[559]の範囲内でしか認められず，あえて債務を移転したければ積極財産を信託した後に，受託者が債務引受するか，新たに借入れをせねばならなかった。これに対し，新法では信託設定時に受託者に債務を引き受けさせることができることとし（信託21条1項2号・3号），こうした問題を立法的に解決した[560]。

---

558) 詳しくは，三菱UFJ信託567頁以下参照。
559) たとえば，最判平成11・3・25判時1674号61頁（民法百選Ⅱ33事件）は，信託型不動産投資商品の対象となったビルの入居保証金（敷金）について受託者への建物所有権の移転に伴い入居保証金返還債務を含む賃貸人の地位が承継されるとする。
560) これをもって新法が債務という消極財産の信託を認めたと考えるのか，あくまで信託できる財産は積極財産のみで，これとは別に設定段階における債務の引受けを認めたにすぎないと考えるのかについて議論があるが，条文の構成上は後者が素直である（道垣内・信託70-72頁）。ただし，実務的には「資産と負債を併せて信託する」という表現を用いるし（法律家がこれを間違いと言うのは勝手だが……），信託設定を経済的にみれば「信託契約によって貸借対照表上資産・負債・受益権が一体となった独立性のある（広義の）財産の主体を作り出す行為」であることは確かだから，「消極財産の信託が認められる」という表現が適切かどうかはともかくとして，「積極財産しか信託できない」と言い切るのもまた誤解を生みやすい表現ではないかと思う。

(b) 委託者非指図型投資信託

14-56 このように信託会社は不動産運用について相応のノウハウを有することから，2001年の不動産投資ファンド導入にあたり，信託会社が委託者兼受益者である投資家から金銭を受託して，これを自らもしくは第三者の助言を得て主として不動産その他の資産に運用し，投資成果を受益者に配当する投資信託が新たに認められることになった[561]。これを**委託者非指図型投資信託**という（投信47条以下）。仕組みそのものはファンド型商事信託と同じである（図93参照）。導入の経緯から投資対象は不動産とその他資産のみとされ，証券投信をこの仕組みで組成することは許されていない（投信2条4項・48条）。

(7) 運用業者，行為規制の金商法への統合

14-57 その後，2007年の金融商品取引法施行に伴い，証券市場や業者規制に係る部分は同法に引き継がれている（表31参照）。

(8) 私募投信

14-58 投信はもともと一般公衆から小口資金を集めて運用を行う仕組みなので，これを私募で組成することは許されていなかった。しかし，金融技術の発達により投資商品が高度・複雑になったことや，ベンチャーやプライベートエクイティーのように運用者に高度な専門性が要求される投資機会が増えたことから，金融機関や機関投資家自体も投信を介して資金運用を行う必要性が認識されるようになった。そこで，1998年の投信法改正を機に私募投信が認められた[562]。

---

561) 合同運用　委託者非指図型投信のように多数の投資家と信託契約を締結し，受託した資金をまとめて運用することを信託業界では合同運用という。

562) 私募の概念は，実質的には金商法のそれと同じであるが（¶6-36），投信法上の概念として，「公募」（金商法上の概念は「募集」），「適格機関投資家私募」，「特定投資家私募」・「一般投資家私募」を定義している（法2条8-10項）。

4 組合型投資ファンド

(1) 組合とは何か

14-59　複数の者が互いの役割分担や行動基準を設けて共同で何らかの事業や行為を行うための契約を広義に**組合契約**（partnership contract）という。組合契約で縛られた当事者の集合体は程度の差はあるが，それ自身が契約目的に向かって行動する社会的主体となる。こうした事実上の行為主体を広く**組織**（organization）と呼ぶなら[563]，組合契約は組織を作るための契約ということができる。組合契約で作られた組織は**組合**（partnership）と呼ばれる。組織に法人格を付与するには法律の規定が必要だから（民33条1項，注20）組合は原則として法人ではない[564]。法人格がないと不便なこともあるが，法律の規定が緩やかだから設立・運営のコスト負担が少なく自由度も大きい。さらに原則として法人税がかからない。このため世の中にはさまざまな組合的組織が存在する（¶9-42）。

(2) CIV としての組合契約[565]

14-60　組合は，ベンチャーキャピタルやプライベートエクイティーファンド，企業再生ファンドといった，リスク許容度の高い少数の投資家を対象とする投資ファンドのCIVに用いられることが多い。また，法人格がないので不動産投資のように特定の資産への投資に係る税効果をそのまま投資家に享受させたい場合にも利用される。

---

[563]　組織にはこうした人的組織のほか，物的組織，つまり一定の目的に向けられた財産も含まれる（注566参照）。

[564]　法人格が認められる組合には，中小企業等協同組合，農業協同組合，消費生活協同組合，マンション建替組合等がある。合名会社も組合形態の会社と位置付けることができる。

[565]　加藤4・486頁以下参照。

(3) 投資事業組合（任意組合型）

ⓐ 民法上の組合（任意組合）

14-61　民法上の組合は，複数の当事者が共同で事業（business）や投資（investment）を行うための最も単純な組織であり，当事者の契約（組合契約）により組成される（我妻ほか2債143頁以下，加藤4・455頁以下，内田2・289頁以下）566)。このうち証券投資を目的とするファンド型組合は俗に**投資事業組合**と呼ばれる。

図98　民法上の組合

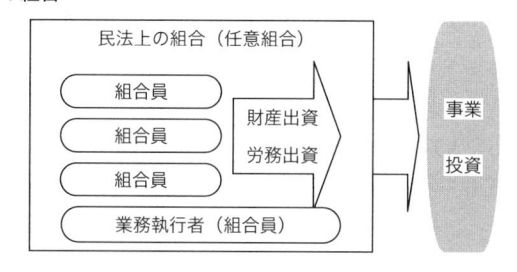

```
┌─────────────────────────────┐
│      民法上の組合（任意組合）       │
│  ┌──────┐                     │
│  │ 組合員 │                     │      ┌─────┐
│  └──────┘    財産出資            │      │ 事業 │
│  ┌──────┐  ─────────▶         │      │     │
│  │ 組合員 │    労務出資            │      │ 投資 │
│  └──────┘                     │      └─────┘
│  ┌──────┐                     │
│  │ 組合員 │                     │
│  └──────┘                     │
│  ┌────────────────┐           │
│  │ 業務執行者（組合員）│           │
│  └────────────────┘           │
└─────────────────────────────┘
```

14-62　ファンド型組合において投資家は組合に財産出資を行い，運用者は業務執行者（民670条2項）として報酬を得て運用や組合の運営業務を行う。組合には労務出資が認められるので（民667条2項），運用者も組合員として財産のほか労務出資（ファンドの運用）を行うという構成も可能である。

14-63　**ビジネスにおける組合契約**　純粋に組合契約の形態をとるものは少ないが，ビル建築におけるジョイントベンチャー契約，新技術等の共同開発契約，合

---

566)　社団・財団と組合　法人格まで付与するかどうかはともかくとして，何らかの組織（organization）に法律上一定の主体性（法的効果を発生させる立場になること）や客体性（法的効果の帰属者となること）が認められることは少なくない。この場合に，その組織が主として人（自然人・法人）の集まりであるものを社団（association），一定の財産とその利用目的を一体化したものを財団（fund）という。もちろん財団も人が関与しないと目的を達成することができないので，外観は社団とあまり変わらないものも多いが，財団に関わる人の活動はあくまで財産を目的に従った利用・処分することに限定される点で社団と異なる。組合は何らかの組織を作り出すための当事者の合意なので，その結果作り出された組合は社団（契約内容によっては財団といったほうがよい場合もあるだろう）になることもあれば，そうでないこともある（加藤4・456頁以下，内田1・218頁以下参照）。

弁会社を設立する複数の企業間の株主間契約，マンションの管理組合契約（建物区分3条）等，組合契約を軸とする契約は多い。

14-64　**組合型不動産小口化商品**　多数の投資家がひとつの不動産を共有して賃貸運営や管理を物件マネジャーに委任する場合，分割請求権（民256条）を制限しておかないと共同投資の目的が達成できない。しかし，単純な共有関係の場合，分割請求権の制限は5年（同1項）＋5年（同2項）で10年までしか許されない（同条2項）。これに対し，組合契約に基づいて投資を行うという法律構成にすれば，組合員は清算前に組合財産の分割を請求できず（民676条2項），万が一組合員が持分を処分したとしても組合および組合と取引した第三者に対抗できないから（民676条1項）[567]，10年を超えて分割請求を制限することが可能になる。そこで，80年代後半に組合を活用した俗に不動産小口化商品と呼ばれる共同投資スキームが登場した（¶14-75参照）。なお，上述の不動産管理・処分信託も同様の機能を果たすことができる（信託型不動産小口化商品，注557参照）。

(b)　任意組合の税務透過性

14-65　任意組合は法人格がないから法人税はかからず，持分に応じて各組合員に対して課税される。ただし，社団性が認められる場合には，人格なき社団（法税2条8号）として法人課税の対象となる（同3条，三木181頁以下参照）[568]。このため，CIVとして民法上の組合（任意組合）を活用する場合，税法上の社団性を回避するための配慮が必要になる。

14-66　**個人による不動産投資の税効果**　所得税においては個人の所得は利子所

---

[567]　合有・総有　こうした特徴をとらえて，民法の組合を通じた共同所有（民668条）を講学上合有という。これに対し，会社の財産のように構成員にもはや持分という概念が成立しない共同所有形態を講学上総有という。

[568]　法人税基本通達1-1-1は，人格なき社団を「多数の者が一定の目的を達成するために結合した団体のうち法人格を有しないもので，単なる個人の集合体でなく，団体としての組織を有して統一された意志の下にその構成員の個性を超越して活動を行うもの」と定義し，民法第667条の規定による組合と，商法第535条の規定による匿名組合はこれに含まれないとする。しかし，組合契約の内容が上記の実体を備えるときは仮に契約の名称が組合であっても税法上は人格なき社団と認定されることに注意せねばならない。

得・配当所得・<u>不動産所得</u>・<u>事業所得</u>・給与所得・退職所得・<u>山林所得</u>・<u>譲渡所得</u>・一時所得・雑所得の10種類に区分し，損益は原則として同一の種類内部でしか通算（損益を相殺すること）ができない（所税21条，三木105頁以下参照）。しかし，このうち下線を引いた4つについては損失があれば一定の順序や制約の下で給与所得等主たる所得と通算して課税所得の額を減額することが認められている（所税69条）。そこで会社員が組合型の不動産小口化商品を購入すれば賃料収入は不動産所得になり関連経費を控除できる上（所税26条），もし現金支出を伴わない減価償却費の範囲内で赤字が発生すれば，給与所得等と通算して節税[569]をすることができる。ただし，運用がすべて業者に「お任せ」の組合投資は，単なる金融投資と異ならないため，租税特別措置によってさまざまな制限が課されてきている[570]。

(c) 組合員の無限責任

14-67　組合の債権者は組合員に対して直接権利行使ができる（民675条）。つまり，組合債権については組合財産だけでなく組合員の固有財産も責任財産となる。このことを，組合員は組合債務に対して無限責任を負担すると表現する。この場合の「無限」とは，（金額が無限ということではなく）責任財産が組合財産に限定されないという意味であり，金額的には債権者が組合員の損失分担割合を知っている場合はその割合，知らない場合は均等割合が限度となる（同条）。ただし，組合員が商人[571]であるか，組合の目的が商行為（商501-503条）[572]である組合（商事組合）の債務は商事連帯債務となるので（商511条1

---

569) 節税（tax saving）　税法が認める範囲内で税金の額を節約する工夫を行うこと。脱税とまでは言えないが，この範囲を逸脱したものを租税回避という（金子114頁以下，三木15頁以下参照）。

570) まず，個人について不動産所得を生ずべき業務の用に供する土地等を取得するための借入金に関する利息は損金算入できない（税特措41条の4）。さらに，組合もしくは信託を介して行う不動産投資について生じた不動産所得の赤字はなかったものとみなされる（同41条の4の2，金子197頁）。法人については，債務の弁済の責任限度が実質的に出資額とされている場合等に出資額を超える金額の損金算入が否定される（同67条の12・68条の105の2，金子343-344頁）。

571) 会社が事業として，および事業のためにする行為は商行為となるから（会社5条），会社は商人である（商4条1項）（最判平成20・2・22民集62巻2号576頁，商判Ⅰ-1，商法百選36事件）。

項)[573]，各組合員に債務の全額を請求できる（民432条)[574]。

14-68　有限責任事業組合　なお，2005年度から，特別法により組合員の責任が組合財産の範囲に限定される有限責任事業組合が認められた（有限組合15条)。ただし，組合性を維持するために組合の業務執行のすべてを執行者に委ねることは許されず，全組合員が何らかのかたちで業務執行に関与せねばならない（同13条)。このため，投資ファンドのCIVには適さないが，損益分配の割合を合理的な理由さえあれば出資額とは無関係に柔軟に決定できるため（同33条)，先端技術開発や高い専門性を有する個人と企業の共同事業といった分野で活用されている。

(4)　投資事業有限責任組合

図99　投資事業有限責任組合

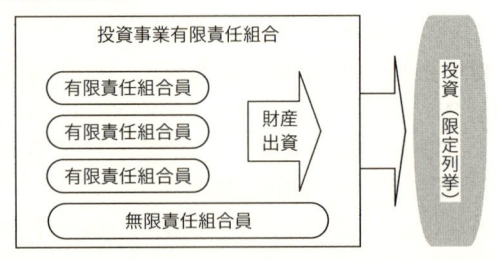

```
    投資事業有限責任組合
  ┌─────────────────┐
  │  有限責任組合員   │
  │  有限責任組合員   │ 財産     投資
  │  有限責任組合員   │ 出資 →  （限定列挙）
  │  無限責任組合員   │
  └─────────────────┘
```

14-69　組合型投資ファンドの投資家は単に資金を拠出しただけの受動的な存在であるにもかかわらず，上述のように無限責任を負担せねばならない。そこで1998年に特別法で，無限責任を負担する組合員を運用に携わる業務執行組合員（無限責任組合員）に限定し，投資家に相当する組合員は出資の限度でのみ責任を負担する有限責任組合員とする中小企業投資事業有限責任組合が創設された（詳細は経産省HP参照)。その後，2004年に行える投資事業の幅が

---

572)　証券投資は絶対的商行為である（商501条1号)。また，不動産賃貸を業として行うと営業的商行為になる（商502条1号)。

573)　最判平成10・4・14民集52巻3号813頁（商判Ⅲ-2，商法百選40事件）参照。

574)　**会社法上の無限責任**　会社法上無限責任を負担する合名会社の社員と合資会社の無限責任社員は，会社債務の全額について連帯責任を負う一方，債権者に対して会社資産からまず弁済を受けるように求めることができる（会社580条1項・605条)。このように無限責任といっても制度ごとに内容が微妙に異なる。

拡大され，名称も**投資事業有限責任組合**と改められた（投資事業の内容は，投資有限組合3条1項に限定列挙されている）。

(5) 匿名組合型投資ファンド

(a) 匿名組合

14-70　匿名組合契約とは，営業者が組合員（投資家）から財産の出資を受けて，自己の名で組合契約の目的とされた営業を行い，当該営業から生じた損益の全部または一部を組合員に分配するという契約である（商535条)[575]。組合というが，2当事者間の契約であり，複数の組合員を当事者とする場合，組合員の数だけ同内容の匿名組合が存在する（森本・商行為99頁，近藤171頁以下）。

図100　匿名組合

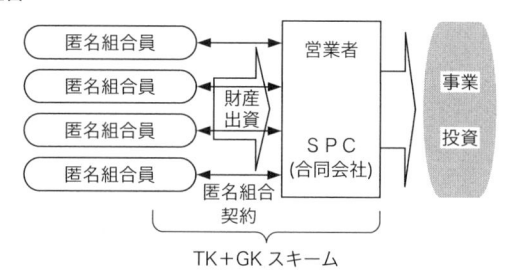

```
匿名組合員 ─┐
匿名組合員 ─┤ 財産  営業者  ─┐ 事業
匿名組合員 ─┤ 出資  S P C    │ 投資
匿名組合員 ─┘      (合同会社) ─┘
           匿名組合
             契約
         TK＋GK スキーム
```

14-71　匿名組合の実体は，匿名組合員が営業者に対して行う利益連動貸付のようなものであると考えればよい（営業者は出資金を会計上，長期負債と経理する）。事業を行うのはあくまで営業者であり第三者からみると「組合」の存在は明らかでないから（「匿名」という言葉の由来），組合事業に関する債務について営業者の全財産が当然に責任財産となる（無限責任）。一方，組合員は単なる出資者にしかすぎないし，第三者と直接の権利・義務関係がないので事業に対して当初出資額以上の負担を負うことはない（有限責任，商542条）。

(b) 匿名組合の税務透過性

14-72　株式会社の剰余金配当は税務上損金算入できないが，匿名組合の営業者が

---

[575] 【復習】森本・商行為97頁以下，落合ほか258頁以下。

組合契約に基づいて行った組合員に対する利益の分配金額は損金算入できる。両者の違いは，匿名組合員の法的性格が社員権ではなく金銭債権にすぎないこと，株式配当は配当の有無や金額について会社側に裁量が認められるのに対し匿名組合の分配金は契約に従って必ず行わねばならないこと等によるのであろう（注180参照）。分配した利益を損金算入できれば，営業者は当該利益について実質的に法人課税を回避できるから，組合員からみた税務透過性が確保される。ただし，投資家に関する匿名性が強いことから確実な徴税と租税回避防止の観点から営業者が行う利益分配について20％の源泉徴収義務が課されている（所税210条）。また，法人が組合員である場合，民法上の組合と同様の租税特別措置が存在する（注570参照）。

(c) 匿名組合＋SPCによるCIV的利用

14-73　匿名組合契約そのものは2当事者契約だが，定款上匿名組合契約の営業者となりその目的である事業を行うことのみを目的とする会社を新設し，これに多数の投資家と同一内容の契約を締結させれば，全体としてCIVの機能を果たすことができる。投資ファンドでは不動産や商品ファンドにこの形態をとるものが多い。この場合，営業者には設立が簡単で会社更生法の適用がない合同会社を用いることが多いので（後者の理由については第2部で再論する），この仕組みを実務では**TK＋GKスキーム**（匿名組合・合同会社のローマ字表記の頭文字をとったもの）と呼ぶ（¶17-24）。また，ここにおける合同会社のように枠組み目的だけのために用いる会社を**SPC**（**special purpose company, 特別目的会社**）という。

14-74　**不動産プロジェクトとTK＋GKスキーム**　優良な不動産プロジェクト（¶14-38）を行おうとしている不動産会社の信用力に懸念がある場合，SPCを新設してもらい，不動産会社には匿名組合出資をさせて，不動産会社ではなくSPCに融資をして不動産プロジェクトを行わせれば，万が一不動産会社が別のプロジェクトで損失を被って破綻しても，当該SPCの資産は分離されているので影響を受けない。一方，不動産会社は会計基準で一定の要件を満たせばSPCを連結せずにすむのでバランスシートを圧縮することが可能になる。この場合のSPCは前述した不動産と物件マネジャーを一体化する役割を果たしている。

14-75 **組合型不動産投資商品の規制**　組合型の不動産小口化商品はキャピタルゲインと節税効果を狙った商品としてバブル期に急増し，バブル崩壊（¶12-42）によって多くの問題を引き起こした。このため94年に**不動産特定共同投資事業法**が制定され業者規制が導入された[576]。なお，TK＋GKスキームを用いる場合にSPCとなる合同会社が不動産を直接取得すると不動産特定共同事業に該当し規制コストがかかるため，実務では信託を介在させて同法の適用を回避する場合が多い（西村ときわ・手引202頁）。なお，2000年には国土交通省が任意登録の**不動産投資顧問業**制度を創設した（平成12年建設大臣告示第1828号）。

　ところで，CIVとして利用される組合の持分権は金融商品としての性格が強い。そこで，金商法制定を機に，不動産関連だけでなく組合型のファンド商品[577]が広く**みなし有価証券**（¶10-102）とされ同法の規制が及ぶことになった。また，不動産関連の運用を行う**不動産関連特定投資運用業**（金商業7条7号）については，上記不動産投資顧問業の登録を受けているかこれに準ずる能力のあることが要求される（同13条5号，平成19・8・17金融庁告示第54号）。

5　変額保険・変額年金

(1)　運用商品としての生命保険と利差配当

14-76 　生命保険会社は，通常の生命保険や年金生命保険については責任準備金の運用に関する予定利率を保証しているが，大手生保を中心に，予定利率を上回る運用実績があげられれば，この超過部分（利差）を契約者に配当する有配当型の商品を販売している保険会社が多い（¶1-32）。これは，多くの生命保険会社が相互会社形態をとっていることに由来する[578]。もともと生命保

---

576)　この間の簡単な経緯について，佐藤37-43頁参照。
577)　具体的には，民法上の組合契約，匿名組合契約，投資事業有限責任組合契約，有限責任事業組合契約に基づく権利，社団法人の社員権等のうち，出資者が出資または拠出をした金銭を充てて行う事業から生ずる収益の配当または財産の分配を受けることができる権利で列挙された例外に該当しないものと定義されている（金商2条2項5号）。

険の保険料は共通の生命表に基づいて算出されるので，どの会社の保険料も基本的な同じような水準にならざるをえない。特に従前は保険商品が厳格な認可制であったために，保障部分の商品性や価格設定で各社が競争をすることは難しかった。このため，利差が生じやすい市場環境にあった80年代までの生命保険会社の競争は保険料そのものの水準よりは，利差配当の水準で行われてきた。この限りで，生命保険会社は一種の運用受託業者としての性格も有していたのである。

14-77　生命保険会社は信託銀行と並んで古くから企業年金の運用を団体年金保険という確定利回りの商品で受託してきている (¶9-97)。団体年金も予定利率を保証した上で，利差が生じた場合はこれを配当するので，利回り保証のある投資ファンドと位置付けることができる。

(2) 変額生命保険・変額年金保険

14-78　こうした位置付けをより明確にした商品が予定利率を実績連動とし，保険価額や解約返戻金の額が運用実績に応じて増減する変額生命保険や変額年金保険である。

(a) 変額生命保険

14-79　**変額生命保険**（variable life insurance）は，死亡保険金については最低保証額を設けるが，解約返戻金や最低保証額を超える運用実績にみあった死亡保険金を生み出すための責任準備金の運用利回りを実績連動とすることによって，投資ファンドとしての性格を色濃くもたせたものである。バブル期に投信類似商品として積極的に販売されたが，投資資金の融資と抱き合わせにしたために多くのトラブルを生み，その後もあまり普及していない。

(b) 変額年金保険

14-80　一方，**変額年金保険**（variable annuity）は，年金額や解約返戻金を実績

---

578) 株式会社形態をとる生命保険会社の場合，契約者に利差を配当する組織法上の理由はないので，無配当型の商品を販売し，利差は会社の収益として株主に帰属させる者が多い。ただし，日本では相互会社形態をとる有配当型が主体であったために，顧客対応上，株式会社形態であっても，あえて有配当型の商品を販売する者もある。

連動とするものである。年金額に最低保証を設けない場合が多いので投資ファンドとしての性格が一層色濃くなる（なお，年金受取前や年金開始後一定期間内に死亡した場合の保険金については最低保証を設ける場合が多い）。

　変額年金保険は，①投資信託に比べると年金税制の適用があり長期運用を行う者にとって有利であること，②米国で普及している，インターネット等を活用して契約者が運用対象の組み替えを柔軟に行えるファンド・オブ・ファンズ型の仕組みの商品が導入されたこと，③早い段階から証券会社や銀行の窓口での販売が解禁されたこと[579]，④③を背景に固有チャネルを有しない外資系専業保険会社が新規参入したり，大手生保がチャネル分離の観点から専業会社を立ち上げたりしたことから，投資信託と並ぶ代表的な投資商品に育ってきている。

14-81　なお，日本と比べると保障商品である死亡保険の選好が強くない欧米市場の場合，生命保険会社は年金商品を中心とした運用受託業者としての性格が強い[580]。これに対し，日本の生命保険会社はこれまで収益性の高い保障商品を営業職員チャネルを通じて販売してきた。しかし，わが国における生命保険の普及率は9割を超えており，少子高齢化時代を迎えてこれ以上の拡大を見込むことが困難であること，保障商品については保険料が低水準の共済商品等との競合が強まっていることから，今後は変額年金を中心とした運用商品に焦点が移ると同時に，販売チャネルについても証券会社や銀行の窓口

---

[579]　変額年金保険は投資対象を投資信託にしていることが多いため，確定利率の個人年金保険と異なり保険会社の収入が少ない。このため募集手数料の水準が投信並に抑えられており，確定利率の個人年金保険の募集人手数料の水準に比べるとかなり低いことから営業職員チャネルで取り扱うことが難しい。これに対し，証券会社や銀行からすれば投信代替商品として十分に魅力的な商品となる。

[580]　Deferred Annuity　欧米では，壮年期を通じて形成した資産を，いわゆるビジネスにおける「第一線」を引退する60歳前後から，肉体的限界等から本当の意味で「引退」する70歳以降まで安全かつ有利に運用して，名実ともに年金生活となる時期に備える繰り延べ年金（deferred annuity）と呼ばれる商品の市場が大きい（わが国でいえば受領した退職金の全部または一部を年金保険等に投資する場合は年金受領時まで課税を繰り延べるような制度と考えればよい）。変額年金の市場はもともとこうした需要に応える中で成長してきたものである。税制も各国でやり方は違うが，こうした「延長運用」を促進するように対応がなされている。日本では依然として定年以降を漠然と「老後」としてひとくくりにする傾向があり，前期シニア期と後期シニア期を分けて金融商品やこれを支える税制を考えるという発想は希薄である。

販売を中心とした代理店チャネルに比重が移っていく可能性が高い。

14-82 **ファンド・オブ・ファンズとしての変額年金保険**　変額年金は投資リスクを投資家に負担させるにもかかわらず、保険料の払込みから年金を受領するまでの期間がきわめて長期に及ぶので、あらかじめ複数の投資ファンドを選定しておき（たとえば、現金勘定・公社債投信・グロース型国内投信・バリュー型国内投信・海外投信等）、それらの中からどれに投資するか、複数の場合に組入比率をどのようにするかを契約者に選ばせる仕組みを採用するものが多い。投資対象やその組入比率は原則として自由に変更できることにし、変更手続きはインターネット経由で簡単に行えるようにする（図101）。こうした指定の変更は年金の解約や再設定を伴うものではないから、課税の対象とならない。また、契約者の課税を考えてみると、投信の場合、あたかも有価証券投資のように扱われて源泉徴収されるが（具体的には渡辺45頁の表が分かりやすい）、変額年金は、課税上年金として扱われるので、解約返戻金が払込元本を上回っている場合は一時所得、受け取る年金が想定される元本を上回る額は雑所得として総合課税されることになる（同様に、渡辺48頁を参照）。さらに、商品によっては払込保険料の限度で死亡保障を付加する（つまり、年金を受け取る前に死亡した場合には仮に元本割れしていても元本保証されることになる）といった別の付加価値を付けることもある。

図101　ファンド・オブ・ファンズとしての変額年金保険

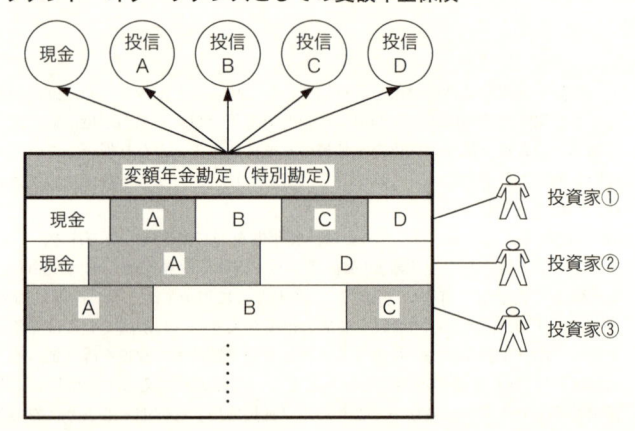

(c) 特定保険に関する行為規制

14-83　保険業法は，保険契約の締結や保険募集について一般的な行為規制を設けるが（法300条），それに加え，変額保険や変額年金保険のように元本毀損リスクのある保険を特定保険と定義して，金融商品取引法の行為規制を準用している（法300条の2）。特定保険とは，金利，通貨の価格，金融商品市場（金商2条14項）における相場その他の指標に係る変動により損失が生ずるおそれがある保険契約として内閣府令で定めるものをいうと定義されている。損失が生ずるおそれとは，保険契約が締結されることにより顧客の支払うこととなる保険料の合計額が，当該保険契約が締結されることにより顧客の取得することとなる保険金，返戻金その他の給付金の合計額を上回ることとなるおそれをいう。具体的には特別勘定を設けないといけない保険契約（運用実績連動型保険契約等），外貨建て保険等が含まれる（保険業則234条の2）。

14-84　もともと金商法の導入においては，保険契約も金融商品の定義に含めて横断的な規制を行おうとしたのだが，信託と異なり，保険は最終的に金融商品の定義から除かれたために保険業法において金商法の行為規制を準用することにしているものである。

(3) CIV としての保険契約

14-85　変額保険や変額年金の場合，保険会社自身が CIV としての役割を担っている。ただし，保険会社については，信託や投資法人のように税務透過性（¶14-3）を実現するための特別な税制はない。しかし，保険業はもともと契約者から受け取った保険料を将来のために責任準備金として積み立てることができないと事業がなりたたない。また，そのために保険料の水準や責任準備金として積み立てるべき金額をきわめて厳格な数理計算に基づいて客観的に計算し，さらに業務の適正さに関し金融庁の厳格な監督を受けている。こうしたことを背景に，契約者から受領した保険料や特別勘定の運用益は益金ではあるが，この中で将来の支払のために責任準備金として積み立てた金額を損金とすることが当然に認められることから，結果的に税務透過性が実現されるのである。

14-86 **特別勘定と保険会社の倒産**　変額生命保険，変額年金保険の責任準備金は予定利率を保証する一般の生命保険に関する責任準備金（一般勘定）とは分別して特別勘定で運用する。ただし，契約型投資信託やファンド型商事信託の場合は受託者が倒産しても信託財産は受託者の倒産債権者から守られているのに対し，保険会社が倒産すると特別勘定も一般勘定と同様に債権者の引当財産となってしまう。投資リスクが保険契約者に移転されているにもかかわらず，そうした結果となることには疑問が投げかけられており，保険会社が倒産した場合には特別勘定を信託財産と同様に倒産手続から隔離すべきではないかという議論がある（山下32頁注52参照）。

　投資法人も倒産すればファンドの資産は倒産財団に組み込まれてしまう。しかし，投資法人は投資ファンドの受け皿となる以外の業務が行えないので，倒産するとすれば，投資ファンドの運用がうまくいかず，投資法人債等の債権者に返済ができなくなった場合に限られる。これは投資家からすれば想定外のリスクではない。これに対し，生命保険会社は変額保険の運用以外にさまざまな他業を営む「生きた」会社なので，倒産が変額保険や変額年金の契約者からすると想定外のリスクである可能性が高い点に問題がある。

第 15 章

信用補完 ①
破綻前信用補完と責任財産の保全措置

> 大学では信用補完のための法技術をさまざまな場所で断片的に学習するが，実務においてはこれらを総合的に活用する能力を身につける必要がある。そこで，以下の3章においては，信用補完のための法技術をその経済的な働きにしたがって整理することにしたい。

1　信用補完総論

(1)　信用補完とは何か

(a)　信用補完の定義

15-1　デットファイナンスにおいて，貸し手・投資家が返済を確実にならしめるために講ずるさまざまな措置を総称して**信用補完（credit enhancement）**という。

(b)　信用補完の必要性

15-2　すでにみたように，エクイティー（株式）の場合，比較的少額の投資元本を失うことを覚悟すれば，もうけは理論的には無限大となりうる。これに対し，デットの場合，金利（もしくは利ざや）という確定したもうけしか得られないにもかかわらず債務者が破綻すると金利（利ざや）の数倍から数10倍に及ぶ元本リスクを負担することになる。それでもデットのほうが安全と考えられている理由は債務者の財務状況に問題がない限り，支払がエクイティーに優先し，元本が保証されているからである（¶3-11・¶3-12）。この結果，デットファイナンスにおいては元本返済保全・確保がきわめて重要な問題と

15-3　すでに学んだように、債務返済の引当てとなる財産のことを**責任財産**という（¶7-8）。債務の返済は営業循環過程から生まれるフリーキャッシュフロー（¶6-4）を用いて収益償還するのが原則である。この場合の責任財産は、将来にわたって収益を生み出す動態的な財産の集合体（営業・事業、¶2-3）と考えられる。一方、債務者が返済不能に陥れば債務者の財産を換価して債権の満足を受けることになる。この場合の責任財産は、売却・処分により換価できる静態的な財産の集合体ということになる。一般に責任財産というと、漠然と後者を想像することが多いが、理論的には両方を含む（¶7-12）[581]。

15-4　わが国では、責任財産に対する債権者の権利は原則として債権額に応じて平等と定められている（**債権者平等の原則**、¶7-8）[582]。しかし、他の債権者との関係で詐害的あるいは偏頗的でない限り[583]、他の債権者に優先して返済を受けられるようにするための制度や工夫が認められる。このように、債権者平等の原則を破り優先弁済を確保するための法技術が信用補完である。

15-5　**債権者平等原則と不公平な弁済**　債権者平等原則は強制執行や倒産処理のように公権力が関与する場合に適用される原則であって、通常の文脈において債務者に債権者を平等に扱えと要請するものではない。平時においては、債務者はどの債権者から弁済してもよく、その結果債権者間に不公平が生ずることは当然に予定されている（ただし、限界的な状況では本旨弁済や担保供与であっても詐害行為や倒産法上の偏頗行為となる場合があることには注意を要する）[584]。

---

[581]　倒産処理も、企業の動態的価値に注目した会社更生、民事再生手続と静態的価値の清算を目的とする破産手続きの2種類がある。

[582]　たとえば、ある債権者が債務者の財産を差し押さえても、他の債権者が後れて手続きに加われば、その債権者も平等に取り扱われる。なお、債権について転付命令（民執159条）を得れば対象となる債権について事実上位優先権が認められるが、その額面で弁済されたことになるので（同160条）、当該債権が貸し倒れた場合、もはや残りの責任財産にはかかっていけない。

[583]　詐害的（fraudulent）とは、不当に責任財産を減少・毀損させること、偏頗的（へんぱてき, preferential）とは債権者平等原則に反して特定の債権者を不当に優先させることをいう。

[584]　この点について、小林18頁以下を参照のこと。

(2) 信用補完の諸相

15-6　信用補完のための措置は，債務不履行を防止し，債務不履行になる前に事実上の優先弁済を確保するためのもの（**破綻前措置**）と，債務不履行や債務者の財務的破綻段階における優先弁済の確保のためのもの（**破綻後措置**）とに大別できる。破綻前措置は，返済確保のための措置や非金銭的な信用補完措置からなる。また，破綻後措置は，人的信用補完と物的信用補完に大別され，後者はさらに，責任財産内部で優先性を確保するための措置と，責任財産から特定財産を分離するための措置からなる。さらに，両者を通じて責任財産を保全するための法的措置が認められている（図102）。

図102　信用補完のための措置

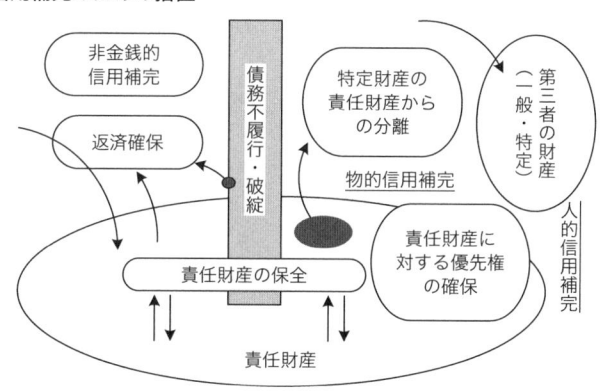

15-7　破綻前においては，原則として契約自由が支配するのに対し，破綻後は民事執行法制や倒産法制の枠組みに従って債権者間の調整が図られる。ただし，破綻前であっても，破綻後の法制を踏まえた工夫や配慮を行っておく必要がある。

15-8　**信用補完措置の第三者効**　信用補完措置は他の債権者その他の第三者に対して効力を主張できないと意味がないが，担保物権を除けば権利の性質上当然に第三者効が認められることはむしろ稀である。このため措置を講じるにあたっては，公示性（他の債権者に surprise を与えないか）と社会的必要性（第三者効を認めないと円滑な金融活動が阻害されるおそれがないか）という2つの視点から，事後において措置の有効性が第三者との関係で否定されるリスク

を十分検討しておく必要がある。公示性に不安がある場合には，信託等を活用して仕組みの中に中立的な第三者を介在させる等の工夫によりリスクを回避・低減する。

15-9 **段階的補完措置** 債務者との力関係で当初は十分な信用補完措置がとれないことも多い。この場合，当面は軽めの措置に留め，財務比率や外部格付の悪化といった客観的な事由（**トリガー事由，trigger event**）が生じた場合に追加的信用補完措置を講ずるといった内容の特約（コヴナンツ）を設けることも多い。この場合，トリガー事由を適切に設定し，追加的措置が詐害行為や偏頗行為とならぬよう十分配慮する必要がある。

2　破綻前における信用補完

15-10　破綻前の信用補完措置は，返済確保のための措置と非金銭的な措置に大別できる。

(1) 返済確保のための措置

(a) 大原則：返済の促進

15-11　信用補完というと，法律家は異常事態が生じてからの保全措置に注意を払いがちだが，債権実現の王道は問題の生じないうちに他人より早く返済してもらうことに尽きる。

15-12　投資ファイナンスにおいては，投資採算分析（¶7-12）で前提にしたキャッシュフロー予測に基づいて約定弁済させる。また，フリーキャッシュフローの再投資や株主配当はエクイティーをデットに優先させることに他ならないから，返済財源の確保や資金の社外流出防止のために，融資契約のコヴナンツにおいて，**DSCR**（**debt service coverage ratio，返済カバー率**）[585]を一定率（たとえば，1.5倍，2.0倍）以上に保つことを要求する等の措置を講ずる。場合によっては，一定以上の余剰キャッシュフローがある場合には期限前弁

---

585) DSCR＝元利金返済前キャッシュフロー÷元利金返済額
　　ただし，元利金返済額＝前期末有利子負債－当期末有利子負債＋支払利息・割引料（－期限前弁済額）

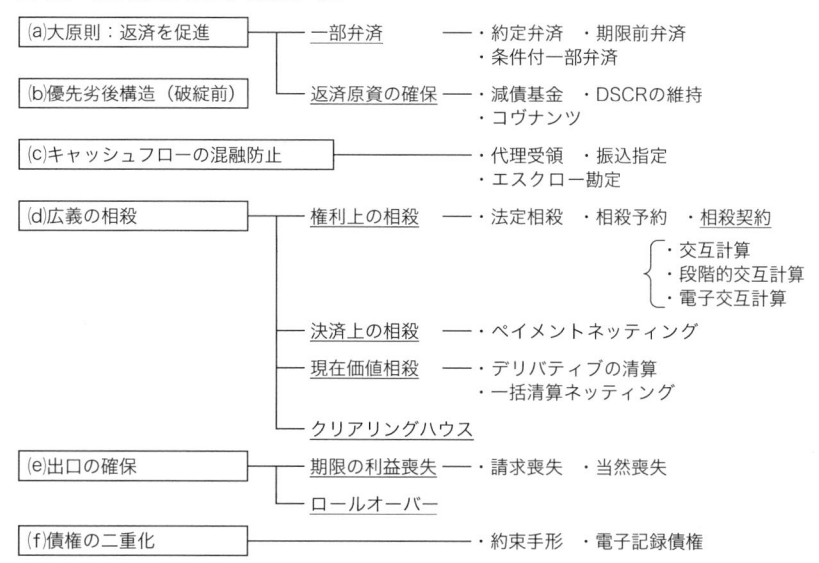

図103　返済確保のための措置一覧

- (a) 大原則：返済を促進
  - 一部弁済 ── ・約定弁済　・期限前弁済
    ・条件付一部弁済
- (b) 優先劣後構造（破綻前）
  - 返済原資の確保 ── ・減債基金　・DSCRの維持
    ・コヴナンツ
- (c) キャッシュフローの混融防止 ── ・代理受領　・振込指定
    ・エスクロー勘定
- (d) 広義の相殺
  - 権利上の相殺 ── ・法定相殺　・相殺予約　・<u>相殺契約</u>
      ・交互計算
      ・段階的交互計算
      ・電子交互計算
  - 決済上の相殺 ── ・ペイメントネッティング
  - 現在価値相殺 ── ・デリバティブの清算
    ・一括清算ネッティング
  - クリアリングハウス
- (e) 出口の確保
  - 期限の利益喪失 ── ・請求喪失　・当然喪失
  - ロールオーバー
- (f) 債権の二重化 ── ・約束手形　・電子記録債権

済させるか，減債基金（¶10-52）を積み立てさせることも考えられる。プロジェクト融資等の場合，コヴナンツにおいて，フリーキャッシュフローのプロジェクト外利用を債権者の承諾事項としたり，資金使途の開示義務を課すこともある。

(b) 優先劣後構造（破綻前）

15-13　債権者相互間で返済順位に特約を設け，返済が劣後する債権を優先債権の信用補完として利用することがある。これを**優先劣後構造（senior-subordinate structure）**という。あとから優先債権を作り出すには既存債権者の同意が必要になるので（後述するように，これを法律上作り出すのが一般先取特権である。注667），最初から返済順位が異なる複数の融資口や債券を設定することが多い。証券化で多用される手法である。

　優先劣後というと，万が一の場合における配当順位を意識しがちである。実際，後述するように優先劣後の特約は経常時の返済順位だけでなく，破綻時の支払・配当順位も同様とする場合が多い（¶17-21以下）。しかし，債務の

返済はまずは平時の現金収入から行うべきものであるから，これに対して優先権を確保することの効果は大きい。

図104　優先劣後構造

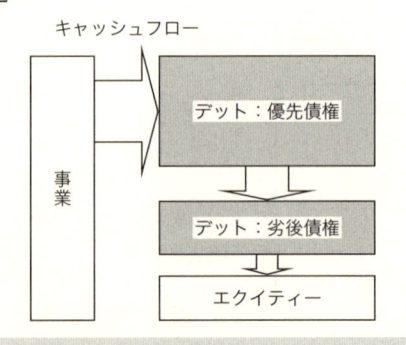

```
        キャッシュフロー
            ┌──────────────┐
            │ デット：優先債権 │
    ┌───┐→│              │
    │事 │   └──────┬───────┘
    │業 │→         ↓
    └───┘   ┌──────────────┐
            │ デット：劣後債権 │
            └──────┬───────┘
                   ↓
            ┌──────────────┐
            │  エクイティー   │
            └──────────────┘
```

15-14　**劣後比率の設定**　当初から優先劣後構造を採用する場合，投資採算で用いたキャッシュフロー予測に基づき，悲観・最悪シナリオの場合でも優先債権の支払に影響が出ないように劣後債権の金額を設定する。最近はキャッシュフローに影響を与える要素をいくつか定義し，これを変数として確率的に変化させることにより，数千－数万通りのキャッシュフローをコンピューターに発生させて優先部分の安全性を確認する手法（**モンテカルロシミュレーション**という）を用いることも多い。

(c)　キャッシュフローの混融防止

15-15　金銭には色がないので，返済原資とすべきキャッシュフローであっても，いったん債務者の預金口座に振り込まれてしまうと，他の金銭と**混融（commingle）**し，別の債務の返済や再投資等に利用されても文句がいえなくなる。そこで，①ファイナンスの対象である事業からの収入金（具体的には売買代金や請負代金，事業に関連する補助金・交付金等）を債権者が債務者の代理人として受領してそのまま返済に充てる[586]（**代理受領**），②債権者である銀行に開設した預金口座を受取口座に指定させることにより，融資金と相殺

---

[586]　具体的には，受領金返還債務と自己の債権を相殺するか，代理受領した金銭を弁済期前でも貸出金の弁済に充当できるといった特約を設けて直接弁済充当する。

が可能なように仕組む（**振込指定**）[587]，③信頼のおける第三者に受領させて，あらかじめ定めた要件が充足していることを確認した上で債権者への弁済や残余金の債務者への支払を行わせる（**エスクロー口座**［escrow account］）といった工夫が用いられる。エスクロー口座を開設する第三者（escrow agent）の信用リスクを回避するためには信託契約を用いる。

　これらは，返済原資となるキャッシュフローを支払う者の信用力が債務者よりも高い場合に特に有効である。

(d) 広義の相殺

15-16　広義の相殺（差引計算）は当事者間で互いに負担し合っている債務を金銭の異動を伴わずに消滅させあう仕組みである。広義の相殺は，権利上の相殺（**狭義の相殺**［set off］）と，資金決済上の相殺（**ネッティング**［netting］ということが多い），現在価値による相殺に大別される。

15-17　**相殺と信用リスク**　金銭債権の価値は債務者の信用リスクを考慮すれば，額面×（1－想定貸倒率）と表される。つまり，信用リスクの異なる債務者に対する債権は本来なら同じ額面でも価値が異なるのだが，相殺によれば額面で債権を消滅させることができるから，信用リスクの高い債権を持つ債権者にとって，より効果的な信用補完として機能する。

① 権利上の相殺

15-18　(i)　**法定相殺**　民法は「2人が互いに同種の目的を有する債務を負担する場合において，双方の債務が弁済期にあるときは，各債務者は，その対当額について相殺によってその債務を免れることができる。ただし，債務の性質がこれを許さないときは，この限りでない。」として相殺に関する一般原則を定める（505条）。相殺の意思表示は相殺する側から一方的に行うことができ（民506条1項），相殺の効果は相殺適状になった時期に遡る（相殺の遡及効，同2項）[588]。さらに，自分が負担する債務について支払の差止めを受け

---

587)　代理受領と振込指定について，内田3・558-560頁，道垣内・担保342-343頁。なお，代理受領はもともと公共工事等の請負代金を見合いに借入を行う際に用いられた工夫だが，今日ではより一般的に混融防止＋事実上の優先返済確保のための手法として用いられる。

588)　債権法改正方針では，相殺の遡及効の考え方を変更し，相殺により債務は相殺の意思表示

た場合にも，相手方に対して差押え前に取得した債権を自働債権とする相殺を差押債権者に対抗することができる（民511条）。以上により相殺は債務者の責任財産から相殺を行う債権者に対する債権（**受働債権**）という財産を分離して自己の債権（**自働債権**）の優先弁済に充てる（一種の代物弁済）機能を果たすことになる。

こうした相殺の効力は，一定の修正はあるものの倒産手続きの中でも原則として認められている（破67条，民再92条，会更48条）[589]。

15-19 **社債・シンジケートローン参加持分を自働債権とする相殺** 社債やシ・ローンのように債権者に団体性が認められる場合，団体内部の一部債権者が相殺によって優先弁済を受けることが許されるかが問題となる。判例は，まず社債についてこれを認めている（最判平成15・2・21金判1165号13頁，商判Ⅰ-113事件。そもそも社債を受働債権とする相殺が許されるかが問題となった事案，¶11-34）。この結果，債務者がたまたま貸し手の社債を保有していれば，相殺を通じて当該社債以外の債権者はもちろん，当該社債の保有者との関係でも優先弁済を図ることが可能になる。一方，シ・ローンについては参加債権者間の約定によることになる。たとえば，以前検討したSLひな形には**シェアリング条項**があるので，個別参加人は，シ団内部では相殺により優先弁済を受けることができない（¶11-35）。なお，シェアリング条項があっても，シ団以外の債権者との関係では相殺による優先弁済が図られることは当然である。社債とシ・ローンの取扱いの違いは債権者間の契約関係の有無と団体性の強弱によるものと理解される。

15-20 (ii) **相殺予約** 将来一定の事由が生じたときに，相殺ができる旨の合意を総称して**相殺予約**という。相殺予約は信用補完の目的で行われることが多い（¶7-38）。

15-21 **相殺予約の第三者効** 債権保全の観点から差押え等，一定の事由が発生したら受働債権について期限の利益を喪失させる一方，自働債権については期限の利益を放棄して相殺適状とする相殺予約が第三者との関係で有効なら，相殺は事実上担保と同様の機能を果たすことになる。この点について判例は

の時に消滅することが提案されている（3.1.3.25）。
589) 伊藤348頁以下，小林214頁以下参照。

自働債権が差押え前に取得されたものなら，もともとの弁済期の先後にかかわらず相殺を差押え債権者に対抗できるとし，また，上記のような相殺予約を有効と認めている（最判昭和45・6・24民集24巻6号587頁，¶15-22）。これに対し，債権法改正方針は，相殺と差押えの関係については上記判例を踏襲するが（3.1.3.30＜1＞＜2＞），相殺予約は特定の継続的取引の場合を除いてこうした差押え債権者に対抗できないこととする旨提案している（3.1.3.30＜4＞）。上記判例以降，相殺予約の第三者効が認められる前提で実務が構築されているので，もし提案の方向で民法改正がなされる場合「特定の継続的取引」の要件を明確化する必要がある（¶15-22）。

15-22 **貸出金と預金の相殺**　　貸出金と預金を相殺するには，原則として両者の弁済期が到来している必要がある（民505条，なお¶15-24参照）。期限の利益は債務者のためにあると推定されるから，預金について弁済期を到来させるには，債務者である銀行側が期限の利益を放棄すればよい（民136条）。しかし，貸出金はそうはいかないので，銀行取引約定書や融資契約に債務者の信用状況が悪化したと認められる客観的な事由が生じた場合には期限の利益を喪失させ（**期限の利益喪失条項**），さらにそうした場合には貸出金の期限の如何にかかわらずいつでも相殺できる（あるいは自動的に相殺される）旨の特約（**相殺予約条項**）を設ける。判例は，これらの条項（以下，「相殺特約」と呼ぶ）により，<u>預金を第三者が差し押さえた場合であっても，銀行はその預金と差押時点で存在する貸出金を弁済期の先後を問わず相殺できる</u>とする（最判昭和45・6・24民集24巻6号587頁，民法百選Ⅱ42事件）。相殺特約という2当事者の合意に事実上第三者効が認められるというわけである。**相殺の担保的効力**とはこのことを指す。しかし，債権的合意にこのような強い効果を認めるには相殺の期待を保護すべき十分な合理性が必要である。民法の解釈に関する限り，預金の期日がもともと貸出金の期日より前であった場合にまで相殺特約に第三者効を認めるのは行き過ぎだろう（たとえば，加藤3・422-431頁）。しかし，何度か説明しているように今日の金融取引はすべての金銭債権を現在価値で把握するので，<u>当事者は弁済期の如何にかかわらず，任意の時点における債権債務について現在価値ベースでの相殺期待権を持つ</u>。実務的にみても，反復継続する企業金融取引において預金と貸出金の弁済期に基づいて相殺可能なものとそうでないものとを厳密に区分けすることは困難だから，上述のような制限を設けると銀行は原則相殺不能だとの前提で信用リスク増加分のプ

レミアムを金利に上乗せすることになり，円滑な企業金融が害されるおそれがある。こうしてみると，民法一般の解釈は別として，少なくとも金融機関と事業者との相殺特約については弁済期日の先後を問うことなくその有効性を認める社会的必要性が認められる（なお，注210参照）[590]。

15-23　(iii)　**相殺契約**　当事者間で法定相殺とは異なる相殺方法について約定することは自由だから，債務不履行や差押えが問題にならない限り法定相殺とは異なるさまざまな相殺約定により返済を促進することが可能となる[591]。ただし，第三者との関係で相殺を対抗できるかについては慎重な検討が必要である。

国際的な取引では，債務者に問題がなくても当該国の外貨準備不足や政治的な理由から非居住者に対する送金や支払が規制されるリスク（sovereign risk）があるため，可能な限り相殺により決済できるよう，相殺約定をあらかじめ詳細に規定しておく必要がある。

15-24　**交互計算（account settlement）**　継続的取引関係にある者同士が，一定の期間内の取引から生ずる債権および債務の総額を一定の締め日に確定して相殺し，その残額だけを清算するという内容の相殺契約を**交互計算**という[592]。当事者の少なくとも一方が商人（会社5条・商4条）である交互計算には商法の適用がある（商529条以下）。計算期間の定めがない場合は6か月とされるが，この期間内に発生する債権債務については，期末まで支払猶予の効果が生じるとともに，通説・判例によれば，個々の債権債務について譲渡・差押えが禁止される（大判昭和11・3・11民集15巻320頁，商法百選80事件，商判Ⅲ-16事件）[593]。これを**交互計算不可分の原則**という。交互計算において当事者が債権債務の各項目を記載した計算書を承認した場合，錯誤・脱漏の場合を除いて各項目について異議を述べることができなくなる（商532条）。

---

590)　理論的には，銀行取引は営業的商行為なので（商502条8号），一種の商慣行（商1条2項）と考えるか，相殺予約を停止条件付交互計算契約と位置付けることが考えられる。
591)　公序良俗に反しない限り，不法行為関連や差押禁止債権によるものも許される（奥田572頁）。
592)　【復習】森本・商行為76頁以下，落合ほか256頁以下，近藤163頁以下。
593)　なお，この場合に第三者は期中における計算残高を差し押さえてよいのか，期末残高の差押えしか認められないのかについて学説の対立がある（江頭・商取引36頁）。

また，相手方が破綻した場合にはその時点で計算を閉鎖して差額分が破産財団に属するか破産債権となる（破59条，民再51条，会更63条）。このように交互計算にも強い担保的効力が認められる。

15-25 **段階的交互計算**（obligation netting）　古典的交互計算は定期的に計算を閉じて差額を決済するので，計算期間について相手先毎に債権債務を正確に記録し，期末にはこれを相互に突合する作業が必要になる。しかし，相手方が多数であったり取引数が多い場合，そうした記録を行うこと自体が大きな負担となる。そこで，取引が生ずるごとに支払・受取りの金額をそれまでの金額に加減して正味支払・受取額を計算し，その金額の債権債務を負担し直せば負担を軽減できる。このような交互計算の方法を**段階的交互計算**という。これは交互計算不可分の原則が適用される典型的な交互計算ではなく，更改契約（民513条）の一種と位置付けられる。銀行の当座勘定契約（¶7-47）は入金と手形・小切手による支払を逐次相殺していくのでこれにあたるとされる。また，銀行間の外国為替取引や通貨オプション取引がこの方式で行われており，**ノベーションネッティング**（novation netting, novationは更改の意）とか**オブリゲーションネッティング**（obligation netting）と呼ばれる。

15-26 **電子交互計算**　電子記録債権法に基づく電子記録債権を用いれば，電子記録そのものに権利性が付与されているので交互計算の事務管理や計算の突合をコンピューター処理で正確かつ簡便に行うことが可能になる。なお，電子記録債権の発生と移転は電子記録による必要があるが（法15条・17条），消滅に係る電子記録は対抗要件であって効力要件ではない（同24条1号・21条）。そこで，あらかじめ取引先毎に交互計算契約や相殺契約を締結しておき，新たな債権債務が発生する都度，逐次金額を相殺して差額に相当する新たな電子記録債権を発生させる段階的電子交互計算サービスを電子債権記録機関が提供することが考えられる。

② 決済上の相殺

15-27 　発生時や種類の異なる債権について，権利上の相殺を行うにはさまざまな制約がある。また，債権者と債務者とで債権債務を認識する時期や金額・条件が一致しないために権利段階で相殺を行うことが難しい場合も少なくない。こうした場合，権利段階ではなく，資金決済の段階で支払と受取りを差引計

図 105 権利上の相殺 vs. 決済上の相殺

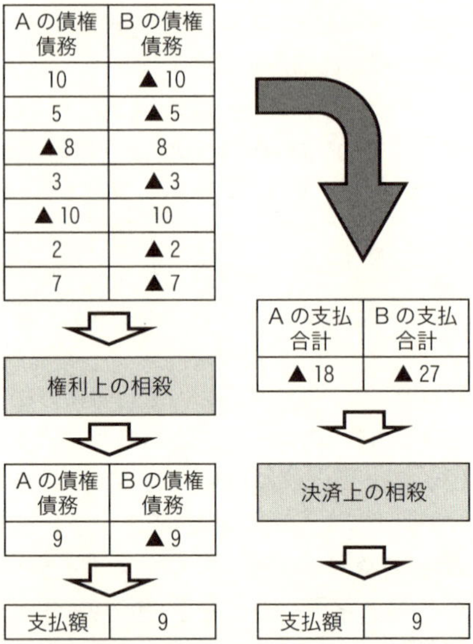

Aの債権債務	Bの債権債務
10	▲10
5	▲5
▲8	8
3	▲3
▲10	10
2	▲2
7	▲7

⇩ 権利上の相殺 ⇩

Aの債権債務	Bの債権債務
9	▲9

⇩

| 支払額 | 9 |

Aの支払合計	Bの支払合計
▲18	▲27

⇩ 決済上の相殺 ⇩

| 支払額 | 9 |

算することが考えられる。これを**ペイメントネッティング（payment netting，差額決済）**という。具体的にはさまざまなものが含まれるが、いずれも決済すべき金額を縮減することを通じて決済コストを低減すると同時に信用補完の機能を担っている。

15-28 　たとえば、企業AとBが互いに売掛債権を有するが、どちらも短期借入のために譲渡担保権が設定されている場合、これを相殺や交互計算の対象にはできない。

　そこで、ある日においてそれぞれが授受すべき金額を明細と共に突合し、支払額の多い方が差額のみを支払うが、債権債務そのものは維持することにすれば、資金決済に関する限り相殺と同様の効果が得られ、自分は全額を支払ったのに相手が支払わないというリスクを回避することができる（**図105**）。

15-29 　もし企業Aと海外企業Bとの間に複数通貨の債権債務が多数ある場合には、個別通貨毎に権利上の相殺・交互計算を行って残高のみをそれぞれ決済するか、さらに両社で一定の為替換算レートを合意して特定通貨（ドル、円等）に換算して決済を一本化することが考えられる（**多通貨ネッティング**）。

15-30　大企業は子会社・関連会社・系列会社といったグループ相互間やグループ外の企業との間に膨大な債権債務を有するが，これを一括して権利段階で相殺・交互計算することは至難の業である。そこで，これらを決済の段階でネッティングして支払を一本化する仕組みをグループ全体として導入する事例も増えている。

　　③　現在価値相殺

15-31　民法は債権を弁済期まではゼロ，弁済期に 100 となるデジタルな権利ととらえており，弁済期にない債権債務の相殺を認めない。しかし，金融の世界では金銭債権の価値はゼロか 100 ではなく，発生から弁済期までの期間に応じた時間価値で測る。言い換えれば，取引の当事者は発生・弁済の時期如何にかかわらず，常に現時点における割引現在価値に基づいて一定の相殺期待を有している。そこで，金銭債権については弁済期を問わずにその時点における現在価値で相殺可能とすることが考えられる。

15-32　たとえば，特定の相手方との間で複数のデリバティブ契約がある場合，まず，スワップのように継続的な支払と受取りが対立する契約については相殺時点における支払・受取額の「現在価値」を差引計算して清算価値とする。また，オプションのように弁済期までの間に刻々とその価値が変動していく契約は期日における「弁済額」ではなく，その時点においてブラックショールズ式等一定の手法に基づいて算出した評価額を清算価値とする[594]。そして，特定の相手方に対するそれぞれの契約の清算価値をさらに差引計算して当該相手方に対する支払もしくは受取りの正味現在価値（**ネットポジション [net position]**）を求め，この金額を清算することによりもとの債権債務を消滅させる。これも実務ではネッティングと呼ばれるが，単純な相殺・交互計算，支払のネッティングではないから，ここでは**現在価値相殺**と呼んでおく。金融取引では現在価値相殺を行うことが多い[595]。

---

[594]　具体的には契約を当事者から随時解約可能とするか，一定事由が発生した場合に自動解約されるものとした上でその時点の評価額を解約清算金とする。なお，これは単に 1 個の契約の評価の問題であり相殺とは異なる次元の話であることに注意すること。

[595]　デリバティブに関するネッティングの仕組みと法務については，福島 46 頁以降を参照のこと。

15-33　**一括清算ネッティング**　1991年にルクセンブルク籍のアラブ系銀行BCCI（Bank of Credit and Commerce International）と日本の銀行がドル円の為替取引を行い，日本の銀行が時差の関係で日本のBCCIにある円口座に先に入金をしたところ，東京市場終了後に同行が資産凍結処分を受けたために見合いのドル資金がニューヨークで受け取れず損失を被る事件が起きた。また，1995年にはイギリスの名門銀行ベアリングブラザーズがシンガポールで発覚した先物取引に起因する巨額損失のために破綻したが，この際にも同様のリスクが強く認識された。

こうした事件を契機に国際的なデリバティブ取引に用いられる基本契約に，契約当事者が破綻した場合に当該当事者の債権債務を他の取引参加者との間で自動的かつ強制的にネッティングする条項（**一括清算ネッティング条項，close-out netting clause**）が設けられた。ところで，わが国の倒産法は倒産時点で双方未履行の双務契約がある場合，管財人にこれを解除するか履行するかの選択権を与えている（破53条1項，民再49条1項，会更61条1項）。このためスワップのような双務契約について管財人が一括清算ネッティングの結果を受け入れねばならないのかどうかについて疑義が生じた。そこで，1998年に「金融機関等が行う特定金融取引の一括清算に関する法律」が制定され，金融機関や金融商品取引業者が一括清算条項に基づいてネッティングを行った場合，その後に一本化された債権債務が倒産財団に属する財産ないし倒産債権とすることが定められた（神田［1998］）。同法の内容はその後の倒産法改正において本則に反映されている（破58条5項，民再51条，会更63条）。

④　クリアリングハウス

図106　クリアリングハウス概念図

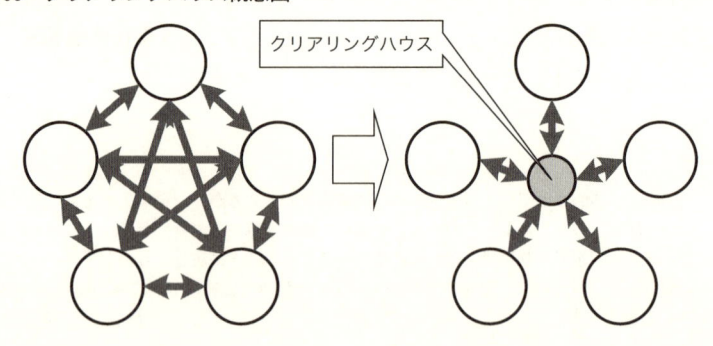

15-34 デリバティブ取引のように多くの当事者が相互に債権債務を負担し合う場合，それぞれの当事者は相手方（counterparty）の信用リスクを負担し合うため，万が一参加者の一部が破綻した場合その影響が市場全体におよびかねない。市場参加者全員による一括清算ネッティング（**マルチラテラルネッティング**，multi-lateral netting）はこの影響を防ぐための工夫だが，これをもう一歩進めて，ある程度資本力のある公的もしくは中立的な主体が契約当事者の間に入ることで契約を2つに分解し，各当事者はその主体と契約するようにすれば，その主体が各当事者の正味ポジションを常に把握できることに加え，取引が集中化されるために規制当局等の監視の目が行き届きやすくなる。こうした役割を担う主体を**クリアリングハウス**（clearing house，清算機関）という。クリアリングハウスがあれば各当事者は相手方の信用リスクを逐一検討する必要がなくなる。クリアリングハウスは万が一の場合の信用力を確保するため，全参加者から出資等を得るほか，価値相殺による支払ポジションが負値の先には一定の証拠金や現金担保を要求する等の対応をとる。

15-35 サブプライム問題を契機にクレジットデリバティブ取引に係る当事者の破綻が問題となったことから，現在デリバティブ取引に関するクリアリングハウスの創設が検討されている（¶16-63）。

15-36 **BIS規制とクリアリングハウス**　BIS規制では清算機関との取引のうち，日々の値洗いにより担保で保全されているもの，ならびに，清算機関への預託金または担保の差し入れについては，信用リスクアセットの額を算出することを要しないとする（BIS告示10条3項・21条3項・33条3項・44条3項）。この結果，クリアリングハウスを通じてデリバティブ取引を行えば自己資本比率を改善することが可能になる。

(e) 出口の確保

15-37 債務者には期限の利益があるため，万が一の場合に元本の返済を確保するにはこれを喪失させて弁済期を到来させねばならない。

① 期限の利益喪失条項

15-38 このために期限の利益喪失条項を設けること，喪失事由には当然喪失事由と請求喪失事由を設けることについてはすでに説明した（¶7-44）。

② ロールオーバー

15-39 期限の利益は，投資採算から想定される回収期間にあわせて付与するのが理想である。しかし，債権者からすれば状況の変化に応じて返済を要求したり，金利等の条件を見直したりする機会を確保できればそれにこしたことはない。そこで，特に銀行融資において，あえて融資期間を短期間にして借り換えを何度も行うこと（**ロールオーバー，roll-over**）によって事実上長期の与信を行うことも多い。この場合，債権者は契約上の期限に全額の返済を請求できるので事実上優先弁済を確保する信用補完として機能する。

> **短期ロールオーバーと借換拒絶** 本来長期であるべき投資ファイナンスを短期ロールオーバーで調達した場合，途中で返済や融資額の減額を迫られると返済資金を増資や別の借入れで調達せねばならず，それが無理なら資金繰りがつかず破綻に追い込まれる（借換リスク）。しかし，借り手が自己の資金調達能力に自信を有する場合，金利が高めの長期借入より短期借入のロールオーバーを選択することも多い。こうした場合に銀行が無理に金利の高い長期融資を迫れば，かえって優越的地位の濫用といわれかねない。
> 　しかし，最近のような不況期になると，借り換えがままならずに破綻する企業が増えて銀行に対する目が厳しくなる（いわゆる「貸しはがし」問題）。これまでにこうした文脈の借換拒絶について銀行の法的責任が問われた例はないと思うが，銀行等が当初の融資段階で借入目的が長期の投資ファイナンスであることを十分認識していたにもかかわらず銀行側から短期ロールオーバーを推奨したことが明白な場合には，期限の利益喪失事由やこれに準ずる事由が発生していない限り，銀行側に借り換えに応ずる信義則上の義務があると解すべきだろう。

(f) 債権の二重化

15-40 債務の履行を確実ならしめるために，金銭消費貸借契約とは別に，同額の支払をなすべき債務を別途負担させる場合がある。

① 約束手形の併用

> 問）融資の際に約束手形を差し入れさせる意義は何か。証書貸付の場合と比べた印紙税負担以外の理由を述べよ。

15-41　すでに説明したように短期借入は約束手形を差し入れさせる手形貸付の形態をとることが多い（¶7-46）。契約証書を取り交わす長期融資でも毎回の支払額を記載した約束手形を期日の数だけ事前に徴求しておくことがある（¶7-48）。

15-42　これは約束手形の流通性を強化するために，以下のような2つの制度を通じて強い強制力が付与されていることによる。

15-43　(i)　**銀行取引停止処分**　約束手形や小切手は銀行間の手形交換を通じて決済されるが[596]，振出人の当座勘定に十分な残高がなければ「資金不足」といった不渡事由[597]を記載した付箋を手形券面に貼付し割印を押捺して返還すると同時に不渡届を交換所に提出する。これを俗に「不渡り」という。資金不足で不渡りを出してから6か月以内にもう一度不渡りを出すと，2年間手形交換への参加銀行等（事実上すべての預金金融機関）で当座勘定および貸出の取引をすることができなくなる（東京手形交換所規則62条・65条）。これは企業にとって死刑宣告に等しいから債務者が手形による支払を事実上他に優先させる可能性が高い。

15-44　(ii)　**手形訴訟**　手形による金銭の支払の請求とこれに付帯する法定利率による損害賠償の請求を目的とする訴えについては，手形訴訟という簡易な手続きが認められている（民訴350条以下）。手形訴訟では反訴の提起ができず（同351条），証拠調べは書証に限られ（同352条1項），書証は当事者が自ら所持し任意に提出する文書に限られる（同2項）。手形訴訟の終局判決には控訴ができず（民訴356条）異議申立のみが認められる（同357条）。これにより事実上手形のみを証拠として迅速に債務名義が得られる。

15-45　**融資併用型私製手形と手形訴訟利用の可否**　わが国では，手形は当座預金を開設した銀行等の本支店を支払場所とする統一手形用紙を用い，かつ，手形用法に基づいて作成したものでなければ事実上流通しない（銀行や交換所が受け付けてくれない）。しかし，統一手形用紙の利用は手形法上の要請ではないので，たとえば，転写式融資申込書の何枚目かを手形様式にしておき，手

---

596)　手形交換制度の仕組みについては，日銀金融研究所78頁以下，平出ほか312頁以下等を参照のこと。

597)　不渡事由のうち，資金不足や取引なし（そもそも当座勘定がない場合）は「第1号不渡事由」という（東京手形交換所規則77条）。

形法の要求する要件（手75条）を記載すれば，法律上は有効な手形となるはずである[598]。こうした手形を**私製手形**という。銀行等も私製手形を個人向け短期融資（たとえば，住宅ローンが実行されるまでのつなぎ融資）等で利用しておりそれ自体は違法でも不当でもない[599]。もともと欧米では promissory note（約束手形）といえば借用証書のようなものである。国際ローンにおいては，万が一の場合に日本国内の資産を早期に差し押さえられるよう，契約証書とは別に私製手形に署名させて徴求しておくこともある。

ただし最近，違法な取立で社会的な批判を浴びた商工ローン業者が，債務者に私製手形を振り出させておき，債務不履行があった場合に手形訴訟を利用して回収を図ろうとした事案について裁判所は，手形訴訟制度が認められているのは手形の信用を高め流通を促進するために，その簡易・迅速な金銭化が強く要請されるからであるところ，私製手形は手形の信用と流通とは無縁のものなので，私製手形により提起する手形訴訟は，手形訴訟制度を濫用（悪用）したものというべきとして訴えを却下した（東京地判平成15・11・17判時1839号83頁）。手形訴訟を，債務者を追い込むために利用した反社会性が考慮されたものと考えられるが，判旨のように私製手形による手形訴訟がすべて濫用となるかについては疑問が残る。

④　電子記録債権の利用

15-46　2008年12月に施行された電子記録債権が実用化されれば，約束手形と同様，債権の履行を確実ならしめる手段として活用されるようになる可能性がある。

(2)　非金銭的信用補完

15-47　債務者の財産を直接把握するのではなく，間接的に返済を確保するものである。

---

598)　「基本手形は，法律上は，紙，布，皮，板等移動可能なものであれば，どのようなものであってもこれに手形要件等の記載事項を記載して作成しうる」（平出289頁）。

599)　つなぎ融資は，金額は大きいが期間が短いので金銭消費貸借証書を作成すると印紙税負担が金利負担との比較感で非常に大きく感じられる。そこで，基本約定に融資条件や期限等を記載し，私製の一覧払手形に融資金額を記載すれば印紙税の節約を図ることができる。ただ，あまりほめられた方法ではないから，今後は印紙税のかからない電子記録債権を用いた電子金銭消費貸借契約が代替していくのではないか。

図107　非金銭的信用補完一覧

- (a)返済の心理的強制 ────── ・重要財産等の留置　・クロスデフォルト条項
- (b)議決権行使の留保 ────── ・拒否権株式　・議決権信託

(a) 返済の心理的強制

> 問）　売ってもほとんど価値がないものに質権を設定する意味があるか。

① 重要財産等の留置

15-48　財産の資産価値が，債務額に比べて非常に少ない場合や市場性がなく換価が困難な場合であっても，当該財産が債務者の事業や生活等にとって高い重要性を有しているなら，これを留置することにより，債務の履行を心理的に強制することができる。身近な例では，結婚指輪や学生証を質権の目的物とすることがこれにあたる。特許の使用権や許認可を債務者ではなく債権者や信託の受託者が取得し，債務者に利用させるが，債務不履行があれば利用を停止するといった工夫も心理的強制として機能する。

② クロスデフォルト条項

15-49　債務者の負担する債務のいずれかに債務不履行が生じたことを期限の利益喪失事由とする条項を**クロスデフォルト条項**という（¶7-44）。この条項があると，債務不履行を起こすと全債権者から返済を迫られて即時に破綻する可能性が高まるから，心理的強制として機能する。

(b) 議決権行使の留保

15-50　債権者が株主として経営者を監視，場合によっては積極的に議決権を行使して行動を制約する可能性があれば，そのこと自体が債務の履行の間接的な強制となりうる。すでにみた**拒否権付株式**（¶4-55）や**議決権信託**（¶4-59）はこのための工夫として活用することができる。

3 責任財産の保全

図108 責任財産保全のための措置一覧

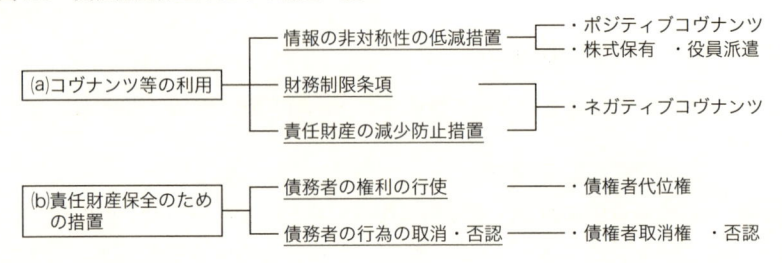

```
                    ┌─ 情報の非対称性の低減措置 ──┬─ ・ポジティブコヴナンツ
                    │                              └─ ・株式保有 ・役員派遣
(a)コヴナンツ等の利用 ┼─ 財務制限条項              ┐
                    │                              ├─ ・ネガティブコヴナンツ
                    └─ 責任財産の減少防止措置    ┘

(b)責任財産保全のため ┬─ 債務者の権利の行使 ──── ・債権者代位権
   の措置            └─ 債務者の行為の取消・否認 ── ・債権者取消権 ・否認
```

(1) コヴナンツ等の利用

> 問) コヴナンツ (¶7-45) は責任財産の保全との関係でどのような役割を果たしているか。

(a) 情報の非対称性の低減措置

15-51 　責任財産の保全のためには，債務者への監視を強め情報の非対称性 (¶2-23) を低減するための工夫が必要である。多くのポジティブコブナンツはこのために設けられている。また，銀行等が債務者の株式を保有して株主として情報開示を求めたり，破綻前の段階から役員を派遣して経営に関与したりすることも同様の機能を果たす。

(b) 財務制限条項

15-52 　一般投資家はもちろんだが，最近は銀行にとっても，計算書類や財務諸表のような財務開示資料が債務者の責任財産を外部から客観的に知るための唯一の情報といってよいことが多い[600]。このため，上述のDSCR (¶15-12) や

---

[600] 中小企業や個人事業主の場合，そもそもまともな会計書類が作成されていないことも多い。この場合に最も信頼できる財務資料は法人税の確定申告関連書類である。なお，¶2-24参照。

有利子負債比率といった財務開示資料から計算される財務比率を一定水準に保たせることを内容とする財務制限条項（¶7-45）は，責任財産の維持を図ると同時に情報の非対称性（¶2-23）を引き下げる上で非常に重要な役割を担う。

(c) 責任財産の減少を防止するための措置

15-53　ネガティブコブナンツも重要財産の処分や第三者への担保の提供等責任財産を減少させる債務者の行為を制限するためのものが多い。

(2) 責任財産保全のための措置

15-54　こうした措置を講じたにもかかわらず，債務者が責任財産を毀損したり（積極的責任財産毀損），毀損のおそれがあるのに保全のために十分な行動をとらない場合（消極的責任財産毀損）に備えて，法律上債務者の行為を取消・否認するか，代行するための制度が用意されている。

(a) 債権者による債務者の権利の行使

① 破綻前：債権者代位権（creditor's right to exercise debtor's right）

15-55　まず，債務者が当然行使すべき権利を行使しないために責任財産が減少するおそれがある場合には，債権者が債務者の有する権利を代位して行使することができる（民423条）。これを**債権者代位権**という（図109）。ただし，他人の権利を無理矢理行使するのだから，行使しないと債権の保全が図られない事情，つまり債務を完済するに足る資力がないことを債権者が立証せねばならない（これを講学上**無資力要件**という）[601]。弁済資力がある債務者の財産に権利を及ぼしたいなら債務名義を得て差押えという正規の手続きを経る必要がある（内田3・280頁）。

---

601) 法律における「資力」という言葉をファイナンスに置き換えれば「信用力」が近い。つまり，貸借対照表上の静的責任財産の価値が債権額を下回っていても，将来の収益が十分に見込めるなら「資力あり」と解してよいし，逆の状態でも事業環境が急速に悪化したり，巨大な損害賠償請求を受けるおそれが高い等の理由で財産の急激な減少が予想される場合には「無資力」と考えるべきである。

図 109　債権者代位権①（責任財産保全型）

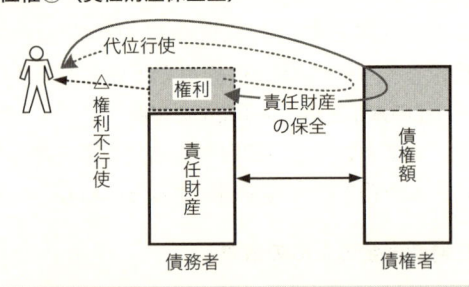

15-56　**債権者代位権の行使を通じた優先弁済**　この制度は，もともと責任財産を全債権者のために保全するために認められるものである（図109）。しかし，保全すべき債権と代位行使する債権の双方が金銭債権の場合，債権者は第三債務者から金銭を直接受け取ることができる[602]。そして，債権者は受け取った金銭を債務者に戻入すべき債務を負担することになるが，この債務と自己の債権とを相殺すれば事実上優先弁済を受けることができる（図110）。このように，金銭債権に対する代位権行使は，債務者無資力の状況下における私的簡易執行として機能してきた。これに対し，債権法改正方針はこうした相殺を禁ずることで事実上の優先弁済効果を否定する提案を行っている（3.1.2.02＜3＞）。

図 110　債権者代位権②（優先弁済型）

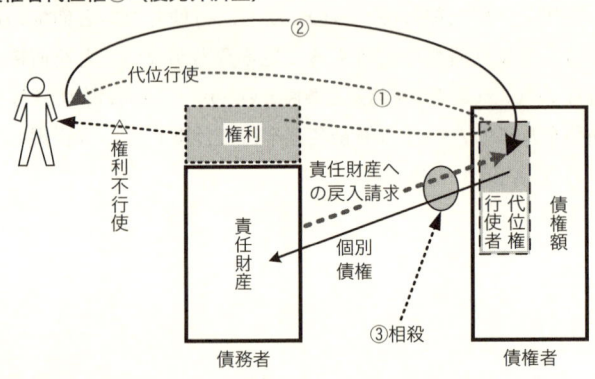

602）　大判昭和10・3・12民集14巻482頁。

15-57 **債権者代位の転用（個別権利実現準備型代位）**　なお，債権者の権利を実現するためには債務者の行為が不可欠な状況であるにもかかわらず，債務者が不作為を続けることにより権利の実現を妨げている場合に，一種の自救行為として債権者が債務者の権利を代位行使することが判例上認められている。対象となる債権は金銭債権ではない特定の権利（物権的請求権，取消権・解除権・相殺権等の形成権，登記請求権等）が主体となる。これを講学上**債権者代位の転用**という。この場合，無資力要件は不要だが，権利実現のために債権者代位制度の転用以外に有効な手段がなく弊害もないということが前提となる。本来なら個別の法制度で権利保護の手続きが認められるべきなのだが，過渡的な状況で裁判所が当事者の公平を図るため本制度の利用を認めるのだと考えればよいだろう[603]。

　　転用型（**個別権利実現準備型**）と，本文で述べた本来型（**一般責任財産保全型**）とは制度趣旨を異にするが，民法の授業では例外である前者の説明に時間をかけるためか，学生の中に原則である本来型の趣旨をしっかり理解していない者が散見するので注意されたい[604]。

②　破綻後：管財人による債権の行使

15-58 　倒産後に倒産財団に帰属することになった債務者の権利の行使は管財人に集約され，管財人が総債権者のために責任財産を保全する役割を担う。

(b)　**債権者による債務者の行為の取消・否認**

①　破綻前：債権者取消権（creditor's right to avoid fraudulent transactions）

15-59 　無資力状態の債務者が，債権者を害すること（弁済資力の不足をきたすこと）を知ってした行為（詐害行為）の結果[605]，責任財産が減少した場合，債権者

---

[603]　加藤3・190頁以下は転用型をむしろ積極的に評価する立場から過去の事例を精緻に分析している。

[604]　債権法改正方針は，両者を区別した上で対等な制度として位置付け，本来型については「債務者がその負担する債務をその有する財産をもって完済することができない状態になるとき」と無資力要件を明定するほか（3.1.2.01），それぞれの類型ごとに，代位権の行使について透明性向上のための規定整備を提案している（3.1.2.07）。

[605]　取消しの対象は条文上「法律行為」となっているが，弁済や債務承認，債権譲渡の通知・承諾といった法律行為でない私法上の行為や訴訟行為も含まれると解されている（内田3・309頁）。倒産法上の否認の対象については単に「行為」とされており，債権法改正方針もこ

は総債権者のために，当該行為の相手方（受益者）が悪意である場合に限り，当該行為の取消しならびに当該行為によって責任財産から流出した財産の取り戻しを裁判所に請求することができる[606]（民424条）。これを**債権者取消権（詐害行為取消権）**という（図111）。

図111 債権者取消権

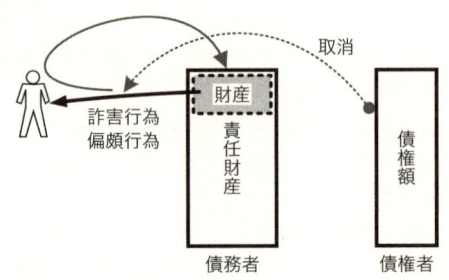

15-60 　詐害行為の例としては，破綻に瀕した債務者が特段の義務がないのに巨額の保証債務の負担や債務免除をすることや，高額の財産を第三者に無償あるいは低廉な対価で譲渡すること等があげられる[607]。しかし，実際にはもう少し限界的な事例や，責任財産の減少を伴わない偏頗行為も問題となる。以下に判例で問題となった事例を整理しておく（**表34**）。金融機関は受益者・債権者の双方の立場になりうるので注意する必要がある。

　　れにならっている（3.1.2.08）。
606) 取消権の性質に関する折衷説の立場（大連判明治44・3・24民録17輯117頁，民判158事件，民法百選Ⅱ 14事件）。
607) 外観上，詐害行為と通謀虚偽表示（執行逃れ等，民94条）は区別が難しいので，訴訟では両方を主張することが多い。

3 責任財産の保全

表 34 債権者取消権における限界事例

事例	問題の所在	判例
本旨弁済	本旨弁済は責任財産を減少させない。	債務者と受益者たる債権者とが通謀してその債権者だけに優先的に債権の満足を得させる意図（詐害の意思）で行った場合は詐害行為となる[608]。
代物弁済	代物弁済は義務ではない。	詐害の意思があれば詐害行為となる[609]。
担保供与	業況が悪化すると担保を要求されることが増える。	1．既存の無担保債務に義務なく担保を提供することは詐害行為となる[610]。 2．新たな借入れについては借入れの目的・動機，担保物件の価値に照らして妥当な担保の提供なら詐害行為にならない[611]。
相当対価処分	相当な対価を得ていれば責任財産は減少しない。	不動産等の重要な財産を消費・隠匿しやすい金銭に代えることは原則として詐害行為となる[612]。

15-61 **債権者取消権の行使を通じた優先弁済** 債権者取消権に基づく取消しはすべての債権者の利益のためにその効力を生ずる（民425条）。しかし，金銭債権の場合，取消権を行使した債権者に直接支払わせた上で，相殺により事実上優先弁済を受けることが判例上認められている[613]。債権者取消権の場合，債権者代位権と異なり裁判上で行使する権利なので責任財産保全のために行動した債権者への sweetener（甘味剤）としてある程度の恩典は認めてよい。そこで債権法改正方針も，取消後の財産はあくまで責任財産に帰属することになるとしつつ，取消訴訟確定後一定期間（3か月もしくは1か月）経過後は

---

[608] 最判昭和33・9・26民集12巻13号3022頁，最判昭和52・7・12金法834号38頁（債権者から暴力的に返済を迫られやむなく返済した場合について詐害行為なしとされた事例）。

[609] 大判大正8・7・11民録25輯1305頁，最判昭和48・11・30民集27巻10号1491頁（債権による代物弁済）。

[610] 最判昭和35・4・26民集14巻6号1046頁（民判160事件）。

[611] 最判昭和44・12・19民集23巻12号2518頁。

[612] 大判明治39・2・5民録12輯136頁，大判大正6・6・7民録23輯932頁（生活費などの有用の資を弁ずるために不動産を売却した事例で詐害行為の成立を否定）。

[613] 大判大正10・6・18民録27輯1168頁。法理上の詳しいロジックについて奥田325頁を参照のこと。一方，動産が目的物の場合も自己に引き渡せといえるとするのが判例であるが，相殺すべき同種の債権の対立がないから，当該動産について強制執行をするしかない（奥田324-325頁）。不動産については，判例は直接引渡しを認めない（最判昭和53・10・5民集32巻7号1332頁，民法百選Ⅱ16事件）。

相殺により優先弁済を得ることを認める提案を行っている (3.1.2.17<6>)。

図112 債権者取消権（優先弁済型）

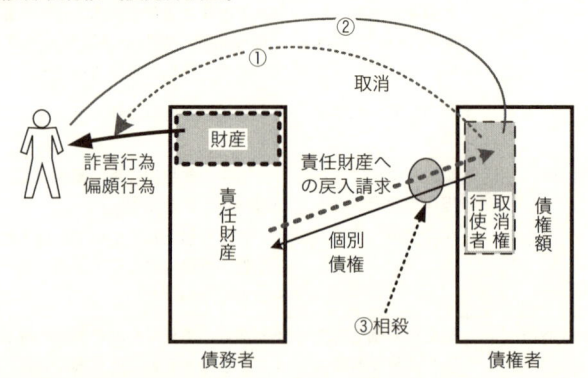

[図：債務者の責任財産から財産が詐害行為・偏頗行為により流出し、債権者が①戻入請求、②取消、③相殺により個別債権の優先弁済を受ける構造を示す図]

15-62 **転得者に対する取消権の行使** 受益者からの転得者がある場合，受益者か転得者のいずれかが悪意であれば悪意者に対して取消権を行使することができ，その立証責任は受益者・転得者側にあるとするのが通説・判例である（民424条1項ただし書）。受益者悪意，転得者善意の場合には目的物の返還は無理だから受益者から利得の返還を請求することになる[614]。

---

614) 債権法改正方針は転得者への取消権の行使ができる場合を受益者とすべての転得者が悪意の場合に限定し，主観的要件の立証責任を無償行為の場合以外は債権者側とすることを提案している (3.1.2.18)。

② 破綻後（倒産手続き）：否認

表 35 否認の種類（破産法）

詐害行為：破産者の責任財産を絶対的に減少させる行為	
行為時期を問わず	詐害行為＋詐害意思＋受益者の悪意（160条1項1号）
支払停止等後[615]	★詐害行為＋受益者の悪意（160条1項2号）
代物弁済	上記どちらの場合も，債務消滅に係る行為で，債務額を超過するもの（代物弁済等）については超過額について詐害行為ありとする（160条2項）
相当対価処分	1）財産種類の変更（e.g. 不動産の金銭への換価）により，隠匿等の処分をするおそれを現に生じさせるものであること＋2）破産者が隠匿等の処分をする意思を有すること＋3）受益者の悪意（161条）
偏頗行為：既存の債務に対する担保供与・債権消滅に関する行為	
義務に基づく偏頗行為	★債務者が**支払不能**[616]になった後，または，破産手続開始の申立があった後にした行為＋同左に対する受益者の悪意＋現に支払不能・破産手続開始があったこと（162条1項1号）
非義務偏頗行為	★支払不能になる前30日以内になされたもの＋受益者悪意の立証責任が転換（受益者が立証）（162条1項2号）
無償行為：無償行為およびそれと同視すべき有償行為	
★支払停止後またはその前6か月以内にしたもの（160条3項）	

15-63 　破綻後，特に倒産手続きにおける債権者取消権に相当する制度が**否認（avoidance）**である。否認は大別して詐害行為否認，偏頗行為否認，無償行為否認に分かれる。**表 35**は破産の場合についてこれらを整理したものである。詳細は各自の教科書で復習した上（入門者には山本が良書である），債権者取消権の場合と対比してみられたい（民事再生，会社更生もほぼ同内容）[617]。特に★マークのものは破綻状況の下で一定の客観的行為があれば，詐害意思がなくても（あるいは立証責任を転換して）否認が認められる制度なので，実務上十分に注意する必要がある。

---

615) 支払停止　支払不能（注616）であることを推定させる状況を外部に表示する債務者の行為（破15条2項）。銀行取引停止処分の原因となる不渡手形（いわゆる1号不渡）を出すことが典型である。

616) 支払不能　債務者が支払能力を欠くために，その債務のうち弁済期にあるものにつき，一般的かつ継続的に弁済することができない状態（破2条11号）。

617) 伊藤375頁以下，小林196頁以下。

15-64 **民法と倒産法のコンバージェンス**　2007年までに行われた破産法を初めとする倒産法の一連の改正において否認に関する規定が整備された。破綻に瀕した債務者から事前に少しでも回収せんとさまざまな手を打つことは債権者として自然な行動なので，どのような場合にそれが後から否認されることになるのかについて法文が不明瞭だと，債権者が萎縮するかダメモトで無理な回収を図ることになり，いずれにせよ弊害が大きい。

否認に係る一連の倒産法制の整備の主眼は要件の透明化にあったとされる。だとすれば，否認と同じ趣旨にたつ民法の債権者代位権や債権者取消権についても要件の透明化を図る必要がある。またこの結果，民法の制度を用いて倒産法上の否認以上のことができると，倒産法制を定めた意味がなくなるから，両者の要件効果をすりあわせる必要がある。今後判例もそうした方向に動くだろうとの指摘があるほか（内田3・297-298頁），債権法改正方針でも，同様の方向が示されている。**表36**に債権者取引権に関する改正方針の一部を整理しておくので**表34・表35**と対比してみられたい。

表36　債権法改正方針の内容

事例	改正提案の内容	項目番号
本旨弁済	期限前弁済，その他の非義務行為たる債務消滅行為であって，かつ，債務者と受益者たる債権者とが通謀してその債権者だけに優先的に債権の満足を得させる意図で行った場合は詐害行為となる。	3.1.2.08 甲案 <イ><ⅰ>
代物弁済	過大な代物弁済は詐害行為となり，超過額について取消しうる。	3.1.2.08 甲案 <イ><ⅱ> 3.1.2.14<2>
担保供与	非義務行為たる担保供与であって，かつ，債務者と受益者たる債権者とが通謀してその債権者だけに優先的に債権の満足を得させる意図で行った場合は詐害行為となる。	3.1.2.08 甲案 <ウ>
相当対価処分	偏頗行為否認とほぼ同じ要件 1）財産種類の変更により，隠匿等の処分をするおそれを現に生じさせるものであること＋2）破産者が隠匿等の処分をする意思を有すること＋3）受益者の悪意	3.1.2.11
無償行為	受益者が善意の場合も取消権の行使ができる。ただし，善意の場合は現存利益の返還で足る。	3.1.2.13 3.1.2.16<7>

第 16 章

信用補完 ②
人的信用補完

16-1　第三者の責任財産や特定の財産を債務の引き当てにする信用補完の方法を人的信用補完という[618]。人的信用補完には債権者が被る損害を填補することを目的とした**実損填補型**と，債務者の信用状況とつながりのある一定の事由が発生したらあらかじめ取り決めた金額を支払う**インデックス型**とがある。以下この順に解説する。

図113　人的信用補完一覧

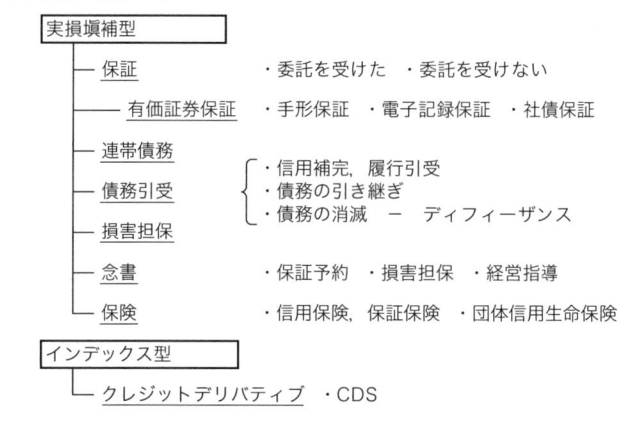

```
実損填補型
    ├─ 保証         ・委託を受けた  ・委託を受けない
    ├── 有価証券保証  ・手形保証  ・電子記録保証  ・社債保証
    ├─ 連帯債務
    ├─ 債務引受    ┌・信用補完，履行引受
    │              ┤・債務の引き継ぎ
    │              └・債務の消滅　－　ディフィーザンス
    ├─ 損害担保
    ├─ 念書         ・保証予約  ・損害担保  ・経営指導
    └─ 保険         ・信用保険，保証保険  ・団体信用生命保険
インデックス型
    └─ クレジットデリバティブ  ・CDS
```

---

[618] なお，本講で取り上げた制度のほか，手形裏書人の遡求義務（手15条）や債権売主の資力担保（民569条），組合員の無限責任（¶14-67），合名会社・合資会社の無限責任社員制度なども信用補完として機能する。また，物的信用補完と人的信用補完を併せた制度に物上保証がある。

1 実損填補型人的信用補完

16-2　古典的な人的信用補完の制度はいずれも，債権者が債務者の債務不履行や破綻により被った損害を填補することを目的としている。たとえば，1億円の債務について保証人が何人いても債権者が全保証人から保証債務の履行により得られる金額の上限は原則として1億円である。当たり前と思うかも知れないが，後述するように最近はむしろそうでないもの（インデックス型）も普及している。そこで，こうした伝統的な人的信用補完を**実損填補型**（indemnity）と呼ぶことにする。

(1) 保　証[619]

16-3　**保証**（guarantee）[620]とは，債務者が債務を履行しない場合に，債務者以外の第三者（保証人）が債務者に代わって履行する債務を負担することをいう（民446条1項）。現在の民法は，保証債務は保証人と債権者の**保証契約**により発生するものとする[621]。保証契約は書面で行わなければ無効である（同2項）。

> 16-4　**保証取引の合理性**　融資や債券投資を行うには投融資のための資金と信用リスク負担の能力の両方が必要となる。このため，ある債務者の信用リスクを負担してもよいが十分な資金力がない者や，資金力はあるが当該債務者の信用リスクを負担できない者は，単独では当該債務者への投融資を行うことができない。そこで，後者が投融資を行い前者がこれを保証すれば，そうした工夫なかりせば不可能であったファイナンスの提供が可能となる。

16-5　**保証状・保証証書**　保証契約は当事者双方が署名する通常の証書形式のほ

---

[619]【復習】我妻ほか2・債41以下参照。内田3・333頁以下は実務的論点にも広く言及していて非常にわかりやすい。

[620] 保証を意味する言葉には，guaranteeのほかにguarantyがあるが，一般には前者を用いることが多い。類似の用語としてはsurety（身元引受や連帯債務的保証），warranty（瑕疵担保等），indemnity（損害填補）等がある。

[621] **保証引受契約**　債権法改正方針では，債務者と保証人との間の契約に基づいて保証人が債権者に対して保証債務を負担する保証引受契約を認めることを提案している（3.1.7.01）。

か，債務者である保証人のみが署名して債権者に対し差し入れるか，コピーを同送して内容に合意する場合はこれに署名もしくは記名捺印して返送してもらう形式で行うことも多い。こうした形式の保証契約書を**保証状**（letter of guarantee）とか**保証証書**（certificate of guarantee）という。

16-6 **貸金等根保証契約** 　中小企業を中心に，会社債務に対して役員が包括的な根保証を行うことが多いと説明した（¶4-5）。役員の個人保証は，実質は法人成りしただけの個人企業のような中小企業の場合には一定の合理性がある。しかし，事業規模が拡大するにつれ，保証債務の額は個人にとって法外な金額となり，出資者が自己の出資額を限度とする有限責任しか負担しないこととのアンバランスが拡大する。事業に成功しても株主が決める役員報酬しかもらえず（会社361条），残りの剰余金は株主のものになる一方，事業に失敗すれば巨額の会社債務を自ら背負わねばならないのでは，経営者はあえて事業リスクを犯そうとしなくなる。

　さらに，バブル崩壊（¶12-42）後の不況期には，銀行が中小企業融資に過度に慎重になるいわゆる貸し渋り問題が起こり，比較的健全な企業でも高利の商工ローン業者から融資を受けざるをえない状況が続いた。しかし，RoAをはるかに超える高利で借入れを続ければいずれ破綻することは確実である。この結果，多くの経営者が借入時に行った個人保証の実行を請求され「払えないなら腎臓を売れ」といった厳しい取り立ての結果，生命保険金をあてにして自殺をするといった事例が後を絶たず社会問題化した。

　こうして，2004年に民法が改正され，保証契約一般を書面が必要な要式行為とし（民446条2項），さらに，金銭の貸渡しまたは手形割引を受けることによって負担する債務（貸金等債務）[622]を個人が根保証する場合（貸金等根保証契約）について，次のような特則が設けられた[623]。

　①極度額を書面で定めなければ無効（民465条の2第2項）
　②保証債務の元本を確定する期日が保証契約から5年以内でなければ無効。元本確定期日を変更する場合は期日の2か月前までに行わねばならず，延長期間も5年以内とせねばならない。また，そうした期日の定めがない場合には契約から3年後に確定する。以上の定めも書面で行う必要がある（民465

---

622) この結果，たとえば売買代金債務や不動産賃料債務などは除かれる。
623) なお，法人が保証人となるため貸金等根保証契約の規定が適用されない場合であっても，求償権について個人が保証人となる場合には，同様の規制が及ぶ（民465条の5）。

> 条の 3)。
> 　③債権者が，主たる債務者もしくは保証人の財産について，強制執行もしくは担保権の実行を申し立て，実行の手続の開始があった場合，主たる債務者もしくは保証人が死亡もしくは破産手続開始の決定を受けたときには，元本が確定する（民 465 条の 4）。
> 　同様の背景から貸金業者には，保証人に対して貸付契約に関する書面の交付義務が課されている（貸金業 16 条の 2）。

(a) 委託を受けた保証

> 例 1)　米国にある A 社の日本子会社 C 社が，B 銀行から事業資金を借入れるにあたり，取引銀行の保証を要請されたため，A 社と取引のある米国銀行 U の東京支店に保証料を支払って保証してもらった。
>
> 例 2)　折からの不況にあえぐ中小企業 D 社は，信用保証協会[624]の保証を得てようやく B 銀行から借り入れを行うことができた。
>
> 例 3)　L 生命保険は安定的な運用資産を確保するため，割賦販売業者 N と提携し，L が個人に期間 10 年程度の住宅リフォームローンを貸し出す一方，N が当該借入人の委託を受けて融資保証を行う提携ローン方式で個人与信分野に進出することにした。

---

624)　信用保証協会　　信用保証協会法に基づき，中小企業者の金融円滑化のために設立された公的機関（主に都道府県単位で 52 法人）。一定の要件を満たした中小企業者や破綻金融機関等の融資先である中堅事業者が金融機関から借り入れた事業資金，および，中小企業者が金融機関向けに発行した社債（私募債）に対して債務保証を行う。債務保証を通じて信用保証協会が負担したリスクの一部は，中小企業信用保険法に基づく信用保険により，日本政策金融公庫に対し付保できる。

図114　委託を受けた保証

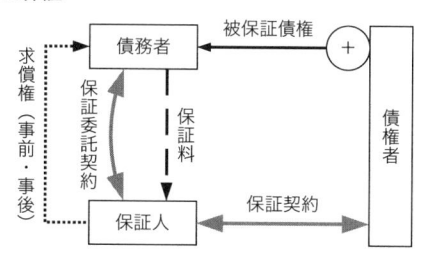

16-7　金融の文脈で行われる保証は，保証人が債務者から依頼されて対価を得て行うことが多い。この場合の保証人と債務者の契約を**保証委託契約**といい，保証人が得る対価を**保証料（guarantee fee）**という（図114）。銀行の場合，保証債務を「支払承諾」（負債）と「支払承諾見返（みかえり）」（資産）という一組の勘定で経理するので[625]，保証委託契約に基づいて保証を引き受けることを**支払承諾**ということもある。

16-8　保証を履行した保証人は債務者に対して**求償権**を取得する（民459条1項）[626]。この場合，保証履行日からの利息や必要費（弁済に要した費用等），その他の損害賠償（債権者から強制執行を受けた場合の訴訟費用等）も請求することができる（同2項・442条2項）。例3の場合，Nは最初から求償権の保全のために住宅と宅地に抵当権を取得する（抵当権の付従性緩和の一例）。

16-9　**事前求償権**　委託を受けた保証人は，一定の場合保証履行より前に求償権を行使することが許される（**事前求償**，民460条）。ただし，債務者からす

---

625) **支払承諾・同見返勘定**　保証債務を負担しただけでは特に資産勘定に動きがないため，一般企業の場合，貸借対照表上は欄外注記すべきオフバランス項目となる。これに対し，銀行等の金融機関にとっては，保証は本来業務なので，保証債務を表す支払承諾勘定に支払承諾見返という（潜在的な）求償権を表す勘定を見合わせて経理する（銀行法施行規則別紙様式）。なお，保証を実行する場合は，両方の勘定を反対起票し，それとは別に現金（貸方）仮払金（借方）といった勘定で経理する。

626) **求償権（indemnity, recourse）と代位（subrogation）**　保証人は主たる債務の弁済について正当の利益を有するので，原債権者に当然に代位する（民500条）。一方，委託を受けた保証人は本来なら委託（委任契約）に基づいて弁済した費用について償還請求権を有するはずだが，これは民法の定める保証人の求償権に置き換えられている。弁済をした保証人は求償権と代位により移転した原債権の両方を有することになり，このいずれを行使するかは保証人の自由である。ただし，原債権が代位するのは求償権の確保のためだから，その行使は求償権の範囲内でしかすることができない（奥田543頁）。

れば求償に応じたのに保証履行してもらえないと困るので保証人に担保等の提供を要求できる（民461条）。

　銀行等が保証人となる場合は，民法上の事前求償権行使事由[627]に加え，債務者の信用状況が悪化した場合に広く事前求償権を行使できる旨を支払承諾約定書で特約する[628]。本来の求償権（事後求償権）は保証履行を行わないと発生しないため，債務者の信用状況が悪化してから保証を履行するまでの間に他の債権者に債務者の財産を差押えられるとなすすべがない。これに対し，事前求償権が保証実行前に発生していれば，その時点で預金との相殺等で保証実行の原資を確保することができる[629]。このように，事前求償権は，債権者との関係では保証人としての責任を果たす一方で，債務者に対して権利保全策を講じるための工夫として機能している[630]。

---

[627] 民法の定める事前求償事由　民法は事前求償事由として，以下の3つを定める。
① 債務者が破産手続開始の決定を受けたのに債権者が破産財団の配当に加入しないとき（民460条1号）。――債権者は保証人から回収できるので十分にありうる事態である。この場合，保証人としては保証履行より前に，自ら配当に参加しておかないとあとで求償権の満足が受けられなくなる（破104条2項・3項）。
② 債務が弁済期にあるとき（保証契約の後に債権者が債務者に期限猶予を与えても保証人には対抗できない）（民460条2号）。――これにより保証人は弁済期が到来していれば保証履行前でも求償権の担保である根抵当権等を実行できる（最判昭和34・6・25民集13巻6号810頁）。
③ 債務の弁済期が不確定で，かつ，その最長期も確定することができない場合において，保証契約の後10年を経過したとき（民460条3号）。――保証人に不当に長期間の負担を負わせ続けることは好ましくないという配慮である。成年後見人が被後見人の債務保証をしたような場合が想定されている。なお，注630参照。

[628] 支払承諾約定書8条（金取六法約款類21頁参照。ただし，現在は統一的なひな形があるわけではない）。具体的な事由は融資における期限の利益喪失事由とほぼ同じ（¶7-44参照）。

[629] 京都地判昭和52・6・15判時877号83頁，金法870号59頁参照。なお，銀行の支払承諾約定書では，相殺との関連で民法461条の抗弁権を債務者に放棄させているが，これに第三者効が認められない場合に備え，念のため代位弁済時にも事後求償権に基づく相殺を行う。

[630] 債権法改正方針では，注627の③は削除，①②については，これらが想定する状況も含めて，より一般的に債権者が債務者の財産について適時に執行することを怠ったため保証人が債務者から全部の弁済を得られなかった場合に，適時に執行していれば弁済を得られたであろう限度で保証人の義務を免責するという規定を新設し，事前求償権に関する規定は廃止するべきとの提案を行っている（3.1.7.09, 3.1.7.11）。しかし，本文で述べたように事前求償権は債権者の権利行使懈怠への自己防衛というよりは，保証履行が確実な状況における直接的な債権保全策として機能しているので，仮に提案どおりに民法が改正されても，保証人が特約で事前求償権を確保する実務は維持されるであろう。

(b) 委託を受けない保証

> 例4) 特定の企業に与信が集中している銀行Bは，リスク分散の観点から銀行Cに保証料を支払って保証してもらった。

図115　委託を受けない保証

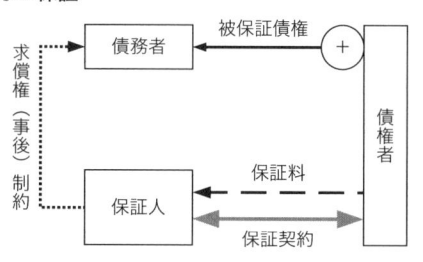

16-10　一方，債務者の信用力に懸念を持つ債権者に対して保証人が債務者からの委託なしに保証債務を負担する取引も考えられる。**例4**はローンセールと類似した取引（資金授受を伴わない信用リスクの売買）になる（¶12-66以下）。この場合，債権者である銀行Bが保証人（銀行C）に対し，リスク移転の対価として保証料を支払う。

16-11　なお，委託を受けない保証人の求償権は債務者が保証履行時に利益を受けた限度，つまり弁済した金額の範囲でしか行使できない（民462条1項）。さらに，債務者の意思に反して保証した場合には，求償権行使時に利益を受ける限度となる（同2項）。いずれの場合も事前求償権は認められない。このように求償権の行使が制限されることに伴う追加的リスクは，債権者が支払う保証料の計算に反映されることになる。

(2) 有価証券保証の法技術

16-12　有価証券に基づく債務を保証する場合，債権者が不特定多数となることにどう対処するかが問題となる。以下，このための法技術を整理しておく。

(a) 有価証券上の行為に基づくもの

16-13　商法上の有価証券の中には，法律で，券面上への記載と署名または電子記録の効果として保証債務を負担させることを規定するものがある。

　① 手形保証[631]

16-14 　手形保証は，保証人が手形上もしくは手形に添付した補箋に保証であることを表示して署名することによって行い，かつそれだけで保証人に手形債務が発生する（手30条・31条）[632]。保証人の責任は被保証人たる手形債務者と同一でありそれを超えることはないが（従属性，手32条1項），仮に被保証債務が方式の瑕疵以外の理由で無効であっても手形保証に基づく債務は有効である（独立性，同2項）[633]。なお，これらは手形法により認められた効果であるから，同法によらずに手形債務を保証しても民法上の保証（民事保証）となるにすぎない（なお，注638参照）。

② 電子記録保証[634]

16-15 　電子記録債権法には，手形保証に相当する制度として電子記録保証制度が設けられている（法31条以下）。

16-16 　**手形保証と電子記録保証**　電子記録保証は，手形保証とは大きく2つの点で異なっている。
　　まず，電子記録債権には手形の裏書人の遡求義務にあたる譲渡人の担保責任の規定がない。このため，譲渡人に遡求義務を負担させる場合には，電子記録保証によるか，電子記録外で保証債務を負担させる（アナログ保証）必要がある。しかし，手形における裏書人の遡求義務と手形保証債務の内容は同一ではない。電子記録保証はどちらかというと手形保証に近い制度なので，電子記録保証により電子記録債権の譲渡人に裏書人の遡求義務に近い義務を負担させる場合，任意的記載事項（電子債権32条2項）を活用して保証の内容を調整する必要がある[635]。
　　次に，電子記録保証は手形保証のように単独行為ではなく，保証人と債権

---

631) 【復習】田邊224頁以下。鈴木＝前田329頁以下。
632) 約束手形の振出しと異なり，手形保証が為替手形の引受けと同様，単独行為であると解する点は，手形理論に関する交付契約説と創造説とで大きく異ならない（鈴木＝前田370頁注(1)）。
633) ただし，手形債務ではなく原因債務に瑕疵がある場合には，手形保証人は手形所持人に対して，被保証債務者が所持人に対抗できる人的抗弁をもって請求を拒むことができる（最判昭和45・3・31民集24巻3号182頁，手形百選63事件）。
634) 池田ほか86頁以下。
635) 逆に言えば，電子記録債権を用いて電子手形サービスを提供する場合，紙の手形に関する裏書人の遡求義務の内容に拘泥する必要はないので，遡求義務なしの場合も含めて，取引実務に即した柔軟な対応が可能となる。

者の双方の請求により記録が行われることで成立する（契約的構成。同5条1項）。電子手形サービスにおいて譲渡人に電子記録保証によって遡求義務を負担させる場合は、そもそも譲渡記録を譲渡人と譲受人の双方が請求する必要があるから、この際同時に保証記録を行えばよい。これに対し、電子記録債権を用いた保証付電子私募債や保証付電子シンジケートローンを発行・組成する場合には、あらかじめ保証人のみの請求に基づき保証記録の内容を暫定的に記録しておき、その後に投資家や参加人が発生記録を行う際に電子記録保証に関する請求が自動的に行われるようにするといったシステム上の配慮が必要になる。

(b) 社債保証の法律構成

16-17　ほとんどの機関投資家は、格付がダブルB以下（投資非適格）の社債購入を厳しく制限されているため、投資非適格企業が資本市場調達を行うことは非常に難しい。そこで、投資適格（トリプルB以上）である親会社や銀行から保証を得れば、銀行融資では実現が難しい長期資金の調達が可能となる。中堅中小企業の発行する私募債に銀行が保証するもの（**銀行保証債**）、信用保証協会と金融機関が共同保証するもの（**中小企業特定社債保証**）等がこれに該当する[636]。

16-18　**アップストリーム保証（upstream guarantee）**　持株会社の社債は、返済の引き当てとなる資産が子会社株式だけなので格付が傘下の事業会社より低くなることが多い（R&I・持株）。このため、持株会社の社債を傘下の事業会社が保証することがある。これをアップストリーム保証という。持株会社が買収資金を借入調達する場合等に用いられる。[637]

---

636)　保証に関する法的論点整理を行った文献として、金融法委員会［2005］。
637)　**アップストリーム保証固有の法律問題**　持株会社は会社法上はあくまで別法人なので、連結上隆々たる会社であっても、持株会社の債権者の引当財産は子事業会社の純資産部分だけということになってしまい、上場会社でなければ配当しか引当てにできない。そこで、連結ベースで子事業会社の資産をも持株会社の債権者が引当てにできるように upstream guarantee を行うのである。ただし、純粋持株会社の返済は子事業会社の業況に依存するため、純粋持株会社の債権者（保証債権者）が子事業会社の業績がいまひとつの状況であるにもかかわらず、保証実行を迫ると（債務者側の意識はグループ一体なのでそういうことは十分ありうる）、子事業会社の財務状況が悪化し、子事業会社が倒産した場合、倒産債権者が保証の実行を偏頗

16-19 しかし，社債については会社法上に手形保証のような規定がない。こうした有価証券に保証を付すためにはどのような法技術が考えられるであろうか。
① 保証契約による方法

16-20 私募債や総額引受の公募債であれば，起債時に保証人が投資家や引受人と直接保証契約を締結する余地がある。保証には随伴性があるので，いったん保証契約が成立すれば，その後は債券等の流通に伴い保証債権も当然に移転する[638]。しかし，もともと多数の投資家への募集を予定した社債の場合こうした方法は現実的ではない。

16-21 実のところほとんどの社債保証は，債務者からの保証委託に基づき，保証人が保証証書や保証状に署名するだけで行われており，投資家との間に物理的な保証契約は存在しない。これで保証契約が成立する理由は，保証人が起債に際して保証証書や保証状に署名することにより保証契約の申込みが行われ，投資家（債権者）が保証債であることを認識して債券等を取得（具体的には発行代り金払込と社債券の交付・受領，社債等振替機関への登録）[639]することにより承諾の意思表示に代える取引上の慣習があるからと解される（**意思実現による契約成立**。民526条2項）[640][641]。保証債務の履行は，社債管理者設置債

行為であるとして否認するリスクが高まる。この点の懸念が払拭できないと持株会社債の格付取得上不利に取り扱われる。たとえば，子事業会社が保証履行により実質的に債務超過となることが分かっている状況で保証履行に応じると偏頗行為になる可能性があるし（破162条1項1号），そもそも子事業会社が保証料を受け取っていない場合は無償行為として6か月間遡って否認される可能性がある（破160条3項）。同様の問題に対応するため，米国では子事業会社に保証料を支払わせた上で，子事業会社の保証債務を被保証債務の額か履行時点での純資産額か，いずれか少ない額とすることによりinsolvency状況での履行が行われないよう特約を設ける。こうした条項をsolvency clauseという。

638) 判例は手形について，手形外で行われた保証債権（いわゆる民事保証）であっても手形の移転に随伴するので，保証債権の譲渡につき別段の対抗要件を具備する必要はないとする（最判昭和45・4・21民集24巻4号283頁，手形百選50事件）。
639) 会社法上は，社債の申込みに対して会社が割当をしたとき，または総額引受がなされたときに社債権が成立する（会社680条）。
640) この結果，保証人が保証状に署名してから引受人による総額引受か募集が完了して最初の投資家（保証債権者）が登場するまでは保証人から保証契約が申込まれた状態だということになるが，通常は一定の期間を定めて募集を行う以上，この申込みを保証人が一方的に撤回することは許されない（民521条）。
641) 道垣内［2008］は，社債保証を一方的債務負担行為もしくは第三者のためにする契約という2つの構成で説明する。この背後には，有価証券の保証については債務負担行為だけで債務

の場合には社債管理者がとりまとめて行うことになる（会社705条，¶10-72）。社債管理者非設置の場合は，保証証書・保証状に保証履行は財務代理人（¶10-75）より請求があった場合に行う旨の特約を設ける等の工夫で対応する。

② 社債管理者との保証契約による方法

16-22 社債管理者は，社債権者のために社債の弁済その他社債権の実現のために必要な一切の行為を行う権限を有する（会社705条，¶10-72）。そこで，その権限を時間的に拡張して，募集後に成立する社債に係る社債権者のために社債管理者が発行体との間で保証契約を予め締結することも考えられる（保証における付従性の緩和）。社債管理者を社債権者の法定代理人と位置付ける会社法のたてまえからすればこの方式が素直とも思われるが，筆者の知る限り実例はない。

③ 信託方式

16-23 第10章で，社債管理に信託を用いた trust indenture 方式を採用する可能性について論じた（¶10-67）。この方式の場合，受託者が社債権者として保証人との間で保証契約を締結し，保証人として権利行使をした成果を受益者である投資家に享受させればよい。次章で説明する担保付社債信託（¶17-66）の保証版のようなものと考えればよい。これも実例はないと思うが，新信託法の下では有効性の高い仕組みである。電子記録債権を用いた電子私募債等にも応用が可能である。

(3) 連帯債務の利用

16-24 地方債の共同発行制度は，個別発行が難しい自治体が連帯債務を負担しあうことで相互に信用補完し合う仕組みだと指摘した（¶10-31）。比較的高齢の者が住宅ローンを借りる場合に，子供等と連帯債務とすることにより完済時の年齢制限（多くの場合80歳）を超える最終期限の設定を可能にする親子リ

を成立させる構成が必要だという考え方がある（同旨，加藤4・41-42頁）。確かにこうした説明のほうがすっきりするので傾聴に値する（なお，注621）。一方，本文のような理解（契約的構成）は維持しつつ，社債権者を団体的にとらえ（社債権者集会が意思決定機関となる一種の社団），これと発行体との間に保証契約が成立する（その後，社債が転々流通しても構成員の変更があるのみ）と構成してもよいかもしれない。金融法委員会［2005］は可能な法律構成を5通りに整理している。

レー型などと呼ばれる工夫も信用補完の一手法である。

(4) 債務引受によるもの[642]

16-25　債務引受も人的信用補完のための法技術として機能する。民法では債務引受を，債権譲渡に続いて，消極財産である債務を移転する制度として位置付ける。体系的な整理はそれでよいが，経済的にみると債務引受には3つの異なる機能がある（表37）。

表37　債務引受の経済的機能

経済機能・目的	法律構成からみた分類		
	免責的債務引受	併存的債務引受	債務の履行引受
信用補完	−	○	△
債務の引継ぎ	○	−	−
債務の消滅	○	△	○

債務引受の機能

16-26　①**信用補完を目的とした債務引受**　たとえば，債務者と保証人との間で，債務者を要約者，保証人を諾約者，社債権者を受益者とし，受益者の権利行使方法について原則として社債管理者や財務代理人等を経由すべき旨の特約を定めた，併存的債務引受契約（第三者のためにする契約）を締結すれば保証にきわめて類似した関係が作り出せる（図116）[643]。

図116　信用補完を目的とした債務引受

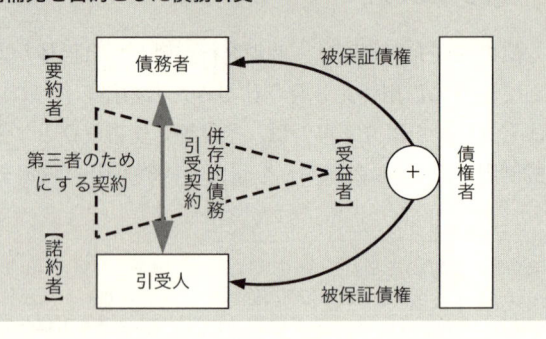

---

642)　【復習】我妻ほか2・債53以下。
643)　保証と同様，債権者から依頼を得て引受人が直接債務引受を行う方式も考えられる。

信用補完型債務引受は，既存債務について債務者の信用状態に懸念が生じた場合に，債務者の依頼で行うことが多い。こうした状況では「万が一の場合は私がめんどうをみます」という保証よりも「私も債務者となって責任を持ちます」という債務引受のほうが債権者に受け入れやすいからである。判例は併存的債務引受における債務者と引受人の関係は特段の事情がない限り連帯債務だとする（最判昭和41・12・20民集20巻10号2139頁，民法百選Ⅱ32事件）。学説も上述のような文脈では連帯債務関係を認める。一方，上述の第三者のためにする契約のように債務者と保証人が債権者に事実上保証債権と同様の権利を取得させるために行ったような場合はむしろ連帯保証の規定を類推適用すべきである[644]。

図117　履行引受

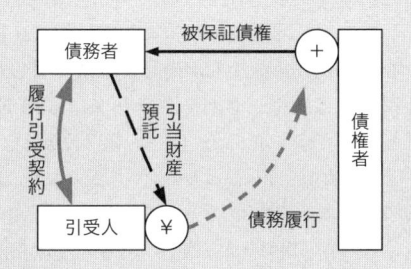

16-27　ところで，以前に社債の償還を確実ならしめる手法のひとつとして**減債基金**を紹介した（¶10-52）。これを一歩進めた仕組みが**履行引受**を用いた信用補完である（図117）。履行引受とは，典型的な債務引受と異なり，引受人が債務者に代わって弁済（民474条）する義務を負うにとどまる契約である。ただし，無条件に第三者弁済することを引き受けると保証や債務引受と変わらなくなる。このため，引受人は債務者から返済原資が提供された場合に限り弁済するといった特約を設ける。しかし，それでは信用補完にならないから，履行引受の時点で，債務者から将来の債務弁済に必要なキャッシュフローを生み出すに足る十分な引当資産（通常は国債のように換価性が高く一定の金利収入が期待できる金融資産）を預かっておく。いわば減債基金を外部化し，これを用いて引受人が第三者弁済するわけである。これなら引受人は債務者の信用リスクを負担せず，会計上も保証のように偶発債務として経理する必要が

---

[644]　債権法改正方針では，債務引受についての規定を新設した上で（3.1.4.10以下），保証目的の債務引受には保証の規定を準用することを提案している（3.1.4.11＜3＞）。

ない。ただし，これだけでは別の債権者が引当財産を差し押さえることを回避できない。履行引受による信用補完を強化するには，信託契約を組み合わせる等の工夫が必要である（③参照）。

16-28　**②債務の引継ぎを目的とした債務引受**[645]　個人事業主である債務者が引退して息子等に事業承継をする場合や，個人や会社が第三者に事業（営業）譲渡を行う場合には，新たな事業主体に事業資産だけでなく債務を引き受けさせる必要がある。この場合，当該債務の引当てとなる責任財産が引き継がれるのだから債務も免責的に引き継がせることが自然である。そこで，商法は事業（営業）の譲受人が譲渡人の商号を引き続き使用する場合には，譲受人に併存的に債務を負担させることとし（法17条1項），譲渡日から2年以内に債権者が請求または請求の予告をしない場合には，譲渡人の責任は消滅すると定める（同3項）。譲受人が商号を継続使用しない場合でも債務引受の広告をした場合には同様とされる（同18条）。猶予期間を設けた法定の免責的債務引受といってよいだろう（逆に，譲受人が商号を継続せず債務引受もしない場合［このようなものを事業譲渡というかはさておき］，譲受人に責任負担させる必要はない。譲受人が債務引受をしない旨を登記したり，譲渡人・譲受人の双方から債権者に通知した場合も同様である［同17条2項］）。なお，会社の場合は同様の制度とは別に（会社22条1項・3項，23条），企業分割によって事業の一部を包括的に移転することができる[646]。

16-29　**③債務の消滅を目的とした債務引受——ディフィーザンス**　免責的債務引受が行われれば原債務者の債務は当然に消滅する。しかし，それとは別に企業財務では，債務引受を債権者との債権債務関係は維持したまま，会計上債務が消滅したこととしてオフバランス化するための法的工夫として用いることがある。これを**ディフィーザンス（defeasance）**という（日本ではデットアサンプションともいうが和製英語なので注意すること）[647]。

---

645) 【復習】森本・総則85頁以下，落合ほか124頁以下，近藤111-114頁。神田・会社20-22頁。商号引継ぎの事例：最判昭和38・3・1民集17巻2号280頁（商法百選20事件・引継ぎ否定），最判平成16・2・20民集58巻2号367頁（商法百選21事件・引継ぎ認容）。

646) 企業分割の結果，債務は当然に承継者に免責的債務引受され，会社債権者には異議手続が認められるにすぎない（会社789・799・810条）。

647) ディフィーザンス取引は，1982年に米国でドル金利が高騰したときにエクソン社が低利の既発債を高金利の国債を信託することにより会計上オフバランス化して1億ドルを上回る消

1 実損塡補型人的信用補完　541

> 例5)　A社は5年前にクーポン5％, 期間10年の社債を100億円発行したが, 市場金利が低下し, 今なら2％で発行できることがわかり, たまたま収益状況も良好なので額面を上回る価格 (over par) で買い入れて消却したいと考えている。しかし, 高い利回りを享受している投資家がこれに応ずる可能性は低い。ところで, 企業会計基準は金融負債の消滅の認識要件として「金融負債の契約上の義務を履行したとき, 義務が消滅したときまたは<u>第一次債務者の地位から免責されたとき</u>」とする（金融商品会計基準10段落）。そこで, 残存期間のキャッシュフローと同じ将来価値を持つ国債を購入して信託会社に信託し, 当該信託会社が受益者である投資家のために併存的債務引受を行うことにより（信託型債務引受）, 会計上債務の消滅を認識して消却損を当期に認識できないかと考えている。

16-30　　例5では, 法的にどこまでやれば「第一次債務者」でなくなったと会計上認められるのかが問題になる。まず, ①国債というきわめて信用力の高い資産を第三者に信託し, そのキャッシュフローの将来価値が全く同じになっていれば, A社が自ら返済せねばならなくなる可能性はきわめて低くなる[648]。さらに, ②国債は信託財産となり受益者は投資家なので[649], A社が倒産しても信託財産がA社の倒産財団に組み込まれる可能性は非常に低い（信託163条8号・165条）[650]。一方, ③受託者が破綻しても信託財産は守られる

却益を認識したことに遡る。わが国では, 80年代後半に長期為替予約付外貨建社債に関する為替差損益の認識を回避するため, 銀行に返済原資を預金して当該銀行に債務履行の引受けを依頼したのが最初である。当初はこの程度の措置でもオフバランス化が認められたが, 米国を後追いするかたちで基準が厳格化されてきている（このため金融商品会計基準42段落で経過措置が認められている）。仕組みの法的な位置付けと会計処理が密接に関連する分野のひとつなので, 興味のある者はFASB 76号と125号の債務の消滅（extinguishment of debt）に関する基準と解説を対比してみるとよい。

648)　日本は米国に比べて引当資産の種類を緩やかに認める傾向があるが, サブプライム問題後は厳格化される可能性が高い。

649)　旧信託法下では, 受益者が信託利益の全部を享受する場合に受益者が破綻すると債権者の申立てにより裁判所が信託を解除できる場合があるため（いわゆる58条リスク）, あえてSPC等を介在させて受益者とするといった不自然な仕組みが採用されていた（西村総合下257-263頁）。新法では申立人を信託当事者に限定した上で, 裁判所が信託の終了を命ずることができる場合が限定されており, 投資家を受益者としてもリスクは低いと理解されている（信託165条, 新井・コンメ453-456頁, 信託と倒産Q 4-4）。

(信託25条)。この結果，A社の社債が返済される可能性はA社や受託者の信用力とはほぼ無関係となり（このことを講学上**倒産隔離**ということがある[651]），国債の信用力と同じになる。ただ，そうした仕組みを設けただけでは，債権者は依然として債務者に直接支払を求めることができる。そこで，④上述のような仕組みを通じて受託者から支払がなされることについて債権者の承諾を得，予期せぬ事態から信託した財産のみで債務の返済が難しくなった場合等限られた場合にのみ債務者に責任追及できることとすれば，債務者の責任は法的にみても二次的（偶発的）なものに変わる[652]。このように｛十分な引当資産（①）＋倒産隔離（②③）｝＋債務者の承諾（④）により債務者の義務を二次化（偶発化）するところまで仕組んだ結果，会計上債務の消滅が認められるものを**リーガルディフィーザンス**（legal defeasance）といい，そこまで至らない**実質的ディフィーザンス**（in-substance defeasance）と区別する。

図118　リーガルディフィーザンス概念図

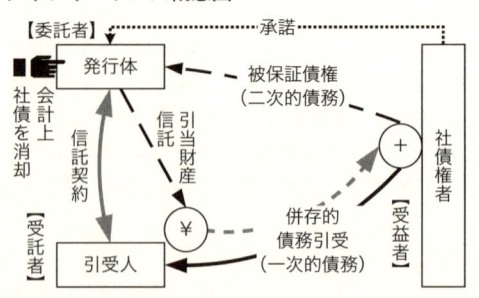

こうした取引では，会計上の取扱いを決めるに際して弁護士の**法律意見書**（legal opinion）がきわめて重要な役割を果たす。この場合，何が法律上の論

---

650) 旧信託法下では，管財人が信託契約を未履行双務契約だとして解約するリスクがあると考えられていたが，新法に向かう議論の中で本文のような事例についてはそうしたリスクは低いという理解がなされている（信託163条8号，新井・コンメ447-450頁，信託と倒産Q3-6）。

651) 証券化のところで再論するが，「倒産隔離」という言葉は時計の防水のようなものであり，そもそも完全防水は不可能なので，取引の目的に応じて防浸，耐水，防滴といった強度や内容を調整する必要がある。たとえば，リーガルディフィーザンスに必要な倒産隔離と典型的な証券化において高い格付を取得するために必要なそれとは微妙に異なる。

652) 最近ソフトバンク社が実施したディフィーザンスについて，組み込んだ財産がサブプライム関連資産であったために追加的な拠出を迫られて損失を計上したとの報道がなされている（2008年11月18日付け日本経済新聞朝刊）。

点かを明確に切り出す必要はあるが（上述の例では②③④），あくまで会計基準の解釈として「第一次債務者」とは何かが問われているのであるから，法律解釈もそのために明確な基準を与えるものでないと意味がない。ところが実際の現場では，弁護士・会計士・金融の専門家等がお互いに自分の意見の後ろ盾を他に求め合う結果，全体として無責任な判断となるか，それぞれが自己の責任を回避するため必要以上に保守的な意見に傾くことが少なくない。経済行為としての仕組みはあくまで一体のものなので，専門家同士がお互いの分野を十分に理解し合った上で，チーム全体でひとつの意見書を書くという態度が必要である。

16-31　最後に**例5**について消却損益を計算してみよう。履行引受時点の国債イールドカーブ（¶8-11）が下表のとおりだとすると1年後-4年後に5億円（クーポン相当），5年後に105億円（クーポン＋元本）というキャッシュフローの現在価値は約117億円となる（表38）。

表38　ディフィーザンスの計算

期間	スポットレート	割引ファクター	キャッシュフロー	現在価値
YR	SR	$D=\dfrac{1}{(1+SR)^{YR}}$	CF	CF×D
1	0.50%	0.99502	5	4.98
2	1.00%	0.98030	5	4.90
3	1.25%	0.96342	5	4.82
4	1.40%	0.94591	5	4.73
5	1.50%	0.92826	105	97.47
合計				116.89

つまり，117億円相当の国債を信託財産として購入し（資産），これと100億円の社債（負債）とをオフバランス化し，差額の17億円がディフィーザンスに伴う債券消却損失ということになる（ただし，これは1年-5年のゼロクーポン国債が実際に購入できることが前提であり，実際にはより現実的なオペレーションに即した計算を行う）。

(5) 損害担保契約

16-32　主たる債権債務関係の存在を前提とせず，保証人が保証債権者が一定のリスクが発生した場合に被る損害を填補することを約する契約を**損害担保契約**

(indemnification agreement) という。もともと地方公共団体が実質的に債務保証を行う場合に，保証契約によることが禁止されているために利用されたものである（法人援助3条）。現在では提携ローンや主債務者の状況を知り得ない場合，外国で保証が制限されている場合等，幅広く用いられる。

(6) 念　書

16-33　子会社や関連会社の資金調達を親会社が支援する場合，会計上偶発債務として開示が必要な債務保証にならないようにする一方，債権者や（社債の場合）格付機関からみてできるだけ保証に近い内容となるよう工夫した文書を差し入れることがある。こうした文書を総称して念書という。念書にはさまざまなものがあり，表題のみからは内容が推し量れない場合が多い。
　一般に用いられる念書を法的にみた場合，次の3つに分類できる。

(a) 保証予約

16-34　**保証予約**は，将来において保証契約の成立を約束する契約である。債権者に予約完結権を付与するもの，保証先の財務状況悪化等を停止条件付とするもの，債権者の請求がある場合に保証契約締結義務を負担するもの等がある。以前は保証が発効するまでは会計上偶発債務として注記する必要がなかったので多用されたが，バブル崩壊後，簿外で巨額の保証類似行為を行っていた大手建設会社が破綻したことがきっかけとなり監査基準が見直された。今日では，保証予約は保証に準ずる契約として貸借対照表に偶発債務として注記が必要である（JCPA）。

(b) 損害担保念書

16-35　念書上に「子会社の借入れにつきましては，貴殿（貴行）に一切ご迷惑・ご損害をおかけしません」などと記載すると損害担保をしたことになり債務保証に準じて取り扱われる。

(c) 経営指導念書

16-36　保証予約や損害担保でない念書は**経営指導念書**と呼ばれる。コンフォートレター（letter of comfort）とかキープウェルアグリーメント（keep-well agreement)，レターオブアウェアネス（letter of awareness）などということもある。内容としては，親子関係の維持，子会社等への経営支援や財務の健全性維持を何らかのかたちでうたう場合が多い[653]。単に努力義務や道義的義務を定めるだけでは法的効果がないから会計上は偶発債務とはみなされないが，債権者からすると十分な信用補完にならない。

16-37 　こうしてみると，もし親会社等に保証の意思はあるが会計上偶発債務や開示対象となることを避けたい意向がある場合，現在の会計慣行（JCPA）ではそうしたグレーな取扱いは認められないので明確に保証を行って欲しいと伝える必要がある。一方，先方に保証の意思がなく，債権者としても交渉上保証的な内容は要求できない立場である場合，単なる経営指導念書を差し入れてもらってもギリギリの状況では役に立たないことを十分認識しておく必要がある[654]。

(7) 保険契約による信用補完

(a) 信用保険・保証保険

16-38 　保険法上，保険者（保険会社）が，一定の偶然の事故によって生ずることのある損害を塡補する（具体的には保険金を支払う）ことを約束する契約を損害保険契約という（保険2条6号）。塡補すべき損害が，債務者の債務不履行から生ずる損害である損害保険契約は信用補完として機能する[655]。このうち，債権者自身が保険契約者・被保険者[656]となるものを**信用保険**，債務者

---

[653] 平野［2006］によれば，次のようなものがあるとされる。①融資認識文言，②財務情報提供文言（親会社が子会社の財務状況について報告），③出資率維持文言（支援），④経営・財務指導維持文言（支援），⑤資金援助文言（支援），⑥債務履行文言（保証類似），⑦損害担保文言（保証類似），⑧保証予約文言（保証類似），⑨保証拒絶文言（①-⑧に加えて注意的に保証でない旨を明言）。

[654] 経営指導念書の法的効力に関しては，平野［2006］参照。

[655] 損害保険に関する利得禁止原則について，山下389頁以下。なお，実務では損害保険は損害額を超えて付保できず，インデックス型にするならデリバティブを用いるという思考が定着している。ただし，信用デリバティブについては，サブプライム問題の反省を踏まえ，投機的な利用を制限するために一定の制限が必要との考えが強まりつつある。

[656] 被保険者とは，損害保険では塡補の対象となる損害を被る者のことをいい，保険金の請求権者と一致する。これに対し，生命保険ではその人の生死が保険事故とされる者のことをいい，保険金の請求権者（受取人）とは無関係である。

が保険契約者となり債権者を被保険者とするものを**保証保険**という[657]。

16-39 **保険 vs. 保証**　信用保険・保証保険は経済実体からすると保証とほとんど変わらない。損害担保契約に至るとその経済実体はいよいよ保険に類似する。しかし，保険の本質はリスクを確率的に把握することにあり，保険者となる保険会社の専門性もその点にある。だとすれば，保証と保険の本質的な差異は法的形式よりはリスク管理の手法にある。保険業法は保険会社が保険数理に基づいて保証業務（ボンドという）を行う場合は損害保険業務とみなしている（保険業 3 条 6 項）[658]。

　たとえば，親会社や経営者が会社の債務を保証する場合，リスクを確率的に把握することは難しい。銀行は数多くの企業と与信取引を行っているが，「多くの企業と付き合うのだから貸倒損は大数法則で考えればよい」と割り切っているわけではなく，通常は 1 件, 1 社ごとのリスクを個別に審査する。これに対し，多数の小売業者に売掛金を有する企業が貸倒リスクをカバーするために保険会社から信用保険を購入する場合，保険会社はあらためて全仕入先の信用力を個別に審査するのではなく，当該企業の過去の貸倒率や売掛先が属する業界全体の信用状況等を勘案し，リスクを確率的に定量化した上で保険料を算出する。

　もうひとつの違いは，保険がリスク移転を主たる目的とする金融取引であるのに対し，保証は債務者への与信を主たる目的とするという点である。もちろん，保証によりリスク移転することもあるし保証保険はどちらかといえば与信取引に近い。しかし，あえていえば，債権者が保険者に信用リスクを引き受けてもらう信用保険こそが損害保険本来の形態だということができる。

16-40 **モノライン保険会社**　米国では地方債や証券化商品の信用補完を専業で行う損害保険会社（monoline insurance company）が発達している。地方債保証は，事実上破綻の懸念は少ないが，企業のような厳格な財務開示がないこ

---

[657] 後者は第三者のためにする損害保険契約となる。この場合，債権者（被保険者）は受益の意思表示がなくても当然に利益を享受することになる点で（保険 8 条），上述の第三者のためにする債務引受契約と異なる（民 537 条 2 項）。

[658] ただし，これは損害保険会社がそうした保証業務を行って良いということを規定するにすぎず，保険数理に基づいて保証料を設定し，同様の経済実体を有する取引を保証という法形式で実施する銀行その他の金融機関（これのみを行うのであれば，業法上は貸金業者となる。貸金業 2 条 1 項・3 項）が保険免許をとる必要があることを意味するわけではない（山下 15-16 頁注 19）。

とや発行量が少額なため投資家が個々の発行体のリスクをとりたがらないことに着目した金融サービスである。これに対し証券化商品関連の保証は，対象となる資産の多くが小口多数で保険数理的に貸倒率を把握し易いものであること，単体では証券化を行うだけの資産規模を持たない先に信用保険を提供すれば，保険会社において大数法則に従ったリスク管理が可能となること等に着目した金融サービスと位置付けられる。なお，以前はこうした保険会社のほとんどがトリプルAの高格付を得ていたが，サブプライム問題のために破綻，大幅格下げとなる先が増えて業界全体が危機に瀕している。しかし，本来の業務には十分な合理性がある。

16-41　**信用保証保険会社**　欧米では，事業会社が有する売掛債権に対する信用保険を主として提供する専業保険会社が発達している。わが国では長らく約束手形を用いたファイナンスが行われてきたためあまり普及していないが，近時手形廃止の動きが強まったことから，いくつかの欧米企業が日本に進出している。

(b)　**団体信用生命保険**[659]

16-42　生命保険は本来信用補完とは無縁だが，住宅ローンのような個人信用について，債務者が死亡した場合に債務額を支払う生命保険があれば，事実上信用補完として機能する。この場合，債務者が契約者となって保険会社からローン残高に付保額が連動する定期生命保険を購入してもよいが，多くの場合，債権者が契約者・受取人となり，債務者全体を被保険者（注656参照）とする団体生命保険契約を保険会社と締結し，保険料は債権者が支払った上で，金利等にそのコストを織り込む。

16-43　**住宅ローンと団体信用生命保険**　住宅ローンは残高が漸減するため，死亡率の低い若年層ほどローン残高が多い。この結果，債務者団体全体について保険料を平準化すれば，高齢の者も安いコストで保険の利益を享受できる。一方，住宅は生活に欠くべからざるものなので，債務者の死亡後に住宅ローンを残さずにすむことは遺族にとって重要かつ大きなメリットである。債権者側も，相続放棄・限定承認されたり，資力が十分でない相続人が債務を承

---

659)　山下614頁以下。

継するリスク，相続争いに巻き込まれて長期間権利関係が定まらないリスクを回避できる。このように，住宅ローンに係る団体信用生命保険は債権者と債務者の両方にメリットが大きい。

16-44 **消費者信用と信用生命保険**　いわゆるサラ金のような消費者信用についても，以前は団体信用生命保険が利用されていたため，返済に苦しむ多重債務者が保険金目当てに自殺を図るといった事例が社会問題化した。このため2007年施行の改正貸金業法では，貸金業者が債務者を被保険者とする生命保険契約を締結する場合，自殺による死亡を保険事故としてはならないとされ（法12条の7），さらに，契約締結にあたり保険契約の内容を説明する書面を債務者に交付することが義務づけられた（同16条の3）[660]。

2　インデックス型人的信用補完

16-45 伝統的な人的信用補完は実損填補型が原則である。これに対し，近時原債務の存否とは無関係に，あらかじめ定めた企業や個人の信用状態が悪化したとみなされる事由が発生したら，損害の有無や金額とは無関係に確定金額を支払うという信用補完が普及してきている。こうした取引は支払が実際の損失ではなく，当事者が独自に定めた指標（index）に連動するので**インデックス型信用補完**という[661]。

(1)　クレジットデリバティブ[662]

16-46 インデックス型信用補完として用いられる代表的な金融商品に**クレジットデリバティブ**（credit derivatives）がある。クレジットデリバティブにはさまざまな取引が含まれ，必ずしも信用補完を目的とするものばかりではない

---

[660]　なお，この規制からリフォームローンを含む住宅ローンおよびそのつなぎ資金は除かれている（貸金業12条の7括弧書き）。

[661]　インデックス型の法的位置付け　インデックス型かどうかは，実損填補を原則とする損害保険や保証とクレジットデリバティブを区別する最も基本的な特徴である。また，この結果，クレジットデリバティブにあっては保証の基本的特徴である付従性（注224）が否定される。

[662]　河合＝糸田，Tavekoli 第3章参照。Tavekoli は数多ある書籍の中では少し古いものだが，基本的な仕組みを理解するには分かりやすい。

(¶12-87)。しかし，その基本構造は保証や保険と似た特徴を持っており，実際にも信用補完として用いることが多い。ここでは典型的なクレジットデリバティブであるクレジットデフォルトスワップについて説明する。

(2) クレジットデフォルトスワップ（CDS）

(a) CDS の定義

16-47　当事者の一方（**プロテクション提供者**）が，あらかじめ定めた企業や個人の信用状態が悪化したとみなされる事由（**信用事由**［credit event］。倒産，格付の悪化等当事者で自由に約定してよい）の発生を条件に，一定額の金銭を相手方に支払うことを約し，他方がこれに対して，当初に一括もしくは定期的に一定額の金銭（**プレミアム**［premium］）を支払う契約を**クレジットデフォルトスワップ**（credit default swap, CDS）という（スワップ契約の法的性質については，注243)[663]）。

> **委託を受けない保証・信用保険 vs. CDS**　CDS は信用事由の対象となっている者が関与しない2当事者取引である点で委託を受けない保証や信用保険と類似する。しかし，保証であれば特約がない限り民法の保証に関する規定が適用されるのに対し，CDS には適用がない。特に，求償権の有無が両者の最大の違いとなる[664]。同様に信用保険と比較すると，信用保険には利得禁止原則が適用されるが，CDS にはこれがないこと（注655），また信用保険は保険業者しか扱えないが，CDS の当事者となることについては業法上の制約がないことが大きな違いとなる。

練習問題 16-1
　B銀行は，営業部の融資先であるA社の依頼でA社が私募債（額面10億円，期間5年）を発行するに際して保証人となった。1年後に，B銀行の資本市場部はC信用金庫との間でA社が発行している複数銘柄の社債のいずれかについて債務不履行が生じたことを信用事由とする想定元本10億円の CDS 契約を締結した。その後A社が倒産したため，B銀行は保証を実行して10億円を支払い，また，C信用金庫に対してCDSに基づいて10億円の支払を行った。ところが，社債権者の中にC信用金庫が含まれていることが分かった（保有額2億円）。C信用金庫はB銀行が保証した社債以

---

663)　法令上は，金商2条21項5号，22項6号，23項に同様の定義がある。
664)　CDS に関する法的問題を幅広く整理した文献として，田中［2002］参照。

外に，A社がすでに発行していた別の社債（保証なし）を5億円保有していたことから信用リスク削減のためにCDSを購入したとのことである。

　①　B銀行は，自行が保証した社債に関してC信用金庫が受領した2億円はCDSの支払と二重であることを理由にC信用金庫に対して不当利得の返還請求ができるか。

　②　もし，A社が倒産したのではなく，B銀行が保証する社債についてのみ債務不履行が生じていた場合はどうか。

　③　B銀行は，C信用金庫が7億円しか債権を保有しないのに10億円のCDSを購入したことは賭博行為であり公序良俗に反するので，3億円について一部無効だと主張して過払い分3億円の返還を求めることができるか[665]。

　④　③において，もしCDSの想定元本が100億円であったらどうか。

(b)　CDSの意義

16-48　CDSを用いれば，実損塡補型では難しいさまざまな機能を提供することができる。

　①　社債券に係る信用補完の特殊性

16-49　融資については，現実に債務不履行が発生するか，発生の蓋然性がかなり高い状態にならない限り，信用リスクが顕現化することはない。しかし，社債の投資家について考えてみると，もし格付がトリプルAの社債の発行体がトリプルBに格下げされれば，社債の価格はその時点で大幅に下落する可能性が高い。しかし，トリプルBは依然として投資適格格付だからすぐに貸倒れが発生するわけではない。このように，資本市場では債務不履行や貸倒れに至らない要因によっても信用リスクが顕現化し，現実に損失（評価損，売却損）を被ることがある（**市場型信用リスク**）。伝統的な信用補完手段の場合，債務不履行を前提とするものが多いので，市場型の損失に対応することが難しい。また，塡補すべき損失額を客観的に確定しづらいことも多い。こうした場合，債務者の格付が一定以下に格下げされることを信用事由とす

---

[665]　こうした議論以前に，そもそもクレジットデリバティブそのものが偶然の事実の発生により財物や財産上の利益の得喪を争う取引として賭博にあたるのではないかが問題となるが，根拠付けにはさまざまな考え方があるものの，通常の金融取引としてなされるものに関する限り消極的に解されている（弥永［2005］。金融デリバティブ一般について，金融法委員会［1999］参照）。しかし，リスクヘッジや信用補完目的を超えたデリバティブ契約については投機性が強いので，仮に当事者双方の支払に対価性があっても想定元本が不当に巨額な場合等には賭博行為とされる可能性が十分ある。

るCDSによれば容易にリスクをカバーすることができる。

> **プロテクション**　このようにCDSによって信用リスクをカバーすることを実務では「プロテクション（protection）を購入する」と表現する。プロテクションの売り手はCDSが参照する信用リスクに対する投資家と位置付けられる。

②　信用補完業務と回収業務の分解ニーズ

16-50　貸倒れが生じても、現実に取立てを行ってみないと具体的な損失額が確定しないから、実損填補型の信用補完の場合、長期間相手方の支払を受けられない場合がある。一方、債務を弁済した保証人は、その後に求償権を行使して一定額を回収できるわけだが、そのためには専門家を雇用して時間をかけて現実に回収行為を行う必要がある。しかし、このような体制を維持するにはコストがかかる。こうした事情の下では、CDSを利用してあらかじめ債権者と想定回収額（たとえば60％）について合意しておき、貸倒れが発生した時点で想定損害額（40％）を確定的に支払い、回収業務はもともと債務者と取引のある債権者に委ねるほうが合理的な場合もあるだろう。債権者は努力して60％以上回収できればもうけが得られるからインセンティブも働く。

③　リスク分散取引のニーズ

16-51　A銀行は電機メーカーのS社に大口の融資残高があり、B銀行は同じ電機メーカーのT社に大口融資残高があるとする。両銀行が与信集中を避けるためにはAがBに対しT向け融資の一部を、またBがAにS向け融資の一部をそれぞれ保証し合えばよいが、いかにも大仰である。代わりに金利スワップ等で用いる国際的な基本契約に準拠して、Tに関するCDSと、Sに関するCDSを相互に締結してプレミアムを相互に相殺すれば、容易に同じ目的を達することができる。

④　ポートフォリオに対する信用補完のニーズ（FTD取引）

> 例6）　機関投資家IはS・T・Uという業種の異なる3社の社債をそれぞれ10億円保有している。各社の貸倒れリスクをCDSで個別にカバーするには、年率30 bp、40 bp、50 bpのプレミアムが必要である（1 bpは100分の1％）が、完全にカバーすれば儲からなくなってしまう。さすがに全社が一度に貸し倒れることはないであろうから、「3社のい

ずれか最初の1社が貸倒れるリスク」だけをカバーしておきたい。そこで，最初の1社が貸し倒れたときに10億円受け取れるCDSを締結する場合，プレミアムは年率何bpとなるか。

16-52 もし，3社の貸倒率の相関係数（¶12-70，¶13-29）が1の場合，いずれかの企業が貸し倒れれば必ず残りの2社も貸し倒れるので，例6のCDSを購入するには一番コストの高いU社のプレミアムである50 bpを支払えばよい。逆に3社の貸倒率の相関係数が0なら，3社のいずれかが貸し倒れる確率は，それぞれが貸し倒れる確率の単純な和になるはずであるから，例6のCDSのプレミアムは3社のそれを合計した120 bpとなる。しかし，実際の相関係数は0と1の間だから，結局CDSのプレミアムは50 bpと120 bpとの間のどこかに位置する（図119）。このように複数の債務者からなるポートフォリオの中で最初の銘柄に信用事由が発生した場合に支払が受けられるCDSを**ファーストトゥーデフォルト**（first to default, FTD）という（BIS告示1条19号参照）。

16-53 機関投資家IはFTDを用いれば，3社のCDSを個別に購入するより安いプレミアムで1社目の損失をカバーできる。一方，プロテクション提供者も本来30億円の債務負担を行わないと得られないプレミアムにかなり近い水準のものを10億円の債務負担で得ることができる（一種のレバレッジ投資）。

図119　FTDのプレミアム概念図①

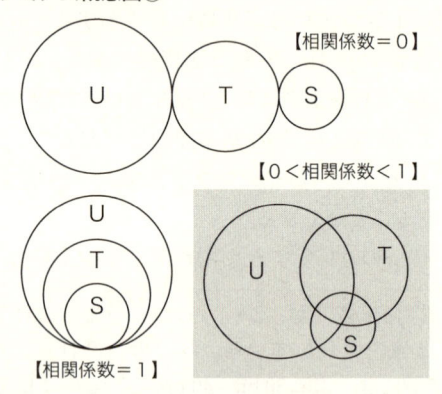

16-54 同様に2社目のみカバーするものは**セカンドトゥーデフォルト**（second to default, STD）というが（BIS告示1条20号参照），このプレミアムは120

bp から FTD のプレミアムを引いたものより小さくなる（図120）。

図120　FTDのプレミアム概念図②

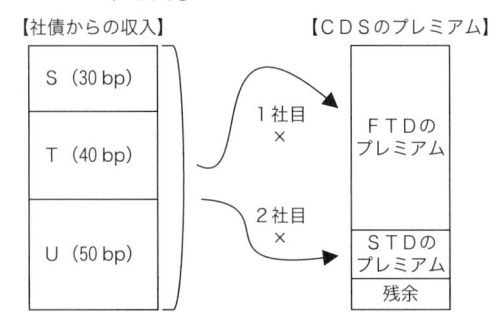

```
【社債からの収入】              【CDSのプレミアム】
┌──────────┐                ┌──────────┐
│ S (30 bp) │                │ FTDの    │
├──────────┤  1社目          │ プレミアム│
│ T (40 bp) │   ×            ├──────────┤
├──────────┤  2社目          │ STDの    │
│ U (50 bp) │   ×            │ プレミアム│
└──────────┘                ├──────────┤
                             │ 残余     │
                             └──────────┘
```

　このような特殊な条件のついた信用補完を従来型の保証等で仕組むことはかなり難しい。

16-55　このように，CDS は信用事由を当事者が自由に設定でき，原債権の軛から開放されていることから，金融取引の発展に伴い登場した，古典的な実損填補型の信用補完ではうまく処理できないさまざまなニーズに適切に応えることができる。また，スワップ契約は国際的に契約の標準化が進んでいるので，新たな種類のスワップ契約を締結する場合に契約書作成の手間がかなり省略できる。こうして，CDS は 2000 年前後を境に欧米において急速な普及を遂げ，わが国でも相応の規模の取引が行われるようになってきている。

　　(c)　BIS 規制上の取扱い

16-56　CDS は保証と同様，銀行が BIS 基準のリスクウェイトを削減する取引（CRM，¶12-40）として認められている（BIS 告示 118-139 条［標準的手法］，154 条・154 条の 2，223 条［内部格付手法］。基準の概要は河及＝糸田 63 頁以下参照）。この場合，信用事由には債務者の債務不履行，倒産，元利金の減免・猶予等の 3 つを含むことが必要であり（BIS 告示 120 条），前 2 者のみでは低いリスク削減効果しか認められない（同 121 条）。

　(3)　CDS 取引による信用補完の流動化

16-57　保有社債 1 億円の信用リスクを補完するために，保証人に手数料を支払って保証してもらうことと，CDS を購入することは，求償権等細かな点を除

けば経済的には大きく異ならないように思える。しかし，実際の取引では大きな違いがある。

16-58 　一般に保証は銀行，親会社といった関係者に直接委託して「保証してもらう」ものである。また，保証契約は通常は被保証債務を発生させた契約（たとえば融資，すなわち，金銭消費貸借契約）の締結と同時に，その契約と一体のものとして，あるいは，その契約を締結する条件もしくは前提として締結される。たとえば，大手企業の子会社が発行した社債を流通市場で購入した者が，親会社である大手企業のところに行って「おたくの子会社の社債を購入したので保証して欲しい」といっても，業況が悪化した子会社の支援を親会社が表明しているといった特殊な事情でもない限り通常は門前払いとなる。

16-59 　これに対し，CDS は，銀行や証券会社の窓口で「購入」することができる。多くの場合こうした仲介業者は自分自身でスワップの相手方（**カウンターパーティー，counterparty**）となり，リスクポジションのウェアハウジング（売却を見越して一定期間保有すること。注493参照）を行う。引き受けたリスクは，逆のニーズを有する取引先に CDS その他のクレジットデリバティブを販売したり，第2部で説明するクレジットリンク債（credit-linked notes, CLN）のような仕組債（structured notes, 後段で説明する）を発行したりしてカバー（¶1-36）する。

16-60 　このように CDS の登場によって，市場において信用リスクを取引することを通じた信用補完が行えるようになった。保証の場合，原債務がないのに保証をし，保証してもらったつもりの第三者から手数料を得るというような取引は論理的に成立しえないが，証券会社から特定の企業の信用リスクにリンクした CDS を通じてプロテクションを売却して手数料を得ることはその企業に融資や社債保有をしていなくても自由にできる（index 型，付従性の欠如）。このように，CDS を取引する目的は信用補完に限定されないから，CDS を用いた信用リスクに対する投機的取引（信用補完ニーズのない純粋な投資目的の取引）が可能となる。欧米を中心に CDS 市場が急速に発達した背景にはこうした事情がある。

16-61 　**クレジットデリバティブ・インデックス** 　多数の個別銘柄に関する CDS の市場価格の平均値を指数化したものをクレジットデリバティブ・インデッ

クス（credit derivative index）という。インデックス専門会社のマークイット・グループが提供する iTraxx や CDX が有名である（住友信託 244 頁以下参照）。日本企業を対象としたものとしては iTraxx Japan があり，東京証券取引所のホームページに掲載されている（東証 HP・iTraxx）。

クレジットデリバティブ・インデックスは，個別銘柄に関する CDS の取引のプライシングの際に参照されるほか，社債・シンジケートローンのプライシングの適正さを判断する指標としても利用価値が高い。さらに，インデックスそのものを参照するインデックス CDS も活発に取引されている。

16-62　従来は，誰が誰からどの程度の金利で融資を受けているかは企業秘密そのものであったし，公募社債市場も間接金融的色彩が濃い日本にあっては（¶10-6），適正な信用リスクプレミアム（¶8-29）の水準を市場原理に基づいて定めることは不可能に近かった。これに対し CDS 取引が普及したことにより，融資や社債，シンジケートローンといった現物の種類を問わない，より抽象的な「信用リスク取引市場」が形成されつつある。CDS はサブプライム問題の元凶となる等，その弊害も指摘されるようになっているが，信用リスク取引を可能ならしめる機能の重要性はいささかも減じたわけではないので，今後も着実に普及が進むものと考えられる。

16-63　**クレジットデリバティブのクリアリング**　このように CDS の登場によって信用リスクの取引が拡大しているが，これには落とし穴もある。多くの CDS は証券会社等の店頭で取引され，プロテクションを購入した当事者は信用事由が発生した場合には証券会社から支払を受ける立場にある。上述のように，証券会社は通常リスクポジションを他の取引でカバーしているが，その利益はプロテクションの購入者が直接行使できるかたちになっていない。このため，証券会社が破綻すると，CDS の相手方が大きな損失を被る可能性がある。サブプライム問題の発生をきっかけにこの問題が強く認識され，CDS に関するクリアリングハウス（清算機関）設立の必要性が強く認識された（¶15-34）。これを受けて，2009 年 3 月には米国で最初の CDS 清算機関が FRB から認可を受けて会員金融機関向けに清算業務を開始し，6 月には想定元本取扱高が 1 兆ドルを超えたとされる（ICE 社 HP 参照）。日本では株式会社東京金融取引所が 2010 年の業務開始に向けて準備を開始するとしている（金融取とりまとめ参照）。

店頭取引の清算機関は，CDS当事者の双方の債務を引き受けて集中決済を行う。引受けに際しては当事者の信用力や債務の市場価値（正味要支払額の現在価値等）に基づいて担保や証拠金を要求するほか，万が一の場合に基金等を保有して当事者が破綻した場合でも決済が確実に行われるようにする。金商法上は，金融商品取引清算機関と位置付けられる（金商156条の2・156条の19）。

第 17 章

信用補完 ③
物的信用補完

1 総　論

(1) 物的信用補完の定義

17-1　ある債権者が，責任財産の全部もしくは一部，または特定の財産について他の債権者に優先して弁済を受ける権利を確保することにより債権者平等を破る法技術を**物的信用補完**という。本章では，投資ファイナンスで用いられるものを中心に論ずる（商業ファイナンスに関する物的信用補完については第2部で整理する）。

(2) 物的信用補完の種類

17-2　物的信用補完は，責任財産全体に対して他の債権者との関係で優先権を設定するもの（**責任財産操作型**）と，責任財産から特定の財産を分離して特定債権者に対する債務の引当てにするためのもの（**特定財産分離型**）に大別される（図121）。

(3) 人的信用補完 vs. 物的信用補完

17-3　人的信用補完は，第三者の責任財産を債務返済の引当てとする金融手法なので，補完を受けた債権者の引当資産はそれだけ増加する。その意味では債権者間は平等でなくなるが，それにより他の債権者が引当てとする本来の責任財産に増減が生ずるわけではない（実損塡補型の場合，信用補完をした第三者は求償権者となるし，インデックス型の場合，補完が実行されても原債権は消滅しない）。

17-4　これに対し，物的信用補完に用いる財産はもともと債務者の責任財産に属するものなので，これに優先権や担保権等を設定すれば他の債権者の引当財産はそれだけ減少する。このように物的信用補完においては，引当財産をめぐり債権者間の利益対立がより先鋭化する。

図121　人的信用補完 vs. 物的信用補完

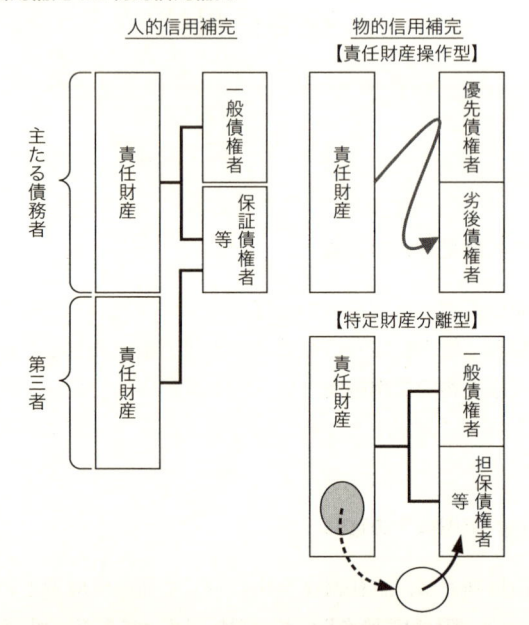

17-5　**物的信用補完 vs. 資産証券化**　物的信用補完はあくまで主たる債務者の信用力を補完・強化することを目的とするものであるが，これを一歩進めて，特定の資産を債務者から完全に分離し，資産のみの信用力に基づいた資金調達を行うこともあってよい。これが**資産証券化**（asset securitization）である。資産証券化は単なる信用補完とは異なるストラクチャードファイナンスと呼ばれる金融技術のひとつなので第2部で詳しく説明する。

2 責任財産操作型物的信用補完

17-6 　物的信用補完の第1類型は，責任財産全体に対して特定の者に他の債権者に優先もしくは劣後した権限を与えるものである。特定の債権者に優先権を付与するためには，特別の法律に基づくか，全債権者の同意を得る必要がある。これに対して，特定の債権者が自己の権利を他の債権者に劣後させることは自由であり，その場合は残りの債権者が反射的に優先権を持つことになる。以下，この順に説明する。

図122　責任財産操作型物的信用補完一覧

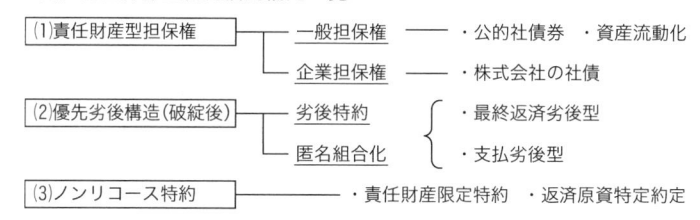

```
(1)責任財産型担保権 ┬ 一般担保権 ── ・公的社債券　・資産流動化
                   └ 企業担保権 ── ・株式会社の社債

(2)優先劣後構造(破綻後) ┬ 劣後特約 ┬ ・最終返済劣後型
                       └ 匿名組合化 └ ・支払劣後型

(3)ノンリコース特約 ──── ・責任財産限定特約　・返済原資特定約定
```

(1) 責任財産型担保権

17-7 　法律上責任財産全体に対する優先弁済権を創設する制度は，**一般担保権**と**企業担保権**という担保権の一種と構成されている。いずれも社債や債券の信頼を強化するために認められた制度である（¶10-58）。

(a) 一般担保権

> 電気事業法37条　①　一般電気事業者たる会社の社債権者（社債，株式等の振替に関する法律［略］に規定する短期社債の社債権者を除く。）は，その会社の財産について他の債権者に先だって自己の債権の弁済を受ける権利を有する。
> ②　前項の先取特権の順位は，民法［略］の規定による一般の先取特権に次ぐものとする。

17-8 　特別法により特定の債権者のために認められた，責任財産全体に対する優先弁済権を**一般担保権**（general mortgage）という[666]。先取特権の一種な

ので理論的には個々の財産に優先弁済権が認められる。この結果，個別の財産が執行された場合にもこれを主張することができる。被担保債権は社債券に限られ，発行体は，(i)独立行政法人（いわゆる財投機関債）やこれに準ずる公法人，(ii)特殊会社（株式会社形態をとる公的企業），(iii)完全民営化された旧公営企業や電力会社のように公的色彩の強い免許事業者，(iv)資産流動化法に基づく特定目的会社に大別できる。

17-9 　一般担保権は民法上の一般先取特権[667]に劣後する（それぞれの法律で個別に規定されている）。なお，一般の先取特権は特別の先取特権に劣後し（民329条2項），また，不動産以外の財産からの弁済に不足がある場合に限り不動産から弁済を受けることができるが（民335条1項），この場合も，不動産に対する特別担保には劣後する（同2項）。

　　① 　公的社債券に関する一般担保権

17-10 　上記(i)―(iii)の公的企業債の債権者に対して一般担保権が認められる理由は，(イ)政府と同等かそれに準ずる主体だという投資家の信頼を保護する必要性が高いこと，(ロ)一方，こうした主体が行う社債券以外の負債調達は，財政融資等のような公的資金か十分な審査力を有する金融機関からの借入れなので，これらを社債券の投資家に劣後させても特に不当とはいえないことによる。

17-11 　**投資家アクセプタンスと暗黙の政府保証**　社債券の流通市場においては，ときに主観的な「投資家のイメージ」「論理的根拠の希薄な信頼や嫌気」によって需給が影響を受け，利回りや，時には流通可能性すら大幅に左右される。こうした投資家の主観的な反応を**投資家アクセプタンス**という。投資家

---

[666] 業界では「ゼネモ」と略する。
[667] 先取特権は，ある特定の種類の債権を有する者に，当事者の約定によらず，法律上当然に認められる優先弁済権である。債務者の有する特定の物について優先弁済権を認めるもの（動産先取特権，不動産先取特権。併せて特別の先取特権という）と，責任財産全体について優先弁済権を認めるもの（一般先取特権）がある（民303条以下。【復習】我妻ほか1・物82以下，内田3・508頁以下，道垣内・担保43頁以下）。民法は，①共益費用（全債権者のために負担した財産の保存，清算，配当等の費用），②雇用関係，③葬式費用，④日用品の供給という4つの原因から生じた債権について一般先取特権を認める（民306条）。このうち実務的に重要なのは①②である。ただし，倒産法上一般先取特権には別除権が認められず（たとえば，破65条2項括弧書），破産財団からの優先弁済権が認められるにすぎない（破98条）。一方，破産手続によらずに倒産財団から随時弁済が受けられる財団債権・共益債権という制度が別途認められている。

アクセプタンスは非論理的で学術的な検証は必ずしも容易ではないが，市場参加者の意識としては確実に存在する。

上述のように一般担保権は法的にみる限りあまり強力な権利ではない。しかし，一般担保権が付与された社債券については，発行体が少なくとも政府や金融機関等のために特定担保を設定して既存の一般担保権者を事実上劣後的な立場に置くことはないだろうとの市場の信頼が形成される。この中で，特に政府との距離感の近い独立行政法人や特殊法人に関するものを**暗黙の政府保証**ということがある。暗黙の政府保証は法的な保証の有無ではなく，投資家が万が一の場合の政府の関与度合いをどのような距離感で測っているかを示す。一般担保権の規定は，暗黙の政府保証の状況証拠として受け止められている。

17-12 **一般担保債の発行体による証券化**　公的主体が担保付社債の発行や担保付借入を行うことは稀なので，従来，一般担保権者は事実上最優先の立場にあった。しかし近時，独立行政法人住宅金融支援機構の発行する住宅ローン証券（MBS）のように保有資産を信託勘定に分離してその信用力で本体の格付を超える高い格付を取得する資産証券化型の債券発行を行うものが登場している。この場合，一般担保権を有するだけの普通債投資家は資産証券化型債券の投資家に劣後することになるが，一般投資家がそうした仕組みを十分に理解しているとはいえないので，開示上十分に配慮する必要がある。

② 資産流動化法に基づく一般担保権の位置付け

17-13　資産流動化法は，同法に基づき企業等が有する資産を証券化するためのSPV（¶10-49）として設立された特定目的会社が発行する特定目的社債について一般担保権を認める（資産流動化128条）。これは，SPVの資産が証券化の対象たる資産のみであることに鑑み，あらためて対象資産に担保権を設定せずとも仕組み全体が一種の物的信用補完として機能するよう制度的に配慮されているものである。ただし，第2部で学ぶように資産証券化について所期の効果を得るには追加的にさまざまな工夫をする必要がある。

(b) 企業担保権[668]

> **企業担保法**
> 第1条　①株式会社（以下「会社」という。）の総財産は，その会社の発行する社債を担保するため，一体として，企業担保権の目的とすることができる。
> 　②　企業担保権は，物権とする。
> 第2条　①企業担保権者は，現に会社に属する総財産につき，他の債権者に先だって，債権の弁済を受けることができる。
> 　②　前項の規定は，会社の財産に対する強制執行又は担保権の実行としての競売の場合には，適用しない。

17-14　企業担保権は，株式会社の社債について企業担保法（昭和33年制定）に基づいて認められる。設定は公正証書により（企業担保3条），会社の本店所在地の株式会社登記簿への登記が公示手段であると共に成立要件となる（同4条1項）。社債担保であるから，後述する担保付社債信託法に基づいて担保の受託者を選定せねばならない（¶17-66以下）。

17-15　一般担保権が先取特権の一種であるのに対し，企業担保権は浮動する営業財産に対する抵当権に近く，その効力は個々の財産には及ばない（同2条2項）。このため，譲渡や担保権の設定により特定の財産が責任財産から分離されれば当然権利は及ばなくなる（同6条・7条2項）[669]。その実行は総財産を一括して競り売りまたは入札の方法で換価する一括競売か（同37条2項），管財人が裁判所の認可を得て一括もしくは一部の財産を個別に換価する任意競売の方法による（同21条）。

17-16　この制度は，もともと社債発行が厳格に規制されていた時代に，社債を他の負債調達（借入れ，買掛債務等）に優先させて社債への信頼を保護する必要があったことから認められたものである。しかし，現在は少なくとも公募債に関する限り無担保債が原則であり，社債はむしろ貸付金に担保やコヴナンツの点で劣後している場合が多いことはすでに言及したとおりである（¶10-10）。実際，平成10年以降の企業担保権に係る設定・移転・信託登記の

---

668)　【復習】鈴木・物権317頁以下。
669)　個々の財産に対する強制執行や担保権実行にあたっては，企業担保権者は一般債権者の資格でしか配当にあずかりえない（企業担保2条2項）。

数はゼロで推移している。

17-17 **個人向け社債と企業担保権**　近時，投資家層の拡大を狙って個人投資家向けに比較的少額単位の社債を公募する事例が増えている。一般担保と同様，こうした投資家の信頼を保護することは社債市場の充実のために重要なので，担保付社債信託のような手続きなしに，一定の条件を満たす個人投資家等に限って発行体が自己の総財産について優先弁済権を付与することを認める新たな企業担保制度を検討することが考えられる。

(2) 優先劣後構造（破綻後）

17-18 債権者間の合意で特定の債権者を他の債権者に優先させる仕組みを優先劣後構造という。破綻前の支払に関するものはすでに説明した（¶15-13）が，同様の構造は破綻後の権利関係についてもとることができる。

(a) 法律構成
① 約定劣後債権[670]

17-19 劣後化の法律構成としては，まず金銭消費貸借契約に劣後特約を付す形態がある。**劣後特約**（subordination clause）とは，同一債務者に対する他の債権との関係で優先順位を劣後化させる旨の約定をいう。いわゆる**劣後債**（subordinate bond）や**劣後借入**は劣後特約付のデット調達である。劣後特約のついた債権は，倒産法上，**約定劣後破産債権**（破99条2項）[671]・**約定劣後再生債権**（民再35条4項）・**約定劣後更生債権**（会更43条4項1号）[672]と定義され，配当順位が他の債権者に劣後する（破194条1項4号，民再155条2項，会更168条1項4号・3項）。また，債権者集会や更生手続において議決権

---

[670] 山本［2002］参照。
[671] 破産債権者と破産者との間において，破産手続開始前に，当該債務者について破産手続が開始されたとすれば，当該破産手続におけるその配当の順位が劣後的破産債権に後れる旨の合意がされた債権。
[672] 再生債権者（更生債権者）と再生債務者（更生会社）との間において，再生手続（更生手続）開始前に，当該再生債務者（会社）について破産手続が開始されたとすれば当該破産手続におけるその配当の順位が破産法第99条1項に規定する劣後的破産債権に後れる旨の合意がされた債権。

が否定される（破142条1項，民再87条3項，会更136条3項）[673]。

② 匿名組合化

17-20 このほか，劣後部分を匿名組合契約（商535条，¶14-70）とすれば実質的に劣後調達となる。

(b) 劣後性の種類

17-21 劣後性には次の2段階がある。

① 最終返済劣後型

17-22 債務者の信用状態に問題がない限り他の債権と同順位で支払が行われるが，破綻後，すなわち，強制執行や倒産手続等債権者平等原則が働く局面においてのみ，配当を劣後させるものである。劣後債や劣後借入にはこのタイプが多い。

② 支払劣後型

17-23 ①に加えて，破綻前の通常の債務履行にあっても，弁済期が同じ他の債権に，支払を劣後させるものである（¶15-13）。債権成立の当初から優先劣後構造をとる場合はこのタイプが多い。

> 問）A社は新興の不動産デベロッパーである。これまでに取引銀行であるB行から100億円借り入れて，都内に賃貸オフィスビルやマンションを5棟保有しており，いずれも立地や設備がよいため十分な利回りが得られている。今次A社は20億円程度の新規投資を計画し，B行に追加融資を要請したところ，「行内貸出枠が一杯でご要望にはお応えできかねる。ただし，貴社が保有している優良な既存物件を当行の既応貸付と抱き合わせで貴社から切り離し，担保掛け目が60％以内となるようにしてくれれば，貸出枠に余裕ができるので追加融資に応じられる」という。具体的な仕組みを考えよ。

---

673) 劣後債権は破産配当を受ける可能性がほとんどないからと説明される（伊藤162頁）。

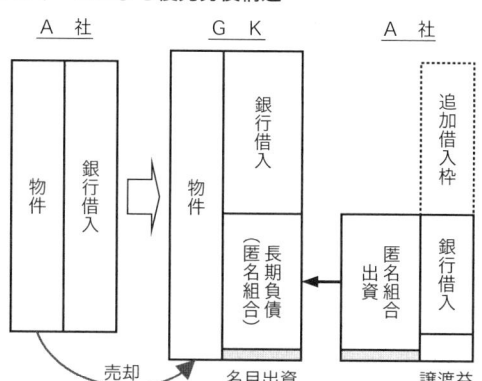

図 123　TK＋GK スキームによる優先劣後構造

17-24　SPV と優先劣後構造の併用　既存物件を本体から切り離すと一種の不動産ファンドになる。そこで，以前説明した TK+GK スキームの利用を考えてみよう（¶14-73）。

　まず，A 社が合同会社（GK）を少額の資本金を出資して設立し，これに既存物件を売却する。運営・管理は引き続き A 社が業務委託契約（委任契約）に基づいて実施する。次に，売却代金の 40％ 相当を A 社が匿名組合出資すると同時に，B 行から 60％ を借り入れる。借入契約のコヴナンツにおいて既存物件への担保権の設定や処分，新たな物件の取得や債務の負担を貸し主の承諾事項としておけば，A 社に対する匿名組合の配当は B 行に対する返済に劣後するので，B 行の貸出債権は事実上担保掛け目 60％ の優先債権となる。GK への譲渡時点の物件評価額は 100 億円を超える可能性が高いから（譲渡益に課税は生ずるが），100 億円を超える金額について匿名組合出資分を除く 60％ 相当の金額を実質的に資金調達することができる（図 123）674)。

---

674)　なお，この状態では GK は A 社の子会社なので A 社の信用リスクから完全に切断されてはいない。このため，会社更生手続においてファイナンスリースのように仕組み全体の実質が担保金融だとみなされるおそれがある。そこで実務では，出資者を A 社とは無関係な非営利法人としたり，社外取締役を増やしたりといった追加的な手段を講じて，A 社の倒産手続に GK が巻き込まれないよう工夫する。すでにみたように，こうした工夫を倒産隔離と総称する（¶7-9，注 651）。

(3) ノンリコース特約

17-25　特定の債権者が自己の債権を他に劣後させる約定は，俗に**ノンリコース特約**と呼ばれるが，法的には以下の2種類に大別できる。

(a) 責任財産限定特約

> 設例イ）　A社は100億円の個人向け無担保債を発行している。今次50億円の設備投資を行うにあたり取引銀行のBから当該設備を担保に購入資金の全額を借り入れる予定だが，これが社債権者に不利益を及ぼすことがないよう，B行との借入契約には当該設備を対象とする責任財産限定特約を付したいと考えている。
>
> 設例ロ）　C銀行が過去の住宅ローンの貸倒れの事例を調べたところ，担保を換価して得られた額を超えて債務が残ったとしてもこれを債務者が支払った事例は皆無に等しいことが分かった。そこで，C銀行は，金利は少し高めだが万が一の場合は担保となる住宅・宅地だけを引き当てとする責任財産限定特約付ローン（ノンリコース型住宅ローン）を提供することにした。

① 意　義

17-26　特定の金銭債権の引き当てとなる責任財産を，債務者の財産のうち，一定の財産に限定する旨の取り決めを**責任財産限定特約**（non-recourse clause）という。本来債務の返済は特定の財産から行うのではなく，財産の有機的集合体である事業全体が生み出す収益からなされる。責任財産限定特約はこの段階までをも縛る趣旨ではなく，万が一債務不履行が生じた場合に，債権者が特定の財産以外に強制執行することを禁ずる旨の合意である。

　このように民事執行の追行に関する債権者・債務者間の合意であって，債権者が不利となるように執行を排除し，あるいは法定の執行内容を制限する合意を講学上**執行制限契約**といい，あえてそうした合意をする債権者を意思に反して保護する必要はないから適法と解されている[675]。

---

675)　中野80-81頁，山田 [2002] 参照。

② 効　果

17-27　責任財産限定特約に合意した債権者は，対象資産以外の財産に対する強制執行ができず，さらに対象資産については他の債権者と平等の地位に置かれる。

③ 優先権との併用

債権者が責任財産を限定することに同意する理由は，ほとんどの場合，(イ)特定の財産以外はあてにしないが，当該財産については他の債権者に優越したいか[676]，(ロ)返済不能になった場合には特定の財産を換価して優先的に満足を得るが，換価額を超えた部分についてはあきらめるという意図があるからである（**図 124**）。このため実務では，責任財産限定特約に合意する一方で，対象資産に対する優先権を確保するために，担保物権を設定したり，信託その他の SPV に譲渡して財産を分離する等の工夫を行うことが多い（この場合，対象資産は「責任財産」から離脱するので，引当財産ノンリコースといった言葉を使うべきかもしれないが……)[677]。

図 124　責任財産限定特約の 2 つの文脈

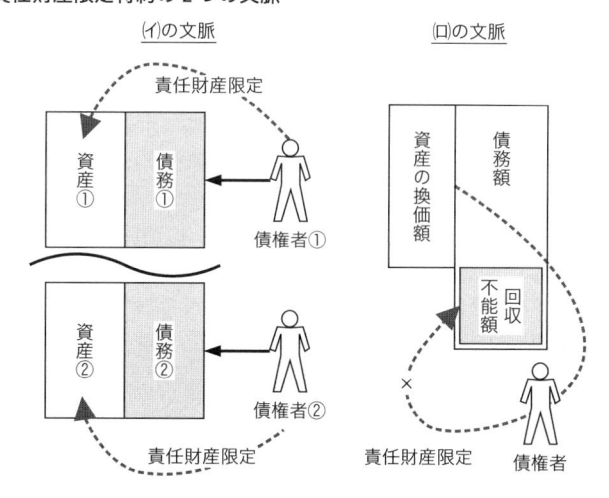

---

[676]　第 2 部で詳しく学ぶ証券化において，ひとつの SPV が数回にわたって異なる資産を譲り受けて，それぞれに対応する証券化商品を発行する仕組み等で利用される。

[677]　金融法委員会［2001］は，債務者が債権者との合意に反して対象資産を処分した場合の効力や倒産手続における取扱いを責任財産限定特約との関係で論じている。

(b) 返済原資特定約定

17-28　責任財産限定特約からもう一歩進めて，ある債務の返済を特定の財産から得られるキャッシュフローや換価代金のみで行い，他の責任財産を引き当てにしない旨の約定を返済原資特定約定という。たとえば，債権者が売掛金や賃料等を代理受領（¶15-15）する一方，返済原資特定約定を債務者と締結して，当該売掛債権以外は引当てにしないといった事例が考えられる[678]。

3　特定財産分離型物的信用補完

17-29　物的信用補完の第2類型は，責任財産の中から特定の財産を分離して特定の債権者の引当財産とするものである。抵当権に代表される担保物権が典型例だが，それ以外にもさまざまな制度や仕組みが存在する。ここでは，それぞれの制度を引当てとなる財産の性格と関連づけて整理しておく。設例にしたがって，これまで漠然と「担保」と称していたものの経済的機能について考えながら読んでみてほしい。

(1) 土地に対する担保設定

> 問1）　A社は現在20年前に建設した工場で生産を行っているが，設備の老朽化が進んでいることから，30億円をかけて新しい建物・設備に更新したい。
> 　ところで，工場の敷地は建築当時に10億円で取得したものだが，20年間で50億円程度に値上がりしている。ただ，これを売ってしまうと当然ながら工場を建てることができなくなってしまう。土地を売らないで値上り部分をファイナンスに利用するにはどうすればよいか。

(a) 土地の信用創造機能

17-30　ゴーイングコンサーンとしての企業価値（将来の収益の現在価値）はしっか

---

[678]　現在は税制が厳しくなったが，以前，航空機のレバレッジリース等に投資家が投資する際，借入の返済金をリース料に限定することにより必要以上のリスク負担を回避させ，投資商品としての魅力を高める工夫として利用された。

りした経営がなされている限り時間が経過しても当然に減ることはない。しかし，企業が保有する個々の資産の価値は一般に時間の経過と共に減少していく。たとえば，問1における工場は20年前のものなので，今換価すると価値は非常に低いであろう。だからこそすでに学習したように，この減価分に見合って会計上の費用計上を認める減価償却を通じてキャッシュフローを留保し，これを用いて調達資金の元本返済を行って見合い債務を減少させるのである（減価償却の自己金融作用，¶6-5）。

このため，次の投資を行うには追加的な収益を剰余金として積み立てていくしかない。そして，これを超える資金調達が必要な場合は，あらためて事業計画に基づいた投資採算分析を行い，収益償還が可能であることを金融機関や投資家に納得してもらわねばならない。

図125　土地の信用創造機能

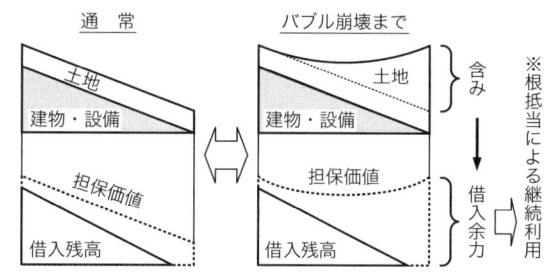

17-31　これに対し，土地は減価するということがなく独立した市場価値を持つので，問1のように，市場動向によっては価値が増えることもある。この増加部分を俗に「含み」という。含みがあると，新たな投資について収益償還の見込みが厳しくても，最後は土地を換価すれば返済を受けることができるから，金融機関や投資家にとってはファイナンスの供与が容易になる。事業リスクを完全に説明しきることは難しいので，土地の含みの有無は，時にファイナンスの成否を左右する重要な要素となる。もし土地の含みがなければ実現しなかっただろう投資に対して資金を呼び込むことが可能になれば，企業の成長可能性はそれだけ高くなる。<u>土地が一種の信用創造機能を果たすのである</u>（図125）。

17-32　日本では，特に戦後からバブル崩壊（1992年頃）までの期間，地価がおおむね右肩上がりであったために，多くの企業がこうした「**含みファイナン**

ス」の恩恵を受けて果敢にリスク投資を行い今日の成長を遂げることができた。しかし，バブル崩壊を境にこうした金融のあり方はもはや成り立たなくなった。この結果，土地担保の金融的意味が大きく変化している。担保法の解釈にあってもこの点を十分に踏まえる必要がある（図126）。

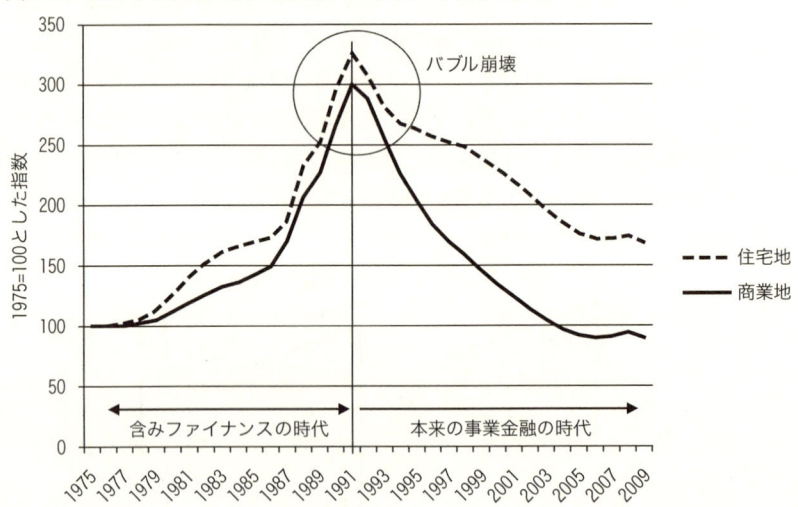

図126　1975年以降の地価変動の推移（出所：国土交通省）

（b）抵当権

17-33　土地の含みをファイナンスに活用するために利用されてきた代表的な物的信用補完手法が抵当権である[679]。

① 意　義

17-34　**抵当権（mortgage）**は，債務者または第三者（設定者）に不動産（土地・建物）の占有や使用収益をさせたまま，特定の債権者（抵当権者）が他の債権者に先立って自己の債権の弁済を受ける権利である（民369条）。設定は設定者と抵当権者の契約（**抵当権設定契約**）により行われる。抵当権が設定されると対象不動産の**金融価値（financial value）**[680]が抵当権者に移転する結果，

679）【復習】我妻ほかⅠ・物6，物100以下，道垣内・担保117頁以下，内田3・383頁以下。
680）抵当権が把握する金融価値とはファイナンスの引き当てとして把握されている価値であり，

3　特定財産分離型物的信用補完　　571

対象不動産は責任財産から離脱し，他の一般債権者は担保実行後の残余価値のみを責任財産として把握するにすぎなくなる（¶12-8）。一方，**利用価値（utility value）** は債務不履行がない限り債務者の下にとどまるので，対象不動産の占有・使用収益はもちろん，これを処分（譲渡・新たな担保権や制限物権の設定）することも許される。処分された場合の抵当権者と他の権利者（新所有者，他の担保権者，制限物権や賃借権者等）との優劣は登記の先後による（民 177 条）。

　②　抵当権の実行と別除権

17-35　抵当権の実行は，一義的には対象不動産を競売することにより行う。後述するように，賃貸して賃料という利用価値から弁済を受ける収益執行制度もあるが（¶17-56），すべての物件に合理性がある方法ではない。

　債務者倒産後における債権者の権利実行は，原則として倒産手続の中で行わねばならないが，抵当権を含む担保物権の実行は倒産手続外で行うことが許される。これを**別除権**という。抵当権は換価を通じた金融価値の把握を一義的な目的とする物権（¶17-8）だから当然ともいえる。

　ただし，倒産手続のうち民事再生と会社更生については企業のゴーイングコンサーン価値から債権の満足を得ようという制度なので，たとえば事業資産である工場について別除権に基づいて倒産手続外で競売が行われてしまうと，事業継続が不可能になってしまう。そこで，会社更生手続においては別除権がそもそも否定されている。会社更生より緩やかな再生手続である民事再生においては，別除権は維持されているが（民再 53 条），実行手続の中止命令により権利行使を制限される可能性があるほか（民再 31 条 1 項），担保権消滅許可申立の対象とされると担保権そのものを失う可能性がある（民再

　具体的には債務不履行の場合に強制執行や倒産制度を通じて優先弁済を受ける権利とこれを補完する権利の価値ということになる。この理論値を考えてみると，債務者が期限までに債務不履行に陥る確率を d，担保実行時の対象物件の交換（換価）価値を $\tilde{P}$（注492），債務額を C とすれば，抵当権が把握するその時点における金融価値 V は，$V = d \times \mathrm{Min}[\tilde{P}, C]$ で表される。$0 \leq d \leq 1$ なので，$V \leq \tilde{P}$ である。つまり，通常は，抵当権が把握する対象物件の金融価値は交換価値そのものよりは小さい。一方，不動産の証券化は $V = \tilde{P}$ となるような仕組みを通じて，対象物件の交換価値をそのまま金融商品化するものと位置付けられる。このように，物的信用補完のための抵当権制度と不動産の金融商品化を直接の目的とする証券化制度は把握しようとする対象物件の金融価値を異にする。

148条以下)。

17-36　このように抵当権に代表される担保物権の「物権性」は，対象物件の性状や利用態様に応じて「最大の金融価値を実現する」という目的のために一定の修正を受けることになる。このことの意味については，次節以下でさらに検討していくことにしたい。

(c)　根抵当権と土地担保

17-37　減価しない土地は，仮に含みがなくても何度でもファイナンスの引当財産として用いることができる。この特徴をより活かせる物的信用補完の手法が，**根抵当権**（open-end mortgage，民398の2以下）である[681]。

多くの教科書では根抵当権は企業と金融機関や企業間の継続的取引から発生する不特定・多数の債権を一括して担保するための制度だと説明される。確かに同じ事業から発生する債務を関連の不動産に対する根抵当権で包括的かつ継続的に信用補完することには十分な意義が認められる。しかし，建物や設備その他の動産は減価していく。特に，これらの取得資金ファイナンスのために根抵当を設定した場合，償却残価と債務残高がほぼ一致するため，債務を完済したあとに再利用できる担保価値はあまり残らない。

17-38　これに対し，土地は当初の取得資金ファイナンスを収益償還した後も価値が残るので，銀行は根抵当さえ設定しておけば，その後追加的に発生する金融取引について優先順位を維持したままその金融価値を再利用することができる（図125）。さらに，地価上昇が見込める場合は，把握している金融価値が自動的に増加していくので追加的な与信が可能になる。言い換えれば継続的取引がある場合は，普通抵当の金融価値よりも根抵当のそれのほうが明らかに大きいので，取得に係る対価（たとえば金利条件等）が同じなら債権者は後者をとったほうが有利である。

17-39　**商業ファイナンスと根抵当**　バブル期までは地価が概ね右肩上がりであったため，銀行はいったん根抵当を取得すれば，投資ファイナンスはもちろん，日々の商業ファイナンスも含みの中で賄えた。このことが，わが国において

---

681)　【復習】我妻ほか1・物113頁以下，道垣内・担保232頁以下，内田3・475頁以下。実務的な視点からは，西尾136頁以下。

> 流動資産を引当てに流動負債である商業ファイナンスを行うためのさまざまな工夫の発展を遅らせた。しかし，最近は土地の担保価値が以前ほど大きくないため，本来固定資産である（そしてその結果，長期投資ファイナンスの引当てとして利用すべき）土地担保に依存しないさまざまな物的信用補完手法が開発されてきている。この点については第2部であらためて詳しく説明する。

(2) 事業資産への担保設定

> 問2) A社は，工場の更新投資を銀行Bから借入れることにした。B行は敷地だけでなく工場・設備にも担保権を設定するよう求めている。これに対しA社の社長は，「今度の工場・設備は当社独自の仕様で換価性はゼロである。いずれにせよ担保権を実行されたら工場が稼働できなくなって当社は解散するしかない。工場・設備に付保しても仕方ないのではないか。登記費用等を節約したいので考え直して欲しい」という。B行の審査担当が調べたところ担保価値は確かにゼロに近い。それでも付保する合理的理由はあるか。

(a) 収益償還の原則と担保権

17-40　多くの担保は，問2の事例のように，調達した資金で建築・購入した事業資産を対象とするものである。投資採算のところで学んだように (¶7-12)，投資ファイナンスは本来収益償還が原則であり，それが適わない場合に事業の解体価値から最終的な回収を得るために担保権を設定する。逆に言えば事業資産は企業が稼働していてはじめて有機的な価値を生むが，担保実行の過程では土地に含み益があるか，工場・設備を第三者が再利用できる等の事情がない限り十分な担保価値は見込めないことが多い[682]。

17-41　このため実務においては，担保権実行に至るまでに，(イ)追加融資，既存債権に関する金利の減免や返済期限の繰り延べ等により金融支援を行い自主的再生を促す。必要に応じて経営層を派遣して支援すると同時に経営監視を行

---

[682] このことは個人向け住宅ローンでも同じである。多くの銀行は購入費の100%近い金額まで住宅ローンを融資するので，返済が進む前に貸倒れると担保から金額の返済を受けられない可能性が高い。むしろ，住宅ローンの実質的性格は借入人が将来にわたり安定的な所得を得られることを見込んだ，銀行等による一種の給与前貸しと位置付けたほうがよい。

う，㈡関連の企業再生ファンド等を通じて追加出資や劣後融資，私募転換社債の引受け等を行うと同時に，経営陣を派遣したり，場合によっては既存経営者を退陣させて，大幅なリストラや事業売却，他社との統合といった再生の努力を行う。㈢こうした私的再生を行おうとしても利害関係者の調整が困難であったり，経営者がこれを嫌う場合には，民事再生や会社更生といった再建型の倒産手続を通じてゴーイングコンサーン価値からの返済を図る，といった再建努力を行う。そして，これらの努力がすべてうまくいかない場合に，最終手段として事業を中断させて担保実行を行い，少しでも債権の回収を図るのである。

(b) 防衛的観点からの担保設定

17-42 　このように事業資産を対象とした担保の価値を実現するにはさまざまな制約がある。しかし，問2で換価価値がゼロだからといって担保設定をしないと，第三者がこれに担保権を設定した場合にさまざまな問題が生じる。付保制限等のネガティヴコヴナンツを付しても，債務者がこれに違反して第三者のために担保権を設定し登記がなされると，当該第三者には対抗できなくなる。このため，B行は仮に解体価値がゼロであってもファイナンスの対象たる事業資産には防衛的観点から担保設定を行う必要がある。見方を変えれば，事業資産全体に付保することを通じて有機的な事業を担保にとっているのだといってもよいだろう。

17-43 　この観点からすると，設定者（債務者）が対象物件を自由に使用収益，処分できるという前述の原則には一定の修正が必要になる。事業資産を担保にとっている以上，債権者に承諾なくこれを処分することを許すべきではないし，まさに事業資産として使用するのでなければ，本来の姿である収益償還が難しくなるからである。民法上，債務者による担保の滅失・減損と担保提供義務の不履行は期限の利益喪失事由となり（民137条），抵当権自身の実行前効力としては妨害排除請求権等が認められている。しかし，これらの実務における実効性は決して強力ではないので，コヴナンツ等を活用して問題を未然に防止できるようにしておくことが重要である（¶7-45, ¶15-51）。

(c) 工場抵当・財団抵当

17-44　ところで，問2では工場に対する担保権の設定が問題となっている。工場そのものは建物（不動産）なので抵当権の設定が可能だが，設備・機械，備品等は動産なので当然には抵当権の対象とならないし，そもそも個々に担保権を設定せねばならないとするときわめて煩瑣である。また，個々に担保権が実行されると円滑な企業活動が著しく阻害される[683]。

①　一物一権主義

17-45　民法は1個の物権が成立するためには物の一部ではなく独立の物であり，かつ物の集合ではなく1個の物であることを要求する。これを一物一権主義という。

②　付加物・従物

17-46　抵当権は，抵当不動産に付加してこれと一体となっているもの（**付加物**）に及ぶ（民370条本文）。この付加物に不動産に従として付合した物（**付合物**，民242条本文）が含まれることは疑いない。一方，物の所有者が，その物の常用に供するため抵当不動産に付属させた自己の所有に属する物を**従物**という（民87条1項）。従物は付合物ではない独立物だが，主物の処分に従うとされる（同2項）。そこで判例は，抵当権設定当時に抵当不動産の従物であったものには抵当権が及ぶとする[684]。さらに多くの学説は抵当権設定以後に従物となったものも，付加物に含めて抵当権の効力を及ぼすべきとする[685]。

③　工場抵当

17-47　しかし，この原則からだけでは，工場に帰属する設備・機械，器具備品のどこまでが付加物・従物となるのか明らかでない。そこで，**工場抵当法**[686]という特別法が，工場[687]の所有者が工場に属する土地や建物に抵当権を設

---

[683]　不動産と動産の共同担保について，高木1・20頁以下参照。
[684]　最判昭和44・3・28民集23巻3号699頁，民法百選Ⅰ84事件。
[685]　前注百選解説（古積健三郎）のほか，我妻ほか1・物103，道垣内・担保136-140頁，内田3・394-399頁。
[686]　日露戦争を契機とするわが国の資本主義の勃興期に際し，企業資金の獲得に便宜を与えようとする意図で明治38年に制定された（香川2頁，水島91頁）。
[687]　工場とは，営業のために，①物品の製造もしくは加工，または，印刷もしくは撮影の目的に使用する場所，②電気・ガスの供給または電気通信役務の提供の目的に使用する場所，③放送または有線テレビジョン放送の目的に使用する場所をいうと定義されている（工抵1条）。

定した場合には，当事者で反対の約定をしない限り，それらに付加して一体をなす物と，それらに備えつけた機械・器具，その他工場の用に供するもの（以上全体を供用物という）に抵当権の効力が及ぶものと定める（工抵2条）。ただし，供用物に対する抵当権の効力を第三者に対抗するには登記申請の際に供用物の目録を届出ねばならず，目録内容に変更があった場合は遅滞なく変更登記をせねばならない（工抵3条）[688]。

④ 工場財団抵当

17-48　工場抵当制度からもう一歩進んで，工場の物的設備に加えて工業所有権，賃借権等の権利を一括して法的客体となる物の集合，すなわち**財団**（注566）と構成し，この財団そのものを動産もしくは不動産とみなして抵当権の設定を認める制度が認められている。最も古いものが工場抵当と同じ工場抵当法に基づく**工場財団抵当**と，鉄道抵当法に基づく**鉄道財団抵当**である。工場財団は不動産，鉄道財団は物とみなされる。両者は鉄道企業に対する外資導入を契機に社債担保を想定して制定されたもので[689]，後述する担保付社債信託法（¶17-66）も同時に施行されている[690]。現在，不動産財団は6種類，物財団は3種類認められている。

17-49　ただ，これらも決して使い勝手のよい制度ではない。まず，工場財団（工場の定義は工場抵当の場合と同じ）以外は，利用可能な企業が特定されている。また不動産とみなされる財団については，工場抵当と同様，対象物・権利の目録とその変更手続が必要になるため手続きが煩瑣だといわれる。

17-50　財団抵当はもともと，企業担保権と同様，社債を有担保主義によって厳しく規制していた時代に大企業が利用することを想定したものである。このためたとえば，法務省の登記統計によれば，最近10年程度の工場財団の保存登記件数は100件を下回っており，近年は20件程度にまで減少している。ただし，多数の財産を纏めて担保とすることができる点で便利であるし，不

---

[688] 通常の抵当権の場合，付加物については登記がなくても対抗できるので，一見かえってめんどうになっているように見える。しかし，付加物かどうかが争われる文脈でこれを立証したり反証したりすることは大変である。目録に入れておけば確実に抵当権の効力が及ぶのなら，その労をとる価値は十分あるともいえる。

[689] 明治38年には，北海道短国鉄道株式会社が鉄道および工業財団抵当で，また，翌年には関西鉄道株式会社が鉄道財団抵当でポンド建外債を発行している（船橋35頁）。

[690] 酒井2頁，船橋26頁。制度の概要は，鈴木・物権314-317頁に整理されている。

動産のみを担保とする場合よりも登録免許税の面で有利（通常の不動産への担保設定は債権金額，極度金額の4/1000，財団抵当の場合は2.5/1000。登税別表第一・1(5)，5(2)）なので，登記のIT化等が進んで変更事務が簡素化されたり，利用可能な企業の幅が広がれば，シンジケートローン等で利用が促進される可能性も十分ある[691]。

(3) 非事業資産・遊休資産への担保設定

> 問3）　A社は，20年前に先代の社長が別途購入した広大な土地を郊外に有しているが，住宅街の中にあり工場用地にはできないことから，グラウンドとして利用している。当時は相当な僻地という感覚であったが，その後私鉄が開通したこともあり，20年間で10倍程度に値上がりして50億円の価値があることが分かった。工場新設にあたりグラウンドを担保に供する場合と，工場の敷地を担保に供する場合とではどのような違いがあるか。どちらかにしか担保権を設定できない場合，銀行としてはどちらを選択すべきか。

17-51　銀行からみれば，借り主しか使いこなせない最新鋭の工作機械よりも，設問のグラウンドのような事業と関係ない資産のほうが売却・換価が容易である。非事業資産はいつ担保を実行しても債務者の事業を中断することがないから，換価価値を直截的な返済の引き当てとして見込むことができるのである。事業資産担保はあくまで非常時の備えだが，非事業資産担保は事業からの収益償還とは別の追加的な備えになるといってもよいだろう。借り手の側から見ると，本来なら遊休資産を換価して自己金融により投資すべきものを，将来に含みが生じることも勘案して温存し，担保という手法を通じて資金化してファイナンスに利用するものと位置付けられる。

17-52　このため，非事業資産を担保化した場合にはこれが他の事業に転用される

---

[691]　1999年に大阪の米映画テーマパーク「ユニバーサル・スタジオ・ジャパン」を建設・運営する第三セクター，ユー・エス・ジェイが，テーマパークの資産に対して観光施設財団抵当を設定して18金融機関からシ・ローンで1250億円という巨額の資金調達を行ったことが話題になった。
　　財団抵当制度の問題点を整理して制度改訂の方向性を検討したものとして，企業法制研［2003］52頁以下参照。

ことがないようコヴナンツ等で十分に監視する必要がある。一方，万が一の場合にはできるだけ再生手続きの外で換価ができるよう配慮せねばならない。特に別除権が認められない会社更生手続においては，事業資産も非事業資産も十把一絡げにされてせっかくの担保価値が毀損されるのでこのニーズが大きい。ここまで何度か登場している倒産隔離と呼ばれる法技術はこのために発展してきたものである。第2部で学ぶ資産証券化はこれを最も徹底したものだということができる。

(4) 不動産プロジェクトと収益執行

17-53　ここまで担保は万が一の場合に換価を通じた金融価値を把握するものだという前提で議論してきたが，次のような場合には対象物件の利用価値から優先弁済を受けることに合理性がある。

> 問4）　中堅デベロッパーD社は，A社から定期借地で土地を借り受けて，60戸程度の賃貸マンション（建築費10億円）を建築した。建築資金の85%はB行から期間15年，金利3%，元利均等払で借り入れ，残額を自己投資している。A社への地代やその他経費をあわせると年2000万円程度で，借入返済額は年約7100万円である[692]。D社は，当初月家賃15万円で空き室率は常に5%以内に抑えられると想定していたが，折からのサブプライム問題の影響で現実の空き室率は20%程度になり，地代・経費控除後年間家賃収入は6600万円程度と，B行への返済負担を賄うことができない。融資残高はまだ8億円あるが，今このマンションを中古市場で売却しても，5億円以上の買い手がつく可能は非常に低い。
> 　これに対し，立地からいって空き室率20%は異常な状態なので，さすがに年6600万円程度の家賃収入なら，今後もほぼ確実に見込める。もし残高8億円について金利を3%支払ったとしても年6600万円ずつ返済すればその時点から15年間余りかければほぼ元本を完済できる。
> 　① B行は，抵当権に基づいて家賃を将来にわたり収受することにより債権の満足を受けることができるか。
> 　② こうした案件について抵当権より適した物的信用補完の手段はな

---

692)　元利均等払の支払額はEXCELのPMT関数で求めることができる（任意のセルに+PMT(3%, 15, -850000000)と入力してreturnキーを押す）。

いか。

17-54　工場のような事業資産は債務者が事業を継続することでしか利用価値を実現できない。しかし，**問4**のように，もともと賃貸目的で開発された物件を貸し主として賃貸するだけであれば，それほど高度な専門性は要求されない。もちろん誰にでもできる仕事ではないが，不動産の賃貸管理は特殊性が少ないために債務者でなくても債権者自身や第三者が代替して継続することができる。中古不動産の売買市場では担保不動産は買いたたかれることが多いので，往々にして抵当権を実行して換価価値から満足を受けるよりは，そのまま賃貸事業を継続して得られる賃料収入を積み上げたほうが，時間価値を考慮してもはるかに大きな金額になることが多い。

　こうした事情がある場合には（そして普通は，こうした事情がある場合に限って），対象物件の利用価値から満足を受けることに合理性が生ずる。

(a) 果実に対する権利

17-55　抵当権は，債務不履行があった後はその後に生じた抵当不動産の果実に及ぶ（民371条）。果実には法定果実（民88条2項）である賃料が含まれる[693]。そして，抵当権には物上代位が認められるので（民372条・304条），賃料を差し押さえて満足を得ることができる[694]。ただし，各入居者と直接交渉する必要があるので**問4**のような大型の物件の場合はかなり煩瑣である。

(b) 収益執行

17-56　平成15年の民法・民事執行法の改正において，担保不動産競売と並んで不動産収益執行制度が設けられた（民執180条2号）。この制度によると，担保権の実行を求めて差押えが発効すれば，その後に弁済期が到来するすべて

---

693) このように解すべき法改正の経緯も含めた説明として，道垣内・担保143頁，内田3・406頁。

694) 最判平成元・10・27民集43巻9号1070頁，民法百選Ⅰ86事件。なお，抵当権に収益執行が認められた平成15年の民法・民事執行法改正以前は，賃料のような法定果実は火災保険の保険金とは異なり，対象物件の代替物ではないので物上代位を認めるべきではないとの学説が有力であった。しかし，現在は法改正の経緯もあって，結論としてこれを認めるべきという点では一致している。道垣内・担保143頁以下，内田3・407頁以下。

の法定果実とすでに弁済期が到来しているがまだ取立て・譲渡等の処分のない未払の法定果実に対して優先弁済権を確保することができる。運用は管理人を選任してこの者が行う。賃貸という受動的な事業に限って簡易な再生手続を認めたものだといってもよいかもしれない。

(c) 任意収益執行

17-57 担保実行に競売と任意売却の選択肢があるように，収益執行にも任意型があってよい。問4の場合，B行はD社と交渉して関連不動産会社や不動産ファンド等に任意売却させ，別途購入した主体に購入資金を15年程度で貸し付け運用益から返済してもらうといった対応が考えられる。購入資金貸付けを返済原資特定型のノンリコース特約付（¶17-28）とすれば購入主体側はリスクを限定できる。一方，これらの主体の物件運営能力が高ければB行は収益執行制度より高い回収率が期待できる可能性がある。

(d) 賃料譲渡担保・債権質

17-58 なお，問4とは異なるが，地主が建築事業者から一括借り上げをしてもらう，いわゆるサブリースの場合には，あらかじめ借上会社が地主に支払うべき将来家賃について譲渡担保か債権質を[695]設定しておけば，これに基づいて賃料を直接収受することができる（民366条1項）[696]。

17-59 また，一括借上げがなされていない場合でも賃借人の賃料支払口座をB銀行にあるD社の口座に振込指定させれば相殺を通じた事実上の優先弁済が可能になる（¶15-15）。

17-60 **不動産質権の活用**　実は，抵当権と債権質を合成したような制度がある。不動産質権である（民356条以下）[697]。たとえばD社に融資するのはB行で

---

695)【復習】我妻ほか1・物87(2)・物97，道垣内・担保102頁以下。
696) ただし，被担保債権額に相応する部分しか収受できないので（民366条2項），実務上，借上会社から全額について取立委任を受けた上で返済額について相殺約定を取り交わしておく等の工夫が必要になる。
　　また，家賃収受の時点で被担保債権の弁済期が到来していないと取立権は行使できず供託をさせるしかない（同3項）。このため，融資契約を元利均等月払とし，期日を家賃期日より前の日付にする等の工夫も必要である。

はなくB行の関連会社であるB'不動産会社[698]とした上で，D社はB'のために不動産質権を設定するとともに，入居する賃借人に対し，指図による占有移転（民184条）を行い，以後B'のために対象賃貸マンションを占有すべきことを指図する（具体的には賃貸契約にその旨を盛り込んでしまい，家賃の支払先もB'とする。実務的にはそれほど違和感はないと思われる）。これによって，次のような仕組みが可能となる。

① B'は融資金について利息をとることが禁じられる代わりに（民358条），自ら家賃を収受することができる（民356条）。

② B'はD社かD社の関連会社にマンションの管理を委託し，委託料を支払う。委託料はD社が家賃を収受して金利を支払う場合の差額を目安として決定する。

③ B'は収受した家賃のうち金利相当額と委託料を控除した金額を元本の返済に充当する。

この仕組みの最大の問題はB'が質権者の立場で対象物件の減価償却を行えないため，税効果まで考えると経済的に成り立たないことにある。これを改善するには質権者が金利を収受することを認める一方，収受する家賃は法的には設定者に帰属するが，質権者が全額を直接取り立てた上で優先弁済を受けられるという構成が必要となる。また，債権質の存続期間が更新を含めて20年とされる点（民360条）は，こうしたファイナンスを仕組む上で障害になる。せめて建築基準法における最低限の耐用年数とされる25-30年程度には伸長すべきである。

(5) 動産固定資産を用いた物的信用補完

17-61　企業が物的信用補完に利用する動産には，流動資産に属するものと，固定資産に属するものがあり，ファイナンスという観点からはかなり性格が異なる。投資ファイナンスとの関係では，ファイナンスリースと設備信託が重要だが，いずれも単なる信用補完というよりひとつの金融手法なので第2部で

---

697) この点に関する立法論について，鈴木［1992］534頁以下。

698) 銀行は業として不動産賃貸を行うことが制限されているので，素直に考えれば本文のような不動産質権融資は関連会社経由で行う必要がある。ただし，実体をみれば不動産融資を行っているにすぎないから，不動産管理を第三者に委託することを義務付けた上で，質権者として賃料を銀行が直接収受して利息に代えることも認めてよいと思われる。

解説することにしたい。

4　多数債権者のための物的信用補完

> 問）　社債は，市場において投資家や証券会社の間で頻繁に売買されることが予定されているので，社債券が移転するたびにその都度抵当権の移転登記をすることは不可能である。このように，不特定多数の投資家のために担保権を設定しこれを管理するにはどうすればよいか。

(1)　セキュリティートラスト

17-62　シンジケートローンを学んだ際に，債務者（担保権設定者）が委託者として，受託者であるエージェント等に対して担保権の設定を行い，その後に登場する参加人（受益者）のために担保の管理・実行にあたるというセキュリティートラストについてふれた（¶11-38, ¶9-59）[699]。

(a)　セキュリティートラストの仕組み

17-63　セキュリティートラストは，担保権設定者（債務者，物上担保の被担保権者）が委託者となり，信託契約に基づいて受託者に対して担保権を設定するか，担保目的で対象物件を譲渡し，設定された担保権・譲渡担保権の内容を受益者である債権者に享受させるものである。これにより受託者が名義上の担保権者になり，担保物件の保全管理，担保の実行をとりまとめて行うことになるが，受益権は複数の債権者に分割することができるし，受益権を譲渡することにより受益権に表章された持分的担保権を譲渡することができるので，担保権そのものの共有・譲渡に伴う複雑な手続きを回避することができる。また，受益者相互間で優先順位や受益権の内容等を，担保であるという制約の範囲で自由に設定することができる。

---

[699]　詳細な議論は，道垣内 69 頁，詳細は新井 150 頁以下，山田［2007］，谷笹［2007］等を参照のこと。

4 多数債権者のための物的信用補完　583

図127　セキュリティートラストの仕組み

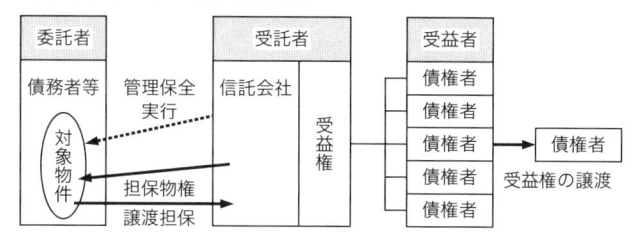

[図：委託者（債務者等）─対象物件 ← 管理保全実行 ── 受託者（信託会社）─受益権 → 受益者（債権者×5）；担保物権／譲渡担保；債権者→受益権の譲渡]

(b)　セキュリティートラストの効用

17-64　セキュリティートラストは，①シ・ローンのように多数債権者が関与するため担保を共有しながらも統一的な取扱いが必要な場合（¶11-38）[700]，②手形や電子記録債権のように物的担保を有価証券に表章させることができないものについて保有者に担保の利益を及ぼす場合，③同様に被担保債権が転々流通するので担保の随伴性をより確実にするニーズがある場合，④担保管理や実行に専門性が要求される場合等に活用されるものと考えられる。

17-65　**担保としての信託とセキュリティートラスト**　セキュリティートラストは信託行為において担保権の設定を行うことにより受託者に原始的に担保権を取得させる仕組みである。この場合，受益権の内容は受託者が名義的に保有する担保権に対する持分権を表章することになる。これに対し，委託者である債務者が担保対象財産を受託者に譲渡した上で，受益権を債権者受益権と債務者受益権に分割し，債権者受益権を，「一定事由が生じた場合には，受託者が信託財産の換価代金や信託財産からの収入を債務の弁済に充てる」という内容にすれば，債権者受益権は実質的に担保権と同様の経済的機能を果たすことになる[701]。こうした信託をセキュリティートラストとは区別して

---

[700]　2008年1月に三井住友銀行がはじめてシ・ローンに利用したと報道されている（2008年1月31日付け日経金融新聞）。

[701]　より厳密にいえば「第1に，被担保債権が存在し，一定の事由が発生するまでは，当該被担保債権に対する弁済は，債務者の資産（債務者が受託者を兼ねるときは，債務者の固有財産）からなされ，第2に，一定の事由が発生したときは，債務者への給付が信託財産によって行われ，それにより，被担保債権が消滅する」という内容にした場合に，一般的な意味における担保権と同じになる（道垣内［2007］26頁）。逆に言えば，これと異なる内容にすれば伝統的な担保権とは異なる内容の信用補完をテーラーメードで創り出すことができる。たとえば，

「担保としての信託（trust as security）」という[702]。

(2) 担保付社債信託

17-66 設問のように，同様の問題は社債においてより鮮明になる。特に，戦前外資調達が必須であった時代に，外債発行のために欧米にならった担保社債発行の仕組みをとりあえず用意する必要が生じた。そこで，基本法である信託法が立法される大正11年よりもずっと以前の明治38年に**担保付社債信託法**が制定された。実務のニーズに基づいて特別法が一般法に先だって生まれたわけである。

17-67 担保付社債信託の基本的な構造はセキュリティートラストと同じである。発行体が委託者となり，受託者である信託会社（実際には担保附社債信託を業として引き受けることを許された銀行）との間で，社債権者を受益者とする信託契約を締結し，委託者が受託者に対して設権的に物的担保権を設定する。そして，受託会社は総社債権者のために担保権者となり，発行体が債務不履行に陥ったときは，社債権者のために担保から満足を受けることを中心とした保全業務を行い，その効果を受益者である社債権者に帰属させる。

17-68 わが国では，証券市場が未成熟であったことから，比較的最近まで，社債制度への信頼を確保するために，社債には不動産担保を付すことが原則とされてきた（**有担保原則**）[703]。しかし，今日社債はむしろ無担保債が原則となってきている。担保付社債信託法は2006年の信託法改正時に大幅に改正され，限定列挙であった担保種類の制約が取り払われ自由度が飛躍的に増大

リーガルディフィーザンス（¶16-29）において信託を利用する場合も信託財産を信用補完として利用してはいるが，その目的は一般的な意味における担保ではなく，債務者とは分離独立した引当財産を作り出すことにある（第1の要件を欠く）。信託を利用した信用補完の仕組みが「担保としての信託」なのか，倒産隔離を認めるべきより強力な仕組みなのかは，特に倒産手続きにおいて非常に大きな差につながる。一般論としては，まずは信託契約の内容に従った上で，信託の内容・目的が第三者にどのように公示されていたかを考慮して最終的な判断を行うことになろう。

702) 信託が担保的機能を果たす場合の概観について，能見［2007］。担保としての信託について検討したものとして，道垣内［2007］。

703) 無担保社債は，1970年代に入り，まず転換社債について認められたが，完全な無担保普通社債の発行が認められたのは1985年（TDK債）である。

している。今後，担保付社債をどのような金融手法として位置付けていくべきかが問われる時代になっているといえよう。

参照文献等

＜引用文献一覧＞

相澤ほか	相澤哲＝葉玉匡美＝郡谷大輔編著『論点解説新・会社法―千問の道標』(2006)
新井・コンメ	新井誠監修＝鈴木正具＝大串淳子編集『コンメンタール信託法』(ぎょうせい, 2008)
池尾	池尾和人＝財務省財務総合政策研究所編著『市場型間接金融の経済分析』(日本評論社, 2006)
池田［2008］	池田唯一他『逐条解説　2008年金融商品取引法改正』(商事法務, 2008)
池田［2009］	池田唯一他『逐条解説　2009年金融商品取引法改正』(商事法務, 2009)
池田ほか	池田真朗・小野傑・中村廉平編『電子記録債権法の理論と実務』(経済法令研究会, 2008)
石田	石田文次郎『投資抵当権の研究』(有斐閣, 1932)
イスラム金融検討会	イスラム金融検討会編著『イスラム金融――仕組みと動向』(日本経済新聞出版社, 2008)
伊藤マクロ	伊藤元重『マクロ経済学』(日本評論社, 2002)
今川	今川嘉文『事業承継法の理論と実際』(信山社, 2009)
岩村	岩村充『企業金融講義』(東洋経済新報社, 2005)
上柳・大森	上柳敏郎＝大森泰人編著『逐条解説貸金業法』(商事法務, 2008)
ウェングラー（鮫島訳）	ジョン・ウェングラー著・鮫島隆太郎訳『電力取引とリスク管理』(エネルギーフォーラム, 2003)
内田［2009］	内田貴『債権法の新時代―「債権法改正の基本方針」の概要』(旬刊商事法務, 2009)
江頭・コンメ1	江頭憲治郎編『会社法コンメンタール　1　総則・設立(1)』(2008)
大垣［2008］	大垣尚司「サブプライム問題と市場化経済―問題の構造と日本へのインプリケーションに関する覚え書」証券アナリストジャーナル2008.3, 34頁-44頁
大蔵	大蔵財務協会編『〔新訂〕実例問答式貸金業法のすべて』(大蔵財務協会,

	1998)
大塚	大塚直『環境法〔第2版〕』（有斐閣，2006）
鴻・社債	鴻常夫『社債法』（有斐閣，1976）
奥田ほか	奥田英信＝三重野文晴＝生島靖久『開発金融論』（日本評論社，2006）
奥村	奥村宏『粉飾資本主義──エンロンとライブドア』（東洋経済新報社，2006）
小野	小野有人『新時代の中小企業金融』（東洋経済新報社，2007）
会計審［2009］	企業会計審議会「わが国における国際会計基準の取扱いに関する意見書（中間報告）」（2009年6月30日）
加賀山＝竹内［1990］	加賀山茂＝竹内尚寿「逸失利益の算定における中間利息控除方式の問題点について」判タ714号（1990）17頁以下
香川	香川保一『特殊担保』（金融財政事情研究会，1963）
金子［2002］	金子宏「部分貸倒れの損金算入──不良債権処理の一方策」ジュリ1219号115頁以下
河合＝糸田	河合祐子＝糸田真吾『クレジット・デリバティブのすべて〔第2版〕』（財経詳報社，2007）
川村	川村正幸編『金融商品取引法〔第2版〕』（中央経済社，2009）
河本	河本一郎『現代会社法〔新訂第九版〕』（商事法務，2004）
河本＝大武	河本一郎＝大武泰南『金融商品取引法読本』（有斐閣，2008）
神崎ほか	神崎克郎＝志谷匡史＝川口恭弘『証券取引法』（青林書院，2006）
神田［1998］	神田秀樹「一括清算法の成立」金法1517号18-21頁
神田［2002］	神田秀樹「債務の株式化（デット・エクイティー・スワップ）」ジュリスト1219号30頁
神田ほか	神田秀樹＝阿部泰久＝小足一寿『新信託業法のすべて』（金融財政事情研究会，2005）
神田・大崎	神田秀樹＝大崎貞和編『上級商法　ファイナンス編〔第3版〕』（商事法務，2006）
企業法制研［2003］	「企業法制研究会（担保制度研究会）報告書──『不動産担保』から『事業の収益性に着目した資金調達』へ」（経済産業政策局産業組織課，2003），（http://www.meti.go.jp/report/data/g30128aj.html で取得可能）

岸田	岸田雅雄『ゼミナール会社法入門〔第6版〕』（日本経済新聞, 2006）
岸本［2007］	岸本雄次郎「信託と信託類似制度」，新井誠編著『新信託法の基礎と運用』（日本評論社, 2007）128頁以下
北村＝吉田	北村歳治＝吉田悦章『現代のイスラム金融』（日経BP社, 2008）
木村	木村温人『現代の地域金融』（日本評論社, 2004）
京都議定書法的論点報告	京都議定書に基づく国別登録簿の在り方に関する検討会報告「京都議定書に基づく国別登録簿制度を法制化する際の法的論点の検討について」（2006年1月）
金制答申	金融制度調査会答申「民間住宅金融のあり方について」（1973年12月25日）
金取六法	神田秀樹編「金融取引小六法［2010年版］」（経済法令, 2009）
金融再生［1999］	金融再生委員会「資本増強に当たっての償却・引当についての考え方」（1999年1月25日）
金融審［2004］	金融審議会金融分科会第二部会「自己資本比率規制における繰延税金資産に関する算入の適正化および自己資本のあり方について」（2004年6月22日）
金融審［2007］	金融審議会金融分科会第一部会報告「わが国金融・資本市場の競争力強化に向けて」（2007年12月18日）
金融審［2009］	金融審議会金融分科会第二部会「資金決済に関する制度整備について――イノベーションの促進と利用者保護」（2009年1月14日）
金融取とりまとめ	株式会社東京金融取引所「OTCデリバティブ取引のクリアリング制度に係る検討会とりまとめ」（2009年4月15日），(http://www.tfx.co.jp/newsfile/09/20090415info.html で取得可能)
金融法委員会［1999］	金融法委員会「金融デリバティブ取引と賭博罪に関する論点整理」（1999・11・29）
金融法委員会［2001］	金融法委員会「責任財産限定特約に関する中間論点整理」（2001・10・1）
金融法委員会［2004］	金融法委員会「デット・エクイティー・スワップの商法上の取扱いについて」（2004・7・28）
金融法委員会［2005］	金融法委員会「保証社債の法的問題に関する中間論点整理」（2005・10・20）

金融法委員会 ［2009］	金融法委員会「論点整理：シンジケートローン取引におけるアレンジメントフィーと利息制限法および出資法」(2009・6・22)
草野	草野耕一『金融課税法講義』(商事法務, 2009)
久保田 ［1993］	久保田政純『企業審査ハンドブック』(日本経済新聞社, 1993)
久保田 ［2006］	久保田政純『実務家のためのキャッシュフロー分析と企業価値評価』(シグマベイスキャピタル 2006)
黒崎ほか	黒崎卓=山形辰史『開発経済学―貧困削減へのアプローチ』(日本評論社, 2003)
黒田	黒田晁生『入門金融〔第4版〕』(東洋経済新報社, 2006)
経済学事典	伊東光晴編『岩波現代経済学事典』(岩波書店, 2004)
小出	小出卓哉『逐条解説信託業法』(清文社, 2008)
小早川	小早川光郎『行政法(上)』(弘文堂, 1999)
小林	小林秀之『新破産から民法がみえる』(日本評論社, 2006)
コベナンツ研究会	コベナンツ研究会『コベナンツ・ファイナンス入門』(金融財政事情研究会, 2005)
小山	小山嘉昭『詳解銀行法』(金融財政事情研究会, 2004)
近藤 ［1952］	近藤道生『長期信用銀行』(大蔵財務協会, 1952)
斎藤 ［1973］	全国銀行協会連合会業務副部長 斉藤実「おどり利息の廃止について」金融法務事情 No.697 (1973), 12-14頁
酒井	酒井栄治『工場抵当法』(第一法規, 1988)
櫻井ほか	櫻井通晴監修=谷守正行編著=髙木貞樹=西田文博『金融機関のための管理会計』(同文館出版, 2002)
佐藤	佐藤一雄『不動産証券化の実践 完全版』(ダイヤモンド社, 2004)
佐藤哲	佐藤哲治編著『よくわかる信託法』(ぎょうせい, 2007)
佐藤ほか	佐藤正謙監修 菅原雅晴=丸茂彰=金川創=宮内佐和子著『シンジケートローンの実務』(金融財政事情研究会, 2007)
塩野ほか	塩野宏=日本銀行金融研究所編『日本銀行の法的性格』(弘文堂, 2001)
潮見	潮見佳男『債権総論II〔第2版〕』(信山社, 2001)
四宮	四宮和夫『信託法〔新版〕』(有斐閣, 1989)
芝池	芝池義一『行政法総論講義〔第4版補訂版〕』(有斐閣, 2006)
資本市場研	神田秀樹編 財団法人資本市場研究会『徹底討論 株式持合解消の理論と

	実務』（財経詳報社，2001）
証取審［2005］	証券取引審議会「店頭特則市場の株式公開制度等の在り方について」（2005.9.29）
信託と倒産	「信託と倒産」実務研究会編『信託と倒産』（商事法務，2008）
杉本ほか	杉本浩一＝福島良治＝若林公子『スワップ取引のすべて〔第3版〕』（金融財政事情研究会，2007）
鈴木・物権	鈴木禄弥『物権法講義［5訂版］』（創文社，2007）
鈴木［1992］	鈴木禄弥『物的担保制度の分化』（創文社，1992）
砂川ほか	砂川伸幸＝川北英隆・杉浦秀徳『日本企業のコーポレートファイナンス』（日本経済新聞，2008）
関・手形	関俊彦『金融手形小切手法［新版］』（商事法務，2003）
租税百選	水野忠恒＝中里実＝佐藤英明＝増井良啓『租税判例百選［第4版］』（有斐閣，2005）
大系Ⅱ	江頭憲治郎＝門口正人ほか編『会社法大系　株式・新株予約権・社債　第2巻』（青林書院，2008）
対策3	五味廣文＝中務嗣治郎＝神田秀樹＝川田悦男監修『銀行窓口の法務対策3800講Ⅲ』（金融財政事情研究会，2009）
高木1	高木多喜男『金融取引の法理　第1巻』（成文堂，1996）
高野	高野一郎『会社法実務ハンドブック』（中央経済社，2006）
高橋	高橋康文『詳説資金決済に関する法制』（商事法務，2010）
橘木＝長久保	橘木俊詔・長久保僚太郎「株式持合いと企業行動」大蔵省財政金融研究所「フィナンシャル・レビュー」（1997・11），http://www.mof.go.jp/f-review/fr_list3.htm で入手可能。
田中［2002］	田中輝夫「クレジット・デフォルト・スワップの法的問題」金法1655号（2002）
谷笹［2007］	谷笹孝史「セキュリティー・トラストの利用に際して留意すべきポイント」金法1819号（2007）
団藤	団藤重光『法学の基礎［第2版］』（有斐閣，2007）
地銀協	地銀協事務局編『新・地方銀行読本』（金融財政事情研究会，2006）
逐条会社2	酒巻俊雄・龍田節編集代表『逐条解説会社法』第2巻（中央経済社，2008）

チャンセラー	エドワード・チャンセラー著（山岡洋一訳）『バブルの歴史』（日経 BP 社，2000）
注釈会社 10	上柳克郎＝鴻常夫＝竹内昭夫編集代表『新版注釈会社法(10)　社債(1)』（有斐閣，1988）
中央三井 TH	中央三井トラスト・ホールディングス『詳解排出権信託』（中央経済社，2008）
筒井	筒井義郎『金融』（東洋経済新報社，2001）
出縄	出縄良人監修『グリーンシート株式公開実務マニュアル』（中央経済社，2004）
都井	都井清史『金庫株を活用した事業承継相続対策［三訂版］』（税務研究会出版局，2008）
道垣内 [2001]	道垣内弘人「資産担保証券と貸金業規制法」高木多喜男先生古稀記念『現代民法学の理論と実務の交錯』（成文社，2001）169 頁以下
道垣内 [2007]	道垣内弘人「担保としての信託」金法 1811 号（2007 年）26 頁以下
道垣内 [2008]	道垣内弘人「金融取引にみる契約法学の再検討の必要性――社債の保証形態を中心に」『企業金融手法の多様化と法』（日本評論社，2008）85 頁以下
徳島	マネタリー・アフェアーズ，現代社債投資研究会編著，徳島勝幸監修『現代社債投資の実務〔第 3 版〕』（財形詳報社，2008）
富田	富田俊基『国債の歴史』（東洋経済新報社，2006）
友野	友野典男『行動経済学――経済は「感情」で動いている』（光文社新書，2006）
中野	中野貞一郎『民事執行法［増補新訂 5 版］』（青林書院，2006）
中野ほか	中野通明＝宍戸善一編『M&A ジョイント・ベンチャー』（日本評論社，2006）
西村＝松崎	西村善朗＝松崎為久『DES 活用の実務 Q&A』（清文社，2004）
西村総合下	西村総合法律事務所『ファイナンス法大全下』（商事法務，2003）
西村ときわ	西村ときわ法律事務所編『新会社法実務相談』（商事法務，2006）
西村ときわ・手引	西村ときわ法律事務所編『資産・債権の流動化・証券化』（金融財政事情研究会，2006）
日銀金融研究所	日本銀行金融研究所編『新しい日本銀行――その機能と業務〔増補版〕』

	（有斐閣，2004）（http://www.imes.boj.or.jp/japanese/fpf.html で入手可能）
日弁連	日本弁護士連合会調査室編著『条解弁護士法［第4版］』（弘文堂，2007）
日長銀	日本長期信用銀行『日本の金融資産証券化の手法』（日本経済新聞社，1993）
能見・信託	能見善久『現代信託法』（有斐閣，2004）
能見［2007］	能見善久「新信託法とその利用―担保的利用を中心に 総論」金法1811号（2007年）8頁以下
野村ほか	野村豊広＝栗田哲男＝池田真朗＝永田眞三郎『民法Ⅲ 債権総論〔第3版〕』（有斐閣，2005）
バスキンほか（青山監訳）	J.B. バスキン＝P.J. ミランティ著（青山英男監訳）『ファイナンス発達史』（文真堂，2005）
八田	八田達夫『ミクロ経済学Ⅰ』（東洋経済新報社，2008）
服部	服部茂幸『貨幣と銀行――貨幣理論の再検討』（日本経済評論社，2007）
日向野	日向野幹也『金融・証券市場――情報化と審査能力』（新世社，1995）
樋口	樋口範雄『入門 信託と信託法』（弘文堂，2007）
土方	土方薫『電力デリバティブ』（シグマベイスキャピタル，2004）
日野・金融法	日野正晴『ベーシック金融法 規制と会計』（中央経済社，2005）
日野・金商法	日野正晴『詳解金融商品取引法〔第2版〕』（中央経済社，2009）
氷見野	氷見野良三『［検証］BIS規制と日本』（金融財政事情研究会，2003）
平出	平出慶道『手形法小切手法』（有斐閣，1990）
平出ほか	平出慶道＝山本忠弘編『企業法概論Ⅱ』（青林書院，2003）
藤瀬［2008-1］	藤瀬裕司「一般社団・財団法人法の施行と証券化スキームへの影響(上)」NBL 890号（2008）64頁以下
藤瀬［2008-2］	藤瀬裕司「一般社団・財団法人法の施行と証券化スキームへの影響(下)」NBL 891号（2008）74頁以下
藤田	藤田正幸『エンロン崩壊』（日本経済新聞社，2003）
福島	福島良治『デリバティブ取引の法務と会計・リスク管理［第2版］』（金融財政事情研究会，2008）
野村	野村資本市場研究所編著『変革期の地方債市場』（金融財政事情研究会，2007）

平野	平野英則『よくわかるシンジケートローン』(金融財政事情研究会, 2007)
平野 [2006]	平野裕之「経営指導念書—その法的効力」伊藤進先生古稀記念『担保制度の現代的展開』(日本評論社, 2006) 226 頁以下
評価ガイドライン	日本公認会計士協会編『企業価値評価ガイドライン』(清文社 2007)
藤原	藤原総一郎『DES・DDS の実務』(金融財政事情研究会, 2005)
船橋	船橋健二『社債資本の研究』(千倉書房, 2001)
真壁ほか	真壁昭夫＝玉木伸介＝平山賢一『国債と金利をめぐる 300 年史』(東洋経済新報社, 2005)
三ケ月	三ケ月章『法学入門』(弘文堂, 1982)
水島	水島廣雄『特殊担保法要義〔増補〕』(八千代出版, 1991)
みずほ総研	みずほ総合研究所『エンロンワールドコムショック』(東洋経済新報社, 2002)
みずほ銀行ほか	みずほ銀行証券業務部・みずほインベスターズ証券公開引受部『株式上場の実務〔改訂版〕』(金融財政事情研究会, 2009)
水元	水元明俊「シンジケート・ローンと利用者保護——情報の非対称性をテーマとして」金法 1850 号 (2008) 49-62 頁
三菱総研	三菱総合研究所編『排出量取引入門』(日本経済新聞, 2008)
三菱 UFJ 信託	三菱 UFJ 信託銀行編著『信託の法務と実務 [5 訂版]』(金融財政事情研究会, 2008)
三輪ほか	三輪芳郎＝神田秀樹・柳川範之『会社法の経済学』(東京大学出版会, 1998)
民法争点	内田貴＝大村敦志編『民法の争点』(有斐閣, 2007)
村本	村本孜『リレーションシップ・バンキングと金融システム』(東洋経済新報社, 2005)
村本 [2007]	村本孜「協同組織金融機関の理論的考察」安田ほか 81 頁以下
森生	森生明『会社の値段』(ちくま新書 2006)
安田ほか	安田原三＝相川直之＝笹原昭五『いまなぜ信金信組か』(日本経済評論社, 2007)
弥永 [2005]	弥永真生「クレジット・デリバティブと賭博」筑波法政 39 号 (2005) 1-27 頁
山口ほか	山口喜一＝南条善治＝重松峻夫＝小林和正『生命表研究』(古今書院,

	1995)
山下	山下友信『保険法』（有斐閣，2005）
山田 [2002]	山田誠一「責任財産限定特約」『新しい企業金融の取引法的研究』ジュリ 1217号（2002）47頁以下
山田 [2007]	山田誠一「セキュリティー・トラスト」（金融法学会第24回大会資料）金法1811号（2007）16頁以下
山本 [2002]	山本克己「債権劣後化の約定と倒産処理手続—立法論的検討」『新しい企業金融の取引法的研究』ジュリ1217号（2002）53頁以下
吉川	吉川武男『金融機関のABCマネジメント』（東洋経済新報社，1999）
里麻	里麻克彦『金融経済論』（税務経理協会，2001）
我妻	我妻栄『近代法における債権の優越的地位 [Student Edition]』（有斐閣，1986 [原1953]）
我妻講義4	我妻栄『新訂 債権総論』（岩波書店，1964）
渡辺	渡辺裕泰『ファイナンス課税』（有斐閣，2006）
2008 中小企業白書	経済産業省「中小企業白書 2008年版」
Armendariz, et al	Beatriz Armendariz, Jonathan Morduch, The Economics of Microfinance (2005)
ARES	不動産証券化協会『不動産証券化ハンドブック 2008-2009』(2008)
Bainbridge	Stephen M. Bainbridge, Corporate Law 2nd ed. (2009)
Bardhan, et al	Pranab Bardhan, Christopher Udry Development Microeconomics（福井清一=不破信彦=松下敬一郎『開発のミクロ経済学』東洋経済新報社，1999）
Berle=Means	A.A. Berle, G.C. Means, The Modern Corporation & Private Property (1932, 訳 北島忠男『近代株式会社と私有財産』文雅堂銀行研究社，1957)
Black's	Bryan A. Gardner, ed. Black's Law Dictionary [8th ed.] (2004)
Brealey-Myers	Richard A. Brealey, Stewart C. Myers, Franklin Allen, Principles of Corporate Finance [9th ed.] (2008)，訳書：藤井眞理子=国枝繁樹監訳 [第8版]『コーポレートファイナンス上・下』(2007，日経BP社)
Dieckmann	Raimar Dieckmann, Microfinance: An emerging investment oppor-

	tunity - Uniting social investment and financial returns, Deutsche Bank Research (12, 2007)（世銀 MFHP でダウンロード可能）
Galbraith	J. K. Galbraith, A Short History of Financial Euphoria (1990)（鈴木哲太郎訳『[新版] バブルの物語』2008）
Haas	Jeffrey J. Haas, Corporate Finance in A Nutshell (2004)
Khandker, et al.	S. Khandker, B Khalily, Z Khan, Grameen Bank: Performance and Sustainability, World Bank Discussion Paper No. 306, World Bank, 1995.（世銀 MFHP でダウンロード可能）
Ledgerwood	Joanna Ledgerwood, Microfinance Handbook: an institutioan and financial perspective, The World Bank, 1999（世銀 MFHP でダウンロード可能）
MBO 指針	経済産業省「企業価値の向上および公正な手続確保のための経営者による企業買収（MBO）に関する指針」(2007・9・4), (http://www.meti.go.jp/press/20070904004/20070904004.html で入手可能)
Mugasha	Agasha Mugasa, The Law of Multi-Bank Financing - Syndicated Loans and the Secondary Loan Market (2007)
Norman	David James Norman, The Definitive Guide to Contracts for Difference (2009)
Rappaport	Alfred Rappaport, Creating Shareholder Value, revised ed. (1998)
Rosenberger	Homer Tope Rosenberger, The Philadelphia And Erie Railroad (1975)
Stewart	G. Bennett Stewart, III, The Quest for Value (1991)
Tavekoli	Janet M. Tavakoli, Credit Derivatives & Synthetic Structures, 2nd ed. (2001)
Taylor et al.	Allison Taylor, Alicia Sansone, ed., The Handbook of Loan Syndication & Trading (2007)
Wood 3	Philip R. Wood Law and Practice of International Finance, Vol.3 - International Loans, Bonds, Guarantees, Legal Opinions [2nd ed.] (2007)
WG 報告	金融審議会集団投資スキームに関するワーキンググループ報告「横断的な集団投資スキームの整備について」（平成 11 年 11 月 30 日）

VM	池田真朗編著『民法 Visual Materials』（有斐閣，2008）

<その他の法令など＞

BIS 告示	銀行法第 14 条の 2 の規定に基づき，銀行がその保有する資産等に照らし自己資本の充実の状況が適当であるかどうかを判断するための基準を定める件（平成 18・3・27 金融庁告示 19 号，http://www.fsa.go.jp¥policy¥basel_ii¥index.html で取得可能）
FASB	Financial Accounting Standards Board, Statements of Financial Accounting Standards（http://www.fasb.org/st/ で取得可能）
IAS	International Accounting Standard Committee, International Accounting Standards（国際会計基準，http://www.iasb.org/IFRSs/IFRS.htm で取得可能。注 38 参照）
IFRS	International Accounting Standard Board, International Financial Reporting Standards（国際財務報告基準，http://www.iasb.org/IFRSs/IFRS.htm で取得可能。注 38 参照）
JCPA	日本公認会計士協会監査委員会報告第 61 号「債務保証および保証類似行為の会計処理および表示に関する監査上の取扱い」（1999 年 2 月 22 日）
R&I・持株	株式会社格付投資情報センター「純粋持株会社の格付の考え方」（2009 年 4 月公開，http://www.r-i.co.jp/jpn/rating/rating/ methodology.html#01 で取得可能）
SL ひな形	https://www.jsla.org/ud0200.php において公開されているシ・ローンの契約書ひな形の中の「タームローン雛形契約書」。
京都議定書	United Nations, Kyoto Protocol to The United Nations Framework Convention on Climate Change (1998)（英語原文は http://unfccc.int/kyoto_protocol/items/2830.php で，邦訳は http://www.env.go.jp/earth/ondanka/cop.html で取得可能）
金融検査マニュアル	金融庁「金融検査マニュアル」（http://www.fsa.go.jp/common/law/index.html で取得可能）
金融検査マニュアル（中小企業）	金融庁「金融検査マニュアル別冊［中小企業融資編］」（http://www.fsa.go.jp/common/law/index.html で取得可能）

金融商品会計基準	企業会計基準委員会・企業会計基準第 10 号「金融商品に関する会計基準」
債権法改正方針	民法(債権法)改正検討委員会「債権法改正の基本方針」(平成 21 年 3 月 31 日)、NBL 904 号(商事法務、2009 年 5 月)
主要行指針	金融庁「主要行等向けの総合的な監督指針」(平成 20・3、http://www.fsa.go.jp/common/law/guide/city/index.html で取得可能)
譲渡ひな形	https://www.jsla.org/ud0200.php において公開されている「貸付債権の売買にかかる契約書」。
譲渡ひな形(問題)	https://www.jsla.org/ud0200.php において公開されている「貸付債権の売買にかかる契約書(問題債権用)」。
中小会計指針	日本公認会計士協会、日本税理士会連合会、日本商工会議所、企業会計基準委員会「中小企業の会計に関する指針」、https://www.asb.or.jp/asb/asb_j/press_release/domestic/sme8/ で取得可能。
中小会計指針チェックリスト	日本税理士会連合会「中小企業の会計に関する指針」の適用に関するチェックリスト」、日税連 HP で取得可能。
中小地域指針	金融庁「中小・地域金融機関向けの総合的な監督指針」(平成 20・3、http://www.fsa.go.jp/common/law/guide/chusho/index.html で取得可能)
東証業務規程、東証上場規程	東京証券取引所業務規程、有価証券上場規程 (http://www.tse.or.jp/rules/regulations/index.html で取得可能)
東証通知 [2008]	東京証券取引所「株式併合に際しての投資者保護上の留意事項について」(平成 20・2・18)
日証協引受規則	日本証券業協会「有価証券の引受け等に関する規則」(http://www.jsda.or.jp/html/kisoku/index.html で取得可能)
不公正取引告示	不公正な取引方法(昭和 57・6・18 公正取引委員会告示第 15 号、http://www.jftc.go.jp/dk/fukousei.html で取得可能)

<インターネットサイト (2010.4 現在)>

EDINET・HP	http://info.edinet-fsa.go.jp/
ICE 社 HP	https://www.theice.com/ice_trust.jhtml

JSLAHP 1	https://www.jsla.org/ud0200.php
JSLAHP 2	https://www.jsla.org/ud030a.php
NSD社HP	http://nsd.sr-s.co.jp/9759/index.html
SR社HP	http://www.sr-s.co.jp/product/goodp/index.html
エイプロシスHP	http://www.aprosis.com/support/club.html
卸電力HP	http://www.jepx.org/
株主優待HP	http://money.www.infoseek.co.jp/MnStock/yranking_y.html
企業年金HP	http://www.mhlw.go.jp/topics/bukyoku/nenkin/nenkin/kigyounenkin.html
共同発行HP	http://www.kyodohakko.jp/
金融庁HP・BR	http://www.fsa.go.jp/policy/br-pillar4/index.html
金融庁HP・中小	http://www.fsa.go.jp/policy/chusho/index.html
国別登録簿HP	http://www.registry.go.jp/
経産省HP	経済産業省「投資事業有限責任組合契約に関する法律（LPS法）について」(http://www.meti.go.jp/policy/sangyou_kinyuu/kumiaihou.htm)
財務省HP 1	http://www.mof.go.jp/jouhou/syuzei/siryou/kinyu/kabu02.htm
財務省HP 2	http://www.mof.go.jp/jouhou/kokusai/ bukkarendou/inflationindexed.htm
財務省HP 3	http://www.mof.go.jp/jouhou/syuzei/kaisetsu21/index.html
財務省HP 4	http://www.mof.go.jp/jouhou/zaitou/investor.htm
世銀MFHP	http://www.microfinancegateway.org/
世銀MFHP・FAQ	http://www.microfinancegateway.org/section/faq
大証HP	大阪証券取引所「ベンチャーファンド市場」(http://www.ose.or.jp/stocks/ind_vf.html)
中企庁HP	http://www.chusho.meti.go.jp/zaimu/shoukei/index.html
TokyoAIM・HP	http://www.tokyo-aim.com/japanese/
東証HP・ETF	東京証券取引所「東証上場ETF一覧」(http://www.tse.or.jp/rules/etf/esguare.html)
東証HP・iTraxx	「CDS（信用リスク）ベンチマーク情報」http://www.tse.or.jp/market/data/credit/index.html

東証 HP・モック	「公表措置の実施—㈱モック」http://www.tse.or.jp/news/200709/070907_c.html
日税連 HP	http://www.nichizeiren.or.jp/taxaccount/indicator.html
野村 HP	http://qr.nomura.co.jp/jp/index.html
保振 HP	http://www.jasdec.com/index.html
預保 HP	http://www.dic.go.jp/hoken/suii.html

事 項 索 引

【アルファベット】

ABC	注234
ALM	¶8-47, ¶9-103, ¶12-65
BIS 規制	¶12-19
——における貸出金と自行預金の相殺	注210
——からみた融資枠契約	¶7-60
——とクリアリングハウス	¶15-36
——におけるコア預金の定義	¶8-58
BIS 対策	¶12-21
BIS II	¶12-20
bp	¶8-39
BPS	¶6-22
C&T 方式	¶3-40
CAPM	¶13-16
CDM	¶3-40
CDO	¶10-109, ¶12-40
CDS	¶16-47
CEO	¶2-18
CFO	¶2-22
CIV	¶14-1, ¶14-36
CLO	¶12-40
convergence	¶1-7, ¶2-31
COO	¶2-18
CP	¶10-40
CP バックアップライン	¶7-59, 注213
CRE	注551
CRM	¶12-40
CSR	¶2-2
CSR 型株主優待制度	¶4-44
Deferred Annuity	注580
DES	¶6-56
——債権者側の取扱い	¶6-59
——債務者側の取扱い	¶6-58
——と株式消却	¶6-60
——と金融機関の支配規制	¶6-61
——の法技術	¶6-57
DSCR	¶15-12, 注200
EBITDA	注200
EDINET	注383
EPS	注159
——の希釈化	注159
ETF	¶14-32
——の特例	注543
EVA	¶6-10
explected loss, EL	¶8-35
FAS	¶2-30
FA 債	¶10-75
FTD	¶16-52
GMS（量販店）	注280
IAS	¶2-31
information memorandum	注377
IPO	¶5-25
——における過小評価の問題	¶6-25
IRR	¶5-48
J-REIT	¶14-39, 注502
JSLA プライシングマトリクス	¶12-82
LBO ファンド	注522
LIBOR	¶8-19
M&A	¶4-52
MBO	¶2-13
MM の配当・株価の無関連命題	注509
MM 理論	¶3-13, ¶7-15
Money-in/Money-out の原則	¶5-2
MTN と発行登録制度	¶10-96
MTN プログラム	¶10-96
NIF	¶10-96
NOPAT	注156
notional amount	注243
NPO バンク	¶9-49
NPO 法	注286
NPV	¶5-48, ¶7-20
offering circular	注377

OTC	¶10–13
PBR	¶5–44
penny stock	¶6–69
PER	¶5–45
PIK	¶4–28, ¶5–18
prospectus	¶10–82
PTS	¶10–108
PTS	¶5–55
QOL	¶1–8
REIT	¶14–35
RMBS	¶12–17
RoA	¶3–4
RoA・RoE・レバレッジ比率の関係	¶3–6
RoE	¶3–4, ¶7–19
RoE、PBR、PER の関係	¶5–46
SB（通常債）	¶10–50
Securities and Exchange Surveillance Commission, SEC	¶9–2
SPC	¶14–73
SPV	¶10–49, ¶17–24
SPV と優先劣後構造の併用	¶17–24
SRI	¶2–2
STD	¶16–54
stock dividend	¶6–67, ¶6–65
stock split	¶6–67, ¶6–64
STRIPS	注225
structured products	¶12–40
SVA	¶6–10
TIBOR	¶8–19
TK＋GK スキーム	¶14–73
TLO	¶9–86
TOB	¶4–52
TOKYO AIM	¶5–26
Trust Indenture Act of 1939	¶10–73
日本における Indenture Trust 的アレンジメント	¶10–69
Trust Indenture 契約	¶10–68, ¶16–23
two-way quote	¶10–84
unexpected loss, UL	¶8–36
Volatility	¶1–38
WACC	¶3–14, ¶6–9, ¶7–15, ¶7–18, ¶13–15
WTI	¶3–47

【あ行】

アービトラージ	¶3–24
相対市場	¶3–41
相対取引	¶5–37
愛馬会法人	注504
アウトライヤー基準	¶8–60
赤字国債	¶10–23, 注335
アクティブ運用	¶13–36
アップストリーム保証（upstream guarantee）	¶16–18
――固有の法律問題	注637
後落としによる片端計算	¶8–45
アナウンスメント効果	¶5–14, ¶6–24
負の――	¶6–24, ¶6–50, ¶10–28
アファーマティブ・コヴナンツ	注197
アレンジメントフィー	¶11–12
――の金額制限	注401
エージェントフィー	注402
アレンジャー	¶11–12
安全資産	¶13–32
安全利子率	¶13–16, ¶13–20
安定性改善措置	¶8–60
アンバンドリング	¶14–43
大手不動産業者と――	¶14–44
中堅不動産事業者と――	¶14–45
アンバンドリング型ビジネスモデル	注277
暗黙の政府保証	¶17–11
イールド	¶8–3
イールドカーブ	¶8–11
委員会設置会社	¶2–19
遺言信託	¶9–66
意思実現による契約成立	¶16–21
委託者	¶9–63
委託者指図型投資信託	¶14–24
――における投資家と委託者の関係	注537
委託者非指図型投資信託	¶14–56

1円起業 ……………………………… ¶4-11
1人発起 ……………………………… ¶4-8
一部貸倒の直接償却 ………………… 注481
一体型の規制構造 …………………… ¶3-30
一般貸倒引当金 ……………………… ¶12-51
一般先取特権 ………………………… 注667
一般担保権 …………………………… ¶17-8
　　──の発行体による証券化 ……… ¶17-12
一般のオプションと新株予約権の相違
　　点 …………………………………… 注166
委任状 ………………………… ¶2-16, ¶4-49
医療保険 ……………………………… ¶9-94
員外取引 ……………………………… ¶9-46
インカムゲイン ……………………… ¶14-33
インサイダー ………………………… ¶10-97
印紙税 ………………………………… ¶7-36
インストアブランチ（小売店舗内銀行
　　営業所）型 ………………………… ¶9-38
インターネット専業型（銀行業への新
　　規参入） …………………………… ¶9-39
インターバンク金利 ………………… ¶8-19
インターバンク市場 ………………… ¶8-19
インデックス型の法的位置付け …… 注661
インデックス ………………………… ¶13-35
インデックス型信用補完 …………… ¶16-45
インデックス債 ……………………… ¶10-55
　　株価インデックス金利と── …… ¶10-57
　　為替インデックス金利と── …… ¶10-57
　　市場インデックス連動型と── … ¶10-57
　　収益連動型── ……………………… ¶10-56
　　石油価格連動金利付社債と── … ¶10-56
　　物価連動国債── …………………… ¶10-56
　　利益参加型金利と── ……………… ¶10-56
インデックスファンド ……………… ¶13-37
ウェアハウジング …………………… 注493
内入 …………………………………… ¶7-32
売出し ………………………………… ¶6-37
運転資金ファイナンス ……………… ¶2-44
運用指示者 …………………………… ¶14-8
永久債 ………………………………… 注326

永久信託禁止の原則 ………… ¶14-26, 注540
営業 …………………………………… ¶2-3
　　──の意味 ………………………… 注301
営業循環過程 ………………………… ¶2-44
営業フリーキャッシュフロー ……… 注148
営利性 ………………………………… ¶2-4
エージェンシーコスト ……………… ¶2-25
エージェント ………………………… ¶11-13
エージェントフィー ………………… ¶11-13
エクイティー ………………………… ¶3-1
エスクロー業務 ……………………… ¶9-83
エスクロー口座（escrow account）
　　………………………………………… ¶15-15
エバーグリーン条項 ………………… 注218
縁故債 ………………………………… ¶10-29
エンジェル …………………………… ¶4-8
延滞債権 ……………………………… 注467
延滞利息 ……………………………… ¶7-35
黄金株 ………………………………… ¶4-56
オークション方式 …………………… ¶5-41
オープンエンド ………… ¶5-4, ¶5-5, ¶14-25
おどり利息 …………………… ¶8-45, 注240
オファー金利 ………………………… 注230
オフィサー …………………………… ¶2-19
オフショア市場 ……………………… 注439
オプション …………………………… ¶5-20
オフバランス化 ……………… ¶12-21, 注441
　　政府債務の── …………………… ¶10-28
オペレーティングレバレッジ ……… ¶3-8
オマケ（sweetener, equity kicker）
　　………………………………………… ¶10-39
卸電力取引所 ………………………… ¶3-48

【か行】

外貨建ての出資 ……………………… 注79
会計監査人 …………………………… ¶2-22
会計原則の変更と対策ファイナンス … ¶2-32
会計参与 ……………………………… ¶2-24
会計帳簿 ……………………………… ¶2-30
会計年度 ……………………………… ¶2-30

外国公共債 ……………………………	¶10-33
解散 …………………………………………	¶5-7
開示規制 …………………………………	¶10-93
――の例外 ………………………………	¶10-100
会社 …………………………………………	¶2-8
会社型投資ファンド …………………	¶14-27
回収率 ………………………………………	¶1-41
解体価値 …………………………………	¶7-12
カウベル効果 …………………………	¶9-7
カウンターパーティー	
…………………………	¶16-59, 注163, 注359
価格優先 …………………………………	¶5-41
掴取力 ………………………………………	¶7-8
格付機関の登場と統計的手法 ………	¶10-63
格付リリース ……………………………	¶10-82
格付機関 ……………………………	¶10-38, ¶10-59
格付への信頼 …………………………	¶10-64
家計 …………………………………………	¶2-5
貸金業法 …………………………………	¶8-69
――24条の規制 ………………………	¶12-78
貸金等根保証契約 …………………	¶4-5, ¶16-6
貸倒引当金 ………………………………	¶12-51
貸倒率と回収率 ………………………	¶8-34
貸出義務 …………………………………	¶7-29
貸出条件緩和債権 ……………………	注468
貸付信託 …………………………………	¶9-54
加重平均期間 …………………………	注398
加重平均資本コスト …………………	¶3-14
過少資本税制 …………………………	注70
課税繰延効果 …………………………	¶6-65
片端計算 …………………………………	¶8-45
課徴金制度 ………………………………	¶10-99
割賦代金債権 …………………………	¶8-4
合併（merger） ………………………	¶4-52
金繰りの分析 …………………………	¶7-21
カバー ………………………………………	¶1-36
カバードボンド ………………………	¶10-48
株価	
――と長期金利 ………………………	¶8-22
――の希釈化 …………………………	¶6-22

株券等の保管および振替に関する法律	
…………………………………………	¶5-36
株式 …………………………………………	¶4-22
株式会社 …………………………………	¶2-14
株式交換・移転 ………………………	¶9-27
株式配当 …………………………………	¶6-65
株式分割 …………………………………	¶4-30
株式分割 …………………………	¶6-63, ¶6-65
――と株式無償割当の制度上の差異	
………………………………………………	注177
株式併合 …………………………………	¶6-68
――と新株予約権の併用 …………	¶6-71
株式無償割当 ………………………	¶4-30, ¶6-66
株式持合 …………………………………	¶6-53
株主関係事業トラッキングストック …	¶4-41
株主間契約 ………	注34, 注131, ¶5-21, ¶14-63
株主資本の成長額 ……………………	¶6-9
株主証明書 ………………………………	¶5-34
株主総会 …………………………………	¶2-16
株主平等の原則 ………………………	¶2-16
株主優待 …………………………	¶4-42, ¶4-43
株主割当増資 …………………………	¶6-29
株主割当の損得 ………………………	¶6-30
貨幣乗数 …………………………………	注267
借入実行通知 …………………………	¶7-58
借入申込 …………………………………	¶7-31
借入申込書 ………………………………	¶7-46
借方と貸方 ………………………………	¶2-34
為替手形 …………………………………	注423
簡易保険 …………………………………	¶9-101
環境事業連動トラッキングストック …	¶4-41
監査法人 …………………………………	¶2-22
監査役 ……………………………………	¶2-21
幹事会社 …………………………………	¶6-39
幹事証券会社の意義 …………………	注164
幹事手数料 ………………………………	¶6-39
間接型証券投資 ………………………	¶11-5
間接金融 ……………………………	¶7-2, ¶9-4
間接金融機関 …………………………	¶9-4
――としての信託銀行 ……………	¶9-73

——と情報生産 ……………………… ¶9-6
間接償却 …………………………… ¶12-51
完全市場の前提 …………………… ¶13-10
観念の通知 …………………………… 注447
かんぽ生命保険株式会社 ………… ¶9-101
元本 ………………………………… ¶8-5
元本返済 …………………………… ¶7-32
元本保証型 ……………… ¶11-6, ¶13-1
管理会計 …………………………… ¶8-28
——と ABC ……………………… 注234
管理型信託会社 ……………… ¶9-82, 注526
元利均等払い ……………………… ¶7-32
機関設計 …………………………… ¶4-15
機関投資家 …………… ¶9-102, ¶10-62, ¶11-8
——と格付 ……………………… ¶10-62
企業 ………………………………… ¶2-5
——の社会的責任 ……………… ¶2-2
起業 ………………………………… ¶4-6
企業会計原則 ……………………… ¶2-30
企業価値評価 …………… ¶5-24, ¶13-15
企業再生ファンド ………………… ¶13-39
企業担保権 ………………………… ¶17-14
企業年金 …………………………… ¶14-13
企業年金信託 …………… ¶9-56, ¶14-12
企業年金保険 ……………………… 注533
企業買収ファン …………………… 注522
企業ファイナンス ………………… ¶2-29
議決権株式 ……………… ¶4-59, ¶15-50
議決権制限株式 …………………… ¶4-54
議決権の希釈化 …………………… ¶6-28
期限一括弁済 ……………………… ¶7-32
危険債権 …………………………… 注470
期限前弁済 ………………………… ¶7-33
期限前弁済手数料 ………………… ¶7-33
期限の利益 ……………… ¶7-44, 注194
——請求喪失事由 ……………… ¶7-44
——喪失事由 …………… ¶7-30, ¶7-44
——喪失事由と消滅時効 ……… 注196
——喪失条項 …… ¶7-44, ¶15-22, ¶15-38
——当然喪失事由 ……………… ¶7-44

疑似資本的 ………………………… ¶7-50
希釈化 …………………… ¶6-21, 注112
——と希薄化 …………………… 注112
その他の—— …………………… 注159
基準金利 …………………………… ¶8-38
規制業種 …………………………… ¶9-1
擬制信託 …………………………… ¶9-67
毀損率 ……………………………… ¶1-41
期待仮説 …………………………… ¶8-15
期待損失 …………………………… ¶8-35
寄託の連鎖 ………………………… ¶5-36
機能特化型銀行 …………………… ¶9-16
希薄化 …………………… ¶6-21, 注112
記番号管理型 …………… ¶10-3, 注321
基本権たる利息債権 ……………… ¶8-5
逆イールドカーブ ………………… ¶8-11
キャッシュフロー ………………… ¶1-16
キャッシュフロー（会計） ……… ¶6-2
営業活動による—— …………… ¶6-2
財務活動による—— …………… ¶6-2
投資活動による—— …………… ¶6-2
キャッシュフロー計算書 ………… ¶6-3
キャピタルゲイン ……… ¶5-42, ¶14-33
キャリー取引 ……………………… ¶10-15
求償権 ……………………………… ¶16-8
——と代位 ……………………… 注626
共益権 ……………………………… ¶4-45
共益債権 …………………………… 注667
競合行為 ………………… ¶14-7, 注530
強制転換権・転換請求権付優先株式 … ¶5-19
強制償還株式 ……………………… ¶5-17
行政手続法 ………………………… 注256
競争入札による公募方式 ………… ¶5-31
業態 ………………………………… ¶9-8
協調融資（co-finance） ………… 注400
協同組織金融機関 ………………… ¶9-42
——の非営利性 ………………… 注283
京都議定書 ………………………… ¶3-40
極度枠 ……………………………… ¶7-58
拒否権付株式 …………… ¶4-55, ¶15-50

均一価格販売方式 …………………… ¶10-83
金外信託 ……………………………… 注525
銀行
　——の株式保有規制 ………………… 注380
　——の公的性格 …………………… 注268
銀行間信用創造 ……………………… ¶9-23
銀行業 ………………………………… ¶9-15
　——への新規参入 ………………… ¶9-37
銀行取引停止処分 …………………… ¶15-43
銀行取引約定書 ……………………… ¶7-46
銀行保証債 …………………………… ¶16-17
銀行預金 ……………………………… ¶7-6
銀証の分離 ………………… ¶3-30, ¶3-37, ¶10-86
金証法
　——上の金融商品 ………………… ¶3-34
　——上のデリバティブ …………… ¶3-38
　——上の有価証券 ………………… ¶3-36
金銭消費貸借契約 …………………… ¶7-4
金銭消費貸借契約以外の法形態を有す
　るデットファイナンス …………… ¶7-6
金銭信託 ……………………………… 注525
均等半年賦 …………………………… 注397
均等返済 ……………………………… ¶7-32
金融革命 ……………………………… ¶1-4
金融価値（financial value） … ¶12-8, ¶17-34
金融機関債 ………………… ¶8-64, ¶10-42
　——と事業債 ……………………… ¶10-45
　——と証券化 ……………………… ¶10-48
　——のホールセール機能 ………… ¶10-47
金融機関の管理会計 ………………… ¶8-28
金融技術 ……………………………… ¶1-3
金融サービス規制 …………………… 注381
金融債 …………………………… ¶10-45, 注351
金融再生法 ……………………… ¶12-48, 注469
金融先物取引所 ……………………… ¶3-44
金融商品 ……………………………… ¶1-12
金融商品化 …………………………… ¶3-20
金融商品仲介業者 ……………… ¶5-54, ¶6-39
金融商品取引業者 ……………… ¶5-49, ¶6-34
　——の自己資本比率規制 ………… 注163

金融商品取引所 ……………………… ¶3-42
　——でない取引所 ………………… ¶3-46
金融商品取引法 ……………………… ¶3-30
金融商品販売法 ……………………… ¶3-30
金融政策 ……… ¶8-18, ¶8-20, ¶10-21, 注421
　財政政策と—— …………………… ¶10-21
金融仲介 ……………………………… ¶2-46
金融庁 ………………………………… ¶9-2
金融商品マーケティング …………… ¶1-13
金融持株会社 ………………………… ¶9-27
金融立国 ……………………………… ¶1-5
金融流通業者 ………………………… ¶9-32
金利 ………………………… ¶8-1, ¶8-2, ¶8-3
　——の完全自由化 ………………… ¶8-48
　——の期間構造 …………………… ¶8-10
　——の期間補間 …………………… 注337
金利インデックス …………………… ¶8-43
金利カバレッジ比率 ………………… 注200
金利ショック ………………… ¶8-60, 注246
金利ストリッピング ………………… ¶8-6
金利スワップ契約 …………………… ¶8-51
金利スワップの条件決定 …………… ¶8-53
金利リスク …………………………… ¶8-47
クーポン ……………………………… ¶8-3
ゴールシーク機能 …………………… 注190
くくり直し …………………………… 注176
国の債務不履行 ……………………… ¶10-34
組合 ……………………… ¶14-59, ¶14-61, 注413
組合型不動産小口化商品 …………… ¶14-64
組合契約 ……………………………… ¶14-59
クラブディール ……………………… ¶10-84
クリアリングハウス ………………… ¶15-34
グリーンシート市場 ………………… ¶5-39
繰延税金資産 ………………………… ¶12-53
グループ内管理信託 ………………… ¶9-87
グループベース貸付 ………………… ¶9-50
クレジットアービトラージ ………… ¶12-86
クレジットデフォルトスワップ …… ¶16-47
委託を受けない保証・信用保険と
　—— ………………………………… ¶16-47

クレジットデリバティブ
　　……………¶16-46, ¶12-40, ¶12-87
　　──のクリアリング ………… ¶16-63
クレジットデリバティブ・インデック
　ス …………………………………… ¶16-61
クレジット投資としての債券投資 …… ¶10-16
クレジットトレーディング ………… ¶12-84
クローズドエンド ………… ¶5-4, ¶5-5, ¶14-26
グロース（ファンド） ……………… ¶13-36
クロスデフォルト条項 ……… ¶7-44, ¶15-49
クロスボーダーファイナンス ………… ¶1-7
グロソブ ………………………………… ¶1-8
郡村債 ………………………………… 注330
経営指導念書 ………………………… ¶16-36
経営者 ………………………………… ¶2-11
経営と執行の分離 …………………… ¶2-18
経営判断原則 ………………………… ¶4-1
計画消化 ……………………………… ¶9-11
経過利息 ……………………………… 注496
経済政策 ……………………………… ¶10-21
計算書類 ……………………………… ¶2-30
継続開示 ……………………………… ¶6-41
継続企業 ……………………………… ¶2-7
継続性の原則 ………………………… ¶6-6
契約 …………………………… ¶7-4, 注181
契約型投資信託 ……………………… ¶14-23
契約自由の原則 ……………………… ¶7-10
契約費用 ……………………………… ¶7-36
決済業務の開放 ……………………… ¶9-20
決済特化型（機能特化型銀行） …… ¶9-17
決済の仕組み ………………………… ¶9-19
限界消費性向 ………………………… ¶10-22
減価償却の自己金融作用 …………… ¶6-5
減価償却費 …………………………… ¶6-5
現金保有に否定的な見方 …………… ¶6-12
現金保有に肯定的な見方 …………… ¶6-13
欠缺利札額の控除 …………………… 注226
現在価値 ……………………………… ¶1-19
現在価値概念の公理性 ………………… 注8
減債基金 ……………………… ¶10-52, ¶16-27

建設国債 ……………………………… ¶10-23
限度枠 ………………………………… ¶7-58
転売制限 ……………………………… ¶10-104
現物（physicals） …………………… ¶12-87
現物出資 ……………………………… ¶4-23
　増資時の── ……………………… 注170
現物配当 ……………………… ¶4-28, ¶4-29
コア預金 ……………………………… ¶8-56
　──の剥落リスク ………………… 注244
行為規制 ……………………………… ¶10-89
公益信託 ……………………… ¶9-60, ¶9-65
公開 …………………………………… ¶5-25
公開会社 ……………………………… ¶5-22
公開買付 ……………………………… ¶4-52
講学上の株式分割 …………………… ¶6-64
広義のファイナンス …………………… ¶1-2
公共債 ………………………………… ¶10-17
興銀事件 ……………………………… 注261
交互計算 ……………………………… ¶15-24
　──不可分の原則 ………………… ¶15-24
行使価格 ……………………………… ¶6-42
行使価額修正条項付新株予約権 …… ¶6-51
合資の発起 …………………………… ¶4-8
工場財団抵当 ………………………… ¶17-48
工場抵当法 …………………………… ¶17-47
合同運用 ……………………………… 注561
合同行為 ……………………………… 注181
コヴナンツ条項 ……………………… ¶7-45
購入価格（bid price） ……………… ¶10-84
公認会計士 …………………………… ¶2-22
後配株式 ……………………………… 注93
公平義務 ……………………………… 注528
合弁の発起 …………………………… ¶4-8
公募増資 ……………………………… ¶6-33
合有・総有 …………………………… 注567
効率的フロンティア ………………… ¶13-31
高利回り債 …………………………… 注322
効力要件 ……………………………… 注445
ゴーイングコンサーン …… ¶2-7, ¶5-5, ¶17-30
ゴーイングコンサーン価値 ………… ¶7-12

ゴードンモデル	¶13–14
コーポレートガバナンス	¶2–26
コーラブル債	¶10–51
コールオプション	¶5–20
コールオプションとしての新株予約権	¶6–43
コール・プロテクション条項	¶10–51
子会社型発起	¶4–8
小切手	¶7–47
国債	¶10–19
国際会計基準	¶2–31
国際決済銀行	¶12–19
国債残高	注336
国債大量発行とイールドカーブ	¶10–25
小口化	¶3–21
国内総生産（GDP）	¶10–22
個人事業	¶2–5
個人向け社債と企業担保権	¶17–17
コスト配賦	注233
護送船団方式	¶9–10
固定価格販売方式	¶10–83
固定金利	¶8–23
個別貸倒引当金	¶12–51
コマーシャルペーパー	¶10–40
コミットメント	¶7–29
コミットメントライン	¶7–54
コミュニティークレジット	¶9–49
コミュニティーバンク	¶9–49
コングロマリット・ディスカウント	¶4–38
混蔵寄託	注143
コンピューター取引	¶3–24
混融（commingle）	¶15–15

【さ 行】

最悪ケース	¶7–17
債券	¶10–1, ¶7–5
債権	¶7–8
債権 vs- 株式・出資	注182
債権回収会社	¶12–61
債権管理回収業	¶12–61
債券市場	¶8–21
債権者	¶7–7
債権者代位権	¶15–55
——の行使を通じた優先弁済	¶15–56
債権者代位の転用	¶15–57
債権者取消権	¶15–59
——の行使を通じた優先弁済	¶15–61
——転得者に対する取消権の行使	¶15–62
債権者平等原則	¶7–8, ¶15–4
——と不公平な弁済	¶15–5
債権者平等を破る法技術	¶7–9, ¶15–4
債権譲渡	¶7–40
債券調達のメリット	¶10–7
債券トレーディング	¶10–15
債券の英訳	注319
財産隔離機能、信託	¶9–69
財政政策	¶10–21
——と金融政策	¶10–21
財政法	¶10–23
財団債権	667
裁定機会	¶1–11
裁定取引	¶3–24, ¶13–10
最適資本構成	¶3–13
最適ポートフォリオ	¶13–31
財投機関債	¶10–26
財投債	¶10–26
再保険	注311
財務会計	¶2–30
財務諸表	¶2–30
財務制限条項	¶7–45
財務代理人	¶10–75
債務の信託	¶14–55
債務引受	¶16–25
債務の消滅を目的とした——	¶16–29
債務の引継ぎを目的とした——	¶16–28
信用補完を目的とした——	¶16–26
財務レバレッジ	¶3–4
サイレント譲渡	¶12–33
詐害的	注583
先取特権	注667

特別の――	注667		自己株式取得と投資家への課税	¶5-12
先物契約	¶3-46		自己株式取得の効果	¶5-14
先渡売買契約	¶3-46		自己株式の活用	¶5-16
差金	¶3-46		自己株式の取得	¶5-10
指図債権	注422		自己金融	¶6-1
サステイナビリティー	¶2-2		自己査定	¶12-49
サービサー	¶12-24		自己資本純利益率	¶3-4
サービサー法	¶12-61		自己資本比率規制	¶8-26
サービシング	¶12-24		自己信託	¶9-62, ¶9-66
参加型	¶4-33		死差	¶1-32
残額	¶6-34		資産査定	¶12-49
参加人	¶11-12		資産証券化	¶7-9, ¶17-5, 注322
産業銀行	¶2-48		自社株式による分配	¶4-30
3σの定理	¶1-40		市場型間接金融	¶7-2, ¶9-5, ¶10-6, ¶11-1
参照方式	注358		市場型間接金融	¶9-5
残高管理型	¶10-3, 注321		市場型間接金融としての債券投資	¶10-5
算定割当量	¶3-40		市場型信用リスク	¶16-49
残余財産分配	¶5-6		市場型与信	¶11-4
三利源	¶1-32		市場収益率	¶13-16
シーズマネー	¶4-7		市場デリバティブ	¶3-38
シェアリング条項	¶11-35, ¶15-19		市場の本質と法規整の目的	¶3-29
自益権	¶4-45		システマティック・リスク	注512
自益信託	¶9-64		私製手形	¶15-45
時価総額	¶5-44		私設取引システム	¶5-55
時価調達	¶6-20		私設取引市場	¶10-108
時間価値	¶1-19		事前求償権	¶16-9
時間優先	¶5-41		事前求償事由（民法）	注627
事業	¶2-3		自然保険料	¶1-29, ¶9-98
事業計画	¶4-7, ¶7-16		質権	¶15-48
事業債	¶10-35		執行制限契約	¶17-26
事業承継	¶5-16, ¶5-28		執行役員	¶2-19
事業承継策	¶4-37		執行役	注29
資金移動業	¶9-20		実質的ディフィーザンス	¶16-30
資金決済に関する法律	¶9-20		実損填補型	¶16-2
資金決済法	¶9-20		指定格付機関	注358
資金使途	¶7-30		指定金銭信託	¶9-55
資金準備のためのコスト	¶7-61		私的自治の原則	¶7-10
資金清算業	¶9-20		自働債権	¶15-18
資金調達	¶1-2		支配人	¶2-9
資金調達原価	¶8-27		支払承諾	¶16-7

支払承諾・同見返勘定	注625
支払代理人	¶10-87
支払停止	¶15-63, 注615
支払不能	¶15-63, 注616
支分権たる利息債権	¶8-5
紙幣	¶9-21
私募	¶6-36
死亡保険	¶9-93
私募ファンド	¶13-4
資本家	¶2-9
資本金	¶4-21
資本資産価格モデル（CAPM）	¶13-16
資本市場	¶3-17, ¶8-21
広義の――	¶3-39
資本主義	¶2-1
資本準備金	¶4-19, ¶4-21
資本剰余金	¶4-21
資本政策	¶5-30
シミュレーション法	¶13-13
事務幹事	¶11-13
指名債権譲渡の対抗要件	¶12-29
社会的責任投資	¶2-2
社外取締役	¶2-17
社債	¶7-5
――と事業債の関係	¶10-36
――の買入消却	¶12-88
――の発行限度額規制	注350
――の保証	¶10-58
社債発行に係る決議要件	¶10-65, 注365
社債管理者	¶10-72, ¶6-22
――の非営利化	¶10-76
社債管理者不設置債	¶10-75
社債管理の法技術	¶10-66
社債権者集会	¶10-70
社債券のストリッピング	¶8-7
社債市場の発展、英米における	¶10-37
社債信託法（米国）	¶3-30, ¶10-72
社債代替型優先株式	¶5-19
社債発行枠	¶10-96
社債保証	¶16-17
社債、株式等の振替に関する法律	¶5-36
社団・財団と組合	注566, ¶17-48
ジャンクボンド	注322
収益執行	¶17-56
収益償還の原則	¶7-30
主幹事	¶10-78
従業員	¶2-9
収支相等	¶9-90, ¶1-29
終身保険	¶9-97
修正デュレーション	¶13-25
住専問題	注433
住宅金融専門会社	¶12-14
住宅抵当証書	¶12-15
住宅ローン債権信託	¶12-15
集団投資スキーム	¶4-49, ¶11-8, ¶13-1
集団投資のための枠組み（CIV）	¶14-1
収納代行サービス	¶9-20
従物	¶17-46
信託受益権	¶7-6
受益者	¶9-63
受益者課税の原則	¶14-16
受益者代理人	注292
主幹事	¶6-39
――の選定	注165
授権資本制度	¶4-18
主権免除	¶10-34
受託財産の制限	¶9-84
受託者	¶9-63
――の義務	¶14-7
出資法	¶8-69
受働債権	¶15-18
取得条項付株式	¶5-18
取得請求権・取得条項の活用例	¶5-19
取得請求権付株式	¶5-18
純資産	¶4-20
純粋リスク	¶1-35, ¶13-20
シュンペーター	注24
準法律行為	注447
障害疾病損害保険契約	¶9-94
傷害疾病損害保険契約	¶9-94

障害疾病定額保険契約	¶9-94	少人数私募	¶10-104, ¶6-36
傷害疾病定額保険契約	¶9-94	消費寄託	注143
少額募集・売出し	¶10-103	消費者契約法	¶8-71
償還株式	¶5-17	消費貸借契約	¶7-4
消却	¶5-10	商品化技術	¶1-13
商業証券	¶2-47, ¶10-41	商品先物取引	¶3-46
商業ファイナンス	¶2-44, ¶7-21	商品取引所	¶3-47
——と根抵当	¶17-39	商品ファンド	¶13-4
住宅ローンの証券化	¶12-13, ¶12-17	情報開示	¶3-22
証券会社	¶5-49	商法上の銀行取引	注263
証券化エクスポジャー	¶12-40	商法上の有価証券	¶3-36
証券化商品	¶10-49	情報生産機能	¶9-6
証券市場	¶3-17	情報の非対称性	¶2-23
証券的債権の流通性向上の法技術	¶10-3	正味現在価値	¶5-48, ¶7-20
証券投資信託	¶9-57, 注538	正味資産価値（net asset value）	¶14-25
証券投資信託法	¶14-22	常務	¶2-19
証券投資ファンド	¶13-4	剰余金	¶4-21
証券取引所	¶3-43, ¶5-40	剰余金配当	¶4-24
——における価格決定方式	¶5-41	所有権	¶7-10
証券取引等監視委員会	¶9-2	所有と経営の分離	¶2-11
証券取引法（米国）	¶3-30	仕訳	¶2-34
証券取引法（旧）	¶3-30	新株発行	¶6-15
証券法（米国）	¶3-30	——のアナウンスメント効果	¶6-24
証券保管振替機構	¶5-36, ¶10-87	新株予約権付社債	¶10-39
商事信託	¶9-71	新株予約権	¶6-42, ¶10-39
上場	¶5-25	——の価値	¶6-44
——のメリット・デメリット	¶5-28	——の譲渡	¶6-45
上場株式の発行価格	¶5-31	——の発行手続	¶6-46
上場基準	¶4-37, ¶5-29	新株を引受ける権利の譲渡	¶6-31
上場廃止	¶4-37	新興企業向け市場	¶5-26
上場プレミアム	¶5-27	シンジケート団	¶11-12
証書	¶7-23	シンジケートローン	¶11-12
乗数	¶10-22	社債とシ・ローンの商品比較	¶11-23
少数株主排除	¶6-70	シ・ローンと証券取引規制	¶11-22
乗数理論と財政政策	¶10-22	申請と届出	注256
使用総資本事業利益率	注42	信託	¶7-9
譲渡禁止特約の第三者効	注444	——の課税	¶14-15
譲渡制限株式	¶5-22	——の活用（自己株式取得）	¶5-13
譲渡特例法	¶12-35	——の転換機能	¶9-70
使用人	¶2-9	——の持分権化機能	¶12-16

——を利用した将来利息債権の譲渡 …	¶8-9
貸付——	¶9-54
制限物権と物権を制限する——	注187
戦前の——	¶9-74
他益——	¶9-64
担保としての——	¶17-65
排出権——	¶3-40
法人課税——	¶14-18
民事——	¶9-71
目的——	¶9-61, ¶9-65
信託会社	¶9-82
信託型債務引受	¶16-29
信託型不動産小口化商品	¶14-64
信託管理人	注292
信託業法	¶9-71
——の適用除外となる行為	注310
信託銀行	¶9-73
間接金融機関としての——	¶9-73
信託受益権の販売	¶9-80
信託宣言	¶9-66
新長期プライムレート	¶8-42
人的会社	¶2-14
人的編成主義	注321
信認関係	¶9-68
新プロ私募	¶6-36
信用格付	¶10-59
信用格付業	¶10-59
信用金庫	¶9-45
信用組合	¶9-45
信用裁定取引	¶12-86
信用事由	¶16-47
信用乗数	¶9-23
信用創造	¶9-22
——土地の——	¶17-30
信用補完	¶15-1
信用補完措置の第三者効	¶15-8
信用保険	¶16-38
信用保証協会	注624
信用保証保険会社	¶16-41
信用リスク	¶7-11

信用リスク削減手法	¶12-40
信用リスクプレミアム	¶8-29
随時弁済	¶7-32
ステークホルダー	¶2-27
ストラクチャードファイナンス	¶7-9
ストリップス債	¶8-7, ¶10-25
ストリップス債制度、日本の	注338
スピンアウト	注87
スピンオフ	注87
スペシャル・サービサー	¶12-24
スポットレート	¶8-11, 注339, 注495
スワップ金利	¶8-46
スワップ契約の法的性質	注243
生活者としての個人	¶1-14
制限物権	¶7-10
——と物権を制限する信託	注187
税効果会計	¶12-53
清算	¶5-7
生産技術	¶1-13
生産高比例法	注151
生死混合保険	注315
生存保険	注314
税の補填（gross up）	¶7-36
税引後営業利益	注156
政府保証債	¶10-27
税務透過性（tax transparency）	¶14-3
任意組合の——	¶14-65
投資法人の——	¶14-49
匿名組合の——	¶14-72
保険の——	¶14-85
生命表	¶1-28
生命保険	
貸付と——	¶9-100
超長期資金調達手段としての——	¶9-98
生命保険契約	¶1-26
セカンドトゥーデフォルト	¶16-54
責任財産	¶7-8, ¶15-3
責任財産限定特約	¶7-9, ¶17-26
責任準備金	¶1-31, ¶9-98

セキュリティートラスト
　……………………¶9-59, ¶11-38, ¶17-62
節税 …………………………… 注569
設備資金 ………………………… ¶2-43
セルサイドのアナリスト ………… ¶10-82
ゼロ金利政策 …………………… ¶8-20
ゼロクーポン金利 ……………… ¶8-11
ゼロクーポン債 ………………… 注221
ゼロ成長モデル ………………… ¶13-14
選解任種類株式 ………………… ¶4-57
善管注意義務 …………… ¶9-68, ¶14-7
専業信託銀行 …………………… ¶9-75
全部取得条項付株式 …………… 注128
全部取得条項付種類株式 ……… 注173
専務 ……………………………… ¶2-19
総額 ……………………………… ¶6-34
相関係数 ……………… ¶12-70, ¶13-29
創業赤字 ………………… ¶2-43, ¶4-9
双曲線 …………………………… ¶13-31
送金手形 ………………………… 注423
総コスト（all-in cost）………… ¶10-9
相殺
　――と信用リスク …………… ¶15-17
　――の担保的効力 …………… ¶15-22
　貸出金と預金の―― ………… ¶15-22
　狭義の（set off）―― ……… ¶15-16
　社債・シンジケートローン参加持分
　　を自働債権とする―― …… ¶15-19
現在価値相殺 …………………… ¶15-32
相殺契約 ………………………… ¶15-23
相殺予約 ……………… ¶7-38, ¶15-20
　――の第三者効 ……………… ¶15-21
相殺予約条項 …………………… ¶15-22
総資産事業利益率 ……………… ¶3-4
増資プレミアム ………………… ¶6-27
相続税と贈与税 ………………… 注291
想定元本 ………………………… 注243
属人的種類株式 ………………… ¶4-60
租税回避 ………………………… 注569
卒業生金融 ……………………… ¶9-47

その他の資本剰余金 …………… ¶4-21
その他の利益剰余金 …………… ¶4-21
損益計算書 ……………………… ¶2-38
損益分岐点 ……………………… ¶3-8
損害担保契約 …………………… ¶16-32
損害保険 ………………………… ¶9-92
損害保険契約 …………………… ¶1-25
　第三者のためにする―― …… 注657
損害率 …………………………… ¶1-41

【た　行】

第一分野 ………………………… ¶9-94
第二地方銀行 …………………… 注270
対抗要件 ………………………… 注445
第三分野 ………………………… ¶9-94
貸借対照表 ……………………… ¶2-37
　――と損益計算書の関係 …… ¶2-39
大数の法則 ……………………… ¶8-33
対世効 …………………………… ¶7-10
第二分野 ………………………… ¶9-94
代理 …………………… ¶5-52, ¶5-53
代理受領 ………………………… ¶15-15
他益信託 ………………………… ¶9-64
諾成的消費貸借契約 …………… ¶7-26
ターゲットイシュー …………… ¶10-84
足し算による（物権の）制限 … 注187
ダブルディッピング …………… 注411
トランザクションバンキング … ¶9-31
段階型募集方式 ……… ¶6-50, ¶6-51
段階的交互計算 ………………… ¶15-25
段階的補完措置 ………………… ¶15-9
転換機能（信託）……………… ¶9-70
短期金融市場 …………………… ¶8-17
短期金利 ………………………… ¶8-16
短期社債 ………………………… ¶10-41
短期社債型CP ………………… 注346
短期プライムレート ……… ¶8-41, ¶8-42
短期ロールオーバーと借換拒絶 … ¶15-39
単元株制度 ……………………… ¶4-46
単元未満株式 …………………… ¶4-46

第三者割当増資	¶6-52	通常債	¶10-50
短資会社	¶12-5, 注420	強気と弱気	¶6-13
団体信用生命保険	¶16-42	ディーリング	¶5-52
住宅ローンと――	¶16-43	定額法	¶6-6
消費者信用と信用生命保険	¶16-44	定額保険	注11
単独運用指定金銭信託（指定単）	¶14-10	定款	¶4-14
単独行為	注181	定義規定	¶7-27
担保権	¶7-9	定義された用語を見落とさないための	
担保付社債信託法	¶17-66, ¶9-74	工夫	¶7-28
担保としての信託	¶17-65	定期保険	¶9-97
担保物権	¶7-10	ディスカウント（債券価格）	¶13-19
単名手形	¶7-46	定性分析	¶7-14
単利	¶1-20	抵当権	¶17-34
地域CFO	¶9-33	抵当権設定契約	¶17-34
地域金融機関のあり方	¶9-30	抵当証券	¶12-8
チェビシフの不等式	¶1-40	抵当証券業の規制等に関する法律	¶12-12
遅延損害金	¶7-35	抵当証券保管機構	¶12-12, 注431
知的財産権信託	¶9-85	ディフィーザンス	¶1-9, ¶16-29
地方銀行	¶9-29	定率成長モデル	¶13-14
地方金融機関から中規模金融機関へ	注274	定率法	¶6-6
地方公共団体金融機構	¶10-32	定量化	¶1-34
地方債	¶10-29	手形オペレーション（公開市場操作）	¶12-6
――の共同発行制度	¶10-31	手形	¶7-46
地方債証券	¶10-29	手形交換所	注205
地方債の信用強化のための制度的工夫		手形市場	¶12-5
	¶10-30	手形訴訟	¶15-44
中間利息	¶1-18, ¶1-22	手形保証	¶16-14
忠実義務	¶9-68, ¶14-7	適格格付機関	注358
中小企業特定社債保証	¶16-17	適格機関投資家	¶10-95
中小企業の会計に関する指針	¶2-24	適債基準	¶10-61
中小企業融資特化型（銀行業への新規		敵対的買収	¶4-52
参入）	¶9-40	出口の仕組み	¶5-1
長期運転資金	¶2-43	出口価格	¶5-24
長期金利	¶8-16	出口機能	¶3-19
長期信用銀行	¶9-28	出口戦略	¶5-3, 注487
長期プライムレート	¶8-42	デット	¶3-1
調達から投資へ	¶1-6, ¶3-17	鉄道財団抵当	¶17-48
直接金融	¶7-2, ¶10-4	デット・エクイティー・スワップ	
直接償却	¶12-51	（DES）	¶6-56
チルダ	注492		

デットとエクイティーの期待収益の形状	¶3-11
デットファイナンス	¶7-1
金銭消費貸借契約以外の法形態を有する――	¶7-6
手元流動性	¶7-53
デュレーション	¶13-22
デリバティブ	¶3-33, ¶3-37
転換社債	¶10-39
電子化	¶10-3
電子記録債権の私募債的活用	注368
電子記録保証	¶16-15
電子交互計算	¶15-26
電子マネー	注265
店頭市場	¶3-41
店頭デリバティブ	¶3-38
店頭取扱有価証券	¶5-38
店頭取引（OTC）	¶10-13
店頭取引	¶5-38
店舗行政	¶9-29
問屋営業	¶5-53
投機的投資	注461
投機的リスク	¶1-35, ¶13-20
当座貸越	¶7-51
当座貸越契約の法的性格	注207
当座勘定取引	¶7-47
当座預金	¶7-47
動産および債権の譲渡の対抗要件に関する民法の特例等に関する法律	¶12-36
倒産隔離	¶7-9, ¶16-30, 注651
動産抵当銀行	¶10-43
投資	¶1-2
投資一任契約	¶13-4, 注507
投資運用業務	¶14-4
投資家	¶2-11
投資家アクセプタンス	¶17-11
投資銀行	¶2-47
投資クラブ	¶13-4
投資サービス規制	注381
投資採算分析	¶7-13
――における担保の意義	注189
――の限界	¶7-22
投資事業組合	¶14-61
投資事業有限責任組合	¶14-69
投信受益権の証券化	注536
投資助言業務	¶14-4
投資信託	¶13-4
投資信託委託会社	¶14-24
投資信託および投資法人に関する法律	¶14-20
投資信託法（米国）	¶3-30
投資代理業務	¶14-4
同質化	¶9-29
投資抵当	注426
投資適格	¶10-63
投資と運用の分離	¶13-5
投資非適格	¶10-63
投資ファイナンス	¶2-43
投資ファンド	¶13-3
投資分散	¶12-69, ¶13-26
投資法人	¶14-28
堂島米会所	¶3-46
東証株価指数（TOPIX）	¶13-35
投資理論	¶13-9
登録	¶9-3
トービンの分離定理	¶13-32
特殊会社	注18
特殊の新株発行	¶6-16
特定金銭債権	¶12-61
特定金銭信託	¶14-10
特定証券情報	¶10-107
特定信託契約	¶9-80
特定贈与信託	¶9-53
特定投資家	¶10-91, ¶10-106
特定取引	注328
特定取引所金融商品市場（プロ向け市場）	¶10-108, ¶11-10
特定融資枠契約法	¶7-57
特別勘定	¶14-86
特別償却	注154

特別清算	¶5-7	ノベーション──	¶15-25
特別の先取特権	注667	ペイメント──	¶15-27
特別目的会社（SPC）	¶14-73	マルチラテラル──	¶15-34
匿名組合	¶14-70	ネットポジション	¶15-32
都市化	¶1-8	根抵当権	¶17-37
土地信託	¶9-58, ¶14-53	年金生命保険	¶9-93
届出	¶9-3	念書	¶16-33
トラッキングストック	¶4-38	ノッチ（notch）	注363
──と事業信託	¶4-40	延べ払い	¶8-4
取扱有価証券	¶5-39	延払代金債権	¶8-4
トリガー事由	¶15-9	Nomura-BPI	¶13-35
取締役	¶2-17	ノンリコース特約	¶17-25
取締役会	¶2-17		
取次ぎ	¶5-52, ¶5-53		

【は　行】

取引条件の開示	¶3-23
取引所市場	¶3-41
取引所集中主義	¶3-43

バイアンドホールド	¶10-14
媒介	¶5-52, ¶5-53
買収	¶4-52
買収防衛策	¶5-19
排出権信託	¶3-40
排出量取引	¶3-40
配達証明付郵便	¶12-31
配当	¶4-25
── vs- 自己株式取得	¶5-11
── vs- 譲渡益	¶5-43
──に対する課税	¶4-27
──を外貨建で行う株式	¶4-28
配当割引モデル	¶13-12
売買	¶5-52
売買スプレッド	注329
ハイパワードマネー	注267
配賦	¶8-28
ハイブリッド調達	¶7-19
バケツリレーのたとえ	¶3-18, ¶10-2
バーゼル委員会	¶12-19
破綻後措置	¶15-6
破綻前措置	¶15-6
発券銀行	注351
発行開示	¶6-41
発行価格	¶6-39
発行価額	¶6-39

【な　行】

内部者取引の規制	¶10-97
内部収益率	¶5-47
内部統制報告書	¶10-98
内部留保	¶4-20
仲立営業	¶5-53
成行優先	¶5-41
荷為替手形	¶9-20
日経平均株価（日経225）	¶13-35
日数計算	¶8-45
金融政策の「政策」性と日本銀行の法的性格	注229
日本政策投資銀行	注354
日本版金融ビッグバン	注271
任意的機関	注34
人間の値段	¶1-17, ¶1-25
ネガティブ・イールドカーブ	¶8-11
ネガティブ・コヴナンツ	¶7-45
ネッティング	¶15-16
──一括清算	¶15-33
オブリゲーション──	¶15-25
多通貨──	¶15-29

発行市場	¶3-28		標準化された理論の自己実現性	¶13-10
発行代理人	¶10-87		標準金利	¶8-41
発行登録制度	¶10-96		標準生命表	¶1-28
パッシブ運用	¶13-37, ¶14-32		標準偏差	¶1-39, ¶8-35
バブル崩壊	¶12-42, ¶17-32		表章	注50
バランスシート	¶2-37		標本分散	注15
パリパス	¶10-10		表明・保証条項	¶7-43
バーリー＝ミーンズ	注25		非累積型	¶4-33
バリュー（ファンド）	¶13-36		ファーストトゥーデフォルト	¶16-52
パー・レート	注227		ファイナンス＝金融	¶1-1, ¶1-21
バルクセール	¶12-34		ファイナンスリース	¶6-6, ¶7-6
バンカー	注2		ファクタリング	¶7-6
バンカーズマインド	¶1-15		ファシリティーフィー	注213
藩債	注330		ファンド・オブ・ファンズ	¶13-42, ¶14-82
販売価格	¶10-84		ファンド型商事信託	¶14-5
販売金融	¶7-6		ファンドトラスト	¶5-13, ¶14-10
引受け	¶6-34, 注160		フォワードレート	¶8-53
引受審査	¶5-29		不確実性	¶1-34
引受手数料	¶6-39		付加物	¶17-46
引受方式	注399		複式簿記	¶2-33
引き算による（物権の）制限	注187		複式簿記のルール	¶2-35
非期待損失	¶8-36		複線的金融システム	¶11-9
引出可能期間	¶7-58		含みファイナンス	¶17-32
非金融資産の金融商品化	¶1-10		複利	¶1-20
非公開会社	¶5-22		付合物	¶17-46
費差	¶1-32		負債比率	¶7-18, 注200
非参加型	¶4-33		付従性緩和	注192
ビジネスモデル	¶4-6		普通株式への転換権	注92
非上場株式の価値	¶5-24		物価連動金利	¶10-56
非上場の公開会社	¶5-22		ブックビルディング方式	¶5-31
非対面取引特化型（機能特化型銀行）	¶9-18		物権	¶7-8
ビッド金利	注230		── vs- 債権	¶7-10
1株あたりの純資産価値	¶6-22		物権契約	注181
一口馬主	注504		物権法定主義	¶7-10
否認	¶15-63		物件マネジャー	¶14-34
微分	¶13-25		プッタブル債	注356
被保険者	¶1-26, 注656		物的会社	¶2-14
100%減資	注173		物的信用補完	¶17-1
表紙手形	¶12-7		── vs- 資産証券化	¶17-5
標準化	¶3-23		責任財産操作型──	¶17-2

特定財産分離型——	¶17-2
物的編成主義	注321
プットオプション	¶5-20
歩積・両建預金	注211
不動産質権	¶17-60
不動産担保貸付の売買の経済的意義	¶12-59
不動産抵当銀行	¶10-43
不動産投資顧問業	¶14-75
不動産投資信託（REIT）	¶14-35
不動産投資ファンド	¶13-4
不動産特定共同投資事業法	¶14-75
不動産物権変動の分解現象	注550
不動産プロジェクト	¶14-38, ¶14-74
不動産関連特定投資運用業	¶14-75
負のアナウンスメント効果	¶6-24, ¶6-50
部分社会の金融機能	¶9-43
部分直接償却	注481
フューチャー	¶3-46
プライベートエクイティーファンド	¶13-39
プライベートバンキング	¶13-4
プライマリーディーラー（国債市場特別参加者）	¶10-20
プライマリーバランス	¶10-24
プライムレート	¶8-41, ¶8-42
フラット・イールドカーブ	¶8-11
フリーキャッシュフロー	¶6-4, ¶13-15
振替株式	¶5-36
振替決済制度	¶5-35, ¶8-7, ¶10-87
振込指定	¶15-15
ブリッシュ	¶6-13
不良債権の開示	¶12-44
プレミアム（債券価格）	¶13-19
プレミアム（CDS）	¶16-47
ブローカー・ディーラー	¶5-52
ブローキング	¶5-52
プロクシーアドバイザー	¶4-49
プロジェクト	¶2-7, ¶5-6
プロジェクト型案件	¶12-73
プロ私募	¶6-36, ¶10-105
プロダクトライフサイクル	¶7-16
プロテクション	¶16-49
プロテクション提供者	¶16-47
特定取引所金融商品市場（プロ向け市場）	¶10-108
プロ向け銘柄	¶10-107
プロラタ条項	¶11-35
分散	¶1-39, ¶8-35
分配	¶4-25
分配可能額	¶4-25, ¶5-9
ベアリッシュ	¶6-13
平均	¶1-39
閉鎖会社	¶5-22
平準保険料	¶1-30, ¶9-98
ベーシスポイント（bp）	¶8-39
ベータ（β）	¶13-16, 注513
ペーパーレス化	¶5-36, ¶10-3
ベストエフォートベース	注399
ペッキングオーダー仮説	注49
ヘッジ	¶1-36
ヘッジファンド	¶13-38
別除権	¶17-35
変額生命保険	¶14-79
変額年金保険	¶14-80
弁護士法	¶12-60
偏差	¶1-39
返済カバー率（DSCR）	¶15-12
弁済充当の指定	¶7-39
ベンチャーキャピタル	¶4-8, ¶5-25, ¶13-39
変動金利	¶8-23
変動利付債	¶10-53
偏頗的（へんぱてき）	注583
ポイントプログラム	¶9-20
包括利益	¶2-41
法技術はじめに	¶11-11
保証証書	¶16-5
法人	¶2-5, 注20
法人課税信託	¶14-18
法定準備預金	¶9-23
法定相殺	¶15-18
法定利率	注220

法律行為	注181
──自由の原則	¶7-10
ポートフォリオ運用	¶10-62
簿価通算	¶14-11
簿価分離	¶14-11
補完的な信託当事者	注292
保険	¶9-89
── vs- 保証	¶16-39
保険給付	¶1-25
保険契約	¶1-25
保険契約者	¶1-25
保険者	¶1-25
保険法による整備項目	注313
保険料	¶1-27
ポジティブ・コヴァナンツ	¶7-45
募集	¶6-35
──・売出し・私募の取扱い	¶6-40
──の受託	¶9-11, ¶10-70
保守主義の原則	¶6-6
保証	¶16-3, ¶7-9
委託を受けない──	¶16-10
保証委託契約	¶16-7
保証契約	¶16-3
保証状	¶16-5
保証取引の合理性	¶16-4
保証引受契約	注621
保証保険	¶16-38
保証予約	¶16-34
保証料	¶16-7
補助貨幣	¶9-21
本則市場	¶5-26

【ま 行】

マイクロクレジット	¶9-50
マイクロファイナンス	¶9-51
前払式支払手段	¶9-20
前払式証票の規制等に関する法律	¶9-20
マーケットメイク	¶10-84
マーケットメイク方式	¶5-41
まちづくり	¶1-8

マネーサプライ	注267
マネジメントバイアウト	¶2-13
マンデート	¶11-12
みなし配当	¶5-12
みなし有価証券	¶10-102, ¶14-75
みなし利息	¶8-68, 注402
ミューチュアルファンド	¶14-22
ミラー	¶3-13
民営化	注18
民事信託	¶9-71
民法と倒産法のコンバージェンス	¶15-64
無限責任	
会社法上の──	注574
組合員の──	¶14-67
無資力要件	¶15-55
無税償却	¶6-56, ¶12-52
ムラバハ (murabahah)	¶8-4
無リスク金利	¶8-3
メインバンク	¶9-7
メガバンク	¶9-27
メザニンファイナンス	¶4-36
免許・許認可	¶9-3
モーゲージ証書	¶12-12
モーゲージバンク	¶12-77
目的信託	¶9-61, ¶9-65
目論見書	¶10-82
モジリアーニ	¶3-13
持合い解消	¶5-16
持分会社	¶2-14
元契約	¶6-34
物言う株主 (activist)	¶4-49
モノライン保険会社	¶16-40, ¶10-29
モンテカルロシミュレーション	¶13-13, ¶15-14

【や 行】

役員の個人保証	¶16-6
約定料	¶7-56
──の理論値	¶7-61
約定劣後更生債権	¶17-19

約定劣後再生債権 …………………… ¶17-19
約定劣後破産債権 …………………… ¶17-19
約束手形 ………………… ¶7-47, ¶15-41
約款 ……………………………… ¶7-4
有価証券 ………………… ¶3-33, ¶3-35
有価証券届出書 ………… ¶6-41, ¶10-94
有価証券報告書 ………… ¶6-41, ¶10-94
有限責任 …………………………… ¶4-2
有限責任事業組合 ………………… ¶14-68
融合現象（convergence）…… ¶1-7, ¶2-31
融資型当座貸越 ………………… ¶7-52
融資代り金 …………………… ¶7-30
融資枠型長期 …………………… 注215
融資枠契約 …………………… ¶7-54
有税償却 ………………… ¶12-52, ¶6-6
優先株式 ………………… ¶4-31, ¶7-19
優先株式の社債的利用 …………… ¶4-34
優先劣後構造 …………… ¶15-13, ¶17-24
有担保原則 …………………… ¶17-68
ゆうちょ銀行 …………………… ¶9-34
　　──のビジネスモデル ………… ¶9-35
　　──の法的位置付け ………… 注278
幽霊所得（phantom income）…… ¶14-50
ユーロ市場 …………………… 注439
ユーロマネー（euro money）…… 注439
用益物権 …………………… ¶7-10
要管理債権 …………………… 注471
要求資本利回り …………………… ¶8-26
要求払預金 …………………… ¶7-53
要素技術 …………………… ¶1-13
要注意先 …………………… 注474
要物契約性 …………………… ¶7-25
要物性の緩和 …………………… ¶7-25
養老保険 …………………… ¶9-93
預金型当座貸越 ………… ¶7-51, ¶7-52
預金保険 …………………… ¶9-25
預金保険機構 …………………… 注229
予算 …………………… ¶10-21
与信集中リスク ………… ¶12-66, ¶12-69
予想シナリオ …………………… ¶7-17

預貸スプレッド …………………… ¶7-61
預貸率 …………………… ¶11-20
予定利率 …………………… ¶9-98
予備格付 …………………… 注360

【ら　行】

ラップ・アカウント …………………… 注507
リーガルディフィーザンス ………… ¶16-30
リーガルマインド …………………… ¶1-15
リーグテーブル …………………… 注325
利益準備金 …………………… ¶4-21
利益剰余金 …………………… ¶4-21
利益相反行為
　　──の禁止 …………………… ¶14-7
　　シ・ローンエージェントの── …… ¶11-39
　　社債管理者の── ………… ¶11-43
　　受託者の── …………………… 注529
利益とキャッシュフローの不一致 …… ¶6-8
リクイディティ・プロバイダー制度 … ¶15-41
履行引受 …………………… ¶16-27
リコース付 ………………… ¶12-4, 注419
利差 ………………… ¶1-32, ¶14-76
利ざや …………………… ¶8-38
利子 …………………… ¶8-2
利子率 …………………… ¶8-3
リスク …………………… ¶1-34
リスクアービトラージ …………… ¶6-12
リスク移転 …………………… ¶1-37
リスクウェイト …………………… ¶7-60
リスク管理債権 …………………… ¶12-47
リスク相関 …………………… ¶13-29
リスク投資 …………………… ¶9-90
リスクプレミアム ………… ¶2-28, ¶13-16
リスク分散 ………………… ¶12-69, ¶13-26
リスク保有 …………………… ¶1-37
リスケジュール（reschedule）…… ¶10-34
利息 …………………… ¶8-2
利息債権の付従性 …………… ¶8-8
利息請求権 …………………… 注219
利息制限法 …………………… ¶8-67

理念的株式会社 ………………… ¶2-15
利回り ………………………………… ¶8-3
流通市場 ……………………………… ¶3-28
流動化 …………… ¶12-14, ¶12-23, 注432
流動性プレミアム仮説 ……………… ¶8-14
両替 …………………………………… 注263
利用価値（utility value）……… ¶12-8, ¶17-34
量的緩和政策 ………………………… ¶8-20
両端計算 ……………………………… ¶8-45
利率 …………………………………… ¶8-3
リレーションシップバンキング ……… ¶9-31
臨時金利調整法 ………… ¶8-48, ¶8-66, 注242
累積型 ………………………………… ¶4-33
累積債務国 …………………………… ¶10-34
劣後株式 ……………………………… ¶4-37
劣後借入 ……………………………… ¶17-19
劣後債 ……………………… ¶17-19, 注440
劣後特約 ……………………………… ¶17-19
劣後比率の設定 ……………………… ¶15-14
レバレッジ（不動産投資ファンド）… ¶14-48
レバレッジ比率 ……………… ¶3-6, ¶7-19
レポ …………………………………… ¶3-27

連結キャッシュフロー計算書 …………… ¶6-3
連帯債務
　相互保証の法技術としての――
　　……………………………… 注341, ¶16-24
ロールオーバー ………………… ¶7-48, ¶15-39
ローン・パーティシペーション ……… ¶12-37
ローンセール ……………………… ¶7-40, ¶12-1
　――の文脈 ………………………… ¶12-3
ローンの価格計算 …………………… ¶12-79
　完全型 ……………………………… ¶12-1
　参加型 ……………………………… ¶12-1
ローン投資 …………………………… ¶12-74

【わ　行】

ワインファンド ……………………… 注503
ワラント債 …………………………… ¶10-39
割当量口座簿 ………………………… ¶3-40
割引 …………………………………… ¶8-1
割引債 ………………………………… 注221
割引率 ……………………… ¶1-19, ¶1-22
割引料 ………………………………… ¶8-1
割増償却 ……………………………… 注154

判 例 索 引

【大審院】

大判明治 39・2・5 民録 12 輯 136 頁 …………………………………………… 注612
大連判明治 44・3・24 民録 17 輯 117 頁 ……………………………………… 注606
大判大正 2・5・8 民録 19 巻 312 頁 …………………………………………… 注192
大判大正 6・6・7 民録 23 輯 932 頁 …………………………………………… 注612
大判大正 8・7・11 民録 25 輯 1305 頁 ………………………………………… 注609
大判大正 10・6・18 民録 27 輯 1168 頁 ……………………………………… 注613
大判大正 15・2・16 民集 5 輯 150 頁 ………………………………………… ¶1–17
大判昭和 3・11・28 民集 7 巻 1008 頁 ………………………………………… 注408
大判昭和 10・3・12 民集 14 巻 482 頁 ………………………………………… 注602
大判昭和 11・3・11 民集 15 巻 320 頁 ………………………………………… ¶15–24
大判昭和 11・6・16 民集 15 巻 1125 頁 ……………………………………… 注192
大連判昭和 15・3・13 民集 19 巻 544 頁 ……………………………………… 注196

【最高裁判所】

最判昭和 28・5・29 民集 7 巻 5 号 608 頁 …………………………………… 注451
最判昭和 30・9・8 民集 9 巻 10 号 1222 頁 ………………………………… 注220
最判昭和 30・9・27 民集 9 巻 10 号 1444 頁 ………………………………… 注263
最判昭和 33・6・6 民集 12 巻 9 号 1373 頁 ………………………………… 注239
最判昭和 33・9・26 民集 12 巻 13 号 3022 頁 ……………………………… 注608
最判昭和 34・6・25 民集 13 巻 6 号 810 頁 ………………………………… 注627
最判昭和 35・4・26 民集 14 巻 6 号 1046 頁 ………………………………… 注610
最判昭和 35・10・7 民集 14 巻 12 号 2420 頁 ……………………………… 注101
最判昭和 38・3・1 民集 17 巻 2 号 280 頁 …………………………………… 注645
最判昭和 39・6・24 民集 18 巻 5 号 874 頁 ………………………………… ¶1–17
最判昭和 42・6・23 民集 21 巻 6 号 1492 頁 ………………………………… 注196
最判昭和 41・12・20 民集 20 巻 10 号 2139 頁 ……………………………… ¶16–26
最判昭和 43・11・13 民集 22 巻 12 号 2449 頁 ……………………………… 注101
最判昭和 44・3・28 民集 23 巻 3 号 699 頁 ………………………………… 注684
最判昭和 44・12・19 民集 23 巻 12 号 2518 頁 ……………………………… 注611
最判昭和 45・3・31 民集 24 巻 3 号 182 頁 ………………………………… 注633
最判昭和 45・4・21 民集 24 巻 4 号 283 頁 ………………………………… 注638
最判昭和 45・6・24 民集 24 巻 6 号 587 頁 ……………………………… ¶15–21, ¶15–22
最判昭和 45・11・24 民集 24 巻 12 号 1963 頁 ……………………………… 注100
最判昭和 48・6・15 民集 27 巻 6 号 700 頁 ………………………………… 注134
最判昭和 48・10・5 金法 705 号 45 頁 ………………………………………… 注283

最判昭和 48・11・30 民集 27 巻 10 号 1491 頁 ……………………………………注609
最判昭和 49・3・7 民集 28 巻 2 号 174 頁 ………………………………………注449
最判昭和 50・6・27 判時 785 号 100 頁 …………………………………………注263
最判昭和 52・7・12 金法 834 号 38 頁……………………………………………注608
最判昭和 53・10・5 民集 32 巻 7 号 1332 頁 ……………………………………注613
最判昭和 63・10・18 民集 42 巻 8 号 575 頁 ……………………………………注283
最判平成元・10・27 民集 43 巻 9 号 1070 頁 ……………………………………注694
最判平成 16・12・24 民集 58 巻 9 号 2637 頁 …………………………………注261
最判平成 7・4・25 集民 175 号 91 頁 ……………………………………………注131
最判平成 10・4・14 民集 52 巻 3 号 813 頁 ……………………………………注573
最判平成 11・3・25 判時 1674 号 61 頁 …………………………………………注559
最判平成 14・1・17 民集 56 巻 1 号 20 頁 ………………………………………注295
最判平成 15・2・21 金判 1165 号 13 頁 ………………………¶11-34, ¶15-19, 注409
最判平成 15・2・21 民集 57 巻 2 号 95 頁 ………………………………………注295
最判平成 16・2・20 民集 58 巻 2 号 367 頁 ……………………………………注645
最判平成 16・12・24 民集 58 巻 9 号 2637 頁 …………………………………注261
最判平成 17・6・14 民集 59 巻 5 号 983 頁 ……………………………………¶1-23
最判平成 18・4・10 民集 60 巻 4 号 1273 頁 ……………………………………注66
最判平成 18・7・21 民集 60 巻 6 号 2542 頁 ……………………………………注343
最判平成 20・1・28 判時 1997 号 143 頁, 同 148 頁 ……………………………注66
最判平成 20・2・22 民集 62 巻 2 号 576 頁 ……………………………………注571

【高等裁判所】

大阪高決平成元・3・28 判時 1324 号 140 頁 ………………………注135, ¶13-14
東京高判平成 20・5・21 金判 1293 号 12 頁 ……………………………………注66
大阪高判平成 20・9・26 訟月 55 巻 6 号 2195 頁 ………………………………注430

【地方裁判所】

京都地判昭和 52・6・15 判時 877 号 83 頁, 金法 870 号 59 頁 ………………注629
高知地判昭和 62・9・30 判時 1236 号 43 頁 ……………………………………注100
東京地判平成 5・9・21 判時 1480 号 154 頁……………………………………注66
東京地判平成 15・11・17 判時 1839 号 83 頁 …………………………………¶15-45
東京地決平成 16・6・1 判時 1873 号 159 頁 ……………………………………注168
東京地判平成 16・9・28 判時 1886 号 111 頁 ……………………………………注66
大阪地判平成 19・6・6 判時 1974 号 3 頁 ………………………………………注430

●著者紹介

大垣尚司（おおがき　ひさし）

1959 年　京都生まれ
1982 年　東京大学法学部卒業
同　年　日本興業銀行に入行
1985 年　米国コロンビア大学法学修士
　　　　　金融商品開発部、ニューヨーク支店、ストラクチャードファイナンス部、興銀第一ファイナンシャルテクノロジー取締役、アクサ生命専務執行役員などを経て、
現　在　立命館大学大学院法学研究科教授、金融・法・税務研究センター長、一般社団法人移住・住みかえ支援機構代表理事、一般社団法人日本モーゲージバンカー協議会会長

主著

『ストラクチャード・ファイナンス入門』（1997，日本経済新聞社）
『金融アンバンドリング戦略』（2004，日本経済新聞社）
『電子債権』（2005，日本経済新聞社）

金融と法
企業ファイナンス入門

2010 年 5 月 30 日　初版第 1 刷発行
2013 年 11 月 15 日　初版第 5 刷発行

　著　者　　大　垣　尚　司
　発行者　　江　草　貞　治
　発行所　　株式会社　有　斐　閣

東京都千代田区神田神保町2-17
電　話　(03)3264-1314〔編集〕
　　　　(03)3265-6811〔営業〕
郵便番号 101-0051
http://www.yuhikaku.co.jp/

印　刷　大日本法令印刷株式会社
製　本　大口製本印刷株式会社

Ⓒ 2010，大垣尚司．Printed in Japan
落丁・乱丁本はお取替えいたします。
★定価はカバーに表示してあります。
ISBN 978-4-641-13563-5

JCOPY　本書の無断複写（コピー）は、著作権法上での例外を除き、禁じられています。複写される場合は、そのつど事前に、(社)出版者著作権管理機構（電話03-3513-6969，FAX03-3513-6979，e-mail:info@jcopy.or.jp）の許諾を得てください。